Gerd Althoff, Hans-Werner Goetz, Ernst Schubert

Menschen im Schatten der Kathedrale

Gerd Althoff, Hans-Werner Goetz, Ernst Schubert

Menschen im Schatten der Kathedrale

Neuigkeiten aus dem Mittelalter

PRIMUS
VERLAG

Die Deutsche Bibliothek – CIP-Einheitsaufnahme

Menschen im Schatten der Kathedrale:
Neuigkeiten aus dem Mittelalter/Gerd Althoff;
Hans-Werner Goetz; Ernst Schubert. – Darmstadt:
Primus Verl., 1998
ISBN 3-89678-090-5

Gedruckt auf säurefreiem und alterungsbeständigem Offsetpapier
Layout & Prepress: Schreiber VIS, Seeheim
Gesamtherstellung: Wissenschaftliche Buchgesellschaft, Darmstadt
Printed in Germany

ISBN 3-89678-090-5

Inhalt

Vorwort

Kathedralen, Kirchen und Klöster standen im Mittelpunkt des mittelalterlichen Lebens. Die Menschen im 'Licht' der Kathedralen sind uns oft recht gut bekannt, für die – meist namenlose – Masse der Menschen in ihrem 'Schatten' interessiert sich die historische Forschung hingegen erst seit wenigen Jahrzehnten. Das vorliegende Buch richtet sein Interesse sowohl auf die einen wie auf die anderen.

Die Bedeutung von Religion und Kirche für das Leben der damaligen Menschen aller Schichten ist sicherlich ebensowenig zu bezweifeln wie die politische Rolle der Bischöfe und Reichsäbte, die zu den vornehmsten Reichsfürsten zählten. Hinzu kommt, daß unsere Quellen bis in das 12. Jahrhundert hinein nahezu ausschließlich und auch danach noch vornehmlich von Klerikern und Mönchen verfaßt wurden und unser Bild vom Mittelalter damit durchaus einseitig gefärbt haben. Gleichwohl wäre die mittelalterliche Welt mit solchen Charakterisierungen nur ungenügend erfaßt. In den Texten der geistlichen Autoren spiegelt sich nicht nur das kirchliche, sondern auch das damalige weltliche Leben mit allen Schattierungen. Überhaupt wird eine strikte Trennung in kirchlich-religiöse und weltlich-politische Kategorien mittelalterlichem Denken nicht gerecht, in dem Geistliches und Weltliches bis zur Unscheidbarkeit miteinander verklammert war und keineswegs als Gegensatz begriffen wurde und in dem auch die Religiosität in einer spezifisch mittelalterlichen Weise praktiziert wurde. Diese erst in jüngeren Zeiten gewachsenen Einsichten der historischen Mittelalterforschung will dieses Buch einer breiteren Gruppe von Interessierten vermitteln.

Unser Bild des Mittelalters hat sich in den letzten Jahrzehnten gründlich verändert. Das Mittelalter als Einheit ist uns suspekt geworden gegenüber einer zeitlichen, räumlichen und sozialen Auffächerung und gegenüber einer Vielfalt differenzierter Betrachtungsweisen und Betrachtungsgegenstände. An die Seite der Könige, Päpste und Gelehrten sind die einfachen Menschen, an die Stelle der chronologischen Abläufe sind strukturhafte Zusammenhänge und geschlossene Beschreibungen getreten, von den Strukturen aber wurde der Blick zurück auf die Menschen mit ihren Lebensformen und Denkweisen, ihrem Handeln und Fühlen gelenkt. Wir haben nicht nur ein neues Bild vom Mittelalter gewonnen, sondern betonen zudem stärker als früher das Fremde und Ungewöhnliche, das „Mittelalterliche am Mittelalter". Doch immer wieder begegnen in dem „ganz anderen" Mittelalter auch Verhaltens- und Denkweisen, die uns wohlvertraut sind. Nicht zuletzt das Vertraute im Fremden macht den Reiz aus, den das Mittelalter auf die Menschen am Ende des 20. Jahrhunderts ausübt.

Die „Menschen im Schatten der Kathedrale" zu betrachten bedeutet, neue Fragen der Mittelalterforschung an die bekannten Quellen zu stellen, Fragen, über die unsere mittelalterlichen Autoren zumeist gar nicht Auskunft geben wollten, so daß die Antworten oft nur zwischen den Zeilen herausklingen. Das verlangt eine besondere Vorsicht bei der Auswertung, bringt aber neue Erkenntnisse. In dieser Hinsicht werden hier „Neuigkeiten aus dem Mittelalter“ als Ertrag der jüngeren Forschung präsentiert.

Der vorliegende Band ist ein Gemeinschaftsprojekt der Wissenschaftlichen Buchgesellschaft mit dem Deutschlandfunk, der im Herbst und Winter 1998/99 eine auf diesen Beiträgen beruhende Sendereihe über das Mittelalter ausstrahlt. In drei größeren Abschnitten geben vier Historiker exemplarische Einblicke in das Zeitalter und unsere neuen Sichtweisen von dieser Epoche. Themen und Beispiele sind ihren Forschungsschwerpunkten entnommen. Sie ergänzen sich, ohne natürlich alle relevanten Aspekte der mittelalterlichen Geschichte abzudecken. Gerd Althoff und Hermann Kamp präsentieren neue Einsichten über die Herrschaftspraxis in einer Welt ohne moderne Institutionen, Hans-Werner Goetz beleuchtet die Verflochtenheit weltlicher und geistlicher Lebensformen und Vorstellungswelten des frühen und hohen Mittelalters, Ernst Schubert führt in das alltägliche Leben und Denken des späteren Mittelalters ein. Dabei sollte kein ‘Handbuch’ entstehen, sondern dem interessierten Laienpublikum in ausgewählten Ausschnitten ein anschauliches, an Quellenbeispielen entwickeltes Bild des „neuen Mittelalters“ leicht verständlich vorgeführt werden, das Bild einer scheinbar fremden Welt, die wir doch mit unseren Augen und aus unseren Interessen heraus betrachten und die uns zugleich einen ‘Spiegel’ der heutigen Menschen und der Welt unserer Gegenwart entgegenhält.

Gerd Althoff   Hans-Werner Goetz   Ernst Schubert

Gerd Althoff (mit einem Beitrag von Hermann Kamp)

Die Bösen schrecken, die Guten belohnen

Bedingungen, Praxis und Legitimation mittelalterlicher Herrschaft

Prolog

Wie funktionierte mittelalterliche Herrschaft, welche Rahmenbedingungen galten für sie, welche Möglichkeiten und welche Grenzen waren ihr gesetzt? Dies zu verdeutlichen ist das Ziel der folgenden Kapitel. Da das Leben der meisten Menschen dieser Zeit mittel- oder unmittelbar von Herrschaft der verschiedensten Art bestimmt und geprägt wurde, kann man aus diesem Blickwinkel Charakteristika dieser Epoche erfassen – wenn auch wesentliche andere unberücksichtigt bleiben. Insofern ist die Konzentration auf mittelalterliche Herrschaft nur dadurch zu rechtfertigen, daß sie durch andere Perspektiven ergänzt und erst in Verbindung mit diesen so etwas wie ein Gesamteindruck vom Leben der 'Menschen im Schatten der Kathedrale' erzeugt wird.

Die Eigenart mittelalterlicher Herrschaft zu verstehen bedeutet auch, sich die Unterschiede zu den Herrschaftsformen der Neuzeit und der Gegenwart bewußtzumachen. Da diese Voraussetzung selbst die Fachwissenschaft in der Vergangenheit häufig außer acht gelassen hat, liegt hier ein wichtiger Ansatzpunkt für ein neues Mittelalter-Verständnis. Leitmotiv der folgenden Kapitel ist daher, die Unterschiede zu modernen Formen von Herrschaft und Staatlichkeit herauszuarbeiten. Im Mittelalter entwickelte sich erst langsam das, was man staatliche Strukturen nennen kann. Der moderne Staat und seine Wesenszüge waren unbekannt, und deshalb müssen wir viele Vorstellungen fallenlassen, die von diesen Wesenszügen geprägt sind, wenn wir mittelalterlichen Verhältnissen gerecht werden wollen.

Es existierten eben kein staatliches Gewaltmonopol, keine Gesetze und deshalb ganz gewiß auch keine Gleichheit vor dem Gesetz. Zwar gab es im Mittelalter Gerichte, doch wäre es fatal, sich diese wie moderne Gerichte zu denken. Auch gab es keine Staatsbürger, vielmehr setzte sich die mittelalterliche Gesellschaft aus unterschiedlichen Klein- und Großgruppen zusammen und die hierarchische Spitze dieser Gesellschaft – in aller Regel der König – hatte nur Zugriffsmöglichkeiten auf wenige Personen ihres Reiches, in vielen Fällen nur auf die, die zu ihr ein persönliches Verhältnis – etwa als Lehnsleute – eingegangen waren. Geherrscht oder regiert wurde nicht auf der Basis von Anweisung und Ausführung oder gar auf Befehl und Gehorsam. Mittelalterliche Herrschaft benötigte vielmehr den Konsens derjenigen, die diese Herrschaft trugen. Folgerichtig gab es spezifische Verfahren, diesen Konsens herzustellen. Diese hatten aber nichts mit demokratischer Willensbildung zu tun, obwohl sie der Herrschaft Schranken setzten und auf sie und ihre Entscheidungen Einfluß nahmen.

Um das Spezifische mittelalterlicher Herrschaft deutlich zu machen, gehen die ersten Kapitel von der Frage aus, was den mittelalterlichen Verhältnissen im Vergleich zur Moderne noch fehlt: das Gewaltmonopol, die Gewaltenteilung und der Staat. In den anschließenden Kapiteln wird zu erklären versucht, was an ihrer Stelle stand und wie die Ordnung auch ohne diese für unser heutiges Zusammenleben fundamentalen Einrichtungen aufrechterhalten wurde. In ihnen werden Strategien der Herrschaftslegitimation ebenso behandelt wie die Verfahren der Konsensstiftung mittels Beratung oder die Rolle und die Funktion der Öffentlichkeit im Kontext mittelalterlicher Herrschaftspraxis. In einer Art Gegenprobe wird gefragt, was im Mittelalter Krisen auslöste und wodurch sich diese Krisen zu regelrechten Systemkrisen verdichteten.

Da die Beobachtungen ihre zeitlichen Schwerpunkte im frühen und hohen Mittelalter haben, tritt so die vorstaatliche Eigenart mittelalterlicher Herrschaft in den Vordergrund. Weil diese natürlich stets Prozessen der Veränderung ausgesetzt und unterworfen war, wird in zwei Kapiteln solchen Wandlungsprozessen nachgegangen. Als *exempla* fungieren die mittelalterliche Stadt und die Herrschaftsbildung der Herzöge von Burgund. Beide Beispiele sind schon immer als Phänomene modernerer Zuschnitts charakterisiert worden. Sie bieten in der Tat instruktive Möglichkeiten, um zu zeigen, wie Neues aus Altem herauswuchs.

Trotz der unerbittlichen Grenzen, die Raum und Zeit den Autoren vorgaben, haben sie ein Prinzip vorrangig zu beachten versucht: die Darstellung quellennah anzulegen und zu halten. Die ausführlich erzählten Geschichten stehen in aller Regel für viele andere, das exemplarische Prinzip ist hier in besonderer Weise angewandt worden.

Defizite und Fremdheit

Fehlendes Gewaltmonopol

Konfliktaustragung in der mittelalterlichen Gesellschaft

Am Pfingstfest des Jahres 1063 schlug man sich in Goslar aus demselben Anlaß, der schon am Weihnachtsfest an gleicher Stelle für Unfrieden gesorgt hatte, in der Kirche erbittert die Köpfe ein. Verursacher des Streits waren der Bischof von Hildesheim und der Abt von Fulda, und zwar aus folgendem Grund:

„Als sich der König und die Bischöfe zum Abendgottesdienst versammelten, kam es wegen der Aufstellung der bischöflichen Stühle wieder zu einem Tumult, nicht wie das vorige Mal durch einen zufälligen Zusammenstoß, sondern durch einen seit langem vorbereiteten Anschlag. Denn der Bischof von Hildesheim, der die damals erlittene Zurücksetzung nicht vergessen hatte, hatte den Grafen Ekbert mit kampfbereiten Kriegern hinter dem Altar verborgen. Als diese nun den Lärm der sich streitenden Männer hörten, stürzten sie rasch hervor, schlugen auf die Fuldaer teils mit Fäusten, teils mit Knüppeln ein, warfen sie zu Boden und verjagten die über den unvermuteten Angriff wie vom Donner Gerührten mühelos aus der Kapelle der Kirche. Sogleich riefen diese zu den Waffen; die Fuldaer, die Waffen zur Hand hatten, scharten sich zu einem Haufen zusammen, brachen in die Kirche ein, und inmitten des Chores und der Psalmen singenden Mönche kam es zum Handgemenge: Man kämpfte jetzt nicht mehr nur mit Knüppeln, sondern mit Schwertern. Eine hitzige Schlacht entbrannte und durch die ganze Kirche hallte statt der Hymnen und geistlichen Gesänge Anfeuerungsgeschrei und das Wehklagen Sterbender … Der König erhob zwar währenddessen laut seine Stimme und beschwor die Leute unter Berufung auf die königliche Majestät, aber er schien tauben Ohren zu predigen."

Lampert von Hersfeld, S. 77 ff.

Aus dieser Geschichte ist gewiß eines zu lernen: Wer sich im Mittelalter zurückgesetzt, ungerecht behandelt oder beleidigt fühlte, griff zum Mittel der bewaffneten Selbsthilfe. Er schädigte Leute oder auch Land des Gegners so lange, bis der sich bereit fand einzulenken und den Streit mittels geeigneter

Genugtuungsleistungen aus der Welt zu schaffen. Bei solchen Fehdehandlungen vergaßen, wie in unserem Fall, selbst hohe Geistliche elementare Regeln wie die, daß die Kirchen als geweihte Orte von solchen Gewaltakten freigehalten werden sollten. Die Gewaltanwendung selbst aber war kein Regelbruch, sondern nach allgemeiner Auffassung legitim.

Das Mittelalter als „gewalttätiges" Zeitalter?

Mittelalterliche Fehden haben viel dazu beigetragen, dem Mittelalter im Verständnis der Moderne jenen finsteren Anstrich zu geben, der aus der Einschätzung resultierte, daß die Menschen dieser Zeit eine weitgehend ungebremste Gewaltbereitschaft besaßen, die sich mehr oder weniger irrational austobte. Nichtigste Anlässe lösten nach allgemeiner Meinung Gewalt in Form von Brand, Verheerung, Plünderung und Tötung aus. Weder Kirche noch Königtum konnten dem wirkungsvoll Einhalt gebieten. Gottes- und Landfriedensbewegungen versuchten zwar, das Ausmaß der Gewalt zu begrenzen und Unbeteiligte möglichst auszunehmen, doch kurierte man eher an Einzelsymptomen, ohne die Ursachen grundsätzlich anzugehen. Diese lagen nämlich in dem Recht auf bewaffnete Selbsthilfe, das aus adliger Mentalität nicht wegzudenken war. So dauerte es denn auch nicht zufällig bis zu der Zeit, in der die Morgendämmerung der Moderne bereits unübersehbar war, ehe 1495 mit dem „Ewigen Landfrieden" ein grundsätzliches Fehdeverbot ausgesprochen und in der Folgezeit das Gewaltmonopol des Staates mühsam durchgesetzt wurde. Duelle und verschiedene Formen der Blutrache, die bis ins 20. Jahrhundert praktiziert wurden und teilweise noch im heutigen Europa anzutreffen sind, zeigen die Zählebigkeit der Überzeugung, erlittenes Unrecht selbst ausgleichen zu dürfen und zu müssen. So weit, ganz knapp skizziert, die Ausgangssituation. Folgerichtig ist das Klischee vom gewalttätigen Mittelalter fester Bestandteil aller heutigen Vorstellungen von dieser Epoche.

Formen mittelalterlicher Fehdeführung

In der Tat war die mittelalterliche Fehdeführung in hohem Maße menschenverachtend. Fühlte man sich ungerecht behandelt, zurückgesetzt oder beleidigt, eröffnete man einen gewalttätigen Konflikt, indem man Land und Leute des Gegners schädigte. Dies geschah in aller Regel zunächst dadurch, daß man die Güter des Gegners verheerte und brandschatzte, die bäuerliche Bevölkerung gefangen wegführte oder sie sogar tötete. Die Leidtragenden einer solchen Fehde waren in erster Linie Unbeteiligte. Sinn dieses barbarischen Tuns war es, den Gegner durch Demonstration der Stärke zum Einlenken und Nachgeben zu bewegen.

Nur an einem Beispiel sei vorgeführt, wie die Quellen über solche Vorgänge berichten. Es handelt sich um die Schilderung einer Fehde aus dem Jahre 1070, die König Heinrich IV. (1056–1106) und Herzog Otto von Northeim gegeneinander führten. Der Mönch und Chronist Lampert von Hersfeld (ca. 1028–1081) berichtet zunächst von kriegerischen Aktivitäten des Königs:

„Ottos Burg Hanstein, aus der gleich zu Anfang des schrecklichen Krieges die Besatzung abgezogen worden war, ließ er von Grund auf zerstören. Vor eine andere Burg, Desenberg mit Namen, hatte er schon Truppen gelegt. Obgleich sie ihrer Lage wegen uneinnehmbar und mit allen zur Kriegsführung notwendigen Mitteln hinlänglich versorgt war, zogen es ihre Insassen doch vor, sich freiwillig zu ergeben, als das zweifelhafte Kriegsglück zu versuchen. Der König ließ dort eine Besatzung zurück und führte sein Heer weiter, um auch die Besitzungen von Ottos Gemahlin zu verwüsten. Er äscherte viele mit Kostbarkeiten und Gebäuden herrlich ausgestattete Bauernhöfe ein und plünderte sie aus, an Frauen und Kindern – denn die Männer hatten sich in den Bergen und unzugänglichen Wäldern versteckt – beging er viele abscheuliche Feindseligkeiten, und so harte und grausame Behandlung erlitten auf diesem Zuge unschuldige und nicht mit dem geringsten Verdacht irgendeines Vergehens belastete Menschen von ihrem eigenen König, daß sie nichts Härteres, nichts Grausameres von Barbaren hätten erleiden können."

Lampert von Hersfeld, S. 128f.

Natürlich ist der Berichterstatter kein Freund König Heinrichs IV. Das ändert aber nichts daran, daß er hier Vorgänge schildert, wie sie auch sonst häufig bezeugt sind. Seine Schilderung ist also realistisch, nicht etwa verleumderisch.

Des Königs und seiner Gegner Aktivitäten in dieser Fehde erstreckten sich einmal auf Belagerungen von Burgen, die jedoch sehr schnell durch Aufgabe der Burgbesatzung beendet wurden. Eine sich schnell ergebende Besatzung durfte übrigens in aller Regel frei abziehen und hatte sich danach aus dem Konflikt herauszuhalten. Unter den Kriegern ging es mit anderen Worten geregelt, fast gesittet zu. Die Härte des Krieges bekamen die Bauern zu spüren. In die gleiche Richtung weist auch die Schilderung Lamperts von der Reaktion Herzog Ottos auf diese Greueltaten seines Gegners:

Abb. 1: Zweikämpfe (von Tugenden und Lastern) – Sieg der Demut über den Stolz. Einzelblatt aus dem Trierer Speculum virginum.

Kestner-Museum Hannover; Foto: Michael Lindner.

„Er machte daher mit 3000 auserlesenen und in allen Künsten der Kriegsführung geübten Männern einen Angriff auf Thüringen, steckte die mit allen Vorräten reich ausgestatteten Königshöfe in Brand, machte reiche Beute und köderte gleich zu Anfang seine Krieger, die in der Mehrzahl nur die Hoffnung auf Beute zu dem Kampf gelockt hatte, durch diesen Lohn und sicherte sich dadurch ihre unbedingte Treue. So zog er, alles verheerend, bis über Eschwege hinaus. Hier verteilte er unter die sich um ihn scharenden Bauern seiner Güter, denen die Krieger des Königs nichts gelas-

sen hatten als das elende Leben, einen Teil der Beute, ermahnte sie, die Schläge der göttlichen Strafe tapferen Mutes zu ertragen, und forderte sie auf, da sie ja keine Waffen führen könnten, für ihn inbrünstig zu Gott zu beten."

Lampert von Hersfeld, S. 128 f.

Herzog Otto handelte also keinen Deut besser als der König, sondern zahlte sozusagen mit gleicher Münze heim. Seine Ermahnungen an seine Bauern wirken heute zynisch, sind jedoch von Zeitgenossen des 11. Jahrhunderts wohl nicht so aufgefaßt worden. Man findet hier Standesdenken oder Standesdünkel in extremer Form. Jedoch gehört zu einem realistischen Bild vom Mittelalter sicher die Tatsache, daß der Adel seine Leibeigenen und Bauern als Menschen zweiter Klasse einschätzte, die, wie die Quellen häufig formulieren, „wie Vieh" abgeschlachtet werden konnten.

Versuche der Gewalteindämmung: Gottes- und Landfrieden

Namentlich die Kirche hat sich immer wieder energisch dafür eingesetzt, solche gravierenden Folgen bewaffneter Selbsthilfe zu mildern oder gar zu beseitigen. Die Gottesfriedensbewegung ist das nachhaltigste Zeugnis solcher Bemühungen. Ihr Ideengut ging in Deutschland in die Landfrieden ein. Wesentliches Ziel solcher Bemühungen war es, die unbeteiligte Bevölkerung aus der Fehde herauszuhalten, Übergriffe auf sie zu verbieten. Um dies zu erreichen, wurden die Waffenträger überzeugt oder genötigt, sich eidlich auf diesbezügliche Regeln zu verpflichten. Solche regionalen Schwureinungen überwachten dann die Einhaltung dieser Versprechungen.

Doch trotz der unbezweifelbaren Erfolge solcher Bemühungen ist es unbestreitbar, daß auch am Ende des Mittelalters eine Fehde noch ähnliche Schäden verursachte wie in dem geschilderten Fall des 11. Jahrhunderts. Als Georg von Puchheim 1452 seinem Herrn, dem Habsburger Friedrich III., die gewaltigen Schäden auflistete, die er im Dienste dieses Habsburgers und in den Kämpfen für ihn erlitten hatte, da erwähnte er nicht zuletzt, daß an die 500 seiner Bauernhöfe geplündert und niedergebrannt worden seien. Und als sich der Habsburger nicht zur Begleichung der Kosten verstehen wollte, da kündigte der bis dahin treue Lehnsmann seinem Landesherrn in einem förmlichen Absagebrief die Fehde an. Was dies bedeutet, sagt der Brief ausdrücklich: Er will des Kaisers Land und Leuten, seinen Untertanen und Dienern und ihrem Gut zu Wasser und zu Land, hinter Mauern, Zäunen und Gräben feind sein und nach ihrem Schaden trachten, soviel er nur immer vermag. Der Kaiser – Friedrich III. (1440–1493) – sollte interessanterweise ausgenommen sein. Dies ist aber auch der einzige Fortschritt, der im Vergleich mit dem Fehdeverhalten im 11. Jahrhundert festzustellen ist, wenn man einmal davon absieht, daß die Fehdeansage in den früheren Jahrhunderten des Mittelalters gewiß nicht schriftlich gemacht wurde.

Es gibt also für das gesamte Mittelalter nichts zu bagatellisieren. Das Klischee vom martialischen Mittelalter scheint so gerechtfertigt, die Aufgabe des Rechts auf bewaffnete Selbsthilfe und die Etablierung eines staatlichen

Gewaltmonopols scheint Teil eines Zivilisationsprozesses, der aus dem Gewaltmenschen des Mittelalters den seine Affekte kontrollierenden Menschen der Moderne hervorgehen ließ. Doch ist dies nur die eine Seite der Medaille.

Form und Verlauf mittelalterlicher Konflikte

Sowenig nämlich die Waffenträger des Mittelalters die Menschen und ihre Würde in allgemeiner Hinsicht achteten, so sensibel agierten sie, wenn sie unter sich waren. Die Spielregeln der Konfliktführung änderten sich, je nachdem, ob Personen von Stand, also Adlige, beteiligt waren oder nicht. In diesem exklusiven Kreis von adligen Standesgenossen praktizierte man im Mittelalter Regeln der Konfliktführung und -beilegung, die dem Klischee von einer ungebremst gewalttätigen Zeit keineswegs entsprechen. Vielmehr kannte und nutzte man vielfältige Mittel und Wege, Gewalt dosiert einzusetzen, vor ihrer Anwendung Zeit für Verhandlungen zu lassen, den Verzicht auf Gewalt zu erleichtern, ein Einlenken zu honorieren und vieles andere mehr. In der Summe erscheint so die Konfliktführung der waffentragenden Schichten alles andere als irrational. Sie ist im Gegenteil durch Augenmaß und bewußten Umgang mit der Gewalt gekennzeichnet und markiert so die andere Seite der Medaille, um die es im folgenden vor allem gehen soll.

Abb. 2: Kreuzzug des Hamburger Erzbischofs gegen die freien Bauern in den Wesermarschen (13. Jh.). Sächsische Weltchronik, Gothaer Handschrift.

Forschungs- und Landesbibliothek Gotha, Memb. I 90, Bl. 147 v.

Signale der Gewalteskalation

Gewalt unter den Waffenträgern brach im Mittelalter nicht plötzlich und unversehens aus. Man nutzte vielmehr Zeichen, um aufkommenden Dissens früh anzuzeigen und so dem Gegenüber die Möglichkeit zur Korrektur seiner Haltung zu geben. So wie die Gesellschaft des Mittelalters eine Vielzahl von Möglichkeiten praktizierte, den guten Zustand der Beziehungen demonstrativ zum Ausdruck zu bringen – durch die Form der Begrüßung, durch vielfältige Ehrungen, durch Geschenke, durch leutseliges und heiteres Gespräch bei gemeinsamen Gelagen –, so kannte sie auch Zeichen, drohende Konflikte früh erkennbar zu machen. Vor der Anwendung von Gewalt standen also unmißverständliche Warnungen. Wer nicht mehr heiter redete, den anderen mied oder gar nicht mehr grüßte, der sandte eindeutige Zeichen aus, die übrigens auch heute noch so benutzt werden. Ein anderes unmißverständliches Zeichen war das Nichtkommen oder das Abreisen. Wer räumliche Distanz suchte und den persönlichen Kontakt mied, signalisierte damit deutlich, daß ein Konflikt unmittelbar bevorstand, wenn der Gegner auf diese Zeichen nicht reagierte und Verhandlungen über die Beilegung des Dissenses einleitete.

Die geschilderten warnenden Zeichen waren aber nicht die einzigen Sicherungsmechanismen, die die Waffenträger des Mittelalters installiert hatten, um unkontrollierten Ausbruch von Gewalt zu vermeiden oder zu erschweren. Nicht selten liest man in den Quellen davon, daß ein Adliger sein Umfeld zusammenruft und seine Verwandten, Freunde und Lehnsleute davon zu überzeugen sucht, ihm in einem bewaffneten Konflikt beizustehen. Ob solche Beratungen über die Berechtigung und den Sinn einer Fehde aber immer zu dem Ergebnis führten, den bewaffneten Konflikt zu beginnen, ist höchst zweifelhaft. Sie hatten genauso die Funktion, zu erhitzte Gemüter zu besänftigen und Schritte für eine gütliche Beilegung des Streits schon in dieser Anfangsphase einzuleiten. Gewiß nicht zufällig hören wir denn auch davon, daß bei solchen Beratungen die Jungen bereit waren, Gewalt anzuwenden, während die Älteren, die als besonnen, erfahren und weise dargestellt werden, vor den Unwägbarkeiten des Krieges warnten. Wir haben also in Rechnung zu stellen, daß in jedem Einzelfall durchaus geprüft und überlegt wurde, ob die Eröffnung von Feindseligkeiten notwendig und sinnvoll sei.

Entschied man sich jedoch für den Einsatz von Gewalt, bedeutete auch dies nicht, daß man nun blindlings in die Schlacht zog. Wie schon gehört, schädigte man den Gegner und vor allem sein Land und seine Leute. Überdies zog man vor dessen Burgen und belagerte sie. Immer wieder hören wir in solchen Zusammenhängen davon, daß die Belagerten sehr bald die Burg gegen freien Abzug in die Hände der Belagerer gaben. Symptomatisch für dieses Verhalten ist die Anekdote der sog. Weiber von Weinsberg. Nach ihr hatten die Frauen der Burgbesatzung von Weinsberg anläßlich einer Belagerung durch den staufischen König Konrad III. (1138–1152) mit den Belagerern ausgehandelt, daß sie frei aus der Burg abziehen dürften, und zwar mit allem, was sie tragen könnten. Daraufhin trugen sie ihre Männer huckepack an den verdutzten Belagerern vorbei und retteten auf diese Weise angeblich deren Leben. Die Wirkung der Anekdote basiert auf der Praxis, daß Belagerte durch geschicktes Verhandeln günstige Bedingungen ihres Abzugs aushandeln konnten.

Kommunikation während des Konflikts: Vermittlung

Solche Verhandlungen und Verträge aber waren in Konflikten nur deshalb möglich, weil man im Mittelalter auch im bewaffneten Konflikt jederzeit die Kommunikation aufrechterhielt. Hierfür stand eine Institution zur Verfügung, die auch heute noch national wie international erfolgreich in vergleichbaren Situationen tätig ist: die des Vermittlers. Im Mittelalter wie heute unterscheiden sich seine Aufgabe und Arbeitsweise charakteristisch von denjenigen vergleichbarer Art, etwa der eines Richters. Vermittler waren allein der Beilegung des Konflikts und der Wiederherstellung des Friedens verpflichtet. Sie prüften und entschieden nicht die Frage nach Recht und Unrecht und besaßen bei ihrer Tätigkeit kein anderes Zwangsmittel als das der Autorität ihrer Funktion. Deshalb handelt es sich bei den Vermittlern auch immer um hochrangige Personen oder um solche, die aus anderen Gründen über ein besonderes Prestige verfügten. Ein guter Teil der Aktivitäten eines mittelalterlichen Königs bestand aus solchen Vermittlungsaktionen, da er als Verantwortlicher für Frieden und Gerechtigkeit der naheliegendste Vermittler war, sofern er nicht selbst in den Konflikt als Partei verwickelt war.

Vermittler bedurften zu ihrer Tätigkeit des Einverständnisses der Konfliktparteien. Einige Male ist bezeugt, daß eine Partei in das Heerlager der anderen ging und dort geeignete Personen für eine Vermittlung auswählte. Diese wurden also erst in dem Moment neutral, in dem sie diese Funktion übernahmen. Natürlich war es für die Parteien schwer, sich etwa dem Angebot des Königs zu entziehen, die Vermittlung in einem bestimmten Konflikt zu übernehmen. Häufig bestellte er denn auch Konfliktparteien an seinen Hof und brachte sie dort zu einem Vergleich. Im Regelfall ist davon auszugehen, daß Vermittler sich schon in einer frühen Konfliktphase anboten und aufdrängten. Zumeist waren es Personen, die Bindungen zu beiden Seiten hatten, was ihre Tätigkeit nicht erschwerte, sondern erleichterte. In Einzelfällen ist bezeugt, daß Vermittler abgelehnt wurden, weil sie zu einseitig mit einer Partei liiert waren. In anderen Fällen behalf man sich in solcher Sachlage damit, daß der potentielle Vermittler schnell noch ein Freundschaftsbündnis mit der Partei abschloß, zu der er bisher keine engen Beziehungen hatte. Nicht Distanz zu den Parteien war also gefragt, sondern Nähe.

Normalerweise spielte sich die Tätigkeit solcher Vermittler im Vertraulichen ab. Wie und mit welchen Argumenten, Lockungen und Drohungen sie die Parteien zum Frieden geneigt machten, ist zumeist nur vom Ergebnis her zu ermitteln. Wenn wir jedoch über Argumente der Vermittler informiert werden, hören wir häufig etwas Stereotypes: Sie preisen die Vorzüge des Friedens, warnen vor den Unwägbarkeiten bewaffneter Kämpfe und betonen, daß jetzt noch Zeit sei, ohne Komplikationen und Einbußen zum Frieden zurückzukehren, was desto schwieriger werde, je mehr Gewalt angewandt worden sei. In der Tat war für die Abkehr von der Gewalt die Frage äußerst wichtig, ob bereits Blut geflossen war oder nicht.

Mit einem Beispiel sei verdeutlicht, wie findig Vermittler bei ihrer Tätigkeit argumentieren und handeln konnten. Es handelt von dem Pfalzgrafen Otto von Wittelsbach, der 1133 eine Fehde zwischen dem Bischof von Regensburg und Herzog Heinrich dem Stolzen, einem Welfen, folgendermaßen geschlichtet haben soll, als sich die kampfbereiten Heere beider Gegner bereits gegenüberstanden:

„Mittlerweile sieht sich der Pfalzgraf Otto, ein kluger Mann, der zu beiden Seiten Zutritt hatte, den Aufmarsch der Heere an. Er meldet jenen, daß unseres stärker sei (geschrieben ist die Geschichte aus der Sicht der Welfen),

und setzt sie dadurch in Schrecken. Darauf bedacht, wie man in Güte den Frieden herbeiführen könne, ermahnt er zunächst den mit ihm verwandten Vogt Friedrich (von Falkenstein), sich zu ergeben. Dieser fügt sich, von allen seinen Leuten im Stich gelassen, dem Rate des Pfalzgrafen, geht in dessen Begleitung in das Lager des Herzogs, wirft sich ihm zu Füßen und wird wieder zu Gnaden angenommen. Als der Pfalzgraf dies erreicht hat, drängt er unter Vorstellungen über das den Seinigen drohende Unglück auch seinen Schwiegersohn Otto (von Wolfratshausen), sich zu ergeben und Genugtuung zu leisten. Dieser folgt seinem, ihm auch von anderen erteilten Rat, zögert nicht mit der Übergabe und liefert sich selbst mit seiner Burg in aller Unterwürfigkeit dem Herzog aus ... So ist auch der letzte Widerstand in Bayern nach Gottes Fügung unterdrückt worden. Nicht lange danach kommt es auch zwischen Herzog und Bischof zu einer Verständigung."

Historia Welforum, S. 40ff.

Wer dies für einen romanhaft erzählten Einzelfall hält, dem sei entgegengehalten, daß er bei der Lektüre mittelalterlicher Konfliktdarstellung immer wieder mit ganz ähnlichen Schilderungen konfrontiert wird.

Friedensstiftung durch Einlenken und Vergeben

Auf das Einlenken, das durch einen Akt der Unterwerfung (*deditio*) öffentlich gemacht wurde, folgte eine Reaktion des Gegners, die gleichfalls der Herstellung des Friedens verpflichtet war: demonstrative Milde und Verzeihen, symbolisiert durch einen Kuß oder andere Friedensgesten. Ein zweiter Beleg aus einem anderen Jahrhundert und anderen Umständen sei angefügt, um das Stereotype der Situation herauszuarbeiten. Während der Belagerung der italienischen Stadt Tivoli durch Kaiser Otto III. (983–1002) im Jahre 1001 gingen der Papst und Bischof Bernward von Hildesheim als Vermittler in die belagerte Stadt. Dann geschah folgendes:

„*Am anderen Tag kehrten die Bischöfe zum Kaiser zurück, gefolgt von einem denkwürdigen Triumphzug. Denn alle angesehenen Bürger der Stadt folgten ihnen, nur mit einem Lendenschurz bekleidet, in der Rechten ein Schwert und in der Linken eine Rute tragend und bewegten sich so zum Palast. Dem Kaiser seien sie mit Hab und Gut verfallen, nichts ausbedungen, nicht einmal das nackte Leben; wen er für schuldig halte, möge er mit dem Schwert hinrichten, oder wenn er Mitleid üben wolle, am Pranger mit Ruten auspeitschen lassen ... Der Kaiser war voll des höchsten Lobes für die Friedensstifter, den Papst und Bischof Bernward, und schenkte auf ihre Bitten den Schuldigen Verzeihung.*"

Thangmar, S. 316ff.

Auch hier haben die Vermittler scheinbar ein Wunder bewirkt und die zunächst aufständische Stadtbevölkerung zur Einsicht und zur bedingungslosen Unterwerfung gebracht. Auch hier aber spekulierten die sich Unterwerfenden nicht vergeblich auf Milde. Es war vielmehr feste Gewohnheit, daß sie dem gewährt wurde, der sich von Vermittlern zum Einlenken bewegen ließ. Welche Funktionen die in solchen Zusammenhängen aufgeführten Schauspiele, die ja das Ausweglose und Verzweifelte der Lage betonen, hatten, wird uns in anderen Zusammenhängen noch ausführlich beschäftigen (vgl. S. 47 ff.). Hier bleibt festzuhalten, daß das mittelalterliche Konfliktverhalten durch eine ausgeprägte Bereitschaft gekennzeichnet ist, rechtzeitig einzulenken. Diese Bereitschaft wurde durch die Arbeit der Vermittler stimuliert, die Gegenleistungen für dieses Einlenken fest in Aussicht stellen und garantieren konnten. Diese Gegenleistungen waren um so ehrenvoller, je früher man sich zum Nachgeben entschloß.

Spielregeln mittelalterlicher Konfliktaustragung

Insgesamt praktizierte man im Konflikt also ein ganzes System von Regeln, das einem Ziel verpflichtet war: die Beendigung der Auseinandersetzung zu erleichtern. Auch wenn noch einmal daran zu erinnern ist, daß dieses Regelwerk nur für die Waffenträger selbst und insbesondere für ihre höchsten Ränge galt, ist davon unbenommen, daß diese Regeln der Gewalt Schranken setzten und bewußt so eingesetzt wurden. Gewiß sind sie auch verletzt und gebrochen worden, doch wäre es ein fundamentales Mißverständnis, ihre Verbindlichkeit deshalb geringzuschätzen. Auch unsere Gesetze werden gebrochen, ohne dabei ihren verbindlichen Charakter zu verlieren. Eine besondere Sicherheit aber scheint die mittelalterliche Gesellschaft gegen den leichtfertigen Umgang mit diesen Spielregeln installiert zu haben: Die Vorteile einer solchen gütlichen Einigung durch Nachgeben gab es nur einmal. Eröffnete man den so beigelegten Konflikt erneut, hatte man die Aussicht auf milde Behandlung und den Einsatz von Vermittlern verspielt. In solchen Fällen entschieden tatsächlich die Waffen, und dieses Wagnis einzugehen, hat man sich offensichtlich genau überlegt.

Abb. 3: Karl der Große wird im Zelt gewappnet, das Heer zieht in die Schlacht. Karlsschrein, Dachrelief, Das Wunder der blühenden Lanzen, Aachen, Dom, vollendet 1215.

Die Möglichkeit, Konflikte durch Einlenken und mit Hilfe von Vermittlern zu beenden, hat sich überdies auf das gesamte Konfliktverhalten der Krieger ausgewirkt und der Fehde weiteres Gepräge gegeben. Verdeutlicht sei dies mit einem Beispiel, in dem ein scheinbar ungewöhnliches Verhalten von Kriegern in einem Kampf berichtet wird. In der sog. Tübinger Fehde in den 1160er Jahren passierte bei einem bewaffneten Zusammenstoß der Heere folgendes:

> *„Jetzt eilt auch unsere Hauptmacht in geschlossener Front … herbei, aber wegen der Schwierigkeit des Zugangs erreichen nur wenige den Kampfplatz. Gleichwohl haben alle, die zum Schlagen kamen, zwei Stunden lang aufs tapferste gekämpft, obgleich mit Ausnahme eines einzigen auf keiner Seite jemand fiel. So gut waren sie nämlich alle durch ihre Rüstungen geschützt, daß sie viel leichter gefangengenommen als getötet werden konnten."*

Historia Welforum, S. 64 f.

Schon diese Darstellung spricht dafür, daß hier nicht mit Todesmut und -verachtung gekämpft wurde. Zu allem Überfluß aber ergriffen dann viele auch noch die Flucht:

> *„Als die Feinde dieser Flucht gewahr werden, nehmen sie zunächst ihre noch kämpfenden Gegner, von denen nur wenige entkommen, gefangen und schicken sie in die Burg; dann setzen sie den anderen nach. Wie Schafe von der Weide in den Stall treiben sie sie vor sich her und nehmen ihnen alles in allem 900 Gefangene und ungeheure Beute ab."*

Historia Welforum, S. 64 f.

Liest man diese Nachrichten im Verbund mit den vielen Bestimmungen, die Einzelheiten des Lösegelds für in einer Fehde Gefangengenommene betreffen, verblaßt auch hier der martialische Eindruck vom mittelalterlichen Fehdegeschehen. Man hat ganz offensichtlich nicht bis zum letzten Blutstropfen gekämpft, sondern seinen Einsatz zu dosieren gewußt. Das Verhalten der Burgbesatzungen, die schnell an Aufgabe gegen freien Abzug dachten, das Verhalten der Krieger, die zwar lange tapfer aufeinander einschlugen, ohne sich jedoch zu töten, und das Verhalten der Flüchtigen, die sich einer Gefangennahme wohl nicht energisch widersetzten, summieren sich im Verbund mit den Mahnungen und Versprechungen der Vermittler zu einem Gesamtbild mittelalterlicher Fehdeführung, das mehr aus demonstrativ-rituellen Drohgebärden besteht als aus ungehemmten Gewaltakten. Man hat den Einsatz der Gewalt wohl öfter angedroht als wirklich praktiziert und alle Beteiligten agierten auf dem Felde der Konfliktführung mit dem Wissen um Spielregeln, die ein rechtzeitiges Einlenken unter festliegenden Konditionen erlaubten und so das Risiko der Fehdeführung kalkulierbar machten. Diese Regeln sahen zu vielen Gelegenheiten des Fehdegeschehens beziehungsweise seiner vorbereitenden Akte expressives Verhalten vor: Zeichen für aufkommenden Dissens wie für hell aufflammende Empörung, martialische Drohgebärden heranrückender Heere wie verzweifelte Gesten des Bittens um Gnade und Schonung. Die Reihe ließe sich fortsetzen mit der Beschreibung von Gesten großherziger Milde oder auch unnachgiebiger Strenge. All dies soll hier aber nicht in extenso vorgeführt und diskutiert werden, da es in einen größeren Zusammenhang gehört. Der gesamte mittelalterliche Kommunikationsstil ist dominiert von Zeichen, Gesten, Gebärden und Ritualen, um deren Verständnis wir uns bemühen müssen, da es sich nicht von selbst erschließt. Die Eigenart der Kommunikation im Konflikt markiert hier nur einen, wenn auch wichtigen Ausschnitt (vgl. auch S. 47 ff.).

Um es abschließend noch einmal zu unterstreichen: Diese Einschätzung der mittelalterlichen Fehde heißt nicht, ihre furchtbare Wirkung auf die wehrlose Bevölkerung, für die die eben genannten Regeln ja nicht galten, geringzuschätzen. Doch wäre die Vorstellung, daß vor dem Kriegsrecht alle gleich waren, ein massives Mißverständnis. Adliges Standesdenken triumphierte gewiß nicht überraschend auch beim Regelwerk der Fehdeführung, indem den höheren Rängen Konditionen zugestanden wurden, die die Risiken kalkulierbar machten.

Fehlende Gewaltenteilung
Welche Rolle spielten Gerichte in der mittelalterlichen Herrschaftsordnung?

Als St. Galler Mönche am Ende des 10. Jahrhunderts vom Königshof nach Hause reisten, sollen sie böse Spottverse gesungen haben: „Otto, solange du regierst, regiert das Geld mit dir.“ Ursache ihres Ärgers war die Tatsache, daß sie vor dem Königsgericht beim Prozeß gegen ihren Abt keinen Erfolg gehabt hatten, und das war so gekommen:

Als der Abt merkte, daß seine Sache schlecht stand, hatte er einen Grafen bestochen, der großen Einfluß beim König besaß. Der hatte sich heimlich beim König für den Abt eingesetzt mit dem Ergebnis, daß der König den Prozeß abbrach, weil es Wichtigeres zu erledigen gäbe. Er schickte Abt und Mönche mit dem guten Rat nach Hause, es noch einmal in Frieden miteinander zu versuchen.

nach Casuum S. Galli, S. 153

Für moderne Hörer ist diese Geschichte „ein starkes Stück“. Gerichtsverfahren, so denken wir fast instinktiv, dürfen durch keinerlei Aktivitäten außergerichtlicher Art beeinflußt werden. Doch dies ist eine moderne Auffassung von der Stellung und Rolle der Gerichte, die mittelalterlichen Verhältnissen nicht gerecht wird. Die Gewaltenteilung mit einer unabhängigen Rechtsprechung und Justiz ist ein Produkt der Moderne und dem Mittelalter noch unbekannt. Dieser Zeit war die Praxis, daß Streit nicht durch Selbsthilfe, sondern auf dem Gerichtswege entschieden werden mußte, alles andere als selbstverständlich. Und daß ein Gerichtsurteil den Vorrang vor allen anderen Formen des Austrags von Streit beanspruchte, war gleichfalls unbekannt.

Dennoch kannte das Mittelalter natürlich bereits Gerichte. Man unterscheidet zwischen weltlicher und geistlicher Gerichtsbarkeit, kennt das

Abb. 4: Papst und Kaiser sitzen als Häupter der Christenheit gemeinsam auf einem Thron. Sachsenspiegel, Heidelberger Handschrift, ca. 1360, fol. 22r.

Universitätsbibliothek Heidelberg.

Königs-, das Herzogs- und das Grafengericht ebenso wie die Gerichtsbarkeit des Lehnsherrn auf der weltlichen Seite. Päpste, Bischöfe und Synoden urteilten nach kanonischem Recht (Kirchenrecht) in geistlichen Angelegenheiten und über Geistliche, ohne daß eine genaue Abgrenzung zwischen weltlicher und geistlicher Gerichtsbarkeit immer möglich gewesen wäre. Für das Mittelalter charakteristisch ist auch das Streben nach Immunität: Keine Amtsperson, also auch kein Richter, sollte die Befugnis haben, in einem bestimmten Gebiet oder bezüglich bestimmter Leute Amtshandlungen vorzunehmen, so formulieren viele Privilegien, die namentlich die Könige ihren Getreuen zubilligten. Die Gerichtshoheit zu besitzen markierte ein vorrangiges Ziel mittelalterlicher Herrschaft. Welches Gericht für welche Leute zuständig war, stellte deshalb nicht selten ein Problem dar.

Rahmenbedingungen mittelalterlicher Gerichtsbarkeit

Die differenzierte oder besser verwirrende Vielfalt mittelalterlicher Gerichte als Rechtssystem mit Instanzenzügen, Zuständigkeiten und Verfahrensordnungen zu beschreiben hat man zwar seit dem 19. Jahrhundert immer wieder versucht, doch sind die Zweifel eher gewachsen, ob man mittelalterliche Gerichte in eine an modernen Maßstäben orientierte Rechtssystematik bringen kann. Gerichte sind eher Machtmittel in der Hand der Gerichtsherren als unabhängige Organe der Rechtsprechung gewesen.

Diese Zweifel sollen im folgenden untermauert und verstärkt werden, denn es ist in der Tat so, daß man die mittelalterlichen Gerichte nicht mit modernen Kategorien beurteilen darf. Konzentriert auf die weltliche Gerichtsbarkeit und hier besonders auf das Königsgericht sei daher versucht, Rahmenbedingungen mittelalterlicher Gerichtstätigkeit zu diskutieren und so zu zeigen, was diese Gerichte zu leisten vermochten und wozu sie nicht in der Lage waren oder auch gar nicht sein wollten.

Jede Darstellung mittelalterlicher Gerichtspraxis wird erheblich durch eine unabänderliche Tatsache behindert. Die mittelalterliche Gerichtstätigkeit wurde erst spät und unzureichend vom Prozeß der Verschriftlichung erfaßt. So fehlen etwa zwischen den karolingischen Kapitularien (den schriftlichen Anweisungen der Karolinger an den Herrschaftsverband) und dem „Sachsenspiegel" Eikes von Repgow (in Land- und Lehnrecht untergliederte Rechtsaufzeichnungen) im 13. Jahrhundert jegliche Aufzeichnungen normativen Charakters, die uns über die Aufgaben und Arbeitsweisen der Gerichte informieren. Die Gerichtspraxis spielte sich weitgehend in mündlicher Kommunikation ab. Sie orientierte sich an nur mündlich überlieferten Gewohnheiten, die erst seit dem 13. Jahrhundert, dann aber in den verschiedensten Ländern nahezu gleichzeitig schriftlich fixiert wurden. Dieser Umstand bedeutete jedoch nicht ohne weiteres, daß die Aufzeichnungen nun schlagartig als für alle verbindlich betrachtet worden sind. Allgemeinen Gesetzescharakter besaßen sie noch lange nicht.

Der sog. germanisch-deutsche Rechtsgang, der von den weltlichen Gerichten gepflegt wurde, sah so aus, daß ein Richter, etwa der König im Königsgericht, Urteilern ein Problem vorstellte und sie um ihr Urteil bat. Diese berieten dann mit den anderen Gerichtsgenossen und stellten die allgemeine Meinung fest, die sie dann in ihrem Urteil zum Ausdruck brachten. Der Richter schloß sich ihrem Urteil an, setzte das Strafmaß fest und sorgte für die Vollstreckung. So zumindest die Theorie. Wir werden gleich an konkreten Beispielen sehen, wie grau diese Theorie sein konnte.

„Rat und Urteil" der Großen

Ein solches Gericht war nicht ständig gegenwärtig, sondern konstituierte sich nach Bedarf. Es sind durchaus fließende Übergänge von der Beratung zum Gericht zu beobachten, wenn etwa ein König seine anwesenden Großen um *consilium vel iudicium*, um Rat oder Urteil, bat. Was für uns ein erheblicher, ja entscheidender qualitativer Unterschied ist, wurde in mittelalterlicher Rechtspraxis fast als Synonym gesehen. Willkürlich wirkt auf moderne Betrachter auch, wie sich solch ein Gericht konstituierte. Man legte offensichtlich Wert darauf, daß die Gerichtsgenossen in bestimmter Beziehung zu den Beklagten standen: Sie hatten Standes- und/oder Stammesgenossen zu sein. Dies dürfte die Akzeptanz ihres Urteils erhöht haben. Wer nun aber konkret ausgewählt wurde, hing weitgehend vom Zufall der Anwesenheit ab. Der Urteiler dagegen wurde vom Gerichtsherrn bestimmt. Da die Urteiler zwar einerseits die Meinung der Gerichtsgenossenschaft feststellten und zum Ausdruck brachten, dies andererseits aber in stetem Kontakt mit ihrem Auftraggeber taten, dürfte sichergestellt gewesen sein, daß keine Urteile gefällt wurden, die nicht die Zustimmung des Herrn fanden. So ist folgerichtig auch nicht überliefert, daß im Königsgericht der König einmal dem Spruch seiner Urteiler nicht beigetreten wäre.

Abb. 5: Gefangennahme des verkleideten Richard Löwenherz; er bittet den Kaiser um Gnade und wird freigelassen. Petrus de Ebulo: Liber ad honorem Augusti sive de rebus Siculis, ca. 1196, S. 171.

Burgerbibliothek Bern, Codex 120 II, fol. 129 r.

War auf die geschilderte Weise aber ein Urteil zustande gekommen, dann hatte dies ganz zweifelsohne nicht dieselbe Bedeutung, wie heutige Urteile sie haben. Dies sei mit einer Schilderung Thietmars von Merseburg belegt, der wie selbstverständlich folgendes erzählt: In einer Fehde König Heinrichs II. gegen einen Markgrafen von Schweinfurt hätten die Truppen des Königs das feindliche Lager aufgespürt und bei ihrem Überfall einen

Gefangenen gemacht. Sein Name wird mit Ernst angegeben, ohne daß wir Näheres über ihn wüßten. Mit diesem Gefangenen geschah nach Thietmar nun folgendes:

> *„Der Gefangene wurde dem König vorgeführt, und die Richter sprachen ihm das Todesurteil; doch wurde es auf die dringende Bitte des Erzbischofs Willigis von Mainz durch eine dem König genehme Loskaufsumme ersetzt."*

Thietmar von Merseburg, S. 230 f.

Etwas ganz Ähnliches erzählt Thietmar auch von Otto dem Großen:

> *„Auch die Hinrichtung meines am Mordkomplott beteiligten Großvaters hätte er (gemeint ist der Kaiser) gern gesehen. Doch durch den Rat (consilium) vertrauter Fürsten ließ er sich bereden, ihn zum Grafen Berthold nach Bayern in Haft zu geben. All sein Vermögen wurde eingezogen und gründlich aufgeteilt; erst nach einem vollen Jahr gewann er die Huld des Königs und seinen gesamten Besitz zurück, dazu eine große Geldsumme und je einen Hof in Santersleben und Gutenswegen."*

Thietmar von Merseburg, S. 56 f.

Bei diesem Beispiel wird eine Verurteilung zur Hinrichtung schon durch ein *consilium*, einen Rat, der Fürsten abgewendet. Beiden Fällen ist gemeinsam, daß man Gerichtsurteile durch Bitten oder durch Rat verhindern bzw. aufheben kann.

Hier scheint also einiges zu passieren, was mit unseren Vorstellungen über die Arbeit von Gerichten nur schwer zu vereinbaren ist. Todesurteile sind mit Geldzahlungen abzuwenden; anstelle von Hinrichtungen steht eine kurze Verbannung und danach eine geradezu üppige Belohnung, wenn einflußreiche Personen dazu raten. Dem König ist ein Ermessensspielraum zugebilligt, wie er modernen Richtern nicht mehr gegeben ist. Der *aequitas*, der Billigkeit, wird breiter Raum gegeben. Während moderne Gerichte in dieser Hinsicht durch Mindest- und Höchststrafen deutlich eingeschränkt sind, ist der Willkür des mittelalterlichen Gerichtsherrn kaum eine Schranke gesetzt. Vor dem mittelalterlichen Gericht sind nicht alle gleich, sondern es ist wichtig, wer sich fürsprechend für einen Angeklagten einsetzt, welche „Lobby" ein Beklagter hat. Nicht zuletzt bestimmte natürlich sein Stand und Rang, ob und wie er überhaupt vor Gericht gezogen werden konnte.

Alternativen zum Gerichtsurteil: die gütliche Einigung

Diese Entscheidungsfreiheit wurde ferner durch die häufige Anwendung eines anderen Rechtsprinzips unterstrichen: *pactum legem vinxit et amor iudicium* (ein Vertrag bezwingt das Gesetz, eine gütliche Einigung das Gerichtsurteil). Wenn Parteien zu einem gütlichen Ausgang ihres Streits fanden, machte dies jedes Gerichtsurteil obsolet. Wie so etwas konkret aussehen konnte, erzählt Ekkehard von St. Gallen in der Mitte des 11. Jahrhunderts am Beispiel eines Streits zwischen Bischof Salomo von Konstanz und zwei schwäbischen Grafen, den sog. Kammerboten Erchanger und Bertolt, der sich am Anfang des 10. Jahrhunderts abspielte:

„*Vom König erging das Gebot an Bischof und Kammerboten, unter dem Banne des Friedens in Mainz bei Hofe zu erscheinen, damit dort ihr Streit verhandelt werde. Dort kam es zur öffentlichen Verhandlung, und nachdem man jene zwei des Majestätsverbrechens für schuldig erklärt hatte, wurden sie in Ingelheim eingekerkert, bis sie mit Verbannung oder Tod bestraft würden.*“ Der König hatte wie in den vorherigen Beispielen die Wahl zwischen diesen sehr unterschiedlich harten Strafen. „*In der Besorgnis, nun selber Ursache ihres blutigen Todes zu sein, bemühte sich Salomo zusammen mit Bischof Hatto um ihre Befreiung. Bittflehend gingen beide im geheimen den Herrscher an. Sie erweichten des Königs Herz und versöhnten ihn mit jenen Feinden. Diese mußten sich öffentlich vor Salomo demütigen und Frieden schließen, und mit seiner Hilfe wurden sie wieder in ihre frühere Macht eingesetzt.*“

Ekkehard, S. 36 ff.

Lediglich einen Eid hatten die beiden noch zu leisten, daß sie den Bischof nie wieder in der nämlichen Sache beeinträchtigen wollten.

Hier finden wir zunächst die Streitregelung durch ein Gerichtsurteil. Dann aber verwendet sich der Streitgegner für die Verurteilten. Dies geschieht zunächst heimlich, führt aber zu einer öffentlichen Beilegung des Streits, die gänzlich anders aussah als das Gerichtsurteil es bestimmt hatte. Nach einer Szene der öffentlichen Demütigung vor dem Bischof wird Frieden geschlossen, die Verurteilten werden in ihre frühere Stellung reintegriert, müssen allerdings eidlich versprechen, daß sie den Konflikt nicht erneut eröffnen wollen. An die Stelle des Gerichtsurteils ist der Vertrag getreten, der nicht nur den Frieden, sondern auch die öffentliche Genugtuungsleistung vorsah.

Einigung durch Genugtuung

Genugtuung (*satisfactio*) ist ein Terminus, der für die gütliche Streitbeilegung (*compositio*) und die mit ihr verbundenen Vorstellungen fundamental ist. Mittels vereinbarter Leistungen, die der jeweils anderen Partei Genugtuung für Unrecht oder jede Form der Schädigung gaben, wurde in den mittelalterlichen Ordnungen viel Konfliktstoff erledigt, ohne Gerichte zu bemühen. Um dies zu verstehen, muß man sich wiederum von Vorstellungen lösen, die erst der moderne Staat mit sich gebracht hat: daß es nämlich im öffentlichen Interesse liegt, bestimmte Sachverhalte von Amts wegen verfolgen und bestrafen zu lassen.

Auf Gerichte haben namentlich die Führungsschichten bei der Regelung ihrer Streitfälle zumeist verzichtet. Der Vorteil einer gütlichen Einigung durch Vermittler liegt ja auch auf der Hand: Man regelte die Streitfragen unter sich, durch selbst gewählte Personen, während man vor Gericht die Sache nicht in vergleichbarer Weise in der Hand behielt. Neben dem Recht auf bewaffnete Selbsthilfe reklamierten und praktizierten die Führungsschichten also ein Recht auf Selbstregulierung von Streit. Folgerichtig kann man die Entwicklung von der mittelalterlichen Staatlichkeit zum modernen Staat nicht zuletzt an Auseinandersetzungen über die Frage verfolgen, wer sich vor den Gerichten verantworten mußte. Die Zuständigkeit von Gerichten und die Akzeptanz von Gerichtsurteilen ist ein deutliches Indiz dafür, welche Lebensbereiche herrschaftlich erreicht und von der Herrschaft durchdrungen waren. Dieser Prozeß, der im Mittelalter durchaus nicht gradlinig und in allen Ländern synchron verlief, sei an einigen Beispielen des Gerichts der fränkischen und der deutschen Könige verfolgt.

Das Königsgericht bei den Karolingern

Die Karolinger haben großen Wert darauf gelegt, Auseinandersetzungen innerhalb der Führungsgruppen durch Gerichtsurteile entscheiden zu lassen. Wir kennen eine ganze Reihe berühmter Prozesse dieser Zeit, die nach einem ähnlichen Muster abliefen. Standes- und Stammesgenossen verurteilten einen Gegner des Königs als Majestätsverbrecher zum Tode. Der Herrscher trat dann diesem Urteil bei, milderte es jedoch nach Maßgabe seiner herrscherlichen Milde (*clementia*) zur Blendung ab oder ließ den Verurteilten in ein Kloster einweisen. Da diese Klostereinweisung, d. h. die Vermönchung, nur mit der Zustimmung des Betroffenen geschehen konnte, ließ man ihm manchmal auch die Wahl zwischen Tod und Klostereintritt. Nicht überraschend entschied sich der Betreffende dann 'freiwillig' für den Klostereintritt.

Abb. 6: Unterwerfung der Stadt Brescia unter König Heinrich VII. 1311. Bilderchronik Kaiser Heinrichs VII. und Kurfürst Balduins v. Luxemburg.

Landeshauptarchiv Koblenz, Best. 1 C, Nr. 1, fol. 15 a.

Detailliert bezeugt ist diese Praxis im Falle des Bayernherzogs Tassilo, der 788 seines bayerischen Herzogtums entsetzt wurde. Nach der Darstellung der Reichsannalen klagten ihn zunächst Bayern der Untreue an, es folgte ein ausführliches Geständnis des Bayernherzogs, das nachhaltig an einen modernen Schauprozeß erinnert. So bezichtigte sich Tassilo neben anderen Vergehen, den Ausspruch getan zu haben: „Auch wenn er zehn Söhne hätte, wolle er sie lieber verlieren, als die Abmachungen mit Karl dem Großen einhalten." Nach diesem umfassenden Geständnis verurteilten ihn dann Angehörige aller Stämme, die zu dieser Versammlung gekommen waren, zum Tode. Karl der Große jedoch, so immer noch die Reichsannalen, von Barmherzigkeit ergriffen, erreichte es von Gottes und seinen Getreuen, also von der Gerichtsgenossenschaft, daß dieser nicht getötet wurde. Befragt, was mit ihm geschehen solle, bat jener darum, zum Mönch geschoren und in ein Kloster eingewiesen zu werden, damit er Buße tun und seine Seele retten könne. Dieser Wunsch wurde ihm erfüllt.

Das königliche Gericht scheint hier ganz gemäß der Interessen des Herrschers instrumentalisiert. Man fragt sich beklommen, wie die bereitwillige Mitwirkung des Angeklagten an diesem Verfahren erreicht wurde, worüber jedoch keine Quelle die geringste Andeutung macht.

Die Akzeptanz königlicher Gerichtsbarkeit in der Ottonen- und Salierzeit

So wie geschildert, haben sich Angehörige der Führungsschichten aber allenfalls unter Karl dem Großen behandeln lassen. Spätestens seit dem 10. Jahrhundert war es unüblich, daß die Könige ihre Getreuen aus dem Hochadel, mit denen sie häufig ja auch verwandt waren, mittels Gerichtsverfahren zu disziplinieren versuchten. In Konfliktfällen, die im 10. Jahrhundert reichlich gegeben waren, führten die Könige vielmehr bewaffnete Auseinandersetzungen mit ihren Widersachern, die durch Vermittler mehr oder weniger schnell zur Einsicht gebracht wurden und sich zu einem gütlichen Ende des Konflikts bereit fanden. Dieses Ende sah in aller Regel so aus, daß die Gegner der Könige diesen öffentlich zu Füßen fielen, also einen Akt der Genugtuung leisteten, wofür ihnen dann Verzeihung für alles Frühere gewährt wurde. Zumeist wurden sie sofort oder bald in ihre frühere Stellung wiedereingesetzt. Klosterhaft oder gar Blendung stand den Königen als Mittel zur Disziplinierung oder Bestrafung des Adels in dieser Zeit nicht mehr zur Verfügung.

Wie ungebräuchlich die Praxis geworden war, sich mittels Gerichtsurteil Vorteile im Kampf um Einfluß und Macht zu verschaffen, zeigt am besten die Reaktion des Adels, als die Könige des 11. Jahrhunderts versuchten, diese Praxis zu revitalisieren. Bis weit ins 12. Jahrhundert hinein blieb die Frage höchst umstritten, ob es Adligen zuzumuten sei, sich vor dem Königsgericht zu verantworten. Fast alle, die von einer solchen Zumutung betroffen waren, haben sich ihr entzogen und lieber ein sog. Kontumazialurteil, eine Verurteilung wegen Nichterscheinens, in Kauf genommen, als sich der in ihrem Verständnis wohl entehrenden Prozedur der Gerichtsverhandlung zu unterziehen.

So prallten etwa in der Mitte des 11. Jahrhunderts verschiedene Rechtsauffassungen aufeinander, als der sächsische Graf Thietmar, ein Bruder des billungischen Herzogs, von seinem eigenen Vasallen beschuldigt wurde, er habe geplant, König Heinrich III. zu ermorden. Der König verurteilte den Hochadligen daraufhin, diesen Vorwurf in einem Zweikampf mit dem Ankläger zu widerlegen. Heinrich III. veranlaßte also das Gottesurteil des gerichtlichen Zweikampfes, bei dem der angeklagte billungische Graf von seinem Vasallen getötet wurde. Was dessen Verwandte über diese Rechtspraxis dachten, macht nichts deutlicher als die Tatsache, daß der Sohn des Erschlagenen den im Zweikampf siegreichen Vasallen gefangennahm und ihn, an den Beinen aufgehängt, von Hunden zerfleischen ließ. So brachte man Verräter ums Leben. Der Kaiser antwortete darauf mit der Exilierung des Sohnes (Adam von Bremen, S. 336 f.). Von Vermittlern ist bei dieser Auseinandersetzung ebensowenig die Rede wie von der Chance des Adligen, durch einen Reinigungseid und Eideshelfer die Unwahrheit der Anschuldigung zu erweisen. Heinrich III. hatte also neue Formen des Umgangs mit adligen Gegnern praktiziert, die das Verhältnis zwischen Königtum und betroffenem Adel gewiß nicht verbesserten.

Daß mit diesem Vorgehen des Kaisers in der Tat eine neue Saite im Verhältnis zwischen König und widerspenstigen Großen angeschlagen war, macht wenig später das Verhalten Heinrichs IV. gegenüber dem Herzog Otto von Northeim deutlich. Auch dieser wurde mit dem Vorwurf konfrontiert, er habe geplant, den König umbringen zu lassen. Ein Ankläger, der übel beleumundet war, trat mit dieser Behauptung hervor, zeigte sogar das Schwert, das ihm Otto für dieses Tun gegeben habe, und erbot sich wie der Vasall des Grafen, seinen Vorwurf „durch jeden gewünschten Beweis zu bestätigen". Nur knapp und skeptisch sei gefragt, wie man einem Schwert ansehen kann, zu welchem Zweck es gegeben wurde.

Der König machte Herzog Otto jedenfalls den Inhalt dieser Anklage bekannt und setzte ihm eine Frist von sechs Wochen. Dann solle er nach Goslar kommen und dort die gegen ihn erhobene Beschuldigung durch einen Zweikampf mit dem Ankläger widerlegen. Hier haben wir wieder diese neue Form der Behandlung von Adligen. Die Entscheidung des Königs akzeptierten viele Fürsten nicht, da sie nicht im Einklang mit den bisher praktizierten Gewohnheiten stand:

> *„Es sei nicht recht und billig", argumentierten sie, „daß ein Mann von höchstem Adel und völlig unbescholtenem Ruf, der noch niemals durch den Makel eines ungünstigen Gerüchts befleckt worden sei, mit einem solchen durch und durch verruchten Menschen kämpfen solle, der alles, was er etwa an adliger Gesinnung von seinen Vorfahren ererbt hätte, durch Diebstahl und Straßenraub, kurz durch alle lasterhaften Schandtaten ausgelöscht habe."*

Lampert von Hersfeld, S. 124 ff./Brunos Buch vom Sachsenkrieg, S. 216 f.

Üblich wäre gewesen, von Herzog Otto allenfalls einen Reinigungseid zu fordern und die Sache danach als erledigt zu betrachten. Kaum zufällig konnte man sich in diesem Falle nicht einmal auf Bedingungen einigen, unter denen dieser Zweikampf stattfinden sollte. So forderte Herzog Otto freies Geleit, um „sich zu stellen und entsprechend der von den Reichsfürsten für billig erachteten Auflage die gegen ihn vorgebrachte Anschuldigung zu widerlegen". Er spielte mit anderen Worten die Reichsfürsten gegen den König aus, indem er sich ihrer Entscheidung zu unterwerfen versprach.

Wie gespalten die Meinungen über das rechtmäßige Vorgehen in diesem Falle waren, zeigt die Tatsache, daß Herzog Otto nach seiner Weigerung

Abb. 7: Pfählung zweier Ehebrecher. Statutenbuch der Stadt Zwickau, 1348.

Stadtarchiv Zwickau.

von sächsischen Fürsten verurteilt wurde, und zwar wegen Majestätsverbrechens. Wenn man seiner habhaft werde, solle das Todesurteil an ihm vollstreckt werden.

Wir fassen hier also intensive und neuartige Versuche, Konflikte, die in politischen Meinungsverschiedenheiten wurzelten, mit rechtlichen Mitteln auszutragen. Dazu gehörte die Konstruktion eines Mordvorwurfs, der in der Tat ein Verbrechen beinhaltete, dazu gehörte das Mittel des gerichtlichen Zweikampfs und nicht zuletzt das Todesurteil nach der Weigerung des Beklagten, sich auf das vom König befohlene Prozedere einzulassen. Die salischen Könige, so kann man allgemein sagen, haben in neuer Weise versucht, das Instrument des Gerichts in Auseinandersetzungen mit dem Adel zu ihrem Vorteil zu nutzen. Sie stießen bei diesen Versuchen jedoch immer wieder auf hartnäckigen Widerstand nicht nur der Betroffenen, sondern breiter Teile der Führungsschichten.

Wie stark die alten Gewohnheiten in dieser Zeit noch waren, zeigt auch das Ende des Konflikts zwischen Heinrich IV. und Otto von Northeim: Nach Abschluß der Fehdehandlungen, in deren Verlauf sowohl der König wie auch Otto die Besitzungen des Gegners verheert hatten (vgl. S. 6 f.), war es ein Vermittler, der ein gütliches Ende des Konflikts erreichte. Vom Todesurteil war in diesem Zusammenhang nicht mehr die Rede, es wurde durch die gütliche Einigung und die Unterwerfung Ottos obsolet.

Das Königsgericht im 12. Jahrhundert

Vergleichbare Versuche von seiten der Könige, in politischen Auseinandersetzungen das Mittel des Gerichtsurteils zur Disziplinierung von Kontrahenten einzusetzen, ziehen sich auch noch durch das 12. Jahrhundert. König Konrad III. ließ etwa seinem Gegner, dem Welfen Heinrich dem Stolzen, durch Gerichtsurteile seine Herzogtümer Bayern und Sachsen absprechen, um so eine rechtliche Handhabe gegen ihn zu haben. Selbst von seinem engsten Ratgeber, dem Abt Wibald von Stablo und Corvey, mußte er sich dafür aber eine briefliche Rüge anhören: Er solle nicht so sehr auf Gerichtsurteile setzen, schrieb ihm dieser Vertraute, da die sich kaum in dem Gau herumsprächen, in dem sie gefällt worden seien. Vielmehr solle er einen Heereszug gegen seinen Gegner unternehmen. Wenn der *cum splendore* (mit Glanz) durchgeführt werde, würde sich dies im ganzen Reich verbreiten (Wibaldi epistolae, S. 354).

Auch Friedrich Barbarossa stieß bei seinen Versuchen namentlich in Italien, seinen Gegnern mit dem Mittel des Königsgerichts beizukommen, auf Widerstand und massives Unverständnis. Vertreter der lombardischen Städte, die sich in langwierigen Konflikten mit Friedrich befanden und durchaus in dem Bewußtsein agierten, die Rechtsgewohnheiten auf ihrer Seite zu haben, nannten Barbarossa einen „parteiischen Richter", weil er das eigene Gericht in eigener Sache einzusetzen versuchte. Ganz unrecht hatten sie damit gewiß nicht.

Der „Prozeß Heinrichs des Löwen" als Beispiel königlicher Gerichtsbarkeit

Dennoch hat Friedrich Barbarossa auch die Auseinandersetzung mit seinem mächtigsten Widersacher nördlich der Alpen, mit Heinrich dem Löwen, dem Herzog von Sachsen und Bayern († 1195), auf dem Prozeßwege zu führen und zu entscheiden versucht. Der „Prozeß Heinrichs des Löwen" ist sicher der bekannteste und meistuntersuchte der sog. „politischen Prozesse" des Mittelalters. Formal war Friedrich nicht der Gegner Heinrichs des Löwen, da Klagen sächsischer Großer gegen Heinrich anstanden, die Friedrich vom Königsgericht entscheiden lassen wollte. Es ist interessant, daß sich Heinrich der Löwe diesem Gericht nicht stellte, sondern trotz dreimaliger Ladung fernblieb und sich so ein Kontumazialurteil einhandelte, dem nach weiterer Mißachtung die Acht und die Oberacht, die den Betroffenen vogelfrei machten, sowie eine „Reichsheerfahrt" folgten, mit der dem Urteil Nachdruck verliehen werden sollte. Und genauso interessant ist, daß trotz all dieser rechtserheblichen Schritte und Akte sich Friedrich Barbarossa und Heinrich der Löwe – selbst nach den Urteilen – noch persönlich trafen und in einem Geheimgespräch nach einer gütlichen Lösung des Streits suchten. Friedrich Barbarossa soll angeblich das Angebot gemacht haben, für 5000 Mark Silber werde er selbst einen gütlichen Ausgleich zwischen Heinrich und seinen sächsischen Gegnern vermitteln. Der Löwe soll dieses Angebot abgelehnt haben, ohne daß wir den Grund für diese Ablehnung erfahren. In jedem Fall steht aber auch hier bis zuletzt die Möglichkeit gütlicher Einigung neben den Gerichtsurteilen im Raum und sie hätte wie in den anderen Fällen die Gerichtsurteile obsolet gemacht.

Auch wenn es zwischen Barbarossa und Heinrich dem Löwen zu keiner gütlichen Einigung kam, das Ende des Konflikts wurde mit einem Ritual öffentlich angezeigt, so wie es lange Jahrhunderte bei gütlichen Einigungen praktiziert worden war: Heinrich der Löwe warf sich seinem Gegner und Vetter in Erfurt zu Füßen – unterwarf sich also mit dem Ritual der *deditio* – und wurde von Barbarossa danach aufgehoben und geküßt. Eine spätere welfische Quelle bemerkt zu der Szene kritisch, Friedrich habe sich des Löwen nicht richtig erbarmt, weil er ihn nicht gleich wieder in Amt und Würden eingesetzt, sondern ihn ins Exil geschickt habe. Dies habe der Kaiser jedoch deshalb nicht tun können, weil er den Fürsten einen diesbezüglichen Eid geleistet haben soll. Wir sehen hier auch am Ende des 12. Jahrhunderts noch immer die Vorstellungen von den Regeln gütlicher Konfliktbeendigung lebendig.

Gerichte in der mittelalterlichen Herrschaftsordnung

Auch Gerichte, so sollte mit diesem Versuch deutlich werden, haben ihre Geschichte. Vielleicht fällt das Verständnis der mittelalterlichen Verhältnisse auf diesem Felde besonders schwer, weil unser Denken von den Einrichtungen des Rechtsstaats und der Gewaltenteilung zwischen Legislative, Exekutive und Judikative geprägt ist. Im Mittelalter waren Gerichte dagegen Instrumente in den Händen der Gerichtsherren, die sie im Zusammenwirken mit der Gerichtsgenossenschaft in die Lage versetzten, ihrem Willen zusätzlichen Nachdruck zu verleihen. Gerichtsurteile aber standen neben, nicht über anderen Formen, Streit zu entscheiden. Hervorzuheben ist abschließend noch einmal die Mitwirkung der Gerichtsgenossenschaft, auf die jeder Gerichtsherr angewiesen war. Wir werden dieser Mitwirkung, die eine Form der Mitbestimmung ist, auch auf anderen Gebieten mittelalterlicher Staatlichkeit wiederbegegnen. Ob Rat oder Urteil (*consilium vel iudicium*), ohne Beteiligung der Betroffenen kam mittelalterliche Herrschaft nicht aus, auch wenn diese Beteiligungen zweifelsohne nicht als frühe Formen von Demokratie zu verstehen sind, denn sie beschränkten sich auf die Angehörigen der Führungsschichten, den Adel, und schlossen so mindestens 90 Prozent der Bevölkerung aus.

Fehlender Staat
Leistung und Gegenleistung, Freunde und Fürsprecher als Grundlage mittelalterlicher Politik

Stolz und unbefangen erzählt der Geschichtsschreiber Giselbert von Mons am Ende des 12. Jahrhunderts, wie er es schaffte, eine Entscheidung Friedrich Barbarossas zugunsten seines Herrn, des Grafen vom Hennegau, zu erreichen: Er habe dazu nur 1550 Mark benötigt, obgleich sein Kontrahent in dieser Angelegenheit, der Graf von der Champagne, Friedrich Barbarossa 5000 Mark, seinem Sohn und Mitregenten Heinrich VI. das gleiche, der Königin 1000, dem Hof insgesamt noch einmal 1000 und einzelnen Ratgebern 700 Mark habe anbieten lassen, um die Entscheidung zu seinen Gunsten zu fällen (Gislebert de Mons, S.229). Giselbert will mit diesen Details nicht etwa deutlich machen, wie korrupt es am Hofe der Staufer zuging. Es ist ihm vielmehr völlig klar, daß königliche Gunsterweise ihren Preis haben. Was er demonstrieren will, ist vielmehr, daß sein Herr in so hoher Gunst bei den Königen stand, daß er sich mit minimalen Angeboten gegen weit höhere durchsetzen konnte.

Die Geschichte führt mitten hinein in die Methoden und Wege der Politik am Königshof, die schon im Spätmittelalter zu der Einschätzung führte: „Bei Hof, bei Höll'." Die mittelalterlichen Königs- wie Fürstenhöfe waren keine Gebilde, die auch nur im entferntesten mit Institutionen des modernen Staates vergleichbar wären. Hier agierten keine Amtspersonen mit definierten Befugnissen, Rechten und Pflichten oder gar mit der Verpflichtung zur Gleichbehandlung aller ohne Ansehen der Person, auch wenn es natürlich an allen Höfen Ämter gab. Praktiziert wurde vielmehr ein schwer durchschaubares System von Leistungen und Gegenleistungen, von Dienst und Belohnung, ein System, in dem materielle, aber auch immaterielle Gaben und Gegengaben eine entscheidende Rolle spielten. Unterschiedliche Erwartungen und Ansprüche mußten austariert, Gunst möglichst geschickt verteilt, Verbindungen möglichst fest geknüpft werden, damit die Ordnung in diesem Personenverband, die auf einer Rangordnung basierte, nicht gestört wurde.

Karriere durch die Huld des Herrn

Um in diesem System erfolgreich wirken zu können, brauchte man die Huld des Herrn, aber auch die Unterstützung von möglichst vielen anderen, die gleichfalls am Hof agierten. Und es gab erprobte Wege und Regeln, wie man sich solche Unterstützung verschaffte. Man liegt sicher nicht falsch, wenn man sich die Atmosphäre an solchen Höfen mit ihren mittelalterlichen Kritikern als eine des Neides und der Intrige, der Seilschaften und Netzwerke, kurz: des Kampfes aller um die Gunst des Herrn vorstellt, mit welchen Mitteln auch immer. Interessanterweise resultierte aus dieser Situation keine absolutistische Stellung des Herrn oder Königs, der seine Gunst willkürlich hätte vergeben und entziehen können. Vielmehr hatte der Herr seine Hulderweise am Rang und der Stellung seiner Getreuen zu orientieren, wenn er nicht die genossenschaftliche Solidarität aller gegen seine einseitigen Bevorzugungen provozieren wollte. Schon seit der Karolingerzeit hatte die Beteiligung des Adels an der Herrschaft die Konsequenz, daß dessen Ansprüche in erster Linie berücksichtigt werden mußten. Für schnelle Karrieren von Aufsteigern blieb so wenig Raum.

Ratgeber und Funktionsträger als geeignete Fürsprecher

Charakteristisch für die Eigenart solcher Herrschaft ist zudem, daß jeder Herrscher und Herr eine Umgebung von persönlichen Vertrauten um sich aufbaute, die als Ratgeber und Funktionsträger fungierten. Unter diesen mußten Angehörige der einflußreichsten Adelsgruppen vertreten sein. Diese Umgebung beriet den Herrscher aber nicht nur, sie stellte auch den einzigen Zugang zu ihm dar, so daß er auch über wesentliche Dinge nur dann informiert wurde, wenn seine Umgebung dies zuließ. Symptomatisch für diese Grundvoraussetzung mittelalterlicher Politik ist die briefliche Klage des Erzbischofs Agobard von Lyon, er habe einen politischen Vorschlag zwei engen Ratgebern Kaiser Ludwigs des Frommen (814 – 840) mitgeteilt, damit diese ihn an den Herrscher weiterleiten. Doch wisse er nicht, ob dies geschehen sei. Das Recht, nachzufragen oder selbst aktiv zu werden, hatte er offensichtlich nicht, weil er sich nicht der Huld des Herrschers erfreute. Erst diese hätte ihm einen unbeschränkten Zugang zu ihm und ein jederzeit offenes Ohr beschert (Agobardi Lugdunensis, S. 168).

Die Frage aber, wie frei die Herrscher bei Auswahl und Aufbau dieser Umgebung waren, gehört zu den Grundfragen des Verständnisses mittelalterlicher Herrschaft (vgl. S. 40 f.). Natürlich lag es im Interesse des Königs wie jedes Herrn, diese Auswahl möglichst frei von irgendwelchen Ansprüchen und Einschränkungen vorzunehmen. Je uneingeschränkter er seine Vertrauten auswählen und mit den damit verbundenen Einfluß- und Aufstiegsmöglichkeiten locken wie umgekehrt mit dem Verlust seiner Huld und dem damit verbundenen Abstieg drohen konnte, desto dienstbereiter und leichter waren alle die Personen und Gruppen zu lenken, für die die Einflußnahme und Stellung am Königshof existentiell wichtig waren. Andererseits liegt es in der Natur der Sache, daß diese Gruppen bereits früh einen Anspruch auf angemessene Stellung am Königshof reklamierten und eine allzu freie Auswahl des Königs, was Ratgeber, Vertrauensleute und Günstlinge angeht, recht nachdrücklich zu beschneiden versuchten. Schließlich wollte man eine einmal erreichte Stellung nicht aufgeben, da nur sie die Teilhabe an der Macht garantierte.

Aufstieg durch Verwandtschaft

In der Merowinger- und Karolingerzeit können wir einige Male deutlich beobachten, daß Könige ihre Huld neuen Adelsfamilien und -gruppen zuwandten und so deren Aufstieg nachhaltig förderten, denn an der königlichen Gnade hingen ja nicht nur Einfluß, sondern auch Lehen (Übertragungen von Land gegen die Verpflichtung zu Rat und Hilfe) und Ämter, die materiellen Grundlagen adliger Herrschaft. So hat etwa die Tatsache, daß Ludwig der Fromme die Welfin Judith heiratete (819), entscheidend den Aufstieg dieser alemannischen Adelsfamilie befördert. Die Brüder der Judith nutzten die Nähe ihrer Schwester zum König zu eigener Herrschaftsbildung, natürlich mit Unterstützung ihres königlichen Schwagers. Trotz heftiger Widerstände anderer, vermeintlich oder wirklich benachteiligter Adelsgruppen erreichten sie Herrschaftspositionen im karolingischen Burgund, die ihre Nachkommen bis zur Königswürde in diesem Teilreich ausbauen konnten.

Aber schon in der Karolingerzeit sorgte – trotz aller sonstigen Rivalität – die Solidarität des Adels in dieser grundsätzlichen Frage dafür, daß den Königen die Möglichkeiten beschnitten wurden, durch ihre Huld und Protektion den Herrschaftsverband nach Belieben neu zu strukturieren, d. h. die einen aufsteigen und die anderen an Einfluß verlieren zu lassen. Man verteidigte gemeinsam die erreichten Positionen und versuchte, den Königen Bevorzugungen auf Grund von Verwandtschaft oder Freundschaft grundsätzlich zu verbieten, wie dies der Adel des Westfrankenreiches im sog. Vertrag von Coulaines 843 dem westfränkischen König Karl dem Kahlen (843–877) abnötigte (Capitularia regum Francorum, S. 253ff.). Spätestens mit der Anerkennung der Erblichkeit von Lehen und Ämtern, wie sie sich de facto bereits im endenden 9. Jahrhundert durchsetzte, war die Rangordnung des Herrschaftsverbandes im wesentlichen festgeschrieben. Wenn Lehen und Ämter als wichtige Kriterien für Rang vererbt wurden, war eine Änderung der Rangordnung nur noch in bescheidenem Umfang möglich. Und diese Festschreibung wurde vom Adel entschlossen verteidigt. Dies machen nicht zuletzt die Fälle deutlich, in denen Aufsteiger, die ihren Aufstieg der besonderen Gunst eines Königs verdankten, von einer geschlossenen Adelsopposition als „Günstlinge“ aus der Umgebung des Herrschers entfernt, d. h. gestürzt wurden. Im Zweifelsfalle machte man ihnen zudem den Vorwurf, sie hätten zu vertraulichen Umgang mit der Königin gehabt.

Abb. 8: Strafe des Wippens. Soester Nequambuch, 14. Jh.

Stadtarchiv Soest.

In die oberen Ränge gelangte man nun nicht mehr durch königliche Huld, sondern durch Geburt. Auf- und Abstieg regulierte sich von dieser Zeit an mehr durch biologische Gegebenheiten, wie das Aussterben von ranghohen Familien, als durch radikale Eingriffe der Herrscher. Es dürfte einsichtig sein, daß diese Festlegung die Positionen des Adels zuungunsten der Herrscher begünstigte und stärkte. Spätestens seit dem 10. Jahrhundert betrieb man Politik innerhalb dieses relativ festliegenden Kreises von adligen Funktionsträgern und den Personen der engeren Umgebung des Königs und entwickelte besondere Spielregeln, die dem zu durchschauen schwerfällt, dessen Vorstellungen an den Funktionsweisen des modernen Staates orientiert sind.

Grundregeln mittelalterlicher Einflußnahme

Man findet erstaunlich viele dieser Grundregeln in Redewendungen wieder, die bis heute in Gebrauch sind: „Kleine Geschenke erhalten die Freundschaft“; „Eine Hand wäscht die andere“; „Geld stinkt nicht“; „Eine Krähe hackt der anderen kein Auge aus“; „ein offenes Ohr finden“ usw. Diese

Wendungen sind teilweise älter als das Mittelalter und weisen darauf hin, daß es sich um Verhaltensweisen handelt, die in allen Epochen der Geschichte zu beobachten sind. Auch heute beobachtet man in politischen, wirtschaftlichen oder auch privaten Kräftefeldern Erscheinungen, die den Maximen dieser oder ähnlicher Wendungen verpflichtet sind. Obgleich mit solchen Verhaltensweisen nicht selten Straftatbestände gegeben sind, sind sie offensichtlich unausrottbar.

Im Mittelalter war die politische „Kultur" geradezu geprägt von Formen und Verfahren der Begünstigung, des Sich-Verwendens, der verdeckten Einflußnahme, der Geschenke wie der Drohungen.

Erfolg durch politische Netzwerke: Freundschaft, Patronage und Klientel

Politisch wirksam konnte im Mittelalter jedenfalls nur der sein, der die Grundregeln auf diesem Feld möglichst virtuos anwandte. Und das war in der Regel derjenige, der die Technik beherrschte, Netzwerke zu bilden, die sich gegenseitig unterstützten und halfen; der wußte und beherzigte, daß Leistungen nicht ohne Gegenleistungen zu haben waren; und der überdies in der Lage war, alle die Tugenden öffentlich und demonstrativ zum Ausdruck zu bringen, die die Basis des Ganzen bildeten: heitere Freundlichkeit, Freigebigkeit, Gewandtheit im Rat, Einsatz für die Freunde, Ehrung und Belohnung der Getreuen usw.

Adam von Bremen hat um 1070 am Beispiel des Erzbischofs Anno von Köln († 1075) beschrieben, welche Fähigkeiten ein Mitglied der Führungsschichten haben und welche Verhaltensweisen es an den Tag legen mußte, um erfolgreich zu sein. Er tat dies in der erklärten Absicht, den eigenen Erzbischöfen so einen Spiegel vorzuhalten, indem er den Kölner folgendermaßen lobte:

> *„Er förderte seine Verwandten, Freunde und Kapelläne und überhäufte sie alle mit den höchsten Würden und Rängen, damit sie wieder anderen, Schwächeren, helfen könnten. Die Vornehmsten unter ihnen waren des Erzbischofs Bruder Werner von Magdeburg, beider Vetter Burkhard, der Bischof von Halberstadt, auch der erwählte Erzbischof Konrad von Trier ... ferner Eilbert von Minden und Wilhelm von Utrecht. Außerdem waren in Italien der Patriarch von Aquileja, der Bischof von Parma und andere, deren Aufzählung zu weit führen würde, auf Betreiben und durch die Gunst Annos erhoben worden. Und sie wetteiferten, ihrem Gönner bei seinen Unternehmungen Hilfe und Ansehen zu geben."*

Adam von Bremen, S. 370 f.

Mit wenigen Worten wird hier die Bildung eines bischöflichen Netzwerkes beschrieben und gesagt, welche Konsequenzen dies hatte: Die Geförderten strickten einerseits weiter an dem Netzwerk, sie dankten andererseits ihren Gönnern dadurch, daß sie ihnen später Hilfe und Wohlverhalten entgegenbrachten.

Der Aufstieg der Staufer als Beispiel einer „politischen Karriere“

Solche Verhaltensweisen sind nun keineswegs ein Spezifikum geistlicher Freundschaft und Patronage; sie sind in den weltlichen Bereichen der Führungsschichten in gleicher Weise zu beobachten. Otto von Freising, der berühmte Biograph Friedrich Barbarossas, schildert in den 50er Jahren des 12. Jahrhunderts, ganz den Kategorien von Leistung und Gegenleistung verpflichtet, die entscheidende Stufe des Aufstiegs der Staufer folgendermaßen:

> *„Ein Graf namens Friedrich, der von den vornehmsten Grafen Schwabens abstammte, hatte auf der Burg Staufen eine Siedlung angelegt. Da er im Rat vorausschauend und im Waffenhandwerk tüchtig war, war er an den kaiserlichen Hof (des Saliers Heinrich IV.) aufgenommen worden, hatte dort lange Zeit Dienst getan und dem Kaiser in allen Gefahren mannhaft beigestanden. Als nun der Kaiser die gefährliche Lage des Reiches erkannte, berief er den Grafen insgeheim zu sich und sprach zu ihm: ‘Bester der Männer, den ich im Frieden als den treuesten und im Kriege als den tapfersten erkannt habe, sieh wie das römische Reich … sich zu niederträchtigen Anschlägen und verabscheuenswürdigen Taten verleiten läßt … Erhebe du dich wider diese schreckliche Seuche und gürte mannhaft dein Schwert zur Niederwerfung der Feinde des Reiches. Denn ich bin deiner bisherigen Verdienste nicht uneingedenk und werde deiner künftigen nicht uneingedenk sein. Ich werde dir vielmehr meine einzige Tochter zur Ehefrau geben und dir das Herzogtum Schwaben, das Berthold an sich gerissen hat, übertragen.’“*

Otto von Freising, S. 144 ff.

Auch der Graf wußte nach dieser Darstellung, daß es der Vorleistungen bedurfte, um mit der Gunst des Königs aufzusteigen. Diese erbrachte er mit Rat und Tat. Die Vorleistungen erwiesen sich als ausgesprochen nutzbringend, denn auch der König orientierte sein Verhalten am Prinzip der angemessenen Belohnung, die dem Grafen nicht nur das höchste weltliche Amt nach dem König einbrachte, sondern mit der einzigen Tochter des Königs auch einen unschätzbaren Vorteil: den des königlichen Geblüts der eigenen Nachkommen. Otto von Freising sagt nicht expressis verbis, wie groß die Notlage Heinrichs IV. war, als er zu solchen Belohnungen griff. Das Wasser stand ihm in dieser Situation buchstäblich bis zum Hals. Die Szene fällt nämlich in das Jahr 1079, also in die Zeit nach dem Bußgang Heinrichs zu Papst Gregor VII. in Canossa, als es „auf des Messers Schneide stand“, ob Heinrich IV. sein Königtum würde retten können, weil sich die Bannung des Königs durch den Papst als äußerst wirksam erwiesen hatte.

Leistung und Gegenleistung – Versprechen und Belohnen

An den beiden Beispielen wird implizit deutlich, wie untrennbar jede Leistung mit der Erwartung von Gegenleistungen verknüpft war, auch wenn die Autoren hier und auch sonst häufig ein Idealbild zeichnen, in dem der Dienst oder die Förderung als freiwillige Leistung dargestellt und die Gegenleistung als Produkt freiwilliger Großzügigkeit oder selbstloser Treue deklariert wird. Wie sehr aber Dienst- und Leistungsbereitschaft von konkreten Situationen abhängig waren, zeigen nicht zuletzt die Fälle, in denen Notlagen der Mächtigen von ihren „Getreuen" gnadenlos ausgenutzt wurden. So gestatteten die eigenen Verwandten Heinrich IV. auf seinem Weg nach Canossa die Durchreise durch Savoyen erst, als er ihnen wertvolle Besitzungen in dieser Gegend geschenkt hatte. Sie hatten die Hilflosigkeit seiner Lage erkannt und nutzten sie ohne Zögern aus. Ein alemannischer Graf versuchte im 10. Jahrhundert Otto den Großen in einer Notlage zu nötigen, ihm die Reichsabtei Lorsch zu übertragen, sonst würde er ihm die dringend benötigte Waffenhilfe nicht leisten. Zwar soll der Herrscher diesen Erpressungsversuch mit dem Bibelzitat zurückgewiesen haben: „Ihr sollt das Heiligtum nicht den Hunden geben" (Liudprand von Cremona, S. 436 ff.), doch verschleiert diese schöne Anekdote eher, daß der Graf ein durchaus nicht unübliches Verhalten an den Tag gelegt hatte.

Immer wenn sich im Mittelalter mehrere Bewerber um ein Amt oder die Königswürde stritten, beobachten wir nämlich denselben Vorgang: Die für die Unterstützung in Aussicht gestellten Leistungen und Belohnungen nahmen inflationäre Ausmaße an. Und die vielgerühmte Treue der Vasallen, der Freunde und auch der Verwandten hielt der Versuchung und dem Reiz größerer Gaben häufig nicht stand. So hatte der Schwiegersohn des Bayernherzogs Otto von Northeim, Welf, keine Hemmungen, vom Sturz seines Schwiegervaters zu profitieren. Vielmehr schickte er diesem seine Tochter zurück und bot König Heinrich IV. eine große Summe Geldes, wenn er ihm als Nachfolger Ottos das Herzogtum Bayern gebe,

„denn er hielt es für besser, den Vorwurf des Meineids und die Schande des Treubruchs auf sich zu nehmen, als sich in seiner glänzenden Lage an dessen hoffnungslose, verlorene Sache zu binden … So geriet ihm der Betrug, und er wurde groß und mächtig, aber alle verabscheuten ihn, weil er die glänzendste und angesehenste Würde im Reich durch so schmutzigen Ehrgeiz besudelt hatte."

Lampert von Hersfeld, S. 132 f.

Es ist einigermaßen zweifelhaft, ob Lampert von Hersfeld mit seiner bissigen Kritik am Verhalten des Welfen recht hat. Der Welfe hat seine Stellung nämlich ohne erkennbare Probleme behauptet. Sein Treuebruch schloß auch nicht aus, daß er sich später mit Otto von Northeim wieder versöhnte, allerdings mußten die beiden diese Versöhnung, die eingebettet in die Versöhnung der Sachsen und Schwaben war, durch einen öffentlichen Kuß gesondert deutlich machen.

Sehr realistisch hat eine vergleichbare Situation im Jahre 1198 der Herzog Berthold V. von Zähringen eingeschätzt, als man ihm die Übernahme der Königswürde anbot. Er schreckte nämlich vor den absehbaren Geldforderungen seiner Parteigänger und Wähler zurück und entschied sich dafür, auf das Königsamt zu verzichten und statt dessen den Staufer Philipp von Schwaben († 1208) als Bewerber zu unterstützen, um dafür von diesem reich alimentiert zu werden. Man mag das Ausmaß seiner Furcht vor diesen Forderungen daran ermessen, daß er seine Neffen im Stich ließ, die er als Geiseln dafür gestellt hatte, daß er sich zum König würde wählen lassen. Er wußte offensichtlich nur zu gut, daß Große ihre Leistungen von Vorleistungen des Kandidaten abhängig machten.

Regeln der Einflußnahme und Fürsprache

Prinzipien von Leistung und Gegenleistung und ihre Einhaltung garantierten also den Zusammenhalt der verschiedenen Klein- und Großgruppen bis hin zum Herrschaftsverband um den König. Die Aktivitäten dieser vielfältigen Gruppen aber hatten am Königshof ihr natürliches Zentrum, da hier alle relevanten Entscheidungen fielen oder vorbereitet wurden. Für solche Aktivitäten gab es gleichfalls Regeln, die wenig mit den Prinzipien der Entscheidungsfindung im modernen Staat zu tun haben. Versuchen wir einige dieser Regeln mittels Beispielen zu veranschaulichen. Als Bischof Benno von Osnabrück (1068–1088) in der Frage der zwischen seinem Bistum und den Klöstern Corvey und Herford strittigen Zehnten eine Entscheidung des Königs zu seinen Gunsten zu erreichen versuchte, ging er, obwohl er ein Parteigänger und Vertrauter König Heinrichs IV. war und man ihn aus eben diesem Grund aus seinem Bistum vertrieben hatte, bei seinem Anliegen einen indirekten Weg. Er ließ seine Sache durch Vertraute des Königs diesem vortragen, nachdem er sich zuvor über Freunde deren Unterstützung gesichert hatte. In diesem Fall wird sogar überliefert, wie sich diese „Seilschaft" zuvor über die besten Argumente zur Erreichung des Ziels verständigte, was wieder tiefe Einblicke in das politische System und die Rahmenbedingungen seines Funktionierens zuläßt. Folgende Argumente galten den Beteiligten nämlich als besonders durchschlagend:

„… *unser Bischof hätte aus Treue zum König alles, und zwar einen ansehnlichen Besitz, verlassen und sich mittellos und hilfesuchend an den König gewandt, wofür man ja wohl eine königliche Belohnung erwarten durfte. Sodann würden auch die anderen in Zukunft dem König besser die Treue halten, wenn dieser Mann für seine Treue durch eine angemessene Gegenleistung entschädigt und für seine freiwillige Armut, welcher der schwerbedrängte König im Augenblick nicht abhelfen konnte, wenigstens durch Aussicht auf künftigen Gewinn getröstet werden würde … Erlaubte man, daß der Feind sich auf Kosten des Königs bewaffne, dann müßten zwangsläufig dem König die Mittel ausgehen, um die Seinen gegen den Feind zu bewaffnen. Und endlich: Da der König wegen seiner Sünden in all dem Unglück schon von Gott verlassen zu sein schien, müßte er doch alles daransetzen, um durch gerechtes Richten die Höchste Gerechtigkeit wieder zu versöhnen, die er durch unzählige Sünden, vor allem aber durch die Vernachlässigung der Rechtsprechung fast zu jeder Zeit seines Lebens beleidigt hatte.*"

Leben Bischof Bennos II, S. 404 ff.

Das sind schon starke Argumente, man kann auch sagen dreiste, die wohlgemerkt Vertraute des Königs gegenüber diesem in vertraulichen Unterredungen benutzen wollten, um für ihren Freund Benno eine günstige Entscheidung zu erreichen. Der so eingefädelte Plan gelang übrigens. Er war entscheidend dadurch gefördert worden, daß Benno Zugang zu Vertrauten des Königs hatte, die sich seiner Sache annahmen und für eine günstige Aufnahme der Angelegenheit durch den König Sorge trugen.

Abb. 9: Kniefall Friedrich Barbarossas vor Heinrich dem Löwen. Sächsische Weltchronik, Hambuger Handschrift, vor 1290.

Staats- und Universitätsbibliothek Bremen, msa 0033, fol. 88 v.

Wie unabdingbar vertraute Fürsprecher waren, wenn man die eigene Sache am Königshof erfolgreich vertreten wollte, erfuhr im Jahre 981 auch eine Delegation des Magdeburger Domkapitels, die König Otto II. (973–983) zur Zustimmung zu ihrer Wahl eines neuen Magdeburger Erzbischofs bringen wollte. Auch sie wußten, daß es unklug bzw. unmöglich sein würde, ihre Bitte direkt an den Herrscher heranzutragen. Deshalb wandten auch sie sich an einen Fürsprecher, nämlich an Bischof Giselher von Merseburg, der sich zur fraglichen Zeit am Königshof aufhielt und ein Vertrauter des Herrschers war. Nur hatten sie in diesem Fall „den Bock zum Gärtner gemacht". Er erledigte seinen Auftrag nämlich folgendermaßen:

> *„Er versprach ihnen, sich getreulich für sie verwenden zu wollen, doch nur sich selbst erwies er sein äußerstes Wohlwollen. Als er nämlich das Gehörte dem Kaiser überbrachte, warf er sich ihm flehend zu Füßen, erbat den versprochenen und lange fälligen Lohn für seine langjährigen Bemühungen und erlangte ihn mit Gottes Zustimmung sofort. Nach seiner Rückkehr fragten ihn die Abgesandten und besonders Ohtrich, der sich fest auf seine Zuverlässigkeit verlassen hatte, ob er in der ihm anvertrauten Sache etwas erreicht habe. Er aber entgegnete, er könne ihr Anliegen in diesem Falle kaum fördern."*

Thietmar von Merseburg, S. 98 ff.

Die Geschichte ist ein Paradebeispiel dafür, wie schwierig der eigenständige Zugang zum Herrscher und wie abhängig Bittsteller von Personen in der Umgebung des Königs waren, auf deren uneigennützigen Einsatz sie hofften, den sie aber nicht erzwingen oder auch nur beeinflussen konnten. Um so wichtiger war es, in Netzwerke eingebunden zu sein, die bis in die unmittelbare Umgebung des Königs reichten und solch böse Überraschung, wie sie die Magdeburger erlebten, verhindern halfen. Schon der Bischof Hinkmar von Reims hat dieses Problem reflektiert, als er im 9. Jahrhundert über die rechte Ordnung des Palastes nachdachte und hierbei viele Einblicke in die Funktionsweisen des Gebildes Königshof gab. Er hielt es nämlich für sinnvoll, daß die Funktionsträger an diesem Hof aus verschiedenen Regionen kämen, „damit eine jede Landschaft um so vertrauter den Hof angehen könne im Wissen, daß Angehörige ihrer Verwandtschaft (*genealogia*) und Heimat am Hofe einen Platz einnähmen" (Hinkmar, S. 66 f.).

Einfluß durch vertrauliches Gespräch

Es wird noch in anderen Zusammenhängen davon die Rede sein, daß mittelalterliche Politik strikt zwischen den Sphären der Vertraulichkeit und der Öffentlichkeit trennte (vgl. S. 41 f.). Diese Voraussetzung gilt auf dem hier behandelten Feld in besonderer Weise. Das Wirken der Freunde und Fürsprecher, der Intercessoren und Intervenienten, geschieht vertraulich und nicht-öffentlich. Andere Personen hatten keinen Zutritt zu dieser Sphäre, was nichts anderes heißt, als daß man mit ihnen keine Politik machen konnte. Deshalb ist auch der Vorschlag logisch, den im 11. Jahrhundert ein Mainzer Erzbischof zwei Bischöfen aus der Verwandtschaft Erzbischof Annos von Köln machte. Er bat sie nämlich,

> *„ein festes Bündnis zwischen ihm und Anno zu vermitteln. Sie seien zwar nicht verfeindet, aber sie verbinde doch auch wieder keine so feste Freundschaft, daß sie einander ihre Geheimnisse, wie sie wohl möchten, anzuvertrauen wagten."*

Brunos Buch vom Sachsenkrieg, S. 214 f.

Über heikle Dinge reden, so folgt aus dieser Bitte, konnte man nur mit Freunden und Vertrauten und deshalb war es unabdingbar, mit den richtigen Personen im politischen Kräftefeld eine solche Beziehung zu haben oder zu knüpfen.

Wie kann man nun die hier vorgestellten Phänomene in unseren Versuch einordnen, ein besseres Verständnis für die Eigenart mittelalterlicher Politik durch die Betonung der Unterschiede zum modernen Staat zu gewinnen?

Leistung, Gegenleistung und Fürsprache als Grundlage mittelalterlicher Herrschaft

Die Notwendigkeit für alle politisch Aktiven des Mittelalters, gerade in der Öffentlichkeit den Status, die Stellung, den Rang und die Ehre zu wahren, hatte eine Reihe von Verhaltensweisen zur Konsequenz, die pragmatische Politik dennoch möglich machten. Viele wichtige Prozesse der Entscheidungsfindung und Meinungsbildung wurden aus der Öffentlichkeit herausgenommen und einem bestimmten und kleinen Kreis von Personen vorbehalten. Diese waren dadurch ausgezeichnet, daß sie ein Verhältnis untereinander hatten, das eine offene Erörterung von Problemen erlaubte. Möglich war dies bei *familiares*, Vertrauten, deren Nähe zumeist aus Verwandtschaft oder Freundschaft resultierte. In dieser Sphäre wurde Einfluß genommen, interveniert, intrigiert, wurde über Aufstieg und Abstieg entschieden. Nur ging es auch in diesem Feld nicht regellos zu. Fest etablierte

Abb. 10: Heinrich IV. bittet Markgräfin Mathilde von Canossa um Vermittlung bei Papst Gregor VII. Donizo, Vita der Gräfin Mathilde von Canossa, um 1115. Rom, Bibliotheca Vaticana, lat. 4922, fol. 49 r.

Bildarchiv Preußischer Kulturbesitz.

Vorstellungen von angemessenen Verhaltensweisen setzte niemand ohne die größte Gefahr außer Kraft, die vereinte Opposition aller Betroffenen zu provozieren. Angemessen aber war das Denken in Kategorien von Leistung und Gegenleistung, wobei alles zur Leistung wie zur Gegenleistung werden konnte: der Dienst wie die Geldzahlung, das Amt wie die Heiratsverbindung, die ehrenvolle Auszeichnung wie das materielle Geschenk. Auf diesem Klavier subtil zu spielen und das Verhältnis von Leistung und Gegenleistung günstig zu gestalten war Voraussetzung für erfolgreiche Herrschaft wie für wirkungsvolle Beteiligung an ihr.

In der deutschen Geschichte des Mittelalters waren auf diesem Felde die adligen Helfer und Vertrauten der Könige erfolgreicher als die Könige selbst. Sie etablierten das Prinzip, daß die Belohnung üppiger zu sein hätte als der geforderte Dienst, dauerhaft in der Politik. Dies ist nicht der einzige, aber ein wichtiger Grund dafür, daß die Prozesse der Herrschaftsintensivierung seit dem Hochmittelalter, die zur Entstehung des modernen Staates führten, von den Territorien dieser dann Landesherren genannten Helfer des Königtums ausgingen und nicht vom Königtum selbst. Im Zeitalter nationalstaatlichen Denkens und der Fixierung auf eine starke Zentralgewalt hat man diese Prozesse als „Verfall der Königsmacht" begriffen und heftig beklagt. Daran ist zweierlei problematisch: Die Preisung einer starken Zentralgewalt bedeutet eine Option für den Zentralismus und ein Ignorieren der Vorteile, die eine föderale Grundstruktur eines Gemeinwesens bietet. Überdies wird übersehen, daß in diesem angeblichen Zerfallsprozeß gar nichts zerfiel: Den Königen des Mittelalters gelang lediglich die Intensivierung, die Verdichtung ihrer Herrschaft nicht wie den anderen politischen Kräften des Adels und auch der Städte. Sie blieben auf dem alten Stand der extensiven Herrschaft stehen und verloren so an Terrain. Sie hatten weiterhin die Belohnungen und Ehrungen ihrer Getreuen üppiger zu gestalten als die Forderungen, die sie ihnen vorlegten. Dabei ging keine 'Machtfülle' verloren. Um ins Hintertreffen zu geraten, reichte es, daß sich kein Machtzuwachs einstellte.

Eigenarten und Funktionsweisen

Beratung und Konsens
Politische Willensbildung und Entscheidungsprozesse

In das Cartular des Klosters Lorsch, ein Buch, das eigentlich nur die Urkunden des Klosters aufnehmen sollte, hat ein Mönch eine fast unglaubliche Geschichte geschrieben. Auslösendes Moment für diesen Eintrag dürfte wohl eine einzige Bemerkung in einer Schenkungsurkunde Einhards und seiner Gemahlin Imma für das Kloster Lorsch gewesen sein: Die beiden brachten darin nämlich die Sorge um ihr Seelenheil zum Ausdruck. Devot nannte Einhard sich *peccator et donator* (Sünder und Stifter). Aus diesen Bemerkungen konstruierte ein Mönch mit einiger Phantasie dann folgende Geschichte:

> *Als Karl der Große eines Nachts nicht schlafen konnte, sah er aus dem Fenster seines Gemachs und traute seinen Augen kaum. Seine Tochter Imma trug seinen Vertrauten und Notar Einhard auf dem Rücken von ihrem Gemach zu dessen Behausung. Dem Liebespaar war zum Verhängnis geworden, daß es in der Nacht geschneit hatte. Durch den ungewöhnlichen Transport versuchten beide nun zu vermeiden, daß sich Einhard durch Fußspuren als heimlicher Besucher bei der Königstochter entlarven könne. Erzürnt rief Karl daraufhin seinen Hofrat ein.*

nach Lorscher Codex, S. 77

Die Beratung über das heikle Problem, was mit den beiden zu geschehen habe, lief nach einem üblichen Schema ab: Der Kaiser schilderte zuerst den Sachverhalt, nannte ihn eine Mißachtung der kaiserlichen Majestät und bat dann um Rat, was er tun solle. So sind Könige und Lehnsherren immer vorgegangen – und nicht nur sie. Die Geschichte folgt also zunächst den Spielregeln der Beratung. Die Ratgeber antworteten der Reihe nach und machten sehr unterschiedliche Vorschläge, die sogar bis zur Forderung nach der Todesstrafe für den Missetäter gingen. Bestrafen wollten ihn jedenfalls alle. Nachdem Karl sich den Rat seiner Getreuen angehört und ihre Argumente und Vorschläge überdacht hatte, verkündigte er seine Entscheidung, die einige Überraschung ausgelöst haben dürfte: Er wolle, so entschied der Kaiser, die beiden verheiraten, „um so eine unschöne Sache mit der Farbe der Ehrenhaftigkeit zu übermalen" (Lorscher Codex, S. 77).

Die Geschichte spielt offensichtlich mit den in den mittelalterlichen Ordnungen etablierten Spielregeln der Beratung. Einerseits schildert sie korrekt den formalen Ablauf einer solchen Veranstaltung, andererseits gewinnt diese Episode ihre Pointe gerade aus der Tatsache, daß der Kaiser sich souverän über den Rat seiner Getreuen hinwegsetzt und ihnen eine ganz andere Entscheidung präsentiert. Ob er diese Freiheit in der Realität wirklich besaß, ist durchaus zweifelhaft, denn eine solche Möglichkeit entwertete natürlich das Gewicht des Rates entscheidend.

Grundsätzlich ist jedenfalls zu betonen, daß die Beratung anstehender Probleme in allen Gruppen des Mittelalters praktiziert und ernst genommen wurde, waren sie nun genossenschaftlich oder herrschaftlich strukturiert. Verwandte und Freunde berieten vor einem gemeinsamen Handeln ebenso, was zu tun sei, wie Berufsgenossenschaften oder Schwureinungen. Unter Lehnsleuten war diese Praxis ebenso verbreitet wie in Mönchskonventen. Natürlich darf man solche Beratung nicht mit modernen Parlamentsdebatten oder mit Debattierklubs verwechseln. Herrschaftsfreie Diskurse, die uns auch heute kaum gelingen, hat die rangbewußte Gesellschaft des Mittelalters ganz sicher nicht gekannt. Angesichts der Bedeutung, die Rang und Hierarchie für diese Gesellschaft hatten, ist die Tatsache, daß auf Beratung immer größten Wert gelegt wurde, für uns heute so überraschend wie interessant. Diese Gewohnheit hat gewiß auch verhindert, daß sich zuviel Macht in einer Hand vereinigte. Man geht aber wohl auch nicht fehl in der Annahme, daß für solche Beratungen besondere Regeln galten, die nicht zuletzt sicherstellten, daß die Ranghohen jederzeit ihr Gesicht wahren konnten. Denn Widerspruch erfüllte schnell den Tatbestand der Beleidigung, und solch einer Gefahr setzte man sich sicher nicht ohne Grund aus. Die Beratung war also ein heikles Feld, in dem besondere Regeln zur Anwendung kamen und kommen mußten. Um die Beschreibung dieser Regeln soll es im folgenden vor allem gehen.

Eigenarten mittelalterlicher Beratung

Zunächst sei jedoch mit einigen Sätzen angedeutet, worin die Besonderheiten der mittelalterlichen Beratungsformen lagen. Die Wertschätzung der Beratung scheinen schon die germanischen Stämme dem Mittelalter weitergegeben zu haben. Bereits der römische Geschichtsschreiber Tacitus hat in seiner „Germania" charakteristische Techniken der Germanen bei ihren Beratungen beschrieben und gelobt. Ihn faszinierte nämlich, daß die Germanen Beratungen mit Feiern und Gelagen verbanden: „Sie beraten, wenn sie sich nicht verstellen können", konstatierte der Römer, womit er die These vertrat, daß man bewußt den Alkohol die Zunge lösen ließ. Entscheidungen habe man jedoch auf den folgenden Tag verschoben, was Tacitus ebenfalls als einen bewußten Akt darstellt: „Sie entscheiden, wenn sie nicht irren" (Tacitus, S. 39).

Diese Verbindung von Feier und Gelage mit Beratung beobachten wir auch in vielen Gruppen der mittelalterlichen Gesellschaft, vor allem, aber nicht nur in den genossenschaftlich strukturierten. Von den frühmittelalterlichen Schutzgilden bis zu den Handwerkszünften und Kaufmannsgilden hören wir von dem Vorgang, daß Beratungen im Rahmen von Feiern stattfanden. Auch in den mittelalterlichen Schwureinungen, den *coniurationes* (vgl. S. 90), wurde immer wieder im Rahmen ihrer gemeinschaftstiftenden Gelage (*convivia*) die Willensbildung der Gruppe vollzogen. Solche Gelage hielten Zeitgenossen schon deshalb für verdächtig und gefährlich, weil sie wußten, daß dort eher Böses als Gutes verhandelt wurde. Gerade die Entscheidung, eine bewaffnete Auseinandersetzung zu beginnen, war Gegenstand solcher Beratungen. Folgende Stelle aus der „Historia Welforum" (S. 60 f.) ist auch für den hier diskutierten Zusammenhang einschlägig: „Er stellte den ihm angetanen Schimpf seinen Verwandten, Freunden und Getreuen dar und erreichte so, daß ihm alle bereitwillig ihre Hilfe in der Fehde versprachen." Neben den Verwandten und Freunden sind hier auch die Getreuen, also die Lehnsleute, in die Beratung einbezogen. Und in der Tat gehörte zu den wichtigsten Pflichten des Lehnsmannes der Rat (*consilium*).

Abb. 11: Wilhelm der Eroberer, in Beratung mit Bischof Odo v. Bayeux, gibt Befehl zum Bau der Invasionsflotte. Teppich von Bayeux, ca. 1080.

Foto Marburg.

Rat und Beratung als Teil mittelalterlicher Königsherrschaft

Vor dem Hintergrund, daß der Rat zu den vornehmsten Aufgaben des Lehnsmannes gehörte, ist es verständlich, daß auch in den Herrschaftsverbänden des Mittelalters immer wieder von Beratungen die Rede ist. Gerade die königliche Herrschaftspraxis wurde weitgehend von der Notwendigkeit bestimmt, wichtige Entscheidungen erst nach Beratung mit den Getreuen zu fällen. Die endlose Folge von Hoftagen erklärt sich aus dieser Notwendigkeit. Historiker wie Rechtshistoriker haben sich denn auch seit dem 19. Jahrhundert intensiv darum bemüht, den Charakter solcher Beratungen im Kontext der Herrschaftsausübung zu erhellen. Die Beratung, so kann man die wesentlichen Punkte knapp zusammenfassen, war Teil der Konsensbildung, und auf den Konsens der Getreuen hat namentlich die mittelalterliche Königsherrschaft seit der Karolingerzeit großen Wert gelegt. Es scheint geradezu so, als hätten die Karolinger ihren Aufstieg zur Königsherrschaft dem übrigen Adel dadurch akzeptabler gemacht, daß sie nicht müde wurden zu betonen, nichts ohne den Konsens ihrer Helfer zu tun.

Macht und Einfluß der Ratgeber

Mittelalterliche Königsherrschaft war seit karolingischer Zeit auf den Rat und Konsens ihrer Getreuen angewiesen, und es ist eine beträchtliche Fehleinschätzung, daß diese Tatsache namentlich in der älteren Forschung mit der Formel „Selbstbindung durch Zustimmung“ charakterisiert wurde. Mit dieser Formel wurde die eindeutige Dominanz des Königtums im Problemfeld der Konsensbildung behauptet. Zustimmen wurde als eine Pflicht aufgefaßt, die zu einer zusätzlichen Selbstbindung führte. So kann es bei einer geschickt agierenden Herrschaft de facto gewesen sein. Keineswegs begründete und förderte das System der Beratung und Konsensbildung jedoch automatisch eine solche Dominanz des Herrn. Es bot auch beachtliche Möglichkeiten des Einflusses auf den Herrn und seiner Bindung an den gegebenen Rat, dies vor allem dann, wenn die Solidarität der Ratgeber ausreichte, um als Gruppe dem Herrn gegenüberzutreten.

Genau dies aber ist in vielen Phasen der mittelalterlichen Geschichte in den unterschiedlichsten Herrschaftsverbänden immer wieder der Fall gewesen – es hat nicht zuletzt die Geschichte der deutschen Königsherrschaft entscheidend bestimmt. In ihrem Fall waren die Ratgeber nämlich lange Jahrhunderte vor allem die geistlichen und weltlichen Großen, die Mitglieder der adligen Führungsschichten, die den König zwar als *primus* anerkannten, aber eben *inter pares,* unter Gleichgestellten. Bestand schon der weltliche Adel nachhaltig auf seinem Recht auf Teilhabe an der Königsherrschaft, so wurde dies durch die intensive Beteiligung der geistlichen Würdenträger, namentlich der Bischöfe, aber auch der Äbte, an der Königsherrschaft noch dahingehend intensiviert, daß die Bischöfe ein Kontrollrecht hinsichtlich der christlichen Lebens- und Amtsführung jedes Königs beanspruchten. Beide Ansprüche aber schlugen sich vor allem in Fragen der Beratung nieder.

Die Ratgeber reklamierten ihr Recht auf Rat. Gleichzeitig bestand aber ein enger Zusammenhang zwischen der Annahme des Rates durch den Herrn auf der einen und der Verpflichtung der Ratgeber zur Hilfe auf der anderen Seite. Es gehörte daher zu den entscheidenden Voraussetzungen für die Akzeptanz von Herrschaft, daß diese sich als bereit und willens darstellte, den Rat ihrer Getreuen zu hören und umzusetzen. Natürlich hat man auch und gerade auf diesem Felde mit Diskrepanzen zwischen verbaler Bekundung dieser Bereitschaft und ihrer konkreten Einlösung zu rechnen. Doch hatte es in aller Regel gravierende Konsequenzen, wenn sich ein mittelalterlicher König mit den falschen Leuten beriet oder gar ganz auf Beratung verzichten zu können glaubte. Die Geschichte des deutschen Königs Heinrichs IV. ist nicht zuletzt deshalb voller Krisen, weil er genau dies versuchte oder es ihm zumindest glaubhaft und wirkungsvoll vorgeworfen werden konnte (vgl. S. 69 ff.).

Diese Rahmenbedingungen waren jedoch nicht die einzigen, die auf dem schwierigen Felde mittelalterlicher Beratung zu beachten waren. Wir haben schon in anderen Zusammenhängen mehrfach betont, daß Machtausübung durch eine Reihe von Regeln bestimmt wurde, die den Mächtigen viele Trümpfe in die Hand gaben. So war der Zugang zum König keineswegs unbeschränkt und für jeden offen. Bitten, Wünsche oder Forderungen mußten zunächst über dessen engste Umgebung vertraulich vorgebracht und konnten keineswegs sozusagen frontal und überraschend zur Diskussion gestellt werden. Diese Rahmenbedingungen prägten natürlich die Formen und die Inhalte der Beratung ganz entscheidend. Worüber beraten wurde, bestimmte der Herr und nicht seine Ratgeber, auch wenn man sich in der Praxis durchaus Mischformen zu denken hat.

Eine zweite wichtige Voraussetzung für das Verständnis der Beratung im Mittelalter betrifft die Frage, wer bei anstehenden Problemen um Rat gefragt werden mußte. Moderne Vorstellungen, daß bestimmte Gremien mit einer feststehenden Anzahl von Mitgliedern für bestimmte Fragen zuständig gewesen seien, sind natürlich auf das Mittelalter nicht anzuwenden. Daß bestimmte Herrschaftsträger Sitz und Stimme auf einem Reichstag hatten, ist erst das Ergebnis einer langen Entwicklung. In den früheren Jahrhunderten des Mittelalters gab es zunächst nur das Bewußtsein, daß man die „richtigen" Ratgeber zu bemühen habe. Wer das im einzelnen war und wie viele es zu sein hatten, lag nicht exakt fest. Grundsätzlich bestand nur ein Zusammenhang zwischen Rang und Stellung und dem Anspruch auf Beteiligung am Rat. Es hat im Verlauf des Mittelalters immer wieder zu Irritationen und Konflikten geführt, wenn sich Könige vornehmlich oder ausschließlich mit rangniederen Personen aus ihrer näheren Umgebung berieten.

Eine dritte Gewohnheit, die man strikt beachtete, betrifft schließlich die Transparenz der Entscheidungsfindung. Immer wieder hören wir in den Quellen davon, daß die Beratungen wichtiger Probleme öffentlich stattfanden. Doch wäre es eine fatale Fehleinschätzung anzunehmen, diese öffentliche Form der Beratung sei der einzige Weg der Entscheidungsfindung gewesen. Vielmehr muß man vor den öffentlichen Beratungen vertrauliche Vorklärungen in Rechnung stellen, in denen bereits Konsens über das zu behandelnde Problem hergestellt und das Ergebnis der öffentlichen Beratung vorfixiert wurde. Auch heutige Bundestagsdebatten werden ja in nicht-öffentlichen Fraktionssitzungen und anderen Gremien in ähnlicher Weise vorbereitet. Die öffentlichen Beratungen des Mittelalters hatten also den Charakter von Inszenierungen: Ein König etwa stellte das Problem, über das vertraulich bereits Konsens erzielt war, noch einmal öffentlich vor, seine Ratgeber rieten einvernehmlich, was zu tun sei. Diesen Rat akzeptierte der König, und der einstimmige Beschluß wurde ausgeführt.

Daß man schon im früheren Mittelalter genau wußte, warum man Beratungen so und nicht anders durchführen mußte, belegen am Ende des 9. Jahrhunderts die Ausführungen des Erzbischofs Hinkmar von Reims (845–882) über die Durchführung und den Zweck von Beratungen. Er beschrieb, wie auf Hoftagen den Großen zunächst schriftlich Fragen des Königs vorgelegt wurden:

> *„Nach deren Erhalt war ihnen bald ein Tag, bald zwei Tage, bald auch drei Tage oder mehr, wie es jeweils das Gewicht der Sache erforderte, zugestanden, während deren sie durch hin und her gehende Boten im Kreis der Hofbediensteten anfragten, was ihnen recht erschiene und auch Antwort erhielten. Dabei trat so lange kein Außenstehender hinzu, bis die einzelnen Antworten auf die Fragen dem ruhmreichen Herrscher zu Gehör gebracht waren und, was seine von Gott verliehene Weisheit auswählte, von allen übernommen wurde."*

Hinkmar, S. 93

Hier ist also der Prozeß der vertraulichen Vorklärung, in den auch der Herrscher ganz entscheidend einbezogen war, exakt beschrieben. Den Sinn der anschließenden Inszenierung einer öffentlichen Beratung charakterisierte Hinkmar wie folgt:

> *„Um die übrigen Großen zufriedenzustellen und den Eifer der Volksmenge anzufachen, sollte man, als ob nichts früher im voraus bedacht worden wäre, von neuem mit deren Rat und Zustimmung die Anordnung beschließen."*

Hinkmar, S. 86 f.

Man wußte also bereits genau, daß das Bewußtsein, am Zustandekommen der Entscheidung beteiligt gewesen zu sein, einen zusätzlichen Motivationsschub bei ihrer Durchführung bewirkte.

Bei allen Untersuchungen mittelalterlicher Beratung ist somit zunächst zu klären, ob es sich um vertrauliche Vorklärungen oder um die angesprochenen öffentlichen Inszenierungen handelt. Von Meinungsverschiedenheiten hören wir im Falle öffentlicher Beratungen höchst selten. Die Vorklärungen dauerten eben so lange, bis der Konsens gefunden war. In deren Sphäre leuchten mittelalterliche Autoren aber nur höchst selten herein, sei es deshalb, weil sie über diesbezügliche Vorgänge gar nichts erfuhren – was der Regelfall gewesen sein dürfte –, sei es, daß sie die Vertraulichkeit dieser Sphäre respektierten, weil es in ihren Augen selbstverständlich war, daß Herrschaft ihre Geheimbereiche (*arcana*) haben mußte.

Der Streit um die Entscheidung

Höchst interessant und willkommen ist der Umstand, daß gerade in der mittelalterlichen Literatur häufig von Beratungen die Rede ist, bei denen sozusagen die Fetzen flogen und die Meinungen in aller Schärfe aufeinanderprallten. So thematisiert die Literatur auf ihre Weise ein wichtiges Problem der Zeit, indem sie etwas vorführt, was in der Realität so gut wie immer verborgen blieb: wie nämlich die Mächtigen in vertraulichen Beratungen um Entscheidungen rangen und stritten.

Berühmt ist etwa die große Beratungsszene im „Rolandslied", in der Karl der Große und seine Paladine darüber diskutieren, ob ein Angebot des Heidenkönigs Marsilie anzunehmen sei. Marsilie hatte angeboten, er wolle nach Aachen zur Taufe kommen und sein Land von Karl zu Lehen nehmen,

Abb. 12: Harold, der Kontrahent Wilhelms des Eroberers im englischen Thronstreit (1066), und Gefolge speisen in Harolds Haus zu Bosham. Teppich von Bayeux, ca. 1080.

AKG Berlin.

wenn dieser sich mit seinem Heer aus Spanien zurückziehe. Die Meinungen prallten in dieser Runde so hart aufeinander, die Recken beschimpften und verunglimpften sich gegenseitig so sehr, daß Karl die Beratung abbrechen mußte und die Kontrahenten aufforderte, sich in einer Versammlung der Franken zunächst ohne ihn auf einen Rat zu einigen. Als dieser Rat dann gegeben wurde, kam es über das weitere Vorgehen wieder zu erheblichem Dissens und zu schwerwiegenden Beleidigungen. Solch dramatische Schilderungen von Beratungen sind in der Geschichtsschreibung höchst selten, in der Literatur dagegen immer wieder anzutreffen. Letztere scheint daher einen Vorhang zu heben, der im realen Leben eher geschlossen blieb.

In Einzelfällen findet sich jedoch auch in der Geschichtsschreibung der Beweis, daß in der vertraulichen Beratung mit allen verbalen und anderen Mitteln gerungen wurde. Es ist gewiß kein Zufall, daß die einschlägigen Geschichten häufig anekdotisch zugespitzt sind. So schildert die Lebensbeschreibung des Salzburger Erzbischofs Konrad sein souveränes Eingreifen in eine verfahrene Beratungssituation.

Dieser Erzbischof weigerte sich im Jahre 1138, König Konrad III. die Lehnshuldigung mit Handgang und Eid zu leisten mit der einigermaßen kühnen Begründung, es sei ein Sakrileg, seine geweihten Hände in blutbefleckte zu legen, womit er die des Königs meinte. Das Argument wurde von ihm zwar nicht zum ersten Mal benutzt, doch dürfte unzweifelhaft sein, daß eine Beratung der Fürsten, des Königs und des Erzbischofs, was in dieser Frage zu tun sei, eine höchst delikate Angelegenheit war. In dieser Beratung soll nun der Herzog von Zähringen kompromißlos gefordert haben, der Erzbischof müsse dem König die Lehnshuldigung mit dem Handgang leisten. Daraufhin wies der Erzbischof den Herzog folgendermaßen in die Schranken: *„Herr Herzog, wenn ihr ein Wagen wäret, würdet ihr wohl vor den Ochsen herlaufen.“* Der König soll dem daraufhin aufbrausenden Herzog den Mund zugehalten und versichert haben, er verlange nichts weiter als den guten Willen des Erzbischofs und keinen Eid.

nach Vita Chuonradi, S. 66

Die Geschichte ist nicht nur deshalb von Interesse, weil sie zeigt, wie kontrovers und verletzend in solch einer Fürstenrunde um den König diskutiert werden konnte. Obwohl in der Quelle nicht konkret davon gesprochen wird, scheint es ausgeschlossen, daß sich die Szene in der Öffentlichkeit abgespielt hat. Auffällig ist aber noch etwas anderes. Das, was der Erzbischof mit durchschlagendem Erfolg einsetzt, ist ein Sinnspruch, ein Apophtegma. Eine Reihe vergleichbarer Sinnsprüche, von denen wir in ähnlichen Situationen hören, macht es wahrscheinlich, daß Rat auf diese Weise gegeben wurde, wann immer es möglich war. Wer einen passenden Sinnspruch zur Hand hatte, der besaß gerade in Situationen mit kontroversen Meinungen alle Chancen, sich durchzusetzen. Häufig lesen wir etwa in Bischofsviten folgende Bewertung des Helden: „Er war gewandt und groß im Rat.“ Damit wurde wohl zum Ausdruck gebracht, daß der Held über die Fähigkeit verfügte, sich in der agonalen Situation einer kontroversen Beratung zu behaupten. Dies könnte nicht zuletzt dadurch geschehen sein, daß ihm Sinnsprüche und Sentenzen zu Gebote standen, die seine Kontrahenten „mundtot“ machten und die er im richtigen Moment schlagfertig einzusetzen verstand. Hierfür zwei Beispiele:

Als eine sächsische Stammesversammlung im Jahre 1002 darüber beriet, wer dem verstorbenen Otto III. als König nachfolgen solle, bewirkte aufkommender Dissens zunächst einmal, daß sich ein kleinerer Kreis von Großen zurückzog und vertraulich beriet. Hier wurden die unterschiedlichen Meinungen dann sehr deutlich geäußert. Als Ekkehard von Meißen, einer der Bewerber um das Königsamt, einen Widersacher direkt ansprach mit der Frage: *„Was hast du gegen mich, Graf Liuthar?“*, antwortete dieser: *„Merkst du nicht, daß dir das vierte Rad am Wagen fehlt?“*

nach Thietmar von Merseburg, S. 169

Hier haben wir wieder einen Sinnspruch, über dessen Bedeutung die Historiker übrigens bis heute streiten. Meinte der Graf, daß Ekkehard die vierte Kardinaltugend, die Mäßigung (*temperantia*), fehlte? Oder aber spielte er auf die fehlende Verwandtschaft Ekkehards mit dem verstorbenen König an? Wie dem auch sei, für unsere Frage nach der mittelalterlichen Beratung ist wichtiger, daß auch hier an entscheidender Stelle der Beratung ein Sinnspruch eingesetzt wurde, mit dem sozusagen das letzte Wort gesprochen war.

Auch von Königen ist überliefert, daß sie kontroverse Beratungssituationen mit solchen Sinnsprüchen entschieden. So wurde in anderem Zusammenhang schon zitiert, daß Otto der Große die Forderung eines Grafen nach Belehnung mit der Abtei Lorsch, die modern gesprochen den Tatbestand der Erpressung in einer Notlage erfüllte, mit der Bemerkung zurückgewiesen habe: „Ihr sollt das Heiligtum nicht den Hunden geben." Diesem Bibelzitat war gewiß nichts hinzuzufügen. Der König hatte die Zumutung überlegen abgewehrt.

Ähnlich souverän soll sich auch König Heinrich IV. erwiesen haben, als man ihm die Frage stellte, ob er es mit seiner königlichen Würde vereinbaren könne, daß sein Kontrahent, Rudolf von Rheinfelden, in Merseburg königlich bestattet worden sei. Die in der Tat souveräne Antwort lautete: „O wenn doch alle meine Gegner so königlich bestattet lägen" (Otto von Freising, S. 145).

Alle Beispiele zeigen, daß es in mittelalterlichen Beratungen eher noch wichtiger war als in modernen, „die Lacher auf seiner Seite zu haben", oder anders ausgedrückt, gerade mittelalterliche Beratungen waren alles andere als ein ausschließlich an der Sache orientierter Diskurs. Im Gegenteil: Es kamen durchaus rabiate Techniken zur Anwendung, um den Kontrahenten außer Gefecht zu setzen, ihn mundtot zu machen. Und eine gewiß nicht unwichtige dieser Techniken war der mittels Sinnsprüchen artikulierte Spott, die beißende Ironie.

Solche Beobachtungen raten nachhaltig dazu, sich die politische Willensbildung des Mittelalters als einen Vorgang vorzustellen, in dem alle erlaubten und unerlaubten Mittel zur Anwendung kamen. Einfach war es gewiß nicht, gerade innerhalb der ehrbesessenen und rangbewußten Führungsschichten Ansprüche durchzusetzen. Allerdings beachtete auch die mittelalterliche Gesellschaft Regeln, die den Gefahren politischer Willensbildung zumindest zu wehren versuchten. So kam man in aller Regel nur zusammen, wenn eine Situation grundsätzlichen Konsenses gegeben war. Im Falle von Dissens mied man den persönlichen Kontakt und verhandelte über Boten und Gesandte. Nicht selten mußten diese die Empörung und den demonstrativen Zorn über sich ergehen lassen, der eigentlich ihrem Absender galt. Sie wurden öffentlich beschimpft und mit Schande davongejagt, um die Konfliktbereitschaft der Gegenseite unmißverständlich zum Ausdruck zu bringen. Traf man sich in prekärer Situation doch einmal persönlich, gab man sich Sicherheiten, etwa durch Geiseln.

Die weitgehende Beachtung dieser Regeln hat zur Folge, daß man über Dissens im Umfeld von Beratungen häufig nur indirekt etwas erfährt. So etwa, wenn man von geplanten, aber nicht zustandegekommenen Gesandtschaften liest oder wenn man zuweilen hört, daß nur wenige Große einer Einladung zum Hoftag gefolgt sind. Auf eine in der Öffentlichkeit ausgetragene kontroverse Debatte stößt man in den Quellen nur selten. Wenn man überhaupt einmal deutlich werden mußte, dann eben, wie gezeigt, in vertraulicher Runde. Reichte auch dies nicht, drohte man mit Abreise, wie jener Kölner Erzbischof, den Friedrich Barbarossa nicht an seiner linken Seite sitzen lassen wollte, was der Kölner als sein altes Vorrecht ansah. Wie ernst solche Drohungen waren, zeigt die Tatsache, daß sich alle Lehnsleute des Kölners verpflichtet fühlten, ihrem Herrn zu folgen. Jeder wußte, daß eine

Abb. 13: Verschwörung (Schwureinung) von elf Großen des Landes unter Vorsitz der Witwe Tankreds von Lecce, des letzten Mitglieds des normannischen Königshauses in Sizilien. Petrus de Ebulo: Liber ad honorem Augusti sive de rebus Siculis, ca. 1196, S. 199.

Burgerbibliothek Bern, Codex 120 II, fol. 136 r.

solche Abreise nicht ohne Folgen geblieben wäre (vgl. S. 55 ff.), denn um eine erlittene Zurücksetzung und Beleidigung zu rächen, eröffnete man in solch einem Fall bald eine bewaffnete Auseinandersetzung.

Angesichts solcher Konsequenzen ist es vielleicht gar nicht so überraschend, daß man es immer wieder fertigbrachte, Konsens herzustellen, indem man vertraulich über bestehende Probleme beriet. Es gab kein anderes Mittel zur Beseitigung von Dissens, als miteinander zu reden, wenn man das Urteil der Waffen außer acht läßt. Man muß sich an dieser Stelle noch einmal vergegenwärtigen, daß sich die Gerichte als Instanzen der Austragung von Meinungsverschiedenheiten ihren Platz erst mühsam erkämpfen mußten. Deshalb war es im Mittelalter so wichtig, über Bindungen zu verfügen, durch die eine Vertraulichkeit hergestellt wurde, die ein offenes Gespräch ohne Rücksicht auf Rang und Stellung möglich machte – und das waren vor allem die Verwandtschaft und die Freundschaft. Wir haben in einem anderen Zusammenhang schon jenen Brief eines Mainzer Erzbischofs zitiert, der zum Ausdruck brachte, ohne vorher Freundschaft mit dem Kölner Erzbischof geschlossen zu haben, könne er mit diesem politische Fragen nicht vertrauensvoll besprechen. Deshalb bat er ihm Vertraute, die zugleich Verwandte des Kölners waren, um Vermittlung eines solchen Freundschaftsbundes. Nur so fühlte er sich in der Lage, alle Möglichkeiten der Vorklärung zu nutzen, weil er ohne die Gefahr, sich etwas zu vergeben, mit dem anderen nach Lösungsmöglichkeiten suchen konnte. Gewiß war auch die Bereitschaft zum Kompromiß größer, wenn man eine enge Bindung aneinander hatte. Auch die Technik der Beratung im Mittelalter mit den ihr eigenen Regeln greift wesentlich auf die Gruppenstruktur und den Netzwerkcharakter der mittelalterlichen Gesellschaft zurück und nutzt die Möglichkeiten, die Bindung und Vertrauen der Kommunikation eröffnen. Daß mit diesen Vorteilen auch die

Nachteile der verdeckten Einflußnahme, der Begünstigung, der Vetternwirtschaft und andere verbunden sind, ist stets mitzubedenken und hat sich wohl auch bis heute nicht entscheidend geändert.

Herrschaft und Öffentlichkeit
Formen und Funktionen öffentlicher Kommunikation

Vielfältig sind aus dem Mittelalter Zeugnisse für die Tatsache erhalten, daß Herrschaft bei öffentlichen Auftritten Glanz verbreitete. Der Herr zeigte in demonstrativer Weise, wie reich, mächtig und durchsetzungsfähig, aber auch wie freigebig, gütig und milde er war. Hierfür besaß er ein breites Spektrum vor allem von nonverbalen Ausdrucksmitteln, die von einfachen Gesten der Huld bis zu komplexen Ritualen bei Amtsantritt oder Friedensschlüssen reichten. Solche öffentlichen Auftritte bezogen die Helfer des Herrn, die Getreuen, die keineswegs auf die Rolle von Zuschauern beschränkt waren, aktiv mit ein. Die Mächtigen nahmen sich Zeit für diese Akte öffentlicher Kommunikation. Sie hielten sie offensichtlich für wichtig, und zwar aus folgendem Grund: Die Auftritte waren auf Mitmachen und Zustimmung angelegt, ein Zwang, dem man sich nur schwer entziehen konnte. Die festgelegten rituellen Handlungsabläufe nötigten Teilnehmer wie Publikum, das Einverständnis mit dem Gezeigten demonstrativ zum Ausdruck zu bringen. So stabilisierten solche öffentlichen Auftritte den Zustand der Herrschaft, wenn sie denn glückten. Da aber das gezeigte Verhalten zugleich eine Verpflichtung für die Zukunft bedeutete, mußte sich jeder Teilnehmer gut überlegen, wie weit er durch Mitmachen Zustimmung signalisieren wollte. Es gibt in der Tat genügend Zeugnisse dafür, daß man dies auch tat. Konkreten Ausdruck fanden solche Überlegungen sowohl durch das bewußte Fernbleiben als auch durch die Störung der Handlungen.

Freundschaftliche Begegnungen als Zeichen des Einvernehmens

Im folgenden sollen geglückte Formen öffentlicher Interaktion vorgestellt werden, aber auch solche, in denen Scheitern drohte bzw. ein Scheitern sogar bewußt herbeigeführt wurde, weil die Teilnehmer ihre oppositionelle Meinung teilweise drastisch zum Ausdruck brachten. Beginnen wir mit Ritualen des Empfangs und der freundschaftlichen Begegnung als Beispiele für geglückte öffentliche Kommunikation:

„Bei der Ankunft des Kaisers zeigte Boleslaw außerordentliche Wunderwerke, vor allem mannigfache Schlachtreihen, dann ließ er in einer weiträumigen Ebene gleichsam die Chöre der Fürsten sich in Schlachtreihen aufstellen und die buntfarbene Verschiedenheit der Kleidung gab den einzelnen Schlachtreihen deutlich getrennt ein schillerndes Bild. Es gab

dort nicht irgendeine billige Buntheit der Ausstattung ..., denn zur Zeit Boleslaws trugen alle Ritter und Frauen des Hofes Mäntel anstatt Leinen- und Wollkleider, und auch noch so kostbare Pelze, selbst wenn sie neu waren, trug man an seinem Hof nicht ohne Unterbesatz und Goldbrokat. Gold wurde nämlich zu seiner Zeit von allen für so gemein gehalten wie Silber, Silber aber hielt man für so wohlfeil wie sonst Stroh.“

Gallus Anonymus, S. 57 ff.

Als der Polenherrscher Boleslaw Chrobry († 1025) Kaiser Otto III. im Jahre 1000 in seinem Lande so empfing, ehrte er ihn damit, wie es sich für den Kaiser gebührte. Zu solcher Ehrung bestand aller Anlaß, war es doch äußerst ungewöhnlich, daß der Ranghöhere sich zu einem Rangniederen begab, wie dies Otto mit seiner Reise nach Gnesen praktizierte. Zugleich stellte Boleslaw sein eigenes Licht aber keineswegs unter den Scheffel, sondern machte dem hohen Besucher seine Macht und seinen Reichtum durch die Zahl und die Ausstattung seiner Gefolgsleute deutlich. Die Ehrung des kaiserlichen Lehnsherrn und die Selbstdarstellung der eigenen Macht gingen hier Hand in Hand. Der Berichterstatter dieser Begegnung, ein mehr als ein Jahrhundert später schreibender Anonymus, läßt den Kaiser von diesem Empfang so beeindruckt sein, daß er beschließt, Boleslaw zum König zu erheben.

Auch diese Feier nutzte Boleslaw nach der Erzählung unseres Gewährsmannes wieder zu besonderen Demonstrationen:

„... er übte die ihm von Natur aus mitgegebene Freigebigkeit dadurch aus, daß er an den drei Tagen seiner Weihe ein Festmahl wie ein König und wie ein Kaiser feierte, an den einzelnen Tagen alle Gefäße und alles Tischgerät auswechselte ... und viel Wertvolles darreichte. Am Ende des Festmahls ließ er Mundschenken und Speiseträger die Gold- und Silbergefäße – solche aus Holz gab es dort nämlich nicht –, und zwar Becher und Pokale, Schüsseln, Platten und Trinkhörner von allen Tischen der drei Tage einsammeln und schenkte dies dem Kaiser als Ehrengeschenk – nicht als fürstliche Abgabe. ... Darüber hinaus verschenkte er auch andere Gefäße in großer Zahl, und zwar solche aus Gold und Silber von unterschiedlicher Arbeit, buntfarbige Mäntel, Schmuckwerke unbekannter Art, Edelsteine, und er zeigte so viel und so Großes solcher Art, daß der Kaiser diese Geschenke für ein Wunder hielt. Die einzelnen Fürsten des Kaisers beschenkte er so großartig, daß er sie aus freundlich Gesinnten zu seinen besten Freunden gewann. Wer aber wird imstande sein aufzuzählen, was für Geschenke und wie große er den Vornehmen gab, zumal noch nicht einmal ein einziger Diener ... ohne Geschenk nach Hause zurückkehrte?“

Gallus Anonymus, S. 57 ff.

Dieser Teil des Berichts bietet ebenfalls vorrangig Handlungen von hoher symbolischer Qualität. Eine solche besitzt schon das gemeinsame Festmahl als Ganzes. Es bezeugt demonstrativ das friedlich-freundschaftliche Verhältnis und den festen Willen beider Seiten, dieses auch in Zukunft zu bewah-

Abb. 14: Adventusdarstellungen: Begrüßung Heinrichs VI. durch Abt und Mönche von Montecassino, Übergabe der Schlüssel von Rocca d'Acre, Begegnung mit dem Bischof von Capua. Petrus de Ebulo: Liber ad honorem Augusti sive de rebus Siculis, ca. 1196, S. 87.

Burgerbibliothek Bern, Codex 120 II, fol. 108 r.

ren. Deshalb bot Boleslaw Otto alles, was „Küche und Keller hergaben". Aus demselben Grund überhäufte er den Kaiser und seine Umgebung mit überreichen Geschenken. Solche Präsente hatten aber durchaus auch den Charakter einer „dosierten Herausforderung" (Pierre Bourdieu), denn mit ihrer Üppigkeit unterstrich Boleslaw seinen Reichtum und schien die Spielregel zu vergessen, daß eigentlich der Ranghöhere die wertvolleren Geschenke machte und nicht umgekehrt. Ganz gemäß dieser Regel sprechen denn auch sächsische Quellen, die Empfang und Geschenke gleichfalls zu rühmen wissen, davon, daß Otto III. die Geschenke nicht angenommen habe, da er nicht „zum Rauben und Nehmen, sondern zum Geben und Beten gekommen sei“ (Annales Quedlinburgenses, S. 77). Auch die polnische Quelle spricht einen Gedanken aus, der einem Zeitgenossen bei solch üppigen Geschenken wohl kommen konnte: Sie insistiert, es seien wirklich Geschenke gewesen und nicht etwa Tribute.

Öffentliche Kommunikation als Element mittelalterlicher Herrschaftsausübung

Unabhängig davon, ob sich die Dinge im einzelnen so abgespielt haben wie berichtet oder nicht, führt uns diese Geschichte mitten hinein in die demonstrativen Akte öffentlicher Kommunikation und in die Schwierigkeiten ihres Verständnisses. Neben der schon mehrfach betonten Vertraulichkeit, ja Heimlichkeit der politischen Entscheidungsprozesse sind öffentliche Akte unterschiedlichster Art ein zweites Charakteristikum mittelalterlicher Herrschaftsausübung, die keinesfalls als „leeres Zeremoniell“ geringgeschätzt werden dürfen. Bewußt benutzt man ein aufwendiges Empfangs- wie auch Abschiedszeremoniell, veranstaltet zu den verschiedensten Anlässen Feste und Feiern, markiert den Übergang vom Konflikt zum Frieden durch komplexe Rituale, nutzt die christliche Liturgie und das Kirchenjahr zur demonstrativen Anerkennung der Pflichten und Aufgaben des christlichen Herrschers und legitimiert sich so zugleich als ein solcher. All diese Akte scheuen die Öffentlichkeit nicht nur nicht, sondern werden bewußt vor großer Öffentlichkeit durchgeführt, werden für sie inszeniert. Im Vordergrund solcher öffentlichen Auftritte von Herrschaft steht nicht das gesprochene Wort, sondern die zeichenhafte Handlung. Dem Kundigen vermittelt die „Sprache“ der Rituale und Demonstrationen eine Fülle von Botschaften. Nehmen wir als nächstes Beispiel Fälle der demonstrativen Anerkennung neuer Herrschaftsverhältnisse.

Mähler und Geschenke als verpflichtende Gesten

Im 10. Jahrhundert werden wir zweimal über ein sogenanntes Krönungsmahl informiert, das auch noch in späteren Jahrhunderten des Mittelalters bezeugt ist. Wie Widukind von Korvei für das Jahr 936 (S. 88 f.) und Thietmar von Merseburg für das Jahr 986 (S. 122 f.) berichteten, tafelte der Herrschaftsverband nach der vollzogenen Königswahl und -weihe mit seinem neuen Oberhaupt. Die Herzöge übernahmen bei dieser Feier die Hofämter des „Marschalls, Mundschenks, Truchsesses und Kämmerers“. Sie drückten so symbolisch ihre Bereitschaft aus, dem neuen König loyal zu dienen. In beiden bezeugten Fällen, 936 bei der Erhebung Ottos des Großen und 986 beim Regierungsantritt des sechsjährigen Otto III., kann man sagen, daß diese Demonstration besonders nötig war, weil es über die

Nachfolge unterschiedliche Ansichten gegeben hatte. Der neue König nutzte den gemeinschaftstiftenden Charakter gemeinsamen Essens und Trinkens, um den Verband auf sich zu verpflichten. Wer hierbei mitmachte, verpflichtete sich zu zukünftiger Zusammenarbeit unter Wahrung der etablierten Regeln. Dies galt für den König ebenso wie für seine Getreuen. Aus diesem Grund war die öffentliche Durchführung sinnvoll und notwendig, garantierte sie doch, daß es genügend Zeugen für das Geschehene gab.

Gleichem Zweck diente das öffentliche Geschenk, das ebenfalls symbolischer Ausdruck einer guten Beziehung und der Anerkennung der hiermit verbundenen Pflichten war. Die Gabe wie ihre Annahme verpflichteten dazu, die freundschaftliche Verbindung beizubehalten. Dieser Umstand muß auch bei der Beurteilung der Gnesener Erzählungen berücksichtigt werden. Anderenorts hat man solchen Gabentausch ebenfalls zu wirkungsvollen Formen öffentlicher Ehrung genutzt, die der materiellen Gabe noch einen ideellen Wert hinzufügte:

Als König Heinrich III. von einem Böhmenherzog zum Abschluß einer kriegerischen Auseinandersetzung ein Pferd mit einem kostbaren Sattel als Geschenk erhielt – womit der Böhmenherzog seine neue Beziehung zum Herrscher demonstrativ zum Ausdruck brachte –, schenkte dieser das Pferd gleich weiter an einen Gefolgsmann, der ihm beim vorhergehenden Feldzug wirkungsvolle Hilfe geleistet hatte (Annales Altahenses maiores, S. 28). Besser konnte er seinen Dank nicht zum Ausdruck bringen. Der so Geehrte dürfte die symbolische Geste weit höher bewertet haben als den reellen Wert des Pferdes oder des Sattels, wußten so doch alle Anwesenden, daß er sich der höchsten Huld des Herrschers erfreute.

„Freiwilligkeit“ als Grundlage öffentlicher Kommunikation

Was hier vielleicht wie ein besonders geglückter Einfall des Herrschers aussieht, muß vor dem Hintergrund gesehen werden, daß jeder Herr Dienste angemessen, und das heißt üppig, zu belohnen hatte. Heinrich III. hat also lediglich eine anstehende Belohnung besonders wirkungsvoll eingelöst. Er brachte damit zum Ausdruck, daß er aus eigenem Antrieb und freiwillig darauf bedacht war, der wichtigen Herrschertugend der Freigebigkeit gerecht zu werden.

Man hat auch bei anderen Gelegenheiten großen Wert darauf gelegt zu betonen bzw. vorzutäuschen, daß solche öffentlichen Akte Ergebnisse freiwilliger Entscheidungen seien. Es dürfte leicht einsichtig sein, daß das freiwillig Durchgeführte oder Übernommene einen höheren Verpflichtungsgrad bedingte als etwa eine unter Zwang zugestandene Leistung. Genau diese Einsicht scheint hinter der Betonung der Freiwilligkeit bei den öffentlichen Auftritten zu stehen. Der Freiwilligkeit hat man jedoch zumeist mit bestimmten Angeboten nachgeholfen, indem man den Zusammenhang von Leistung und Gegenleistung zum Gegenstand von Angeboten machte. Konkret sah das dann so aus:

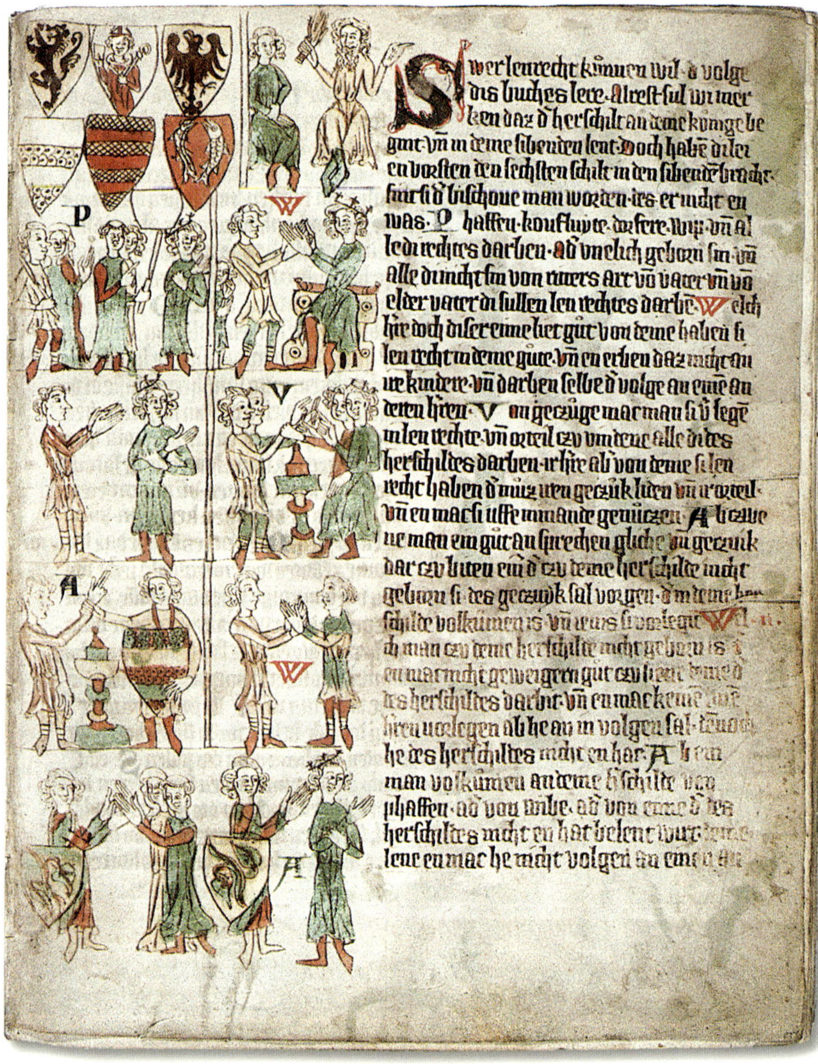

Abb. 15: Lehensrecht: Heerschildordnung, Verweigerung und Gewährung der Belehnung durch Handgang. Sachsenspiegel, Heidelberger Handschrift, ca. 1360, fol. 1 r.

Universitätsbibliothek Heidelberg.

Als König Konrad I. (911–918) den Sachsenherzog Heinrich in einer Burg belagerte, sandte er ihm durch Boten folgendes Angebot: „Gegen eine freiwillige Unterwerfung (Heinrichs) verspreche er ihm, er werde ihm als Freund zur Seite stehen und ihn nicht als Feind erproben" (Widukind von Korvei, S. 54 f.). Nicht anders machte es Otto der Große im Falle des heidnischen Slawenfürsten Stoinef. Er schickte „Graf Gero zu dem Fürsten der Barbaren mit der Aufforderung, sich dem Kaiser zu ergeben; er werde ihn dadurch zum Freund bekommen und ihn nicht als seinen Feind erproben" (Widukind von Korvei, S. 162 f.). Gefordert wurde zunächst ein Akt der Unterwerfung, den man öffentlich vornahm. Die Bereitschaft zu dieser demonstrativen Unterordnung erreichte man aber durch die in Aussicht gestellte Freundschaft des Herrschers, die natürlich ein kostbares immaterielles Gut war. Wie man sich die Durchführung vorzustellen hat, wenn das Angebot angenommen wurde, erfahren wir am Beispiel König Heinrichs I. (919–936) und des Bayernherzogs Arnulf, deren Konflikt auf eben diese Weise beendet wurde:

„Da Heinrich erfuhr, daß Arnulf in der Stadt Regensburg Schutz gesucht hatte, belagerte er ihn. Arnulf aber sah, daß er nicht stark genug war, dem König zu widerstehen, öffnete die Tore, zog hinaus zum König und unterwarf sich ihm mit seinem ganzen Reich. Er wurde von Heinrich ehrenvoll empfangen und Freund des Königs genannt."

Widukind von Korvei, S. 58 f.

In allen genannten Fällen forderte ein Herrscher zunächst eine eindeutige Unterwerfungsgeste von seinem Gegner. Es ist nicht unwichtig, daß die Freiwilligkeit dieser Geste in einem Fall ausdrücklich angesprochen wird. Diese Freiwilligkeit war jedoch Teil einer Inszenierung und nicht Resultat eines wirklich freien Entschlusses. Erleichtert wurde die bittere Notwendigkeit dieser Geste durch das Versprechen anschließender Freundschaft. So konnte der Herzog Arnulf den Akt der Unterwerfung – das Öffnen der Tore von Regensburg und den Zug zu König Heinrich mit der Unterwerfung – in dem sicheren Bewußtsein durchführen, anschließend öffentlich Freund des Königs genannt zu werden und so als Hochgeehrter und Vertrauter des Herrschers die Szene zu verlassen. Profitiert haben von diesem Konfliktende durch Kompromiß also beide Seiten.

Öffentliche Provokation und Empörung

Öffentliche Akte waren in aller Regel darauf angelegt, derartiges Einvernehmen unterschiedlichster Art demonstrativ zum Ausdruck zu bringen und so die bestehende Ordnung zu stabilisieren. Nun waren auf der anderen Seite die Personenverbände des Mittelalters aber keineswegs dadurch charakterisiert, daß in ihnen Friede und Einvernehmen vorgeherrscht hätten. Vielmehr hat man in Rechnung zu stellen, daß Rivalität, Neid, Mißgunst und Intrigen wesensmäßig zu einem Herrschaftssystem gehörten, das hierarchisch aufgebaut war, politische Entscheidungen verdeckt und vertraulich fällte und in dem Einfluß nur von den Spitzenpositionen ausgeübt werden konnte. Aufstieg der einen bewirkte so notwendig Einflußverlust und Abstieg der anderen. Da Rang und Status in solchen Verbänden behauptet werden mußten, weil sie angegriffen wurden, resultierten aus dieser Grundbedingung eine Fülle von öffentlichen Verhaltensweisen, die diese Forderung umsetzten. Betonung von Rang und Status war aber, wie das Geschenk, häufig zugleich eine „dosierte Herausforderung" der anderen, die in der Öffentlichkeit nicht selten gute Miene zu einem bösen Spiel machen mußten.

Betonung des eigenen Ranges aber passierte durch Kleidung, durch Begleitung, durch Auftreten und viele andere Aktivitäten, die eines gemeinsam hatten: Die Selbstdarstellung zielte auf das Übertrumpfen anderer und schuf so ein erhebliches Konfliktpotential. Mit einer Anekdote sei verdeutlicht, wie reflektiert mittelalterliche Zeitgenossen mit diesem Problemkreis umgingen. Im 12. Jahrhundert soll ein Bremer Kleriker seinen Erzbischof an der römischen Kurie gegen den Vorwurf verteidigt haben, dieser protze zu sehr mit weltlichem Reichtum und Luxus. Ein beträchtlicher Aufwand, so können wir für unseren Zusammenhang sagen, war eben nötig, um den eigenen Rang zum Ausdruck zu bringen. Der Kleriker soll jedoch ganz anders argumentiert haben:

> „*Es komme nicht vor*“, so verteidigte er seinen Bischof, „*daß dieser feines Pelzwerk trage, es sei denn, er habe einmal seine Kleider einem Armen gegeben und dafür den Mantel eines seiner Geistlichen oder seiner Ritter angelegt. Und ebenso prunke er nicht mit goldgeschmücktem Pferdegeschirr, das benutze er höchstens, wenn er das Pferd eines seiner Knappen bestiegen habe.*“

Annales Stadenses, S. 350

In dieser feinen Ironie kommt schön zum Ausdruck, daß der Rang der Institution der Bremer Kirche in der Ausstattung der Kleriker, Vasallen und Knappen sichtbar wird – und hier ist das Teuerste gerade gut genug. Der Erzbischof als Person hingegen ist natürlich frei von jeder Ambition in die fragliche Richtung.

Das „Mainzer Hoffest“ Friedrich Barbarossas: ein Beispiel öffentlicher Kommunikation

Rang drückte sich deutlich in der Zahl, Vornehmheit und Ausstattung der Begleitung aus, was den Geschichtsschreiber des Grafen vom Hennegau, Gislebert von Mons, veranlaßte, die Zahl der Begleiter, mit der die Großen 1184 zum berühmten Mainzer Hoffest kamen, sehr genau anzugeben. Und in dieser Zahl manifestierte sich der Rang der Fürsten:

> „*... der Herzog von Böhmen (kam mit) zweitausend, der Herzog von Österreich mit fünfhundert, der Herzog von Sachsen mit siebenhundert, der Pfalzgraf bei Rhein mit tausend oder mehr, der Landgraf von Thüringen mit tausend oder mehr, der Herr Erzbischof Philipp von Köln ... mit eintausendsiebenhundert, der Erzbischof von Magdeburg mit sechshundert, der Herr Abt von Fulda mit fünfhundert ...*“

Gislebert de Mons, S. 157 f. (S. 446 f.)

Verbindet man diese Angaben mit der vorweg zitierten Anekdote, mag ein ungefährer Eindruck entstehen, wie explosiv die Stimmung und Atmosphäre sein konnte, wenn rangbewußte Große und ihre Krieger zusammentrafen. Das aber war angesichts der dichten Folge von Hoftagen, die die Regierungspraxis jedes Königs bestimmen, häufig der Fall, wenn auch gewiß nicht in der Größenordnung, wie sie für Mainz berichtet wird.

Der Bericht Gisleberts über das Mainzer Hoffest bietet auch in anderer Hinsicht einen ausgezeichneten Einblick in die öffentliche Kommunikation dieses Hoftages und ihre Gefahren:

„Als bei dieser Gelegenheit (des Pfingstfestes) die mächtigsten Fürsten es als ihr Recht beanspruchten, das Kaiserschwert tragen zu dürfen ... ward es dem Grafen vom Hennegau überlassen. Niemand erhob dagegen Einspruch, weil sein Name in allen Landen hochgefeiert war, er erstmals am Hoftag erschien und dazu viele der mächtigsten Fürsten und Edelleute mit ihm verwandt waren."

Gislebert de Mons, S. 157 f. (S. 446 f.)

Die Vergabe des Ehrendienstes des Schwertträgers, so wird man aus dieser Schilderung aber auch folgern dürfen, war eine konfliktträchtige Frage, weil sich alle die in der kaiserlichen Gunst zurückgesetzt fühlten, die diese Aufgabe eben nicht erhielten und so der demonstrativen Ehrung eines anderen zuschauen mußten.

In Mainz kam es jedoch nicht über diese, sondern über eine andere Frage zu ernsten Meinungsverschiedenheiten, die ein Scheitern des Festes drohen ließen. Der Abt von Fulda bat nämlich in einer Fürstenversammlung den Kaiser, in Mainz zur Linken des Kaisers sitzen zu dürfen, weil dies ein altes Fuldaer Vorrecht sei, aus dem ihn nur der Kölner Erzbischof seit langem verdrängt habe. Arnold von Lübeck bietet die Argumentation der Betroffenen in wörtlicher Rede und gibt ihr viel Raum, wodurch die Brisanz der Situation unmittelbar einsichtig wird. Zugleich zeigt die Szene, wie beherrscht in der Öffentlichkeit einer Fürstenversammlung eine Kontroverse ausgetragen werden konnte:

„Da sagte der Kaiser zum Erzbischof (von Köln): 'Hört ihr, was der Abt sagt? In Folge seines Gesuches bitten wir euch, heute unser Fest nicht stören zu wollen und ihm den Platz, auf den er Anspruch zu haben behauptet, nicht zu verweigern.' Nach dieser Anrede erhob sich der Erzbischof und sprach: 'Herr, es geschehe, wie es euch gefällt, der Herr Abt möge den Platz, den er verlangt, einnehmen. Ich aber will mich mit eurer Erlaubnis in meine Herberge begeben.' Als er sich darauf schon zum Fortgehen anschickte, stand an der Seite des Kaisers sein Bruder, der Pfalzgraf bei Rhein, auf und sprach: 'Herr, ich bin ein Lehnsmann des Kölner Herrn; es ist billig, daß ich ihm folge, wohin er geht.' Darauf erhob sich auch der Graf von Nassau und sprach: 'Auch ich werde mit eurer Erlaubnis meinem Herrn, dem Erzbischof, folgen.' Ebenso erklärte sich auch der Herzog von Brabant und viele vornehme Männer."

Chronik Arnolds von Lübeck, S. 100 ff.

Niemand fällt in dieser Auseinandersetzung sozusagen aus der Rolle, doch machen der Erzbischof und seine vornehmen Vasallen dem Kaiser unmißverständlich klar, daß sie eine Rangminderung des Kölners nicht hinnehmen, sondern durch Fernbleiben ihr Mißfallen zum Ausdruck bringen wollen. Fernbleiben als eine eminent politische Verhaltensweise ist uns auch schon in anderen Zusammenhängen begegnet. In diesem Fall war die Drohung besonders wirkungsvoll, denn das Fehlen wichtiger Persönlichkeiten trübte ja den Glanz der geplanten Feier. Aber nicht nur dies: Mit dem Fernbleiben machte man den Dissens offenkundig, der entweder beseitigt werden mußte oder eskalierte.

Daß solch ein Konflikt schnell und leicht eskalieren konnte, macht der anschließende Wortwechsel deutlich: „Da sagte Landgraf Ludwig, der ein Lehnsmann des Abtes war, zu dem Grafen von Nassau: 'Ihr habt euer Lehen heute schön verdient.' Jener antwortete: 'Ich habe es verdient und werde es beweisen, wenn es nötig ist.'" Auf die Provokation folgte also gleich das Angebot einer bewaffneten Klärung der Angelegenheit, und es hätte in dieser Situation sicher nur noch eines Funkens bedurft, um die Szene außer Kontrolle geraten zu lassen. Man war jedoch auch geübt, solche Eskalationen durch rasches Eingreifen zu verhindern. Hierzu fühlte sich in diesem Moment der Sohn Friedrich Barbarossas, Heinrich VI., aufgerufen:

„Als nun der Erzbischof fortging, sprang der jugendliche König, der ein gewaltiges Aufsehen entstehen sah, von seinem Sitze auf, fiel dem Erzbischof um den Hals und sprach: 'Ich bitte dich, liebster Vater, bleibe hier und verwandle unsere Freude nicht in Trauer.' Auch der Kaiser selbst bat ihn zu bleiben, indem er sagte: 'Ich habe in meines Herzens Einfalt gesagt, was ich gesagt habe, und ihr wollt mit erregtem Gemüte fortgehen? Tut doch so Übles nicht und verkehret nicht unsere Ruhe in die größte Unruhe.' Da antwortete der Erzbischof: 'Ich hätte nicht gedacht, daß ihr mir in Gegenwart aller Fürsten eine solche Kränkung zufügen würdet.'"

Chronik Arnolds von Lübeck, S. 100 ff.

Immerhin gelang es dann, die Versammlung wieder zu beruhigen, aber letztlich dadurch, daß dem Wunsch des Fuldaer Abtes nicht nachgegeben wurde.

Die Geschichte ist für mittelalterliches Verhalten in der Öffentlichkeit lehrreich und symptomatisch. Eine Rangminderung und Zurücksetzung in der Öffentlichkeit, wie sie eine schlechtere Plazierung bedeutete, konnte kein Herrschaftsträger hinnehmen. So etwas beleidigte ihn nicht nur allein, sondern nötigte auch seine Vasallen, sich ihrem Lehnsherrn gegenüber loyal zu verhalten und ihn mit allen nötigen Mitteln zu unterstützen. Direkt neben dem König sitzen aber konnten jeweils nur zwei, so daß der „runde Tisch", wie ihn König Artus mit seinen Rittern praktizierte, einen gewissen Ausweg aus diesem Dilemma bot. Nicht zufällig sind denn auch „runde Tische" bis in unsere Tage beliebte Mittel, wenn es gilt, Gleichberechtigung zu signalisieren.

Demonstrative Zeichen des Dissenses

Angesichts dieser Rahmenbedingungen ist es nicht verwunderlich, daß Akte öffentlicher Kommunikation gar nicht so selten auch demonstrativ Dissens zum Ausdruck brachten. Wenn die durch das Mitmachen signalisierte Zustimmung nicht im Interesse der Betroffenen lag, machten sie dies nicht nur durch Fernbleiben, sondern auch durch demonstratives Fehlverhalten klar. So waren Klerus und Volk von Köln nicht mit einem Kandidaten einverstanden, den König Heinrich IV. ihnen als Nachfolger des heiligen Anno präsentierte. Nachdem man zunächst – wohl nicht-öffentlich – argumentiert hatte,

„*er sei ein kleines Männlein mit einem abstoßenden Gesicht und von niederer Herkunft und habe weder geistige noch körperliche Vorzüge aufzuweisen*", den König so jedoch nicht von seinem Vorhaben abgebracht hatte, griff man dann zu ausdrucksstärkeren Mitteln: „*Die Empörung über dieses Verfahren erregte am ganzen königlichen Hof solchen Haß gegen ihn, daß ihm alle, sobald er sich in der Öffentlichkeit zeigte, wie einem antiken Ungeheuer mit schmähenden Zurufen und Spottliedern zusetzten und ihn mit Steinen und Schmutz, oder was den Wütenden sonst gerade in die Hände kam, bewarfen.*"

Lampert von Hersfeld, S. 342 f.

Mit demonstrativem Fehlverhalten verdeutlichten am Ende des 10. Jahrhunderts auch die Gandersheimer Nonnen Bischof Bernward von Hildesheim, daß sie die Hildesheimer Ansprüche auf Gandersheim nicht anerkannten. Bei der Opferung im Rahmen der Meßfeier, die Bernward zelebrierte, überreichten die Nonnen ihre Gaben dem Bischof nicht, wie es Brauch war, sondern „warfen sie wütend und mit unglaublichen Äußerungen des Zorns dem Bischof zu Füßen und stießen wilde Schmähworte gegen Bernward aus" (Thangmar, S. 302 ff.). Sie störten also lieber die heilige Handlung als durch Mitmachen ihr Einverständnis mit den Auffassungen des Hildesheimers zu signalisieren.

Unter demonstrativen Ausdrucksformen von Dissens hatten nicht selten auch Boten und Gesandte zu leiden, die unliebsame Meldungen überbrachten. Um ihnen klarzumachen, daß man mit den Vorstellungen ihrer Absender nicht einverstanden war, benutzte man recht rabiate Formen, wie am Beispiel eines Gesandten Friedrich Barbarossas dokumentiert sei, dem in Mailand folgendes widerfuhr:

„*Nachdem die Konsuln öffentlich und in allgemeiner Versammlung den Brief gelesen hatten, warfen sie, ganz erregt vor Zorn und Wut, vor den Augen Sichers (des Gesandten) und aller anderen den Brief mitsamt dem Siegel auf den Boden und zerknülten und zertraten ihn mit ihren Füßen. Außerdem stürzten sie einmütig auf Sicher los, der nur entkommen konnte, indem er entfloh und sich verbarg.*"

Morena, S. 42 f.

Solche Behandlung erlitten Gesandte mehrfach, ohne daß man sich wundern müßte, daß sie immer, wenn auch nur knapp, ihr Leben retten konnten, schließlich sollten sie ihren Herren mitteilen, auf welch entschiedenen Widerspruch sie gestoßen waren.

Anekdotenhaft überzeichnet, aber genau in unseren Diskussionszusammenhang passend, ist jenes provokative Verhalten, mit dem ein normannischer Krieger in Vertretung seines Herzogs Rollo am Anfang des

10. Jahrhunderts klarmachte, daß die Normannen keinesfalls bereit waren, Vorstellungen des fränkischen Königs Karls des Einfältigen hinsichtlich der Durchführung des Aktes der Lehnsnahme zu akzeptieren. Der normannische Krieger sollte in Stellvertretung seines Herzogs nämlich den Fuß des Königs küssen. Er riß hierzu jedoch den Fuß des auf einem Thron sitzenden Königs hoch, um nicht den Nacken beugen zu müssen, so daß der König samt dem Thron umfiel. Dudo von St.-Quentin schließt seine Erzählung mit der Bemerkung: „Darüber entstand ein großes Gelächter im Volk“ (S. 169). Man wird ergänzen dürfen, daß darüber gewiß auch ein bewaffneter Tumult entstanden wäre, wenn sich die Geschichte so wie erzählt ereignet hätte. Die fränkischen Vasallen hätten die Beleidigung ihres Königs zweifellos gerächt. Nichtsdestoweniger ist die Geschichte ein guter Beleg dafür, daß man in Akten öffentlicher Kommunikation lieber beleidigte und provozierte als „Aussagen“ zu machen, die nicht mit den eigenen Vorstellungen übereinstimmten.

Abb. 16: Friedrich II. erhebt 1235 Braunschweig-Lüneburg zum Herzogtum, symbolisiert durch Übergabe von Fahne und einer Urkunde. Sächsische Weltchronik, Gothaer Handschrift.

Forschungs- und Landesbibliothek Gotha, Memb. I 90, Bl. 148r.

Formen und Funktionen öffentlicher Kommunikation in der mittelalterlichen Herrschaftsordnung

Insgesamt verstehen wir also die vielfältigen Rituale und Zeremonien in der Öffentlichkeit des Mittelalters besser, wenn wir ihren Charakter als verbindlichen Ausdruck von politischen Beziehungen und ihrem jeweiligen Zustand erkennen. Gerade in Übergangssituationen vom Konflikt zum Frieden, von der Feindschaft zur Freundschaft oder bei einem Herrscherwechsel waren solche Demonstrationen besonders sinnvoll und nötig. In der Ethnologie wird dies seit langem unter dem Stichwort „Rites de passage“ (Arnold v. Gennep) geführt und darauf abgehoben, daß sogenannte Schwellensituationen besondere Unsicherheiten mit sich bringen, die ritueller Zähmung bedürfen. Dies kann man gewiß auch für das Mittelalter diagnostizieren. Nur sollte man nicht vergessen, daß solche Rituale ihre Wirkung nicht magisch entfalteten. Wenn eine öffentliche Darbietung und ihre Aussagen nicht akzeptiert wurden, gab es durchaus die Möglichkeit, dies nachhaltig zum Ausdruck zu bringen. Die Skala möglichen Verhaltens reichte vom Fernbleiben bis zur provokativen Verweigerung oder Verfremdung des geforderten Verhaltens. Insofern war öffentliche Kommunikation immer dann hochgradig gefährdet, wenn in der vertraulichen Sphäre der Vorklärungen kein Konsens erzielt worden war. Solchen Konsens dann öffentlich zu erzwingen war ein gewagtes Vorhaben, das auch das Gegenteil dessen bewirken konnte, was intendiert war.

Herrschaftslegitimation
Mittelalterliche Vorstellungen über die richtige Ausübung von Herrschaft

Es gibt wohl keine Form von Herrschaft in der Geschichte, die sich nicht in irgendeiner Weise als legitim, einem übergeordneten Prinzip verpflichtet, rechtfertigt. So ist es nicht verwunderlich, daß wir aus dem Mittelalter vielfältige Reflexionen darüber hören, was legitime Herrschaft ausmache und charakterisiere. Wenig wird es überraschen, daß viele dieser Reflexionen christlichem Gedankengut und christlichen Wertesystemen verpflichtet waren. Daneben begegnen aber auch solche, die mit diesen eigentlich schlecht vereinbar sind. Hierunter fallen vor allem die Überzeugungen, daß nicht die persönliche Eignung, sondern die vornehme Abstammung zur Ausübung von Herrschaft legitimierte. Mittelalterliche Zeitgenossen hätten es wahrscheinlich sogar so ausgedrückt, daß vornehme Abstammung die Eignung garantiere. Es scheint auf den ersten Blick so, als hätten Überlegungen christlicher Provenienz die Theorie, die anderen Vorstellungen die Praxis bestimmt, doch lohnt sich ein genaueres Hinsehen.

Angestellt wurden die christlichen Reflexionen auf der Grundlage biblischer Äußerungen über die weltliche Herrschaft, die seit der Patristik durch Autoren wie den Kirchenvater Augustinus († 430), Papst Gregor den Großen (590–604) oder auch durch den im Mittelalter viel gelesenen Bischof Isidor von Sevilla (599/600–636) zu einer Lehre ausgestaltet wurden. Man war sich einig darüber, daß die Notwendigkeit weltlicher Herrschaft durch den Sündenfall Adams und Evas bedingt sei. Doch nicht als Strafe Gottes für den Sündenfall wollte man die Unterworfenheit der Menschen unter Herrscher und Obrigkeiten aufgefaßt wissen, sondern als Ausfluß seiner Barmherzigkeit, die dafür Sorge trug, die Menschen durch Gehorsamspflicht und Zwangsgewalt vom Bösen abzuhalten.

Kein Geringerer als Kaiser Friedrich II. (1212–1250) hat diese Ansicht für so programmatisch gehalten, daß er sie in der Präambel seiner berühmten Konstitutionen von Melfi (1231), dem ersten „staatlichen" Gesetzbuch des Mittelalters, formulieren ließ:

„... weil das Übel der Sünde von den Vätern auf sie fortgepflanzt war, faßten sie (die Menschen) gegeneinander Haß, veränderten den nach natürlichem Recht gemeinsamen Besitz der Dinge, und der Mensch, den Gott aufrecht und einfach geschaffen hatte, scheute sich nicht, sich in Streitigkeiten zu verstricken. Und so unter dem Zwang der Dinge selbst und nicht minder auf Antrieb der göttlichen Vorsehung wurden die Fürsten der Völker gewählt, damit durch sie die Freiheit zu Verbrechen eingeschränkt werden könne; sie sollten als Richter über Leben und Tod den Völkern das ihnen gebührende Schicksal, Los und Leben gleichsam als Vollstrecker der göttlichen Vorsehung begründen. Damit sie über die ihnen anvertraute Verwaltung vollauf Rechenschaft ablegen könnten, wird vom König der Könige

und vom Fürsten der Fürsten von ihren Händen vor allem verlangt, daß sie die hochheilige Kirche, die Mutter des christlichen Glaubens, nicht durch die geheimen Herabsetzer der Religion beflecken lassen und sie vor den Einfällen der öffentlichen Feinde durch die Macht des weltlichen Schwertes schützen, daß sie den Völkern den Frieden und, sobald sie befriedet sind, die Gerechtigkeit nach Vermögen bewahren, da diese beiden sich wie zwei Geschwister gegenseitig umschlingen."

Staatsbriefe Kaiser Friedrichs II., S. 34–36

Herrschaft wurde im Mittelalter also als von Gott eingesetzt verstanden und daraus resultierten viele Vorstellungen von den Rechten und Pflichten weltlicher Herrschaft, die von kirchlichen Autoren seit dem frühesten Mittelalter und auf der Basis der patristischen Tradition in verschiedensten Formen formuliert wurden: als gelehrte Abhandlungen und Traktate, aber auch als Mahnschreiben an konkrete Herrscher oder als Gebete im Rahmen von Krönungszeremonien. In der Karolingerzeit wurde mit der literarischen Gattung des „Fürstenspiegels" eine Form gefunden, die in programmatischer und komprimierter Form das zum Ausdruck brachte, was man vom Herrscher erwartete. Nach dem Ende der Karolingerzeit hat man diese literarische Form der Herrscherermahnung zunächst nicht mehr benutzt, was jedoch nicht bedeutet, daß man die Herrscher nicht auf einen Anforderungskatalog christlicher Tugenden verpflichtet hätte. Im 10. Jahrhundert geschah dies etwa demonstrativ und öffentlich im Rahmen der Königserhebung. So übergab Erzbischof Hildebert von Mainz Otto dem Großen 936 bei dessen Königserhebung die königlichen Insignien mit folgenden Worten:

„*'Empfange dieses Schwert und treibe mit ihm aus alle Widersacher Christi, die Heiden und schlechten Christen, da durch Gottes Wille alle Macht im ganzen Frankenreich dir übertragen ist, zum bleibenden Frieden aller Christen.' Sodann nahm er die Spangen und den Mantel und bekleidete ihn damit, indem er sagte: 'Die bis auf den Boden herabreichenden Zipfel deines Gewandes mögen dich erinnern, von welchem Eifer im Glauben du entbrennen und in Wahrung des Friedens beharren sollst bis in den Tod.' Darauf nahm er Zepter und Stab und sprach: 'Diese Abzeichen sollen dich ermahnen, mit väterlicher Zucht deine Untertanen zu leiten und vor allem den Dienern Gottes, den Witwen und Waisen die Hand des Erbarmens zu reichen; und niemals möge dein Haupt des Öls der Barmherzigkeit ermangeln, auf daß du in Gegenwart und in Zukunft mit ewigem Lohn gekrönt wirst.'*"

Widukind von Korvei, S. 89

Mit der Annahme der unter diesen Worten überreichten Insignien übernahm der neue König die angesprochenen Verpflichtungen, die sich genau mit den Forderungskatalogen der karolingischen und auch noch der spätmittelalterlichen Fürstenspiegel decken. Ausreichende Legitimation gewann spätestens seit der Karolingerzeit nur der Herrscher, der behaupten konnte,

Abb. 17: Erzbischof Mauritius (Burdinus), von Heinrich V. als Papst Gregor VIII. eingesetzt, wird von den Römern 1121 abgesetzt und verspottet. Sächsische Weltchronik, Gothaer Handschrift.

Forschungs- und Landesbibliothek Gotha, Memb. I 90, Bl. 113 v.

seine Herrschaft an diesen Forderungen auszurichten und die Postulate zu erfüllen, die die christliche Herrscherethik an ihn richtete. Schwierig wurde es dagegen für denjenigen, von dem einige oder gar viele behaupteten, er werde diesen Forderungen nicht gerecht.

Folgerichtig wurden die Herrscher wie andere Herrschende des Mittelalters denn auch nicht müde zu betonen, wie sehr oder ausschließlich ihre Amtsführung von dem Gedanken geprägt sei, als Werkzeug Gottes auf Erden zu fungieren. Die sogenannten Arengen der Königsurkunden, in denen die Könige die Motive für ihr konkretes herrscherliches Handeln ansprechen, nehmen immer wieder auf solche Forderungen Bezug, die die christliche Herrscherethik und ihr Tugendkatalog ihnen auferlegte. Durch Jahrhunderte kann man dort lesen, daß die Förderung des christlichen Glaubens, der Schutz der Kirchen, der Armen, Witwen und Waisen vornehmste Aufgabe des Herrschers sei, und diese Aussage fungiert als Begründung, warum man im konkreten Fall einen Bischof oder eine Kirche beschenkte oder privilegierte.

Aber nicht nur in schriftlicher oder mündlicher Form wurden die Herrschenden an diese Ethik erinnert. Herrscherdarstellungen in liturgischen Handschriften akzentuieren die gleichen ethischen Postulate. Selbst die berühmte Reichskrone der deutschen Könige und Kaiser evoziert in Bild und Schrift die einschlägigen Vorstellungen. Die Bildnisse der biblischen Könige David und Salomon mahnen denjenigen, der unter dieser Krone geht, den biblischen Vorbildern nachzueifern. Das Herrenwort auf dieser Krone: *per me reges regnant* (durch mich regieren die Könige) weist in gleicher Nachdrücklichkeit darauf hin, daß der König ohne Gottes Hilfe nichts vermag.

Auch in ihrem öffentlichen Handeln wurden die Herrscher den Anforderungen dieser Ethik gerecht – oder versuchten es zumindest. Ein ganz beträchtlicher Teil herrscherlichen Handelns bestand daraus, sich den „Getreuen" als frommer, huldvoller, gnädiger, milder, freigebiger, gerechter oder friedenstiftender Herrscher zu präsentieren. Und für den Nachweis all dieser Herrschertugenden gab es demonstrativ-rituelle Ausdrucksweisen. Rühmend beschreibt Thietmar von Merseburg einschlägiges herrscherliches Verhalten Ottos des Großen wie folgt:

„Wie gewöhnlich an allen Festtagen ließ er sich in prunkvoller Prozession von Bischöfen und anderen Priestern ihrem Range nach mit Kreuzen,

Heiligenreliquien und Rauchfässern zur Vesper, Matutin und Messe in die Kirche geleiten. Hier stand und saß er in großer Gottesfurcht, die ja der Anfang aller Weisheit ist, und sprach bis an das Ende des gesamten Gottesdienstes nur Gebete; bei der Rückkehr in seine Wohnräume ließ er sich und seinem großen Gefolge von Priestern, Herzögen und Grafen viele Kerzen vorantragen.“

Thietmar von Merseburg, S. 67

Nahtlos finden hier die in den Urkunden begegnenden Selbstaussagen der Herrscher über ihre Gottesfurcht und Frömmigkeit ihr Pendant im demonstrativen Nachweis eben dieser Tugenden.

Gleiche Intentionen bringt das Geschehen zum Ausdruck, das von der Königserhebung Konrads II. (1024–1039) berichtet wird: Auf dem Zug zur Weihe in den Mainzer Dom hätten sich dem gerade erwählten König ein Bauer, eine Witwe und eine Waise, danach noch ein ins Elend Geratener genähert und den König gebeten, ihnen Hilfe und Gerechtigkeit widerfahren zu lassen. Fürsten hätten ihn zur Eile gedrängt, er aber sei seinen vornehmsten Aufgaben als Herrscher in bewunderswerter Weise gerecht geworden und habe sich all dieser Bittflehenden angenommen (Wipo, S. 555). Wie in vielen anderen Beispielen öffentlicher Kommunikation wird es auch hier nicht so gewesen sein, daß die Armen sich in ihrer Not spontan dem König in diesem hochoffiziellen Moment anvertraut hätten. Vielmehr dürfte es sich um Inszenierungen handeln, die dem König Gelegenheit gaben, seine Befähigung zum Herrscher unter Beweis zu stellen. Dadurch, daß er den gestellten Anforderungen in vorbildlicher Weise gerecht wurde, legitimierte er sein Königtum. Nicht geringzuschätzen ist aber auch die Verpflichtung, die er mit seinem demonstrativen Tun für die Zukunft einging: sich nämlich immer so gegenüber Armen und Hilfesuchenden zu verhalten wie in diesem Moment.

Der moderne Leser oder Hörer solcher Geschichten ist leicht befremdet durch die Tatsache, daß hier Tugenden wie Milde oder Frömmigkeit an rein äußerlichem Verhalten gemessen werden. Doch hat man sich im Mittelalter mit solch demonstrativen Nachweisen begnügt und nicht etwa noch die zum Ausdruck gebrachte Gesinnung auf ihre Echtheit überprüft, ehe man die Handlungen als legitimatorische akzeptierte. Ganz unbefangen konnte vielmehr noch im 12. Jahrhundert Galbert von Brügge in der ausführlichen Darstellung der Ermordung des Grafen von Flandern seinen Helden, den Grafen Karl den Guten, in dessen Todesstunde († 1121) – er wurde in der Kirche während des Gottesdienstes von Gegnern ermordet – folgendermaßen schildern: Karl habe in der rechten Hand den Psalter gehalten und seine ganze Aufmerksamkeit dem Gebet gewidmet. Mit der linken habe er zudem den Armen Almosen gegeben. Besser konnte er nicht zum Ausdruck bringen, daß der Graf bis zuletzt allen Anforderungen hinsichtlich Frömmigkeit und Mildtätigkeit gerecht geworden sei.

Aus all diesen Beispielen und Beobachtungen aber folgt eines: Die Legitimation, die die christliche Kirche den Herrschenden bot, gab es nicht umsonst. Sie war vielmehr untrennbar verbunden mit einem Katalog an Anforderungen, die die Herrschenden auf ein bestimmtes Verhalten verpflichteten. Diese Anforderungen zielten in ihrer Summe auf einen Typ von Herrscher, der Milde, Erbarmen, Schutz der Armen und Schwachen und Verantwortung für Frieden und Gerechtigkeit als seine wichtigsten Aufgaben annahm. Zwar mußte er auch über die Fähigkeit verfügen, die Bösen abzuschrecken und zu bestrafen, doch gehören unnachgiebige Härte, Strenge oder der Bannstrahl königlichen Zorns nicht zu den Verhaltensweisen, die die christliche Gesellschaft von den Herrschern erwartete.

Natürlich blieb das Anforderungsprofil, das christlichem Einfluß und Gedankengut seine Formung verdankte, durch die mittelalterlichen Jahrhunderte nicht unverändert gleich. Und ganz gewiß war es auch nicht in allen Ländern gleich stark ausgeprägt. So wie das Legitimationsdefizit der Karolinger die stärkere Betonung christlicher Vorstellungen vom rechten Herrscher mit sich brachte, so können wir in späterer Zeit Versuche beobachten, die Verpflichtungen des Herrschers anders zu gewichten, andere Akzente zu setzen. Es gibt von der Königserhebung Friedrich Barbarossas (1152) eine Erzählung seines „Biographen" Otto von Freising, die Versuche zu einer solchen Neugewichtung herrscherlicher Aufgaben wie in einem Brennglas komprimiert:

„Als Friedrich nach Beendigung des Sakraments der Salbung die Krone aufgesetzt wurde, warf sich ihm einer seiner Dienstmannen, dem er noch als Privatmann wegen einiger schwerer Vergehen seine Huld entzogen hatte, mitten in der Kirche zu Füßen in der Hoffnung, ihn wegen der heiteren Stimmung dieses Tages erweichen und vom harten Rechtsstandpunkt abbringen zu können. Er aber verharrte bei seiner früheren Strenge; er blieb fest und gab uns allen damit ein Beispiel seiner nicht geringen Stetigkeit, wobei er erklärte, er habe jenen nicht aus Haß, sondern aus Gerechtigkeitssinn von seiner Gunst ausgeschlossen. Auch dies erregte bei den meisten Bewunderung, daß der junge Mann sich gewissermaßen die Gesinnung des Alters angeeignet hatte, so daß ihn seine glorreiche Erhöhung nicht erweichen und zum Fehler (Laster) des Vergebens veranlassen konnte."

Otto von Freising, S. 287 u. 289

Unabhängig von der Frage, was dort wirklich geschehen und was Ergebnis einer Stilisierung des Autors ist, wird deutlich, daß hier gegen die Dominanz der alten Königstugenden Milde und Barmherzigkeit (*clementia, misericordia*) polemisiert und gegen sie die Tugend unnachgiebiger Rechtswahrung (*rigor iustitiae*) favorisiert wird. Ganz im Banne dieser Neuorientierung hatten Otto von Freising und sein Fortsetzer Rahewin, der Freisinger Komakapellan, dann auch keine Schwierigkeiten, Friedrich Barbarossa rühmend als einen König darzustellen, dessen Zorn hell aufloderte, wenn sein Gerechtigkeitsempfinden verletzt war. Zorn als eine der Todsünden, die alle Lasterkataloge des Mittelalters kennen, hatte man in den Jahrhunderten zuvor Königen nur dann attestiert, wenn man ihnen einen gravierenden

Vorwurf machen wollte. Die neue Wertschätzung der Gerechtigkeitsliebe vor allen anderen Tugenden machte es jetzt möglich, den „gerechten Zorn" des Herrschers als eine Tugend aufzufassen und zu preisen. So ist also das Anforderungsprofil, das man im Mittelalter aus christlicher Perspektive den Königen antrug, durchaus geschichtlichen Veränderungen unterworfen, die mehr beinhalteten als Akzentverschiebungen.

In diesem Zusammenhang verdient größte Beachtung, daß die Kirche in einer Not- und Krisensituation die skizzierte christliche Herrscherethik mit ihren charakteristischen Akzenten der Verpflichtung zum Schutz der Armen und Schwachen sowie der Kirchen auf einen erheblich größeren Personenkreis zu übertragen versuchte – und dies mit einigem Erfolg. Die Rede ist von der Entstehung des Rittertums und seiner spezifischen Ritterethik. Der im Hochmittelalter entstandene „Ritter" unterscheidet sich vom Krieger früherer Jahrhunderte ja vor allem dadurch, daß er einen Anforderungskatalog zu erfüllen bereit war, der ihm einiges abverlangte. Im Kern sind es genau die Forderungen, die die christliche Kirche im Frühmittelalter an die Könige richtete: die Verpflichtung zum Schutz der Armen, der Wehrlosen, der Witwen und Waisen und der Kirchen. Sie wurden nun in ganz charakteristischen Zeiten und Regionen erstmals an die gesamte Gruppe der Krieger gerichtet. Gewiß nicht zufällig geschah dies in dem Moment, als das Königtum aus verschiedenen Gründen seinen Aufgaben nicht mehr gerecht wurde. Den Vorgang beobachtet man vor allem in den südlichen Regionen Frankreichs im 10. und 11. Jahrhundert, als dort der Rückgang des königlichen Einflusses zu einem Anstieg der Fehden und bewaffneten Konflikte führte. Den Ehrentitel Ritter, der seine positive Bedeutung bis heute nicht verloren hat, verdiente sich dort der Krieger, der bereit war, die an ihn gestellten Forderungen zu erfüllen. Wie stark der christliche Einfluß nicht nur auf mittelalterliche Herrscher, sondern auf die Gesamtheit der Waffenträger wurde, zeigt dann seit dem Ende des 11. Jahrhunderts die Geschichte der Kreuzzugsbewegung, in der sich die Krieger Europas von der Kirche mit einer spezifischen Mischung aus religiösen und weltlichen Argumenten zum bewaffneten Kampf im Orient aufrufen ließen. Nicht nur das Herrschertum, sondern auch das Kriegertum gewann so einen Großteil seiner Daseinsberechtigung und seiner Legitimation aus der Tatsache, daß es bereit war, sich für Belange der Kirche einzusetzen.

Abb. 18: König Sven IV. von Dänemark läßt bei dem von ihm anberaumten Mahl die Lichter löschen und ein Attentat auf seine Widersacher im Streit um den Thron, die Könige Knut und Waldemar von Dänemark, verüben (ca. 1155). Sächsische Weltchronik, Gothaer Handschrift.

Forschungs- und Landesbibliothek Gotha, Memb. I 90, Bl. 131v.

Nun kann man mit Fug und Recht darüber streiten, inwieweit sich ethische Postulate, seien sie religiöser oder anderer Herkunft, in praktischer

Politik niederschlagen. Dieser Vorbehalt gilt gewiß auch für den Bereich der christlichen Legitimation mittelalterlicher Herrschaft, da in aller Regel kirchliche Autoren zwar unablässig über sie schreiben, die praktische Politik aber auch oder vornehmlich von Laien gemacht wurde. Anders und krasser ausgedrückt: Ist es nicht in erster Linie Verbrämung ganz handfester irdischer Motive und Interessen, wenn Autoren das Gottesgnadentum der Herrscher beschwören, die Legitimation weltlicher Herrschaft aus dem Willen Gottes ableiten? So hat man gerade im 19. Jahrhundert versucht, die „religiöse Tünche", mit der die schreibenden Kleriker das mittelalterliche Geschehen übermalt hätten, abzuwaschen und an deren Stelle die „wirklichen" Motive der Handelnden zu setzen.

Gegen solche Versuche ist einiges einzuwenden. So wurde in den mittelalterlichen Jahrhunderten über Herrschertugenden ja nicht nur räsoniert und philosophiert. Sie wurden den Herrschern vielmehr in konkreten Situationen konkret abverlangt. Erinnern wir noch einmal an die Milde (*clementia*), auf die die Herrscher bei ihrer Amtseinsetzung verpflichtet wurden. Die Modelle gütlicher Konfliktbeilegung basieren geradezu auf der übergroßen Milde des Herrschers, der das Einlenken seiner Gegner mit Beweisen seiner Milde belohnt. Das Verhalten Gottes gegenüber dem reumütigen Sünder hat hier unverkennbar Pate gestanden. Wir fassen hier also nicht nur Legitimationsrhetorik, sondern die konkrete Umsetzung von ethischen Postulaten in die politische Aktion. Am Beispiel Friedrich Barbarossas und seiner Ablehnung des Vergebens konnten wir aber schon beobachten, daß solche Umsetzungen durchaus umstritten waren und sich Herrscher aus der Bindung, die die ständig zu beweisende Milde bedeutete, zu befreien suchten. Dies macht aber auch deutlich, wie verpflichtend diese christliche Forderung für die Herrscher gewesen ist.

Besonders nachhaltig scheint diese Befreiung Friedrich II. beim Umgang mit vermeintlichen oder wirklichen Rebellen aus seiner unmittelbaren Umgebung gelungen zu sein, die anstelle herrscherlicher Milde herrscherliche Grausamkeit zu spüren bekamen. Es sind jedoch Zweifel erlaubt, ob man dies dem Konto des „ersten modernen Menschen auf dem Thron" (Fr. Nietzsche) als Nachweis von Fortschrittlichkeit gutschreiben sollte. Anstelle der Milde war nämlich das Prinzip des Exempelstatuierens und der Abschreckung durch Grausamkeit getreten, wie auch die Berichte Friedrich durchaus nicht übel gesonnener Chronisten verdeutlichen, die folgendes erzählen:

> „*Den Attentätern wurden also zunächst ihre leiblichen Augen geblendet, die ihnen der Teufel innerlich verfinstert hatte; sie wurden an Pferdeschwänzen durch den Staub geschleift, weil sie ihn mit unschuldigem Blut zu besudeln gedachten; einige aber wurden lebendig in das nahe Meer geworfen, da sie Getreuen den Kelch der Bitternis kredenzten; in die Luft wurden sie gehängt deswegen, weil sie die Luft mit der Verbreitung ihres schändlichen Vorhabens verpesteten; schließlich aber verbrannte sie das Feuer als letzte Strafe, weil sie dabei ertappt wurden, das Feuer der Treue ganz auszulöschen.*"

Friedrich II. in Briefen, S. 614

Solche Bestrafungen, die wie die Gottesurteile die Elemente als Richtschnur für die Todesstrafen nahmen, wurden bei besonderen Vertrauten noch dadurch ergänzt, daß sie zuvor zur Abschreckung durch Sizilien und Unteritalien geführt wurden, nachdem sie schon geblendet und verstümmelt worden waren. Es verdient hervorgehoben zu werden, daß bei Friedrich II. solche Maßnahmen durchaus mit vielfältigen Berufungen auf seine herrscherliche Legitimation als Kaiser von Gottes Gnaden vereinbar waren. Es scheint geradezu so, daß im Zuge der wachsenden Schwierigkeiten mit

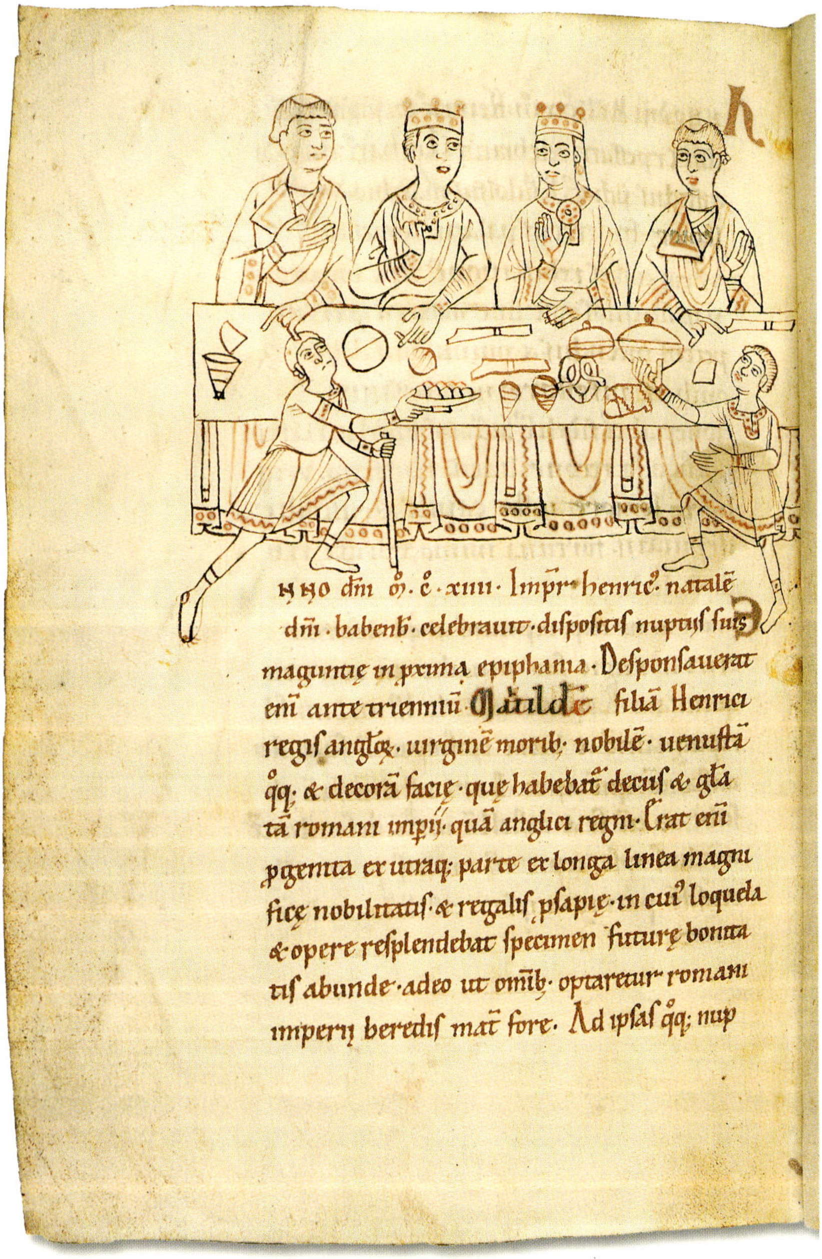

Abb. 19: Heinrich V. und Mathilde beim Hochzeitsmahl (Mainz 7.1.1114). Weltchronik des Ekkehard von Aura, Fassung C, 1113/14. Codex Corpus Christi College MS 373, f. 95v.

seinen Gegnern beides intensiviert wurde: die Grausamkeit unter dem Deckmantel der Gerechtigkeit und die Legitimation als Vollstrecker des göttlichen Willens. Von dem Typus des milden und barmherzigen mittelalterlichen Herrschers, wie er seit den karolingischen Fürstenspiegeln propagiert, aber auch praktiziert wurde, ist dieses herrscherliche Handeln denkbar weit entfernt.

Gegenüber den differenzierten Profilen christlicher Legitimationsvorstellungen wirken diejenigen, die sich auf die vornehme Abstammung berufen, uniformer und stereotyper. Es zeichnet sich auch im Verlaufe des Mittelalters keine einschneidende Veränderung ab: Vornehme Abstammung garantierte einen Vorrang, der sich in so gut wie allen Sektoren menschlichen Zusammenlebens durchsetzte, seien es weltliche oder geistliche. Nur die Welt der Gelehrsamkeit und später der Universitäten scheint nicht entscheidend durch dieses Denken geprägt worden zu sein. Da aber auch die Vornehmen des Mittelalters kaum ein gesichertes Wissen von ihren Ahnen hatten, gediehen auf diesem Sektor teilweise abstrus anmutende Ansippungsversuche, mit denen man sich die Vornehmheit des Geblüts verschaffte, die zur Legitimation von Herrschaftsansprüchen eben nötig war. Dies war am Ende des Mittelalters nicht anders als an seinem Anfang, wie noch am Beginn des 16. Jahrhunderts das Beispiel Kaiser Maximilians I. (1493– 1519) schön verdeutlicht, der beträchtliche Mühe und beträchtliche Geldmittel für den Nachweis aufbrachte, „daß sich alles edle Blut Europas im Hause Habsburg vereinigt habe“ (Mertens). Um dies nachzuweisen, schwärmten Gelehrte im Auftrage Maximilians in die Klosterarchive und Bibliotheken aus, um die Herkunft des Hauses Habsburg zu erforschen. Mit teilweise kühnen Spekulationen, aber durchaus nicht ohne Methode, schaffte es ein Freiburger Professor namens Jakob Mennel, den Stammbaum der Habsburger zunächst auf Karolinger und Merowinger und dann, unter Benutzung der fränkischen Trojanersage, auf Priamus von Troja zurückzuführen. Diese Herleitung überzeugte den Kaiser verständlicherweise so sehr, daß er seine wiederentdeckten Ahnen nicht nur in Holzschnittfolgen porträtieren, sondern auch Statuen und Statuetten von ihnen gießen ließ, die sein Grab umstehen sollten. Wie sehr sich solches Denken in Kate-

Abb. 20: Der Kaiser leistet dem Papst Stratordienst, er führt das Pferd des Papstes ein Stück am Zügel wie üblicherweise der Lehnsmann es beim Lehnsherrn tat. Sachsenspiegel, Dresdener Handschrift, ca. 1350, fol. 4 r.

Sächsische Landesbibliothek, Staats- und Universitätsbibliothek. Dezernat Deutsche Fotothek.

gorien vornehmen Geblüts und christliche Vorstellungen auch im 16. Jahrhundert vereinbaren ließen, zeigt die Tatsache, daß Maximilian im gleichen Zusammenhang auch die Heiligen der habsburgischen „Sipp-, Mag- und Schwägerschaft" sammeln ließ und sich hierzu all der Vorarbeiten bediente, mit der mittelalterliche Königs- und Adelsgeschlechter neben der Vornehmheit auch noch die Heiligkeit ihres Geblüts legitimatorisch verwendet hatten. Die Anzahl der so zusammengestellten Heiligen geht in die Hunderte. Unter ihnen sind auch nicht wenige der karolingischen Familie, die bereits im 9. Jahrhundert durch die Betonung heiliger Vorfahren von der Tatsache ein wenig abgelenkt hatte, daß sie eben über keine königlichen Ahnen verfügte.

Ähnliche Forschungstätigkeiten wie die Genealogen der Habsburger entfaltete im 12. Jahrhundert bereits ein Geschichtsschreiber des süddeutschen Adelsgeschlechtes der Welfen. Zwar schaffte er es lediglich, die Genealogie seiner Helden bis ins 8. Jahrhundert und in die Zeit Karls des Großen zurückzuführen, doch hinderte ihn dies nicht, über die früheren Zeiten folgendes zu berichten:

„Wir wissen indes aus vielen Umständen, daß es vor ihm (dem ersten Welfen) schon andere gegeben hat, die sogar noch vor der Annahme des christlichen Glaubens in großen Reichtümern und Ehren dieses Hauses Häupter gewesen sind und ihren Namen … in verschiedenen Ländern durch ihre große Tüchtigkeit bekannt gemacht haben. … Als Herren eines Landes und durch festen Wohnsitz in ihrer Kraft gestärkt, begannen die Unsrigen dann ihren Machtbereich weiter auszudehnen und in verschiedenen Gegenden immer mehr Güter und Würden zu erwerben: Dadurch wurden sie so reich, daß sie, an Besitz und Ehren Königen voranstehend, selbst dem römischen Kaiser die Lehnshuldigung verweigerten; und der eigenen Kraft vertrauend, verteidigten sie alle ihre Grenzen ohne fremde Hilfe mit großer Rührigkeit und Tapferkeit. Auch ihr Hauswesen richteten sie auf königliche Weise ein …"

Historia Welforum, S. 3 u. 5

Die Verdienste der Ahnen legitimieren die Herrschaftsansprüche des Geschlechts in der Gegenwart, das sich als königsgleich oder sogar Königen überlegen präsentiert. Es liegt nur in der Konsequenz solchen Bewußtseins, daß der Autor auch die Überlegung mitteilt, daß der Name Welf lateinisch Catulus laute und das Geschlecht daher von dem römischen Senator Catilina abstamme. Allerdings bietet er diese Version nur mit dem Vorbehalt, daß „man" dies glaube.

Der hier an zwei Beispielen verdeutlichte „Ahnenkult" mit seinen spekulativen bis abstrusen Elementen darf in vergleichbarer Weise bei allen mittelalterlichen Adelsgeschlechtern vorausgesetzt werden. Er hatte solche Ausmaße, daß im 13. Jahrhundert ein Geschichtsschreiber ein wenig resignierend feststellte, es gebe nun in ganz Europa kein Adelsgeschlecht mehr, das nicht behaupte, von Karl dem Großen oder dem Sachsenherzog Widukind abzustammen. Sowenig man sich im Mittelalter gegen Urkundenfälschungen zu schützen wußte, so hilflos scheint man auch allen Fiktionen gegenübergestanden zu haben, die auf diesem Gebiet produziert wurden. Allein die Tatsache der intensiven Bemühungen auf diesem Gebiet läßt jedoch den Rückschluß zu, daß vornehme Ahnen zur Legitimation von Herrschaft unverzichtbar waren. Kirchliche Autoren haben diese Tatsache widerstrebend dadurch akzeptiert, daß sie etwa Bischöfen bescheinigten, sie seien vornehm von Geblüt (*nobilis in carne*), um jedoch sogleich zu kontern, aber vornehmer durch ihre Gesinnung (*nobilior in mente*). Dies weist auf eine Vorstellungswelt, die sich neben allen christlichen Diskursen über die Legitimation von Herrschaft hielt und die von diesen Diskursen auch nur mäßig beeinflußt wurde.

Herrschaftskrisen
Was erschütterte mittelalterliche Ordnungen?

Will man mittelalterliche Herrschaft und ihre Funktionsweisen verständlich machen, ist es sinnvoll, den Blick auch auf Situationen und Zeiten zu richten, in denen alles aus den Fugen zu geraten scheint, also auf Herrschaftskrisen, die es immer wieder gab und die sich schließlich durch Dauer und Intensität zu Krisen des ganzen Systems ausweiteten. Indem man beobachtet und diagnostiziert, warum diese Krisen fundamentalen Charakter bekamen, erfährt man auch, was für das Funktionieren mittelalterlicher Herrschaft existentiell wichtig war und wo sie an ihre Grenzen stieß. Eine solche Blickrichtung schließt die Frage ein, auf welchem Wege man aus der Krise herausfand, ob solche Krisenerfahrungen Anstöße zum Wandel und zur Veränderung gaben und wenn ja welche.

Exemplarisch seien zwei Krisen vergleichend behandelt, deren tiefgreifender Charakter außer Zweifel steht und die sich dem Geschichtsbewußtsein vor allem der Deutschen geradezu als Epochenschwellen eingeprägt haben: die Krise der Regierungszeit Ludwigs des Frommen im 9. Jahrhundert, mit der der „Zerfall" des Karolingerreiches eingeläutet wurde und der Prozeß der Entstehung der Nationalstaaten Frankreich und Deutschland begann, sowie die Krise der Regierung Heinrichs IV. im 11. Jahrhundert, die als „verhängnisvolle Wende" des Mittelalters verstanden wurde. In ihr wurde nach dem traditionellen deutschen Mittelalterbild die „Machtfülle" der deutschen Könige in konzertiertem Angriff von Fürstenopposition und Papstkirche zerstört. Der Weg in das Elend des Partikularismus habe hier seinen Ausgang genommen, der Eigennutz über das Reichsinteresse gesiegt. Auch wenn unser Urteil heute nicht mehr von der Sehnsucht nach einer starken Zentralgewalt geleitet wird, bleibt davon unbenommen, daß die beiden Krisenzeiten von höchstem Interesse sind, wenn man mittelalterliche Herrschaft, die in beiden Epochen in der Tat fundamental in Frage gestellt wurde, verstehen will.

Fragen wir also danach, was in beiden Fällen die Krisen auslöste und warum sie nicht, wie in vielen anderen Fällen, mehr oder weniger schnell mit den in der Zeit gebräuchlichen Mitteln beigelegt werden konnten. Diese Frage macht eine kurze Reflexion darüber nötig, was denn eigentlich die im Mittelalter gebräuchlichen Mittel waren, Krisenzustände in den Griff zu bekommen, Konflikte auszutragen und beizulegen. Anzuknüpfen ist hier an die Ausführungen über den Stellenwert, den Beratung für das Funktionieren mittelalterlicher Herrschaft hatte (vgl. S. 37 ff.). Beratung und die Einigung auf dem Beratungswege war also die einzige nicht kriegerische Möglichkeit der Konfliktaustragung und deshalb von entscheidender Bedeutung für die Stabilität mittelalterlicher Ordnung,

Im folgenden soll keine vollständige Analyse der Krisen mit all ihren verwickelten Ursachen und ihrem komplizierten Verlauf geboten werden. Vielmehr steht die Frage im Vordergrund, inwieweit Probleme der Beratung verantwortlich für die Schwere und Dauer der Konflikte gewesen sind. Dieser Versuch legitimiert sich nicht zuletzt durch sein Ergebnis: Die hier zu behandelnden Krisen weiteten sich zu regelrechten Systemkrisen aus, weil es nicht gelang, mit den traditionellen Mitteln der Beratung und Konsensbildung Einigung zu erzielen. Wir konzentrieren uns daher auf die Aussagen, die belegen, daß es Probleme auf dem Feld der Beratung waren, die die Konflikte auslösten, sie verschärften und ihre Beendigung erschwerten.

Als Ludwig der Fromme nach der langen, erfolgreichen Regierung seines Vaters Karl 814 zur Herrschaft gelangte, begann er diese mit einer „Säuberung des Palastes". Alte Ratgeber des Vaters, die zugleich Repräsentanten mächtiger Adelsgruppen waren, wurden zurückgedrängt, verloren ihren Einfluß und wurden teilweise sogar in entfernt liegende Klöster exiliert. Ludwig regierte mit neuen Ratgebern und scheute auch höchst ungewöhnliche Ämterbesetzungen nicht. So vertraute er zum Beispiel einem Unfreien, seinem sogenannten „Milchbruder" Ebo, der von der gleichen Amme genährt worden war, das Erzbistum Reims an. Grundsätzlicher Protest scheint sich gegen dieses Revirement nicht sofort erhoben zu haben, auch wenn man das Schweigen der Quellen in der Anfangsphase Ludwigs nicht überbewerten darf. Daß die um ihren Einfluß gebrachten Adelsgruppen diese Zurücksetzung nicht tatenlos hinzunehmen bereit waren, zeigte sich wenig später sehr deutlich.

Mit den Maßnahmen Ludwigs ist das grundsätzliche Problem aufgeworfen, ob ein König weitgehend frei bei der Auswahl und Berufung seiner Ratgeber war oder ob es einen Anspruch auf angemessene Beteiligung an diesem Rat gab, den Angehörige des hohen Adels und die wichtigsten Amtsträger für sich reklamieren konnten. Im 9. wie im 11. Jahrhundert waren die Meinungen in dieser Frage durchaus nicht einhellig.

Auch Heinrich IV. begann seine selbständige Regierung mit einer gravierenden Veränderung seines Beraterkreises: er gab Erzbischof Adalbert von Hamburg-Bremen den Vorzug vor allen anderen Großen. In diesem Fall regte sich der Widerstand der Zurückgesetzten allerdings sofort. Man verweigerte dem König Dienste und Abgaben, was Lampert von Hersfeld folgendermaßen begründet:

✍ *„Das geschah aus Haß gegen den Erzbischof von Bremen, den alle beschuldigten, er habe sich unter dem Vorwand der vertrauten Freundschaft mit dem König eine offenkundig tyrannische Herrschaft angemaßt. Deshalb verweigerten sie dem König auch die üblichen Abgaben, und der Bischof wollte den König nicht in andere Teile des Reichs bringen, um den ersten Platz im Rat und im vertrauten Umgang mit dem König nicht mit anderen Fürsten teilen zu müssen und dadurch die Gipfelhöhe seiner angemaßten Einzelherrschaft zu verringern. Aber offensichtlich waren die übrigen Reichsfürsten nicht gewillt, diese Verletzung ihres Rechts weiterhin zu dulden. Die Erzbischöfe von Mainz und Köln hielten mit den übrigen Fürsten, denen das Wohl des Reiches am Herzen lag, häufige Versammlungen ab und forderten alle auf, gemeinsam zu überlegen, was zu tun sei. Als dann die Verschwörung zur Reife gediehen war, sagten sie allen Fürsten einen Hoftag zu Tribur an; hier sollten alle den Bremer Erzbischof, den gemeinsamen Feind aller bekämpfen und dem König ankündigen, daß er entweder abdanken oder seine vertraute Freundschaft mit dem Bremer Erzbischof aufgeben müsse."*

Lampert von Hersfeld, S. 107

Charakteristisch ist hier sowohl der Grund für die Krise als auch das Vorgehen der Betroffenen. Eine dominante Stellung eines einzelnen als Ratgeber wird von der Gesamtheit derer, die Rat als ihr Recht auffassen, nicht akzeptiert. Um dieser Auffassung Nachdruck zu verleihen, berät man untereinander ohne den König mit dem Ergebnis, dem Herrscher eine ultimative Forderung vorzulegen.

✍ *„Am festgesetzten Tage waren die Mienen aller Anwesenden unheilverkündend für den König, unheilverkündend war auch der Spruch, daß er der Regierung entsagen oder den Erzbischof von Bremen seiner Stellung als Ratgeber und als Mitregent entheben müsse."*

Lampert von Hersfeld, S. 109

Gegen diese Konsensbildung war kein Widerstand möglich, und so fügte sich Heinrich IV., entließ Adalbert und legte die Krise so fürs erste bei.

Auch Ludwig der Fromme mußte schon bald seine gravierenden Eingriffe in die Rangordnung der Großen, wie er sie mit dem Austausch der engeren Ratgeber vorgenommen hatte, korrigieren. Sein eigener Biograph, ein Anonymus, schildert den Vorgang aus der Rückschau so:

✍ *„Wie aber schon bei anderen Gelegenheiten die Milde des Kaisers sich bewundernswürdig gezeigt hatte, so offenbarte sich ganz besonders in dieser Versammlung auf das glänzendste, in wie hohem Maße er sie im Herzen trug. Denn er berief alle diejenigen, welche sich gegen sein Leben und seine Regierung verschworen hatten, aus der Verbannung zurück und schenkte* *ihnen nicht nur Leben und Leib unversehrt, sondern gab ihnen auch die Besitzungen, die ihnen nach dem Gesetz entzogen worden waren, als klaren Beweis seiner Milde zurück. ... Im nächsten Jahr beschied er eine allgemeine Reichsversammlung nach Attigny. Und als die Bischöfe, Äbte und geistlichen Männer sowie auch die Großen seines Reiches zur Beratung zusammengerufen waren, suchte er sich zuerst mit seinen Brüdern zu versöhnen, die er wider ihren Willen zu Mönchen hatte scheren lassen, dann aber überhaupt mit allen, welchen er irgendeine Kränkung zugefügt hatte. Dann aber bekannte er öffentlich, gefehlt zu haben, und übernahm, das Beispiel des Kaisers Theodosius nachahmend, eine freiwillige Buße, sowohl für jenes alles, als auch für das, was er an seinem eigenen Neffen Bernhard geübt hatte, und ... so suchte er die Gottheit zu versöhnen, als ob das, was jeden nach dem Gesetz getroffen hatte, Folge seiner eigenen Grausamkeit gewesen wäre.“*

Astronomus, S. 313 u. 315

Hier spricht der Biograph Ludwigs, der alle Handlungen des Kaisers auf dessen eigenen Entschluß zurückführt. Ob dies der Realität entsprach, ist fraglich. Immerhin aber wird auch in seiner Bewertung der Vorgänge deutlich, daß der Kaiser den Ausweg aus der sich abzeichnenden Krise seiner Herrschaft in einer allgemeinen Beratung suchte, die er zum Anlaß nahm, alle Fehler seiner bisherigen Regierung zu bekennen und so weit wie möglich wiedergutzumachen. Zwar wird Gott als Adressat dieser Handlungen hervorgehoben, doch geht man wohl nicht fehl in der Annahme, daß auch die Ratgeber wichtige Adressaten dieser Demonstrationen waren. Mit ihnen wurde nicht zuletzt die Veränderung der Rangordnung mit ihren Konsequenzen hinsichtlich des Einflusses beim Herrscher zurückgenommen und die alte Ordnung wieder installiert. So wie diese Schritte die Regierung Ludwigs stabilisierten, so verschaffte die Entlassung des Günstlings Heinrich IV. Luft.

Einige Jahre später verstieß Ludwig aber erneut gegen die Verpflichtung, einen angemessenen Kreis von Ratgebern an seiner Regierung zu beteiligen. Dieses Mal waren die Folgen gravierender als bei seinem Amtsantritt, denn er beging denselben Fehler wie der junge Heinrich IV. Dies wird selbst in der parteiischen Schilderung des Biographen überdeutlich:

„Und da er (Ludwig) auf dieser Versammlung (829) hörte, daß heimliche Ränke gegen ihn von denjenigen, welchen er das Leben geschenkt hatte, wie ein Krebsgeschwür um sich griffen, ... beschloß er gegen sie ein Bollwerk zu errichten. Er machte nämlich den bisherigen Grafen der spanischen Gebiete und Grenzen Bernhard zum Chef der Kammer.“

Astronomus, S. 333

Was hier als gerechtfertigte Maßnahme des Herrschers beschrieben und verteidigt wird, war wieder nichts anderes als eine gravierende und willkürliche Maßnahme, den Kreis der Ratgeber neu zu ordnen. Der Geschichtsschreiber und illegitime Sproß der karolingischen Familie Nithard, der wenig später die Geschichte dieser Krise beschrieb, formuliert denn auch deutlicher:

> *„Dagegen suchte der Kaiser eine Stütze in einem gewissen Bernhard, Herzog von Septimanien, ernannte ihn zu seinem Kämmerer, übergab ihm Karl (Ludwigs nachgeborenen Sohn) und machte ihn nächst sich zum mächtigsten Mann im Reich. Anstatt aber, wie seine Pflicht war, das Reich zu festigen, richtete dieser es durch den unbesonnenen Gebrauch, den er von der Staatsgewalt machte, gänzlich zugrunde."*

Nithard, S. 389 u. 391

Hier wird also wie bei Heinrich IV. die Position eines besonderen Günstlings des Herrschers etabliert, der nach Meinung der anderen zuviel Einfluß besitzt und diesen mißbraucht. Gegen diese erneute Veränderung der Rangordnung und die Mißachtung der Verpflichtung zur Beratung erhob sich daher eine „Verschwörung" der Großen, die in der Forschung als „loyale Revolution" apostrophiert wird, weil sie nach ihrem Selbstverständnis nicht gegen den Kaiser gerichtet war, sondern den Kaiser vor schlechten Ratgebern schützen und diese aus seiner Nähe entfernen wollte. Hiervon betroffen waren neben dem Kämmerer Bernhard auch Ludwigs Frau, die Welfin Judith, nebst ihren Brüdern, die man zum Klostereintritt zu zwingen versuchte. Auch Ludwig selbst wurde genötigt, sich zum Mönch scheren zu lassen, was dieser jedoch verweigerte.

Abb. 21: Fünf Vornehme entbieten einem Erzbischof Huldigung. Soester Nequambuch, 14. Jh.

Stadtarchiv Soest.

Die Krise der Herrschaft Heinrichs IV. hatte dagegen ihren ersten Höhepunkt in den Auseinandersetzungen mit den Sachsen. Objektive Meinungsverschiedenheiten trennten den sächsischen Stamm und den König in der Frage der vielen Burgen, die Heinrich vor allem im Harzraum hatte errichten oder befestigen lassen. Die Sachsen verteufelten diese Politik als Vorbereitung zu ihrer Versklavung. Zu schweren kriegerischen Auseinandersetzungen aber kam es erst, als die Beratungsversuche, die die Sachsen nach eigenem Bekunden immer wieder unternahmen, von Heinrich IV. teilweise mit einer demonstrativen Mißachtung der Sachsen abgelehnt oder unterlaufen wurden. Sowohl Lampert von Hersfeld als auch Bruno in seinem „Buch vom Sachsenkrieg", die beide als Stimmen der sächsischen Gegner des Königs gelten können, legen großen Wert auf Darbietung vieler Einzelheiten, so daß wir durch ihr wenn auch parteiisches Zeugnis tief in die Sphäre der Versuche von Konsensbildung hineinschauen können. Wie Heinrich bei solchen Gelegenheiten mit den Sachsen umgesprungen sein soll, schildert etwa Bruno wie folgt:

„... der König befahl, alle sächsischen Fürsten sollten sich in Goslar versammeln, denn wenn irgend etwas an allgemeinen Reichsangelegenheiten auftauchen sollte, was der Behandlung wert wäre, wollte er das in gemeinsamer Beratung mit den Fürsten verhandeln. ... Als der Tag herangekommen war, den man für die Geschäfte festgesetzt hatte, versammelten sich die Bischöfe, Herzöge, Grafen und die übrigen Fürsten am frühen Morgen vor der Pfalz und warteten dort vergeblich, daß der König zu ihnen herauskomme oder sie zu sich hereinriefe. Denn er hatte die Türen seiner Kammer verschlossen und trieb innen mit seinen Hofschranzen Würfelspiel und andere unnütze Dinge unbekümmert darum, daß er so viele bedeutende Männer vor seiner Tür warten ließ, als seien sie die niedrigsten Knechte. So verging der ganze Tag. ... Als es schon Nacht geworden war, kam einer von den Höflingen heraus und fragte die Fürsten höhnisch, wie lange sie dort noch warten wollten, da der König schon zu einer anderen Tür hinausgegangen sei und in schnellem Ritt zu seiner Burg eile."

Brunos Buch vom Sachsenkrieg, S. 221

„Aus dieser Ursache begann zuerst der Krieg, jener Tag war der Anfang aller folgenden Übel", schreibt Bruno einige Zeilen weiter, und er hat zweifellos recht, denn die so öffentlich mißachteten Fürsten der Sachsen trafen sich noch in dieser Nacht in einer Kirche und schlossen ein Schwurbündnis, das im weiteren Verlauf des Konfliktes die Seele des Widerstands gegen Heinrich IV. war. Daß Heinrich in der Tat einige Gründe hatte, Beratungen mit den Sachsen aus dem Wege zu gehen, auch wenn die Form, in der er das tat, ohne Zweifel gegen alle Gewohnheiten verstieß, machen andere Berichte deutlich, in denen erzählt wird, welch massive Forderungen die Sachsen an den König stellten und in welch unverblümter Form sie dies taten:

„... sie schickten Abgesandte an den König ... und verlangten, daß ihnen die Teilnahme an dem von ihm geplanten Feldzug gegen Polen erlassen würde. ... Außerdem verlangten sie, er solle die Burgen niederlegen lassen, die er überall auf Bergen und Hügeln zur Vernichtung Sachsens erbaut hatte, er solle ferner den sächsischen Fürsten, deren Güter er ohne gerichtliche Untersuchung eingezogen hatte, auf Grund eines Urteilsspruchs ihres Fürstengerichts Genugtuung leisten; er solle Sachsen, wo er schon seit seiner Kindheit residiere und in Müßiggang und Faulheit schon nahezu völlig erschlafft sei, zeitweise verlassen und auch einmal andere Teile seines Reiches aufsuchen; er solle das Gesindel, durch dessen Ratschläge er sich und

das Land zu Grunde gerichtet habe, vom Hof verjagen und die Verwaltung der Reichsgeschäfte den Fürsten überlassen, denen sie zustehe; er solle auch den Schwarm Konkubinen verabschieden, denen er gegen die kanonischen Bestimmungen beiwohnte, ohne vor Scham zu erröten ...“

Lampert von Hersfeld, S. 181 u. 183

So hart hat man in einer nicht-öffentlichen Versammlung den König bedrängt. Einer der Beschwerdepunkte war der, er berate sich mit den falschen Leuten, die daher vom Hofe zu jagen seien. Die zitierte Stelle ist nur eine von vielen. Man kann daher mit Fug und Recht sagen, daß in den Sachsenkriegen Heinrichs IV. weit mehr verhandelt und beraten als gekämpft wurde. Diese Verhandlungsintensität bringen auch Stimmen aus dem Umkreis des Saliers zum Ausdruck. So beschreibt das Lobgedicht auf die Taten Heinrichs IV. in den Sachsenkriegen gleichfalls die Technik der Konfliktvermeidung durch bilaterale Verhandlung:

„Zehn Boten schickten die Sachsen zum Lager des Königs,
die allen Fürsten des Reiches ihre Botschaft ausrichten sollten.
Sie zogen aus und gelangten zum Lager
und sprachen die Führer des königlichen Heeres, Grafen, Herzöge
und die frommen Bischöfe folgendermaßen an:
‘Oh ihr, die ihr für das Reich sorgt, Getreue des Königs!
Daß ihr eure Hilfe einsetzt zum Wohle des Friedens
und durch euren Rat Gefahr vermieden wird,
ist die Hoffnung der Unsrigen. Sie wollen ihm stets folgen
und bekennen, sich gegen den König vergangen zu haben.
Doch gemäß eurem Wunsch und Befehl
wollen sie dies sühnen, wie es dem König gefällt.
Gewährt also den Bittenden nur diese Gnade,
mit euch zusammenzutreffen und die Sache der Reihe nach zu erläutern.’“

Lied vom Sachsenkrieg, S. 159

Das Angebot ist klar und steht in Einklang mit den Regeln bei solch einer Verhandlung: Die Sachsen wenden sich an Getreue Heinrichs, bitten sie um Hilfe, und das heißt um Vermittlung. Sie sichern zu, die Vermittlungsvorschläge zu akzeptieren. Dies wiederum bedeutet, daß sie bereit sind, nach den Maßgaben der Vermittler dem König Genugtuung zu leisten. Die einzige Bedingung, die sie stellen, ist, zunächst den Vermittlern ihre Version der Geschehnisse darstellen zu dürfen. Genau dies haben sie dann auch getan mit dem Ergebnis:

„Mit solchem Ränkespiel brachten sie die Fürsten vom rechten Wege ab, so daß jeder ihr Beginnen billigte und sie die feste Zusicherung gaben, den König zu mahnen, daß er ihnen das Recht der Väter zurückgebe und das Vorgefallene verzeihe.“

Lied vom Sachsenkrieg, S. 161

Auch wenn der Autor die Sachsen noch so sehr der Ränkeschmiede und Hinterlist beschuldigt, er kommt nicht umhin zuzugeben, daß sie in der Be-

Abb. 22: Christus krönt Heinrich II. und Kunigunde. Perikopenbuch Heinrichs II., Reichenau, ca. 1002 – 1012.

Bayerische Staatsbibliothek Clm 4452, fol. 2 r.

ratung die Fürsten dazu gewonnen haben, eine Verhandlungslösung zu favorisieren, die mehr an den Interessen und Argumenten der Sachsen ausgerichtet war als an denen des Königs. Die Fürsten wollten sich als Vermittler in dieser Angelegenheit mahnend an den König wenden, einer gütlichen Einigung zuzustimmen. Daß diese Mahnung nicht beliebig in den Wind zu schlagen, sondern zu befolgen war, ergibt sich aus dem Autoritätsanspruch, den Vermittler aus ihrer Funktion ableiteten. Nach einigen weiteren Verwicklungen, die hier nicht im einzelnen zu verfolgen sind, entsprach denn auch Heinrich IV. den Mahnungen der Fürsten.

Und in der Tat erreichten diese nach zähen Verhandlungen mit den Sachsen einen Frieden, der unter anderem vorsah, daß der König seine Burgen den Sachsen zur Zerstörung überlassen sollte. Durch Beratung war der Konflikt entschärft. Die Kompromißbereitschaft und Konsensfähigkeit der Gegner schienen über die Waffen triumphiert zu haben. Doch bei der Zerstörung der königlichen Burgen in Sachsen kam es zu Übergriffen und im Fall der Harzburg sogar zur Grabschändung: Die Sachsen zerstörten die Gräber eines Bruders und eines Sohnes Heinrichs IV. Dies nahm der König verständlicherweise zum Anlaß, den Frieden aufzukündigen und von seinen Helfern Rache für die Beleidigung der königlichen Majestät zu fordern.

Auch der Widerstand gegen Ludwig den Frommen wurde 829/30 mittels Beratungen beigelegt. Ludwig besaß trotz seiner Gegner noch soviel Autorität, die Großen zu einem Hoftag nach Nymwegen zu laden und durchzusetzen, daß sie mit jeweils nur geringer Begleitung kamen, um die Verhandlungen nicht durch das Drohpotential der bewaffneten Haufen zu erschweren. Der Biograph Ludwigs schildert die getrennten und gemeinsamen Beratungen detailliert (Astronomus, S. 337 ff.). Obgleich mehrfach die

Anwendung von Waffengewalt kurz bevorstand, gelang es immer wieder, den Verhandlungsfaden wiederaufzunehmen. So holte etwa Ludwig der Fromme seinen Sohn Lothar aus einer Beratung seiner Gegner und erreichte es im persönlichen Gespräch, bei dem er ihm Milde in Aussicht stellte, daß sich Lothar wieder auf seine Seite schlug. Die „loyale Revolution" wurde beendet, ohne daß es zu kriegerischen Auseinandersetzungen gekommen war. Ludwig bewies seinerseits Augenmaß bei der Bestrafung seiner Gegner, die weder getötet noch geblendet, sondern „nur" zu Mönchen geschoren wurden. Zuvor aber hatte Lothar selbst sie zum Tode verurteilen müssen, um seinen Gesinnungswandel unter Beweis zu stellen. Der Vater ließ dann seine bekannte Milde walten. Man geht gewiß nicht fehl in der Annahme, daß Lothar bei seinem Urteil sicher davon ausgehen konnte, daß der Vater so verfahren würde.

Nicht gelöst aber war durch diesen Kompromiß die Frage des Einflusses auf den Herrscher und das damit zusammenhängende Problem, wer von nun an als engster Ratgeber die Geschicke des Reiches mitbestimmen sollte. Folgerichtig setzte der diesbezügliche Streit gleich wieder ein:

„Da nun das Reich ein wenig aufzuatmen schien, wollte sogleich der Mönch Guntbald, weil er viel zur Wiedereinsetzung des Kaisers beigetragen hatte, der zweite nach diesem im Reiche sein, während Bernhard, der diese Stellung bisher eingenommen hatte, mit allen Kräften danach strebte, sich wieder in ihren Besitz zu setzen. Auch Pippin und Ludwig (die anderen Söhne Ludwigs) arbeiteten, obgleich ihre Reiche nach dem vom Vater gegebenen Versprechen vergrößert worden waren, beide darauf hin, im Reich die größte Macht nach dem Vater zu erlangen; diejenigen aber, in deren Händen damals die Regierung des Reiches sich befand, widersetzten sich ihrem Streben."

Nithard, S. 391 ff.

Daß es in der Tat höchst wichtig war, wer im Rat des Kaisers die Meinungsbildung bestimmte, zeigte sich, als die Entscheidung fiel, das Teilreich Aquitanien Pippin zu entziehen und damit den jüngsten Sohn Ludwigs Karl (den Kahlen) auszustatten. Dies wiederum führte trotz ihrer Rivalitäten untereinander schnell zu einem Bündnis der älteren Söhne Lothar, Ludwig und Pippin. Interessanterweise führten sie aber nicht nur ihre Heere gegen den Vater ins Feld, sondern auch Papst Gregor IV., der mit auf das berüchtigte Lügenfeld von Colmar gezogen war, auf dem sich die Heere von Vater und Söhnen gegenüberstanden. Doch auch hier entschieden nicht die Waffen die Auseinandersetzung, sondern unterschiedliche Arten der Beratung. Zunächst versuchte sich der Papst als Friedensstifter und suchte den Kaiser auf:

„Bei seiner Ankunft empfing ihn der Kaiser an der Spitze seines Heeres, freilich weniger ehrenvoll als sich gebührte, indem er ihm die Schuld gab, daß er sich selbst einen solchen Empfang bereitet habe, da er auf eine un-

gewöhnliche Art zu ihm komme. Als dann der Papst in sein Zelt geführt wurde, zeigte er unter vielen Beteuerungen, daß er die große Reise aus keinem anderen Grunde unternommen habe, als weil es geheißen, daß der Kaiser in unversöhnlicher Zwietracht mit seinen Söhnen lebe, und er habe daher nach beiden Seiten hin nur Frieden stiften wollen. Er hörte nun auch, was der Kaiser seinerseits vorbrachte, und blieb mit ihm mehrere Tage zusammen."

Astronomus, S. 345

Der Besuch und die Unterredung wie auch die anschließende Rückkehr zu den Söhnen und Gegnern Ludwigs lassen kaum Zweifel daran, daß der Papst in der Tat um eine Vermittlungslösung bemüht war. Doch in diesem Fall führte sein Einsatz nicht zum Erfolg, denn es hatten auch auf ganz anderen Ebenen Verhandlungen stattgefunden, die dazu führten, daß der alte Kaiser von seinen Anhängern in Scharen verlassen wurde, weil seine Gegner ihnen durch Geschenke, Versprechungen und Drohungen klargemacht hatten, daß es für sie vorteilhafter wäre, die Fronten zu wechseln. Diese Abwerbungsversuche waren mit solchem Erfolg durchgeführt worden, daß der Kaiser schließlich so gut wie allein gelassen war. Nachdem er seinen letzten Getreuen geraten hatte, ihn ebenfalls zu verlassen, da Widerstand aussichtslos wäre, war Ludwig gezwungen, sich kampflos in die Hände seiner Söhne zu begeben. Dieses Geschehen wurde von seinen Gegnern als Gottesurteil verstanden: Gott hatte den Sinneswandel bei den Anhängern Ludwigs bewirkt, auch wenn man diesem Wandel mit irdischen Mitteln ein wenig nachgeholfen hatte. Festzuhalten ist jedoch auch hier, daß Verhandlung und Beratung den Ausgang des Konflikts entschieden, nicht die Waffen, was auch im weiteren Verlauf so bleiben sollte.

Denn auch diese verzwickte Lage, die eigentlich nur zur Vermönchung Ludwigs und zu seiner Einweisung in ein Kloster führen konnte, – wenn nicht sogar, was einige befürchteten, ein Vatermord drohte –, veränderte sich noch einmal radikal, und dies geschah wieder ausschließlich durch Verhandlungen. Zunächst versuchte Lothar, der älteste Sohn, der die Bewachung des Vaters übernommen hatte, im Einvernehmen mit einigen Bischöfen, den Vater zum Eintritt ins Kloster zu bewegen. Um seine Herrschaftsunfähigkeit und Unwürdigkeit zu beweisen, drängten sie den alten Kaiser erfolgreich dazu, sich noch einmal einer öffentlichen Kirchenbuße zu unterziehen. In der Kirche von Soissons warf er sich im Büßergewand vor Lothar und den Bischöfen auf den Boden, bekannte mehrfach seine Sünden, indem er ein langes Sündenregister verlas, bat darum, Buße tun zu dürfen, und erflehte die Absolution. In dem Sündenregister fehlte es nicht an den gravierendsten Missetaten. Ludwig beschuldigte sich, der Mörder seines Neffen Bernhard zu sein, Eide gebrochen zu haben, ein Friedensstörer, Gewalttäter und seinen Söhnen ein schlechter Vater zu sein. Er sei ein Schädiger des Reiches und Unheilbringer für das ganze Volk. Zu diesen Äußerungen hatte man ihn in bedrängenden Verhandlungen genötigt, auch wenn dem Kaiser zweifelsohne klar war, daß ihn der Büßerstatus von weltlicher Herrschaft ausschloß. Unerklärlicherweise verweigerte Ludwig jedoch hartnäckig den eigentlich konsequenten nächsten Schritt: den Eintritt ins Kloster, den er freiwillig vollziehen mußte.

Ohne daß einsichtig wäre, welche Motive und Gründe im einzelnen verantwortlich waren, kippte die Stimmung einige Zeit nach den Vorgängen in Soissons. Es scheint, als hätten die jüngeren Söhne Ludwigs Zweifel bekommen, ob die Herrschaft ihres Bruders ihrer eigenen Stellung zuträglicher war als die des Vaters. Jedenfalls unterstützten sie nicht mehr den älteren Bruder, sondern verlangten die Freilassung des Vaters. Die Anhänger des Kaisers sammelten sich wieder, Lothar war genötigt, seinen Vater freizulassen, der von Bischöfen die kaiserlichen Insignien zurückerhielt. Seine Anhänger feierten den Umschwung als Gottesurteil und diagnostizierten selbst die Zustimmung der Natur zu diesem Ereignis:

„... selbst die Elemente schienen sein Unglück zu bedauern und dem wieder Erhobenen Glück zu wünschen; denn bis zu dieser Zeit hatten so gewaltige Stürme und heftige Regengüsse gewütet, daß der Wasserstand das gewöhnliche Maß weit überstieg und wegen der Windstöße die Flüsse gar nicht zu befahren waren. Bei seiner Freisprechung aber zeigten sich die Elemente so verschworen, daß bald die Wut der Winde sich legte und des Himmels Antlitz in der früheren, seit längerer Zeit nicht gesehenen Heiterkeit erschien." Thegan, S. 249

Erneut standen sich die Heere des Vaters und des ältesten Sohnes feindlich gegenüber – doch zur Schlacht kam es auch jetzt nicht. Trotz der nun schon langjährigen Verwicklungen und der gegenseitigen Ehrverletzungen setzte man immer noch auf die Verhandlungslösung und war damit wiederum erfolgreich. Die Bereitschaft zum Kompromiß nach Beratung erweist sich hier als nahezu unerschöpflich. In diesem Fall wird auch deutlich ausgesprochen, wie Gesandte und Vermittler beiden Parteien den Weg zum Kompromiß ebneten. Sie taten dies einerseits, indem sie Lösungen vorschlugen, die beiden Seiten Vorteile boten, und andererseits, indem sie für deren Einhaltung die Garantie übernahmen. Thegan, der zweite Biograph Ludwigs des Frommen, erzählt nämlich über die entscheidenden Verhandlungen folgendes:

„Der Kaiser aber schickte Gesandte hinter ihm (Lothar) her, Bischof Badurad von Sachsen, den edlen und treuen Herzog Gebhard und den weisen Berengar, seinen Verwandten. Als diese zu ihm kamen, befahl ihm der Bischof sogleich im Namen Gottes des Allmächtigen und all seiner Heiligen, daß er sich von der Gemeinschaft mit seinen gottlosen Verführern lossage, damit die Getreuen des Kaisers sicher nachweisen könnten, ob es Gottes Willen wäre, daß ihre Zwietracht fortdauere oder nicht. Nach der Botschaft des Bischofs trugen die genannten Herzöge vor, was ihnen aufgetragen war." Astronomus, S. 351

Die Auswahl der Gesandten ist nicht zufällig, sondern vereinigt Repräsentanten aller relevanten Kräfte: der geistlichen und der weltlichen Großen sowie der Verwandten. Alle hatten ein existentielles Interesse an der friedlichen Beilegung des Konflikts. Die Brücke, die diese Gesandten Lothar bauten, basiert auf einer bemerkenswerten Argumentation: Man stellt Lothar als Verführten dar, der den Konflikt mit Gottes Hilfe beenden kann, wenn er sich von seinen Verführern lossagt. Diese Argumentation verfehlte ihre Wirkung offenbar nicht:

„Darauf bat Lothar sie ... ihm doch für alle Handlungen ihren Rat zu geben. Sie aber unterwiesen ihn, indem sie ihm Frieden versprachen, daß er mit den übrigen Verführern sich der Barmherzigkeit seines Vaters zu unterwerfen käme. Und er versprach, mit jenen zu kommen. Die Gesandten aber kehrten zum Kaiser zurück und meldeten ihm, was geschehen war.“

Thegan, S. 249

Bemerkenswert ist nicht nur, daß Lothar sich dem Rat der Abgesandten seines Vaters anvertraute – eine ganz vergleichbare Verhaltensweise konnten wir auch bei dem Treffen der Sachsen mit Abgesandten Heinrichs IV. beobachten –, charakteristisch ist überdies, daß diese Abgesandten weitgehende Versprechungen machen konnten, falls sich Lothar ihrem Rat fügte: „sie versprachen ihm Frieden“. Auch diese Eigenständigkeit war bei dem sächsischen Beispiel aus dem 11. Jahrhundert bereits zu konstatieren. Da diese Beobachtungen in anderen Fällen gleichfalls zu machen sind, folgt aus ihnen eines zwingend: Ließen sich Konfliktparteien auf Beratungen und Verhandlungen zur gütlichen Konfliktlösung ein, dann genossen die als Vermittler fungierenden Vertreter der Parteien große Eigenständigkeit und hatten die Möglichkeit, auch für diejenigen verbindliche Vorschläge zu machen, die sie ausgesandt hatten.

Die weitere Entwicklung der Ereignisse läßt im übrigen deutlich werden, daß sich in der Tat alle an das Ausgehandelte hielten:

„Nach ihnen (den drei Gesandten) kam Lothar dorthin, wo sein Vater war; der Kaiser saß in seinem Zelte, das hoch aufgerichtet war in einem weiten Felde, wo ihn das ganze Heer sehen konnte, und seine getreuen Söhne standen neben ihm. Dahin kam Lothar und warf sich zu Füßen seines Vaters nieder, nach ihm sein Schwiegervater, der furchtsame Hugo. Darauf bekannten Matfried und die übrigen alle, welche die Anstifter jener Tat gewesen waren, nachdem sie sich von der Erde erhoben hatten, daß sie schwer gefehlt hätten. Dann schwor Lothar seinem Vater Treue, daß er allen seinen Befehlen gehorchen wolle, nach Italien gehen und dort bleiben und nicht von da fortgehen werde ohne den Befehl seines Vaters. Darauf schworen auch die übrigen. Und der milde Kaiser gewährte ihnen Verzeihung, wenn sie diesen Eid halten würden. Er ließ ihnen ihr väterliches Erbe und alles, was sie sonst besaßen, außer was er ihnen eigenhändig gegeben hatte.“

Thegan, S. 249

Abb. 23: Karl der Große und Papst Leo reiten einander zur Begrüßung entgegen. Sächsische Weltchronik, Gothaer Handschrift.

Forschungs- und Landesbibliothek Gotha, Memb. I 90, Bl. 76 r.

Hier ist ein frühes Beispiel eines Unterwerfungsrituals beschrieben, das sich in der Folgezeit als Mittel gütlicher Konfliktbeendigung etablierte. Der Erfolg des Rituals dürfte vor allem darin begründet gewesen sein, daß es beiden Seiten Vorteile bot. Die eine Seite hatte die Genugtuung des Fußfalls, die andere Seite vermied durch diese Genugtuung gravierendere Konsequenzen, rettete nicht nur Leib und Leben, sondern auch Besitz und Stellung. Und dieser Ausgang entsprang nicht einer plötzlichen Anwandlung von Milde einer Partei, sondern war zuvor vereinbart worden und wurde von denen garantiert, die diese Lösung herbeigeführt hatten.

Der so zustande gekommene Friede hat bis zum Tode Ludwigs des Frommen gehalten, immerhin rund sechs Jahre. Man kann also die nicht selbstverständliche Tatsache konstatieren, daß in seiner Regierungszeit die lang dauernden und immer wieder aufflammenden Konflikte ausschließlich durch Verhandlungen beigelegt worden sind. Daß damit die Gegensätze nur überbrückt und nicht beseitigt wurden, machen die Auseinandersetzungen deutlich, die bald nach Ludwigs Tod das Reich erschütterten. Hier kam es dann zum bewaffneten Austrag des Konflikts, zum Gottesurteil der Schlacht von Fontenoy 841, und erst danach zum Vertrag von Verdun 843, der eine Teilung des Reiches zwischen den drei Söhnen Ludwigs, Lothar, Karl und Ludwig, vorsah, die alle Beteiligten akzeptierten. Der westliche und der östliche Teil bildeten die Keimzelle der späteren Staaten Frankreich und Deutschland. Die Erfahrung jedoch, daß in dieser Schlacht die Blute des fränkischen Adels ihr Leben ließ, wirkte nachhaltig und verstärkte ohne Zweifel nicht die ohnehin nicht ausgeprägte Neigung, die Entscheidung von Konflikten in der Schlacht zu suchen.

Die sächsische Krise des 11. Jahrhunderts nahm nach dem Bruch des ersten Friedens, für den Heinrich IV. und viele seiner Anhänger allein die Sachsen verantwortlich machten, einen anderen Verlauf. Er ist dadurch charakterisiert, daß der König Beratungen und Verhandlungen zur Beilegung des Konflikts immer brüsker zurückwies – zumindest behaupten dies seine sächsischen Gegner und legen auf diesbezügliche Details größten Wert. Wirkungsvoller ließ sich der König wohl nicht ins Unrecht setzen als mit dem Vorwurf, er habe Verhandlungen verweigert. Selbst die schwere Beleidigung der königlichen Majestät durch die Grabschändung war nach sächsischer Auffassung kein ausreichender Grund, Verhandlungen über angemessene Formen der Genugtuung zu verweigern. Deshalb legten sächsische Autoren größten Wert darauf, die königliche Verweigerung detailliert zu dokumentieren. Für die Argumentation der Sachsen nur einige Kostproben:

„Der König feierte Ostern (1075) in Worms. Einige sächsische Fürsten hatten vor, dorthin zu kommen, um ihre Aufwartung zu machen, doch man schickte ihnen Boten entgegen und ließ ihnen sagen, sie sollten schleunigst nach Hause zurückkehren, sonst würde es gefährlich für sie sein, vor das Angesicht des Königs zu treten, den sie nach so schweren Unbilden noch nicht durch eine ausreichende Genugtuung versöhnt hätten." Oder: *„Als der König von deren Ankunft (anderer sächsischer Unterhändler) erfuhr, befahl er, sie unter keinen Umständen zur Audienz vorzulassen, und ließ ihnen durch geheime Zwischenträger zu verstehen geben, sie sollten schleunigst verschwinden und sich nicht leichtsinnig vor die Augen dessen wagen, dem sie so schwere Schmach angetan hätten."* Oder: *„Nun wenden sich die Sachsen in zahlreichen Gesandtschaften an die Herzöge Rudolf, Berthold und Gozelo sowie die übrigen Fürsten, … flehen sie um getreuen Beistand an und beschwören sie bei Gott … den Gefährdeten beizustehen. … Doch der König hatte sie in seiner Klugheit … vollständig abgeriegelt und ihnen alle Wege, alle Zugänge versperrt. Er hatte nämlich von allen seinen Fürsten die eidliche Zusage erhalten, keine ihrer Gesandtschaften ohne seine Zustimmung vorzulassen, sie weder offen mit den Waffen, noch insgeheim mit ihrem Rat zu unterstützen, noch für sie jemals an ihn Bitten oder Gnadengesuche zu richten, bis er selbst als Richter und Zeuge anerkenne, daß er den Makel der von ihnen erlittenen Schmach durch die ihnen gebührende Strafe abgewaschen habe."*

Lampert von Hersfeld, S. 275 und 281

Mit all diesen Maßnahmen hatte Heinrich IV., so warfen ihm die Sachsen implizit vor, den einzigen Weg versperrt, der außer den Waffen zur Verfügung stand, um Konflikte beizulegen. Es überrascht denn auch nicht, daß in dieser Auseinandersetzung bald die Waffen sprachen und die Sachsen in einer Schlacht bei Homburg an der Unstrut eine Niederlage hinnehmen mußten. Erst nach diesem Sieg, der allerdings auf seiten des Saliers mit empfindlichen Verlusten erkauft worden war, zeigte sich der König wieder verhandlungsbereit. Sehr bald kam es wieder zum Austausch von Gesandtschaften, die über die Modalitäten des Friedens und die sächsische Genugtuung verhandeln wollten. Es ist symptomatisch, daß Lampert von Hersfeld als Sprachrohr der sächsischen Seite unterstreicht, keiner der Fürsten habe die Aufgabe des Vermittlers übernehmen wollen,

„denn jeder fürchtete, entweder vom König wegen Untreue gebrandmarkt zu werden, wenn er mit den Sachsen zu milde verführe, oder von den Sachsen durch den Vorwurf der Lüge entehrt zu werden, wenn er ihnen Verzeihung für ihr Vergehen in Aussicht stellte, die sie, wie sie unzweifelhaft wußten, vom König doch nie erlangen würden".

Lampert von Hersfeld, S. 317

Implizit steckt in diesen Aussagen wieder der massive Vorwurf gegen Heinrich IV., er habe sich jeder Verhandlungslösung verweigert.

Letztlich kam sie aber doch zustande, auch wenn sich alle Befürchtungen der Sachsen schnell bewahrheiteten. Die Unterwerfung des sächsischen Stammes unter den König wurde ganz ähnlich inszeniert wie die Unterwerfung Lothars und seiner Anhänger unter Ludwig den Frommen – jedoch mit einem gravierenden Unterschied: Heinrich IV. hielt sich angeblich nicht an das Vereinbarte. In der Darstellung Lamperts liest sich das so:

> *„Am folgenden Tage nahm der König zum Empfang der Sachsen in der Mitte eines sich weithin dehnenden Feldes bei Spier Platz, das ganze Heer war zu diesem Schauspiel feierlich entboten worden... Nun werden der Reihe nach zuerst die sächsischen Fürsten herbeigeführt, Erzbischof Wezel von Magdeburg, Bischof Bucco von Halberstadt, der ehemalige Bayernherzog Otto, Herzog Magnus von Sachsen* (es folgen viele weitere Namen), *dann alle Freigeborenen, die durch den Glanz ihres Geschlechts oder Reichtums auch nur ein wenig im Volke hervorragten. Wie vereinbart unterwarfen diese sich dann dem König ohne jeden Vorbehalt. Der König übergab sie einzeln seinen Fürsten zur Verwahrung, bis in einer gemeinsamen Beratung über sie entschieden würde, aber schon kurz danach brach er den Vertrag, mißachtete alle Eidesbande, durch die er sich verpflichtet hatte, und ließ sie nach verschiedenen Orten in Gallien, Schwaben, Bayern, Italien und Burgund bringen."*

Lampert von Hersfeld, S. 323

Auf diesen Vertragsbruch des Königs hat Lampert den Leser schon durch verschiedene Andeutungen vorbereitet. So schilderte er beispielsweise einige Seiten zuvor entsprechende Vorahnungen der Sachsen. Es kann wiederum kein Zweifel daran bestehen, daß mit diesem Vorwurf Heinrichs Verhalten massiv kritisiert wurde, da die Zeitgenossen wußten, wie heilig Abmachungen zur gütlichen Beendigung von Konflikten gehalten wurden. Das so entstandene Mißtrauen hat den weiteren Verlauf des Konflikts wesentlich geprägt.

Zunächst aber scheinen Heinrich IV. und seine Umgebung durch den Sieg über die Sachsen jedes Augenmaß verloren zu haben. Sie eröffneten gleich den nächsten Konflikt, indem sie ein mahnendes und auch drohendes Schreiben Papst Gregors VII. zum Anlaß nahmen, diesen Papst in einem feierlichen Akt in Worms zum Verlassen des Stuhles Petri aufzufordern. Immerhin 27 Bischöfe haben neben Heinrich IV. die Absetzungsforderungen unterschrieben. Der Rückhalt des Königs im deutschen Episkopat scheint in dieser Frage beträchtlich gewesen zu sein. Doch ließ Gregors Replik nicht lange auf sich warten: Er exkommunizierte auf der römischen Fastensynode den deutschen König und löste alle seine Getreuen von den Eiden, die sie ihm geschworen hatten. Ein neuer Konflikt unbekannten Ausmaßes stand ins Haus, ohne daß derjenige mit den Sachsen wirklich beigelegt gewesen war.

Heinrich IV. sah sich nun drei unterschiedlichen Gegnern gegenüber: den Sachsen, die die Inhaftierung ihrer Großen durch den König als Vertragsbruch auffaßten; den Fürsten des Reiches, die sich für den Frieden mit den Sachsen als Vermittler eingesetzt hatten; und schließlich den Gregorianern, die Heinrich durch die Abdankungsforderung erbittert hatte. Lampert von Hersfeld beschreibt – wie immer sehr parteiisch –, was gegen den König ins Feld geführt wurde und wer die Träger des Widerstandes waren:

„Zur selben Zeit kamen Herzog Rudolf von Schwaben, Herzog Welf von Bayern, Herzog Berthold von Kärnten, Bischof Adalbero von Würzburg, Bischof Hermann von Metz und viele andere Fürsten zusammen und berieten, was gegen die schweren Mißstände, unter denen das Reich litt, zu tun sei. Der König sei nach dem Sachsenkrieg derselbe geblieben wie vorher; nichts habe sich an seinem Leichtsinn, seiner Grausamkeit, seinem vertrauten Umgang mit den schlechtesten Menschen geändert. Nur dazu habe er seinen glänzenden Sieg über die Sachsen benutzt, über ihrer aller Blut die volle Verfügungsgewalt zu erlangen und sich mit voller Ungebundenheit ungestraft in der Vernichtung aller Rechtschaffenen und der Ausführung jeder Schandtat, die ihm in den Sinn komme, auszutoben; für sie gebe es künftig keine Hoffnung, keinen Schutz mehr, wenn sie etwa, wie es ja menschlich sei, bei ihm Anstoß erregten, wo er gegen die, die sich ihm unterworfen hätten, wider seinen Eid und das Wort der Fürsten so abscheuliche Grausamkeiten verübt habe. Aus diesem Grunde waren nicht nur sie selbst, sondern alle Fürsten des Reichs schwer beunruhigt und besonders die, auf deren Rat hin sich die sächsischen Fürsten in Gefahr begeben hatten. So entstand eine ausgedehnte Empörung und breitete sich von Tag zu Tag weiter aus, wobei vor allem der Umstand allen Mut und Zuversicht verlieh, daß zahlreiche Boten aus Italien täglich meldeten, der König sei vom Papst exkommuniziert worden. Infolgedessen faßten der Bischof von Metz und viele andere Mut und ließen einige der sächsischen Fürsten, die sie vom König zur Bewachung übernommen hatten, ohne Wissen des Königs frei."

Lampert von Hersfeld, S. 351 u. 353

Ob der Widerstand und Widerwille gegen Heinrich IV. wirklich so allgemein verbreitet war, wie Lampert es suggeriert, sei dahingestellt. Massiv geschadet haben der Position des Königs aber Ereignisse, die sich an Ostern 1076 in Utrecht zutrugen und von den Zeitgenossen als Gottesurteile interpretiert werden konnten und wurden. Es sei im Zusammenhang zitiert, wie Bruno die Geschehnisse als ein massives Eingreifen Gottes gegen Heinrich IV. deklariert und daraus unzweideutige Folgerungen ableitet:

„Als der Bote des Königs (aus Rom) zurückkehrte und diesem, der sich damals in Utrecht aufhielt, meldete, daß er exkommuniziert sei, da folgte der König dem Rat Wilhelms, des Bischofs dieser Stadt, und achtete den Bannfluch für nichts. Dieser Bischof war es auch, der aus der Furcht, das Volk könnte vom König als einem Exkommunizierten abfallen, wenn es davon

hörte, während der Messe eine Ansprache hielt und mit spöttischen Worten bekanntmachte, der König sei exkommuniziert, aber der Bann habe keine Kraft, wie er mit aller Kunst der Rede – und er war ein beredter Mann – auseinandersetzte. Und doch hat er bei sich selbst dessen Macht erkennen müssen; wenn er nur auch durch Reue über seinen Hochmut hätte zur Einsicht kommen können! Denn an derselben Stelle, von der aus er den römischen Bischof herabsetzte und dessen Gewalt mit seinem Wortschwall zunichte zu machen suchte, ergriff ihn eine Krankheit, die ihn bis an das erbärmliche Ende seines elenden Lebens nicht mehr losließ. Als die Krankheit sich nun ständig verschlimmerte und ein Mann des Königs, der gerade bei ihm war, ihn bat, ihn doch mit seinem Auftrag zum König zurückzusenden, sagte er: 'Dies schicke ich ihm als Botschaft, daß er selbst, ich und alle Begünstiger seiner Bosheit, auf ewig verdammt sind.'… Nicht lange nach seinem Tod erschien er dem Abt von Cluny, bevor dieser noch seinen Tod erfahren hatte, und sagte: Ich lebe nicht mehr, sondern bin in Wahrheit tot und in der Hölle begraben. So nahm dieser kluge und, wenn nicht das Gift des Geizes seine Seele verdorben hätte, in allen Stücken ehrenwerte Mann ein törichtes und elendes Ende, weil er sich nicht, solange es noch möglich war, davor hüten wollte. Doch warum sage ich nur von ihm, daß er ein erbärmliches Ende genommen habe? Es ist ja offenkundig, daß fast alle Vertrauten und Anhänger Heinrichs einen ebenso elenden Tod gefunden haben, ja einen um so elenderen, je treuer sie ihm ergeben waren; denn diese Treue war in Wahrheit Treulosigkeit."

Abb. 24: Einzug Heinrichs III. in die Kirche in Begleitung zweier Äbte und seines Gefolges. Perikopenbuch Heinrichs III. um 1040.

Bremen, Staats- und Universitätsbibliothek, b. 21, fol. 3v. © Dr. Ludwig Reichert Verlag Wiesbaden.

Brunos Buch vom Sachsenkrieg, S. 317 u. 319

Andere Quellen melden überdies, daß der Blitz in diesen Tagen in die Kathedrale von Utrecht eingeschlagen und diese niedergebrannt sei. Heinrich IV. selbst formulierte in einer Königsurkunde einen Zusammenhang zwischen diesem Blitz und seinen Sünden: Er trägt durch eine Schenkung zum Wiederaufbau der Kirche bei, „die wegen unserer Sünden niederbrannte". Die Wirkung dieser Geschehnisse auf die Zeitgenossen muß beträchtlich

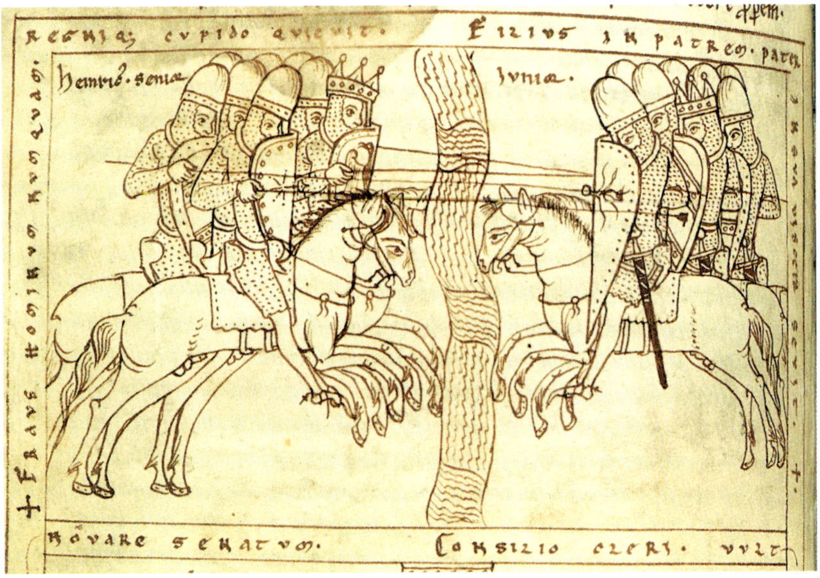

Abb. 25: Angebliche Reiterschlacht zwischen den Heeren Heinrichs IV. und Heinrichs V. am Regen 1105. Otto von Freising: Chronica sive historia de duabus civitatibus, Jenaer Handschrift ca. 1170.

Thüringer Universitäts- und Landesbibliothek Jena, Ms. Bos. q6, f. 91v.

gewesen sein, wie sich nicht zuletzt aus den triumphierenden Stimmen der Gegner Heinrichs ableiten läßt, die nicht müde wurden, das Geschehen als Argument gegen Heinrich ins Feld zu führen.

Vielleicht liegt in den Utrechter Ereignissen geradezu der Schlüssel für das Verständnis der folgenden Entwicklung: Heinrich wurde im Sommer 1076 nämlich fast in ähnlich rapider Weise von seinen Anhängern im Stich gelassen wie Ludwig der Fromme bei Colmar. Schon im Herbst dieses Jahres berieten die Fürsten in Tribur über die *causa*, den Fall Heinrichs IV., anders ausgedrückt, über die Frage, ob er überhaupt noch König sein könne. Heinrich selbst und seine Anhänger hatten keinen Zutritt zu diesen Beratungen mehr und mußten auf der anderen Rheinseite in Oppenheim untätig abwarten, ob sich die radikale Absetzungspartei unter seinen Gegnern durchsetzen würde oder nicht. Doch wieder fand man zum Kompromiß. In Verhandlungen mit dem König, die wohl vom päpstlichen Legaten geführt wurden, erreichte man ein Versprechen Heinrichs, er werde dem Papst Gehorsam und Genugtuung leisten für das, was er ihm angetan habe. Überdies kam man überein, am 2. Februar 1077 in Augsburg ein Generalkolloquium abzuhalten. Durch dieses Kolloquium sollte eine friedliche Beilegung aller Konflikte erreicht werden.

Heinrich IV. hat durch seinen berühmten Gang nach Canossa dieses Kolloquium obsolet werden lassen, da er sich mit Papst Gregor VII. aussöhnte, ohne daß es zu einer Verhandlung über alle strittigen Punkte gekommen wäre. Dennoch hat Gregor VII. weiterhin darauf beharrt, die Untersuchung der *causa* Heinrichs IV. auf einem Kolloquium durchzuführen. Die Fürsten des Reiches machten jedoch nach Canossa durch die Wahl des Gegenkönigs Rudolf von Rheinfelden aus dem Fall Heinrichs IV. eine *causa regum*, das Problem des Doppelkönigtums, das durch Verhandlungen schwierig zu lösen war. Unbeirrt aber hat Gregor VII. daran festgehalten, auch dieses schwierige Problem durch Untersuchung und Verhandlung in den Griff zu bekommen. Hierdurch verärgerte er nicht zuletzt seine sächsischen Bündnispartner, die ihm indigniert vorhielten, warum er immer noch untersuchen wolle, da er durch Heinrichs Exkommunikation das Urteil doch längst gesprochen habe. Dennoch sind die Jahre 1077–80 erfüllt von vielfältigen Aktivitäten aller Parteien, dieses *colloquium* vorzubereiten. Dabei nutzte man in neuer Weise das Mittel der Schriftlichkeit, um Argumente zu sammeln, Informationen auszutauschen und Gegner oder Unschlüssige argumentativ zu beeindrucken.

Heinrich IV. hat sich diesen Untersuchungen anläßlich eines Colloquiums nie grundsätzlich verweigert. Er hat lediglich mit allen Mitteln das Zustandekommen verschleppt. So dauerte es immerhin bis 1080, ehe ihn Gregor VII. ein zweites Mal bannte. Als Grund für diesen Bann nannte Gregor einen Hauptvorwurf: Heinrich habe das *colloquium* hintertrieben:

> *„Und da ich glaubte, daß die weniger im Recht befindliche Seite das Kolloquium nicht wolle, wo das Recht seinen Platz behaupten würde, habe ich allen Personen, ob die eines Königs, Herzogs, Bischofs oder sonst eines Menschen, die das Kolloquium durch irgendeine Erfindung am Zustandekommen hinderte, exkommuniziert und in die Bande des Anathems geschlagen. Der genannte Heinrich aber mitsamt seinen Begünstigern fürchtete nicht die Gefahr des Ungehorsams, der dem Verbrechen des Götzendienstes gleich ist, und verhinderte das Kolloquium; so rannte er in die Exkommunikation, verstrickte sich selbst in das Anathem und bewirkte, daß viele Menschen dem Tod überantwortet sowie Kirchen zerstört wurden und gab fast das ganze deutsche Reich der Verwüstung anheim."*

Briefe Papst Gregors VII., S. 337

Gregor griff überdies zu einem Mittel des Kampfes gegen Heinrich IV., das weniger mit politischem Kalkül als mit religiöser Überzeugung erklärt werden kann. Er forderte nämlich in einem Gebet die Apostelfürsten Petrus und Paulus zum Sturz Heinrichs IV. auf:

> *„Handelt nun, bitte ich, Väter und heiligste Fürsten, so, daß alle Welt sieht und erkennt, daß Ihr, wenn Ihr im Himmel binden und lösen könnt, auf Erden Reiche, König- und Fürsten- und Herzogtümer, Markgrafschaften, Grafschaften und aller Menschen Besitzungen einem jedem nach Verdienst nehmen und geben könnt. ... Alle Könige und alle Fürsten dieser Welt mögen nun lernen, wie groß Ihr seid, was Ihr vermögt, und sie mögen fürchten, den Befehl Eurer Kirche geringzuachten. Und vollstreckt möglichst bald Euer Urteil an dem genannten Heinrich, damit alle wissen, daß er nicht zufällig, sondern durch Eure Macht stürzen und zuschanden werden wird; hoffentlich zur Buße, damit seine Seele gerettet werde am Tag des Herrn."*

Briefe Papst Gregors VII., S. 339

Es hatte für die Politik Gregors VII. ähnlich gravierende Konsequenzen wie die Vorgänge von 1076 in Utrecht für Heinrich IV., als die Apostelfürsten alles andere taten als Heinrich IV. zu stürzen: Dem Gegenkönig Rudolf wurde 1080 in einer Schlacht ausgerechnet die rechte Hand, die Schwurhand, abgeschlagen, und er verschied an dieser Verletzung. Deutlicher konnte ein Gottesurteil kaum ausfallen. Aus der *causa* Heinrichs IV. wurde nun eine *causa* Gregors VII. Dennoch ist charakteristisch, daß die vielen

Verhandlungsversuche zwischen den Parteien, wie sie auch nach 1080 bis zum Tode Gregors VII. (1085) noch zu beobachten sind, nie zu einer Einigung führten. Selten kam man überhaupt dazu, in der Sache zu verhandeln. Und wenn dies einmal gelang, führten Argumente der einen oder anderen Seite zum Eklat, weil sie als Beleidigung aufgefaßt wurden. Man kann wohl mit Fug und Recht sagen, daß im Fall Heinrichs IV. und seiner zahlreichen unterschiedlichen Gegner die mittelalterliche Gewohnheit, auf dem Verhandlungswege Kompromisse zu finden, deutlich an ihre Grenzen gelangt war. Zwei Hauptprobleme lassen sich durch allen rhetorischen Pulverdampf, den die Parteien erzeugten, noch deutlich erkennen: Zum einen gelang es nicht, Vermittler zu finden, die über genügend Autorität verfügten, Kompromisse auch durchzusetzen. Zum anderen – und dies hängt unmittelbar mit dem ersten Problem zusammen – scheint Heinrich IV. häufiger als andere Herrscher die Regeln der Konfliktbeilegung mißachtet und gebrochen zu haben. Aus diesem Grund durchsetzte Mißtrauen grundsätzlicher Art das gesamte Feld der Beratung und der Kommunikation, das normalerweise auch verfeindeten Parteien offenstand. Dies hatte verheerende Konsequenzen für ein politisches System, das ganz wesentlich auf Bereitschaft zum Kompromiß und dem Vertrauen auf diese Bereitschaft gründete. So kam die Krise der Herrschaft Heinrichs IV. nie zu einem Ende, auch nicht als Gregor VII. starb. Ohne die Entwicklung im einzelnen verfolgen zu müssen, mag für vieles andere paradigmatisch die Tatsache stehen, daß selbst die eigenen Söhne sich nicht scheuten, die Gegner Heinrichs anzuführen, und breiten Zulauf fanden. Heinrich IV. wurde letztlich durch Beratung und Konsensbildung abgesetzt – und er scheint der einzige gewesen zu sein, dem die Ausweglosigkeit seiner Lage nicht klar war.

So bringt die vergleichende Behandlung zweier Herrschaftskrisen als Ergebnis eine Menge von Übereinstimmungen, aber auch deutliche Unterschiede.

Gemeinsam sind beiden Krisen die unablässigen Bemühungen, ihrer durch Verhandlungen Herr zu werden. Verhandlungsführung und Beratungstechnik unterscheiden sich nur unwesentlich. Vermittlern kommt eine herausragende Bedeutung zu; vertrauliche und verdeckte Verhandlungsführung ist üblich; Versprechungen und Drohungen sind normale Mittel, die Kompromißbereitschaft zu steigern. Gemeinsam ist beiden Epochen auch, daß außer Verhandlungen nur die Waffen Konflikte entscheiden und lösen konnten – und zu denen hat man nicht vorschnell gegriffen.

Höchst unterschiedlich aber war der Erfolg des Krisenmanagements. Während die Herrschaft Ludwigs immer wieder durch Kompromisse, durch Einlenken und Genugtuung stabilisiert werden konnte, blieben ähnliche Versuche in der Zeit Heinrichs IV. weitgehend ohne solche Erfolge. Auch wenn man sich die Urteile der vielen Kritiker Heinrichs IV. nicht zu eigen macht, denen zufolge der salische König ein gerüttelt Maß an Schuld an dieser Situation trug, kann kaum zweifelhaft sein, daß sich auf dem Felde der Beratung nicht an die Regeln zu halten wohl eher als vieles andere Systemkrisen auslöste.

Phänomene des Wandels

Herrschaft in der mittelalterlichen Stadt

Herrschaft verbindet sich für die Zeiten des Mittelalters vorrangig mit dem Begriff Adel. Nur dieser fühlte sich im Mittelalter zur Herrschaft berufen und befähigt. Königtum wurde folgerichtig als „gesteigerter Adel" (Mitteis) definiert, und dieses kam denn auch ohne die Beteiligung des Adels an seiner Herrschaft, in welchen Formen auch immer, nicht aus. Selbst die Kirche war eine „Adelskirche", was bedeutet, daß ihre höchsten Ämter und Würden vorrangig bis ausschließlich Adligen offenstanden. An diesen Rahmenbedingungen von Herrschaft hat sich vom frühen bis zum späten Mittelalter grundsätzlich wenig geändert, auch wenn der Adel zur Durchführung seiner Herrschaft in zunehmendem Maße nicht-adelige Helfer benötigte, die so zu Einfluß gelangten.

Um so wichtiger und interessanter ist deshalb eine Erscheinung, die dem gerade Gesagten diametral widerspricht und somit die Ausnahme von der Regel darstellt. Im Verlauf des Mittelalters hat sich die Stadt als unabhängiger Herrschafts- und Rechtsbereich konstituiert. Hierbei hat der Adel keine oder nur eine ganz untergeordnete Rolle gespielt. Die Stunde des Bürgertums schlug. Der Prozeß vollzog sich in ganz Europa, auch wenn bestimmten Regionen die Vorreiterrolle zukam – wie der norditalienischen Städtelandschaft oder dem flandrisch-nordfranzösischen Grenzbereich. Und er vollzog sich auf sehr ähnliche Weise und in sehr ähnlichen Formen, ohne daß man deshalb immer direkte Einflüsse und Übernahmen annehmen müßte. Natürlich ging der Vorgang nicht ohne Konflikte vonstatten, da sich die neuen Herrschaftsbereiche aus alten Strukturen herauslösen, ältere Herrschaften abschütteln oder sich mit diesen arrangieren mußten.

Charakterisiert ist der langwierige und komplexe Prozeß vor allem von Formen genossenschaftlicher Gruppenbildung, durch die sich bestimmte Bewohner städtischer Siedlungen zu einer Schwureinung (*coniuratio*) zusammenschlossen. Hierdurch versprachen sie sich eidlich Hilfe und Unterstützung gegen jedermann und gleichzeitig die friedliche Regelung von Streitigkeiten untereinander. Solche Schwureinungen stehen am Beginn der „kommunalen Bewegung". Sie konnten sich gegen jemanden – etwa den bischöflichen Stadtherrn – richten, sie konnten aber auch bei Neugrün-

dungen die vorrangige Funktion haben, die Bürger als Friedens- und Rechtsgemeinschaft zusammenzuschließen.

Mit der eidlichen Bindung aneinander erfanden die Bewohner städtischer Siedlungen keineswegs etwas Neues. Sie nutzten vielmehr eine Form der Bindung, wie sie seit dem frühen Mittelalter in vielen Bereichen der Gesellschaft praktiziert wurde, wenn man den Kreis derjenigen zu erweitern versuchte, auf dessen Schutz und Hilfe man zählen konnte. Deshalb hat man solche Schwureinungen auch schon als „künstliche Verwandtschaft" bezeichnet, da sie dasselbe Verhältnis ihrer Mitglieder untereinander anstrebten, wie es Verwandte hatten. Auch zur Freundschaft als eidlich begründete Bindung besitzen diese Einungen eine große Affinität, was in Einzelfällen so aussah, daß alle, die zur Freundschaft eines Ortes zählten, durch Treue und Eid beschworen, einander wie Brüder zu unterstützen (Planitz).

Wir finden solche Schwureinungen gewiß nicht zufällig besonders in den Bereichen der mittelalterlichen Gesellschaft, in denen man auf gegenseitige Hilfe in besonderer Weise angewiesen war. Dies war bei den Fernhandelskaufleuten ebenso der Fall wie bei den Talgenossenschaften in den Alpen oder den Deichgenossenschaften am Meer. Adlige griffen zum Mittel der Schwureinung vor allem dann, wenn sie sich gegen vermeintliche oder wirkliche Übergriffe Mächtiger – nicht zuletzt des Königs – zur Wehr setzen wollten. Angesichts der Wirksamkeit solcher genossenschaftlicher Zusammenschlüsse ist es wenig überraschend, daß sie von Gegnern häufig als Rebellion, Aufstand oder als vom Teufel angezettelt verurteilt wurden. Schon Karl der Große hat versucht, solche Schwureinungen grundsätzlich zu verbieten. Es darf bezweifelt werden, ob dieses Verbot wirksam war.

Berücksichtigt man diesen Hintergrund, dann verliert die Kommunebildung, die den Siegeszug des europäischen Städtewesens einleitete, etwas von ihrer Originalität. Sie behält jedoch noch genügend, wenn man bedenkt, welch komplexe selbständige Herrschaftsgebilde mit eigenen Leitungsorganen wie dem Rat und den Bürgermeistern, mit eigener Rechtsprechung und eigener Statutengesetzgebung sich aus den ersten Schwureinungen der Bürger entwickelten. Es kann überdies nicht zweifelhaft sein, daß in dieser kom-

Abb. 26: Martyrium der hl. Ursula vor der Ansicht von Köln.

Rheinisches Bildarchiv, Köln.

munalen Entwicklung die ersten Ansätze zu Werten wie Freiheit, Gleichheit und Brüderlichkeit zu suchen sind, die seit den amerikanischen Befreiungskriegen und der Französischen Revolution Grundwerte der demokratischen Staaten darstellen. Aber man sollte sich stets präsent halten, daß es erste Ansätze waren. Demokratisch waren die Verhältnisse in den mittelalterlichen Städten zweifelsohne nicht.

Wir fassen die Anfänge dieser Bewegung zu kommunaler Selbständigkeit im 11. Jahrhundert – und zwar nahezu gleichzeitig in verschiedenen Regionen. Daß Zusammenschlüsse der Bewohner gegen die Herren ihrer Siedlungen in der Tat nötig waren, sei mit einem bekannten Beispiel verdeutlicht: mit dem „Aufstand" der Kölner gegen ihren Stadtherrn Erzbischof Anno (1074). Dieser sogenannte Aufstand wurde nämlich durch folgenden Vorfall ausgelöst:

„Der Erzbischof feierte das Osterfest in Köln, und bei ihm war der Bischof von Münster, den er als seinen vertrauten Freund zur Teilnahme an den Freuden des hohen Festes eingeladen hatte. Als nun die Ostertage beinahe vorüber waren und dieser sich anschickte abzureisen, erhielten die Bediensteten des Erzbischofs den Befehl, ein geeignetes Schiff für seine Reise zu besorgen. Nach eingehender Musterung und Besichtigung aller Schiffe beschlagnahmten sie eines, das einem sehr reichen Kaufmann gehörte …, ließen die Waren, die es geladen hatte, herausschaffen und befahlen, es unverzüglich für die Dienste des Erzbischofs instand zu setzen. Als die Knechte, die das Schiff zu bewachen hatten, das verweigerten, drohten sie mit Ge-

walt, wenn sie ihre Befehle nicht sofort ausführten. Darauf rannten die Knechte schleunigst zu dem Schiffseigner, meldeten den Vorfall und fragten, was sie tun sollten. Dieser hatte einen erwachsenen Sohn, der sich ebenso durch Kühnheit wie durch Körperkräfte auszeichnete und bei den Großen der Stadt wegen verwandtschaftlicher Beziehungen und wegen seiner Verdienste außerordentlich beliebt war. Dieser lief mit seinen Knechten und mit jungen Leuten aus der Stadt, so viele er in der Hast zu seinem Beistand zusammenraffen konnte, in fliegender Eile zu dem Schiff und verjagde die Diener des Erzbischofs, die hartnäckig auf der Beschlagnahme des Schiffes bestanden, mit Gewalt.“

Lampert von Hersfeld, S. 237

Weder der Autor Lampert noch der Erzbischof selbst fanden an dem Verhalten der Diener irgend etwas auszusetzen. Anno drohte vielmehr den widerspenstigen Bürgern, sie bei der nächsten Gerichtssitzung mit einer saftigen Strafe zur Raison zu bringen. Damit jedoch goß er Öl ins Feuer. Auf Veranlassung des Sohnes griffen die Bürger nun den erzbischöflichen Palast an und zwangen Anno, die Stadt fluchtartig zu verlassen. Angeblich sollen sie sogar jemanden, den sie für den Erzbischof hielten, totgeschlagen haben. Es ist hier jedoch nicht die Zeit, den Konflikt in seinem Verlauf zu verfolgen. Für die Bürger jedenfalls endete er in totaler Unterwerfung, da sie sich der militärischen Stärke der Vasallen des Erzbischofs nicht widersetzen konnten. Der Sohn des Schiffseigners wurde geblendet, andere exiliert, die Bürger aber bewiesen beträchtliches Selbstbewußtsein, als sie den Erzbischof drei Tage lang warten ließen und nicht zu Verhandlungen erschienen, auf denen ihre Wiedergutmachung festgelegt werden sollte. Diese Mißachtung veranlaßte wiederum die Leute des Erzbischofs dazu, plündernd in die Häuser der Bürger einzudringen und sie in Ketten zu legen. Lampert übte hieran nur mäßige Kritik:

„sie übten – so müssen wir notgedrungen als Wahrheit bekennen – das Werk gerechter Rache viel ungezügelter aus, als mit dem Ruf eines so hohen Kirchenfürsten vereinbar war. Aber je schwerer die Krankheit, desto schärferer Gegenmittel bedurfte sie.“

Lampert von Hersfeld, S. 249

Wenn stadtherrliches Regiment eines Erzbischofs so willkürlich vorgehen konnte wie im geschilderten Fall, dann dürfte es nicht überraschen, daß sich die Bewohner eines Ortes zu Einungen gegen solche Willkür zusammenfanden. In Köln ist zwar zum Jahre 1074 noch nicht konkret von einer Schwureinung der Bürger die Rede, doch ist deren Verhalten bereits von genossenschaftlicher Solidarität geprägt, was sich nicht nur in der Zusammenrottung zeigte, durch die Anno aus der Stadt vertrieben wurde, sondern auch daran, daß sich später 600 der wohlhabendsten Bürger zum König begaben, um ihn zum Einschreiten gegen Annos Wüten zu bitten. Das Scheitern dieses Widerstandes gegen den Stadtherrn verdeutlicht aber zugleich, daß die Bewohner städtischer Siedlungen zu dieser Zeit noch keine Chance hatten, sich gegen die kampferprobten adligen Vasallen des Erzbischofs und ihre gepanzerten Helfer militärisch zu behaupten.

Die städtischen Rechte auf Selbstbestimmung und Autonomie mußten nicht nur im Falle Kölns erkämpft werden. Es gibt aber durchaus auch Fälle, in denen solche Rechte den Bürgern vom Stadtherrn freiwillig verliehen wurden. In Freiburg im Breisgau z. B. wurden Kaufleute vom Zähringer Konrad in der Mitte des 12. Jahrhunderts geradezu herbeigerufen und mit günstiger Privilegierung gelockt, indem ihnen Befreiung von Steuern und Zöllen in einer eidlichen Vereinbarung zugesichert und das Recht auf freie Pfarrer- und Vogtwahl garantiert wurde. Auch wenn Form und Inhalt des ersten schriftlichen Freiburger Stadtrechts immer noch umstritten sind, bleibt davon unbenommen, daß die Zähringerherzöge als Stadtherren und -gründer diese Privilegien auch anderen „Zähringerstädten" zukommen ließen, so daß eine ganze „Stadtrechtsfamilie" erkennbar wird, die von den Freiburger Verhältnissen ihren Ausgang nahm. Ältere Forschung hat hier eine bewußt moderne Politik der Zähringer erkennen wollen und vom „Staat der Herzöge von Zähringen" gesprochen. In jedem Fall ist seit dem 12. Jahrhundert zu beobachten, daß Königtum und Adel sich der Stadtentwicklung nicht grundsätzlich entgegenstellten, sondern durch Gründungen und Privilegierungen günstige Voraussetzungen für eine rasche Entwicklung schufen und hierbei den Interessen der Bürger an günstigen wirtschaftlichen Bedingungen sowie an Autonomie und Selbstverwaltung entgegenkamen. Man darf annehmen, daß solche Förderung nicht rein selbstlos geschah, sondern die wirtschaftliche Entwicklung ankurbeln und damit auch die Einnahmen des Stadtherrn vergrößern sollte.

Abb. 27: Gotisches Siegel der Stadt Köln.

Rheinisches Bildarchiv, Köln.

Politisches Gewicht, unter Umständen gegen Königtum und Adel, erlangten die Städte vor allem dann, wenn sie sich zu sogenannten Städtebünden zusammenschlossen. Dies wurde zum ersten Mal und letzten Endes erfolgreich im Zusammenschluß der oberitalienischen Städte zur lombardischen Liga (1167) gegen Friedrich Barbarossa praktiziert, der 1183 im Frieden von Konstanz nach langen Kämpfen das Bündnisrecht der Kommunen prinzipiell anerkennen mußte. Dennoch versuchten Königtum und Landesherren gerade im Deutschen Reich bis ins Spätmittelalter immer wieder, Bündnisse von Städten untereinander zu verbieten, so Friedrich II. in seinen „Fürstengesetzen" (1220/1231), so Karl IV. in seiner „Goldenen Bulle" (1356). Daneben stehen jedoch zahlreiche Versuche, Städtebünde in die allgemeinen Bemühungen zur Wahrung des Landfriedens einzubeziehen, so daß durchaus auch gemischte Städte- und Adelsbündnisse zu beobachten sind. Auch die Hanse, die sich zunächst nicht aus Städtebündnissen entwickelte, sondern aus Zusammenschlüssen von Kaufleuten, nahm in ihrer Geschichte städtebündische Züge an, da sich regionale Gruppen von Hansestädten zusätzlich zu Bünden zusammenfanden. Diese Entwicklung ist kaum überraschend, da die Grundanliegen der Bildung einer Stadtgemeinde, des Zusammenschlusses mehrerer Städte und die örtlichen wie überörtlichen Zusammenschlüsse von Kaufleuten gleich waren: man bildete und erweiterte jeweils den Kreis der Personen und Institutionen, auf deren Hilfe und Unterstützung man rechnen konnte.

Der Zusammenschluß der Bürger zur Stadtgemeinde, die Schwureinung, hatte aber nicht zuletzt eine Erscheinung zur Folge, die Adels- und Königsherrschaft so nicht kannten: den auf Zeit gewählten Amtsträger. Zwar liegt es gewiß in der Natur solcher Einungen, daß sie bestimmte Aufgaben einzelnen übertragen und diese mit ihrer Funktion oder ihrem Amt auch Weisungsbefugnisse bekommen müssen. Doch markiert es eine tiefgreifende Neuerung gegenüber anderen Herrschaftsbereichen, daß diese Befugnisse für eine begrenzte Zeit gewährt wurden. Besonders ausgeprägt entwickelte sich diese Praxis in Oberitalien, während in den Städten nördlich der Alpen Bestallungen auf Lebenszeit die Regel gewesen sind.

Es ist bisher nicht recht geklärt, woran man in Italien anknüpfte, als man die zeitliche Begrenzung von Amtszeiten einführte, mit der in vielen Fällen zudem eine Überprüfung der Amtsführung an ihrem Ende einherging. Es wird auch recht schwer zu klären sein, da die Anfänge der Entwicklung ziemlich im dunkeln liegen. Doch konnte man keine direkten mittelalterlichen Vorbilder nutzen, sondern allenfalls antike Praxis wiederbeleben. Dieses Vorbild wurde nicht selten beschworen, so beispielsweise in Rom, wo man mit Reminiszenzen an den antiken Senat die Würde der städtischen Institutionen des 12. Jahrhunderts zu heben versuchte. So hat dies auch Otto von Freising, der Biograph Friedrich Barbarossas, gesehen, der den neuartigen Herrschaftsverhältnissen in den italienischen Städten insgesamt nicht viel abgewinnen konnte:

„*Auch in der Verwaltung der Städte und in der Bewahrung der Staatsform ist ihr Vorbild noch heute die Klugheit der alten Römer. Schließlich lieben sie die Freiheit so sehr, daß sie sich jedem Übergriff der Gewalt entziehen und lieber von Konsuln als von Herrschern regieren lassen. Da es bekanntlich bei ihnen drei Stände gibt, nämlich Kapitane* (Hochadel), *Valvassoren* (Niederadel) *und Bürger, werden, um keinen Hochmut aufkommen zu lassen, diese Konsuln nicht aus einem, sondern aus allen Ständen gewählt, und damit sie sich nicht zur Herrschsucht verleiten lassen, werden sie fast jedes Jahr ausgetauscht.*“

Otto von Freising, S. 309

In Italien hat diese neuartige Erscheinung des Amtsinhabers auf Zeit eine Vielzahl von Wahlformen hervorgebracht, die einen tiefen Einblick in die Vorstellungswelten derjenigen ermöglichen, die Herrschaft delegieren, aber auch kontrollieren und auf das gemeinsame Wohl verpflichten wollten. Zwar ging man grundsätzlich davon aus, daß es die Gesamtheit der Bürger war, deren Wille die städtische Politik bestimmte, doch führte dies in der Praxis nicht dazu, daß man nun allgemeine, freie und geheime Wahlen für die verschiedenen Amtsträger vorgesehen hätte. Demokratien waren die italienischen Stadtstaaten des Mittelalters, wie schon betont, keineswegs.

Üblich war vielmehr in den verschiedenen oberitalienischen Städten eine indirekte Wahl durch Wahlmänner. Wir finden diese Wahlform auch in anderen Bereichen der mittelalterlichen Gesellschaft, so bei Bischofs- und in Einzelfällen auch bei Königswahlen. Bevor etwa Lothar von Supplinburg 1125 zum deutschen König erhoben wurde, erhielten 40 Wahlmänner den Auftrag, aus drei Kandidaten einen auszuwählen und der Versammlung der gesamten Wählerschaft vorzuschlagen. Man spricht in der Forschung bei dieser Wahlform von einer „Kompromißwahl". Die Wahlmänner hatten hier die Aufgabe, sich auf einen gemeinsamen Vorschlag zu einigen, der dadurch bindenden Charakter bekam, also mehr als nur ein Vorschlag war. Die Entscheidung wurde somit von der Gesamtheit der Wähler auf ein kleineres Gremium verlagert. Damit war klar, daß es von entscheidendem Gewicht sein würde, wer in dieses Gremium berufen wurde. Dies führte zu Wahlformen, die auf uns zunächst eigenartig wirken. Betrachtet man sich jedoch ihre Funktion – den Einfluß bestimmter Interessengruppen und Parteiungen auf die Bestellung der Elektoren auszuschalten oder zumindest zu minimieren –, dann werden diese für uns verständlicher. In aller Regel wandte man ein gestuftes Wahlverfahren an, in dem dem Losentscheid eine große Bedeutung zukam.

Ihren Ausgang nahm die Bestimmung von Elektoren manchmal von der Volksversammlung, häufiger noch bestimmten die aus dem Amt Scheidenden, also etwa die Konsuln, die ersten Wahlmänner oder Elektoren. Man scheint dieser ersten Stufe der Wahl noch keine besondere Bedeutung beigemessen zu haben. Und in der Tat hatten diese ersten Wahlmänner ja nur die Aufgabe, die nächsten auszuwählen: dabei immer dem Gemeinwohl und nie Parteiinteressen verpflichtet. Schaltete man, wie üblich, als nächste Stufe einen Losentscheid ein, durch den aus einer großen Anzahl von Wahlmännern wieder eine sehr kleine wurde, die für die nächste Stufe verantwortlich war, dann konnte man einigermaßen sicher sein, die Dominanz von Gruppeninteressen weitestgehend unmöglich gemacht zu haben. In Venedig ist auf diese Weise die Dogenwahl zu einem zehnstufigen Verfahren ausgebaut worden. Im übrigen verpflichtete man die Wahlmänner durch einen Eid auf ein dem städtischen Wohl verpflichtetes Verhalten und machte sie sogar haftbar, wenn von ihnen vorgeschlagene Amtsträger sich als unfähig oder unwürdig erwiesen.

In welchem Ausmaß die italienischen Kommunen und ihre Bürger mit solchen Wahlen beschäftigt waren, hat man für Bologna ausgerechnet: Dort

Abb. 28: Verhandlung vor dem Herforder Stadtgericht. Herforder Rechtsbuch, um 1375.

Kommunalarchiv Herford.

mußten um 1288 jährlich 1800 Amtsträger durch Wahlen bestimmt werden. Die Palette begann bei den Konsuln oder Podesta, umfaßte aber auch „Vorsteher der Steuer-, Rechnungs- und Getreidebehörden, Prokuratoren und Gesandte, Emendatoren der Statuten, die öffentlichen Vermögens- und Güterschätzer, die Beamten für die Markt- und Gewerbeaufsicht, die Kommandanten der Kastelle und Borghi der Stadtkommunen, die Aufseher für Straßen, Stadttore, Gemeindeländereien usf." (Keller). Die Aufgabe der Wahl war einem Gremium von 2000 Mitgliedern übertragen, das von einem 800 Mitglieder zählenden Consiglio generale und einem gleich großen Consiglio del Populo zusammengestellt wurde. In ähnlicher Weise wählten viele *societates* der Ritter, der Zünfte und Gilden, der Waffengesellschaften ihre Leitungsorgane, Vorstände und Gremien. Wählen und Gewähltwerden war mit anderen Worten ein Vorgang, der im städtischen Bereich Herrschaft in ganz entscheidender Weise bestimmte. Dies macht nicht zuletzt die Tatsache deutlich, daß man vielerorts um eine Optimierung der Wahlformen bemüht war und hierbei vor Komplizierungen nicht zurückschreckte, um das Ziel zu erreichen, das dennoch in aller Regel verfehlt wurde: die Verhinderung von Amtsmißbrauch zu welchem Zwecke auch immer.

Was für Italien charakteristisch ist, gilt nicht in gleicher Weise für die Regionen nördlich der Alpen, speziell nicht für die Verhältnisse in den deutschen Städten. Hier entstand in aller Regel eine abgeschlossene Schicht „ratsfähiger" Geschlechter, die Vertreter auf Lebenszeit in den Rat entsandten. Zwar legitimierte dieser Rat in wichtigen Fragen seine Entscheidungen hin und wieder durch die mittels der Glocke zusammengerufene Gesamtheit der Bürger, nahm im Laufe der Zeit an verschiedenen Orten auch Vertreter der Zünfte auf, kannte auch verschiedenste Formen des Wechsels der Ratsmitglieder, all dies ändert jedoch nichts daran, daß sich in den Städten schnell eine Oligarchie ausbildete, die die hierarchische Spitze der auch ansonsten deutlich gegliederten städtischen Gesellschaft darstellte und klare Tendenzen des Abschlusses nach unten aufwies.

Diese Oberschicht von Patriziern bildete so etwas wie einen Stand. Er konstituierte sich aufgrund von Merkmalen, die allgemein für die ständische Gliederung der Gesellschaft des Mittelalters konstitutiv waren: die Stellung basierte neben wirtschaftlichen Voraussetzungen auf Alter und Herkunft der Familie, man ging Heiratsverbindungen nur mit Standesgleichen oder mit dem Landadel ein; man zeigte die Stellung mittels herausgehobener, den Adel in vielerlei Hinsicht kopierender Lebensführung, entwickelte eine Standesehre und beanspruchte einen Ehrenvorrang.

Der Rat, der sich im Laufe der spätmittelalterlichen Jahrhunderte in vielfältiger Weise ausdifferenzierte, entwickelte sich von der Funktion der Beratung und Kontrolle des Stadtherrn zur städtischen Obrigkeit, die mehr und mehr Befugnisse des stadtherrlichen Regiments übernahm und überdies in viele Bereiche des städtischen Lebens in neuer Weise regulierend eingriff. So ist es kein Wunder, daß auch die Etablierung der Ratsherrschaft alles andere als konfliktfrei verlief. Hatten sich die werdenden Stadtgemeinden seit der zweiten Hälfte des 11. Jahrhunderts von ihren Stadtherren konfliktreich emanzipiert, so ist das 14. Jahrhundert in vielen Städten dadurch gekennzeichnet, daß nun vor allem die Handwerker, aber auch nicht-patrizische Kaufleute um Beteiligung an der Ratsherrschaft stritten, wobei es im Regelfall um angemessene Beteiligung im Rat und nicht um eine revolutionäre Brechung der Ratsherrschaft der Patrizier ging. Ergebnis der vielen blutigen wie unblutigen Auseinandersetzungen waren in vielen Städten Verfassungsänderungen, die unter dem Begriff der Zunftverfassung subsumiert werden. In Köln stellte etwa der sogenannte Verbundbrief von 1396, der ein Vertrag zwischen Rat und den Zünften bzw. Gaffeln war, dem Rat ein Kontrollorgan an die Seite, ohne dessen Mitwirkung der Rat unter anderem keine Bündnisse mehr schließen und keine Kriege mehr führen durfte. Die Zahl der am Stadtregiment beteiligten Gruppen wurde so nicht unerheblich verbreitert.

Herrschaft in der Stadt, wie immer auch ausgeübt, hatte es nicht nur quantitativ mit einer Vielzahl von Beherrschten zu tun, sondern auch mit einer komplexen Sozialstruktur, denn trotz des bis heute bekannten Slogans, daß Stadtluft frei macht, ist die Tatsache unübersehbar, daß das Leben in der mittelalterlichen Stadt auch von großen sozialen Nöten und Spannungen geprägt war. Freiheit hatte also nicht selten Armut zur Folge, und die städtische Obrigkeit ging namentlich mit Angehörigen der Unterschichten oder Randgruppen nicht eben zimperlich um. Bei Verbrechen, auf denen die peinliche Strafe, d. h. die Leibes- oder Todesstrafe, stand, war sogar die Anwendung der Folter bei den Verdächtigen erlaubt.

Dennoch hat gerade die moderne Forschung mehr und mehr darauf abgehoben, daß man die Rechtsnormen nicht unmittelbar als Rechtswirklichkeit ausgeben darf. Vielen Bestimmungen in vielen Statuten scheint gemein, daß sie gar nicht angewandt wurden, bestimmt nicht „ohne Ansehen der Person". Zwischen dem Urteilsspruch und der Vollstreckung scheint es überdies eine Fülle von Möglichkeiten gegeben zu haben, Abmilderung auszuhandeln. Es gehörte durchaus zur gelebten Rechtspraxis, soziale und ökonomische Härten durch Entgegenkommen und Ausgleich bei der konkreten Strafumsetzung abzumildern (Schuster). Die gesamte „Härte des Gesetzes" scheint zumeist Ortsfremde oder Angehörige der Unterschichten getroffen zu haben. Hierin ähnelt die städtische Gerichtsbarkeit sehr anderen mittelalterlichen Gerichten, wie sie schon diskutiert wurden (vgl. S. 15 ff.).

Trotz dieser ins Auge fallenden Diskrepanz zwischen Normen und Wirklichkeiten ist nicht zu übersehen, daß die Stadtherrschaft durch eine neuartige Fülle von Aktivitäten gekennzeichnet ist, durch die die öffentliche Ordnung sichergestellt bzw. verbessert werden sollte. Die städtische Obrigkeit griff zweifelsohne in viel mehr Bereiche regulierend ein als adlige Landesherren oder gar der König in der gleichen Zeit. Ein Teil des Reglementierungseifers war gewiß durch das enge Zusammenwohnen einer größeren Anzahl von Menschen und die dadurch vergrößerte Gefahr von Krankheiten, Feuer, Unfrieden und ähnlichem begründet. So kann man etwa leicht die vielen Ordnungen erklären, die dem Brandschutz, der öffentlichen Abfall- und Abwasserbeseitigung dienten, oder auch das „Messer zucken" unter Strafe stellten. Andere Ordnungen aber regelten Hochzeits- oder Begräbnisfeierlichkeiten, erließen eine strikte Kleiderordnung und vieles andere mehr und lassen so erkennen, daß der Rat in neuer Weise in die Lebensgestaltung der Bürger eingriff. Dies tat er in gewiß fürsorglicher Absicht, aber auch schon mit gnadenloser Liebe zum Detail, wenn er etwa in Nürnberg die Einwohner verpflichtete, jährlich alle Raupen von Bäumen und Sträuchern einzusammeln und zu vernichten.

Nicht zuletzt das obrigkeitliche Bemühen um eine sittlichen Anforderungen gerecht werdende Lebensführung der Stadtbewohner führte dabei zu scharfen Dichotomien wie ehrlich/unehrlich, ehrbar/ehrlos und in der Folge zur Marginalisierung und Stigmatisierung von Menschen oder Gruppen mit abweichendem Verhalten oder degoutanten Berufen (Hergemöller). Zu sozial-romantischer Verklärung eignen sich die Verhältnisse in der mittelalterlichen Stadt daher keineswegs.

Moderne Herrschaftsformen vor der Moderne: das Beispiel Burgund (von Hermann Kamp)

Am 30. Juli 1453 machte sich der burgundische Herzog Philipp der Gute auf den Weg nach Gent. Er wollte die Unterwerfung der größten Stadt seines Herrschaftsgebietes entgegennehmen, die er eine Woche zuvor militärisch besiegt hatte. Eine halbe Meile vor den Stadtmauern machte er halt und ließ von seinen Bogenschützen ein langes Spalier bilden, an dessen Ende er samt Gefolge Aufstellung nahm. Nun setzte sich eine zahlreiche Menge von Genter Bürgern in Bewegung, etwa 2000 in schwarzem Aufzug, alle barfuß und ohne Kopfbedeckung und 25 ihrer offiziellen Repräsentanten vorneweg, nur mit weißer Unterwäsche bekleidet. So zogen sie zwischen den lang aufgereihten Bogenschützen hindurch und baten auf dem Weg mehrmals kniefällig um Erbarmen. Schließlich fanden sie sich vor dem Herzog ein und legten ein Schuldgeständnis ab, nachdem Philipp zuvor durch seinen Kanzler nochmals die Vergehen der Stadt und seinen Strafanspruch hatte laut verkünden lassen. Im Namen der Stadt bat der Abt von St. Bavo am Ende seiner Rede um Gnade, die der Herzog dann auch gewährte, nachdem ihm die Bürger die Banner der Stadt und Handwerkergilden übergeben hatten.

Das Schauspiel, das sich hier vollzog, steht in der langen Tradition der mittelalterlichen *deditio*. Unweigerlich wird man an die Unterwerfungen der Sachsen vor Heinrich IV. (1075), der Stadt Mailand vor Friedrich Barbarossa (1162) oder der Kölner Bürger vor ihrem Erzbischof Konrad von Hochstaden erinnert (1258). Nicht anders als damals hat man es 1453 mit einer feinabgestimmten Inszenierung von Bußgang und Gnadenerweis, untertänigem Gehorsam und herrscherlicher Milde zu tun. Und nicht anders als damals standen auch in Gent die symbolischen Akte im Zentrum: die mehrmaligen Kniefälle, die einen eingeübten unterwürfigen Bittgestus wiederholten, der Gang mit nackten Füßen und entblößtem Haupt, der Reue und Buße signalisierte, und die Übergabe der Banner, mit denen die Rechte und Freiheiten der Stadt und ihrer Gilden dem Herzog anheimgestellt wurden. Daß die Unterwerfung Ergebnis eines aufgezwungenen Handels war, daß es zur milden Behandlung der Aufständischen nur gekommen, weil sich die Genter zuvor vertraglich zu beträchtlichen Gegenleistungen verpflichtet, dem Herzog weitreichende Eingriffsmöglichkeiten in das Stadtregiment zugestanden hatten, das wurde wie in vielen früheren Fällen auch bei diesem Schauspiel ausgeblendet. Hier kam es darauf an, das persönliche Element in der Beziehung und die Freiwilligkeit der Handlungen zu betonen. Nur das ließ sie wie ein aufrichtiges Versprechen für die Zukunft erscheinen, und nur das ließ die Logik von Reue, Buße und Vergebung ihren Lauf nehmen.

Aber die Unterwerfung von 1453 verweist nicht allein auf althergebrachte Traditionen. In ihrer rituellen Ausgestaltung deutet sie nicht minder auf die andauernde Bedeutung hin, die Rituale und Zeremonien für das öffentliche Leben besaßen. Sie läßt an die vielen feierlichen Einzüge denken, in deren Verlauf die Herzöge die Huldigung ihrer Städte einholten, an die spektakulären Hochzeiten und üppigen Feste, an die gesamte höfische Etikette und die vielen Rangstreitigkeiten, die immer wieder ein Politikum ersten Ranges darstellten. Und so erscheint Herrschaft auf den ersten Blick in der Mitte des 15. Jahrhunderts wie in den Jahrhunderten zuvor als eine Angelegenheit, die sich nach außen hin in rituellen Akten vollzog und in Symbolen augenscheinlich werden mußte.

Doch diese allzu offenkundigen Parallelen können über eines nicht hinwegtäuschen: Was Herrschaft bedeutete und wie sie ausgeübt wurde, das hat sich seit den Zeiten des frühen und hohen Mittelalters entscheidend gewandelt. Allein schon die Umstände des Genter Aufstandes, der sich an der Einführung einer Salzsteuer entzündete und mit der radikalen Beschneidung der städtischen Autonomie endete, können da als Fingerzeig gelten. Denn der Kampf gegen partikulare Sonderrechte wie der zunehmende Rekurs auf Steuereinnahmen reflektieren nur unterschiedliche Dimensionen einer Entwicklung, die im späten Mittelalter fast ganz Europa erfaßte. Sie sind Ausdruck der zunehmenden Verstaatlichung von Herrschaftsbeziehungen und selbst wichtige Faktoren in jenem Prozeß, den man als die Entstehung des modernen Staates wiederholt beschrieben hat.

Die Anfänge dieser Entwicklung lassen sich bereits im 12. Jahrhundert in Italien ausmachen. Schon damals mußte etwa die Stadt Mailand mit ansehen, wie Friedrich Barbarossa in das Stadtregiment eingriff und sich die üppigen Einnahmen der Stadt zu sichern suchte. Im 13. und 14. Jahrhundert spielten dann die päpstliche Kurie, das staufische Süditalien, Frankreich und England eine Vorreiterrolle bei der Ausbildung staatlicher Strukturen. Der Prozeß verstärkte sich im 15. Jahrhundert und nahm nun deutliche Konturen an, wofür das spätmittelalterliche Burgund ein besonders eindrückliches Beispiel liefert. Daß sich gerade hier moderne oder besser frühmoderne Herrschaftsformen in beträchtlichem Maß entfalteten, ist einer ebenso ungewöhnlichen wie unvorhersehbaren Geschichte geschuldet.

Das Burgund der Valois-Herzöge, in der zweiten Hälfte des 14. Jahrhunderts entstanden, stellte am Anfang nicht mehr als ein Sammelsurium unterschiedlicher, teils unverbundener Herrschaften dar. Um ihre Herrschaft in den verschiedenen Gebieten zu verankern, Einheit und Zusammengehörigkeit herzustellen, versuchten die Herzöge ihre Herrschaft möglichst gleichförmig, einheitlich und von oben nach unten zu organisieren. Was sich in Frankreich und anderswo allmählich im 13. und 14. Jahrhundert entwickelt hatte, wurde von ihnen teils fortgeführt und ausgebaut, teils bewußt imitiert und von heute auf morgen übertragen. Diese Bemühungen ließen schließlich ein eigenständiges Herrschaftsgebilde entstehen, das zwar lehnsrechtlich Frankreich und dem Reich unterstand, de facto aber unabhängig agierte und am Ende sogar souverän sein wollte. Burgund ist zwar nie ein unabhängiger Staat geworden, es ging mit seinem letzten Herzog Karl dem Kühnen im Januar 1477 unter. Doch gerade in seinem Bestreben, es zu werden, treten die Züge des frühmodernen Staates so deutlich hervor.

Die Bildung eines Herrschaftsapparates

Im Zentrum dieser Entwicklung stand der Auf- und Ausbau eines bürokratischen Herrschaftsapparates, der allmählich aus dem mit den Fürsten herumreisenden Hof hervorging. Der Hof umfaßte eine Fülle von Ämtern, deren Inhaber für das persönliche Wohlergehen des Herzogs sorgen sollten. Die administrativen, politischen und gerichtlichen Aufgaben wurden dabei ohne besondere Zuständigkeiten vom herzoglichen Rat versehen, der sich weithin aus dem engsten adligen Gefolge des Herzogs rekrutierte. Doch nachdem bestimmte Ämter und Einrichtungen am Hofe mit denen, die vor Ort für die Ausübung der Herrschaft sorgten, verzahnt und ihnen spezifische Aufgabenbereiche zugeordnet wurden, entwickelte sich aus ihnen ein eigenständiger Verwaltungsapparat, der zusehends an Bedeutung gewann. Als am Ende der Valois-Herrschaft der herzogliche Hofmeister Olivier de La Marche den burgundischen Hofstaat beschrieb, nannte er bezeichnenderweise nicht mehr zuerst die klassischen, dem Adel vorbehaltenen Hofämter, die Kammerherrn und Mundschenke, sondern die Kammern, die eigens für die Rechtsprechung und die Kontrolle der Finanzen in allen Provinzen zuständig waren.

Das Fundament dieses Herrschaftsapparates bildeten die herzoglichen Vögte, die als Repräsentanten des Fürsten vor Ort wirkten. Ihnen war, wie in Frankreich üblich, stets ein bestimmter Amtsbezirk zugewiesen. Dort trieben sie die dem Herzog zustehenden Abgaben ein, fungierten als Berufungsrichter, übernahmen polizeiliche Aufgaben, hoben Truppen aus und machten die herzoglichen Verordnungen bekannt. Diese Amtsleute wurden von den Herzögen eingesetzt oder auch versetzt. Sie unterstanden der Aufsicht durch die provinziellen Ratskammern, dem zweiten wichtigen Glied im heranwachsenden burgundischen Herrschaftsapparat. In den jeweiligen Provinzen übten diese Kammern die oberste Rechtsprechung aus. Zugleich kontrollierten sie die Verwaltung der herzoglichen Güter und anfänglich selbst die der Finanzen und entschieden über Klagen gegen die Amtsträger des Herzogs, wozu auch die Vögte zählten. Teile eines regelrechten Herrschaftsapparates wurden diese Institutionen aber erst, als zentrale Ämter geschaffen wurden, die die Verbindung zwischen dem Hof als dem eigentlichen Entscheidungszentrum und den regionalen und lokalen Einrichtungen festigten und den Zugriff des Herzogs auf die einzelnen Territorien vereinfachten. Der entscheidende und schon früh erfolgte Schritt auf diesem Weg stellte die Einrichtung des burgundischen Kanzleramtes dar. Denn der Kanzler beaufsichtigte nicht allein die Kanzlei, er wirkte vorwiegend als persönlicher Stellvertreter des Herzogs und hatte eben auch dafür zu sorgen, daß die Entscheidungen der verschiedenen Ratskammern im Einklang mit dem Hof gefällt wurden. Dementsprechend fiel ihm der Vorsitz in den Ratsversammlungen zu, wenn der Herzog nicht anwesend war. Seinen bestimmenden Einfluß verdankte er aber nicht nur dieser herausgehobenen Stellung, sondern ebenso seinem einzigartigen Vorrecht, eine jegliche herzogliche Anordnung durch sein Wort beglaubigen zu können. Auf diese Weise wurde er zur einflußreichsten Figur und Kontrollinstanz in der Verwaltung und in der Folgezeit zum wichtigsten Bindeglied zwischen dem umherreisenden Herzog und den in den einzelnen Provinzen ansässigen Institutionen und Amtsträgern.

Die Verwaltung und Kontrolle der Finanzen

Waren der Autorität des Kanzlers innerhalb des Herrschaftsapparates auch keine Grenzen gesetzt, so verselbständigte sich doch die Verwaltung und Kontrolle der Finanzen relativ früh und besaß mit dem Generalrentmeister aller Finanzen einen Amtsträger an der Spitze, der unabhängig vom Kanzler für die unmittelbare Anbindung der nachgeordneten Ämter an den Hof sorgte. Diese Verwaltung entwickelte schnell bürokratische Züge und gilt wohl deshalb noch heute als Paradebeispiel einer für die damaligen Verhältnisse modernen Administration. Grundsätzlich standen auf diesem Gebiet zwei Ämter beziehungsweise Institutionen nebeneinander: zum einen gab es den Hofzahlmeister, der mit einer Reihe von Bediensteten für die Ausgaben des herzoglichen Hofes verantwortlich war, und zum zweiten gab es die verschiedenen Rentmeister, die in den einzelnen Regionen vor Ort die herzoglichen Einnahmen und Ausgaben verzeichneten. Einen Teil der ihnen zufließenden Einkünfte überschrieben sie den jeweiligen Generalrentmeistern ihrer Provinz, die wiederum selbst bestimmte Aufgaben damit beglichen, aber nochmals einen Teil an den besagten Generalrentmeister aller Finanzen abführten, der vornehmlich für die Finanzierung der zentralen Verwaltung zuständig war. Darüber hinaus hatten die verschiedenen Rentmeister – und hier treten moderne Züge deutlich hervor – Jahr für Jahr den künftigen Etat im voraus zu veranschlagen, was dem Herzog eine gewisse Planungssicherheit versprach.

Ein bürokratisches Gepräge erhielt die Verwaltung der Finanzen aber erst durch die Kontrollen, der die Amtsleute ausgesetzt waren. Dieser Aufgabe kamen zunächst die Rats-, später dann die selbständig gewordenen und mit eigenem Personal ausgestatteten Rechnungskammern in den einzelnen Territorien nach. Sie überprüften die herzoglichen Zahlungsanweisungen, prüften, inwiefern sie rechtmäßig ausgestellt waren und mit den herzoglichen Erlassen und sonstigen Verlautbarungen übereinstimmten, was zugleich eine Kontrolle der Herzogs mit einschloß. Einmal im Jahr mußten die Kammern die einzelnen Rechnungsbücher kontrollieren und konnten bei Unregelmäßigkeiten die verschiedenen Rentmeister sogar selbst belangen, sprich bestrafen. Der Generalrentmeister aller Finanzen unterlag überdies noch der Kontrolle des Schatzmeisters, ohne dessen Erlaubnis er ohnehin keine Zahlungen vornehmen durfte. Verschärft wurden die Kontrollen in den letzten Jahren der Valois-Herrschaft unter Karl dem Kühnen (1467– 1477), der die Zahl der Geschäftsvorgänge erhöhte, bei denen er persönlich gegenzeichnen mußte. All diese Kontrollen setzten ein hohes Maß an Schriftlichkeit voraus wie sie zugleich deren Verbreitung ungemein förderten, und so nimmt es nicht wunder, daß man in Burgund ein Papier oder Pergament nach dem anderen beschriftete.

Abb. 29: Öffentliche Unterwerfung der Genter Aufständischen vor Herzog Philipp dem Guten am 30. Juli 1453 vor den Toren der Stadt.

Österreichische Nationalbibliothek Wien, Cod. 2583, fol. 349.

Die Pergament- und Papierflut macht nochmals von anderer Seite deutlich, was sich nicht mehr übersehen läßt: hier war ein bürokratischer Apparat entstanden, klar gegliedert, territorial verankert und hierarchisch ausgerichtet, ein Apparat, der die Ausübung von Herrschaft auf eine neue Grundlage stellte, sie weniger an die Präsenz des Herrschers band, womit sich die für das Mittelalter so typische Aufteilung der Herrschaftsgebiete in Herrschaftszentren und herrschaftsferne, ja -freie Zonen zumindest tendenziell aufhob. Ein Apparat war entstanden, der den einzelnen Bediensteten spezifische Kompetenzen zuwies und dank der zunehmenden Kontrollen ihre Verantwortlichkeit steigerte, ein Apparat, der ein Eigenleben führte, das nicht zuletzt darin zum Ausdruck kam, daß er selbst herzogliche Entscheidungen der Kontrolle unterwarf und den Herzog vor eigener Willkür schützen sollte.

Die Professionalisierung

Daß sich der Herrschaftsapparat zu einer eigenständigen Größe im Herrschaftsgefüge entwickelte, lag vor allem an seiner wachsenden Professionalisierung. Fachleute waren gefragt, und Wissen und Erfahrung wurden bei der Vergabe der Ämter in Verwaltung und Rechtsprechung zu entscheidenden Faktoren. So griff der Herzog vor allem bei der Ernennung der Räte, die in den provinziellen Kammern ja primär gerichtliche und administrative

Aufgaben wahrnahmen, auf Leute mit einer juristischen Universitätsausbildung zurück. Auch unter den Mitgliedern des umherreisenden Hofrats, in dem zwar weiterhin neben dem Kanzler die Kammerherrn den Ton angaben, fanden sich in der zweiten Hälfte des 15. Jahrhunderts zunehmend gelehrte Juristen, denen dann speziell gerichtliche Funktionen übertragen wurden. Die wachsende Bedeutung der Juristen im burgundischen Herrschaftsapparat offenbart sich nirgends deutlicher als am Amt des Kanzlers. In diese einflußreiche Position beriefen die Herzöge nur Personen, die ein juristisches Studium absolviert und sich zuvor als Anwälte oder in anderen Bereichen der Rechtspflege einen Namen gemacht hatten, was eine Säkularisierung mit sich brachte, da mit diesem Amt seit 1422 keine Geistlichen mehr wie bis dahin üblich betraut wurden. Da die Kanzler nicht nur an der Spitze der Administration standen, sondern auch im Namen des Herzogs Verhandlungen aller Art nach innen wie nach außen führten, zeigt sich in der Ernennung von ausgewiesenen Juristen, daß nunmehr Personen in den Kernbereich der Herrschaftsausübung vorgedrungen waren, die ihre Stellung allein ihren Kenntnissen verdankten. Doch an den Kanzlern zeigt sich auch, daß in einer weiterhin vom Adel geprägten Ranggesellschaft Kompetenz und Wissen Rang und Herkommen allein nicht aufwiegen konnten. Die Kanzler waren vielfach bürgerlicher Herkunft, doch wurden sie regelmäßig kurz nach ihrem Amtsantritt in den Adel erhoben.

Die Professionalisierung machte sich nicht weniger auf dem Gebiet der Finanzen bemerkbar. Hier beriefen die Herzöge Experten aus der Praxis, Leute, die sich häufig schon zuvor in den Städten als Finanzverwalter, Bankiers oder Kaufleute ausgezeichnet hatten und vielfach aus Kaufmannsfamilien stammten.

Dieser von Experten getragene Herrschaftsapparat entfaltete mit der Zeit eine Eigendynamik, der auch die Herzöge ausgeliefert waren. Nichts verdeutlicht dies besser als ihre wiederholt gescheiterten Versuche, bei finanziellen Engpässen die Gehälter und Aufwandsentschädigungen von heute auf morgen radikal zu kürzen oder bestimmte Ämter sogar einfach aufzuheben. Denn diese Eingriffe mußten stets schnell wieder rückgängig gemacht werden. Abhilfe versprachen in solchen Situationen eigentlich nur noch zwei Maßnahmen: entweder hatte man den Apparat noch effizienter zu gestalten oder sich nach neuen Finanzquellen umzuschauen. Beides taten die Herzöge denn auch vermehrt und beides förderte die Ausbildung staatlicher Strukturen beträchtlich.

Die wiederholte Reorganisation des Herrschaftsapparates kann allerdings nicht allein als bloße Reaktion auf konkrete Mißstände in der Administration verstanden werden. Die disparate Lage der Herrschaftsgebiete forderte die Reformen ebenso heraus wie der Wunsch nach Unabhängigkeit. Vor allem aber hat man an die enormen organisatorischen und finanziellen Schwierigkeiten zu denken, die in der zweiten Hälfte des 15. Jahrhunderts die permanente Kriegsführung und der Übergang zum stehenden Heer verursachten. Doch ganz gleich, welche Motive im einzelnen wirksam wurden, all die Veränderungen lösten einen starken Zentralisierungs- und Institutionalisierungsschub aus und führten dazu, daß sich der Herrschaftsapparat immer mehr ausdifferenzierte.

Die Zentralisierung

Sieht man einmal von der Errichtung jener Ämter ab, deren Befugnisse sich wie beim Kanzler über alle Herrschaftsgebiete erstreckten, so liefen die Zentralisierungsbemühungen der burgundischen Herzöge vor allem darauf hinaus, bestehende Einrichtungen über die Provinzgrenzen hinweg zusammenzulegen. Die Rechenkammer in Dijon erhielt bereits in den ersten Jahren das Mandat, in den anderen südlichen Herrschaftsgebieten die Rechnungsführung zu kontrollieren. In den nördlichen Provinzen übernahm diese Aufgabe die Rechenkammer in Lille, die mit der Zeit sogar zur zentralen Kontrollinstanz aufstieg. Die Belege für sämtliche Ausgaben des Hofes und die Bücher des Generalrentmeisters aller Finanzen mußten ihr vorgelegt werden. Nachdem Philipp der Gute (1419–1467) seine Herrschaft auf Brabant und Holland ausgedehnt hatte, ließ er zunächst noch die dortigen Rechnungshöfe bestehen, doch im Zuge einer großen Verwaltungsreform stellte sein Sohn Karl den alten Zustand gleichsam wieder her, indem er die bisherigen Rechenkammern in Lille, Brüssel und Den Haag zu einem Rechnungshof zusammenfaßte, den er in Mecheln etablierte.

Während die Finanzverwaltung in Burgund aus praktischen Gründen immer zweigeteilt blieb, erblickte auf dem Gebiet der Rechtsprechung schließlich doch eine Institution das Licht der Welt, die sowohl für die südlichen als auch die nördlichen Provinzen zuständig war: der sogenannte Große Rat, der sich in der Mitte des 15. Jahrhunderts allmählich aus dem herzoglichen Rat entwickelt hatte. Dieser Einrichtung oblag es nunmehr allein, die oberste Gerichtsbarkeit für alle burgundischen Länder auszuüben. Dabei war der Große Rat für bestimmte Fälle und Personen allein, für andere wiederum als Berufungsinstanz verantwortlich. Doch diese erste Zentralbehörde mußte schließlich einem politischen Projekt weichen. In seinem Bemühen, den institutionellen Unterbau für ein künftiges, auf Reichslehen basierendes Königtum zu schaffen, gründete Karl der Kühne 1473 das Parlament von Mecheln, das nunmehr die Aufgaben des Großen Rates übernahm. Diese Gründung sollte das Fundament der burgundischen Souveränität bilden. Von nun an war jegliche Appellation nach Paris untersagt, und der Berufungsweg endete in Mecheln. Im Unterschied zum Großen Rat war das Parlament allerdings nur noch für die nördlichen Provinzen zuständig, so daß seine Gründung der allgemeinen Tendenz zur Zentralisierung entgegenlief. Doch indirekt verstärkte seine Errichtung diesen Prozeß. Denn um ein Pendant in den südlichen Territorien zu schaffen, wurden die drei dortigen Gerichtshöfe zu einem Parlament zusammengefaßt, das hier als oberste Berufungsinstanz fungieren sollte.

Zentralisierung – und das zeigt nicht nur das letzte Beispiel – lief immer auch darauf hinaus, die Sonderrechte einzelner Provinzen außer Kraft zu setzen. Herrschaft sollte allein vom Fürsten ausgehen und allein auf ihn ausgerichtet werden. Zumindest idealiter galt es einen homogenen Herrschaftsraum zu schaffen, den die Entscheidungen des Herzogs ohne Widerstände durchmessen konnten. Von daher sind denn auch die Zusammenlegung von Behörden und die Politik, die die Herzöge gegenüber den Städten betrieben, wenn sie wie 1453 in Gent deren Rechte und Gerichtsbarkeit einschränkten, nur zwei Seiten einer Medaille.

Institutionalisierung und Ausdifferenzierung

Die möglichst zentrale Ausrichtung des Herrschaftsapparates hätte allerdings keinesfalls zu einer so tiefgreifenden Veränderung der Herrschaftspraxis geführt, wenn es nicht zugleich auch zu einer stärkeren Institutionalisierung und Ausdifferenzierung der einzelnen Einrichtungen gekommen wäre. Dieser Prozeß fand auf verschiedenen Ebenen statt. Schon früh spalteten sich etwa die Rechenkammern von den provinziellen Ratskammern ab und wurden zu selbständigen Behörden. Besonders anschaulich tritt diese Entwicklung beim Hofrat hervor. Während dieser Rat noch im 14. Jahrhundert ein mehr oder minder amorphes Gebilde darstellte, es weder festgelegt war, wann er zusammentreten sollte, noch wer dort überhaupt einen Sitz hatte, und er auch nicht über eigene Bedienstete verfügte, kam es in der ersten Hälfte des 15. Jahrhunderts zu einer grundlegenden Reform, die den Rat zu einer regelrechten Institution machte. Ausdrücklich wurden nun die Mitglieder benannt. Ein fester Dienstplan verpflichtete die Räte, täglich vor und nach dem Mittagessen drei Stunden zu tagen. Noch wichtiger waren indes die anschließenden Reformen, die aus dieser Institution drei eigenständige, spezialisierte Einrichtungen hervorgehen ließen. Wie schon erwähnt trennte sich als erstes der Große Rat vom herzoglichen Rat ab, um allein die gerichtlichen Aufgaben zu übernehmen. Dabei erfolgte seine Institutionalisierung stufenweise. Zunächst wurde er mit einem festen Personal, sprich mit einem Präsidenten, mehreren Untersuchungsrichtern, einem offiziellen Vertreter des Herzogs sowie Gerichtsdienern ausgestattet. Zu einer regelrechten Institution wurde er aber erst, als Karl der Kühne den Großen Rat, der bis dato mit dem Hof gezogen war, zum Parlament von Mecheln umfunktionierte und damit an einem festen Ort etablierte. Historisch betrachtet bedeutet die Ausgliederung des Großen Rats und dessen Verselbständigung im Parlament von Mecheln einen tiefgreifenden Einschnitt. Denn auf diese Weise zerbrach die jahrhundertealte Einheit und Vermischung von *consilium* und *iudicium*, von Rat und Urteil, Politik und Rechtsprechung, welche das Mit- und Gegeneinander von König und Großen im frühen und hohen Mittelalter gekennzeichnet hatte.

Die Ausdifferenzierung des herzoglichen Rates betraf indes nicht die Rechtspflege allein. Auf dem Gebiet der Finanzen verlief die Entwicklung ähnlich. Nachdem schon unter Philipp dem Guten zeitweilig bestimmte Räte nur für die Klärung von Finanzfragen zuständig gewesen waren, gründete Karl der Kühne – ebenfalls 1473 – einen eigenständigen obersten Rat für Finanzfragen, dem der Schatzmeister, der Generalrentmeister aller Finanzen sowie der Kriegsschatzmeister und der Hofzahlmeister angehörten. Die Verwaltung und Aufsicht über die Finanzen war damit zu einem eigenen Ressort geworden.

Abb. 30: Porträt Herzog Karls des Kühnen. Rogier von der Weiden, 1460.

Berlin, Staatliche Museen Stiftung Preußischer Kulturbesitz, Gemäldegalerie.

Steuern und Stände

Dieser zentralisierte und ausdifferenzierte Herrschaftsapparat verhalf dem spätmittelalterlichen Burgund schon für sich allein zu einem modernen Gepräge. Doch indem die burgundischen Herzöge ihre finanziellen Probleme zunehmend mit Hilfe neuer Steuern zu lösen suchten, schufen sie noch eine weitere entscheidende Grundlage moderner Staatlichkeit: ein Steuerwesen, das die finanzielle Ausstattung der Herrschaftsorgane zu einer öffentlichen Angelegenheit werden ließ. Was im frühen und hohen Mittelalter eine Selbstverständlichkeit gewesen war, erwies sich nunmehr als unmöglich. Seinen Finanzbedarf konnte ein Herrscher nicht mehr allein mit den Einnahmen begleichen, die ihm aus seinen Besitzungen und herrscherlichen Anrechten, etwa aus Zöllen oder Gerichtsbußen zuflossen. Daran änderte auch eine noch so vortreffliche Verwaltung nichts, die ja selbst viel Geld verbrauchte. Vor allem aber ließen, wie man in Burgund gut sehen kann, das teure Hofleben, die unzähligen Kriege und andere kostspielige Projekte den Finanzbedarf namentlich in der zweiten Hälfte des 15. Jahrhunderts in die Höhe schnellen. Woher sollte das Geld kommen, wenn der Generalrentmeister noch unter Philipp dem Guten im Schnitt Ausgaben von 350 000 Pfund pro Jahr festhielt, zur Zeit Karls des Kühnen aber schon durchschnittlich 760 000 Pfund zu verzeichnen hatte? Von den Untertanen, so lautete die schlichte Antwort der Herzöge, vor allem der beiden letzten, die ihr Heil dementsprechend in der Erhebung außerordentlicher Steuern suchten. Diese direkt von den einzelnen Haushalten erhobenen Abgaben stellten eine unerschöpflich scheinende Geldquelle dar. Und in der Tat wuchs das Steueraufkommen in den letzten Jahren der Valois beträchtlich an. Während Philipp der Gute in den fünfundvierzig Jahren seiner Herrschaft 1,3 Millionen Pfund auf diese Weise einnahm, beliefen sich die entsprechenden Einkünfte in den neun Regierungsjahren seines Nachfolgers auf sage und schreibe 1,5 Millionen Pfund. Dies war indes nur möglich, weil sich die außerordentlichen Steuern, die eigentlich allein für Kriegszwecke vorgesehen waren, immer mehr in ordentliche, Jahr für Jahr von der Bevölkerung aufzubringende Abgaben verwandelt hatten. Zwar erreichten die außerordentlichen Einnahmen in der Zeit der burgundischen Herzöge noch keine 50 % der Gesamteinkünfte, aber ihre Bedeutung tritt deutlich zutage, wenn man sieht, daß Karl der Kühne 1473 eine eigene Behörde für die Verwaltung der außergewöhnlichen Steuern aufbaute.

Die schleichende Verwandlung der außerordentlichen Steuern in regelmäßige Abgaben veränderte den Charakter der Herrschaft grundlegend. Erheblich nahm die Zahl der Untertanen zu, die kontinuierlich von den Entscheidungen des Herrschers direkt betroffen waren. Herrschaft war nicht mehr nur eine Frage des Verhältnisses von König, Adel und Kirche, Herrschaft band immer größere Teile der Gesellschaft ein. Mehr oder minder die gesamte Bevölkerung eines Territoriums wurde zum Objekt und Mittel herrscherlichen Tuns.

Das stellte zugleich den Herrscher vor neue Anforderungen. Er mußte all die neuen Untertanen für sich gewinnen, mußte sich auf sie einstellen und mit ihnen kommunizieren. Darin liegt einer der Gründe, warum die Propaganda, die gezielte Beeinflussung der Öffentlichkeit in dieser Zeit enorm anstieg. Noch wichtiger aber erscheint die Tatsache, daß die Kommunikation ausgehend von der Steuerfrage institutionelle Formen annahm. Denn die Erhebung der außerordentlichen Steuern rief stets die Ständeversammlungen auf den Plan. Sie hatte der Herzog um die Erlaubnis zu bitten, und sie hatten ein Wort bei den Formalitäten der Steuererhebung mitzureden. Je nach Provinz setzten sich die Versammlungen unterschiedlich zusammen, zumeist stellten Adel, Klerus und die wichtigsten Städte der Region die Mitglieder. Obschon sie nur sporadisch zusammenkamen und fast allein in der Steuerfrage über Einfluß verfügten, repräsentierten sie die jeweiligen Territorien, als deren Interessensverwalter sie sich verstanden. Von daher trugen sie dazu bei, daß die Länder mit ihrer gesamten Bevölkerung dem Herzog als Untertanen gegenübertraten, als Untertanen, die ein wichtiges Wort mitzureden hatten. Der Dialog zwischen dem Fürsten und seinen Untertanen war jedoch häufig recht einseitig, da der burgundische Herzog zumeist seine Forderungen durchsetzen konnte. Und wo ihm dies nicht gelang, da brach dann auch der Dialog schnell ab. Die Genter wußten ein Lied davon zu singen. Das ändert aber nichts an dem grundlegenden Wandel, der mit der allgemeinen Besteuerung und dem Auftreten der Ständeversammlungen eingeläutet wurde: es entwickelte sich im Gefolge der wachsenden Besteuerung ein Volk von Untertanen, das auch Anteil an der Gestaltung der öffentlichen Angelegenheiten einfordern konnte.

Institutionelle Verfahren im Schatten persönlicher Bindungen

Zentralisierung, Institutionalisierung und Fiskalisierung, mit diesen Schlagworten läßt sich die Entwicklung von Herrschaftsformen am Ende des 15. Jahrhunderts nicht nur in Burgund auf einen Nenner bringen. Modern kann man die damit verbundene Ausübung von Herrschaft nennen, weil sie immer mehr die Merkmale eines Staates trug. Doch mit dem modernen Staat, wie er sich um 1800 herausbildete, hatte dieses Gemeinwesen noch wenig zu tun. Schon die damals fehlende Gewaltenteilung läßt da einen Abgrund aufscheinen. Doch selbst das moderne Aushängeschild, die Verwaltung, blieb in vielerlei Hinsicht unübersichtlich. Welche Rentmeister welche Ausgaben vorzunehmen hatten, war nicht genau festgelegt, und nicht selten mußten Kommissionen eingesetzt werden, um dem Herzog einen Überblick über die Finanzen zu verschaffen. Unscharf blieb auch die Aufgabenbeschreibung vieler Ämter: die Verwahrung des Siegels war die unwichtigste Aufgabe des burgundischen Kanzlers, aber die einzige, die ihm offiziell zugewiesen war. Der Einfluß in Verwaltung und bei Hof hing überdies vielfach weniger vom Amt als von der Person ab, die es bekleidete. Und wieder ist der Kanzler ein gutes Beispiel, dessen Einfluß je nach seiner Persönlichkeit und dem Vertrauen, das er beim Herzog genoß, schwankte. Der lange Jahre mächtige Nicolas Rolin (1422–1462) verlor am Ende seiner Laufbahn die Gunst seines Herrn und wurde bei den wichtigen Geschäften nicht mehr gefragt, sein Amt mußte er jedoch nicht aufgeben. Vor allem aber litt die Verwaltung unter Korruption, Vetternwirtschaft und Patronage. Wer Einfluß auf die Entscheidungen gewinnen wollte, suchte die einflußreichen Fürstendiener mit wiederholten Geschenken für sich zu gewinnen. Es entstanden zum Teil dauerhafte Klientelbeziehungen, die einzelne Amtsträger eher als Vertreter bestimmter Gruppen denn als herzogliche Beauftragte agieren ließen. Zudem wurden Ämter nicht selten verpachtet, verpfändet oder gar weitervererbt. Die Institutionalisierung hatte also ihre Grenzen, und das galt letztlich auch für die Zentralisierung, wie es die Ansiedlung der niederländischen Rechnungskammer in Mecheln am eindrücklichsten vor Augen führt. Da der Herzog stets umherzog, bei den meisten Transaktionen aber quittieren mußte, verbrachten die führenden Mitglieder der Rechnungskammer mehr Zeit im Gefolge des reisenden Fürsten als an ihrem Dienstort.

Abb. 31: Pieter Bladelin, Finanzexperte und herzoglicher Schatzmeister von 1444 bis 1447, ließ sich von Rogier van der Weyden hier als Stifter darstellen. Bladelin-Triptychon. Die Geburt Christi, Mittelteil.

Berlin, Staatliche Museen Stiftung Preußischer Kulturbesitz, Gemäldegalerie.

Zu guter Letzt kommt man auch nicht umhin, im Herzog selbst einen Feind seines eigenen bürokratischen Apparates zu sehen. Sosehr er sich darum sorgte, die Privilegien und Sonderrechte der Städte oder Provinzen zu beschneiden, so sehr war er doch noch auf die Vergabe besonderer Hulderweise angewiesen. Immer wieder ließ er sich selbst dazu verleiten, einzelnen Personen und Gruppen Privilegien einzuräumen, obschon er wußte, damit gegen seine eigenen Interessen und Verwaltungsvorschriften zu verstoßen. So blieben, sieht man einmal von den letzten Jahren Karls des Kühnen ab, alle Versuche, den Eigentumserwerb der Kirche zu besteuern, Stückwerk. Entsprechende Verordnungen ergingen wiederholt, ja es wurden spezielle Kommissionen für die lückenlose Eintreibung eingerichtet. Doch die Herzöge selbst dispensierten eine Kirche nach der anderen von diesen Abgaben oder gaben sich, wo dies nicht der Fall war, schnell mit Zahlungen zufrieden, die weit unter ihren Forderungen lagen.

Man kann an dieser Stelle mit der Auflistung all jener Phänomene abbrechen, die mit den heutigen Vorstellungen vom modernen Staat wenig gemein haben, die zeigen, daß persönliche Beziehungen auch im spätmittelalterlichen Burgund vielfach mehr als institutionelle Verfahren und Kompetenz zählten. Und das ist auch kein Wunder, wenn man bedenkt, daß Ämter und Institutionen nur einen Zweck hatten: sie sollten die sich persönlich gebende Herrschaft des Fürsten umsetzen, das persönliche Regiment des Herrschers vollziehen. Ohnehin war das Eigenleben der Institutionen noch lange nicht so groß, als daß sie die politische Ordnung als Staat verkörpern konnten. Das blieb dem Fürsten vorbehalten, auf den diese Institutionen selbst verwiesen und dem sie zu dienen hatten. Repräsentiert werden konnte diese Ordnung nur in der Repräsentation des Fürsten oder der jeweils von ihm delegierten Autoritäten. Und deshalb waren demonstrative Unterwerfungen wie die der Stadt Gent oder auch herrscherliche Einzüge kein bloßer symbolverliebter Abgesang auf das Mittelalter. Öffentlichkeitswirksame, symbolkräftige Handlungen blieben vorerst das wichtigste Mittel, die bestehende politische Ordnung abzubilden oder auch zu verändern. Die Rituale und Zeremonien sollten von fürstlicher Seite aus gesehen, wie 1453 in Gent, ein anschauliches Abbild der Beziehungen liefern, wie sie zwischen Herr und Untertan zu sein hatten. Sie zeigten die Distanz zwischen Herrscher und Untertan, ohne die sich seine Aura und Majestät nicht entfalten konnte und die notwendig war, um Gehorsam als eine Selbstverständlichkeit erscheinen zu lassen. Doch ebenso wurden Bilder geschaffen, die die Nähe zwischen Herrscher und Untertan ausdrückten, ohne die der Sinn für die Herrschaft bei den Beherrschten verlorenginge, eine Nähe, die sich in persönlicher Zuwendung, ja in barmherziger Behandlung von rebellischen Stadtbürgern ausdrücken konnte. Es waren nicht die Institutionen, sondern solche Bilder, die, im Bewußtsein der Bevölkerung verankert, Einheit und Zusammenhalt versprachen, weil diese Ziele letztlich nur in der Person des Fürsten und seiner Familie zu erreichen war. Solcher Bilder bedurfte es sogar mehr als zuvor, da der Kreis der Beherrschten enorm gewachsen war. Und so erstaunt es denn auch nicht, daß Philipp der Gute die demütige Unterwerfung der Genter allenthalben zur Kenntnis bringen, ja selbst ins Bild setzen ließ.

Hans-Werner Goetz

Weltliches Leben in frommer Gesinnung?

Lebensformen und Vorstellungswelten im frühen und hohen Mittelalter

Prolog

„Am Anfang schuf Gott den Himmel und die Erde" (Gen 1,1). Der Schöpfungsbericht zählt nicht nur zu den bekanntesten Bibelepisoden, die Vorstellungen vom verlorenen Paradies prägten darüber hinaus weithin auch das Leben und Denken der mittelalterlichen Menschen. Kein Buch der Bibel ist daher so oft kommentiert worden wie die Genesis (das 1. Buch Mose), kein Bericht war so grundlegend für die mittelalterlichen Welt-, Natur- und Gesellschaftsvorstellungen wie der Schöpfungsbericht, das „Sechstagewerk". Die Bibel war der Maßstab für jedes Denken und Handeln, weil sie als unmittelbares Wort Gottes galt. Doch Gottes Wort blieb oft „dunkel" und undeutlich; es bedurfte der Auslegung und ließ Spielräume der Interpretation, die uns wiederum einen Einblick in die zeitgenössischen, sich wandelnden Normen und Vorstellungen der Menschen vermitteln. Das ist das historische Element der christlichen Weltdeutung.

Die Schöpfung war danach der Rahmen, in dem sich alles Leben abspielte: Sie schuf den Raum (die Welt), die Zeit und die Geschichte, den Menschen selbst und seine Bestimmung, das Seelenheil. Der Sündenfall aber verwirkte die ewig währende Erlösung und schuf die als Strafe empfundenen Bedingungen des „irdischen Lebens", mit Geburt und Tod, Ehe und Familie, Arbeit und Mühen des Alltags, Zeit und Wandelbarkeit, Entwicklung und Geschichte: Die irdische Geschichte war die (unvollkommene) Heilszeit zwischen Sündenfall und Jüngstem Gericht, das menschliche Leben die Bewährungsprobe des Menschen (vgl. Abb. 1). Das Leben der Menschen auf Erden war aus christlicher Sicht von der Spannung zwischen Verlust und Wiedererwerb des Seelenheils geprägt, vom Kampf mit dem Teufel, der die Rettung der Seelen zu verhindern suchte, vom Kampf um Leben und Tod. Das Paradies aber war der Maßstab, an dem man sich ausrichten konnte, und das Ziel, zu dem man – durch Buße, Reue und Bewährung – zurückstrebte. Solche Überzeugungen bildeten den gesellschaftlichen Rahmen, in den sich das Leben und Denken der Menschen eingliederten, die unterschiedlichen Lebens*formen* ebenso wie die Vorstellungswelten. Sie blieben freilich ein Wunschbild, das zwar beständig auf die soziale Realität zurückwirkte, sich in seinen Maßstäben, Beispielen und Anschauungen jedoch gleichzeitig seinerseits an der Wirklichkeit orientierte: Wie die kirchlichen Moral- und Glaubenslehren auf das Leben der Menschen einwirkten, so waren sie ihrerseits – zeitgemäß – nicht minder von den damaligen Lebensbedingungen und Überzeugungen geprägt und beeinflußt.

Abb. 1: Szenen aus der Schöpfungsgeschichte: Nach dem Sündenfall (a) erkennen Adam und Eva ihre Schuld (b) und werden auf Gottes Geheiß hin von einem Engel aus dem Paradies vertrieben (c). Auf Erden (d) müssen sie ihr Leben unter Mühen verrichten: Adam leistet Feldarbeit, Eva säugt ein Kind unter einem Dach, das die Sphäre des Hauses symbolisiert. Hildesheim, Bernwardtür, Anfang 11. Jh. (vier Ausschnitte).

Ausschnitt 1a–1c Archiv des Verlags, Ausschnitt 1d Fotoarchiv Marburg.

In der heutigen Vorstellung vom Mittelalter überwiegt oft ein Bild tiefer Religiosität der mittelalterlichen Menschen, das von den Schriftquellen, die bis zum 13. Jahrhundert ganz überwiegend von Geistlichen und Mönchen verfaßt waren, durchaus gestützt wird. Dieses Bild für *das* Mittelalter zu halten wäre allerdings ebenso einseitig wie die Annahme eines strikten Gegensatzes zwischen den Überzeugungen von „Klerus" und „Volk". Lebens- und Vorstellungswelten, christliche Lehre und soziale Realität waren, trotz aller Spannungen, aufeinander bezogen, und sie waren vor allem „historisch", nicht zeitlos, sondern wandelbar und abhängig von wechselnden Bedingungen und Normen: Aus der Sicht der Geschichtswissenschaft war die „christliche" Gesellschaft des Mittelalters weit mehr „mittelalterlich" als „christlich". Kennzeichnend für das frühe und hohe Mittelalter – von den Germanenreichen bis ins ausgehende 12. Jahrhundert – war gerade eine Verflechtung von tiefer Frömmigkeit und weltlicher Einstellung, von „Kirche" und „Welt", die zum Wesen dieses Zeitalters gehört und sich nicht einfach nur als Folge einer noch oberflächlichen Christianisierung erklären läßt.

Solche, uns fremdartig anmutenden Spannungen und Wechselwirkungen von Norm und Realität, von Lebensformen und Vorstellungswelten im frühen und hohen Mittelalter bilden das Thema der nachfolgenden Kapitel. Sie wollen das damals Zeitgemäße in den Mittelpunkt stellen, ein anschauliches Bild von den Zuständen und Denkweisen einer uns christlich erscheinenden und längst fremd gewordenen Epoche vermitteln und damit den Menschen dieser Epoche näherkommen. Das läßt sich kaum besser erreichen als durch die Betrachtung der beiden wichtigsten Lebensformen, der weltlichen (Ehe) und der geistlichen (im Kloster), einerseits und der Vorstellungswelten (oder „Weltbilder") der Menschen andererseits, die hier am Beispiel der Todes- und der Teufelsvorstellungen verdeutlicht werden. Dabei liegt der Akzent auf der gegenseitigen Durchdringung weltlicher und religiöser Einflüsse, aber auch auf der Andersartigkeit des Mittelalterlichen, das sich hier doch zugleich modernen Fragestellungen aufschließt: Es ist nur natürlich, wenn uns an der Geschichte heute ganz andere Fragen interessieren und wenn wir sie anders deuten als frühere Zeiten. Lebensformen und Vorstellungswelten des frühen und hohen Mittelalters führen uns – scheinbar – in eine andere, fremde Welt, während unsere Fragen und Interessen gleichzeitig den Bezug zu uns und unserer Zeit wahren. Diese Verbindung von Vergangenheit und Gegenwart ist Wesen und Funktion einer historischen Herangehensweise, die uns eine vergangene Welt in den Blick bringt und diese doch mit unseren Augen betrachtet.

„Es ist nicht gut, daß der Mensch allein sei …“:

Ehe und Familie zwischen weltlichen und geistlichen Zwängen

Die Ehe als religiöse Institution und weltliche Lebensform

Die „Paradiesehe“: Adam und Eva als erstes Ehepaar

„Wie der Stärkere gegenüber der Schwächeren, nannte der Mann sie (die Frau) seine Ehefrau“ (Angelomus von Luxeuil, Sp. 135A). Für die mittelalterlichen Theologen erklären sich die menschlichen Gemeinschafts- und Lebensformen, vor allem die Familie, die Keimzelle des sozialen Lebens, aus der Schöpfungsgeschichte: Gott hatte den Menschen gemäß der Bibel nicht nur als Mann und Frau, sondern auch aus einem „Gebein“ geschaffen, indem er die Frau aus der Rippe des Mannes formte. „Darum verläßt der Mann Vater und Mutter und hängt seinem Weibe an, und sie werden sein ein Leib“ (Gen 2,24). Der erste (jüngere) der beiden biblischen Schöpfungsberichte drückt das noch deutlicher aus, indem er Gott *den* Menschen als Mann *und* Frau schaffen ließ. Die mittelalterlichen Denker erblickten darin die (Ur-)Anfänge der Familie und bezeichneten entsprechend bereits den paradiesischen Zustand als Ehe und Eva nicht nur als Frau (*mulier*), sondern auch als „Ehefrau“ (*uxor*) Adams. Isidor von Sevilla (ca. 560–636), der dem Mittelalter in einer Art Enzyklopädie das antike Wissen „hinterließ“, leitete daraus sogar die alleinige Berechtigung der Einehe ab und begründete das ausdrücklich mit der Schöpfung Evas aus Adams Rippe:

„Daß aber nicht ein Mann und viele Frauen, sondern ein Mann und eine Frau sich vereinigen, das zeigt beispielhaft diese erste, von Gott bewirkte Vereinigung. … Und so heiligten Adam und seine Frau Eva, indem sie gemeinsam eine Hochzeit vollzogen, den Menschen diese Form aus der Autorität des Ursprungs und aus dem ersten Willen Gottes heraus.“

Isidor von Sevilla, S. 90

Sinn und Wert der Ehe aus theologischer Sicht

Wenn Hochzeit und Ehe in der religiösen Vorstellung des Mittelalters als göttlichen und paradiesischen Ursprungs galten, dann war die Ehe zwangsläufig eine gute Einrichtung (auch wenn sie erst im Verlauf des 12. Jahrhunderts zu einem „Sakrament" erklärt wurde), und sie erfüllte eine wichtige Funktion, die sich nach Ansicht der Kirchenmänner zunächst natürlich auf die Fortpflanzung bezog: „Denn die Vervielfältigung der Menschen und die Auffüllung der Erde war gar nicht anders machbar als durch die Vereinigung von Mann und Frau", stellte der angelsächsische Gelehrte Beda Venerabilis im 7. Jahrhundert scharfsinnig fest (Beda, S. 28). Das machte Eva in den Augen des Mittelalters – nach einer oft wiederholten Formel – zur Stammutter aller Menschen (vgl. Abb. 2). Ein anläßlich der Krönung Irmintruds, der Gemahlin des westfränkischen Königs Karl des Kahlen, im Jahre 866 ausgesprochener Segen brachte das deutlich zum Ausdruck:

„Der allmächtige Gott, der Adam und Eva segnete, indem er sagte: 'Wachset und vermehret euch', und der die Ehen der Erzväter segnete …, er segne dich und deine künftige Frau, damit ihr gemäß dem Befehl des Herrn 'zwei werdet in einem Fleisch; was Gott vereint, soll der Mensch nicht scheiden'."

Capit. 2, Nr. 301, S. 455

Nachkommenschaft, Treue und eidliche Verpflichtung waren nach Isidor von Sevilla die drei wesentlichen Grundlagen jeder Ehe: Die Treue verhindere, daß man sexuelle Erfüllung außerhalb der Ehe suche, die Pflicht zur Nachkommenschaft gewährleiste eine züchtige und liebevolle Erziehung, der Eid aber hüte vor einer Trennung (S. 93).

Die Ehe gewann aus christlicher Sicht daher einen geradezu herausragenden Stellenwert. Der Kirchenvater Augustin hatte ihren Sinn im frühen 5. Jahrhundert noch darin erblickt, die „fleischlichen Begierden" der Menschen gewissermaßen legitimierend zu steuern. Bischof Jonas von Orléans, der im frühen 9. Jahrhundert in einem an den Grafen Matfrid von Orléans gerichteten Verhaltensspiegel für Laien eine nahezu geschlossene Ehetheorie lieferte, stand der von Gott zu Beginn der Schöpfung des Menschen eingerichteten Ehe weit offener gegenüber: Sie galt ihm als die ebenso gewöhnliche wie geachtete Lebensform der Laien. Selbst in Heiligenviten, die eine Ehe oft als Gefahr für das Seelenheil des Heiligen betrachten mochten, tritt uns, etwa im Blick auf dessen Eltern, insgesamt ein ausgesprochen positives Bild von der Ehe entgegen. Geistliche (Kloster) und weltliche Lebensform (Ehe) verkörperten offensichtlich zwei durchaus gleichwertige Formen sozialen Lebens für die beiden wichtigsten „Stände" der mittelalterlichen Gesellschaft: Klerus und Mönche auf der einen, die Laien auf der anderen Seite.

Sinn und Wert der Ehe als Lebensform der Laien

Entscheidend für die mittelalterliche Realität aber war es, daß die Ehe keineswegs nur in geistlicher, sondern ebenso in weltlicher Sicht als eine wichtige und möglichst unverbrüchliche Einrichtung galt. Bereits die frühesten „germanischen" Rechtsaufzeichnungen, die Volksrechte des 5. und 6. Jahrhunderts, betrachteten ein Eheversprechen als verbindlich und stellten dessen Bruch unter Strafe. Selbst Heiden, so tadelte der angelsächsische Missionar Bonifatius (ca. 672–754) König Aethelbald von Mercien (716–757) wegen seiner Unkeuschheit, hätten die Ehe heilig gehalten:

„Denn wenn in Altsachsen ein Mädchen das Haus ihres Vaters durch Buhlerei befleckt oder eine verheiratete Frau unter Verletzung des Ehebundes Ehebruch begeht, so zwingt man sie zuweilen, eigenhändig ihrem Leben durch Erhängen ein Ende zu machen, und an dem Platz, wo man die Leiche angezündet und verbrannt hat, hängt man ihren Verführer auf. Zuweilen rotten sich die Frauen zusammen, um sie auszupeitschen, danach führen sie sie unter Rutenstreichen überall in den Dörfern herum, wobei sie ihr die Kleider am Gürtel abschneiden, und mit ihren Messern den ganzen Körper zerschneiden und zerstechen, und treiben sie blutend und zerfetzt von Gehöft zu Gehöft..., bis sie tot oder halbtot liegenbleibt, damit die anderen Angst vor Ehebruch und Unzucht bekommen." Bonifatius, S. 219 f.

Wenn eine Synode im Jahre 796/97 bestimmte, man solle mit großer Sorgfalt Nachbarn und Ortsälteste nach den Abstammungsverhältnissen von Bräutigam und Braut befragen, so wollte sie damit späteren Scheidungsgründen vorbeugen. Die Ehe sollte demnach schon im frühen Mittelalter, bei Heiden und Christen, rechtsgültig und dauerhaft sein. Nichts zeigt ihren Wert deutlicher als die Tatsache, daß Ehelosigkeit immer wieder als Strafe für schwere Vergehen verhängt wurde, ja selbst der Klostereintritt konnte als Buße verfügt werden und galt deshalb keineswegs für alle Menschen als die bessere, erstrebte Lebensform. Daß die Ehe zudem ein „politisches" Mittel war, um Bündnisse zu knüpfen, den Besitz zu vergrößern oder den eigenen Status zu verbessern, ist hinlänglich bekannt. Thegan, der Biograph des Kaisers Ludwig des Frommen (814–840), bestätigt das, wenn er sich heftig gegen soziale Aufsteiger wandte:

„Sie versuchen, ihre nichtswürdige Verwandtschaft aus dem Joch der ihr gebührenden Knechtschaft (Gal 5,1) zu lösen und ihr die Freiheit zu verschaffen. ... Andere verheiraten sie an vornehme Frauen und zwingen die Söhne der Adligen, ihre weiblichen Verwandten zur Ehe zu nehmen." Thegan, S. 206 f.

„Politische Hochzeiten" waren folglich keineswegs auf den Adel beschränkt. Unter den Bauernfamilien der klösterlichen Grundherrschaft von Saint-Germain-des-Prés südlich von Paris war (um 820) eine deutliche Tendenz der hörigen Bauern zu verzeichnen, Frauen höheren Rechtsstandes zu heiraten. Davon versprach man sich offenbar Verbesserungen (zumindest für die Nachkommen).

„Rechte Ehe": die Formen der Eheschließung

Für eine rechtsgültige Ehe war die Eheschließung von besonderer Bedeutung. Das war zunächst ein rein weltlicher Akt, zu dem der priesterliche Segen treten konnte; eine ritualisierte kirchliche Eheschließung bildete sich erst seit dem 12. Jahrhundert aus. Im frühen Mittelalter mußte die Ehe öffentlich vor Zeugen, in festen, symbolischen Riten und mit dem Segen der Eltern geschlossen werden. Arbeo von Freising schildert in seiner Lebensbeschreibung des heiligen Emmeram († 2. Hälfte 7. Jh.) im 8. Jahrhundert die noch in heidnischen Formen vollzogene Eheschließung eines Unfreien:

Der Herr ergriff die rechte Hand der Frau, die nach der Hochzeitssitte mit einem Mantel oder Tuch bekleidet war, und übergab sie vor den versammelten Mitsklaven dem Mann; dieser nahm sie in seine Wohnung, und sie betraten das Schlafgemach. Anschließend aßen sie, wie das bei Hochzeiten üblich gewesen sei, und legten sich zu Bett.

Arbeo von Freising, S. 70 f.

Weiteres zu berichten, versagte sich der Autor. Ihm ging es darum, den Unterschied zur christlichen Ehe herauszustellen, die eine dreitägige Enthaltsamkeit verlange. Die Formen der Eheschließung aber mögen sich in dieser oder ähnlicher Weise erhalten haben. In einer literarischen Parodie schildert Werner „der Gärtner" zu Beginn des 13. Jahrhunderts die Trauung eines Schurkenpaares: Ein alter Mann, der die Zeremonie beherrschte, stellte das Paar in einen Kreis und fragte die Brautleute dreimal, ob sie einander nach dem Recht zum Ehepartner nehmen wollten. Daraufhin trat der Ehemann seiner Frau (zum Zeichen seiner Vormundschaft) auf den Fuß.

Zur vollgültigen Ehe zählte – im weisen Vorausblick auf das Künftige – auch die Ausstattung der Braut durch den Bräutigam (oder dessen Eltern) als Unterhalt für die spätere Witwe. Bei begüterten Personen war die Brautgabe beträchtlich; König Ludwig der Deutsche (840–876) schenkte seinem Sohn zu diesem Zweck 76 Hufen (Höfe höriger Bauern) im Breisgau, mit denen der Bräutigam seine Braut „dotieren" sollte (DLD, S. 155 f.).

Rechte Ehe und „Raubehe": die Einwilligung der Eltern

Die „Trauung" (*traditio*) war eigentlich die Übergabe der Braut durch die Eltern (vgl. Abb. 3), der das Hochzeitsmahl (vgl. Abb. 4) und die „Heimführung" durch den Ehemann folgten. Diese Begriffe haben in ihrem Wortlaut noch etwas von dem ursprünglichen Gehalt bewahrt, auch wenn sich ihr Sinn längst verschoben hat. Die Zustimmung der Eltern oder des Vormunds zur Eheschließung war unerläßlich; sie „stifteten" die Ehe. Eine St. Galler Urkundenformel aus dem 9. Jahrhundert begann mit den bezeichnenden Worten:

„Hiermit sei allen Menschen kundgetan, daß ich mit der Zustimmung unserer beider Eltern deine Nichte namens N. zur Ehefrau nehme."

Formulae, S. 406

Heimliche oder durch „Frauenraub" geschlossene Ehen galten daher nicht als „rechte" (richtige) Ehen und wurden ständig bekämpft. Die wiederholten Verbote beweisen allerdings, daß die Praxis im frühen Mittelalter oft völlig anders aussah, und so manche Ehe dürfte mit dem Raub bzw. der „Entführung" – nämlich mit der Zustimmung der „Geraubten" – begonnen haben.

Noch im frühen 11. Jahrhundert konnte Bischof Thietmar von Merseburg in seiner Chronik berichten, wie ein Graf Liuthar von der Nordmark für seinen Sohn Werner um die Tochter des Markgrafen Ekkehard von Meißen warb. Als dieser die zunächst gegebene Zustimmung später zurückzog, entführte Werner die Braut. Die Äbtissin Mathilde von Quedlinburg (955–999), die Tochter Ottos des Großen, die während der Abwesenheit ihres königlichen Neffen (Ottos III.) das Land verwaltete, rief daraufhin zur allgemeinen Verfolgung des Friedensbrechers auf, und gegen den Willen der Braut verfügte eine Versammlung der Großen in Magdeburg deren Rückgabe, so daß sie erst nach dem Tod ihres Vaters zu ihrem Mann zurückkehren durfte.

Thietmar von Merseburg, S. 334 f.

Auch eine Liebesheirat entschuldigte nicht die fehlende Zustimmung der Eltern, doch legte man zunehmend größeren Wert auf die Einwilligung der Braut.

„Friedelehe" und „Muntehe": die Verchristlichung der ehelichen Gemeinschaft

Nach verbreiteter Ansicht hat es im frühen Mittelalter neben der formell begründeten und von den Eltern gestifteten Muntehe (bei der die Frau aus der „Munt", der Schutzherrschaft, der Eltern in die Munt des Mannes überwechselte) eine weniger verbindliche „Liebesehe", die sogenannte „Friedelehe" ohne Witwenausstattung und Muntgewalt gegeben, die in den Quellen unter diesem Begriff jedoch nur an wenigen Stellen bezeugt ist und deren Inhalte daher höchst unsicher sind. Lediglich von den merowingischen Königen wissen wir, daß sie nach-, aber auch nebeneinander mehrere Frauen haben und auch wieder verstoßen konnten. Gregor von Tours (538–594), der bedeutendste Geschichtsschreiber des merowingischen Frankenreichs, gibt dafür ein beredtes Beispiel:

„Der gute König Gunthramn nahm zuerst Veneranda, die Magd eines seiner Leute, als Beischläferin in sein Bett auf; sie gebar ihm den Gundobad. Nachher heiratete er Marcatrude, die Tochter des Magnachar. … Die eifersüchtige Marcatrude aber trachtete dem Sohn (Gunthramns), seit auch sie einen Sohn hatte, nach dem Leben. … Als er gestorben war, verlor sie selbst durch Gottes Gericht ihren eigenen Sohn und lud des Königs Zorn auf sich; sie wurde von ihm verstoßen und starb nicht lange nachher. Nach ihr nahm der König Austrechilde mit dem Beinamen Bobila."

Gregor von Tours I, S. 226 f.

Auch Gunthramns Bruder Charibert verstieß seine Gemahlin Ingoberga zugunsten zweier Töchter von Unfreien. Gregor hielt dem allerdings das Vorbild des dritten Bruders, König Sigibert, entgegen, der die westgotische Prinzessin Brunichild heiratete und ihr ein Leben lang verbunden blieb.

Unter christlichem Einfluß verfestigten sich in der karolingischen Epoche Eheform und Eheschließung. War die Einehe ohnehin selbstverständlich, so wurde im Verlauf des 9. Jahrhunderts darüber hinaus die Muntehe zur al-

Abb. 2: Bibel von Moutier-Grandval. Tours, um 843/851. London, British Library, Add. Ms. 10546, fol. 5v. Adam und Eva galten im frühen Mittelalter als das erste Ehepaar und die Stammeltern aller Menschen. Der Bildausschnitt zeigt (oben) die Verführung Evas durch die Schlange und Adams durch Eva, die Erkenntnis, (unten) die Vertreibung aus dem Paradies und das „arbeitsteilige" irdische Leben: Eva säugt ein Kind unter einem primitiven Dach, Adam arbeitet auf dem Feld.

lein gültigen Eheform erhoben; jede Beziehung außerhalb der Muntehe wurde nun als „Konkubinat" gebrandmarkt. „Denn die Ehefrau ist eines, die Konkubine etwas anderes." Wenn solche Verordnungen allerdings ständig wiederholt werden mußten, so hatten auch sie sich in der Wirklichkeit offenbar noch keineswegs durchgesetzt. Gleichwohl hatte man feste Vorstellungen. Lothar II. wollte sich in einem vielbeachteten Prozeß, der nahezu seine ganze Regierungszeit (855–869) durchzog, aus politischen Gründen von seiner rechtmäßigen Ehefrau Theutberga scheiden lassen, weil die Ehe kinderlos geblieben war und seine Oheime im Ost- und im Westfränkischen Reich nach seinem Erbe trachteten. Seine bischöflichen Ratgeber rechtfertigten sein Anliegen mit der Begründung, seine (frühere) „Konkubine" Waldrada (mit der Lothar vermutlich in einer ehelichen Verbindung außerhalb der Muntehe liiert war) habe bereits als rechtmäßige Ehefrau zu gelten, da sie – im Gegensatz zu einer Konkubine – freien Rechtsstandes und ihm mit elterlicher Zustimmung, Treue, Zuneigung und Liebe verbunden sei (Annales Bertiniani, S. 134 f.). Solche Eigenschaften kennzeichneten nach damaliger Vorstellung demnach eine rechte Ehe (auch wenn die Argumentation der Bischöfe in diesem Fall wirkungslos blieb, weil sie mit dem Grundsatz der Unauflöslichkeit der Ehe kollidierte).

Treue bis zum Tod?

Kirchliche Normen verlangten voreheliche Enthaltsamkeit und eheliche Treue. Jonas von Orléans bezeugt allerdings, daß auch dieses Verbot in der Praxis (schon damals) nicht immer eingehalten wurde:

„Einige Laien werden von ihrer Liebe zur Wollust überwältigt, andere von der Begierde nach irdischer Ehre verleitet, oder besser: von der Begierde, sich die Zeit zu vertreiben, bis sie die Ehren dieser Welt zu erlangen vermö-

gen, und sie wälzen sich inzwischen im Schmutz der Geilheit, noch bevor sie zur ehelichen Bindung schreiten, verderben sich dabei auf verschiedenste Weise und verlieren so die jungfräuliche Zierde, die sie bis zu dem Augenblick bewahren sollten, in dem sie eine rechtmäßige Ehefrau empfangen.“

Jonas von Orléans, Sp. 170 D

Jonas dachte bei diesen Worten vor allem an die unehelichen Kinder, die aus solchen Verbindungen hervorgingen, und verlangte daher von beiden Brautleuten, daß sie sich vor der Ehe jeder geschlechtlichen Vereinigung enthielten und eine standesgemäße Ehe eingingen, und er legte das mit dem Kirchenvater Augustin, sicher aus gutem Grund, vor allem den Männern nahe: „Suchst du eine unberührte Frau, dann bleibe selbst unberührt“ (Sp. 171 D). Während der Ehe aber sollten die Partner unbedingte Treue bewahren, und auch das galt für beide Geschlechter: „Denn es ist offenbar, daß zwischen Mann und Frau dieselbe Form der Sittsamkeit und Treue des Ehebettes zu bewahren ist“ (Sp. 177 B). Kirchliche Synoden verlangten die strenge Bestrafung von Männern, die eine verheiratete Frau verführten, und bestätigten damit die Wertschätzung der Ehe und der ehelichen Treue. Selbstverständliche Praxis war auch das natürlich nicht. Sogenannte Bußbücher, die dem Priester Anhaltspunkte über die Höhe kirchlicher Bußen (meist in Form von Fasten und Enthaltsamkeit) für einzelne Vergehen geben sollten, drohten daher hohe Strafen für Ehebrecher an, und Synoden untersagten die Heirat mit Partnern, mit denen man zuvor Ehebruch begangen hatte. Eine Gefährdung drohte bereits im eigenen Haus, und Jonas warnte ausdrücklich vor einer – wohl durchaus üblichen – Verbindung mit einer Magd, weil diese sich, wenn sie Mutter würde, über die Herrin erheben und die Gesellschaftsordnung umstürzen könne (Sp. 177 B).

Abb. 3: Darstellung einer „Trauung“ als Illustration zu Luc 14,20: Bei der Hochzeit übergaben die Eltern die geschmückte Braut dem Bräutigam und bezeugten so ihr Einverständnis mit der Ehe. Herrad v. Landsberg, Hortus deliciarum. 12. Jh. Original verloren.

Nach der Ausgabe von A. Straub u. G. Keller, Straßburg 1879 – 99, hg. v. Aristide Caratzas, New York 1977, fol. XXX.

Der Kampf gegen die Ehescheidung

Seit dem 8. Jahrhundert wandten sich kirchliche Bestimmungen zunehmend gegen eine Scheidung, die aber schon nach germanischem Recht nicht grundlos und ungesühnt erfolgen sollte. Wer seine Frau verstieß, mußte mit der Rache ihrer Verwandten rechnen; so wurde der Synode von Neuching im Jahre 772 der Fall vorgetragen, daß jemand seine ehebrecherische Frau entlassen hatte, von deren Verwandten aber aus seinem Erbbesitz verdrängt worden war (Conc. 2,1, Nr. 16, S. 103). Die Ehe wurde demnach nicht erst durch den christlichen Einfluß zu einer festen Institution, jetzt aber zweifellos stärker verankert. Im 8. Jahrhundert war noch eine ganze Reihe von Scheidungsgründen anerkannt, zum Beispiel bei nachträglich festgestelltem niedrigerem Rechtsstand, bei Herkunft aus einem fremden Volk, bei Hörigen, die unterschiedlichen Herren dienten, bei Impotenz oder körperlichen Gebrechen. Im Verlauf des 9. Jahrhunderts wurden solche Gründe immer mehr zurückgedrängt. Die Synode von Tribur (895) erkannte nur noch „Unzucht“ (*fornicatio*) als Scheidungsgrund an, untersagte aber auch dann eine Wiederheirat. Am Ende dieser Entwicklung rechtfertigte allein eine zu nahe Verwandtschaft die Scheidung der Ehe.

… und die anderen? Weltliche Ehelosigkeit als Problem

Wenn der Ehe in der frühmittelalterlichen Gesellschaft eine so große Bedeutung beigemessen wurde, liegt die Folgerung nahe, daß weltliche Ehelosigkeit keine allzu große Rolle spielte. Die mittelalterlichen Theologen bemühten sich nach Kräften, die Anregung des Apostels Paulus, die Christen sollten wie er unbeweibt leben, abzuschwächen und den Wert der Ehe zu betonen. Gott habe die Jungfräulichkeit zwar gelobt, aber nicht verbindlich vorgeschrieben, um nicht den Anschein zu erwecken, daß er die Ehe verdamme, meinte Haymo von Auxerre im 9. Jahrhundert in seinem Pauluskommentar (Sp. 546 D). Eine „Singlegesellschaft" kannte das Mittelalter zweifellos noch nicht, wenngleich die ebenso verbreitete wie anerkannte Lebensform einer „geistlichen Ehelosigkeit" der Kleriker, Mönche und Nonnen, die uns im nächsten Kapitel genauer beschäftigen wird, große Bedeutung erlangte. Auch dieses Leben vollzog sich in der Regel freilich in der Gemeinschaft, ganz abgesehen davon, daß sich auch der Zölibat der Geistlichen keineswegs allgemein durchgesetzt hatte und ein Hauptangriffsziel noch der Kirchenreform des 11. Jahrhunderts bildete.

Mit den weltlichen Unverheirateten hat man sich damals hingegen kaum befaßt. In der mittelalterlichen „Gesellschaftstheorie" kamen sie schlechterdings nicht vor. Erzbischof Hinkmar von Reims (845–882) hatte in einem Gutachten über die bereits erwähnte Scheidungsaffäre König Lothars II. sogar kategorisch verfügt: Wer nicht unberührt bleiben will, soll heiraten (Hinkmar von Reims, De divortio Lotharii, S. 222). Die fränkischen Volksrechte unterschieden in der Abstufung ihrer Bußsätze nicht zwischen Verheirateten und Unverheirateten, sondern zwischen Gebärfähigen und noch nicht oder nicht mehr Gebärfähigen. Selbst vom Begriff her gab es keine „Ledigen", sondern allenfalls „Unverheiratete" (die somit „negativ" von den Eheleuten abgegrenzt wurden), und es bleibt bezeichnend, daß sie, unabhängig von ihrem Alter, gern „Jungen" oder „Mädchen" (*puelli et puellae*) genannt werden: Ehelosigkeit galt gewissermaßen als ein (jugendliches) Übergangsstadium vor der Ehe. Dennoch hat es zweifellos „Ledige" gegeben. Gemessen an der Muntehe (im Sinne der kirchlichen Quellen), mußten Ledige im frühen Mittelalter außerdem gar nicht unbedingt ohne „Lebensgefährtin" leben. Selbst kirchliche Instanzen gestanden ihnen – anders als den Ehemännern – eine „Partnerin" zu:

> *„Wer eine Ehefrau hat, darf, wenn er gleichzeitig eine Konkubine hält, nicht am Abendmahl teilnehmen. Wer aber eine Konkubine an Stelle einer Ehefrau hat, dem soll das Abendmahl nicht verweigert werden, doch sei er mit der Verbindung zu einer einzigen Frau, als Ehefrau oder Konkubine, so wie es ihm beliebt, zufrieden."*

Konzil von Mainz, Conc. 3, Nr. 26, S. 250

Die monogame Beziehung wurde hier offenbar immer noch wichtiger genommen als eine Beschränkung auf die legitime Rechtsform der Munt-

Abb. 4: Eine Hochzeit im Mittelalter: Die hier dargestellte Heirat Davids mit Michol illustriert die Elemente einer hochmittelalterlichen Eheschließung, nämlich die „Trauung“, die Präsentation durch König Saul (oben), das Hochzeitsmahl mit Dienern, die das Essen auftragen, sowie Musikanten (Mitte) und die „Heimführung“ der Braut (unten), von der David dann Abschied nimmt. Petrus Lombardus, Psalmenkommentar, 12. Jh.

Bamberg, Staatsbibliothek, Msc. Bibl. 59, fol. 2v.

ehe. Die Ehe setzte eine entsprechende Versorgung voraus. Wem die wirtschaftliche Grundlage fehlte, mußte oft ledig bleiben, und die Gesellschaft hatte das anzuerkennen. Das schon erwähnte grundherrschaftliche Verzeichnis der Abtei Saint-Germain-des-Prés bei Paris zählt die Inhaber der Bauernhufen mitsamt ihren Familien auf. Fast ein Drittel aller auf diesen Höfen lebenden Hörigen hatte entweder noch keine eigene Familie gegründet oder war verwitwet. Zahlenmäßig war der Anteil der Ledigen demnach auch im Mittelalter offenbar beträchtlich höher, als es das (beredte) Schweigen der Quellen über eine „weltliche“ Ehelosigkeit nahelegt. Diese war kein Wert an sich, aber doch ein realer Faktor der mittelalterlichen Gesellschaft.

Die Familie als Grundform sozialen Lebens

Die Familie als „Keimzelle“ der Gesellschaft und als Rechtskreis

Wenn die Paradiesehe als das Ur- und Vorbild der irdischen Welt galt, dann resultierte daraus nicht nur das gesellschaftliche Ansehen der Ehe, sondern die aus der Ehe hervorgehende Familie konnte gleichsam als Urform und Keimzelle aller sozialen Ordnungen aufgefaßt werden, der andere nachstrebten: Das Kloster verstand sich ebenso als eine „Familie der Mönche“ wie der Hörigenverband als „familia“ des Grundherrn bezeichnet wurde, ja selbst die Friedensbündnisse zwischen Reichen und Völkern konnten im frühen Mittelalter, unter byzantinischem Einfluß, als eine „Familie der Könige“ begriffen werden. Diese Stellung gab der Familie weitreichende Funktionen: Sie war keine „private“ Angelegenheit, sondern ein eigenverantwortlicher Rechtskreis, der nach innen hin weithin geschützt war vor „staatlichen“ Eingriffen und in dem der Hausherr die Verantwortung für die Aufrechterhaltung von Recht und Disziplin trug. Die Gerichte griffen nur dann ein, wenn sie angerufen wurden oder der allgemeine Friede bedroht war, obwohl die Volksrechte Vergehen unter Strafe stellten und sowohl deren materiellen „Gegenwert“ festlegten wie auch eine öffentliche Aufsicht und somit den Rechtsweg garantierten. Die Familie sorgte für ihre Mitglieder; ohne Verwandte zu leben, die in Notfällen zur Hilfeleistung verpflichtet waren, hieß praktisch ohne Schutz zu sein. Die „Sippen“ wachten in den eigenen Reihen ebenso wie gegeneinander über die Rechtswahrung (und reagierten auf Rechtsbruch mit Fehden und Racheakten), doch sie hafteten auch für Schäden, die von ihren Mitgliedern verursacht worden waren. Gregor von Tours berichtet von einer Frau, die sich mit einem Priester eingelassen hatte:

„Es gab einen Geistlichen aus der Stadt Le Mans, einen ausschweifenden Menschen, der die Frauen zu sehr liebte und sich dem Trank, der Unzucht und allen Lastern hingab. Dieser trieb häufig Hurerei mit einer Frau; endlich schor er ihr das Haar, steckte sie in Männerkleidung und nahm sie mit sich in eine andere Stadt, damit sie nicht mehr im Verdacht der Unzucht ständen, wenn er unter Fremden lebe. Die Frau aber war von freier Abkunft und guter Eltern Kind. Als daher nach geraumer Zeit ihre Verwandten in Erfahrung gebracht hatten, was geschehen war, schritten sie eiligst zur Rache für die ihrer Sippe angetane Schmach; sie fanden den Geistlichen, banden ihn und brachten ihn ins Gefängnis, die Frau aber verbrannten sie.“

Gregor von Tours II, S. 62 f.

Groß- oder Kleinfamilie? Verwandtschaftsverband und Hausgemeinschaft

So deutlich sich der gesellschaftliche Stellenwert der Ehe abzeichnet, so unklar bleiben vielfach die tatsächlichen Familienstrukturen, zumal sich verschiedene Lebensformen überlagerten: die alle Mitglieder umfassende Verwandtschaftsfamilie und die kleinere „Kern-“ oder „Gattenfamilie“ aus Vater,

Mutter und Kindern. Beide Formen hatten im Mittelalter ihre Bedeutung. Problematisch aber ist die Frage, wieweit die Verwandtschaftsfamilie auch eine Wohn- und Hausgemeinschaft bildete: „Das 'Familienhaus' (*domus familiae*)", schrieb der Reichenauer Mönch Walahfrid Strabo im frühen 9. Jahrhundert, „ist die Gemeinschaft derer, die unter einem Dach zusammenleben" (S. 479), und bekundete damit einen Zusammenhang zwischen „Haus" und „Familie".

Hatte die ältere Forschung in bezug auf die Hausgemeinschaft eine allmähliche Entwicklung von der Groß- zur Kleinfamilie angenommen, die noch in der frühen Neuzeit nicht abgeschlossen gewesen sei, so hat sich die Vorstellung, daß mehrere Generationen friedlich unter einem Dach „hausten", heute weitgehend als ein Mythos erwiesen. In der Stadt wie auf dem Land bildete die Kernfamilie mit Vater, Mutter und (noch nicht verheirateten) Kindern in aller Regel auch die „Hausgemeinschaft". Grundherrschaftliche Verzeichnisse des frühen Mittelalters belegen das, wenn sie, wie in der Grundherrschaft des Klosters Saint-Germain-des-Prés, die Insassen der einzelnen Bauernhöfe, der „Hufen", namentlich aufzählten. Die meisten Hufen wurden von einem Ehepaar (mit seinen Kindern) bewirtschaftet, die folglich auch das zugehörige Bauernhaus bewohnten. Wenn sich jedoch mehrere Familien eine Hufe teilten, was vielerorts der Fall war, dann hatten sie jeweils einen eigenen „Herd" (*focus*), das heißt ein eigenes Haus. Wenn die Synode von Tribur von 895 bei unerlaubten Ehen den Partnern verwehrte, an einem Tisch und unter einem Dach zu leben (Capit. 2, Nr. 252, S. 226), so wurde eine solche Wohngemeinschaft hier geradezu zum Symbol einer rechtmäßigen Ehe. Solche Beobachtungen haben sich inzwischen vielfach bestätigt: Das „Substrat" der Hausgemeinschaft war, wenn auch mit regionalen Unterschieden, in den meisten Gegenden bereits im frühen Mittelalter die Gattenfamilie. Der größere Familienverband verlor darüber allerdings nicht seine Bedeutung. Zum einen lebten im Haushalt neben dem Gesinde oft noch „Seitenverwandte", Brüder oder Schwestern vor allem des Hausherrn, manchmal auch ein Elternteil; zum andern waren die Familien auf einer Hufe oft miteinander verwandt: Der Bauernhof war – in seinem Ursprung wie oft auch in der mittelalterlichen Realität – ein „Familienbetrieb", auch wenn die einzelnen Kernfamilien inzwischen in eigenen Häusern wohnen mochten. Insgesamt wird man daher, bei aller Tendenz zur „Kleinfamilie", von einer Vielfalt verschieden zusammengesetzter Hausgemeinschaften ausgehen müssen.

Familiärer Sinn und genealogisches Bewußtsein

Beim Adel waren die Verhältnisse grundsätzlich ähnlich, „Großfamilien" sind auch hier kaum nachweisbar. Doch erforderte das „ständische" Leben zweifellos einen entsprechenden Wohnstil mit einer größeren Zahl an Bediensteten. Der frühmittelalterliche Adel grenzte sich noch nicht so deutlich durch feste Wohnsitze oder gar durch die bekannten „Höhenburgen", deren Zeit erst im 11. Jahrhundert begann, von der übrigen Bevölkerung ab wie im hohen und späten Mittelalter. Daß die adlige Familie sich als „Gemeinschaft" verstand, wird vielfach deutlich: an den zahlreich erhaltenen Erbverfügungen, an den gemeinsamen Grablegen in oder bei Klöstern und Kirchen, in gemeinschaftlichen politischen Aktionen und nicht zuletzt in den Gedenkbucheinträgen, die ein Gebetsgedenken in den klösterlichen Gottesdiensten sichern sollten (vgl. S. 153 ff.). An diesen gut erforschten Einträgen wird mancherlei deutlich: Die Verwandtengruppen – das waren hier natürlich keine „Hausgemeinschaften" – verstanden sich als Einheiten, auch wenn sie räumlich getrennt lebten; sie schlossen Männer und Frauen ebenso ein wie Geistliche und Laien (die Kleriker und Mönche schieden somit keineswegs aus dem „Familienverband" aus), und sie waren vor allem eine Gemeinschaft von Lebenden und Toten: Die Familienbande hielten weit über den Tod hinaus (vgl. S. 183). Solche aus einer sehr speziellen Quellengruppe erwachsenen Erkenntnisse mögen in ihrer Aussagekraft begrenzt sein, doch sie sind gleichwohl bezeichnend für den Familiensinn. Ihnen entspricht auf weltlicher Ebene ein verbreitetes „genealogisches" Bewußtsein, das nicht nur der Abstammung einen hohen Wert beimaß, sondern ebenfalls die Erinnerung an die Vorfahren aufrechterhalten wollte. Auch wenn regelrechte Genealogien im frühen Mittelalter nur von den Königsfamilien und erst seit dem 11./12. Jahrhundert auch von Fürsten und Adligen, auch in Form bildlicher Stammtafeln (vgl. Abb. 5), überliefert sind und eine Art „Ahnenprobe" erst in der höfischen Gesellschaft des 13. Jahrhunderts wichtig wurde, war ein solches Denken doch schon vorher verbreitet. Der zeitweilig am Hof Karls des Großen tätige Gelehrte Paulus Diaconus fügte in seine Geschichte der Langobarden eine Genealogie seiner eigenen Vorfahren ein, und auch andere Geschichtsschreiber, wie Thietmar von Merseburg, kamen immer wieder auf ihre Vorfahren und Verwandten zu sprechen. Selbst in Heiligenviten wird der Hinweis auf die vornehme Herkunft zu einer stehenden Redewendung. Wenn hochmittelalterliche Geschlechter „Ansippungen" an alte Familien erfanden – so leitete der Autor der „Historia Welforum" im 12. Jahrhundert die Herkunft der Welfen etwa von dem Römer Catilina ab –, so beweist das die Bedeutung einer ehrwürdigen Herkunft.

Die Menschen im früheren Mittelalter besaßen demnach ein ausgeprägtes *Familienbewußtsein*, wie es uns beispielsweise in dem sogenannten „Handbuch" der Dhuoda (841/43) entgegentritt, der an ihren Sohn Wilhelm gerichteten Mahn- und Erziehungsschrift einer fränkischen Gräfin, deren Gemahl, Graf Bernhard von Septimanien, in der Verbannung lebte, weil er sich an einem Aufstand gegen Karl den Kahlen beteiligt hatte. Dhuoda legte ihrem Sohn darin vor allem drei Dinge ans Herz: den Glauben an Gott, die Treue gegenüber dem Herrscher und die Ehrung der Verwandten, und sie fügte gedenkbuchartig deren Namen an und ermahnte den Sohn zum Gebet für die Vorfahren, denen er seine weltliche Abstammung verdankte. An den Anfang aber stellte sie die Daten ihrer Eheschließung und der Geburt ihres Sohnes. Entsprechend unterstrich Dhuoda mehrfach ihre Mutterrolle; Wilhelm werde andere Lehrer haben, „aber keinen von gleichem Stand und mit so glühendem Herzen in der Brust wie mich, deine Gebärerin, du mein erstgeborener Sohn“ (Dhuoda, S. 116).

Der Name als Symbol der Familienzugehörigkeit

Dieses Familienbewußtsein erschließt sich im Mittelalter kaum deutlicher als aus den Namen, einem von der Geschichtswissenschaft lange Zeit vernachlässigten Aspekt. In dem berühmten, nur als Fragment erhaltenen altdeutschen „Hildebrandslied“, der ältesten deutschen Heldendichtung, hatte Hadubrand den (von ihm infolge 30jähriger Abwesenheit nicht erkannten) Sohn gefragt, aus welchem Volk und aus welchem Geschlecht er stamme und wer sein Vater sei: „Ich kenne sie alle: Wenn Du mir einen nennst, weiß ich die anderen.“ Die Herkunft entschied hier über die Wertschätzung. Der Name aber „verriet“ die Herkunft, weil er gewissermaßen innerhalb der Familie „vererbt“ wurde: Obwohl die Menschen im frühen Mittelalter nur einen (Vor-)Namen trugen und „Familiennamen“ erst seit dem 12./13. Jahrhundert aufkamen, drückte der (einzige) Name doch zugleich die Familienzugehörigkeit aus; er war, wie man gesagt hat, in diesem Sinn „Vor- und Sippenname“ zugleich. Das geschah auf verschiedene Weise. Da germanische Namen in aller Regel zweigliedrig waren (wie „Hilde-brand“), wurde oft nur eines der beiden Glieder weitergegeben (man nennt das Namenvariation). In der Praxis erlaubte das vielfältige Kombinationen: Ein Bauer der Grundherrschaft Saint-Germain-des-Prés aus dem Dorf Palaiseau namens Aclehardus hatte mit seiner Ehefrau Teudhildis beispielsweise fünf Kinder, deren Namen überwiegend aus denen der Eltern „kombiniert“ waren: Teudhardus, Sigebertus, Ingedrudis, Aclehardus, Aclehildis. Ein Ehepaar namens Hildegaudus und Agentrudis taufte seine vier Kinder Hildegaus, Agenardus, Hildebrandus und Hiltrudis (Polyptychon, S. 26).

Dabei ist zweierlei bemerkenswert: Einmal war diese Sitte der „Nachbenennung“ keineswegs auf den Adel beschränkt, wie man früher glaubte, sondern in allen Schichten üblich. Zum andern aber leiteten sich die Namen von beiden Elternteilen (oder anderen Verwandten), also von väterlicher wie mütterlicher Seite ab. Dadurch wird erkennbar, wie eine Familie über die Namen ihrer Kinder ihr „Bewußtsein“ verändern und dieses beispielsweise nach dem höheren Stand oder Ansehen von Mann oder Frau ausrichten konnte. Im Verlauf des 9. und 10. Jahrhunderts wurde es allenthalben üblicher, den ganzen Namen weiterzugeben. Das führte zwangsläufig zu einem immer beschränkter werdenden Namenbestand, zumal Heiligennamen neben die familientypischen traten und einige Namen, wie vor allem Johannes oder auch „Hinz“ (Heinrich) und „Kunz“ (Konrad), weit verbreitet waren. Diese Entwicklung war ein Grund dafür, daß zur Identifizierung, vor allem in den dichter bevölkerten Städten, bald Beinamen notwendig wurden, aus denen sich die Familiennamen entwickelten. Am häufigsten wählte man dazu den Namen des Vaters, den Herkunftsort, den Beruf oder eine persönliche Eigenschaft. Am Ende dieses Prozesses war ein neues, zweigliedriges Namensystem entstanden, das die Familienmitglieder unter einem Namen zusammenfaßte. Das Prinzip, die Familie durch den Namen zu kennzeichnen, aber war weit älter.

Streit in der Verwandtschaft

Ein letzter Aspekt verdient Erwähnung, auch wenn er kaum typisch mittelalterlich ist: Wenn die Verwandtschaft in ihren Namen, ihrem Bewußtsein, ihrem Totengedenken und ihren Erbgewohnheiten einen engen Familienzusammenhang erkennen läßt, so deutet das keineswegs auf ein allzeit friedliches Zusammenleben. Streitigkeiten unter Verwandten waren vielmehr an der Tagesordnung, sei es als Erbstreit oder aus Neid. Ein Beispiel mag hier genügen, um diesen Sachverhalt zu verdeutlichen:

Gregor von Tours berichtet von einer Ingotrude, die ihre Tochter gern als Äbtissin im Familienkloster gesehen hätte und ihr deshalb befahl, ihren Mann zu verlassen. Die Tochter gehorchte, mußte auf Drängen der Bischöfe jedoch zu ihrem Mann zurückkehren (ein weiterer Beleg für die Achtung des Ehebündnisses). Im Zusammenwirken mit einem anderen Bischof suchte die Mutter daraufhin eine Scheidung zu erwirken, während der Ehemann den Bischof beim König verklagte. Gegen dessen Entscheid folgte die Tochter zunächst dem Willen der Mutter, kehrte später aber zu ihrem Mann zurück und wurde daraufhin von ihrer Mutter enterbt. Der Streit endete mit einem Kompromiß vor dem König, der der Tochter ein Viertel des Erbes zusprach.

Gregor von Tours II, S. 284 ff.

Die Familie hatte als „Friedensverband" hier (wie häufig) versagt.

Ehemänner und Ehefrauen: das Familienleben

Die Munt des Mannes …

Im Gegensatz zum Eherecht ist das eheliche Leben quellenmäßig nur schemenhaft zu erfassen. Die Pflicht zur Einehe und die Tendenzen zu deren Unauflöslichkeit mögen die Stellung der Ehefrau gefestigt haben, doch ist deren Unterordnung in rechtlicher Hinsicht nicht zu bezweifeln:

„Keine freie Frau in unserem Reich", so bestimmte ein langobardisches Gesetz, *„darf selbmündig nach ihrem freien Befinden leben. Vielmehr bleibe sie stets in der Munt des Mannes oder des Königs."*

Edictus Rothari, S. 55

Mit solchen Maßnahmen war nach dem Wortlaut der Quellen durchaus ein Schutz der Frauen intendiert. Es wäre deshalb verfehlt, dem frühen Mittelalter eine schlechthin „frauenfeindliche Haltung" zu unterstellen. Die „Schutzgewalt" konnte sich, zumal aus heutiger Sicht, allerdings leicht zum

Nachteil der Ehefrau auswirken, wenn regelrechte Klagen darüber auch nur selten überliefert sind. Theutberga, die Gemahlin König Lothars II., sei, so heißt es, geflohen, weil sie den Haß ihres Gemahls gefürchtet habe (der sich aber, wie erwähnt, von ihr scheiden lassen wollte). Da die mittelalterlichen Rechte aufgrund der Muntgewalt (der „Vormundschaft") des Mannes keinen besonderen Schutz der Ehefrauen vorsahen, blieb der Frau in solchen Fällen nur der Weg an eine übergeordnete Instanz. (Theutberga wandte sich zunächst an den westfränkischen König Karl den Kahlen und dann an den

Abb. 5: Das genealogische Bewußtsein der Adelsfamilien dokumentiert sich in Stammbäumen, deren teils fiktive Ausgestaltung das Selbstverständnis erkennen läßt. Diese Miniatur der deutschen Könige vereint Ottonen (oberer Teil, vom Sachsen„herzog" Liudolf bis zu Heinrich II.), Salier (in der dritten Reihe von unten von Konrad II. bis Heinrich V.) und Staufer (in der unteren Reihe von rechts von Friedrich I. mit seinen Söhnen Heinrich und Philipp bis zu Heinrich, dem Sohn Friedrichs II.) zu einer Familie. Chronik von St. Pantaleon in Köln, um 1235.

Wolfenbüttel, Herzog-August-Bibliothek, Cod. Guelf. 74.3 Aug. 2°, fol. 114v.

Abb. 6: Die Illustration zu Psalm 127,2 f. zeigt ein Königspaar mit seinen Kindern, die gemeinsam am Tisch sitzen und die „Früchte ihrer Handarbeit" genießen, wie es im Bibeltext heißt. Als Mahlzeit sind Brote und Wein in einem großen Pokal dargestellt. Utrechtpsalter. Reims, um 830.

Utrecht, Universitätsbibliothek Hs. 32, fol. 73v.

Papst.) Das Recht stand eindeutig auf der Seite des Mannes. Etwaige Probleme resultierten daher nicht aus der Munt an sich, sondern aus eheinternen Konflikten, wenn die Frau nämlich vor ihrem eigenen Ehemann zu schützen war. Die Synode von Tribur (895) sah anläßlich eines konkreten Falls – eine Frau, die Ehebruch begangen hatte oder vergewaltigt worden war, hatte sich hilfesuchend an die Kirchenfürsten gewandt – keinen anderen Ausweg, als einen Bischof als Vermittler einzuschalten, der die Frau zunächst bei sich behalten und dem Mann das Versprechen abhandeln sollte, daß er sie nicht töten werde. Bezeichnenderweise erinnerte man zugleich an die – in der Praxis eben nicht durchgesetzte – Gleichheit der Geschlechter: „Denn was Frauen nach dem katholischen Glauben versagt ist, bleibt auch Männern versagt" (Capit. 2, Nr. 252, S. 239 f.). Für Frauen und Männer sollte daher, wie in Rechtstexten mehrfach betont wurde, das gleiche Gesetz gelten. Daß die Ehefrau, wie man gelegentlich liest, einfach verstoßen oder bei entsprechender Verfehlung gar getötet werden konnte, dürfte daher kaum zutreffen. Als ein Graf Rihwin im Jahre 883 seine Frau wegen Ehebruchs umbringen ließ, erregte das großes Aufsehen und ist schon deshalb sicherlich als Ausnahmefall zu werten (Regino von Prüm, S. 266 f.).

Weltliche und kirchliche Verordnungen befanden sich letztlich in einem Zwiespalt über die Stellung der Ehefrauen. Ein Kapitular Karls des Großen (eine königliche Verordnung, die dazu gedacht war, die bei Hof gefaßten Beschlüsse in den Regionen bekanntzumachen) faßte die üblichen Auffassungen wie folgt zusammen:

> *„Jeder diene Gott treu in dem Stand, dem er angehört. Die Frauen sind Untergebene ihres Mannes in aller guten Gesinnung und Sittsamkeit; sie sollen sich hüten vor Unzucht, Begünstigungen und Habsucht, denn wer solches hegt, widersetzt sich Gott. Sie sollen ihre Kinder in Gottesfurcht erziehen und soviel Almosen geben, wie sie dazu aufgelegt und guten Willens sind. Die Männer aber sollen ihre Frau lieben, ihr keine unanständigen Worte sagen und ihr Haus mit Gutmütigkeit leiten."*

Capit. 1, Nr. 121, S. 240

Die Unterordnung der Frau war den Autoren selbstverständlich: „Jede Frau, die sich nicht ihrem Mann, das heißt ihrem Haupt, unterstellt", hatte Isidor von Sevilla mit Berufung auf den Apostel Paulus geschrieben, „macht sich desselben Vergehens schuldig, wie der Mann, der sich nicht Christus als seinem Haupt unterstellt" (Isidor von Sevilla, S. 95). In der Ehe herrschte demnach eine Hierarchie, die gleichwohl harmonisch in einer Liebesgemeinschaft aufgehoben werden sollte, und so schrieb auch Jonas von Orléans: „Wer aber eine Ehefrau hat, ... soll sie in Keuschheit lieben und ihr als der Schwächeren die schuldige Ehre erweisen" (Capit. 2, Nr. 196, S. 45).

... und der Einfluß der Frau

Um die Stellung der Ehefrauen nicht aus einer zu modernen Sicht heraus zu bewerten, bleibt zu berücksichtigen, daß die Frauen selbst (wie Dhuoda, die ihren Sohn in ihrem „Handbuch" immer wieder zum Gehorsam gegenüber dem Vater verpflichtete) diese eheliche Hierarchie durchaus anerkannten und sogar verteidigten und somit fern aller emanzipatorischen Tendenzen standen (wie sie aus heutigen Interessen heraus leicht unterstellt werden). Daß die Ehefrau trotz rechtlicher Unterordnung dennoch keineswegs rechtlos und ohne Einfluß war, ist inzwischen aber in verschiedener Hinsicht nachgewiesen worden. Aus Briefen erfahren wir beispielsweise, daß Bittsteller an den Herrscher immer wieder den Weg über die Königin wählten, die bei ihrem Gatten intervenieren sollte. Man erwartete also einen entsprechenden (indirekten) Einfluß. Herrscherinnen konnten aber auch unmittelbar Herrschaft ausüben. Witwen waren verschiedentlich als Regentinnen für ihre minderjährigen Söhne politisch aktiv. Papst Johannes VIII. mußte die Kaiserin Angilberga, die verwitwete Gemahlin Kaiser Ludwigs II. (855–875), im Jahre 877 eigens ermahnen, dem neuen Kaiser, Karl dem Kahlen, treu ergeben zu sein (ep. 44, 42 f.). Offenbar fürchtete man ihren Widerstand. Doch auch zu Lebzeiten des Herrschers wurde eine Mitwirkung der Königin geradezu erwartet. Erzbischof Agobard von Lyon beklagte sich über Judith, die Gemahlin Ludwigs des Frommen, wenngleich aus politischen Kontroversen im Zusammenhang mit der zweiten Absetzung des Kaisers im Jahre 833 heraus, gerade weil sie ihrer Rolle als Helferin in der Regierung am Hof und im Reich seiner Ansicht nach nicht gerecht wurde (S. 277).

Obwohl die rechtlichen Verfügungen Frauen oft auch in bezug auf ihre Erb- und Besitzrechte benachteiligten und das fränkische Recht Besitz am Stammgut sogar ausschloß, verfügten viele Frauen, wie urkundlich überlieferte Besitztransaktionen belegen, in der Praxis über ihre Landgüter, und die Verordnung Karls des Großen von 806 über die Reichsteilung gestand Frauen, die in einen anderen Reichsteil einheirateten, die Gewalt über ihren früheren Besitz ausdrücklich zu (Capit. 1, Nr. 45, S. 129). Als Ermansuind, die Tochter eines Freien, einen Hörigen des Bistums Freising heiratete, focht ihr Vater das töchterliche Erbe (das war die Hälfte seines Besitzes) mit allen Mitteln an, um zu verhindern, daß es an das Bistum fiel. Die Angelegenheit wurde schließlich vor dem Grafengericht verhandelt, und am Ende schenkte Ermansuind ihren Anteil (als Freie) dem Bistum, um es sogleich als Lehen auf Lebenszeit zurückzuerhalten (Hochstift Freising, S. 346 f.). Damit war ihr freier Rechtsstand dokumentiert, und das Bistum gelangte später dennoch in den Genuß des Gutes. Das Erbrecht der Tochter an sich aber war in diesem Verfahren nirgends strittig. Frauen verfügten insgesamt tatsächlich ausgiebig über ihren Besitz, auch wenn ihr Anteil in Urkunden weit hinter dem der Männer zurückblieb. In den St. Galler Urkunden waren sie zu 14% an den Geschäften beteiligt. Daß der Mann allein über das Gut seiner Ehefrau verfügen konnte, wie man oft liest, ist in dieser pauschalen Formulierung jedenfalls nicht haltbar. Frauen bedurften vor Gericht lediglich eines „Vogtes" oder Anwalts, der sie vertrat; das konnte, aber es mußte nicht der Ehemann sein.

Die Ehe: eine Gemeinschaft ohne Liebe?

Eheleute konnten sich auch gegenseitig als Erben einsetzen, hatten dann allerdings mit dem vorrangigen Erbrecht zunächst der Familie und später der Kinder zu konkurrieren. Deshalb verfügte eine Urkundenformel aus Tours aus der Mitte des 8. Jahrhunderts:

> *„Was Eheleute sich von ihrem Eigengut aus Liebe gegenseitig schenken wollen, muß schriftlich angezeigt und geltend gemacht werden, damit es ihnen künftig nicht von ihren Erben entrissen werden kann."*

Formulae, S. 144 f.

Wie zu allen Zeiten, konnten Familienbande auch im Mittelalter über Erbfragen auseinanderbrechen. Die Formel bestätigt in ihrem Wortlaut zugleich, daß die mittelalterlichen Autoren ein Liebesgefühl zwischen Eheleuten durchaus in Betracht zogen und eine Liebesheirat nicht grundsätzlich ausschlossen. Der merowingische König Theudebert (533–547) soll von der Schönheit Deoterias, einer verheirateten Frau aus Béziers in Südfrankreich, dermaßen fasziniert gewesen sein, daß er sich in sie verliebte und mit ihr schlief, um sie anschließend zu heiraten (Gregor von Tours I, S. 176 f.), und das Volksrecht der Alamannen verlangte bei der Auflösung einer Verlobung vom Bräutigam sogar einen Eid, daß das aus Liebe zu einer anderen Frau geschah (Lex Alamannorum, S. 110 f.). Frühmittelalterliches Eheleben war folglich keineswegs frei von Emotionen. Als Karl der Große bei einem Jagdunfall gefährlich verletzt wurde, brachte das seine Gemahlin Hildegard zum Weinen, sie seufzte, schlug sich an die Brust und setzte sich anschließend für seinen Retter Isanbard ein (Notker, S. 388 f.). (Hier handelt es sich zwar um eine erfundene Anekdote, doch läßt gerade das die übliche Erwartungshaltung erkennen.) Hochmittelalterliche Exegeten betonten, daß Eva aus der Rippe (der Seite) und nicht etwa aus dem Fuß des Mannes erschaffen worden sei, um die Ehe damit als eine aufs engste verbundene Liebesgemeinschaft zu erweisen. Eine Buchminiatur des berühmten Utrechtpsalters aus dem 9. Jahrhundert (zu Psalm 126,2 f.) illustriert solche Verbundenheit im gemeinsamen, einträchtigen Mahl am runden Tisch (vgl. Abb. 6), und der Stuttgarter Bilderpsalter stellte die Familie mehrfach als Gemeinschaft dar (vgl. Abb. 7). In einer Miniatur aus dem 12. Jahrhundert nimmt David liebevoll von seiner Gemahlin Abschied (vgl. Abb. 4).

Die Ehefrau: „Hausfrau“ oder „Hausherrin“?
Gleichzeitig aber galt die Ehe als eine Funktionsgemeinschaft, in der jeder Partner bestimmte Aufgaben übernehmen sollte. In der Theorie oblag der Frau das „Haus“ und die „Kammer“. Nicht zufällig stellen Bibelillustrationen Eva unter einem (primitiven) Dach dar, wo sie ein Kind säugt, während Adam „draußen“ den Acker bearbeitet (vgl. Abb. 2). Inventare von Königsgütern kennen eigene „Frauenzimmer“, und nach alamannischem Recht sollte die Frau bezeichnenderweise alle „Bettsachen“ erben (Pactus legis Alamannorum, S. 33). In entsprechender Stellung war sie jedoch nicht „Hausfrau“, sondern „Hausherrin“, die über das Gesinde verfügte und sich mit einem Gefolge von Frauen umgab. In seiner „Hofordnung“ machte Erzbischof Hinkmar von Reims im 9. Jahrhundert die Königin für die Ordnung am Hof verantwortlich:

„Für die rechte Ausstattung des Hofes und besonders für den Schmuck des Königs, aber auch für die Jahresabgaben der Vasallen – abgesehen von der Versorgung mit Speise und Trank und dem Unterhalt der Pferde – waren vornehmlich die Königin und unter ihr der Kämmerer zuständig, und nach der Eigenart einer jeden Sache waren sie bestrebt, immer rechtzeitig den künftigen Bedarf vorauszusehen, damit nichts im gegebenen Augenblick, wenn es benötigt wurde, irgendwo fehlte.“

Hinkmar von Reims, De ordine palatii, S. 72 ff.

Familiäre Arbeitsteilung?
In der Praxis erweist sich die griffige Arbeitsteilung der Geschlechter nach „drinnen“ und „draußen“ allerdings als eine vereinfachende Formel. Es gab zweifellos geschlechtsspezifische Arbeiten, die in diese Richtung wiesen. Das waren beim (bäuerlichen) Mann vor allem die Pflugarbeit, bei der Frau die Textilherstellung. Hörige Frauen hatten dem Grundherrn oft Stoffe oder Kleidungsstücke abzuliefern, auch in anderen Quellen galt das Textilwerk als die typische Frauenarbeit. Ein karolingisches Kapitular untersagte Sonntagsarbeit und unterschied dabei in bezeichnender Weise zwischen den Geschlechtern:

„daß die Männer keine Land- und Weinbergarbeiten verrichten, nicht die Felder pflügen, ernten oder Heu mähen, Zäune errichten, in den Wäldern roden, Bäume fällen, Steine brechen, Häuser bauen oder im Garten arbeiten, zum Gericht zusammenkommen, jagen oder … [mit bestimmten Ausnahmen] *Fuhrdienste leisten. Die Frauen aber sollen keine Textilarbeiten verrichten (weben), oder Kleider zuschneiden, nähen, sticken, Wolle rupfen, Flachs schlagen, in der Öffentlichkeit waschen oder Schafe scheren.“*

Capit. 1, Nr. 22, S. 61

Selbst in Wundergeschichten trifft man Frauen – in diesem Zusammenhang eher „zufällig“ und ohne Bedeutung für den Inhalt – immer wieder bei solchen Tätigkeiten an. Überblickt man hingegen alle Arbeiten, an denen Frauen beteiligt waren, so ergibt sich ein differenzierteres Bild, das den großen Anteil der Bäuerin an der vielfältigen bäuerlichen Wirtschaft, zumal in der Saison, wie auch an der Weiterverarbeitung der Produkte belegt. Im Güter- und Abgabenverzeichnis des Klosters Staffelsee in Bayern heißt es entsprechend: „Die Frau aber stellt Malz her und backt Brot" (Capit. 1, Nr. 128, S. 252).

Kindererziehung und Kindesliebe

Daß die Kindererziehung im Mittelalter zu den wichtigsten Aufgaben der Eltern und zumal der Frau gezählt wurde, versteht sich von selbst. Dhuoda hatte ihr bereits erwähntes „Handbuch" gerade aus ihrer Funktion als Erzieherin ihres Sohnes heraus verfaßt. Jonas von Orléans trat sogar für eine rigide Erziehung ein. Mit Schlägen solle man die Kinder zum guten Handeln anleiten:

> *„Es gibt Eltern, die ihre Kinder lediglich mit sanften Worten ermahnen und sich nicht von dem (biblischen) Beispiel des Priesters Elias abschrecken lassen."* Viele Eltern versäumten es, ihre Kinder, solange sie noch im 'schlüpfrigen' Alter seien, mit Schlägen zum guten Handeln anzuleiten. *„Wenn sie erst ins verständige Alter gekommen sind und anfangen, übel zu handeln, können sie durch die Strafen seitens der Eltern nicht mehr so leicht vom Bösen abgebracht werden, so daß ihre Sünden zweifellos den Eltern anzulasten sind, die sie im zarten Alter nicht züchtigen wollten."*

Jonas von Orléans, Sp. 195B

Solche Maßnahmen widersprachen keineswegs einer mütterlichen Liebe. Bonifatius wurde nach den Worten seines Biographen, „wie man es gewohnt ist", von frühestem Alter an in mütterlicher Sorgfalt entwöhnt und erzogen (Willibald, S. 460 f.), und die Mutter des irischen Missionars Columban (ca. 543–615) wollte ihr Kind nicht einmal den engsten Verwandten anvertrauen und stellte sich noch später in die Tür, um dem angehenden Missionar den Weg auf den Kontinent zu versperren (Jonas, S. 406 ff.). Die Synode von Tribur machte die Mutter dafür verantwortlich, als jemand versehentlich ein Kleinkind mit kochendem Wasser verbrühte, weil sie es zu nahe an das offene Feuer gesetzt hatte, um ihm die nötige Wärme zu geben, und Bischof Theodulf von Orléans (ca. 760–821) verurteilte in einem bischöflichen Kapitular Mutter und Vater, weil sie das zwischen ihnen im Bett liegende Kind im Schlaf erdrückt hatten (Capit. ep. 1, S. 162). Aus solchen Berichten spricht unterschwellig eine Kindesliebe, die man früher zu Unrecht bestritten hat. Wenn man aus dem „Männerüberschuß" im grundherrschaftlichen Verzeichnis von Saint-Germain-des-Prés auf Kindestötungen an Mädchen geschlossen hat, so entbehrt eine solche Deutung jeder Grundlage. Weit wahrscheinlicher ist es, ein früheres Heiratsalter der Mädchen oder ihre Abgabe an den Herrenhof anzunehmen, denn dort überwog oft die Zahl der Frauen.

Daß der Frau die Erzieherrolle nicht nur als Mutter, sondern als Ehefrau zufiel, zeigt sich, wenn sie ebenso für ihre Stiefkinder verantwortlich

Abb. 7: Diese Miniatur illustriert dieselben Psalmverse wie Abb. 6: Hier sammeln nackte Kinder (rechts) unter der Hand Gottes die Ernte, während Vater und Mutter mit ihren Söhnen um den Tisch versammelt sind. Weil der Bibeltext die Söhne mit jungen Ölzweigen und die Ehefrau mit Weinreben vergleicht, halten die dargestellten Personen diese Pflanzen in den Händen. Stuttgarter Bilderpsalter. Saint-Germain-des-Prés, um 820/30.

Stuttgart, Württembergische Landesbibliothek fol. 23, fol. 146v.

war. Doch auch die Kindererziehung war letztlich eine gemeinschaftliche Aufgabe der Eheleute, und viele Belege unterstreichen die Vaterrolle. In dieser Hinsicht mag es bezeichnend sein, daß nach frühmittelalterlichen Pilger- und Wunderberichten häufig Mütter *und* Väter ihre kranken Kinder zu den Stätten der Heiligen begleiteten, von denen sie sich Heilung erhofften. Nach einer bekannten Schilderung seines Biographen Einhard (770–840) ließ Karl der Große seine Kinder zunächst gemeinsam im Grundwissen unterrichten; anschließend lernten die Söhne Reiten, Waffengebrauch und Jagen, die Töchter hingegen Handarbeit.

Der Ehealltag im Licht kirchlicher Bußbücher, Konzilsbeschlüsse und Heiligenviten

Sexualität als Pflicht …

Die schon erwähnten kirchlichen Bußbücher (Handreichungen für den Priester, um Verfehlungen mit Kirchenbußen zu belegen) und Konzilsbeschlüsse erschließen uns anderweitig kaum bekannte Momente des Ehelebens, auch wenn wir uns bewußt bleiben müssen, daß sie mit den „verbotenen Seiten“ nur die moralischen Grenzbereiche in den Blick bringen und daß Bußbücher weder allseits verbindlich noch Schriften mit einheitlichen Normen waren, sondern im einzelnen erheblich voneinander abweichen. Fast alle aber befassen sich mit sexuellen „Verfehlungen“. Da der Sinn der Ehe nicht zuletzt in der Fortpflanzung lag, konnten sexuelle Bedürfnisse zurückgedrängt, aber nicht an sich verteufelt werden. Die kirchliche Lösung hatte gewissermaßen der Kirchenvater Augustin geboten, indem er eine Sexualität schon in der Paradiesehe voraussetzte, das dazugehörige Lustgefühl aber als Folge des Sündenfalls deutete. Solche Anschauungen wirkten auf die mittelalterlichen Lehren zurück. „Wirkliche Hochzeiten“, lehrte Isidor von Sevilla, „verlangen von der Ehe nicht Wollust, sondern Nachkommen" (S. 92). Die Pflicht zur Kinderzeugung aber hatte zur Folge, daß Sexualität kirchlicherseits zwar auf bestimmte Zeiten beschränkt, grundsätzlich aber nicht nur erlaubt wurde, sondern selbst aus theologischer Sicht geradezu als eine eheliche Pflicht (beider Partner) galt:

„*Der Mann soll der Frau geben, was er ihr schuldig ist, und ebenso die Frau dem Mann*", hatte der Apostel Paulus verfügt (1. Kor. 7). „*Das bedeutet*", so erläuterte Haymo von Auxerre in seinem Pauluskommentar, „*daß sie sich nicht gegenseitig dem Geschlechtsverkehr entziehen dürfen. Wenn der Mann mit seiner Frau schlafen will, so soll sie ihm Gelegenheit und Erlaubnis erteilen. Genauso aber diene der Mann der Frau und erfülle ihr gegenüber die Pflicht zum Beischlaf, wenn sie es wünscht.*"

Haymo von Auxerre, Sp. 543

Synoden hatten gelegentlich Konfliktfälle zu regeln:

„*Kommt es zu einem Streit zwischen Mann und Frau über den ehelichen Beischlaf, weil sie abstreiten, miteinander fleischlich zu verkehren*", so verfügte das Konzil von Reisbach von 799/800, „*so hat die heilige Synode folgendes entschieden: Wenn der Mann bestreitet, das an der Frau vollzogen zu haben, so soll er mit ihr die 'Kreuzesprobe' ablegen* [ein Gottesurteil]; *will er das nicht, frage er eine andere Frau, die* [an seiner Stelle] *mit jener geht; und wenn der Mann sagt, sie hätten miteinander geschlafen, und sie das bestreitet, dann reinige sich die Frau von dem Vorwurf nach Maßgabe des Gesetzes.*"

Conc. 2,1, Nr. 24, S. 212 f.

Selbst kirchliche Synoden setzten demnach eine Beischlafpflicht der Eheleute voraus.

... und als Angriffsziel

Hingegen waren sexuelle Betätigungen, die nicht der Fortpflanzung dienten oder sie gar behinderten, untersagt. Die Bußbücher belegen eine ganze Reihe von Abtreibungspraktiken, unter denen Kräutersäfte am weitesten verbreitet waren. Aber auch stimulierende Mittel waren verboten. Darüber hinaus wurden alle „widernatürlichen" Stellungen – dazu zählte bereits die Rückenlage des Mannes – und Formen des Sexualverkehrs mit Bußen belegt, und schließlich wurde an zahlreichen Zeiten (beispielsweise während der Schwangerschaft und Menstruation, zur Fastenzeit, an Festtagen oder auch an bestimmten Wochentagen) vollkommene Enthaltsamkeit gefordert. Die ständig wiederholten Verbote lassen freilich an einer strikten Beachtung erneut manchen Zweifel aufkommen, und so wird es verständlich, wenn Jonas von Orléans klagte:

„*Viele, die ein Eheleben führen, bemühen sich, die Zeiten, in denen sie mit ihren Frauen schlafen oder nicht schlafen dürfen, auf das sittsamste zu be-*

achten; andere hingegen weisen das Ausmaß solcher Unterscheidungen nicht nur zurück, sondern sie pflegen darüber hinaus noch denjenigen, die sie zurechtweisen und bezichtigen, Unverschämtes zu entgegnen." Sie glaubten sich sogar im vollen Recht, da ihre Frauen ihnen gesetzmäßig verbunden seien: „'*Wenn wir uns ihrer aus reiner Lust, wann und wie auch immer wir wollen, bedienen, so begehen wir keine Sünde.*'"

Jonas von Orléans, Sp. 172 D

In der alltäglichen Realität mochten die Eheleute jedenfalls häufig im Zwiespalt zwischen ihren Wünschen und den kirchlichen Auflagen, aber auch in Zwietracht miteinander leben.

Ehebruch und Ehestreit

Wieweit auch Ehebruch gewissermaßen zum ehelichen Alltag zählte, ist nur schwer nachzuweisen. Die ständig wiederholten Verbote sprechen immerhin dafür, daß die geforderte Treue keineswegs gewissenhaft eingehalten wurde, obwohl Ehebruch, auch nach weltlichem Recht, streng bestraft wurde. Als Scheidungsgrund wurde er schon im 9. Jahrhundert nicht mehr einhellig anerkannt, und Papst Nikolaus I. benutzte das gegenüber dem schon erwähnten Scheidungsbegehren Lothars II. als ein geschicktes Argument: Wenn der König seiner Gemahlin (wie es geschehen war) Ehebruch vorwerfe, dann erkenne er sie offensichtlich als seine rechtmäßige Ehefrau an – wie solle sie sonst die Ehe brechen? – und müsse sie behalten (ep. 83, S. 330). Überspitzt könnte man folgern, daß Ehebruch in solcher Argumentation geradezu ein Kennzeichen legitimen Ehelebens war.

Daß eheliches Leben im Mittelalter aber auch sonst nicht frei von Spannungen war – wer würde das erwarten? –, belegen uns die Quellen nur in Ausnahmefällen, die dann allerdings bis zum Gattenmord reichen konnten. Ein schönes Beispiel einer „Eheszene" hat uns anläßlich eines Wunders die Vita des heiligen Furseus († um 650) überliefert, der von dem Hausmeier (dem obersten Amtsträger am merowingischen Hof) Erchinoald von Neustrien (641 – 658) verehrt wurde. Weil dieser Geld und Gut dem Heiligen opferte, fühlte sich seine Gemahlin Leutsinda darüber vernachlässigt:

„*'Sieh, wie du mich und meine Söhne und Töchter vernachlässigst und ohne Geld und Besitz zurückläßt, indem du all unser Gut in die Hände eines Mannes legst, den wir gar nicht kennen und von dem wir nicht einmal die Herkunft wissen.' Erchinoald erwiderte ihr darauf: 'Meine süße Leutsinda, sprich doch nicht solche Worte.' Leutsinda antwortete: 'Befreie mich aus deiner Gemeinschaft, wenn du so fortfährst, wie du begonnen hast.' Erchinoald entgegnete: 'Hör auf zu schwätzen, Leutsinda, wenn dein Ärger nicht schwindet, wirst du frei sein von meiner Gewalt und von den üppigen Gaben, die ich dir geschenkt habe.' Leutsinda antwortete: 'Hätte ich doch nie jenen Tag der Hochzeit erlebt, von der ich nun ausgestoßen bin.'*"

Virtutes Fursei, S. 447

Nur ein Wunder – der Leichnam des Heiligen war auch nach 30 Tagen noch nicht verwest – konnte die aufsässige Gattin schließlich überzeugen. Es mag aber bezeichnend sein (und korrigiert unser übliches Bild von der Stellung der Frau im Mittelalter), daß es dieses Wunders bedurfte, während die Ansprüche Leutsindas bis hin zur Auflösung ihrer Ehe aus rechtlicher Sicht als durchaus legitim angesehen wurden. Die Szene, wie stilisiert sie auch sein mag, deutet jedoch zugleich an, daß es sich dabei um eine Ausnahmesituation handelte (oder handeln sollte), und sie öffnet den Blick für einen Zwiespalt, den man als bezeichnend für die frühmittelalterliche Ehe ansehen kann: Sie zeigt nämlich, daß die Ehefrau, wie die Theologen es verlangten, dem Mann untergeben war, daß sich das tatsächliche Eheleben aber in einer gemeinsamen Übereinkunft und einer Handlungsweise vollzog, die partnerschaftliche Züge aufwies. Mittelalterliches Eheleben bewegte sich insgesamt in einem schmalen Raum zwischen individuellen Bedürfnissen und sozialen ebenso wie kirchlichen Zwängen. Als die weltliche Lebensform schlechthin war es durchdrungen von kirchlichen und religiösen Einflüssen, die ihre Wurzeln doch in ihrer eigenen Zeit hatten und daher ihrerseits Rücksicht nahmen auf die damaligen gesellschaftlichen Bedürfnisse.

„Schule des Herrn" und „Vita communis": mittelalterliche Klöster zwischen Kirche und Welt

Die Botschaft Benedikts und die Folgen

Die Mönche: „Aussteiger" um des Gottesdienstes willen?

„Dem Mönch ist es nämlich bestimmt, daß er sich aus der Welt und ihren Verlockungen zurückzieht, nach Enthaltsamkeit und Ruhe, Gehorsam und Demut strebt, die Not und die Einschränkungen dieser Welt geduldig erträgt und über allem den Lohn der himmlischen Gnade erwartet."

(Hrabanus Maurus, Sp. 437A)

Schon seit dem 2. und 3. Jahrhundert n. Chr. haben sich Christen immer wieder von der Gemeinde und aus Ehe und Familie abgesondert, um in der Einsamkeit und in der Nachfolge Christi ein enthaltsames, bußfertiges Leben zu führen: zunächst als Einsiedler, bald aber auch in der Gemeinschaft Gleichgesinnter, die sich festen Regeln unterwarf. Die Ursprünge lagen in Ägypten und im Vorderen Orient. Von hier aus griff das Mönchtum auf Kleinasien, Griechenland und schließlich auf das Abendland über. Seit Pachomius († 346) in Ägypten die erste bekannte Mönchsgemeinschaft gegründet hatte, entwickelte sich das Klosterleben zu einem tragenden Element der christlichen Gesellschaft, die nie als Ganzes nach einem asketischen Leben strebte, sich aber stets eine nicht unbeträchtliche Anzahl an Mönchen und Nonnen „leistete", welche die Askese gewissermaßen stellvertretend zu ihrem Ziel machten. Das Kloster war kein Fremdkörper in der Welt des Mittelalters, sondern ein integrierter Bestandteil und schließlich sogar selbst ein Machtfaktor. Es übernahm Aufgaben, bot Richtlinien und Vorbilder und wurde gleichzeitig seinerseits von der „Welt" beeinflußt und zu ihrem Spiegelbild. Solche Aspekte, die einen guten Einblick in die Eigenarten der komplexen mittelalterlichen Gesellschaft versprechen, sollen hier im Mittelpunkt stehen, wenn wir das Kloster „zwischen Kirche und Welt" betrachten.

Die Entwicklung zum abendländischen Mönchtum

Das abendländische Mönchtum breitete sich schnell und schon früh mit der Unterstützung der weltlichen und geistlichen Machthaber, des Königs, des

Adels und der Bischöfe, aus. Erst diese Akzeptanz erklärt seinen „Siegeszug", förderte gleichzeitig aber die Einbindung der Klöster in die „Welt". Trotz ähnlicher Ziele gab es keine Einheitlichkeit der monastischen (klösterlichen) Bewegungen. Während im Süden Galliens beispielsweise das weltzugewandte Mönchtum des Bischofs Martin von Tours (371–397), des späteren Reichsheiligen des Frankenreichs, ohne festen Sitz und feste Ordnung und das aristokratische, bildungsfreundliche Rhônemönchtum einander gegenüberstanden, kamen mit der am Ende des 6. Jahrhunderts einsetzenden irischen und später der angelsächsischen „Mission" des 8. Jahrhunderts insulare Formen auf den Kontinent, die von der Idee der „Pilgerschaft" (*peregrinatio*) beseelt waren: einer als Askese begriffenen Heimatlosigkeit und Loslösung aus den familiären Bindungen. Noch im 7. Jahrhundert wurde auch Nordgallien zu einer dichten Klosterlandschaft, seit dem Ende dieses Jahrhunderts breitete sich das Mönchtum schrittweise in den Gebieten östlich des Rheins aus. Seit der Gründung eines Klosters in Arles durch Bischof Caesarius im Jahre 512 und in Poitiers durch die heilige Radegunde († 587) entstand zudem eine große Zahl von Nonnenklöstern.

„Vita communis": Gemeinschaftsleben als religiöses Ziel und soziales Erfordernis

„Wir wollen also eine Schule für den Dienst des Herrn einrichten. Bei dieser Gründung hoffen wir, nichts Hartes und nichts Schweres festzulegen. Sollte es jedoch um der Gerechtigkeit willen etwas strenger zugehen, um Fehler zu bessern und die Liebe zu bewahren, dann laß dich nicht sofort von Angst verwirren und fliehe nicht vom Weg des Heils; er kann am Anfang nicht anders sein als eng. Wer aber im klösterlichen Leben und im Glauben fortschreitet, dem wird das Herz weit, und er läuft in unsagbarer Süße der Liebe den Weg der Gebote Gottes. Auf diese Weise werden wir durch unsere Geduld an den Leiden Christi teilhaben und seines Reiches teilhaftig werden, wenn wir uns seiner Unterweisung niemals entziehen und in seiner Lehre im Kloster ausharren bis zum Tod."

RB prol. 45 ff.

War es das Ziel der Einsiedler und Mönche gewesen, ein frommes Leben durch die Absonderung aus der „Gemeinde" und aus der Stadt mit ihren Verlockungen zu führen, so bildete die Mönchsgemeinschaft ihrerseits eine kleine „Gesellschaft", die nach Regelungen des gemeinschaftlichen Lebens verlangte. Seit dem 5. Jahrhundert entstand daher eine Reihe von „Mönchsregeln", die ebenso von dem religiösen Anliegen wie von dem Vorbild der „Familie" in der Laienwelt geprägt waren und als deren einflußreichste sich im Rückblick die Regel Benedikts von Nursia († 555/60) für seine Mönchsgemeinschaft in Montecassino in den Bergen Latiums in den Ausläufern der Abruzzen erweisen sollte (vgl. Abb. 8). Nach der Bibel war keine Schrift so weit verbreitet wie die Benediktregel (RB).

Das Ziel des Mönchtums bestand nach dieser Regel in der Christusnachfolge. Das Kloster als „Schule für den Dienst des Herrn" sollte, wie der

Abb. 8: Der heilige Benedikt als Gesetzgeber: In dieser Federzeichnung aus einer Handschrift der Benediktregel lädt der Mönchsvater den Betrachter ein, seiner Regel zu folgen. „Mein Sohn, der du zu uns eilst, vernimm aufs neue den Sinn der Gesetze“, lautet die Übersetzung des lateinischen Satzes, den Benedikt dem Leser im aufgeschlagenen Buch präsentiert. Ottobeurer Codex, 12. Jh.

Württembergische Landesbibliothek Stuttgart, Cod. Don. 654, fol. 92v.

zitierte Ausschnitt zeigt, den Weg zum Seelenheil ebnen, doch das erforderte eine strikte Ordnung. Zucht, Gehorsam, Enthaltsamkeit und Nächstenliebe waren die wichtigsten Aufgaben. Ein „Grundgesetz“ der Regel war die „Beständigkeit in der Gemeinschaft“ (RB 4,78). Im Mittelpunkt des Klosteralltags stand daher die *vita communis*, das Gemeinschaftsleben: Die Mönche aßen zusammen im gemeinsamen Eßsaal (Refektorium), sie schliefen im gemeinsamen Schlafsaal (Dormitorium), und sie kamen vor allem täglich siebenmal, von der Vigil (etwa um 2 Uhr nachts) bis zur Vesper bei Abenddämmerung, zum gemeinschaftlichen Gebet zusammen, das dermaßen im Mittelpunkt stand, daß die „Uhrzeiten", die Tageseinteilung, sich, durchschnittlich im Drei-Stunden-Rhythmus, nach ihnen richtete und die „Glocke" zunehmend auch das Leben außerhalb des Klosters beeinflußte. Man hat die Zeiterfahrung des frühen Mittelalters daher geradezu als „Zeit der Kirche" beschrieben. Die Zeit zwischen den Gebeten war für die Mönche, nach den Jahreszeiten jeweils unterschiedlich verteilt, mit Lesungen und Handarbeit ausgefüllt, denn „Müßiggang ist der Feind der Seele" (RB 48,1).

Zum Gemeinschaftsleben gehörte aber auch eine straffe, an der römischen Familie orientierte Leitung und Ordnung: Der Abt als Oberhaupt des Klosters war Stellvertreter Christi und „Vater" der Mönche, die ihn wählten (vgl. Abb. 9). Er besaß umfassende Vollmachten und ernannte seine Helfer und Funktionsträger (wie den Dekan, ursprünglich der Aufseher über zehn Mönche, für die inneren, den Propst für die äußeren Angelegenheiten oder den Cellerar, der für die Versorgung verantwortlich war). Der Abt sollte dabei aber den „Rat der Brüder" einholen. War Demut die wichtigste religiöse Tugend der Mönche, so beruhte die Ordnung im Kloster vor allem auf dem Gehorsam, und Benedikt sah verschiedene Strafen für den Ungehorsam vor. „Niemand maße sich an, mit seinem Abt unverschämt oder gar außerhalb des Klosters zu streiten," hatte er bestimmt (RB 3,9). Dem Abt war sogar dann zu gehorchen, wenn er selbst gegen die Bestimmungen handelte (RB 4,61).

Reformversuche ...

Daß seine Regel sich einmal im ganzen Abendland verbreiten würde, hatte Benedikt selbst zweifellos weder geahnt noch beabsichtigt. Zunächst hatte sie noch keine große Wirkung. Nach der Zerstörung seines Klosters Montecassino durch die Langobarden (577) gelangte die Originalhandschrift nach Rom, um 750 kehrte sie nach Montecassino zurück. Im Zuge der erwähnten angelsächsischen Mission gelangten Abschriften in das Kloster Fulda, die Gründung des angelsächsischen Missionars Bonifatius, und im Jahre 787 an den Hof Karls des Großen. Bis dahin hatten die fränkischen Klöster jeweils ihre eigenen Regeln, oder sie folgten einer „Mischobservanz" aus verschiedenen Regeln. Versuche unter Pippin und Karl dem Großen, alle Klöster auf die Benediktregel festzulegen, zeigten anfangs noch wenig Erfolg. Erst im Zuge der Reformen des „zweiten Benedikt", nämlich Benedikts von Aniane (750–821), eines Abtes aus Aquitanien (Südfrankreich), den Ludwig der Fromme mit der Reform des Mönchtums im ganzen Reich beauftragte, und der Aachener Reformsynode von 816 wurde die Benediktregel verpflichtend für das ganze Reich vorgeschrieben.

„*Sobald die Äbte in ihre Klöster zurückgekehrt sind*", hieß es dort, „*müssen sie die Benediktregel Wort für Wort vollständig durchforschen, lesen und zu verstehen suchen. Dann müssen sie und ihre Mönche sich anstrengen, dieselbe mit Gottes Hilfe in der Tat zu erfüllen. Alle Mönche, die dazu imstande sind, sollen die Regel auswendig lernen.*"

CCM 1, S. 457 f.

Auch wenn man den praktischen Erfolg der Reform nicht überschätzen darf, kann man von diesem Zeitpunkt an von einem „benediktinischen Mönchtum“ sprechen. Für die Regelungen des mittelalterlichen Klosteralltags reichte die Regel allerdings nicht mehr aus, so daß die Klöster und Klosterverbände sie seit dem 9. Jahrhundert durch sogenannte „Gewohnheiten“, *consuetudines*, ergänzten, die uns nicht nur einen Einblick in die Verschiedenheit der Reformbewegungen, sondern auch in den Klosteralltag gewähren. Solche „Gewohnheiten“ wurden vor allem in den großen Klosterreformen des 10. Jahrhunderts in Lothringen und in Cluny üblich, einem 909/10 in Burgund durch Herzog Wilhelm I. von Aquitanien gegründeten Kloster. Seit dem Ende des 11. Jahrhunderts entwickelten sich neue Mönchsorden.

Das Leben der Mönche und Nonnen sollte in jeder Hinsicht vorbildlich sein. Bischof Otto von Freising, ein Angehöriger des wichtigsten dieser neuen Orden, der Zisterzienser, schrieb in seiner Chronik in der Mitte des 12. Jahrhunderts:

> *„Sie alle führen schon auf Erden ein Leben in himmlischer, engelhafter Reinheit und Heiligkeit des Wandels und des Gewissens. Sie leben in einer Gemeinschaft, ... legen sich gleichzeitig schlafen, stehen einmütig auf zum Gebet, nehmen gemeinsam in einem Raum die Mahlzeiten ein und beschäftigen sich Tag und Nacht mit Beten, Lesen und Arbeiten mit so unermüdlichem Fleiß, daß sie es für einen Verstoß gegen göttliches Gebot halten, außer der kurzen Zeit, in der sie den müden Gliedern Ruhe auf kargem Reisiglager oder grober Decke gönnen, auch nur einen winzigen Teil der Stunden ohne Beschäftigung mit dem Göttlichen verstreichen zu lassen, so daß sie sogar bei den Mahlzeiten beständig der Heiligen Schrift lauschen und lieber den Geist als den Leib sättigen wollen.“*

Otto von Freising, Chronik, S. 560 ff.

... und ihr Scheitern

Natürlich entwirft Otto hier ein Idealbild. Daß das mönchische Leben in der Praxis nicht gerade „engelhaft“ und oft nicht einmal strikt „regular“, nach der Norm der Benediktregel, verlief, wird man sich leicht vorstellen können. Schon Benedikt hatte dem Abt manche „Ausnahmeregelung“ anheimgestellt und Zugeständnisse gemacht:

> *„Zwar lesen wir“*, so schrieb er unter anderem, *„Wein passe überhaupt nicht für Mönche, weil aber die Mönche heutzutage sich davon nicht überzeugen lassen, sollten wir uns wenigstens darauf einigen, nicht bis zum Übermaß zu trinken, sondern weniger. Denn der Wein bringt selbst weise Männer zu Fall.“*

RB 40,6 f.

Später gab es immer wieder Diskussionen über das Maß der Getränke oder das Maß und die Art der Speisen: War Geflügel, das letztlich nicht von – verbotenen – Vierfüßlern stammte, wirklich „Fleisch“, oder durfte es nicht doch serviert werden? Sollten nach Benedikt für die Hauptmahlzeit zwei gekochte Speisen genügen, so kamen nicht selten Klagen über unzureichende Mahlzeiten auf, und aus späterer Zeit kennen wir sogar ausgefeilte Speisepläne. In St. Gallen verfügte nach Ekkehard, einem Klosterchronisten, der um die Mitte des 11. Jahrhunderts schrieb, selbst einer der Visitatoren, die im 10. Jahrhundert das leicht „verwilderte" Klosterleben regulieren sollten, daß Fleischgenuß eine verzeihliche Übertretung sei: „Was der freie Entscheid des Abtes genehmigt, mag der Mönch essen und trinken", und ein Bischof fügte hinzu, daß die früher in diesem Kloster übliche Abstinenz zweifellos übertrieben gewesen sei.

„Einen vortrefflicheren Mönch aber werde ich, glaube ich, niemals sehen, als einer von ihnen war, der manchmal Fleisch verzehrte."

Ekkehard, S. 212 f.

Das Bewußtsein für ein asketisches Leben und die Notwendigkeit von Reformen (gegen die gerade Ekkehard sich wandte) war hier weitgehend geschwunden.

Die meist in adliger Gesellschaft aufgewachsenen Mönche konnten den Sinn allzu strenger Askese oft kaum mehr verstehen. Liest sich das Wecken zur achten Nachtstunde bei Benedikt noch wie ein Zugeständnis („So können die Brüder etwas länger als die halbe Nacht schlafen und dann ausgeruht aufstehen", RB 8,2), so bereitete das frühe Aufstehen manchem Mönch in der Praxis verständlicherweise große Schwierigkeiten, so daß das Aachener Mönchskapitular der Reformsynode von 817 noch einmal streng verfügte:

„Niemals dürfen sie nach den Vigilien zum Schlafen in ihre Betten zurückkehren, es sei denn, sie sind zufällig vor der festgesetzten Stunde aufgestanden."

CCM 1, S. 458

Immer wieder lesen wir von Mönchen, die tagsüber einschliefen. In Cluny sollte ein beim Schlafen erwischter Mönch so lange mit einer Laterne umhergehen, bis er einen anderen schlafenden Bruder fand, dem er das Licht weiterreichen konnte.

Auch die verbindliche Handarbeit war schon zu Benedikts Zeiten nur noch in Ausnahmefällen harte Feldarbeit, und so hatte die Regel vorsorglich verfügt:

„Wenn es die Ortsverhältnisse oder die Armut fordern, daß die Brüder die Feldfrüchte einmal selber einbringen, sollen sie deswegen nicht traurig sein."

RB 48,7

Für die mittelalterlichen (meist adligen) Mönche war schwere Arbeit kaum mehr vorstellbar. Selbst als die Zisterzienser das Arbeitsgebot im 12. Jahrhundert wieder ernst nehmen wollten, betraf das nur die frühe Gründungsphase des Reformordens. Aber auch die – oft künstlerische – Mönchsarbeit erhielt einen anderen Wert.

„*Sind Handwerker im Kloster*“, so hatte Benedikt bestimmt, „*können sie in aller Demut ihre Tätigkeit ausüben, wenn der Abt es erlaubt. Wird aber einer von ihnen überheblich, weil er sich auf sein berufliches Können etwas einbildet und meint, er bringe dem Kloster etwas ein, werde ihm seine Arbeit genommen. Er darf sie erst wieder aufnehmen, wenn er Demut zeigt und der Abt es ihm von neuem erlaubt.*“ RB 57,1–3

Bei Ekkehard von St. Gallen ist von solcher Demut nicht mehr die Rede: Der begabte und berühmte Künstler Tuotilo reiste um der Kunst und der Wissenschaft willen vielmehr durch viele Länder:

„*Und wo immer er sich befand, trat er als ein so bedeutender Mann in Erscheinung, daß niemand, der ihn sah, bezweifelte, daß er ein Mönch des heiligen Gallus sei.*“ Ekkehard, S. 88 f.

Aus solchen Worten spricht der reine Stolz auf das eigene Kloster und die Fähigkeiten seiner Mönche.

Regel und Wirklichkeit: die Reformsynode von 980

Gemessen an der Benediktregel, gab es daher zu allen Zeiten eine Reihe von „Mißständen“. Auf einer um das Jahr 980 abgehaltenen Provinzialsynode der Reimser Kirchenprovinz auf dem Berg Nôtre-Dame südlich von Soissons wurden entsprechende Klagen geführt.

„*Wie es verlautet*“, hielt man dort den Mönchen vor, „*ist die alte Zucht eurer Lebensordnung über die Maßen von der alten Ehrbarkeit abgewichen. Denn in der Handhabung der Regel selber seid ihr unter euch uneins.*“ Es wurden verschiedene Vorwürfe vorgebracht: daß einige Mönche alleine reisten, andere goldgeschmückte Hüte mit fremdem Pelz, kostbare Gewänder und enge, blankgeputzte, modische Schnabelschuhe mit „Ohren“ an beiden Seiten trügen. „*Sie tragen gern um einen hohen Preis gekaufte Röcke mit weiten Ärmeln und großen Falten und ziehen sie um den Leib so fest zusammen, daß die eingeschnürten Hüften den Hintern hervortreten lassen und man sie von hinten eher für Dirnen als für Mönche halten könnte.*“ Richer von Reims, S. 36 ff.

Wieder andere benützten Bettücher aus Leinen und trügen Hosen aus so feinem Gewebe, daß sie nicht einmal die Schamteile vor Blicken schützten. Als der Erzbischof von Reims, der die Synode leitete, solche Mißstände untersagte, hätten sich die Verhältnisse im Bistum Reims merklich gebessert. Der Berichterstatter selbst, der Mönch Richer aus dem Remigiuskloster (St. Remi) in Reims, der die Reformen durchaus begrüßte, erzählt an anderer Stelle zwang-

Abb. 9: Das Widmungsbild zum „Gedicht über die Taten Witigowos" zeigt das Idealbild einer monastischen Gemeinschaft inmitten der Klosterbauten: Maria, die Patronin des Klosters, wird rechts vom heiligen Pirmin, dem Klostergründer, und links vom Abt Witigowo flankiert. Unten rechts lauscht der Konvent dem Gespräch des in der Mitte knienden „bäuerlichen Dichters" (Mitte) mit der „Reichenau" (Augia), welche die Klosterbauten trägt. Carmen de gestis Witigowonis abbatis. Reichenau 994/96.

Karlsruhe, Badische Landesbibliothek, Hs. Aug., perg. 205, fol. 72r.

los und geschwätzig von einer eigenen, ereignisreichen Reise nach Chartres, wo er Handschriften einsehen wollte, obwohl Benedikt ausdrücklich verfügt hatte, daß Mönche das Kloster nur in Ausnahmefällen verlassen und nach ihrer Rückkehr um Verzeihung für alle Fehler bitten sollten, jedoch niemandem von ihren Erlebnissen erzählen durften (RB 67). Die Aachener Synoden (816/17) hatten Reisen von Mönchen außerdem nur zu zweit erlaubt, und die erwähnte Reformsynode von Nôtre-Dame hatte diese Vorschrift, gegen die Richer ebenfalls verstieß, sogar eigens bestätigt!

Monastisches Leben war in der Praxis weniger ein Leben nach der Regel als ein Kampf um ein regelgemäßes Leben. Im Grunde ist die Geschichte des Mönchtums eine nicht endende Folge von „Verweltlichung" und „Reform", der Rückkehr zu den alten Geboten: Die Cluniazenser und die anderen Reformbewegungen des 10. Jahrhunderts sind eine Reaktion auf die Lockerungen im benediktinischen Mönchtum und zugleich ein Versuch des engeren Zusammenschlusses, aber auch der Beginn einer Ausdifferenzierung in verschiedene Richtungen und „Orden". Die Reformorden des späten 11. und 12. Jahrhunderts wiederum sind die Antwort auf die längst reich gewordenen, prunkvollen Cluniazenserklöster. Den Verlockungen und Verstrickungen mit der „Welt" aber konnte letztlich kein Kloster und kein Mönchsorden entgehen.

Klösterliche Klausur und Kontakte zur Außenwelt: die Weltlichkeit der Klöster

Die „Klausur"

„Sich dem Treiben der Welt entziehen", so hatte Benedikt (RB 4,20) das Wesen des Mönchtums beschrieben. Die mittelalterlichen Klöster waren hingegen so eng mit der „Welt" verbunden, daß ein solches Ziel kaum mehr aufrechtzuerhalten war. Die „Klausur" (lateinisch claustrum, und davon leitet sich auch unser Wort „Kloster" ab) war ein „abgeschlossener Raum", den die Mönche möglichst nicht verlassen und andere nicht betreten sollten. „Kein Laie oder Weltkleriker darf im Kloster wohnen, wenn er nicht Mönch werden will", hatte das Aachener Kapitular von 817 verordnet (CCM, S. 473), doch selbst dieses Grundgebot konnte unter Umständen gebrochen werden. Der bereits erwähnte Ekkehard von St. Gallen erzählt, wie der junge, hochadlige Salomon, ein früherer Klosterschüler, der später selbst Abt des Klosters und Bischof von Konstanz wurde, im Leinengewand (statt des vorgeschriebenen Wollkleides) in der Klausur ein- und ausging, ein „Recht", das er sich mit einer reichen Schenkung erworben hatte. Als ihm das nach wachsenden Protesten verwehrt wurde, suchte er sich heimlich, im Mönchsgewand mit übergezogener Kapuze, sogar nachts in die Klausur der Mönche einzuschleichen.

„Und wiederum kam, wie gestern und vorgestern, jener Dieb hereingeschlichen ... Derweilen schritt Vater Ruodker [ein älterer Mönch] *weit vor der gesetzten Stunde zu den Gräbern im Kirchhof hinaus, um zu beten, ... und bemerkte den behutsam Schreitenden, ohne zu ahnen, wer es sei. Mit Rufen und Stampfen tat er ihn kund als einen Dieb. Unverzüglich stürzten die Wächter mit dem Licht herbei. Da war er erkannt. Und sogleich sagte jener Vater: 'Bei des heiligen Gallus Verdienst' – so nämlich schworen die Väter – 'solche Kleidung lassen wir uns in seiner Klausur zu diesen Stunden nicht gefallen!'... Salomon aber erschrak vor den Worten, die der wohlbekannte Mann zu so ungewohnter Stunde sprach, und entgegnete: 'Ehrwürdiger Vater, laß mich wenigstens hier nebenan an die Kapelle von St. Peter gehen! Habe ich dort mein Gebet verrichtet, werde ich nachher niemals wieder in dieser Tracht die Klausur betreten, es sei denn unter der Führung eines der Oberen, so wie es die Klostersatzung bestimmt. Mit deiner Hilfe aber und der Hilfe der hierzu geeigneten Brüder will ich morgen den Abt bitten, daß es mir erlaubt sei, im Mönchsgewand in die Klausur einzutreten, draußen aber vor meinen Rittern und den anderen wie sonst im Kleide des Weltgeistlichen mich zu bewegen.' 'Möge dir vielmehr der heilige Gallus eingeben, daß du das Mönchskleid, ziehst du es einmal an, deiner Lebtage nicht wieder ablegst.'"*

Ekkehard, S. 20ff.

Die Kritik an Salomos Verhalten und die Mahnung zur Einhaltung der Regel sind in solchen Worten deutlich angesprochen. Doch gegen den Rat der älteren Brüder gab der Abt dennoch dem Wunsch Salomos nach und erlaubte ihm sogar, das Kloster fortan im Mönchskleid zu betreten. Auch wenn er das mit der Hoffnung begründete, Salomon, den Ekkehard ironisch „Vormönch" (*praemonachus*) nannte, werde einmal ein wirklicher Mönch, scheinen die Angst vor einem weltgeistlichen Abt und die Rücksichtnahmen auf den Einfluß des mächtigen Wohltäters hier deutlich durch, der sich für das Privileg seinerseits mit der Stiftung eines wertvollen Kreuzes bedankte.

Die anekdotische Geschichte ist in dieser Form zweifellos erfunden, sie ist aber charakteristisch für den Zwiespalt zwischen Abgrenzung und Öffnung der Klöster: Die frühmittelalterlichen Klöster waren geradezu zu Zentren der mittelalterlichen Gesellschaft geworden, die ein hohes Ansehen genossen: Das Mönchtum stand, so gesehen, nicht nur „zwischen Kirche und Welt", sondern mitten in der Welt. Die Äbte der großen Klöster waren Herren, die auch das politische Geschehen mitbestimmten, und der reiche Besitz machte die Klöster oft zu großen Grundherren mit bedeutenden Wirtschaftsbetrieben. Natürlich gab es Unterschiede: große und kleine – in großen Klöstern konnten über 200 Mönche leben –, bedeutende und weniger bedeutende, aufstrebende und niedergehende Klöster. Alle aber standen im „Dienst" der frühmittelalterlichen Gesellschaft.

Gründung in der Einöde?

Ein solcher Wandel gegenüber den Anfängen des Mönchtums zu Benedikts Zeiten zeigt sich bereits deutlich bei der Klostergründung. Die frühmittelalterlichen Klöster lagen zwar durchweg außerhalb der Stadtmauern, doch die oft wiederholte Wendung von einer Klostergründung in der Einöde wurde schnell zu einem Topos, denn die Klöster brauchten natürlich die Anbindung an das Verkehrsnetz, und schon bald entstanden in ihrem Schutz Siedlungen, die sich nicht selten zu eigenen Städten entwickelten. Hatte der heilige Gallus, ein Schüler des irischen Missionars Columban, für die Gründung einer Klosterzelle im frühen 7. Jahrhundert seiner Vita zufolge noch die wilden Tiere vertreiben müssen, so wurde das Kloster später Zentrum einer Siedlung (St. Gallen) und ein bedeutender Mittelpunkt des Bodenseegebiets. Für die Gründung des Klosters Werden an der Ruhr mußte erst der Wald gerodet werden – nach der Vita des Gründers Liudger (ca. 724 – 809) half dabei ein Wunder, indem nämlich ein Sturm die Bäume niederschlug und die Rodungsarbeit erleichterte –, und doch entstand das Kloster in Flußnähe und in einer bereits besiedelten Landschaft, wie die vielen erhaltenen Urkunden über Schenkungen von oft nahegelegenem Besitz an das neue Kloster bezeugen.

Das frühmittelalterliche Kloster war auch kaum mehr der Zusammenschluß frommer Asketen unter einem Abt – wie bei der ersten Gründung St. Gallens durch den heiligen Gallus –, es war entgegen anfänglichen Selbständigkeitsbestrebungen in die Amtskirche eingegliedert – der Bischof behielt das Weiherecht – und verdankte seine Entstehung vielmehr der herrschaftlichen Initiative, nämlich einem geplanten Gründungsakt der Herren auf deren Eigengut. Bei der „zweiten", nun monastischen Gründung St. Gallens rund ein Jahrhundert später (um 724) erbat sich der Tribun Walthram vom Arbongau, dem das Land gehörte, bereits einen Abt (Otmar) von dem Grafen von Chur, und er übergab das Kloster später dem karolingischen Hausmeier und künftigen König Pippin (741 – 768). Daraus erwuchsen Aufgaben.

Das Kloster im Dienst der Herren:
die Gründung von „Eigenklöstern"

Die auf eigenem Grund und Boden gestifteten Klöster waren sogenannte „Eigenklöster", die in der Hand des Gründers verblieben. Auch wenn der

Begriff eine moderne Schöpfung ist, veranschaulicht er einen wichtigen Aspekt des mittelalterlichen Mönchtums: Auf der einen Seite war das Kloster in die damaligen Herrschaftsstrukturen eingegliedert, auf der anderen Seite gewannen die Herren aber auch Anteil an der geistlichen Funktion und Religiosität des Mönchtums. „Klosterherren“ waren Könige, Bischöfe und Adlige. Klostergründer von Werden war, wie erwähnt, der heilige Liudger, der Missionar des Münsterlandes, der das nahe an der sächsischen Grenze gelegene Kloster als seinen Besitz betrachtete. Da Liudger zugleich aber der erste Bischof von Münster wurde, erhob nach seinem Tod auch das Bistum Ansprüche auf die Abtei, die in diesem Fall noch einmal abgewehrt werden konnten. Weniger eindeutig war die Unabhängigkeit St. Gallens. Als mehrere St. Galler Äbte im späteren 8. Jahrhundert zu Bischöfen von Konstanz erwählt wurden, sank dieses Kloster zu einem zinspflichtigen, bischöflichen Eigenkloster ab und konnte sich nur ganz allmählich aus dieser Abhängigkeit befreien. Solche Beispiele belegen nicht nur, welche Streitigkeiten um den Klosterbesitz entstehen konnten, sondern auch, daß es sich dabei keineswegs um Konflikte zwischen Laien(gründern) und Klöstern als vielmehr zwischen Bischöfen und Klöstern handelte. Diese scheinbar „innerkirchlichen“ Auseinandersetzungen waren in Wirklichkeit Streitigkeiten um die Klosterherrschaft.

Abb. 10: In diesem Widmungsbild übergibt Hrabanus Maurus, der Abt und große Gelehrte des Klosters Fulda und spätere Erzbischof von Mainz, geführt von seinem Lehrer Alkuin, sein berühmtes Figurengedicht „Vom Lob des heiligen Kreuzes“ dem Erzbischof Otgar von Mainz. Hrabanus Maurus, De laude s. crucis. Fulda, um 840.

Wien, Österr. Nat.-Bibl., Cod. 652, fol. 1v.

Adlige Klostergründungen dienten darüber hinaus noch einem weiteren Zweck: Sie waren nämlich als „Hausklöster“ oft die religiösen und kulturellen Kristallisationspunkte der Adelsfamilie, die im frühen Mittelalter noch keinen festen Stammsitz hatte. Hier wurden die Stifter und ihre Verwandten bestattet, manchmal verbrachte man hier den Lebensabend oder trat noch kurz vor dem Tod als Mönch in das Kloster ein, um für seine Sünden zu büßen und die Chancen auf das Seelenheil zu vergrößern. Bis in das 9. Jahrhundert hinein standen die Herren nicht selten sogar selbst ihren Klöstern als Abt vor; erst seit dieser Zeit sagte man solchen „Laienäbten“ den Kampf an und trennte Klosterherrschaft und Abtwürde. Viele Nonnenklöster gehen auf eine Gründung durch Königinnen und hohe Damen zurück, die sich später als Witwe in ihr Kloster zurückzogen, das natürlich auch den Familienangehörigen offenstand, und es war durchaus üblich, Verwandte und Erben zu Äbten oder Äbtissinnen zu machen.

In Gandersheim, einer Gründung des mächtigsten Grafen im östlichen Sachsen, Liudolf, und seiner Gemahlin Oda, folgten drei Töchter des Gründerpaares nacheinander in der Äbtissinnenwürde. Daß die Älteste, Hathumod, bei ihrem Amtsantritt im Jahre 852 erst zwölf Jahre alt war, störte niemanden. Wenn die Eigenklöster deshalb immer wieder als „Versorgungsanstalten" für nachgeborene Söhne oder Töchter bezeichnet werden, so darf man darüber allerdings nicht übersehen, daß die Gründung eines Klosters letztlich mehr als jede anderweitige Ausstattung der Erben kostete und sich folglich kaum ausschließlich in dieser Weise begründete. Geistliche und weltliche Aspekte wirkten vielmehr engstens zusammen: Die geistliche „Laufbahn" von Familienangehörigen sicherte den Seelenbeistand und verhinderte zugleich eine weitere Zersplitterung des Besitzes. Es gibt keinen Grund, die in den Quellen immer wieder betonte fromme Gesinnung der Klostergründer zu bezweifeln, doch bedeutete die Gründung ebenso unzweifelhaft zugleich Prestige und materiellen Gewinn durch die Nutzung des Besitzes. Oft achteten aber auch gerade die Herren auf ein reguläres Leben ihrer Mönche und Nonnen: Wie die Gründungen, so gingen daher auch die Reformen häufig auf ihre Initiative zurück, und sie fanden dabei keineswegs überall die Zustimmung der Mönche, die mancherorts sogar regelrecht vertrieben werden mußten.

Bei solcher Sachlage dürfte es leicht einsichtig sein, wenn der weltliche Rang des Mönchs in der Klostergemeinschaft keineswegs aufgehoben war oder wenn Angehörige der Gründerfamilie mehr galten als einfache Mönche oder Nonnen, obwohl Rangunterschiede sich nach der Regel allein aus dem Profeßalter (d. h. dem Zeitpunkt der Ablegung des Mönchsgelübdes) oder aus verdienstvoller Lebensführung ergeben sollten. Als der karolingische Hausmeier Karlmann 747 der Herrschaft entsagte und unerkannt als Mönch in das Benediktkloster Montecassino eintrat, gab er sich, um nicht erkannt zu werden, als Mörder aus, der sühnen wolle. Als er daraufhin mit niedrigen Arbeiten zur Buße seines Vergehens überhäuft wurde und ein Begleiter, der die Züchtigungen seines einstigen Herrn durch den Koch nicht mitansehen mochte, Karlmanns Identität verriet, warfen sich ihm alle Mönche und der Abt selbst unverzüglich zu Füßen (Regino von Prüm, a. 747).

Das Kloster im Dienst des Königs: die Reichsklöster

Die Könige zählten im frühen Mittelalter nicht nur zu den bedeutendsten Klostergründern, ihrem Schutz wurden zunehmend auch fremde Abteien aufgetragen, um deren Bestand zu sichern. Diese „Reichsklöster" lassen sich durchaus als königliche Eigenklöster verstehen, die dem König entsprechend zu Diensten und Abgaben verpflichtet waren. Dafür erhielten sie auf der anderen Seite aber wichtige Privilegien: die Immunität, die sie aus der weltlichen Gerichtsbarkeit und Verwaltung der Grafen herauslöste, Münz-, Markt- und Zollverleihungen oder andere Vergünstigungen, die sie selbst von diesen lästigen Abgaben befreiten und ihnen zugleich wichtige Einnahmen sicherten. Seit der Zeit Ludwigs des Frommen (814–840) verband sich die Immunität mit dem Königsschutz (der wiederum die königliche Herrschaft sicherte). Der König setzte den Abt ein, und die Auswahl geeigneter Kandidaten war – wie auch bei den Bischöfen – durchaus ein politischer Akt. Wenn zahlreiche Klöster das Recht der „freien Abtwahl" erhielten, das ihnen erlaubte, einen Abt aus den eigenen Reihen vorzuschlagen, so verblieb die letzte Entscheidung doch beim König.

„*Solange diese Gemeinschaft unter der heiligen Regel lebt und wandelt*", so bestimmte Karl der Große in seinem Privileg für das Kloster Fulda aus dem Jahre 774, „*und die heilige Ordnung gegenseitig beachtet und bewahrt und uns treu erscheint, sollen die Brüder, wenn der Abt dieses Klosters aus dieser Welt scheidet, das Recht haben, sich mit unserer Zustimmung einen Abt aus ihren Reihen zu wählen, der die Mönche nach der heiligen Regel zu leiten und zu regieren vermag.*"

Diplomata Karolinorum 1, Nr. 86, S. 124 f.

Der uns schon bekannte Ekkehard von St. Gallen berichtet – wiederum anekdotisch –, wie sich die Mönche nach dem Tod ihres ungeliebten Abtes Craloh an den Hof Ottos des Großen (936–973) begaben, um dem Herrscher ihren jungen Mitbruder Purchard, einen Neffen des Königs (!), als neuen Abt vorzuschlagen:

„*'Was ihr wollt'*", soll Otto gesagt haben, „*'sehe ich, doch weiß ich nicht, wen ihr wollt.' 'Gerade ihn, o König', sagten sie, 'den du umfangen hältst, unseren Herrn Purchard.' Und zugleich mit diesen Worten fielen sie nieder. ... 'Ich fürchte', entgegnete der König, 'ihr haßt die Strenge und Zucht, wie sie euren Vätern vor allem am Herzen lag, und habt euch deshalb auf diesen Winzling geeinigt, der gewiß sanft und mitfühlend mit euch umgeht.'*" Erst nach längerer Begründung ließ der König (so Ekkehard) sich die Anerkennung dieses Abtes abringen und investierte ihn nach damaligem Brauch feierlich und in symbolischem Akt: „*Und sogleich wurde das Gebet gesprochen, der König verlangte nach dem Stab, und mit den hierbei üblichen Worten verlieh er Purchard die Abtei. Während er aber selbst das 'Te Deum laudamus' (Gott, Dich loben wir) anhob, forderte er alle Anwesenden auf, in den Lobgesang einzustimmen.*"

Ekkehard, S. 176 ff.

Ein guter Kontakt zum Hof lag aber auch im Interesse der Mönche. In Fulda hatte man nach längeren Querelen die Absetzung des Abtes Ratger durchgesetzt. Bei der Wahl des Nachfolgers kam es zu heftigen Diskussionen, die ganz von dem Negativbild des Vorgängers beeinflußt waren.

„*Einige Brüder wollten sich einen Abt von adliger Herkunft wählen, indem sie sagten: 'Wenn wir diesen nehmen, verteidigt er uns gegen die Grafen und diejenigen, die mächtiger sind als wir, und er macht uns dank seiner Würde auch dem Kaiser geneigt. Wißt ihr weshalb? Weil er an dessen Hof*

Einfluß hat.' Dieser Behauptung entgegnete ein anderer mit den Worten: 'Brüder, seht ab von dieser hohen Geblütswahl, denn Gott hat das Schwache und Verächtliche in der Welt erwählt. Bei Gott ist Schwäche Unschuld und nichtadlige Geburt Demut.'"

Bruun Candidus, S. 224 f.

Ähnliche Diskussionen entspannen sich um die Bildung des Abtes. Am Ende aber setzten sich diejenigen durch, die einen älteren, tugendhaften Abt (Eigil) wünschten. (Daß dieser zugleich hochgebildet und adlig war, erwähnte der Verfasser nicht mehr.)

Der Reichsdienst hatte seinerseits wiederum Auswirkungen auf die Stellung der Äbte, die zu den Beratern des Königs und zu den hohen Reichsfürsten zählten, die Politik mitbestimmten, königliche Aufträge und Legationen übernahmen und selbst Kriegszüge begleiteten oder leiteten. Bedeutende Reichsklöster stellten dabei wohl ebenso viele Panzerreiter wie manche Bistümer. Nicht selten geboten die Äbte sogar über mehrere Klöster gleichzeitig, so daß sie dort gar nicht mehr ständig anwesend sein konnten. Solche „Reichsäbte" standen den Bischöfen in Ansehen und Geltung kaum nach und stellten entsprechende Ansprüche. Als der Abt von Fulda auf Versammlungen den Ehrenplatz zur Rechten des Mainzer Erzbischofs beanspruchte, führte das zu heftigen und schließlich sogar blutigen Auseinandersetzungen mit den Getreuen des Bischofs von Hildesheim, der diesen Platz für sich einforderte, weil der Versammlungsort in seiner Diözese lag (Lampert von Hersfeld, S. 74 ff.). Bei solchen Vorfällen kann man weder von „innerkirchlicher Eintracht" noch von mönchischer Demut sprechen: Die Äbte handelten als Reichsfürsten, die ihren Rang mit allen politischen Mitteln zu verteidigen suchten, und ihr Verhalten unterschied sich in dieser Hinsicht kaum von dem weltlicher Würdenträger.

Große Abteien waren folglich begehrte Objekte, und so verwundert es nicht, wenn man einiges auf- und anbot, um vom König mit der Leitung eines Klosters betraut zu werden. Als im Jahre 1075 in Fulda ein neuer Abt zu bestimmen war, gab es viele Konkurrenten, die dem König Angebote machten, obwohl in dieser Zeit der Kampf gegen die Simonie, den „Kauf" von Kirchenämtern, längst in vollem Gange war.

„Wie in einem feierlich angesagten Wettkampf lief da jeder einzelne mit aller Kraft um die Wette: Der eine versprach goldene Berge, der andere ungeheure Lehen aus den Fuldaer Besitzungen, ein dritter außergewöhnliche Dienstleistungen für das Reich, und alle wahrten nicht Maß noch Ziel in ihren Angeboten",

Lampert von Hersfeld, S. 324 ff.

schrieb der Mönch Lampert von Hersfeld, der damit allerdings auch die simonistischen Praktiken am Königshof entlarven wollte, in seinen um 1080 verfaßten „Annalen". Die Bindung an das Reich und die Politik verursachten hohe Kosten, die aus dem Klostergut gedeckt wurden und zusätzliche Gefahren für das Kloster bedeuteten.

Eine Anekdote Ekkehards von St. Gallen: der König besucht das Kloster

Zu den Rechten des Königs, der seine Regierung im Mittelalter bekanntlich „reisend“ wahrnahm und ständig durch seine Lande zog, zählte es, daß er auch seine Klöster jederzeit, zu religiösen wie zu politischen Zwecken, aufsuchen und sich mit seinem Gefolge von ihnen bewirten lassen konnte. Ekkehard von St. Gallen erzählt uns von einem weihnachtlichen Besuch König Konrads I. (911–918) in seinem Kloster. Schon wegen des zeitlichen Abstandes – Ekkehard schrieb rund 140 Jahre später – kann seine Schilderung in keiner Weise als authentisch angesehen werden, zeigt dafür aber um so deutlicher, wie sich die Mönche im 11. Jahrhundert einen solchen Besuch vorstellten und was sie vom König erwarteten. Das angeblich ungeplante und überraschende Eintreffen wurde hier nicht als eine wirtschaftliche Belastung, sondern als Ehrung empfunden:

Der König wurde in großer Prozession und mit eigens neu verfaßten Lobgesängen empfangen, und er durfte mit den Mönchen im Refektorium speisen (was anderen eben strengstens untersagt war). Konrad „prüfte“ die Schüler, indem er sie vorlesen ließ und ihnen zur Belohnung ein Goldstück in den Mund legte, und er begnügte sich (angeblich) mit dem einfachen Essen der Mönche. Den dritten und letzten Tag seines Besuchs beendete er allerdings mit einem Fest, nachdem er dem Kloster zuvor einige Güter geschenkt hatte, *„damit unsere eingeschriebenen Brüder zum Entgelt für unser gestriges Mahl während der Festwoche des hl. Otmar* [eines der Klosterheiligen] *... auch zu meinem Gedächtnis üppiger schmausen sollen“*. Während der Mahlzeit wurden nahezu sämtliche Klosterregeln gebrochen: Das Schweigegebot wurde mißachtet, und niemand hörte dem Vorleser zu; Wild und Fleisch wurden aufgetischt, und sogar Gaukler, Tänzer und Musikanten sollen aufgetreten sein. Das mochte strengeren Mönchen mißfallen. *„Der König“*, so Ekkehard, *„schaute auf die gesetzteren Brüder und lachte über einige von ihnen, denn da ihnen alles neu war, verzogen sich ihre Mienen.“* Ekkehard, S. 40 ff.

Ekkehard selbst scheint solche Regelverstöße hingegen wenig ernst genommen zu haben: Der politische Zweck, die Gunst und Nähe des Königs, heiligte gewissermaßen die weltlichen Mittel.

Das Kloster im Dienst der Gesellschaft: beten für die anderen und Armenfürsorge

Daß Konrad seine Schenkung an die Bedingung geknüpft hatte, seiner zu gedenken, traf einen Kern der klösterlichen Beziehungen mit der Außenwelt. Eine wesentliche Voraussetzung für Ansehen und Bedeutung der Klöster in der mittelalterlichen Gesellschaft ist nämlich darin zu sehen, daß die Mönche und Nonnen durch ihr religiöses Leben nicht nur für ihr eigenes Seelenheil vorsorgen wollten, sondern, gleichsam stellvertretend, auch für

Abb. 11: In dem hier vom Kirchengebäude umrahmten Skriptorium sitzen zwei Schreiber an ihren Pulten. Nicht nur Mönche arbeiteten in der Schreibstube des Klosters Echternach: Die Miniatur stellt außer einem Mönch auf der linken Seite auch einen Laien dar, den Bart, Tracht und fehlende Tonsur von seinem vor ihm sitzenden „Kollegen" unterscheiden. Evangelistar Heinrichs III., Echternach 1039/40.

Bremen, Staats- u. Universitätsbibliothek Ms b 21, fol. 124v. © Dr. Ludwig Reichert Verlag.

die anderen beteten: In der „dreigeteilten" Gesellschaft der Beter, Kämpfer und Arbeiter oblag den Mönchen eine klare Funktion im Dienst des Gemeinwohls.

Klostergemeinschaften beteten gegenseitig füreinander, indem sie ihre Konventslisten austauschten, und für andere, zu denen sie in engerer Beziehung standen, vor allem aber für diejenigen, denen sie am meisten verbunden waren: Eigenklöster sicherten gleichsam ein ständiges Gebetsgedenken für den Gründer und seine Familie. Auch Schenker und sonstige Wohltäter wurden in das Gebetsgedächtnis aufgenommen, ihre Namen in entsprechende (liturgische) Bücher eingetragen (vgl. oben S. 126). Die „Stifter" – denn man darf annehmen, daß der Eintrag mit einer Schenkung „erkauft" wurde – übertrugen den Mönchen und Nonnen gleichsam die Erinnerung an ihre Toten und die Fürbitte bei Gott. Damit versicherten sie sich selbst des geistlichen Beistands, sie sicherten aber auch dem Kloster Berechtigung und Auskommen. Der im 12. Jahrhundert schreibende Klosterchronist Ortlieb von Zwiefalten machte geradezu „Reklame“ für solche Seelenheilschenkungen:

> *„Stiftet aber jemand eine vollständige Mahlzeit, die wir Liebesmahl nennen, für die Gesamtheit der Brüder, dergestalt, daß wir dabei ohne einen Zuschuß aus unserem Vorrat an Speise und Trank auskommen, so soll dafür ein jeder für sich die sieben Bußpsalmen singen, gleichviel, ob jener das Liebesmahl im Hinblick auf die Lebenden oder die Toten gestiftet hat.“*

Ortlieb von Zwiefalten, S. 77 f.

Die Worte zeigen, daß das Gebetsgedenken strikt – und keineswegs für alle gleich – geregelt war. Die anfangs systematisch angelegten Verbrüderungs- und Gedenkbücher – oder mit einem anderen mittelalterlichen und nicht minder bezeichnenden Begriff: die „Lebensbücher“ (*Liber vitae*), die zum ewigen Leben verhelfen sollten – aber quollen bald über vor Einträgen, und man nutzte die kleinsten Lücken zum Eintrag weiterer Namen. Bei dieser Fülle konnte man die Namen kaum mehr einzeln aufzählen; ein pauschales (summarisches) Gedenken aller Eingetragenen im Gebet wurde nötig. Die Gedenkbücher bieten ein Spiegelbild der weiträumigen und vielfältigen Beziehungen bedeutender Klöster zur Außenwelt. „Dokumente des karolingischen Reichsmönchtums“ hat man sie deshalb genannt.

Da sich das Gebetsgedenken mit Armenspeisungen verband – die Nahrungsration des Verstorbenen wurde an dessen Stelle einem Bedürftigen verabreicht –, wurden die Klöster, denen Benedikt den Dienst an den Armen verordnet hatte, hier, aber auch grundsätzlich, zu wichtigen Institutionen der „Sozialfürsorge“, in einer Zeit, die weder Renten- noch Arbeitslosenversicherungen kannte. Dadurch floß ein guter Teil der Einnahmen an die unteren Gesellschaftsschichten zurück. Gerade in der Armenfürsorge zeigte sich die Nachfolge Christi:

> *„Alle Fremden, die kommen, sollen aufgenommen werden wie Christus“*, hatte Benedikt verordnet (RB 53,1). *„Am Tor“*, schrieb der Zisterzienser Otto von Freising noch im 12. Jahrhundert, *„sitzt ständig ein frommer, gottesfürchtiger Bruder und empfängt alle ankommenden Gäste, Pilger und Armen freundlich und gütig wie Christum selber und geleitet sie in den Betsaal; darauf führt er sie in die Gastzelle, nachdem er ihnen zuvor die Füße gewaschen … hat.“*

Otto von Freising, Chronik, S. 562 f.

Größere Klöster hatten, natürlich außerhalb der Klausur, sowohl „Armenhäuser“ (*Xenodochia*) als auch ein „Gästehaus“ für angesehenere Reisende. Benedikts ausführliche Regelungen stammten freilich aus einer

Zeit, in der nur gelegentlich ein Fremder das Kloster besuchte. Im abendländischen Mittelalter, als es keine kommerziellen Gasthäuser mehr gab, wurden die Klöster hingegen oft geradezu Anlaufstellen der Reisenden. Vermögende machten dem Kloster gelegentlich eine Schenkung, um sich damit einen versorgten „Lebensabend" zu erkaufen, im Kloster (im Gasthaus) leben zu können sowie ernährt und bekleidet zu werden. Die Armenspeisungen aber konnten Ausmaße annehmen, daß Klostergemeinschaften darüber regelrecht verarmten. Sie waren deshalb auf ständige Stiftungen angewiesen.

Das Kloster als Wirtschaftsbetrieb: die frühmittelalterliche Grundherrschaft

Wenn das Kloster nicht nur seine Mönche ernähren, sondern darüber hinaus die genannten Obliegenheiten gegenüber der mittelalterlichen Gesellschaft erfüllen wollte, brauchte es entsprechende Ressourcen. Das Gedeihen eines Klosters war daher angewiesen auf die Stiftungen der Gründer, die „Eintrittsschenkungen" der (künftigen) Mönche, die meist schon als Kind dem Kloster übergeben wurden, und die Besitzschenkungen frommer Wohltäter. Entscheidend war aber auch eine effektive Nutzung der klösterlichen Besitzungen, von deren Umfang die Zahl der Mönche oder Nonnen abhing: Das Kloster war zwar keine wirtschaftlich autarke Institution, wie man früher meinte, sondern auf den Handel mit der Außenwelt angewiesen – ein wesentlicher, weiterer Berührungspunkt mit der „Welt" –, aber es mußte seinen Besitz gewinnbringend verwalten. Zu den Klosteranlagen gehörte daher nicht nur ein umfangreicher Wirtschaftstrakt mit Obst- und Gemüsegärten, Ställen für Geflügel und Großvieh, Scheunen, Werkstätten, einer Mühle, Brauerei und Bäckerei, sondern die bedeutenden mittelalterlichen Klöster zählten darüber hinaus zu den größten Grundbesitzern und Grundherren des Landes: Während dem einzelnen Mönch jeglicher Privatbesitz untersagt war, wurden erfolgreiche Klöster als Institutionen oft sehr reich. Sie verfügten über einen umfangreichen Besitz an Land und Hörigen, die zu Diensten und Abgaben verpflichtet waren, und somit über entsprechende Einnahmen. Der Propst oder andere Bevollmächtigte mußten das Kloster daher immer wieder verlassen, um auf den Gütern nach dem Rechten zu sehen, auch wenn die Aachener Reformsynode des Jahres 817 Mönchen untersagt hatte, Verwaltungsaufgaben außerhalb des Klosters wahrzunehmen.

Die Klöster waren somit auch bedeutende „Wirtschaftsunternehmen", die von ihren Bauern lebten, um ihnen zugleich Schutz und Unterhalt zu gewähren. Sie wirkten bei der siedlerischen und wirtschaftlichen Erschließung des Landes mit und förderten technische Neuerungen. Kürzlich hat man sie – doppeldeutig – sogar als „sacred trusts", als „heilige Konzerne", bezeichnet. So verwundert es nicht, daß die Klöster vielerorts als reich galten und daß man neidisch auf die Hortung von Vorräten sehen konnte. Als die Belagerung der Feste Limburg durch den Herzog von Schwaben eine Hungersnot auslöste, schlug ein Ritter vor, man solle lieber die fetten Mönche des Burgklosters verspeisen als die Burg aufgeben. Erschreckt lieferten die Mönche den Verteidigern daraufhin die gespeicherten Lebensmittel aus (Otto von Freising, Gesta Frederici, S. 154ff.).

Die zahlreich erhaltenen Schenkungsurkunden und Güterverzeichnisse vermitteln allerdings auch einen irrigen Eindruck ungeheuren Wohlstandes. Der Besitz setzte sich meist aus einzelnen Schenkungen zusammen und war daher weit verstreut. In den einzelnen Dörfern verfügte das Kloster oft nur über wenige Hufen. Darüber hinaus waren die meisten Stiftungen sogenannte prekarische Schenkungen, bei denen sich die Schenker, oft mit allen ihren Nachkommen, das Nutzungsrecht vorbehielten und dem Kloster bis zum „Erbfall" nur einen Anerkennungszins leisteten. Manche Güter werden bald wieder abhanden gekommen sein, von anderen kam nur ein geringer oder gar kein Zins ein. Zur Sicherung der Verteidigung und der Kriegspflichten wurden umfangreiche Besitzungen an Vasallen verliehen, die ebenfalls keine Einnahmen mehr einbrachten. Es wäre daher falsch, sich die Klöster sämtlich als reiche Grundbesitzer vorzustellen. Jede „Mißwirtschaft" konnte sie an den Rand des Ruins treiben. Nur so erklären sich die insgesamt recht häufigen Klagen über Armut und Niedergang, und die Klosterreformen erzielten keineswegs nur die Wiederherstellung eines regelhaften Lebens, sondern gleichzeitig eine wirtschaftliche Konsolidierung.

Das Kloster im Dienst der Strafjustiz: die „Klosterhaft"

„*Bei der Rückkehr von den Slawen nach Regensburg wurde* [Karl der Große] *von einem Sohn, der, mit einer Nebenfrau erzeugt, von seiner Mutter* [eine böse Vorbedeutung] *den Namen des ruhmreichen Pippin erhalten hatte, beinahe gefangengesetzt und, soweit es auf ihn ankam, zum Tode verurteilt.*" Die Verschwörung wurde aber aufgedeckt. „*Noch vor der dritten Stunde des Tages wurden die Verschworenen, die nichts weniger vermuteten, ganz wie sie es verdienten, entweder in die Verbannung geschickt oder bestraft. Auch der bucklige Zwerg Pippin wurde furchtbar gegeißelt, geschoren und in die Zelle des heiligen Gallus geschickt, die unter allen Orten des weiten Reiches am ärmlichsten und beschränktesten erschien, um sich hier auf einige Zeit zu kasteien.*" Notker, S. 400 ff.

Der anekdotische Bericht des St. Galler Mönchs Notker (840–912) eröffnet eine weitere Funktion mittelalterlicher Klöster fernab der ursprünglichen Bestimmung: Die Klöster wurden in das Gerichtswesen einbezogen und dienten in besonderen Fällen gelegentlich als „Strafanstalten". Die Merowinger, so läßt sich (etwas überspitzt) behaupten, haben ihre politischen Gegner, nicht selten durch heimliche Anschläge, eliminiert, die Karolinger steckten sie ins Kloster. Bereits der erste Karolingerkönig, Pippin, ließ im Jahre 751 bekanntlich den letzten Merowingerkönig, Childerich, zum

Mönch scheren: Beides, der Verlust des langen Haupthaares und die Mönchung, machten ihn nach den Anschauungen der Zeit fortan regierungsunfähig. Dieses Vorgehen fand viele Nachahmer: Karl der Große schickte nicht nur seinen aufständischen Sohn Pippin in ein Kloster, sondern auch Widukind, der den Widerstand der Sachsen gegen die fränkische Eroberung organisiert hatte, oder den 788 abgesetzten Bayernherzog Tassilo III. Karl der Kahle ließ seinen Sohn Karl blenden, um ihn dann einem Kloster zu übergeben, um nur einige, spektakuläre Fälle aufzuzählen. Die Klosterhaft war allerdings keine „Strafe", sondern eine „Begnadigung", nämlich Aussetzung der Todesstrafe (und doch zugleich politische Entmachtung), und sie sollte dem Begnadigten in der neuen religiösen Umgebung zugleich die Möglichkeit zur Buße bieten. In den Klöstern wurden solche „Zwangsrekrutierungen" begreiflicherweise nicht nur begrüßt, und so beschwerten sich die Fuldaer Mönche bei Karl dem Großen über solche (und andere) Zweckentfremdungen:

„Niemand, sei er frei oder unfrei, soll mit Gewalt gezwungen werden, Mönch zu werden oder zum Kleriker geschoren zu werden, denn wenn solche Leute in ein Kloster aufgenommen werden, sind sie oft Urheber von Verbrechen und Lastern."

Supplex libellus, S. 324

Die Bitte hatte einen konkreten Anlaß, denn in Fulda waren die Streitigkeiten darüber sogar so weit gegangen, daß ein Kleriker, der gegen den erklärten Willen der Brüder in dieses Kloster versetzt worden war, einen Mönch erschlagen hatte.

Kloster und Politik: Konflikte mit der Außenwelt und im Konvent

Geschichtsschreibung und Rechtsanspruch

Herrengewalt und klösterliche Pflichten, Reichsdienst und Grundherrschaft, Armenfürsorge und Klosterhaft begründeten die engen „Außenbeziehungen" der Klöster zur „Welt", waren gleichzeitig aber für die Verweltlichung des asketischen Lebens der Mönche und Nonnen ebenso verantwortlich wie für daraus erwachsende Streitigkeiten. Wenn die Fuldaer Mönche Karl den Großen baten, „daß im Kloster keine privaten Geschäfte, weltliche Taten, Besitz- und Landverteilungen stattfinden sollten, weil daraus Streit, Spannungen, Neid, Zorn, Feindschaft und Uneinigkeit erwachsen" (Supplex libellus, S. 325), dann wird man daraus schließen dürfen, daß solche „Geschäfte" durchaus üblich waren. Das begann bereits bei der Abtwahl, die durchaus nicht ausschließlich von Würde oder Herkunft der Kandidaten bestimmt war. Bei den erwähnten Diskussionen um den neuen Abt im Kloster Fulda (vgl. S. 151f.) sollen einige Mönche versucht haben, ihre Stellung zu verbessern, indem sie sagten: „Wenn wir dich oder dich zum Oberen machen, sag' uns bitte ehrlich, wirst du uns dann auch Gutes tun?"

Die Klöster waren in die politischen Händel ihrer Zeit verstrickt, und sie fochten ihrerseits mit allen Mitteln um ihre Selbständigkeit. Bezeichnenderweise hatte man sich weniger gegen die Herren als vielmehr gegen die Konkurrenz anderer Klöster oder der Bischöfe durchzusetzen. Die Beziehungen zwischen St. Gallen und Konstanz bieten dafür ein schönes Beispiel, über das uns Ratpert, der Klosterchronist von St. Gallen (ca. 840–900), informiert:

Als Bischof Johannes die Wahl seines Neffen zum St. Galler Abt durchsetzen wollte, berief man sich im Kloster auf das königliche Privileg der freien Abtwahl, doch der Bischof, der früher selbst St. Galler Abt gewesen war, soll diese Urkunde in Konstanz aufbewahrt haben. Eine Urkunde Karls des Großen, welche die Abhängigkeit des Klosters von Konstanz bestätigte, verwarfen die Brüder als Fälschung und beriefen sich auf ein – noch älteres – Diplom Pippins, das ein Vasall des Klosters jedoch dem Bischof auslieferte. Der ließ die Urkunde verbrennen, so daß St. Gallen jeder Beweis für seine Unabhängigkeit fehlte. Ratpert, S. 67 ff.

Vermutlich hat Ratpert diese Geschichte erfunden, um damit Indizien für die Unabhängigkeit des Klosters zu liefern. Seine Chronik ist, wie so oft, keineswegs wertfreie Geschichtsschreibung, sondern ein literarisches „Kampfmittel" gegen die Bischofsherrschaft. Sicherlich wollten Klosterchroniken, die meist als Tatenberichte der Äbte („Gesta abbatum") konzipiert waren, die Geschichte des eigenen Klosters im historischen Ablauf darlegen, aber sie taten das keineswegs aus purer Liebe zur Vergangenheit, sondern aus Gründen, die ihren Hintergrund in der aktuellen Situation hatten. Viele Klosterchroniken halten nicht nur die historische Entwicklung und die Abfolge der Äbte, sondern auch Schenkungen und Besitz fest und dokumentieren damit die enge Abhängigkeit des Klosters von seinen materiellen Grundlagen.

Der Klosterheilige als „Kampfmittel"

Klöster in Bischofsstädten wetteiferten mit dem Domkapitel (der Gemeinschaft der Geistlichen an einer Domkirche), die Klöster untereinander standen in Konkurrenz um Rang und Ansehen. Um den Gegner zu überflügeln, setzten sie ihre materiellen und geistigen Mittel (ihr Schrifttum), aber auch ihren Kult, ihre wunderwirkenden Reliquien ein. Hatte ein großer (oder gar heiliger) Bischof ein Kloster erbaut, was nicht selten vorkam, so stritten Bischofskirche und Kloster um seinen Leichnam. Die Mönche von Saint-Martial in Limoges erklärten ihren heiligen Patron gegen Ende des 10. Jahrhunderts zum Apostel, um dem Kloster gegenüber der dem heiligen Erzmärtyrer Stephanus geweihten Domkirche ein höheres Alter und einen höheren Rang zu verleihen. Als der „Apostel" Martial daraufhin mehr Zulauf bekam, verdrängte er tatsächlich den Stephanskult. Der Reliquienkult war Ausweis der kultischen Bedeutung des Klosters. Nach der Unterwerfung

Abb. 12: Die Miniatur aus einer Bamberger Handschrift des Kirchenvaters Ambrosius gewährt Einblick in die klösterliche Buchproduktion: In zehn Medaillons zeigt sie die wichtigsten Arbeitsschritte bei der Herstellung eines Codex (vgl. S. 169). Der letzte Schliff fehlt noch: Der Buchmaler selbst (auf dem Dach zu Füßen des Klosterpatrons, des Erzengels Michael) vollendet mit Farbtopf und Pinsel gerade seine Arbeit. Ambrosius, De officiis ministrorum. 12. Jh.

Bamberg, Staatsbibl. Msc. Patr. 4, fol. 1v.

und im Zuge der Christianisierung Sachsens besorgten sich die im 9. Jahrhundert neu gegründeten Klöster mangels eigener Heiliger oder gar Märtyrer die passenden Reliquien, und so fanden in dieser Zeit viele „Reliquientranslationen“ von weither, nämlich aus Rom und aus Nordfrankreich, nach Sachsen statt. Als der Adlige Waltbert, ein Nachkomme des Sachsenkämpfers Widukind, im Zuge solcher Bemühungen um die Mitte des 9. Jahrhunderts ein Kloster in Wildeshausen errichtete und dazu die Reliquien des heiligen Alexander (eines der sieben Söhne der heiligen Felicitas) eigens aus Rom überführen ließ, wurde der „fremde“ Heilige mit seinem Wunderwirken im Bistum Bremen bald als Konkurrenz des dortigen Ortsheiligen Willehad, des Missionars und ersten Bremer Bischofs, empfunden. Der Bremer Chronist Adam bestätigt das später ausdrücklich:

> „*Dabei erscheint mir der Wettstreit unseres eigenen Bekenners* [Willehad] *mit dem fremden Märtyrer* [Alexander] *bemerkenswert, wer von den beiden größer und durch die Gnadengabe der Heilkraft dem Volke teurer wäre.*“

Adam von Bremen, S. 204 f.

In Bremen „beantwortete“ man diese Gefahr daher mit der Rückführung des eigenen Heiligen (Willehad) aus einer Kapelle in den neuen, 860 geweihten Dom und mit der Abfassung seiner Wundergeschichten, in denen man gezielt die höhere Wirkkraft herausstellte: Während einer jungen blinden Frau in Wildeshausen nur die Sehkraft eines Auges wiederhergestellt wurde, heilte der heilige Willehad nicht nur ihr zweites Auge, sondern auch ihren blinden Stiefvater. Deutlicher läßt sich der politische Charakter solcher Wundergeschichten kaum ausdrücken. Die Wunderkraft der Reliquien aber lockte von weither Pilger an und bewirkte neue Schenkungen und weitere Kontakte mit der Außenwelt. Gedeih und Verderb des Klosters hingen somit nicht zuletzt vom Ruhm seiner Heiligen ab, und so ist es nur allzu verständlich, wenn man alles tat, deren Kult zu fördern (vgl. Abb. 9 und 12). Heiligenviten und Mirakelgeschichten festigten die Gemeinschaft der Mönche, die sich um ihre Heiligen scharten, und sie propagierten zugleich die Wirkungskraft der Reliquien nach außen.

Konflikte im Kloster

„Streit sollen sie nicht lieben“, hatte Benedikt vorgeschrieben (RB 4,68), aber auch geregelt, wie zu verfahren sei, wenn ein Bruder trotzig oder ungehorsam war (RB 23,1). Er hatte mit solchen Streitigkeiten also durchaus gerechnet. Zwischen den Mönchen und ihrem Abt kam es, trotz Benedikts striktem Gehorsamsgebot, immer wieder zu Spannungen. Hier lag auch der eigentliche Anlaß der schon erwähnten Bittschrift der Fuldaer Mönche an Karl den Großen, die sich vor allem „jene Einheit und Eintracht mit unserem Abt (wünschten), wie sie mit den früheren Äbten herrschte“ (Supplex libellus, S. 326). Sie verlangten nach einem Oberen, der ansprechbar war und seine Mönche liebte, der nicht übertrieben streng und verbohrt handelte, durch barmherzige Zucht zu bessern suchte und nicht jedes kleine Vergehen mit tyrannischer Strafe ahndete. Ihr eigener Abt Ratger entsprach diesem Ideal in keiner Weise, und tatsächlich erreichten die Mönche, wenngleich erst einige Zeit später bei Ludwig dem Frommen, daß Ratger abgelöst wurde. Solche Unstimmigkeiten dürften häufiger vorgekommen sein, auch wenn wir davon, wie in diesem Beispiel, meist nur im Falle einer aufsehenerregenden Eskalation der Spannungen erfahren. Zwei berühmte Konfliktfälle mögen zeigen, daß die Wirklichkeit im Kloster oft alles andere als regelgemäß verlief und daß weltliches Denken das monastische Leben auch hier überlagerte.

Ein Aufruhr im Nonnenkloster Poitiers

Die aus Thüringen stammende merowingische Königin Radegund hatte ein Nonnenkloster (Sainte-Croix) in Poitiers gegründet, das schnell Zulauf fand. Bereits zwei Jahre nach ihrem Tod aber kam es im Jahre 589 zu einem Aufstand der Nonnen, der von Chrodechilde, einer Tochter des merowingischen Königs Charibert, und ihrer Cousine Basina, einer Tochter des Königs Chilperich, ausging und ungeahnte Ausmaße annahm:

> *„Im Vertrauen auf ihre königlichen Verwandten nahm sie* [Chrodechilde] *den Nonnen einen Eid ab, daß sie der Äbtissin Leubowera Verbrechen vorwerfen, sie aus dem Kloster entfernen und statt dessen sie selbst zum Haupt desselben einsetzen wollten."*

Gregor von Tours II, S. 296 f.

Mit 40 Nonnen verließ die Königstochter das Kloster, um an den Königshof zu gehen und dort ihr Ziel durchzusetzen. Dabei spielte die königliche Herkunft der Rädelsführerinnen, die sich mit einer Unterwerfung unter die Äbtissin nicht vertrug, eine entscheidende Rolle: „'Königstöchter sind wir und kehren nicht eher in das Kloster zurück, bis die Äbtissin fortgeschafft ist'" (Gregor von Tours, S. 304 f.). Vergeblich suchte Bischof Gregor von Tours (der Berichterstatter), offenbar ihre erste Anlaufstelle, sie von diesem Vorhaben abzubringen und die Anklagen vor dem zuständigen Ortsbischof zu verhandeln. Der König (Guntchramn) versprach, eine Bischofsversammlung einzuberufen. Als sich dieses Unternehmen jedoch verzögerte, verschanzten sich die Nonnen zusammen mit „einer Schar von Dieben, Mördern und Ehebrechern" in der Hilariuskirche in Poitiers und rüsteten sich zum Widerstand; einige Nonnen hatten zwischenzeitlich sogar geheiratet. Als der Erzbischof von Bordeaux mit den Bischöfen seiner Kirchenprovinz die Rebellen zur Vernunft bringen wollte, fiel man in der Hilariuskirche mit solchen Faustschlägen über die Geistlichen her,

> *„daß die Bischöfe zu Boden sanken und sich kaum wieder erheben konnten; aber auch die Diakonen und anderen Geistlichen liefen mit Blut bespritzt und mit zerschlagenen Köpfen aus der Kirche".*

Gregor von Tours II, S. 306 f.

Chrodechilde aber bemächtigte sich des ganzen Klosterbesitzes. Schließlich brach man mit Gewalt in das Kloster ein, um die Äbtissin fortzuschleppen, die nur durch Zufall diesem Kidnapping entging.

> *„Wer könnte wohl jemals alle die Greuel und Mordtaten und alle die Übel, die damals geschahen, in Worte fassen, da kaum ein Tag ohne Totschlag, kaum eine Stunde ohne Händel, kaum ein Augenblick ohne Tränen verging?"*, klagte Gregor von Tours.

Gregor von Tours II, S. 362 f.

Eine neue Bischofsversammlung weigerte sich, den unsicheren Ort zu betreten, solange die weltlichen Amtsträger nicht für Ruhe und Ordnung gesorgt hätten. Dem Grafen gegenüber drohte Chrodechilde jedoch erneut mit ihrem Rang:

> *„'Braucht, ich bitte euch, keine Gewalt gegen mich, die ich eine Königin bin, eines Königs Tochter und die Base eines anderen Königs; ... es könnte sonst einst die Zeit kommen, da ich mich an euch räche.'"*

Gregor von Tours II, S. 362 f.

Als der Aufstand schließlich unterdrückt war, saßen die Bischöfe zu Gericht. Punkt für Punkt ging man den Anklagen gegen die Äbtissin Leubowera nach: Sie habe einen Mann in Frauenkleidern in das Kloster eingeschmuggelt, sich mit Brettspielen die Zeit vertrieben, ihrer Nichte ein Kleid aus Altarstoff machen lassen und Laien zum Mahl in das Kloster eingeladen. Leubowera konnte diese Vorwürfe entkräften; nur wegen einiger kleinerer Vergehen wurde ihr eine Buße auferlegt.

Der Nonnenaufstand von Poitiers und den umliegenden Klöstern war zweifellos keine alltägliche Erscheinung, aber er vermag doch zu veranschaulichen, wie wenig sich der Rang hoher Nonnen mit der Unterwerfung unter eine weniger vornehme Äbtissin vertrug. Auffällig – und ebenfalls nur in diesem Sinne erklärlich – bleibt es aber auch, daß trotz aller Untaten der Aufständischen zunächst nicht Chrodechilde angeklagt war, sondern die Äbtissin sich von den Vorwürfen reinigen mußte, und wie sorgsam man alle – gegenüber dem Aufstand doch eher harmlos wirkenden – Übertretungen der Regel prüfte. Erst danach wurde die Sache der Aufständischen verhandelt, und auch hier ist es nicht weniger erstaunlich, wenn man ihnen am Ende lediglich eine Wiedergutmachung der Untaten befahl und ihnen nahelegte, die Äbtissin um Verzeihung zu bitten. Erst als sie sich weigerten, schloß man sie – bis zur fälligen Buße – aus der Kirchengemeinschaft aus. Chrodechilde aber wiederholte – wenngleich vergeblich – ihre Anschuldigungen noch einmal vor dem König.

Ein Aufstand im Mönchskloster Fulda

„Die Jüngeren sollen ihre Älteren ehren, die Älteren ihre Jüngeren lieben", hieß es in der Benediktregel (RB 63,10). Tatsächlich gab es aber auch im Kloster Generationskonflikte. Im 11. Jahrhundert (1063) stieß der ehrgeizige Abt des Reichsklosters Fulda, Widerad, auf den Widerstand seiner Mönche, weil er mit seinen Ansprüchen als Reichsfürst dem Ansehen des Klosters geschadet und viel Klostergut verschleudert hatte, um sich von Vorwürfen vor dem König freizukaufen. (Widerad war, wie schon erwähnt, im Streit um den Ehrenplatz neben dem Mainzer Erzbischof unterlegen und vom königlichen Hof als Schuldiger verurteilt worden.) Glaubt man dem Chronikbericht Lamperts von Hersfeld, eines gewiß alles andere als unparteiischen Berichterstatters, dann hatten die Mönche nur auf eine solche Gelegenheit gewartet, ihren ungeliebten Abt, der das einst blühende Kloster in eine tiefe

Existenzkrise gestürzt und ihnen darüber sogar noch die tägliche Lebensmittelration gekürzt hatte, loszuwerden:

Lampert von Hersfeld, S. 80 f.

„Als nun die Nachricht von seiner Niederlage in Goslar nach Fulda kam, da äußerten sie alle laut ihren Unwillen, gereizt durch den Schmerz über diesen neuen Schlag wie die Erinnerung an die früheren, und sie stachelten sich gegenseitig an, eine so günstige, ihnen vom Himmel gebotene Gelegenheit nicht zu versäumen; zur Ausführung ihres Vorhabens fehle nichts als ihr eigenes tatkräftiges Handeln, der Mann werde durch seine eigenen Rechtswidrigkeiten in den Untergang getrieben."

Lange genug hätten sie seine Leitung, nein, seine Tyrannei mit knechtischer Geduld ertragen. Während die Älteren sich nachgiebig zeigten, wollte „die Jugend" das nicht mehr dulden. Sechzehn Mönche verließen mit geistlichen Gesängen das Kloster und baten den König um die Absetzung ihres Abtes. Am Hof aber war man entsetzt über ihr Vorgehen. Der König schickte die Rädelsführer in Klosterhaft und ließ die anderen nach Fulda zurückbringen. Dort wurden sie, die sich selbst durch das Verlassen des Klosters von der Regel losgesprochen hatten, vor ein Laiengericht gestellt, das einige von ihnen auspeitschen und scheren ließ und aus dem Kloster ausstieß. Die anderen wurden auf verschiedene Klöster verteilt. Erneut aber nahm man auch bei den Strafen Rücksicht auf die Herkunft:

Lampert von Hersfeld, S. 86 f.

„Über die einzelnen wurden jedoch nicht nach dem Maße ihrer Schuld, sondern je nach ihrer hohen oder niedrigen Herkunft mildere oder strengere Strafen verhängt."

Von einem Gericht über den Abt ist nun, 500 Jahre nach den Vorgängen von Poitiers, nicht mehr die Rede. Lampert, selbst Mönch, verurteilte den schweren Regelverstoß, und doch zeigte er ein gewisses Verständnis, wenn er die Strafe offensichtlich für überzogen hielt:

Lampert von Hersfeld, S. 86 f.

„Möge der Abt zusehen, ob er nicht etwa in seinem Grimm härter, als es sich geziemte, gestraft und das Maß überschritten habe."

Viel schlimmer erschien es dem Chronisten, daß der Vorfall das Ansehen des Klosters in Mitleidenschaft gezogen hat:

Lampert von Hersfeld, S. 86 f.

„Fest steht jedenfalls, daß dem Kloster Fulda damals ein Schandmal eingebrannt worden ist, das wohl in einer langen Reihe kommender Jahre nicht abgewaschen und getilgt werden kann."

Die Konfliktfälle verdeutlichen, wie schwer ein Rückzug aus der „Welt" fiel und wie leicht die Grenzen zwischen dem klösterlichen und dem weltlichen Leben überschritten werden konnten.

Bildung als „Arbeit" der Mönche: das Kloster als Kulturträger

Christentum und Bildung: eine Kontroverse um den Sinn der Schulbildung

„Was hat Athen mit Jerusalem zu schaffen? Was die Akademie mit der Kirche? Unsere Lehre stammt aus der Säulenhalle Salomos, der auch selbst die Weisheit hinterlassen hat, den Herrn in Einfalt des Herzens zu suchen … Wir brauchen keine vernünftelnde Weisheit, nachdem Jesus Christus erschienen ist, und keine philosophische Untersuchung nach dem Evangelium. Wenn wir glauben, begehren wir weiter nichts, als zu glauben."

Tertullian, S. 193

Ganz entgegen den Vorbehalten der frühen Kirchenväter, wie sie hier der aus der Provinz Africa stammende Tertullian (ca. 160–220) äußert, entwickelte sich das mittelalterliche Mönchtum zu dem Vermittler antiken Wissens schlechthin und zu einem Kulturträger höchsten Ranges: Die Klöster – und hier liegt ein letztes entscheidendes Bindeglied zwischen Kloster und Welt – waren die wichtigsten Bildungsstätten des frühen und hohen Mittelalters. Den gelehrten Hieronymus (ca. 347–419), der die Bibel ins Lateinische übersetzt hatte, hatten noch Gewissensbisse wegen seiner Bildung geplagt. In einem visionären Traum vor den Richterstuhl Gottes gestellt und nach seinem Stand befragt, hatte er geantwortet, er sei Christ. „Du lügst", entgegnete ihm der Richter, „ein Ciceronianer bist du und kein Christ" (Hieronymus, S. 189 ff.). Die christliche Bildung mußte sich in den Dienst des Glaubens stellen. „Mit Wissen unwissend, aus Weisheit ungelehrt", so charakterisierte Papst Gregor der Große (590–604) später Benedikt von Nursia, der die Lektüre als tägliche Beschäftigung für seine Mönche vorsah, und auch während der Mahlzeiten wurde stets laut vorgelesen. In der Fastenzeit sollten seine Mönche die Bücher, die sie aus der Bibliothek empfingen, von Anfang bis Ende lesen.

Daß die Klöster zu den wichtigsten Kulturträgern wurden, begründet sich aber auch aus einem anderen Bildungsverständnis des Mittelalters: „Bildung" erschöpfte sich hier nicht in der Vermittlung von Wissen, sondern war stets sittliche „Formung" der Persönlichkeit und Schulung zur „Disziplin", einem Begriff, der etymologisch engstens mit dem des Schülers (lateinisch discipulus) zusammenhängt: Die Schule leitete zur Disziplin an, die ihrerseits einen sittlichen Lebenswandel und ein entsprechendes Verhalten beinhaltete. „Disziplin", so definierte der Theologe und Philosoph Hugo von St. Viktor in einer Anleitung für Novizen im 12. Jahrhundert, „ist die gute und ehrenhafte Lebensweise, der es nicht genug ist, nichts Böses zu tun, sondern die sich bemüht, daß auch das, was sie gut macht, rundherum untadelnswert erscheint" (Sp. 935A). In diesem Sinn ist Benedikts Kloster eine „Schule des Herrn".

Die Klosterschule und ihr „Curriculum"

Um ihren Bildungsauftrag zu erfüllen, besaßen große Klöster eine Schule,

Abb. 13: Schreiben rettet die Seele: Im oberen Bild reicht der Autor, Isidor von Sevilla, seinem Auftraggeber, dem Bischof Braulio, ein Band mit der Aufschrift: „Mach, daß meine Schriften, die ich in deinem Auftrag vollendet habe, gelesen werden." Im unteren Bild richtet Christus über die Seele des Schreibers, des hier bereits als verstorben dargestellten Prüfeninger Mönchs Swicho. Auf der Seelenwaage senkt der von Swicho kopierte Codex die Schale zugunsten des Schreibers, so daß seine Seele Aufnahme im Himmel finden kann (oben Mitte) und der Teufel (rechts im Bild) weichen muß. Isidor, Etymologiae. Prüfening 1160/65.

München, Bayer. Staatsbibl. clm 13031, fol. 1r.

eine Bibliothek und ein Skriptorium, eine „Schreibwerkstatt". Schon in der Merowingerzeit gab es keine Laienschulen mehr; Kloster- und Domschulen wurden daher zu den tragenden Pfeilern des frühmittelalterlichen Bildungssystems, das weithin, wenngleich nicht ausschließlich, Bildung von Geistlichen und Mönchen für Geistliche und Mönche bereitstellte. In der Klosterschule wurden die Kinder auf ihre künftigen Aufgaben als Mönche vorbereitet. Hier lernten sie Lesen, Schreiben, Singen und Latein. Die „höhere“ Bildung bestand aus den sogenannten „Freien Künsten“, den „Artes liberales“: dem Trivium („Dreiweg“) der „Geisteswissenschaften“ oder besser der Textunterweisung in Grammatik, Rhetorik und Dialektik sowie dem Quadrivium („Vierweg“) der „mathematischen“ Unterweisung in Arithmetik, Geometrie, Astronomie und Musik.

Eine Anekdote Notkers von St. Gallen: Der König besucht die Klosterschule

„*Als nun der siegreiche Karl nach langer Zeit nach Gallien zurückkehrte, ließ er die Knaben, die er dem Clemens* [einem irischen Gelehrten] *übergeben hatte, zu sich kommen und ihre Briefe und Gedichte sich vorzeigen. Die Knaben aus mittlerem und niederem Stand brachten nun wider Erwarten die ihren gesüßt mit jeglicher Würze der Weisheit, was die vornehmen aber boten, ließ kalt durch lauter Albernheit. Da nahm der weise Karl nach dem Vorbild des ewigen Richters jene, die gut gearbeitet hatten, heraus auf seine rechte Seite und sprach zu ihnen: 'Habt vielen Dank, meine Söhne, daß Ihr darauf Bedacht genommen habt, nach Kräften zu tun, was ich geheißen habe und was zu Eurem Nutzen ist. Nun strebt darnach, zum Abschluß zu kommen, und ich will Euch herrliche Bistümer und Klöster geben, und Ihr werdet in meinen Augen immer hochgeehrt sein.' Dann wandte er sich mit großer Strenge denen zu seiner Linken zu, und ihr Gewissen mit flammendem Blick durchbohrend, schleuderte er gegen sie mehr donnernd als redend mit Hohn und Spott diese schrecklichen Worte: 'Ihr Vornehmen, ihr Fürstensöhne, ihr Verzogenen und Verzärtelten, auf Euren Stand und Euren Besitz vertrauend, mein Gebot und Euren Ruhm verachtend, habt Ihr die Beschäftigung mit den Wissenschaften beiseite gesetzt und Euch dem Wohlleben, dem Spielen, dem Müßiggang und nichtigem Tun gewidmet. … Beim Himmelskönig, ich mache mir nichts aus Eurem Adel und Eurer Schönheit, mögen auch andere Euch darum bewundern, und seid dessen sicher, wenn Ihr nicht rasch Eure bisherige Gleichgültigkeit durch Strebsamkeit wiedergutmacht, dürft Ihr nie von Karl etwas Gutes erwarten.'*“

Notker, S. 324 ff.

Notkers Anekdote beschreibt wiederum nicht einen historischen „Vorfall“, sondern eine didaktische Lehrfabel, aus der der Schulbetrieb nur nebenbei herausscheint: daß die Schüler beispielsweise selbst Briefe und Gedichte verfassen sollten, aber auch, daß guten Schülern prinzipiell eine „Karriere“ im Kirchendienst offenstand und daß man Leistung, von den adligen Schülern aber die besten Leistungen erwartete. Vor allem aber – und erst das gab der Geschichte den Sinn – war Schule nicht nur Lernen, sondern (moralische) Persönlichkeitsbildung. Das zeigt sich auch in der schon erwähnten Geschichte Ekkehards von St. Gallen über den Klosterbesuch Konrads I. (911–918), der die Prozession der Schüler genoß und deren Disziplin testete, indem er ihnen Äpfel vor die Füße werfen ließ, während sie in disziplinierter Selbstbeherrschung nicht einmal den Blick dorthin wandten. Beim Mahl

„durften die kleinen Knaben der Reihe nach den Vorleser machen, und immer wenn sie vom Lesepult herunterstiegen, hob man sie zum König auf, und er legte ihnen Goldstücke in den Mund. Und einer von ihnen, noch ein ganz kleiner, schrie heftig und spie das Gold wieder aus, worauf der König bemerkte: 'Der da wird mal ein guter Mönch sein, wenn er am Leben bleibt.'"

Ekkehard, S. 40 ff.

Pergamenthandschriften als „Bücher" des Mittelalters

Der Bildungsschatz des Klosters lag in seiner Bibliothek: In Truhen wurden die wichtigen Werke aufbewahrt. Viele erhaltene Bibliothekskataloge zeugen von dem einstigen Bestand, zu dem neben Bibel und liturgischen oder dogmatischen Schriften auch Werke der Geschichtsschreibung, des Unterrichts oder der antiken Autoren zählten. Ein St. Galler Bibliothekskatalog aus dem 9. Jahrhundert weist immerhin über 400 Titel auf, doch waren die meisten Bibliotheken erheblich kleiner. Diese „Bücher" waren sorgsam erstellte Handschriften. Man schrieb mit Tinte und Gänsefeder auf Pergament, dem wichtigsten, aus aufwendig bearbeiteten Tierhäuten hergestellten, kostbaren Beschreibstoff des frühen und hohen Mittelalters. Die Seiten wurden zu Lagen, diese zu „Codices" zusammengebunden und mit einem Einband, in der Regel einem lederüberzogenen Holzdeckel mit Metallspangen und -schließen, versehen. Die Codices waren meist sogenannte Sammelhandschriften, die, je nach Bedarf und oft zu bestimmten Zwecken, verschiedene Werke vereinten. Kostbare, vor allem liturgische Codices waren oft mit Buchmalereien und ausgemalten Initialen der Kapitelanfänge ausgeschmückt. Gelehrte Mönche verfaßten eigene Schriften: Bibelauslegungen, enzyklopädische Werke, theologische Traktate, Chroniken und Annalen oder Schulbücher für den Unterricht (vgl. Abb. 10). Andere schrieben fleißig fremde Werke ab.

Das Skriptorium als „Bücherwerkstatt"

Die „Bücher" wurden im Kloster selbst hergestellt. Schreiben, das heißt das Abschreiben von Handschriften, war Teil des Tagesablaufs vieler Mönche und galt als eine Form der von der Benediktregel vorgeschriebenen Mönchsarbeit, ja, wie mancher Stoßseufzer zeigt, sogar als Schwerstarbeit. Das Skriptorium, die „Schreibwerkstatt", war ein fester Bestandteil vieler Klöster. Im St. Galler Klosterplan befand es sich in herausragender Lage in einem zweigeschossigen Bau zu seiten der Hauptapsis der Kirche. In einem Raum mit sieben Fenstern standen hier sieben Schreibpulte. Schreibende Mönche (oder auch die schreibenden Evangelisten) waren ein beliebtes Motiv der mittelalterlichen Buchmalerei, und mehrfach gewähren uns Buchminiaturen auch einen Blick in ein Skriptorium, wie im Bremer Perikopenbuch (einer liturgischen Handschrift) Heinrichs III. (1039 – 1056; vgl. Abb. 11): Die Schreiber sind hier einbezogen in die Abteikirche, deren Turmgruppen sie umrahmen; sie sitzen in konzentrierter Schreiberhaltung, links ein Laie, rechts ein Mönch. Darüber liest man die Inschrift: „Oh

König, dieser dein Ort mit Namen Echternach wartet Tag und Nacht auf Deine Gnade." Der Schreibarbeit der Mönche ist es zu verdanken, daß uns eine Vielzahl antiker und mittelalterlicher Schriften überliefert sind, die hier abgeschrieben und damit gewissermaßen „vervielfältigt" wurden: Das Kloster war ein Ort der „Buchproduktion".

Eine bekannte Bamberger Handschrift aus dem 12. Jahrhundert mit Werken des Kirchenvaters Ambrosius hat die Herstellung eines solchen *Codex* in zehn Medaillon-Zeichnungen festgehalten (vgl. Abb. 12). Man kann anhand der Zeichnungen gleichsam von Werkstatt zu Werkstatt gehen, um die Entstehung eines mittelalterlichen Buches zu verfolgen und den Mönchen bei der Arbeit zuzusehen. Die Darstellung beginnt mit der Herstellung des Konzepts auf einer Wachstafel mit Hilfe eines Metallgriffels, mit dessen abgeflachtem Ende man die Schrift später wieder auslöschen konnte (2. Medaillon links). Ein Rahmen mit eingespannter Haut und ein abgerundetes Schabeisen dokumentieren die Herstellung des Pergaments, das hier von Fleischresten befreit wird. Anschließend (3. Medaillon rechts) werden die Pergamentblätter zugeschnitten und ineinandergelegt, mit einem Messer gefalzt, zu Lagen zusammengelegt und zu einem Codex gebunden. Unten links schlägt ein Mönch den Holzdeckel für den Einband zurecht. Nun kann das Schreiben beginnen. Oben links spitzt ein Mönch das Schreibgerät, die Gänsefeder, zurecht und prüft sie kritisch. Der Schreibvorgang selbst ist hier nicht mehr bildlich dargestellt. Im mittleren Medaillon oben aber zeigt ein Mönch das fertige Buch vor, und unten erklärt er es dem anwesenden Schüler: Das Buch hat hier seine anwendbare Funktion gefunden. Im mittleren Rechteck der Miniatur sind vier weitere Mönche abgebildet, die um die Fürsprache des übergroß auf dem Dach erscheinenden Schutzpatrons, des Erzengels Michael, beten. Dem Erzengel am nächsten ist der Buchmaler mit Pinsel und Farbschale.

Bis zur Entstehung eines Codex waren also viele Arbeitsgänge notwendig, die natürlich nicht sämtlich von ein und demselben Mönch ausgeführt wurden, sondern kleine Werkstätten erforderten. Meist dauerte es Wochen oder auch Monate, bis ein Codex fertiggestellt war. Die Buchstaben wurden, jedenfalls seit der Entwicklung der gleichmäßigen karolingischen Minuskel im späten 8. Jahrhundert, der am meisten verbreiteten, kalligraphischen mittelalterlichen Schrift, fast gemalt, eine flüssige Kursivschrift wurde im frühen Mittelalter kaum mehr gebraucht.

Schreiben als Heilswerk

Schreiben galt als tugendhaftes Werk, das Sünden abgleichen und himmlischen Lohn verschaffen sollte. In einer Prüfeninger Handschrift des 12. Jahrhunderts der „Etymologiae" des Bischofs Isidor von Sevilla (599/600–636) (vgl. Abb. 13) sind Isidor und sein Auftraggeber Braulio jeweils mit einem Buch auf dem Schreibpult dargestellt. Der Prüfeninger Schreiber wird unten (bereits verstorben) zum Jüngsten Gericht gebracht, sein Buch liegt in der Waagschale des heiligen Michael. Die zugehörige Inschrift lautet:

„Erbarm Dich, Herr, des armen Schreibers. Wäge nicht die Last meiner Sünden.“ (Die Bitte wurde ihm hier erfüllt, denn der Teufel entfloh.) Der Mönch Radulf von St. Vaast beschreibt, wie der Klosterheilige, der heilige Vedastus, ihm beim Schreiben vom Himmel herab zusah und vermerkte, wie viele Buchstaben er malte, und dann urteilte: „Wieviele Buchstaben, wieviele Zeilen, wieviele Punkte es in diesem Buch gibt, soviele Sünden erlasse ich dir schon jetzt“ (zit. nach Wattenbach, S. 433). Und Ordericus Vitalis erzählt im 12. Jahrhundert in seiner Kirchengeschichte, ein recht sündiger Mönch habe seine Seele retten können, weil Gott jede Sünde mit einem geschriebenen Buchstaben aufrechne und bei ihm gerade ein Buchstabe übriggeblieben sei.

Die Beispiele erklären anschaulich, weshalb die Mönche mit solcher Versessenheit schrieben und das Skriptorium im mittelalterlichen Kloster eine solche Bedeutung besaß: Schreiben war Heilswirken, weil es verdienstvoll und mühsam war. So erklärt sich auch die Sorgfalt, mit der mittelalterliche Codices, und ganz besonders liturgische Schriften, hergestellt wurden. Das Buch war nicht ein Arbeitsmittel, sondern eine Kostbarkeit, die zum Klosterschatz zählte. Im Evangeliar von St. Pantaleon, wo der Schreibvorgang auf die Miniaturen der vier Evangelisten verteilt wird, schließt sich dieser Kreis: Matthäus spitzte mit dem Federmesser den Federkiel, der ja immer wieder neu zugeschnitten werden mußte, Markus hielt ihn prüfend empor, Lukas tauchte die Feder in das Tintenhorn, während, zuletzt, Johannes sie auf das Pergament setzte, im Begriff, mit der Niederschrift seines Evangeliums zu beginnen, nämlich mit dem bekannten, aber bezeichnenden Satz: „Im Anfang war das Wort.“

Die vielfältigen Beziehungen der Klöster zur Außenwelt und die daraus resultierende Verweltlichung des Klosterlebens bilden ein charakteristisches Element der mittelalterlichen Gesellschaft. Es wäre falsch, daraus den Schluß zu ziehen, Askese, Spiritualität, Kontemplation und wissenschaftliche Beschäftigung hätten in den Klöstern keinen Platz mehr gefunden. Die Vielzahl der in den Klöstern entstandenen Schriften widerlegt eine solche Einschätzung gründlich. Eine völlige Trennung von Kloster und Welt, von mönchischem und weltlichem Leben und Denken aber war dem Mittelalter fremd. Das alltägliche Klosterleben war eher ein Ringen um das Maß an Askese und Weltlichkeit. Eine gewollte, enge Verflechtung von Geistlichem und Weltlichem blieb kennzeichnend für die mittelalterliche Mentalität. Erst das sicherte dem Kloster einen bedeutenden Platz mitten in der mittelalterlichen Welt und den Mönchen ein Leben für die damalige Gesellschaft.

Ein Leben für den Tod?:

Todes- und Jenseitsvorstellungen im Mittelalter

Religiöse Vorstellungswelten als Spiegel der mittelalterlichen Gesellschaft

Vom „Denken“ zur „Mentalität“

Von französischen Einflüssen ausgehend, hat die Geschichtswissenschaft seit einiger Zeit ihr Interesse nicht nur an den Menschen, sondern auch am *Menschlichen* wiederentdeckt: an den anthropologischen Eigenschaften, der Lebensweise, dem menschlichen Verhalten, den Denkweisen und Vorstellungen. Betrachtet man das nicht am individuellen Einzelfall, sondern in der für bestimmte soziale Gruppen (oder auch für *die* mittelalterlichen Menschen) charakteristischen Ausprägung, nicht nur in seinen Inhalten, sondern in seinen charakteristischen Formen, untersucht man also nicht das Denken, sondern die Denk*art,* nicht das Verhalten, sondern die Verhaltens*weise,* dann spricht man gern von der „Mentalität“ der Menschen, auch wenn dieser Begriff keineswegs einhellig akzeptiert wird: „Mentalität“ ist die Art und Weise, wie Menschen denken, handeln, wahrnehmen und empfinden. Mentalitätsgeschichte ist – unter unterschiedlichen Bezeichnungen – nicht nur zu einem Inbegriff moderner Geschichtsforschung geworden, sie führt uns vor allem näher an die Menschen heran, und sie schafft einen verständnisvollen Einblick vor allem dort, wo uns Heutigen die früheren Zeiten und Kulturen als besonders fremd erscheinen müssen. Wie (scheinbar) fremd uns gerade das Mittelalter geworden ist, zeigt sich wohl nirgends deutlicher als in den Versuchen, die Mentalität der damaligen Zeitgenossen zu erfassen (und ist im ersten, von Gerd Althoff verfaßten Teil dieses Buches ja bereits vielfach anschaulich geworden). Ein solcher Ansatz zählt allerdings zu den schwierigsten Unterfangen, weil die Quellen uns darüber nur unzulänglich, indirekt und oft auch unabsichtlich informieren. Es verwundert daher nicht, wenn gerade in dieser Hinsicht die Meinungen oft noch auseinandergehen und vor allem die frühen Versuche oft viel zu pauschal *die* mittelalterliche Mentalität von der modernen abzugrenzen suchten. Gleichwohl eröffnen uns solche Ansätze einen vertieften Einblick in die mittelalterlichen Vorstellungswelten *der* Menschen (und nicht nur der politisch

Handelnden oder der großen Theologen und Denker), die sich mit den im vorigen Kapitel behandelten Lebensformen trotz aller exemplarischen Auswertung zu einem geschlossenen Bild verknüpfen. Am besten erfaßbar ist von den Quellen her der große Bereich der mittelalterlichen Frömmigkeit und Religiosität. Das soll hier an zwei Beispielen veranschaulicht werden: den Vorstellungen vom und den Einstellungen gegenüber dem Tod einerseits und dem Teufel andererseits, zwei wichtigen, aber noch längst nicht umfassend untersuchten Themen. Während das Interesse der Forschung sich vorwiegend auf die plastischen Vorstellungen des späten Mittelalters gerichtet hat, sollen hier bewußt die in den Quellen vielleicht weniger klar ersichtlichen, aber nicht weniger interessanten Verhältnisse im früheren Mittelalter mit einem Blick auf möglichst weit verbreitete Denkweisen beleuchtet werden.

„Volkskultur": ein Mythos?

Die Frage, was man „im Volk" über Tod und Teufel dachte und wie sich das eventuell von den theologischen Lehrmeinungen unterschied, ist allerdings gar nicht so ganz leicht zu beantworten, und das nicht nur, weil die „stummen Zeugen des Mittelalters", wie der russische Historiker Aaron Gurjewitsch das kürzlich formuliert hat, selbst keinerlei Schriftzeugnisse hinterlassen haben und ihre Welt uns daher nur aus dem Blickwinkel der „anderen" bekannt ist. Die mittelalterliche Kultur hat demnach zwei Gesichter: als (schriftlose) Kultur der (meisten) Laien und als Schriftkultur, deren Wurzeln in der Antike und im Christentum liegen. Die Schriftkultur war im früheren Mittelalter klerikale Bildung und zudem nahezu ausschließlich an die lateinische Sprache geknüpft, in der die überwiegende Zahl unserer Quellen überliefert ist. Man muß sich daher stets der Tatsache bewußt bleiben, daß wir mit der Buchkultur nur einen kleinen, „elitären" Kreis erfassen. Als „gebildet" (litteratus) galt in diesem Sinne freilich bereits, wer lesen und schreiben konnte. Für die Masse war das von geringem Nutzen. Sie war ungebildet, „Idioten" im zeitgenössischen Sprachgebrauch, ein Begriff, der nicht von vornherein abwertend gemeint war, sondern bezeichnenderweise zu einem gängigen Terminus für die „Laien" wurde, während *clericus* und *litteratus*, „Kleriker" und „Schriftkundiger", wie man gemeint hat, geradezu zu synonymen Begriffen wurden.

Dennoch wäre es zu einfach, eine klerikale Schriftkultur von einer laikalen Volkskultur zu unterscheiden. Das haben nicht nur neuere Forschungen zur Laienbildung im frühen Mittelalter erwiesen, sondern Klerus und Laien bildeten zudem in sich uneinheitliche Gruppen: Der „Klerus" umfaßte hochgebildete Bischöfe oder Mönche ebenso wie Dorfpfarrer, die vielleicht gerade noch mühsam den Bibeltext lesen und verstehen konnten. Zu den Laien wiederum zählten soziale Schichten, die vom König und hohen Adel bis hinunter zum landlosen Knecht reichten. Man wird daher kaum eine einheitliche weltliche von einer geistlichen Vorstellungswelt abheben dürfen. Entsprechend schwierig gestaltet sich eine klare Unterscheidung von theologischer Lehre und Volksglauben. Welche Vorstellungen im einzelnen als volkstümlich gelten dürfen, ist tatsächlich kaum zu entscheiden: Theologie und Volksglaube durchdrangen sich in der Welt des frühen Mittelalters ebenso wie geistliche und weltliche Vorstellungen, und Phänomene wie Heiligenkult oder Wunderglauben wurden von den höchsten und gelehrtesten Kirchenleuten ebenso geteilt wie vom „Volk". „Volkstümlich" wird dann eher zu dem, was in der ganzen Bevölkerung üblich war. Nur in diesem Sinn aber war der Heilige, wie man gemeint hat, „der volkstümlichste Held der mittelalterlichen Gesellschaft". Solche Verflechtungen werden uns im folgenden immer wieder begegnen. Dabei geht es weder um die hohe „Theologie" noch um nicht- oder außerkirchliche Vorstellungen, sondern um verbreitete Glaubensanschauungen, die, soweit erkennbar, Klerus und Laien, unbeschadet aller unterscheidenden Nuancen, miteinander teilten.

„Mitten im Leben vom Tod umfangen": der Tod in der mittelalterlichen Gesellschaft

Der Tod ist in allen wichtigen Kulturen ein religiöses Thema. Es sind fast durchweg die Priester, die für das Begräbnis verantwortlich zeichnen und welche die Verbindung mit dem Jenseits halten, auch in der christlich-mittelalterlichen Gesellschaft. Umgekehrt läßt sich die mittelalterliche Einstellung gegenüber dem Tod aber kaum auf eine bewußte Absicht „der" mittelalterlichen Kirche reduzieren, ständig an den Tod zu erinnern und damit bewußt eine Todesfurcht zu schüren, um die eigene, unverzichtbare Stellung sichtbar in Erinnerung zu rufen, wie erst kürzlich wieder behauptet wurde. Der Glaube sollte die Todesangst ja gerade besiegen. Zudem waren die Geistlichen und die Theologen des Mittelalters selbst in die Vorstellungswelt eingebunden, um die es hier geht und in welcher der Tod einen zentralen Platz beanspruchen darf. Sie erschließt sich daher nicht aus „der" christlichen Lehre, sondern aus deren zeitspezifischem Verständnis: Christentum und Todesvorstellungen sind ihrerseits „historisch", nämlich zeitgebunden und wandelbar, und sie ordnen sich folglich in ein weit umfassenderes Weltbild ein. Da die Beschäftigung mit dem Tod ein zentrales Anliegen der mittelalterlichen Quellen war, läßt sich die Mentalität der mittelalterlichen Menschen gleichsam von ihrer Einstellung zum Tod her begreifen.

Der religiöse Hintergrund: der Tod als Eintritt in das ewige Leben

„Wer ich bin, leset ihr hier, was ich bin, werdet auch ihr" (*Quis sim, lecturi, quod sum, quandoque futuri*) stand in der kurzen Grabinschrift des Bischofs Benno II. von Osnabrück, der im Jahre 1088 verstarb. Der Tod war für die mittelalterlichen Menschen, theologisch gesehen, nur das individuelle Ende des irdischen Lebens, nämlich der Tod des Leibes, der die Menschen als göttliche Strafe für den Sündenfall erwartete. Die eigentliche Entscheidung fiel erst am Ende der Welt (und der Zeiten) im Jüngsten Gericht, das über ein ewiges Leben (im Himmel) oder den eigentlichen („zweiten") und ewi-

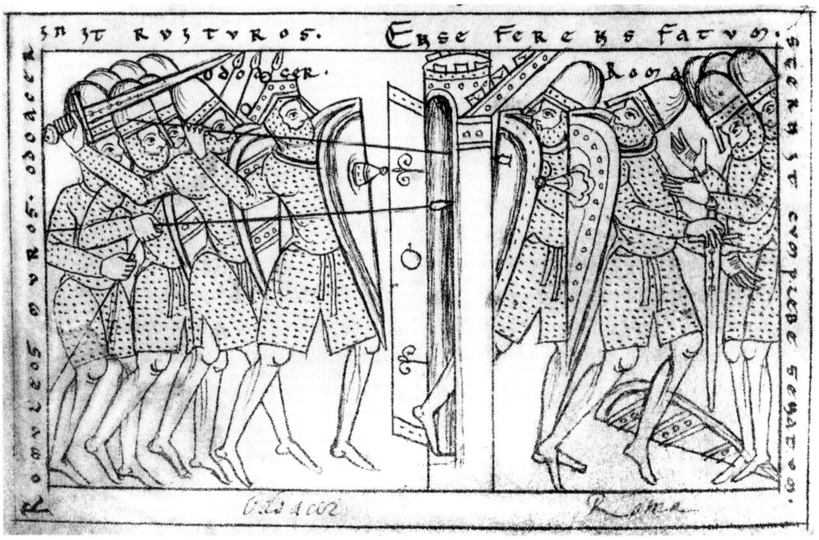

Abb. 14: In der „historisierenden" Darstellung der Eroberung Roms durch den Skiren Odoakar sind die Kämpfer in mittelalterlicher ritterlicher Rüstung mit Helm und Panzer, Schild und Schwert dargestellt. Die Römer (rechts) sind dem Angriff nicht gewachsen und weichen bereits zurück. Otto von Freising, Chronik. 12. Jh.

Jena, Universitätsbibliothek, Ms. Bose q. 6, fol. 53v.

genTod (in der Hölle) entschied. Bis dahin befanden sich die Seelen gewissermaßen in einer „Warteschleife", nicht mehr lebendig, da ohne den Körper, aber der Welt auch noch nicht ganz entrückt. Daß theologische Vorstellungen solcher Art auch unter den gebildeten Laien verbreitet waren, zeigt die schon erwähnte Erziehungs- und Mahnschrift der Gräfin Dhuoda für ihren am Königshof weilenden Sohn Wilhelm. Dhuoda griff darin die Lehre des Kirchenvaters Augustin vom doppelten Tod auf:

> *„Der erste Tod, das ist die 'Hinüberwanderung' (transmigratio) des Körpers, zur guten oder, was Gott verhüten möge, zur schlechten Seite hin. Unter dem zweiten Tod versteht man den Tod der Seele. Und wenn diese beiden verschiedenen Tode in ihrem Sinn auch verschleiert sind, so gibt es sie doch beide."* Am Ende aber erwartete den Menschen die Wiederherstellung: *„Ich weiß, daß mein Erlöser lebt und daß ich auferstehen werde aus der Erde am Jüngsten Tag. Dann wird meine Haut wieder um mich sein, und in meinem Fleische werde ich Gott meinen Erlöser schauen, mit meinen eigenen Augen werde ich ihn schauen, ich selbst und nicht ein anderer. Diese Hoffnung ruht fest in meiner Brust."*

Dhuoda, S. 302

Vita Bernwardi, S. 360 f.

Diese biblischen Worte (Hiob 19,25 ff.) ließ der Bischof Bernward von Hildesheim (um 960 – 1022) in den Sarkophag einmeißeln, in dem er begraben werden wollte. So sehr sich der Blick der Menschen im Mittelalter auch auf den „zweiten" Tod und die Ewigkeit richten mochte, zunächst einmal drohte – in jedem Alter – das Ende des irdischen Lebens.

Der soziale Hintergrund: der Tod als ständige Bedrohung

„Mitten im Leben sind wir vom Tod umfangen" (*media vita in morte sumus*), so dichtete möglicherweise der St. Galler Mönch Notker der Stammler oder ein unbekannter Autor im 9. Jahrhundert. Der Tod mußte den mittelalterlichen Menschen als eine „alltägliche" Begebenheit erscheinen: Man hatte die hohe Kindersterblichkeit ebenso ständig vor Augen wie tödliche Krankheiten und Seuchen, ganz abgesehen davon, daß jede Schlacht (vgl. Abb. 14), jede Hungersnot oder Naturkatastrophe ihren hohen Tribut an Menschenleben forderte.

„Ein Dorf im Nidda-Gau, mit Namen Eschborn, weit entfernt von Flüssen, wurde durch eine plötzliche Überschwemmung von Regengüssen beinahe zerstört, wobei 88 Menschen beiderlei Geschlechts umkamen. Denn während die Menschen dieses Ortes am 3. Juli, nichts Böses ahnend, schlafen gegangen waren, stürzte in einem Augenblick ein solcher Regen vom Himmel herab, daß er alle Bäume und Weinberge, welche er in diesem Dorf traf, vollständig entwurzelte, die Gebäude von Grund aus umwarf und das Zugvieh und die Tiere mit allem, was in den Häusern war, dem Verderben überlieferte … Es gab dort klägliches Elend zu sehen, denn wenn Frauen sich nach den Kindern und Männer nach ihren Frauen die Hände streckten und ihnen zu helfen suchten, wurden sie von der Gewalt des Wassers fortgerissen und samt denen, welchen sie helfen wollten, getötet. Aber auch längst begrabene Leichen wurden durch die Gewalt des Wassers aus ihren Gräbern gespült und samt den Särgen, in denen sie lagen, auf der Markung eines anderen Dorfes gefunden."

Annales Fuldenses, S. 96 f.

Selbst die Toten wurden hier von dem Unglück nicht verschont.

Verläßliche Zahlen über die Bevölkerung, die Todesursachen und das Todesalter besitzen wir aus dem frühen und hohen Mittelalter nicht, auch wenn Archäologie und Anthropologie hier zunehmend genauere Beiträge leisten. Das niedrige durchschnittliche Sterbealter zwischen 40 und 50 Jahren und die ständige Erwartung des Todes mögen aber erklären, weshalb mittelalterliche Geschichtsschreiber oft scheinbar gefühllos, bei den Gegnern sogar triumphierend und zahlenmäßig nicht selten übertreibend von den Massen berichten, die im Kampf fielen (vgl. Abb. 15): Daß bei der Einnahme Jerusalems durch die Kreuzfahrer im Jahre 1099 „mehr als 100 000 Krieger" den Tod fanden und viele Tausende auf der Flucht starben, störte den zeitgenössischen Chronisten Frutolf von Michelsberg († 1103) über dem weit höheren Ziel wenig, zumal es sich hier um „Heiden" handelte (S. 116 f.). Nicht der Tod an sich, sondern der Verlust herausragender und hochgestellter Persönlichkeiten weckte das Interesse. Gleichwohl wurde ein großes Blutvergießen in den eigenen Reihen wie in „Bürgerkriegen" verurteilt.

Bischof Bonizo von Sutri verurteilte im späten 11. Jahrhundert die Sachsenkriege Heinrichs IV. ebenso wie dessen Feldzüge gegen den von den Fürsten erhobenen Gegenkönig Rudolf von Rheinfelden, weil sie soviel Blut kosteten: „Wer immer auch der Sieger war, er errang einen blutrünstigen Sieg" (S. 611). Die Menschen waren demnach auch im Mittelalter keineswegs so abgestumpft, daß sie dem Sterben teilnahmslos gegenübergestanden

Abb. 15: In der Illustration zu Psalm 53,5–7 sind die „Feinde" des Psalmisten als Reiter dargestellt, die mit Streitaxt und Speeren zum Angriff heranstürzen. Die Szene im Vordergrund verbildlicht die Vernichtung dieser „Feinde" durch Gott, um die der Psalmist fleht: Die Reiter fallen im Kampf; das Schlachtfeld ist von Toten bedeckt. Utrechtpsalter. Reims, um 830.

Utrecht, Bibliothek der Rijksuniversiteit, Hs. 32, fol. 30v.

hätten. Das bestätigt sich in der zitierten, einfühlsamen Schilderung der Fuldaer Annalen vom Untergang eines hessischen Dorfes. Wenn es diesem und anderen Chronisten bemerkenswert schien, wenn Hungersnöte, Seuchen oder, wie hier, Naturkatastrophen den Tod „gewaltiger Menschenmassen" zur Folge hatten, dann sahen sie darin offensichtlich ein „erinnerungswürdiges Ereignis" und nicht eine alltägliche Erscheinung. Glaubensvorstellungen und Lebenserfahrung aber mußten die Einstellungen der Menschen gegenüber dem Tod prägen.

Angst vor dem Tod oder Angst vor dem Sterben?

Wenn der Sündenfall nach christlicher Lehre das Heil verwirkt hatte und das irdische Leben Sündenstrafe war, Christi Auferstehung aber die Möglichkeit schuf, das ewige Leben wiederzuerlangen, wenn nur der Körper verweste, die Seele aber unsterblich war, dann müßte der Tod, so könnte man meinen, eigentlich seinen Schrecken verlieren und den Weg zum ersehnten Heil bahnen. Der Tod war eine Phase „inmitten des Lebens". Er war Nachfolge Christi, so wie das asketische Leben der Mönche Christusnachfolge war. In einer vieldiskutierten Studie hat Philippe Ariès daher in bezug auf das Mittelalter von einem „gezähmten Tod" gesprochen (im Gegensatz zum „verwilderten Tod" der Moderne). Bezeichnenderweise stammen die Belege für eine derartige gefaßte Haltung jedoch vorzugsweise aus bildlichen oder anderweitig idealisierenden Darstellungen, etwa aus Heiligenviten, erstrebte doch der „Urtyp" des Heiligen, der Märtyrer – jedenfalls nach Aussage der Hagiographen –, nichts sehnlicher als den Märtyrertod, der ihm die Pforte zum Paradies unmittelbar öffnete. So soll der angelsächsische Missionar Bonifatius seinem Biographen zufolge die letzte Missionsreise nach Friesland in vollem Bewußtsein seines Märtyrertodes angetreten haben:

> „*'Ich begehre danach', sprach er, 'meine beschlossene Wanderung anzutreten. Ich werde mich im Entschluß zu der ersehnten Reise nicht mehr wankend machen lassen, denn schon steht der Tag meiner Auflösung bevor, und die Zeit meines Hingangs naht heran. Bald werde ich, aus dem Gefängnis dieses Körpers befreit, zum Siegesziel der ewigen Vergeltung eingehen.'*"

Willibald, S. 510 f.

Otto der Große munterte seine Soldaten vor der siegreichen Lechfeldschlacht (955), mit der die verheerenden Ungarnzüge beendet wurden, mit der Aussicht auf den ewigen Lohn auf, falls sie im Kampf gegen die Heiden fallen würden. Gleichzeitig aber lockte er sie mit der Aussicht auf irdische Freuden, falls sie überlebten (Thietmar von Merseburg, S. 42f.). Man wird sich folglich davor hüten müssen, die religiösen Idealschilderungen als Spiegelbild der mittelalterlichen Menschen schlechthin zu begreifen, und hat zu Recht vor einer „romantischen Verklärung" des Mittelalters gewarnt. Der Tod war im Mittelalter weder „einfacher" noch „schwerer" als heute (auch darüber hat man gestritten); entscheidend ist vielmehr, ob und wie anders er empfunden wurde. Er mag weniger tabuisiert gewesen sein als heute, doch begründete sich ein Interesse der Autoren am Sterbevorgang in erster Linie aus dem Blick auf das Jenseits.

Hatten die Menschen im Mittelalter vor solchem Hintergrund Angst vor dem Tod? Nicht vor dem Sterben an sich, sondern vor einem mißratenen Sterben, so hat man gemeint. Das gilt für eine christliche Einstellung vom bußfertigen Tod ebenso wie für die „archaische" Vorstellung vom heroischen Heldentod im Kampf:

„*Wir sind*", so ließ der Chronist Widukind von Corvey im späten 10. Jahrhundert bei seiner mythisch-legendenhaften Schilderung der Frühgeschichte Sachsens die Krieger sagen, die dem merowingischen Frankenkönig gegen die Thüringer zu Hilfe kamen, „*bereit zu allem, was dein Wille dir eingibt, bereit, entweder deine Feinde zu besiegen oder, wenn es das Schicksal anders gebieten sollte, für dich zu sterben. Denn wisse, für die Sachsen gibt es nichts anderes als siegen wollen oder im andern Fall nicht weiterleben; denn wir können ja unseren Freunden keine größere Gunst erweisen, als daß wir für sie den Tod verachten.*"

Widukind von Corvey, S. 34f.

Auch das waren aber, nun aus weltlicher Sicht, „historische" Vorbilder für die Menschen der damaligen Gegenwart, die dieses Ideal keineswegs erreichten. Trotz solchen Heldentums ist in den Quellen daher erstaunlich häufig von der Angst vor dem Tod die Rede. Bischof Benno von Osnabrück (1068–1088) vertröstete auf seinem Totenbett eine adlige Schenkerin, die ihn noch einmal besuchen wollte: Er wolle sie lieber in der künftigen Welt wiedersehen.

„*Dort könne kein Seufzer des Herzens, kein leiblicher Schmerz, keine Furcht vor dem Tod die Liebe derer trüben, die einander sehen. Das Erdenleben sei, auch wenn (Christi) Menschlichkeit versöhne und sein Befehl heilige, dennoch übervoll von Schmerzen und voller Wehmut wegen des gegenwärtigen Leidens geliebter Menschen, mehr aber noch voller Angst und Schrecken wegen des Gedankens an den eigenen Tod.*"

Norbert, S. 430f.

War der Tod an sich unvermeidlich, so mußte man wenigstens dafür Sorge tragen, daß es kein „schlimmer" Tod war, der den Weg in ein ewiges Leben verbaute.

Die rechtzeitige Vorsorge

Fromme Stiftungen ...

„Dem zweiten Tod aber kann der Mensch entgehen, wenn er es will und wenn er würdig darum kämpft", lehrte Dhuoda ihren Sohn Wilhelm (S. 302). Wenn der Tod zu jeder Stunde eintreten konnte, galt es, ständig darauf vorbereitet zu sein und beizeiten die notwendigen Vorkehrungen zu treffen. Da es dem Menschen nun einmal unmöglich scheint, sündenfrei zu leben, mußte die „Vorsorge" dem „Abgleichen", nämlich der Buße der Sünden gelten: durch gottgeweihtes Leben im Kloster und im Dienst Gottes (vgl. S. 139 ff.), durch häufiges Fasten oder körperliche Züchtigungen (Kasteiungen), vor allem aber durch „Spenden" zu Gott wohlgefälligen Zwecken. Wer die Mittel dazu hatte, stiftete einen Teil seiner Güter den Kirchen bzw. deren Heiligen (vgl. Abb. 16), stellte darüber eine Urkunde aus oder setzte ein Testament auf.

Schon im frühen Mittelalter suchte man beizeiten die Erbangelegenheiten zu regeln. Bischof Berthramn von Le Mans, dessen Sohn Ebbo das Testament aufnahm, bildet hier ein repräsentatives Beispiel. (Daß der Bischof einen Sohn hatte, muß nicht verwundern, da viele noch im 7. Jahrhundert, wie in der Spätantike, die geistliche Laufbahn erst spät einschlugen und bereits verheiratet waren und bleiben durften.) Berthramn bedachte nun keineswegs nur seine Erben, sondern vor allem seine Bischofskirche in Le Mans sowie andere Kirchen und ganz besonders die Klosterkirche vor den Toren der Stadt, die er zu seiner Begräbnisstätte bestimmt hatte. Außerdem ließ er verschiedene Unfreie seines Haushaltes frei, die als Gegenleistung an seinem Begräbnistag sein Grab besuchen und dem Abt eine Gabe bringen sollten.

Die rechtzeitige Vorsorge war ausgesprochen wichtig. Sie bewies die christliche Gesinnung und sollte den Weg ins Jenseits ebnen. Glücklich seien, so ließ Norbert, der Biograph des Bischofs Benno von Osnabrück, seinen sterbenden „Helden" sagen, die Gutes tun, „solange sie es könnten, sehr unglücklich aber, die dies bis in die Stunde des Todes verschöben" (S. 430 f.). Berthramn hatte sein Testament rechtzeitig, nämlich zwölf Jahre vor seinem Tod, aufgesetzt. Die beste Vorsorge war freilich ein entsprechendes Leben.

„*Du weißt*", so mahnte Papst Gregor VII. den dänischen König Sven in einem Brief des Jahres 1075, „*daß alles Fleisch täglich seinem Ende entgegeneilt, daß der unausweichliche Tod weder den Bereiten noch den Widerstrebenden verschont. Du weißt, daß die Könige unter denselben Bedingungen wie die Niedrigen Staub und Asche sein werden und daß wir alle vor das strenge Urteil des zukünftigen Gerichts kommen werden.*" Für die hohen Würdenträger bedeutete das eine doppelte Verpflichtung: „*Dies müssen jetzt nicht nur wir Bischöfe, sondern auch Könige und sonstige Fürsten mit um so größerer Erschütterung und mit Entsetzen fürchten, als wir für uns und unsere Untergebenen werden Rechenschaft ablegen müs-*

sen. Sieh also zu, Geliebtester, daß Du so lebst und herrscht, daß Du das Antlitz des ewigen Königs und Richters ruhig anschaust, und dafür, daß Du den Ruhm irdischer Würde gut wahrgenommen hast, die erhabene und unvergleichliche Krone aus Gottes Hand empfängst.“

Gregor VII., S. 144 f.

... und Grablegen

Die Vorkehrungen richteten sich bezeichnenderweise jedoch nicht nur auf fromme Stiftungen zum Abgleich der Sünden, sondern unmittelbar auf die vorsorgliche Bestimmung der Grablege, der Bestattung und des Totengedenkens. Zu den wichtigsten Stiftungen hoher Persönlichkeiten zählten daher, wie schon bei Berthramn, „Grabkirchen“, die man im Blick auf das Ende frühzeitig errichten ließ. Bereits der erste christliche Frankenkönig, Chlodwig (481/82–511), hatte zusammen mit seiner Gemahlin Chrodechilde zu diesem Zweck bei Paris eigens eine den Aposteln (später der heiligen Genovefa) geweihte Kirche erbauen lassen, in der er nach seinem Tod bestattet wurde. Später errichteten die Merowinger nördlich von Paris eine neue Grablege in Saint-Denis (St. Dionysius), die von den frühen und westfränkischen Karolingern wie noch den kapetingischen Königen weiterbenutzt wurde. Es erschien hier wichtig, daß die Familie auch nach dem Tod „zusammenblieb“.

Der Wechsel der Grablege war eine Art „Programm“: Karl der Große hatte nach Aussage seines Biographen Einhard keine Verfügungen über seine Grablege erlassen, doch seien sich alle schnell einig geworden,

„daß er nirgends eine würdigere Grabstätte finden könne als in der Kirche, die er selbst aus Liebe zu Gott und zu unserem Herrn Jesus Christus und zu Ehren der heiligen und ewigen Jungfrau, der Gottesmutter, in Aachen auf eigene Kosten erbaut hat“.

Einhard, Vita Karoli, S. 202 f.

Die Ottonen scheinen es sogar darauf angelegt zu haben, jeweils eine neue, eigene Grablege zu errichten: Königin Mathilde erbaute 936 für ihren Gatten Heinrich I. zu diesem Zweck das Stift Quedlinburg, Otto der Große und seine Gemahlin Edgith 937 das später zur Bischofskirche erhobene Mauritiusstift in Magdeburg; der Leichnam Ottos III. wurde 1002 unter vielen Mühen durch feindliches Gebiet nach Deutschland gebracht und bei seinem Vorbild Karl dem Großen in Aachen bestattet – die Eingeweide waren zuvor bereits in Augsburg in der Klosterkirche St. Ulrich und Afra beigesetzt worden –, während Heinrich II. und Kunigunde 1007 ein neues Bistum in Bamberg gründeten und sich in der dortigen Domkirche bestatten ließen. Die Salierkönige wiederum bauten den Speyerer Dom zur Grablege ihres ganzen Geschlechts aus.

Der Begräbnisplatz war jeweils mit Bedacht gewählt. Der Fuldaer Abt Eigil (818–822) ließ sich vom Krankenbett aus auf den Friedhof geleiten, bezeichnete seine Grabstätte, indem er etwas Erde aushob, und kehrte in sein Bett zurück (Vita Eigilis, S. 233). Demut und Weltabgewandtheit kennzeichneten den guten Tod. Als Bischof Bernward von Hildesheim, der Erzieher Ottos III., krank wurde und fühlte, daß seine letzte Stunde gekommen war, legte er das Mönchsgewand an und ließ sich in die von ihm selbst geweihte Martinskapelle auf halbem Weg zur Michaelskirche tragen.

„*Seine Grabstätte* [in der Krypta der Michaelskirche] *aber hatte er sich in heiliger Gottesfurcht selber im voraus gerichtet. ... Es sei das richtige, sagte er, wenn er hier sein Leben beschließe, wo es ihm vergönnt gewesen sei, das Gewand der Weltentsagung anzulegen.*" Entsprechend hatte er zu Lebzeiten bestimmt, „*daß die Bahre, die einmal seinen Leichnam zur Beisetzung tragen würde, nicht wie sonst bei hochstehenden Persönlichkeiten mit einem kostbaren Tuch, sondern nur mit einer gewöhnlichen Decke bedeckt werden sollte*".

Vita Bernwardi, S. 356 ff.

Die eigene Vorsorge konnte durch Seelgerätstiftungen der Angehörigen unterstützt werden. Nach dem Tod Ottos III., so berichtet Thietmar von Merseburg, stiftete Herzog Heinrich von Bayern (der künftige König) 100 Hufen aus seinem Erbgut (S. 166 f.).

Bestattungsriten

Nicht minder wichtig war die ordnungsgemäße Art der Bestattung (vgl. Abb. 17). Obwohl nach christlicher Vorstellung Gott den rechten Sachverhalt kannte und Äußerlichkeiten, so sollte man meinen, demnach eigentlich unwichtig waren, sah die Wirklichkeit anders aus. Das Sterben mußte ebenso „stimmen" wie das Begräbnis, das nicht nur in geweihter Erde, sondern möglichst auch in der Heimat stattfinden sollte. Als Otto der Große sich nach der siegreichen, aber verlustvollen Schlacht auf dem Lechfeld (955) nach den Gefallenen erkundigte, betrauerte er den Tod seines Schwiegersohnes, des (ehemaligen) Herzogs Konrad von Lothringen, ließ dessen Leichnam sorgsam präparieren und sandte ihn zur Bestattung nach Worms (Thietmar von Merseburg, S. 44 f.). Der Leichnam von Bischöfen und Königen konnte gleichsam „herumgereicht" werden: Erzbischof Brun von Köln wurde 965 zunächst in der Kölner Apostelkirche, dann unter Totenwachen im Dom aufgebahrt. Vor dem Altar wurde sein Testament verlesen. Schließlich wurde er in die von ihm erbaute Klosterkirche St. Pantaleon vor den Toren der Stadt überführt und dort bestattet (Ruotger, S. 252 ff.). Das „Leichenbegängnis" Ottos III., der zunächst von Italien nach Augsburg und von dort nach Aachen überführt wurde, glich gar einem Festzug: Als der Leichnam in der Woche vor Ostern in Köln eintraf, wurde er am Palmmontag im Stift St. Severin, am Dienstag in St. Pantaleon, am Mittwoch in St. Gereon, am Donnerstag aber in der Domkirche aufgebahrt, wo die nach kirchlichem Brauch eingelassenen Büßer Ablaß erhielten. Am Karsamstag traf der Zug in Aachen ein, und am Ostersonntag wurde der König im Aachener Münster (dem Mariendom) beigesetzt: Der Leichenzug in der Karwoche wurde hier zu einer Prozession ausgestaltet, die symbolisch Christi Einzug und Tod in

Abb. 16: Eine Stiftung als Leistung für das Seelenheil: Der Stifter des Verbrüderungsbuches von Corvey, der Propst Adalbert, bringt sein Buch demütig dar (unten). In den Klostergewölben von Corvey sind der Gründungspatron Stephanus sowie die Äbte Hilduin von St. Denis und Warin von Corvey dargestellt. Adalbert bringt sein Buch, das ihm das ewige Seelenheil einbringen soll, jedoch unmittelbar an das Tor des himmlischen Jerusalem als Symbol für das Jenseits. Fraternitätsbuch v. Corvey, 1158.

Münster, Nordrh.-Westf. Staatsarchiv, Msc. I 133.

Jerusalem nachahmte und damit zugleich die (erhoffte) „Auferstehung" im ewigen Leben symbolisierte!

Die Beisetzung (vgl. Abb. 18) selbst war bereits im 6. Jahrhundert eine feierliche Zeremonie, deren Elemente allerdings noch variieren konnten. Beim Tod der heiligen Radegund 587 nahm Erzbischof Gregor von Tours die Bestattung „mit der würdigen Ehre" vor, während die ganze Gemeinschaft der Nonnen ihres Klosters Poitiers sich an ihrem Bett versammelte und „unter unerträglichem Wehklagen" Psalmen sang. Bei ihrem Begräbnis an der Klostermauer standen die Nonnen auf der Mauer und beklagten ihren Tod, während freie Frauen einen Kreis um das Grab bildeten und Wachslichter mit ihrem Namen trugen, die anschließend einem Diener übergeben wurden. Als man im Volk darüber stritt, ob die Lichter mit in das

Abb. 17: Dieser Bildausschnitt illustriert Psalm 48,12: „Und ihre Gräber sind ihr Haus in Ewigkeit." Im Vordergrund legen zwei Männer einen in ein Leichentuch gehüllten Toten in einen Sarg. Hinter einem dreistöckigen Grabbau beobachtet eine Frau die Bestattung und rauft sich im Trauergestus ihre offenen Haare. Utrechtpsalter. Reims, um 830.

Utrecht, Bibliothek der Rijksuniversiteit, Hs. 32, fol. 28r.

Grab gelegt werden sollten, brachte ein „Wunder" die Entscheidung – und nur deshalb wird der Vorgang überhaupt geschildert –, weil dem Knecht nämlich eine Kerze entglitt, in das Grab fiel und zu Füßen der Heiligen liegenblieb (Baudonivia, S. 392 ff.).

Wurde Radegunds Leichnam zwar noch innerhalb des Klosterbezirks, aber doch am Rand beigesetzt, so wurde die Bestattung bei oder in Kirchen bald üblich. Kirchliche Synoden wie in Meaux und Paris (845/46) erinnerten daran, daß die Bestattung in Kirchen kein „ererbtes Recht" sei: Keiner dürfe sich anmaßen, einen Toten wie aus erblichem Recht in der Kirche bestatten zu wollen, wie es vor allem in den oben (S. 148 ff.) erwähnten Eigenkirchen und Eigenklöstern üblich werden konnte, doch durfte der Bischof oder Priester „wegen der guten Lebensführung und des würdigen Lebens" des Verstorbenen Ausnahmen zulassen. Fünfzig Jahre später untersagte man in Tribur (895) nur noch die Beisetzung von Laien in Kirchen,

> *„es sei denn, es handle sich um einen … dermaßen gerechten Menschen, daß er sich durch seine Verdienste im Leben einen solchen Platz für den toten Körper erworben habe".*

Capit. 2, Nr. 252, S. 222

Tatsächlich wurde die Beisetzung in der Kirche (oder einer Kapelle) jedoch immer häufiger, wenngleich sie stets auf einen auserwählten Personenkreis beschränkt blieb. Auch die Kirchhöfe wurden zunehmend als „Friedhöfe" benutzt. Eine würdige Bestattung war hingegen allgemeines Recht. Sie wurde gleichsam als Voraussetzung einer guten Wiederauferstehung angesehen und durfte daher niemandem verweigert oder gegen eine Zahlung vorgenommen werden. Wer im Kirchenbann stand und folglich aus der kirchlichen Gemeinschaft ausgeschlossen war, dem wurde auch eine Bestattung in geweihter Erde verwehrt.

Memoria und Gebetsgedenken

So wichtig die rechten Formen und Orte der Beisetzung und die Vorsorgeschenkungen auch waren, zur Erfüllung der Hoffnung auf ein ewiges Leben reichten sie noch nicht aus, denn wer konnte schon sicher sein, daß ihm die Last seiner Sünden vergeben würde? Die Toten bedurften daher zusätzlich der Hilfe durch die Lebenden, die für sie beten sollten: in der Familie – deshalb ermahnte Dhuoda (S. 322) ihren Sohn Wilhelm zum Gebet für seine Verwandten und zur Abhaltung von Messen für alle verstorbenen Getreuen (oder Gläubigen) – wie auch in den Klostergemeinschaften, deren wesentliche Aufgabe, wie oben (S. 153 ff.) dargelegt, das Gebet für die Menschen war. Die Mönche des Klosters Aadorf im Thurgau, des Hausklosters des Grafen Udalrich vom Linzgau, sollten – so bestimmte es eine Schenkungsurkunde von 894 – täglich drei Messen und wöchentlich drei Psalter für die verstorbenen sowie eine Messe für das Heil der lebenden Familienmitglieder singen (Urkundenbuch der Abtei St. Gallen, S. 292).

Das Testament der Äbtissin Theophanu von Essen

Vorsorge und Gebetsgedenken vereinigten sich dort, wo letzteres vorsorglich testamentarisch verfügt wurde. Formelhaft ist das unzählige Male in Schenkungsurkunden überliefert, manchmal wurde es aber auch genauestens geregelt. Aus dem Jahr 1054 ist uns das Testament der Theophanu, der Äbtissin des ottonischen Damenstifts Essen, erhalten:

> *„Da es einem jeden (Menschen) unbekannt und unbewußt ist, was die Zukunft bringt oder wann der künftige Tag naht, sollen wir im Herrn wachen und aus den uns anvertrauten Talenten den Ertrag vergrößern, damit, wenn er selbst oder sein Tag nahen wird, wir nicht wegen Ungehorsams oder Muße verdammt werden. Denn es steht geschrieben, der Tag des Herrn komme wie ein Dieb in der Nacht."*

Urkundenbuch zur Geschichte des Niederrheins, S. 122

Aus diesem Grund erließ die Äbtissin folgende Verfügung darüber, wie und wie oft ihrer im Stift gedacht werden solle: Vom Tag ihres Todes bis zum 30. Tag danach erhielten die Priester 12 Schillinge, um die Messe zu lesen; an die Armen sollten am 1. und 3. Tag – das war normalerweise der Begräbnistag – fünf, an den anderen Tagen der ersten Woche zwei Schillinge, danach alle sieben Tage 30 Denare (ein Schilling hat 12 Denare) und am 30. Tag noch einmal fünf Schillinge verteilt werden; dieselbe Summe sollten die Pilger erhalten. 30 Priester sollten für Theophanus Seele beten! Danach gab sie jeweils am 30. Tag 12 Denare für 12 Messen und 18 Denare für die Fürsorge, an jedem Jahrestag aber fortan 30 Denare für 30 Messen und fünf Schillinge für die Armen. Außerdem sollten drei Frauen drei Schillinge erhalten, um alle 30 Tage den Psalter über ihrem Grab zu singen.

Das erforderliche Geld legte die Äbtissin in einer Truhe bereit. In diesen testamentarischen Bestimmungen enthüllt sich ein Rhythmus des Totengedenkens: in der ersten Woche täglich, im ersten Monat wöchentlich, im

Abb. 18: Auch die rechte Bestattung entschied über das Seelenheil des Verstorbenen: Das Bild zeigt, wie der Missionar Liudger von zwei Mönchen des von ihm gegründeten Klosters Werden zu Grabe getragen wird. Die übrigen Konventualen nehmen an dem Begräbnis teil und beweisen, Kerzen und Kreuz tragend, die Gemeinschaft mit dem Toten. Ein Priestermönch mit Weihrauchgefäß leitet die Zeremonie. Vita Liudgeri. Werden, 11. Jh.

Berlin, Staatsbibliothek. Ms. theol. Lat. Fol. 323, Bl. 21r.

ersten Jahr monatlich und danach jährlich jeweils am Todestag. (Der Gedenkrhythmus besaß eine innere Bedeutung. Wenn Ludwig der Fromme die Nachfolge seines Vaters, Karls des Großen, gerade am 30. Tag nach dessen Tod antrat, dann war dieser Termin, der eine besondere Nähe zu dem Verstorbenen versprach, zweifellos sehr bedacht gewählt.) Theophanu aber ermahnte die Brüder und Schwestern (die Kanonissen) in ihrem Testament, sich daran zu erinnern, „wie treu und freundschaftlich ich euch gegenüber stets war, denen ich nun meinen Leib und mein Leben zur Bewachung anvertraue“ (und sie zählte 28 Namen auf): Auch die Gedenkenden waren sorgsam ausgewählt. „Wacht, ich bitte euch, ihr Brüder und Schwestern; euer Gebet soll mich nicht als Tote, sondern als Schlafende trösten.“

Der Text macht deutlich, wie wichtig nicht nur die Gebetsfürsorge an sich, sondern deren genaueste Ausführung genommen wurde. Selbst die Zahl von 30 betenden Priestern erschien der Stifterin unverzichtbar, und sie machte sich Gedanken über künftige Zeiten, in denen der Konvent eine solche Größe vielleicht nicht mehr erreichte. „Wenn hier allerdings so viele Priester nicht zusammenkommen, dann soll man zu meinen Brüdern vom heiligen Ludger [dem Kloster Werden an der Ruhr] schicken, damit die Zahl der Messen erfüllt werde.“

Das Gebetsgedenken aber beruhte auf Gegenseitigkeit: „Betet, bitt' ich, damit, wenn euer Gebet einst die Schlafende aufweckt, ich meinerseits nicht aufhöre, für euch zu beten, auf daß durch gemeinsames Gebet die Worte der Heiligen Schrift erfüllt werden: 'Betet füreinander, und ihr werdet erlöst werden.'"

Ja, das Gebetsgedenken für andere war geradezu Teil auch der eigenen Vorsorge: „Wer für den anderen betet, erlangt für sich selbst Vergebung", schrieb Norbert von Iburg in der Vita Bennos von Osnabrück (S. 440 f.). Hier schließt sich ein Kreis der aufeinander abgestimmten Vorsorgemaßnahmen. Konnte man, so vorbereitet, nun dem Tod gefaßt ins Auge sehen?

Das rechte Sterben

Guter Tod …

Als Bischof Hildeward von Halberstadt († 996) „*schon im Todeskampfe lag, sah er die Herrlichkeit Gottes, rief seinen Kaplan Wulfher heran und fragte ihn: 'Bruder, siehst du etwas?' Auf dessen Entgegnung, er habe nichts wahrgenommen, fuhr er dann fort: Das Zimmer, in dem er damals lag und in dem schon zwei seiner Vorgänger gestorben waren, sei voll göttlichen Glanzes. Mit diesen Worten ging er aus seinem Kerker ein zum ewigen Licht.*"

Thietmar von Merseburg, S. 142 f.

In dem nahezu „heroischen" Tod Hildewards scheint sich Ariès' Vorstellung vom gezähmten Tod zu bewahrheiten: Der Bischof war auserwählt, er fühlte seinen Tod nicht nur rechtzeitig nahen und konnte sich darauf vorbereiten – auch er hatte sich eigens einen Begräbnisplatz in der Klosterkirche bereitet –, sondern ihm wurde sogar eine Himmelsvision zuteil, die nur er selbst wahrnehmen konnte und die ihm gleichsam den Eintritt in das ewige Leben anzeigte. Der Bischof starb außerdem nicht allein, sondern in den „Armen" seines Kaplans. Selbst der Ort war in dieser Hinsicht sorgsam ausgewählt, denn Hildeward beendete sein Leben gewissermaßen in der „Gemeinschaft" seiner in demselben Raum verstorbenen Vorgänger. Man kann hier geradezu von einer „Ritualisierung des Sterbens" sprechen, und im Spätmittelalter entstand sogar eine regelrechte Schriftgattung, die sogenannten Artes moriendi, aus denen die „Sterbekunst" erlernt werden sollte.

Natürlich suchte man noch kurz vor dem Tod seine Frömmigkeit unter Beweis zu stellen. Karl der Große gebot bei seiner letzten Krankheit sogleich ein Fasten, das der körperlichen Genesung sicherlich wenig zuträglich war, um so mehr aber dem Seelenheil diente. Wenn Einhard, Karls Biograph, allerdings meinte, der Kaiser habe damit die Krankheit besiegen wollen, so wird man ein Motiv solcher Maßnahmen gleichwohl auch in der Hoffnung auf Gesundung erblicken müssen, während der Sterbende andernfalls zumindest mit einem sichtbaren Zeichen seiner Religiosität vor Gott treten würde. „In dem Herrn" (*in domino*) zu sterben war ein entscheidendes Kriterium eines guten Todes. Unmittelbar vor seinem Tod streckte der geschwächte Karl daher

„*in vollem Bewußtsein dessen, was ihm bevorstand*", die rechte Hand aus „*und machte, so kräftig als er vermochte, das Zeichen des heiligen Kreuzes auf die Stirn, die Brust und den ganzen Körper. Zuletzt aber zog er die Füße zusammen* (vgl. Gen 49,32), *legte Arme und Hände über die Brust, schloß die Augen und sang mit leiser Stimme den Vers: 'In deine Hände, Vater, befehle ich meinen Geist'* (Ps. 30,6). *Alsbald darauf verschied er in Frieden.*"

Thegan, S. 186 f.

Beichte und Abendmahl sollten den Weg ebnen. Der Erzbischof Brun von Köln, der Bruder Ottos des Großen, bekannte kurz vor seinem Tod alle seine Sünden und verlangte dann nach dem Abendmahl.

„Als es ihm gebracht wurde, warf sich dieser heilige Mann mit ganzem Körper zu Boden und zeigte auf diese Weise, was er in seinem Innersten empfand."

Ruotger, S. 248 f.

Abt Eigil von Fulda bat um Vergebung für alle Fehltaten:

„Wenn ich jemanden verletzt habe, so flehe ich in demütiger Bitte um Vergebung, und wenn ich von jemandem verletzt worden bin ..., so vergebe ich ihm wahrlich aus innerstem Herzen."

Bruun Candidus, S. 233

Manchmal kündigten Vorzeichen den bevorstehenden Tod an. Einhard zählt gleich eine Reihe solcher Zeichen vor dem Tod Karls des Großen auf:

Es habe mehrere Sonnen- und Mondfinsternisse gegeben, ein Säulengang in der Aachener Pfalz sei eingestürzt, eine von Karl in Auftrag gegebene Rheinbrücke bei Mainz verbrannt, auf seinem letzten Sachsenzug habe er eine Fackel vom Himmel fallen sehen, während sein Pferd ihn abgeworfen habe, und schließlich habe in Aachen ein Erdbeben die Erde erschüttert, ein Blitz sei in die Kirche eingeschlagen, und auf der Stiftertafel im Gotteshaus sei Karls Titel princeps ganz und gar verlöscht. Karl aber habe alle diese Zeichen nicht beachtet oder nicht wahrhaben wollen.

Einhard, S. 202 ff.

Dennoch traf er Vorkehrungen, sicherte noch einmal die Nachfolge im Reich und verpflichtete die Anwesenden zur Treue gegenüber seinem Sohn Ludwig. Benno II. von Osnabrück soll sich auf seiner letzten Reise von Osnabrück in sein Kloster Iburg noch einmal umgeschaut und gesagt haben, daß er seine Bischofsstadt nicht wiedersehen werde. Gleichwohl suchte er die Krankheit, die ihn bald darauf befiel, mit Arzneien zu vertreiben. Ein jüngerer Mönch aber hatte bereits in einer Vision erfahren, daß Bennos Tod bevorstehe, und so regelten Abt und Bischof gemeinsam alles Notwendige (Norbert, S. 428 ff.).

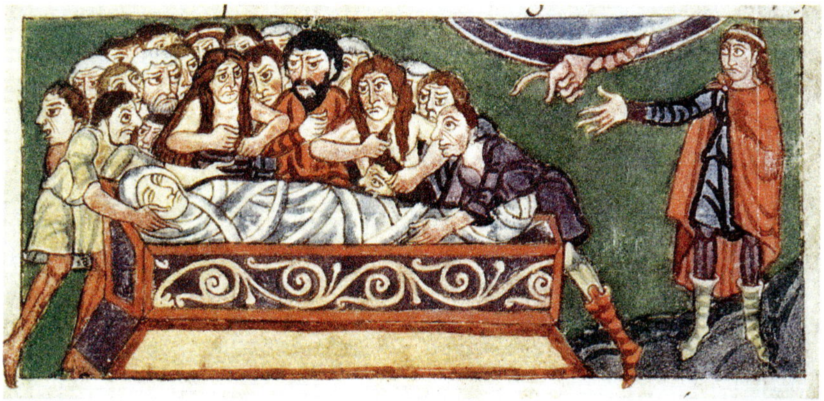

Abb. 19: In der Darstellung zu Psalm 145,4 drängen sich Männer und Frauen um eine im Sarg aufgebahrte Tote, um sie zu betrauern. Die aufgelösten Haare und die entblößten Oberkörper der umstehenden Frauen sind ein Zeichen der Trauer. Stuttgarter Bilderpsalter. Saint-Germain, um 820/30.

Stuttgart, Württemberg. Landesbibliothek, Fol. 23, fol. 160v.

... und schlimmer Tod

Dem wohlvorbereiteten Sterben stand nämlich der unvorbereitete oder gar frevelhafte Tod gegenüber. Der heilige Bischof Germanus von Paris (496–576) warnte den merowingischen König Sigibert (561–575), seinen Bruder Chilperich zu töten, um, von den dortigen Großen eingeladen, die Herrschaft in dessen Reich zu übernehmen. „Falls du darauf sinnst, wirst du sterben.“ Als er sich trotzdem zum König erheben ließ, töteten ihn zwei Gefolgsleute der Kunigunde mit vergifteten Messern. „Da schrie er laut auf, stürzte zusammen und hauchte nicht lange danach den letzten Atem aus“ (Gregor von Tours I, S. 270 ff.). Der Tod war keineswegs immer „Erlösung“, sondern wurde ebensooft als – weltliche – Sündenstrafe durch die Hand Gottes gedeutet. Notker von St. Gallen bietet in seinen Geschichten um Karl den Großen eine ganze Palette solcher „Straftode“: Ein Priester starb, weil er es trotz eines Fehltritts wagte, die Messe zu lesen; ein Haushofmeister ging zugrunde, weil er sich an den Bauarbeiten, die er beaufsichtigen sollte, selbst bereichert hatte (Notker, S. 358 ff. und 368 ff.).

Die Deutung des Todes als göttliche Strafe wurde geradezu als ein politisches Mittel eingesetzt, um Gegner zu diffamieren. Als einige Vasallen Heinrichs IV., die von der Gegenseite bestochen waren, in der Schlacht von Mellrichstadt im Jahre 1078 gegen Heinrichs Widersacher Rudolf von Rheinfelden (Gegenkönig 1077–1080) ihre Waffen gegen den eigenen König richteten und starben, nutzte das der Biograph des Kaisers weidlich aus:

„Diese Elenden, das Geld stürzte sie zugleich in ein Verbrechen und in den Tod. An ein und demselben Ort begingen sie ein Verbrechen und empfingen die Vergeltung dafür; denn so viele rächende Arme hieben sie in Stücke, daß ihre Leichen nicht einmal mehr wie die von Menschen aussahen.“

Vita Heinrici IV., S. 422 ff.

Der Tod des Gegenkönigs selbst, Rudolfs von Rheinfelden, der zwei Jahre später im Kampf seinen rechten Arm verlor, mit dem er Heinrich einst ewige Treue geschworen hatte, und an den Folgen dieser Verletzung starb, war für diesen Autor der Beweis für Rudolfs Unrecht:

„Denn Rudolf veranschaulichte durch seine abgehauene Rechte die gerechte Strafe für den Meineid, da er sich nicht gescheut hatte, den seinem Herrn und König geschworenen Treueid zu brechen, und gleichsam als hätte er nicht genügend Todeswunden erhalten, traf ihn die Strafe auch noch an diesem Glied, damit seine Schuld offenbar werde."

Vita Heinrici IV., S. 424 f.

Der Umgang mit dem Tod

Die Quellen bieten insgesamt also das Bild einer zwiespältigen Einstellung gegenüber dem Sterben. Auf der einen Seite stand eine Todesbereitschaft oder gar Todessehnsucht, wenn dafür, wie beim Martyrium, das ewige Leben winkte, auf der anderen Seite aber ein Erschrecken und Wehren gegen das Sterben, wenn diese Heilsgewißheit nicht vorhanden war, und das war zweifellos der Normalfall. In idealisierender Darstellung waren die Menschen nicht nur auf den Tod vorbereitet, sondern auch bereit zu sterben. Der Klosterlehrer Gerald von St. Gallen

„legte eines Tages sein Bekenntnis vor ihnen [den Mönchen] *ab, bat um Vergebung und erklärte unter Tränen, er wolle sich alsbald auf sein Lager zurückziehen und in Christo dahinscheiden; und indem er drängte, von ihnen Abschied zu nehmen, beteuerte er, er habe die feste Gewißheit, daß sie am Tage des Herrn einander wiedersehen würden".* Trotz aller zur Schau getragenen Sicherheit gab aber auch Gerald zu, daß er sich vor dem Tod immer gefürchtet habe: *„'Ich sehe, meine Herren und Brüder, meine Berufung, vor der ich Sünder mich immer fürchtete, ist nun da. Aber darum, weil ich zuversichtlich hoffe, daß unser Gott voller Güte ist, werde ich nach meinem Bekenntnis vor euch unbesorgt scheiden.'"*

Ekkehard, S. 242 f.

Erzbischof Brun von Köln mußte seinerseits die Umstehenden trösten:

„'Seid doch nicht traurig, Brüder, über dieses mein Los! Durch Gottes Strafgericht ist dieser Umstand allen Sterblichen auferlegt, und es ist nicht erlaubt, etwas nicht zu wollen, was der Allmächtige als unausweichlich festgesetzt hat. Der Trauer folgt bald die Freude. Das Leben wird mir nicht genommen, sondern in ein besseres verwandelt. Ich gehe an einen Ort, wo ich bald weit mehr und weit berühmtere Männer sehen werde, als ich hier jemals sah.'"

Ruotger, S. 248 ff.

Unter Psalmengesang und Gebet sowie heftigem Schluchzen der Umstehenden hauchte Brun seinen Geist aus. Ruotger schildert Bruns Tod als Reise in ein neues, ewiges Leben. Doch hier starb ein Heiliger, dem das ewige Leben gewiß war. Um so mehr bedurften die „einfachen" Menschen des seelischen Beistands.

Tod in der Gemeinschaft

Die mittelalterlichen Menschen starben nicht in „Krankenhäusern", sondern möglichst im Kreise der Vertrauten: in der Familie oder im Mönchskonvent

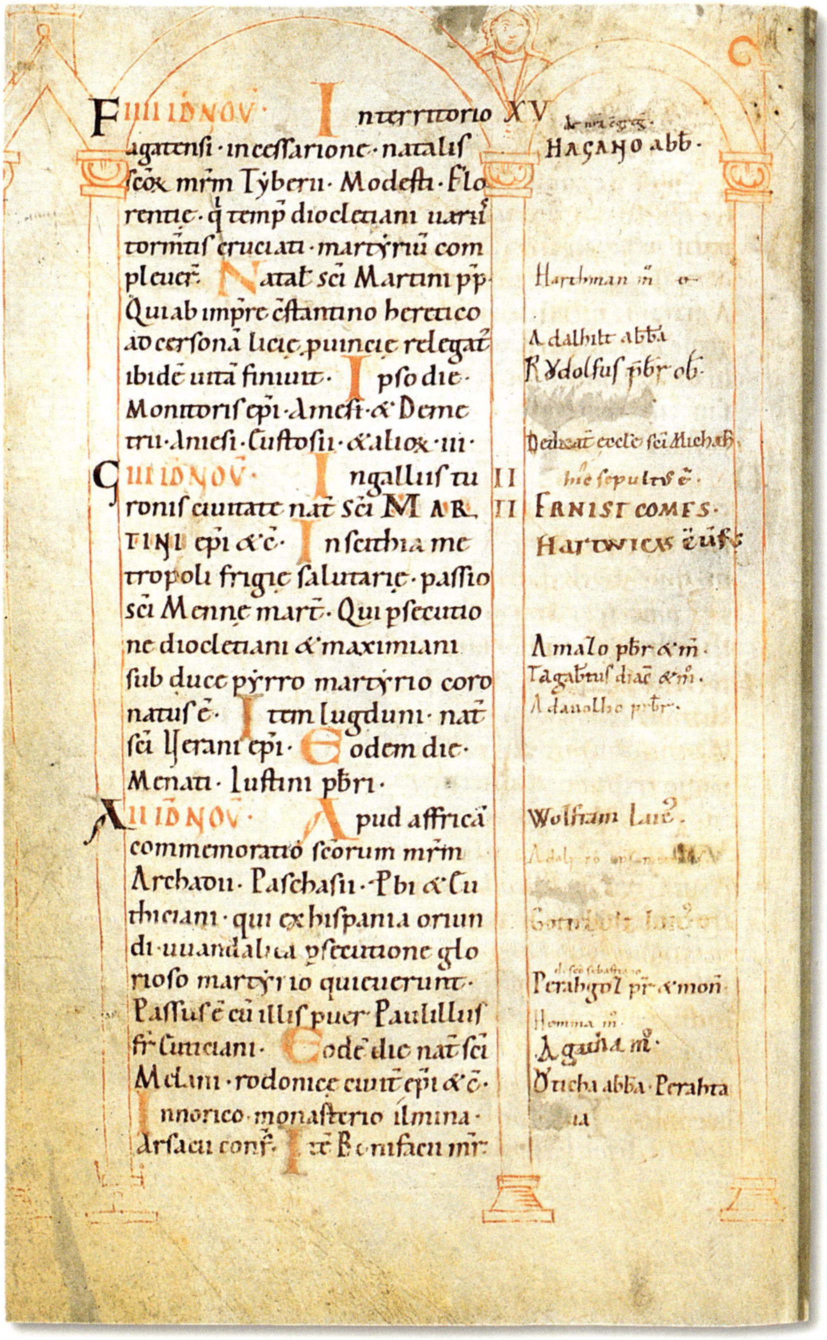

Abb. 20: Der Ausschnitt aus dem sorgfältig gearbeiteten und ausgeschmückten Totenbuch enthält die Eintragungen zum 10., 11. und 12. November. Die Seiten sind durch Säulen in zwei Spalten unterteilt. In der linken, größeren Spalte sind die Märtyrer und anderen Heiligen, in der rechten Spalte Wohltäter und andere Personen genannt, die in enger Beziehung zum Kloster standen. Vgl. S. 193. Martyrolog-Nekrolog von St. Emmeram in Regensburg.

Augsburg, Universitätsbibliothek, Cod. I. 2. 2°. 8, fol. 57v.

(vgl. Abb. 18). Die Lebenden waren dadurch mit dem Sterbevorgang sicherlich mehr vertraut als heute, die Gemeinschaft hatte aber auch eine größere Bedeutung für die Sterbenden. Gerald hatte in der Sterbestunde alle seine Mitmönche um sich versammelt. Als sie ihn bis auf die Wächter zeitweilig verließen, weil er eingeschlafen war, und er plötzlich in den Todeskampf fiel,

> *„schlugen sie schnell die Glocke und riefen die Brüder herbei. Die versammelten sich um ihn so geschwind wie möglich, worauf er aus eigener Kraft Hände und Füße ausstreckte, allen mit offenen Augen zulächelte und endlich unter einem abgenötigt wirkenden Lachen leise kichernd verschied.“*

Ekkehard, S. 244 f.

Ekkehards Bericht hinterläßt – wohl bewußt – den Eindruck einer ambivalenten Haltung gegenüber dem Sterben. Er zeigt aber deutlich, wie wichtig die Anwesenheit der Mönche gerade in diesem Augenblick war.

Ein exemplarischer Sterbefall: der Tod des Herrschers

Der normannische Chronist Ordericus Vitalis überliefert in seiner „Kirchengeschichte“ – erneut idealisierend – die wohl ausführlichste Schilderung eines mittelalterlichen Herrschertodes. Als Wilhelm der Eroberer, der von der Normandie aus im denkwürdigen Jahr 1066 England unterworfen hatte, 21 Jahre nach diesem Ereignis erkrankte und sechs Wochen bettlägerig war, sahen manche darin ihre Chance zur Verbesserung oder Wiederherstellung ihrer Stellung, während andere, die den Frieden liebten, seinen Tod fürchteten: Trotz aller Bemühungen war die Lage in England noch keineswegs so konsolidiert, daß man nach Wilhelms Tod nicht neue Unruhen hätte befürchten müssen. „Sein Tod aber war so ehrwürdig wie sein Leben.“ Trotz seiner Krankheit bewahrte der König nämlich bis zuletzt Bewußtsein und Redegabe – und damit seine königliche Würde:

> „*Auch während seiner Krankheit behielt König Wilhelm doch einen gesunden Geist und eine lebhafte Stimme, … und er gab in allen dringenden Reichsgeschäften einen schnellen und nützlichen Rat.*“ Bischöfe, Äbte und Mönche, aber auch Ärzte umlagerten sein Krankenbett, das er aus der Stadt in die Kirche des heiligen Gervasius hatte verlegen lassen, während Wilhelm selbst seine Sünden beichtete. „*Als die Krankheit sich schließlich verschlimmerte und er sah, daß der Tod ihm unausweichlich bevorstand, bekam er Angst wegen der Zukunft, die er nicht sehen konnte, die aber sein Herz aufwühlte, und er stöhnte häufig. … 'Ach, meine Freunde', rief er, 'ich bin mit schweren Sünden belastet und zittere, denn bald werde ich zur schrecklichen Prüfung vor Gott gerufen und weiß nicht, was ich tun soll.'*“

Ordericus Vitalis, Bd. 4, S. 78 ff.

Sein Edelmut ebenso wie die Angst vor der Zukunft ließen ihn seine Söhne an das Sterbebett rufen, und er gebot, alle seine Schätze unter die Armen und die Gottesdiener zu verteilen, legte dabei bezeichnenderweise die genauen Summen fest und ließ alles vorsorglich durch seine Notare aufzeichnen! Man konnte ja nie sicher sein. Darüber hinaus begnadigte er seinen inhaftierten Bruder Odo, obwohl er voraussah, „daß viele durch ihn Tod und schweren Schaden erleiden würden“, gab gerichtlich Enteigneten ihren Besitz zurück und stiftete Geld zum Wiederaufbau von Kirchen, die er einst hatte abbrennen lassen, um es noch schnell wiedergutzumachen, falls er als Herrscher etwa ungerecht gehandelt haben sollte. Als er am Donnerstag, dem 9. September (1087), die Glocken läuten hörte, fragte er nach der Uhrzeit, richtete seine Augen gen Himmel und sagte mit ausgestreckten Händen:

„Ich übergebe mich meiner Herrin, der heiligen Gottesmutter Maria, damit sie mich durch ihre heiligen Gebete ihrem liebsten Sohn, unserem Herrn Jesus Christus, versöhnen möge."

Ordericus Vitalis, S. 100 f.

Mit diesen Worten verstarb er, zum Entsetzen der Ärzte, die diesen plötzlichen Tod nicht vorhergesehen hatten, während die Begüterten schnell nach Hause ritten, um ihren Besitz zu schützen: Der Tod eines Königs in unsicherer Situation brachte immer Gefahren mit sich.

Noch ein Sterbefall: Graf Liutold von Achalm

Daß nicht die Todesvorstellungen, wohl aber das Zeremoniell vom Status der Person abhingen, zeigt der Bericht des Klosterchronisten Ortlieb von Zwiefalten aus dem 12. Jahrhundert über den Tod des Klostergründers, des Grafen Liutold im Jahre 1098.

„Das zehnte Jahr seit der Gründung dieses Klosters war noch nicht abgelaufen, da fühlte Graf Liutold, dessen Leiden sich verschlimmert hatte, daß er dem Ende seines diesseitigen Lebens nahe sei. Wohl konnte er mit dem Apostel sprechen: 'Einen guten Kampf habe ich gekämpft, meinen Lauf vollendet, den Glauben bewahrt; nunmehr liegt für mich bereit die Krone der Gerechtigkeit' und so weiter (2 Tim 4,7 f.). *Gleichwohl bat er, um 'als Gerechter gerechtfertigt zu werden', ihm noch in der Stunde vor seinem Hinscheiden die Mönchsweihe zu erteilen."*

Ortlieb von Zwiefalten, S. 72 ff.

Auch hier hatte der Sterbende beizeiten „Vorsorge" getroffen und zusammen mit seinem Bruder Kuno ein Kloster (Zwiefalten) gegründet, das der ganzen Familie als Grablege dienen sollte und dem er nahezu seinen gesamten Besitz vermacht hatte. Doch anscheinend war das immer noch nicht genug. Daß er ganz zuletzt, nämlich drei Tage vor seinem Tod, noch Mönch werden wollte, sollte seine Aussicht auf Erlösung erhöhen. In der verbleibenden Zeit hörte er nicht auf, Gott zu loben und zu preisen, und in der Sterbestunde vermachte er seinen beiden treuen Dienern noch sieben Schafsfelle.

„Dermaßen beraubte sich jener einst so reiche, so großmächtige Graf, dem alle Genüsse des Lebens zu Gebote standen, um Gottes und um euretwillen, ihr Brüder, ihr gottgeliebten Söhne, dermaßen entblößte er sich, um nackt Christus nachfolgen zu können, 'um mit seinem Überflusse eurem Mangel abzuhelfen', um sein Andenken bei Gott und bei euch für ewige Zeiten zu sichern." Die Klostergemeinschaft aber verpflichtete das zum Gebet für den einstigen Herrn: *„So ermesset denn, ihr Brüder, was ihr diesem eurem*

Vater schuldig seid und womit ihr ihm seine Wohltaten vergelten könnt, damit ihr nicht, was Gott verhüten wolle, gegenüber solcher Güte als Undankbare dasteht!" Dazu war es notwendig, sich Todestag und Begräbnisort einzuprägen, und so endete der Chronist – nicht nur, weil er sich als Geschichtsschreiber empfand – mit den Worten: „*Er starb aber zu Zeiten Kaiser Heinrichs IV., am 18. August im Jahre der Geburt des Herrn 1098, und ist bestattet in unserem Kapitelsaale im Grabe seines Geschlechtes, nämlich seines Vaters und seiner Brüder. Er wurde von Gott und den Menschen geliebt, und sein Andenken wird bei Gott und bei uns jetzt und immerdar gesegnet sein.*"

Ortlieb von Zwiefalten, S. 74

Im folgenden beschrieb Ortlieb das Gebetsgedenken der Mönche für die beiden Gründerbrüder im einzelnen: Zum Totenoffizium wurden für längere Zeit alle Glocken geläutet und fünf Leuchter angezündet, das Grabmal wurde mit einem Teppich verhängt. Außerdem wurde das Grab von einem Diakon mit Weihrauch besprengt. Die Priester sangen jeweils eine ganze Messe, während die Mönche 50 Psalmen oder (falls sie die Psalmen nicht konnten) 50 Vaterunser beteten. Im Speisesaal aber wurde an diesem Tage ein besonders reichliches Mahl bereitet, im Gästehaus wurden 12 Arme nicht nur mit Brot und Wein, sondern auch mit Fleisch beköstigt. Hier trafen alle bisher behandelten Elemente eines Totengedenkens zusammen. Diese Zeremonie aber war keineswegs für alle gleich, sondern sorgsam abgestuft, und Ortlieb betonte gleich zweimal, daß die beiden Gründer an ihrem Todestag das gleiche Gedenken erhielten, wie es sonst nur den Äbten zustand!

Das Leiden der Hinterbliebenen

Die Aussicht auf das Seelenheil erleichterte das Sterben trotz aller frommen Vorkehrungen nur bedingt. In den idealisierenden Schilderungen sahen die Sterbenden ihrem Tod oft sogar gefaßter entgegen als die Hinterbleibenden, die den Tod des geliebten Menschen durchweg beklagten (vgl. Abb. 19). Man wird daher nicht behaupten können, die Menschen im Mittelalter hätten keine rechte Trauer an den Tag gelegt.

„*Wer gibt Wasser meinem Haupte und einen Tränenquell meinen Augen (Jer 9,1), damit ich beklagen kann … den Tod des erhabenen Kaisers Heinrich*", so begann ein anonymer Parteigänger Heinrichs IV. seine Totenklage für den 1106 verstorbenen Kaiser, und er betonte, daß der Schmerz über den Verlust noch beim Niederschreiben dieser Zeilen die Tränen rinnen ließ. „*Doch nicht ich allein bejammere seinen Tod; Rom beklagt ihn, das ganze römische Reich beweint ihn, es trauern gemeinsam Arm und Reich, nur die Feinde seiner Macht und seines Lebens trauern nicht.*" Und: „*Nicht minder heftig aber war die Trauer an der Bahre des Kaisers. Fürsten trauerten, das Volk wehklagte, überall hörte man Seufzen und Klagen, überall die Stimmen der Trauernden. Zu seiner Bestattung strömten Witwen und Waisen und alle Armen des ganzen Landes herbei* [ihnen sollte der besondere Schutz des Königs gelten]; *sie weinen, weil sie den Vater verloren, ihre Tränen fließen über seinen Leichnam, sie küssen seine freigebigen Hände. Man konnte sie kaum davon abbringen, den entseelten Leib zu umarmen, ja man konnte ihn kaum bestatten. Sie wichen auch nicht von seinem Grabe, sie harrten bei ihm in Nachtwachen, Tränen und Gebeten aus, und klagend erzählten sie, und im Erzählen klagten sie, welche Werke der Barmherzigkeit er an ihnen getan. Doch sein Tod ist nicht zu beklagen, denn es ging ihm ein gutes Leben voraus.*"

Vita Heinrici IV., S. 408 f. und 464 f.

„Es kann nicht übel sterben, wer gut gelebt hat", so hatte, ganz entsprechend, auch der sogenannte Astronomus, der Biograph Ludwigs des Frommen, der sich hier auf Worte des Kirchenvaters Augustinus berufen konnte, den Tod seines Kaisers im Jahre 840 kommentiert (S. 552 f.). Auch Ludwig starb in einer kritischen Situation, die das Reich in einen mehrjährigen Thronstreit stürzen ließ. Die Worte klingen in dieser Situation wie eine Tröstung, doch die Trauer der Hinterbliebenen – und das war bei bedeutenden Personen das ganze Volk – beschwichtigte das nicht.

Die „Gegenwart der Toten"

Erinnerung an die Toten: mittelalterliche Totenbücher und Grabinschriften

„*Am 11. November: In Gallien in der Stadt Tours Geburt des heiligen Bischofs und Bekenners Martin. In Skythien in der Metropole Phrygia Salutaris* [in der heutigen Türkei] *Passion des heiligen Märtyrers Menna, der in der Verfolgung Diocletians und Maximians unter dem Heerführer Pyrrus durch das Martyrium gekrönt wurde. Ebenso in Lyon Geburt des heiligen Bischofs Ueranus. Am selben Tag des Menatus, des Priesters Iustins.*"

Martyrolog-Nekrolog von St. Emmeram, S. 285

Dieser Eintrag zu einem bestimmten Tag im Martyrolog-Nekrolog des Klosters St. Emmeram in Regensburg (vgl. Abb. 20) hielt fest, wessen die Mönche an diesem Tag zu gedenken hatten: der Heiligen, vor allem der Märtyrer, deren Erlösung bereits jetzt unzweifelhaft feststand. „Geburtstag", *natalis dies* oder *nativitas*, nennen die Quellen den „Todestag" dieser Menschen, die erst jetzt tatsächlich ihr (ewiges) Leben begannen: Dieser Tag war aus theologischer Sicht der eigentlich entscheidende im Leben. In einer zweiten (schmaleren), von Säulen umrahmten Spalte des Nekrologs standen – in unterschiedlicher Schrift und zu verschiedenen Zeiten nachgetragen – die Namen anderer Menschen, die dem Kloster wichtig waren: an dem besagten Tag waren es der Graf Ernst (vom Swalafeld), der Kanoniker Hartwich, der Priester und Mönch Amazo, der Diakon und Mönch Tagabert, der Priester Adauolhc; die letzteren waren entweder Angehörige der eigenen Klostergemeinschaft oder dieser enger verbunden.

Nekrologien waren Gedächtnishilfen für den liturgischen Umgang mit den Toten, denn es war wichtig, daß der Tote den Lebenden in Erinnerung blieb. Ruotger schildert, wie die Menschen am Todestag des Erzbischofs Brun von Köln zusammenströmten: „Sie kommen in Scharen zu seinem Grab, wetteifern im Erzählen, was er getan, was er gelehrt, wie er gelebt und wie er gestorben" (S. 254 f.).

Das Totengedenken konnte auf vielerlei Weise erreicht werden: über das Gebet, die Ehrung am Todestag, Grabinschriften und Epitaphien, wie sie zahlreich erhalten sind, oder die historiographische Aufzeichnung der „Taten" für die Nachwelt. Es ist auffällig, daß auch in der meist jahrweise gegliederten Chronistik genaue Tagesdatierungen fast ausschließlich den Todestag betrafen, an dem künftig des Toten zu gedenken war. Grabplatten erinnerten die Lebenden an die Toten in deren Blüte. Die berühmte Grabplatte Rudolfs von Rheinfelden (vgl. Abb. 21) stellt den (Gegen-)König mit seinen Herrschaftszeichen, den Insignien, als Herrschenden dar. Die Umschrift verkündet:

Umschrift der Grabplatte Rudolfs von Rheinfelden

„Hier liegt König Rudolf im Grabe, der für das Gesetz der Väter fiel. Beweint ihn; denn hätt' er in Zeiten des Friedens geherrscht, käme seit Karl kein König im Rat und im Kampfe ihm gleich. Als die Seinen gewannen, starb er als heiliges Opfer des Krieges. Der Tod ward ihm zum Leben, denn er fiel für die Kirche."

Wenn den Toten aber Grabtafeln, den Besuchern unsichtbar, auch ins Grab gelegt wurden, wie man sie etwa bei den Saliern gefunden hat, dann wollte man ihnen ihre Identität offenbar mit „auf den Weg geben". Selbst der im Kindesalter Verstorbenen wurde gedacht. Paulus Diaconus, der langobardische Gelehrte am Hof Karls des Großen, widmete Hildegard, der im zweiten Monat nach ihrer Geburt verstorbenen Tochter des Kaisers, den folgenden Nachruf:

„Uns hat der bittere Tod dich, Hildegard, plötzlich entrissen,
So wie im jungen Lenz Nordwind Liguster beraubt.
Noch hat des Lebens Lauf kein einziges Jahr dir vollendet,
Nicht kam das jährliche Licht dir zum anderen Mal.
Kleines Mädel, du hast nicht geringen Schmerz hinterlassen,
Hast mit dem Spieße das Herz deines Vaters durchbohrt.
Mutters Namen trugst du, erneuerst die Qual deiner Mutter,
Da du nicht einmal ganz vierzig Tage gelebt.
Aus betrübter Brust vergießen wir Ströme von Tränen,
Du aber eilst beglückt ewigen Freuden zu."

Paulus Diaconus, S. 59 f.

Wie hier, besagen Epitaphien meist wenig über den Toten, aber viel über die Vorstellungen der Menschen vom Sterben: von der Trauer über den allzu frühen Tod und von der Hoffnung auf Erlösung.

Die Gemeinschaft der Lebenden und Verstorbenen

Erinnerung und Gebet aber verbanden, wie in den Gedenkbucheinträgen, die Lebenden und die Toten zu einer Gemeinschaft, die durch vielfältige, auf Gaben und Gegengaben beruhende Beziehungen vereint waren. Das ist ein entscheidender Wesenszug des mittelalterlichen Denkens. Es schloß die Verstorbenen ein in das Leben der Menschen, welche die Toten ihrerseits für das eigene Seelenheil einbezogen. Diese „Gegenwart der Toten", die aus sehr konkreten Vorstellungen von einem Weiterleben nach dem Tode resultierte, bildete darüber hinaus ein einigendes und identitätstiftendes Band auch für die Gemeinschaften, in denen die Toten durch das Gedenken „weiterlebten". Daß die „Friedhöfe" bis zur Reformation nicht, wie in der Antike, „draußen", sondern meist bei den Kirchen lagen und als Versammlungsplätze dienten, läßt sich möglicherweise ebenfalls als Zeichen dieser innigen Gemeinschaft deuten. Nützlich waren den Menschen aber vor allem die Heiligen.

Abb. 21: Der in einer Schlacht gegen Heinrich IV. schwer verwundete und bald danach verstorbene König wird hier in der Blüte seines Lebens und mit den königlichen Abzeichen porträtiert. Vgl. S. 194, auch zur Umschrift. Grabmal des Gegenkönigs Rudolf von Rheinfelden. Merseburg, um 1080.

Merseburg, Dom. Archiv des Verlages.

Die Hilfe durch die Toten: der Heiligenkult

Heilig waren nach christlicher Vorstellung solche Menschen, deren Erlösung dank ihrer Verdienste bereits bei ihrem Tod feststand; sie offenbarten sich, indem sie Wunder wirkten, die zugleich ihren Ruhm steigerten. Heilige wirkten zwar nicht aus eigener Kraft, konnten aber Fürsprecher der Menschen bei Gott sein, da sie bereits jetzt vor das Angesicht Gottes treten durften. Im Volksglauben mochten sich solche feinen Unterschiede leicht verwischen. Der Glaube an die Kraft der Heiligen aber einte alle: Klerus und Laien, Gelehrte und Ungebildete, Männer und Frauen. „Wenn wir es schmerzlich empfinden, einen Tröster auf Erden verloren zu haben, so wollen wir uns doch freuen, einen Helfer im Himmel gewonnen zu haben", so kommentierte der Biograph Bernwards von Hildesheim in der „Vita Bernwardi" den Tod dieses Bischofs (S. 358 f.). Solcher Glaube führte zu einem umfassenden Heiligen- und Reliquienkult: Die Menschen pilgerten zu den Gräbern der Heiligen, um von einer Krankheit geheilt oder von einem Schicksalsschlag erlöst zu werden. Unzählige Wunderberichte sind uns aus dem Mittelalter überliefert. Hier leisteten nun (nicht eigentlich die Toten, sondern) die wahrhaft Lebenden den Irdischen einen Dienst, den man gerne und bei allen Gelegenheiten in Anspruch nahm. Am Tag der Lechfeldschlacht gegen die Ungarn suchte Otto der Große bei dem heiligen Laurentius Hilfe, an dessen Festtag die Schlacht geschlagen wurde:

„Am folgenden Tag, dem Fest des Laurentius, des Märtyrers Christi, demütigte sich der König vor Gott, bekannte sich allein unter allen als schul-

dig und tat unter Tränen ein Gelübde: Wenn Christus ihm an diesem Tag durch die Fürbitte eines solchen Sprechers in Gnaden Sieg und Leben gebe, wolle er in der Burg Merseburg zu Ehren des Siegers über das Feuer ein Bistum errichten und ihm seine große, jüngst begonnene Pfalz zur Kirche ausbauen lassen. Er erhob sich vom Boden, feierte die Messe und empfing die von seinem wackeren Beichtvater Ulrich gereichte Kommunion; dann ergriff er unverzüglich Schild und heilige Lanze, brach als erster vor seinen Kriegern in die Reihen der Widerstand leistenden Feinde ein und vernichtete und verfolgte sie, als sie sich zur Flucht wandten, bis zum Abend.“

Thietmar von Merseburg, S. 44 f.

Die Schlacht gegen die Heiden wird hier zu einem religiösen Ritual stilisiert, bei dem der Heilige eine entscheidende Bedeutung gewann. Seine Fürsprecherfunktion bei Christus wird in dem zitierten Text überdeutlich belegt. Zugleich aber wurde die ganze Aktion – und ohne daß man daran Anstoß genommen hätte – zu einem Handel: Falls der Heilige der Bitte nachkam und den Christen den Sieg verlieh, wurde er gleichsam seinerseits „erhöht“, indem der König ihm in Aussicht stellte, Patron einer Bischofskirche zu werden! Nicht zufällig aber wird diese Episode gerade von Thietmar von Merseburg überliefert, der später Bischof eben dieser von Otto – freilich erst 13 Jahre nach der Schlacht – vollzogenen Bistumsgründung wurde und der auf diese Weise „seinen“ Heiligen (und damit sein Bistum) feiern konnte: Das Wirken der Heiligen propagierte den Ruhm der Stätte, an der die Reliquien ruhten. Dabei spielte deren konkrete „Anwesenheit“ – ungeachtet der christlichen Lehre von der Körper- und Raumlosigkeit der Seele – eine gewichtige Rolle. Nicht nur der Tod bedeutete einen herben Verlust, sondern auch die Bestattung des Leichnams an fremder Stätte, und so kam es nicht selten zu einem Streit um den Begräbnisplatz.

Der Streit um den Leichnam: der Fall Bennos II. von Osnabrück

Besonders deutlich wird das in der Vita des Bischofs Benno II. von Osnabrück († 1088), der am Ende seines Lebens die meiste Zeit in dem von ihm selbst gegründeten Kloster Iburg verbrachte hatte. „Denn hier glaubte er, gemeinsam mit den Dienern Gottes am besten dem Dienst Gottes leben zu können.“ Während die Mönche nach seinem Tod alles zur Bestattung vorbereiteten und den Leichnam wuschen,

„suchten die anderen das Ihre und nicht, was Jesu Christi ist (Phil 2,21). *Sie stürzten sich raubend und stehlend auf seine Sachen und ließen sich in ihrer Raffgier schließlich so weit hinreißen, daß sie sogar den entseelten Leib selber nach Osnabrück davontragen und dort bestatten wollten.“*

Norbert, S. 432 f.

Was der Biograph hier als „Raub“ anprangerte, war tatsächlich ein Anspruch, den die Bischofsstadt und das Domkapitel auf den Leichnam ihres Bischofs erhoben, dessen Besitz sich keineswegs in einer Art „symbolischen

Kapitals" erschöpfte, sondern auch materiellen Gewinn versprach, denn „auf diese Weise glaubten sie, um so ungehinderter über den ganzen Klosterbesitz verfügen und den armen Bischof um den ganzen Lohn seiner Arbeit bringen zu können". Das Kloster fürchtete also um seine Unabhängigkeit und seinen Ruhm und setzte daher alles daran, den Leichnam Bennos zu behalten: Der Abt sammelte zunächst Fürsprecher um sich und bereitete sich sogar auf eine gewaltsame Verteidigung vor. Dann bezeichnete er in öffentlicher Demonstration den vorgesehenen Grabplatz und „verlieh den Zuschauern damit ein Gefühl der Sicherheit, das er selbst bei weitem noch nicht hatte". Anschließend bat er Adel und Geistlichkeit um Beistand und drohte mit dem Auszug aus dem Kloster mitsamt seinen Mönchen. Die Lage war verworren, und die Osnabrücker suchten sich noch am Begräbnistag der Leiche zu bemächtigen. Den Ausschlag gab schließlich der Klostervogt Liudolf mit einer flammenden Anklagerede gegen die „Räuber":

Abb. 22: Auferweckung am Jüngsten Tage: Auf den Posaunenklang der Engel hin werden die Toten in ihren menschlichen Leibern aus ihren Gräbern auferstehen zum Jüngsten Gericht. Perikopenbuch Heinrichs II. Reichenau, Anf. 11. Jh.

München, Bayer. Staatsbibl., clm 4452, fol. 201v.

„*Weil ihr's nicht konntet, solange er lebte, legt ihr jetzt Hand an einen Toten in ruchloser Verschwörung.*" Er erinnerte die Anwesenden an die Wohltaten, die Benno ihnen gewährt hatte. „*Und diese Wohltaten vergeltet ihr ihm jetzt so großartig, daß ihr ihm das Grab verweigert, ihn wegschaffen wollt von der Stätte, die er auf Weisung Gottes – denn das ist durch Zeichen erwiesen – gewählt hat.*" Auch Liudolf mußte freilich einen Anspruch Osnabrücks zugeben: „*Doch ja, ihr versucht ja bloß, euren Bischof – als ob es nicht auch der unsere wäre – an seinen Bischofssitz zurückzubringen und ihn an einer würdigen Stätte zu begraben, und wir, wenn wir nur einsichtig wären, müßten das eigentlich zusammen mit euch tun.*"

Norbert, S. 434 f.

Der Vogt griff hier, rhetorisch geschickt, offensichtlich die Argumentation der Osnabrücker auf, um sie zugleich als heuchlerisch zu entlarven („Schön sind eure Worte, doch eure Absicht ist ein Sakrileg") und dem Anspruch mit

Abb. 23: Während die Toten aus ihren Gräbern auferstehen (unten), thront Christus mit dem Schwert zum Jüngsten Gericht. Die Engel, die ihn flankieren, präsentieren die „Waffen Christi": Ruten, Dornenkrone, Kreuzesnägel und Lanze (oben). Während ein Engel die Erlösten in ihren irdischen Gewändern – darunter ein Bischof, ein Mönch und eine Frau – zum Heil führt (unten links), versperrt ein anderer den Verdammten, die schon vom herandrängenden Teufel erwartet werden, mit dem Schwert den Weg. Bamberger Psalter. Herkunft unsicher, um 1230.

Bamberg, Staatsbibliothek, Msc. Bibl. 48, fol. 117r.

anderen Mitteln zu begegnen, indem er den Osnabrückern nämlich Vernachlässigung ihrer früheren Bischöfe vorwarf:

„*Von deren Gräbern kennen wir allerdings nur ganz wenige, die sich vor Brennesseln und Dorngestrüpp haben retten können und nicht zur Schweinetrift geworden sind.*" Eine ähnliche Verwahrlosung wollte er „seinem" Bischof ersparen, der im Kloster „die besten Fürbitter" und „die treuesten Wächer" finde. Anschließend beschimpfte Liudolf seine Widersacher heftig und schloß mit einem rhetorischen Emotionsappell:

„O armer Bischof, durch irgendeine Verfehlung menschlicher Schwachheit mußt du die Güte Gottes beleidigt haben, denn nicht einmal im Tod bist du davor bewahrt, Beute zu sein, kannst nicht einmal im Grab in Frieden ruhen!"

Norbert, S. 434 ff.

Friede zu finden war das Ziel der würdigen Bestattung, doch waren dazu keineswegs alle Plätze gleich geeignet. Mit seinen flammenden Worten überzeugte der Vogt schließlich alle Anwesenden, so daß man gemeinsam zur Bestattung schritt. „Denn die übermäßige Sommerhitze erlaubte nicht, den Leichnam länger unbeerdigt zu lassen." Nicht einmal die Ankunft des Bischofs von Minden wartete man ab, gewiß auch wegen der Hitze, nicht minder aber, um nach dieser positiven Wendung schnell vollendete Tatsachen zu schaffen. Der ganze Bericht ist ebenso wie die (erfundene oder jedenfalls stilisierte) Rede selbstverständlich tendenziös. Doch um so deutlicher werden darin die widerstreitenden Ansprüche und der Aufwand sichtbar, der nötig war, die Reliquien zu retten. Das zeigt, welch große Bedeutung die Grablege für die beherbergende Institution besaß: Der Leichnam des Bischofs hob das Ansehen des Klosters auch gegenüber dem Bistum, dessen Amtsgewalt es unterstand. Die Grabstätte wurde hier zu einem Objekt der Politik.

Man konnte die Grabesruhe für die Toten jedoch nicht nur erstreben, sondern auch verhindern. Papst Stephan VI. ließ 896/97, in einer Zeit, als die großen römischen Familien um das Papsttum stritten, den Leichnam seines Vorgängers Formosus „auf unerhörte Weise" aus dem Grab reißen, durch ein Gericht für abgesetzt erklären und anschließend draußen außerhalb des Begräbnisplatzes der Päpste beisetzen (Annales Fuldenses, S. 166 ff.). Dem Toten wurden hier demonstrativ nachträglich päpstliche Legitimation und Rang wie auch die ersehnte Ruhe nach dem Tod verwehrt.

Angst vor den Toten: die „Wiedergänger"

Die Vorstellung, daß die Toten in Gewißheit ihrer Sünden und gleichzeitiger Ungewißheit ihres endgultigen Schicksals auf das Jüngste Gericht warteten, erklärt nicht nur die notwendige Gebetshilfe durch die Lebenden, sondern macht auch verständlich, daß die Toten gelegentlich auf die Erde zurückkehren und um Hilfe bitten konnten, auch wenn das zumeist (nur) im Traum (d. h. in Traumvisionen) geschah. Ludwig der Fromme erschien seinem gleichnamigen Sohn in der Fastenzeit und flehte ihn auf Latein an:

„Ich beschwöre Dich bei unserem Herrn Jesus Christus und der dreieinigen Majestät, daß Du mich aus diesen Qualen reißest, in welchen ich festgehalten bin, damit ich endlich das ewige Leben haben kann." Erschreckt sandte der König Briefe an alle Reichsklöster, damit dort für seinen Vater gebetet werde. Der Annalist aber benutzte das für eine politische Kritik: *„Daraus läßt sich ersehen, daß der erwähnte Kaiser, obwohl er viel Lobenswürdiges und Gottgefälliges getan hatte, doch sehr viel wider das Gesetz Gottes in seinem Reiche geschehen ließ."*

Annales Fuldenses, S. 94 f.

Abb. 24: Himmel und Hölle: Am Gleichnis vom armen Lazarus wird demonstriert, wie die Seele eines Armen nach dem Tod zusammen mit anderen Seelen (dargestellt als knabenhafte, nackte Gestalten) in den Himmel „in Abrahams Schoß" gelangt, während die Seele des Reichen vom Teufel geholt und in die Hölle gebracht wird. Dort brennen die Verdammten im Feuer und werden von schwarzen Teufeln bewacht und gefangengehalten. Codex Aureus Epternacensis. Echternach, um 1030.

Nürnberg, Germanisches Nationalmuseum Hs. 156142, fol. 78r.

Der Bericht zeigt aber auch, wie nötig die Toten nach damaliger Vorstellung der Gebetshilfe der Lebenden bedurften, um Ruhe zu finden.

War es hier der – arme – Tote, der um Hilfe bat, so mag man sich vor den toten Seelen auch gefürchtet haben. Zweifellos galten die Friedhöfe bei den Kirchen in dieser Hinsicht als besonders „gefährdet". Kaufleute, die nachts in der Magdeburger Marktkirche Wache hielten, so schildert Bischof Thietmar von Merseburg zu Beginn des 11. Jahrhunderts in seiner Chronik, sahen plötzlich Lichter auf den Kerzenhaltern und hörten, wie zwei Männer den Einladungspsalm (Psalm 95) anstimmten; als sie näher herantraten, nahmen sie indes nichts mehr wahr. Ein Priester soll während seiner Nachtwache in der Kirche sogar mitsamt seinem Bett von den Toten hinausgeworfen worden sein. Sein Bischof befahl ihm daraufhin, die Kirche im Schutz von Heiligenreliquien und Weihwasser zu hüten.

„Und wirklich kamen sie zur gewohnten Stunde wieder, hoben ihn auf, setzten ihn vor dem Altar nieder und verbrannten seinen Körper zu Staub und Asche. Als der Bischof das erfuhr, gebot er voller Reue ein dreitägiges Fasten zum Heile für sich und die Seele des Toten."

Thietmar von Merseburg, S. 16 f.

Wenn Lebende aber die Toten wahrnehmen, so meinte Thietmar, bedeutete das etwas Ungewöhnliches (ein Hinweis darauf, daß solche Vorgänge also durchaus nicht „alltäglich" waren). Die Vorstellungen von umhergehenden Verstorbenen aber waren möglich, weil eine Scheidung der Guten und Bösen erst im Jüngsten Gericht erwartet wurde.

Und nach dem Tod? Die mittelalterlichen Jenseitsvorstellungen

Himmlische Freuden oder höllische Qualen

Niemand zweifelte an der Realität des Jüngsten Gerichts, wenn am „Tag des Zorns" (*dies irae*), der unwiderruflichen Sündenstrafe, die Menschen auferstehen (vgl. Abb. 22) und endgültig nach ihren Verdiensten geschieden würden (vgl. Abb. 23): Die einen wurden mit dem lange ersehnten Paradies belohnt, die anderen für ihre Sünden im Höllenfeuer bestraft, wobei die Sünder das Feuer je nach der Größe ihrer Sünden verschieden empfinden sollten (vgl. Abb. 24/25). Sichere Vorstellungen hatte man davon aber nicht. Otto von Freising stellte im 12. Jahrhundert die aus Bibel und Bibelexegese erreichbaren Aussagen systematisch zusammen. Indem er sie als achtes Buch seiner Chronik anfügte, ließ er keinen Zweifel daran aufkommen, daß die Ewigkeit das Ende und Ziel der Geschichte bedeutete. Extreme Hitze und Kälte, Gestank und Peinigungen aller Art waren das Los in der Hölle:

> *„Der Zustand dort ist der allerschrecklichste und unglücklichste und übertrifft alles Elend äußerer und innerer Leiden sowohl durch die Größe der Qualen als auch durch die ewige Dauer des ewigen Todes, der keinen Tod kennt."*

Otto von Freising, Chronik, S. 632 ff.

Theologisch bereitete der Wortlaut der Bibel manche Schwierigkeiten: Wieso konnte es in der Hölle dunkel sein, wenn doch lauter Feuer brannten? (Im Gegensatz zu Mose brennendem Dornbusch, meinte Otto, würden die Höllenfeuer brennen, aber nicht leuchten.) Waren die Würmer, die den Menschen dort zerfraßen, wörtlich zu verstehen? War die ewige Strafe wirklich gerecht, oder konnten die Bestraften noch Reue empfinden?

Der Himmel hingegen, das vom Himmel herabkommende, aus Edelsteinen und Perlen erbaute „himmlische Jerusalem", werde Engel und Menschen, die in ihren Körpern wiederauferstehen, im Angesicht Gottes vereinen – die Seligkeit, schrieb Otto, bestehe in der Gottesschau und in der Gotteserkenntnis –, die Körper aber würden rein und frei von aller Verweslichkeit sein, doch würden die Menschen auch hier in gemeinsamer Seligkeit je nach ihren Verdiensten verschiedene „Wohnungen" beziehen. Schließlich gebe es ja auch neun hierarchisch gestufte „Chöre" der Engel. Der Gedanke einer völligen Gleichheit lag dem Mittelalter demnach selbst in bezug auf das Jenseits fern: Wie sich „Kirche" und „Welt" im Denken des frühen Mittelalters durchdrangen, so auch Diesseits und Jenseits. Trotz aller himmlischen Überhöhung wurde die Ewigkeit letztlich in menschlichen Kategorien

Abb. 25: Nur wenige Jahre nach Abb. 24 entstand – ebenfalls in Echternach – diese Darstellung desselben Gleichnisses. Während der ähnliche Stil beider Miniaturen die Herkunft aus demselben Skriptorium verrät, führt der Maler dieses Bildes dem Betrachter, deutlicher als seine Vorlage, den Unterschied zwischen Himmel und Hölle, aber auch deren Nähe vor Augen: Die Verdammten blicken sehnsüchtig gen Himmel, wo der Erzvater Abraham ihre Blicke erwidert und zu ihnen hinabweist. Evangelistar Heinrichs III. Echternach, um 1030.

Bremen, Universitätsbibliothek, Ms. L. 21, fol. 77r. © Dr. Ludwig Reichert Verlag.

begriffen, und es ist auffällig, wenn in Jenseitsschilderungen die irdischen „Stände" oft getrennt erscheinen. Das entsprach aber der „platonischen" Vorstellung des Mittelalters, das Irdische als ein (sehr schattenhaftes) Abbild des Wahren, Himmlischen zu begreifen. Mehr noch: Da das Jenseits eigentlich zeitlos (und lediglich für die Menschen erst nach dem Jüngsten Gericht erfahrbar) war, waren einzelne auserwählt, es schon im Diesseits – vorübergehend – zu schauen, indem sie in Visionen dorthin „entrückt" wurden.

Visionen als „Jenseitsreisen"

Da die Bibel über das Jenseits nur grobe Vorstellungen vermittelte, war man zur Konkretisierung auf solche Visionen angewiesen und begierig nach deren Berichten. Im (Fieber-)Traum machten Menschen eine „Reise" ins

Jenseits und „erlebten" die dortigen Zustände, um, mit ethischen Absichten, die Mitmenschen davon zu unterrichten und sie gegebenenfalls zu warnen. Zahlreiche solcher Schilderungen sind uns überliefert. So informierte beispielsweise der heilige Bonifatius die Äbtissin von Thanet in Kent über einen Kranken, der fühlte, wie sein Körper leicht wurde und die Engel ihn in die Lüfte erhoben.

Der Weg ins Jenseits:
Engel und Teufel im Kampf um die Seelen der Menschen

Dieser Visionär schaute eine unzählbare Menge böser Geister sowie einen überaus herrlichen Chor himmlischer Engel. Die unseligen Geister und die heiligen Engel aber hätten wegen der aus den Körpern geschiedenen Seelen den größten Streit miteinander gehabt, indem die Dämonen sie anklagten und die Last der Sünden steigerten, während die Engel sie erleichterten und entschuldigten (vgl. Abb. 13, 27). Der Visionär beobachtete, wie seine eigenen Sünden ihm entgegentraten und ihn anklagten:

„'Ich bin deine Begierde, mit der du so oft unerlaubte und mit Gottes Geboten unvereinbare Dinge begehrt hast', sagte die eine, eine andere aber: 'Ich bin der eitle Ruhm, womit du dich vor den Menschen prahlerisch großgemacht hast'; eine andere: 'Ich bin die Lüge …', eine weitere: 'Ich bin das müßige Wort, das du umsonst gesprochen hast.'" Bonifatius, S. 32 f.

Unterdessen sah er in der Tiefe gewaltige Feuerschächte, und die Geister unseliger Menschen flogen in Gestalt schwarzer Vögel durch die Flamme und klagten und weinten: Schon vor dem Jüngsten Gericht wurden die Toten für ihre Sünden bestraft, um nachher „eine Erholung von ihrer Strafe und ewige Ruhe" zu erhalten. Ganz unten aber, „im tiefsten Abgrund", stöhnten die Seelen derer, „zu denen niemals das gütige Erbarmen des Herrn kommen, sondern die ein unlöschbares Feuer ohne Ende peinigen wird". Man hat darüber gestritten, ob die Vorstellung von einem reinigenden Zwischenbereich zwischen Tod und Jüngstem Gericht, dem „Purgatorium", erst im hohen Mittelalter aufkam. (Otto von Freising argumentierte, daß ein solches Purgatorium nach dem Jüngsten Gericht unnötig war, es also nur die Wartezeit bis dahin betreffen konnte.) Im Prinzip war eine solche Anschauung, wie die zitierte Stelle zeigt, schon Bonifatius bekannt (und das ist keineswegs der früheste Beleg), doch ging es ihm nicht um eine feste dogmatische Lehre, sondern um die Abstufung der Sünden und Leiden, nicht um eine zeitliche Abfolge, sondern um die Vorausschau: Der Visionär war der Zeit entrückt und sah, was für die Menschen auf Erden aufeinanderfolgte, gleichzeitig. Er sah Himmel und Hölle und dazwischen das Schicksal derer, deren endgültiger Zustand noch nicht feststand. Der Himmel aber war

„ein wunderschöner Ort, wo sich eine glänzende Menge schönster Menschen einer erstaunlichen Freude hingab und ihn einlud, zu ihren Freuden

zu kommen, wenn er dürfe, um sich mit ihnen zu freuen. Und von dort kam ein Wohlgeruch von wunderbarer Süße, weil es der Atem der sich daselbst zusammen freuenden seligen Geister war."

Bonifatius, S. 32 f.

Man hat gemeint, daß die Himmelsvorstellungen gegenüber der Hölle oft merkwürdig blaß blieben, doch war das himmlische Paradies letztlich das (unbeschreibliche) Ideal schlechthin.

Es gibt viele solcher oder ähnlicher Berichte, und gelegentlich sahen die Visionäre, wie auch dieser Mönch, das Schicksal von Bekannten und Verwandten nach deren Tod voraus, manchmal sogar solcher Menschen, die noch lebten und die auf diese Weise gewarnt werden sollten. Die Höllenstrafen trafen alle Stände, und es ist sicher verfehlt, Visionsschilderungen als „Vergeltung der kleinen Leute" zu begreifen, wie erst kürzlich wieder behauptet wurde. Solche Vorstellungen waren zweifellos nicht nur Ausdruck eines Volksglaubens. In den Jenseitsvorstellungen aber gipfelten die Auffassungen vom Tod. Wo Sterbevorgänge beschrieben wurden, geschah das um der Zukunft und des Jenseits willen, und die Visionen vermitteln davon einen anschaulichen Eindruck. Sie zeugen von einer Denkart, die den Menschen in den Bann des künftigen Schicksals zog. Das Jenseits griff hier sozusagen in die Welt und in das Leben der Menschen hinein und überformte und übersteigerte, ganz entsprechend der Gemeinschaft von Lebenden und Toten, das Ineinandergreifen von irdischer und jenseitiger Welt in den Vorstellungen der mittelalterlichen Menschen. Den Weg zum Jenseits aber versperrte ein widerspenstiger Widersacher, der die Gemüter nicht weniger beschäftigte als der Tod: der Teufel.

Überall lauert Satan:

Wahrnehmung und Funktionen des Teufels im Mittelalter

Der Teufel in der Heilsgeschichte

„Tod und Teufel", seit dem späten Mittelalter häufig zu einem Begriffspaar verwachsen, waren in der Vorstellungswelt des frühen und hohen Mittelalters durchaus getrennte Erscheinungen, die durch die „Aussicht" auf eine ewige Höllenstrafe gleichwohl miteinander verknüpft waren. An der Existenz des Teufels als eines realen Wesens bestanden im Mittelalter keinerlei Zweifel, auch wenn manche Züge seines Erscheinungsbildes undeutlich oder auch unheimlich blieben. Im Laufe der Zeit vermischten sich in der Gestalt des Teufels verschiedene Traditionen und führten zu einem komplexen „Teufelsbild", das, ähnlich den Todesvorstellungen, einen guten Einblick in die Vorstellungswelt der Menschen gibt und erneut zeigt, wie innig Theologie und Volksglaube, aber auch Religiosität und Weltlichkeit zu einem geschlossen erscheinenden Weltbild verschmolzen. Der Teufel war von seinem Ursprung her zwar keine jüdisch-christliche Figur, doch wurde seine Existenz als „Person" bereits im Neuen Testament unzweifelhaft vorausgesetzt, während eine geschlossenere Dogmatik erst in der griechischen und lateinischen Patristik entwickelt wurde. Der Kirchenvater Augustinus (354–430) setzte sich in seiner Schrift „Vom Gottesstaat" ausführlich mit dem Problem auseinander und suchte in Abgrenzung vom römischen Heidentum zu beweisen, daß die Dämonen keine Götter und infolge ihrer Lebensführung trotz ihrer besseren Leiber schlechter seien als die Menschen, die immerhin Hoffnung auf Erlösung hätten. Das größte Problem bildete, theologisch gesehen, die Frage, wie sich die Existenz des Teufels erklärte und weshalb Gott ihn, das Böse, überhaupt zuließ. Von seiner Schöpfung wurde in der Bibel nicht unmittelbar berichtet, und Augustinus sah sie in der Scheidung von Licht und Finsternis gleich am ersten Schöpfungstag symbolisiert. Der Teufel verkörperte das Böse schlechthin in der Welt, und man mußte zusehen, daß man mit dem christlichen Teufelsglauben nicht in häretisches Fahrwasser „dualistischer" Lehren geriet und die Welt als einen Kampf zweier gleichrangiger Prinzipien, des Guten und des Bösen, begriff. Auch hier fand Augustinus eine Lösung, indem er das Böse als Nichtvorhandensein des Guten erklärte und damit eine eigene Existenz – und eine „Schöpfung" – des Bösen abstreiten konnte. Interessant ist nun die Anschaulichkeit, mit der man sich später bereits die Anfänge des Teufels in der „Vorzeit" der menschlichen Geschichte sehr konkret im sogenannten „Engelfall" vorstellte.

Der Engelfall und seine Folgen

„Der allmächtige Gott, der größte Baumeister, gründete die hervorragendste Stadt, nämlich Jerusalem, im Himmel, und er richtete darin den leuchtendsten Staat in einer hochangemessenen Ordnung ein, indem er den überwältigenden Stand der Erzengel wie einen ehrwürdigen Senat einsetzte und die übrigen Heerscharen der Engel wie die Legionen eines unbesiegten Heeres verteilte. In diesem Staat aber riß ein Fürst eine tyrannische Herrschaft an sich und trug seinen Genossen als erster einen Bürgerkrieg ein, als nämlich der Erzengel Lucifer danach trachtete, dem höchsten Kaiser ähnlich zu sein. Als der Erzengel Michael, der Anführer der himmlischen Heerscharen, ihn jedoch mit Krieg überzog und besiegte und ihn mit allen seinen Helfern aus der himmlischen Stadt vertrieb, war er gezwungen, ins Exil auf diese Erde zu gehen. Weil er in diesem Exil jedoch nicht nur rebellierte, sondern sich darüber hinaus eine schamlose Herrschaft aneignete, errichtete der ewige Kaiser an einem lieblichen Ort gewissermaßen als Kastell das Paradies und setzte dort den ersten Menschen als Kommandanten ein, damit er den Tyrannen vertrieb. Der Tyrann aber unterwarf ihn mit List seiner Herrschaft und zwang ihn, als Gefangener mit in das Exil zu gehen. In diesem Exil aber gebar er zwei Menschen, von denen einer sich als Bürger des Erdenstaates, der andere sich als Bürger des Himmelsstaates erwies. Unter diesen brach bald ein Bürgerzwist aus, und Abel wurde von Kain erschlagen."

Honorius Augustudunensis, Speculum, Sp. 1093 f.

Honorius Augustudunensis, ein wahrscheinlich aus England stammender Mönch, der eine Zeitlang in Deutz am Rhein gelebt hatte, später wohl im Schottenkloster in Regensburg wirkte und eine Vielzahl religiöser Schriften hinterließ, in denen er das Wissen seiner Zeit, des frühen 12. Jahrhunderts, zusammenfaßte, erklärte hier auf seine Weise, anschaulich und mit weltlichen Begriffen, glaubenstreu und doch weit entfernt von dem Bibelbericht, die ganze Schöpfungs- und Heilsgeschichte: Der Himmel war ein Staat, der vom Heer der Engel verteidigt wurde, in dem jedoch ein Bürgerkrieg ausbrach, dessen Ausgang das himmlische Schicksal des Teufels (Lucifer) besiegelte und zugleich dessen Wirken auf Erden erklärte. Seine „Rebellion", die Honorius bereits eine Stunde nach der Schöpfung erfolgen ließ, bestand darin, daß er Gott gleich und ebenfalls ungeschaffen sein, ja sogar über Gott stehen wollte, wie Honorius in einer anderen Schrift lehrte. Dort fragte ein Schüler den Lehrer:

„'Womit wandte sich der Teufel gegen Gott?', und der Lehrer antwortete: 'Als er sah, daß er alle Stände der Engel an Ruhm und Glanz übertraf, wollte er Gott gleich, ja mehr sein als Gott.'"

Honorius Augustudunensis, Elucidarium, S. 367 f.

Abb. 26: Die Illustration zu Psalm 9,18 zeigt, wie der Teufel, ein graues, feuerspeiendes Monster mit Klauenfüßen, gemeinsam mit einem dunklen Gehilfen ein neues „Opfer" – einen verstorbenen „Sünder", wie es im Bibeltext heißt – in die Hölle führt, wo bereits andere Verdammte im Feuer brennen. Stuttgarter Bilderpsalter. Saint-Germain, um 820/30.

Stuttgart, Württemberg. Landesbibliothek, Fol. 23, fol. 10v.

Der „leuchtendste" wurde damit zum „dunkelsten" Engel und „aus dem Palast in den Kerker" geworfen. Gleichwohl bereitete sein Fall theologische Probleme, die immer wieder erörtert wurden: Weshalb hatte Gott den Teufel erschaffen, wenn er wußte, daß er abfallen würde? Weshalb wurden Menschen erlöst, der Teufel aber nicht? Ersetzten die erlösten Menschen im Jenseits die abgefallenen Engel? Der Engelfall war, so meinte Honorius, im Gegensatz zum Sündenfall des Menschen, der durch Christus gesühnt werden konnte, unwiderruflich, weil er freiwillig (ohne fremdes Einwirken) geschah und weil der Teufel unsterblich ist. Anselm von Canterbury, den die Forschung als „Vater" einer neuen „scholastischen" Wissenschaft feiert, welche den Glauben mit Vernunftgründen bekraftigen wollte, erörterte nur wenig früher ausführlich, daß Menschen zwar an die Stelle der gefallenen Engel treten würden, daß ihre Zahl aber weit größer sei und daß sie nicht als „Ersatz" für die Engel, sondern von vornherein als Vollendung der Schöpfung gedacht gewesen seien. Der Engelfall war folglich nicht etwa Voraussetzung für das Heil der Menschen (S. 50 ff.).

Die irdische Geschichte als Kampf zwischen Christus und dem Teufel

Vor solchem Hintergrund ließ sich die Geschichte und damit das Leben der Menschen aus religiöser Sicht als ein einziger Kampf mit dem Teufel verstehen. Augustinus hatte sie unter das Motiv der beiden „Staaten" (*civitates*), des „Gottesstaates" und des „Weltstaates" gestellt, die miteinander rangen, ein Bild, das immer wieder aufgegriffen und im 12. Jahrhundert von mehreren Autoren eigenständig weiterentwickelt und plastisch mit irdischen Begriffen beschrieben wurde:

> *„Das Menschengeschlecht aber teilte sich bald in zwei gegensätzliche Parteien, weil die einen die Sakramente des Teufels, die anderen aber die Sakramente Christi annahmen. Es bildeten sich zwei Familien, Christi Familie und die Familie des Teufels."*

Hugo von St. Viktor, De sacramentis, Sp. 312B

„So gibt es zwei Staaten oder Städte (civitates), Jerusalem und Babylon, zwei Völker, die Gott liebenden Bürger Jerusalems und die die Welt liebenden Bürger Babylons, und zwei Könige, Christus als König Jerusalems und den Teufel als König Babylons. Zwischen diesen beiden Staaten und zwischen den beiden Völkern und Königen aber herrscht immerfort Krieg, Zwietracht und Kampf; und jeder der beiden kennzeichnet seine Soldaten, Christus die Seinen und der Teufel die Seinen, damit jeder seinen König erkennt und von ihm erkannt wird. ... Die Soldaten Christi aber folgen ihrem König, und die Soldaten des Teufels folgen ihrem König."

Hugo von St. Viktor, Miscellanea, Sp. 496A

Nach Hugo von St. Viktor († 1141), der uns diese Schilderungen hinterlassen hat, einem der größten Gelehrten des hohen Mittelalters, besaß jede der beiden Familien ihre eigenen Sakramente, und sie kämpften mit unterschiedlichen „Waffen": hier mit Demut, Geduld und Armut, dort mit Reichtum, Hochmut und Ungeduld. Der Kampf zwischen den beiden Staaten aber werde andauern, solange die Welt bestehe, und erst mit dem Jüngsten Gericht und dem Sieg Christi sowie der endgültigen Vertreibung Lucifers durch Michael beendet:

„Am Ende aber werden die Bürger Jerusalems mit ihrem König am himmlischen Hof triumphieren, die Bürger Babylons aber werden mit ihrem König im Gefängnis der Hölle mit ewigen Strafen gemartert."

Honorius Augustudunensis, Speculum, Sp. 1093D

Trotz dieser scheinbar klaren Scheidung waren die beiden Familien auf dieser Welt vermischt. Die Lehre der beiden Staaten oder Familien ist daher ein „Bild", ein Symbol, das sich nicht leichthin mit irdischen Gemeinschaften identifizieren läßt. Mittelalterlich – nämlich in der neuplatonischen Tradition, welche das göttliche als das einzig wahre Sein begriff – heißt das: Die Staaten waren von ihrem Ende, Erlösung oder Verworfenheit, her gedacht und erst dann klar unterscheidbar, während sie auf Erden nur „schattenhaft", als Abbild des Ewigen, erkennbar waren. Augustins Gleichnis der beiden Städte, Jerusalem und Babylon, reizte hochmittelalterliche Autoren jedoch immer wieder dazu, sich das irdische Leben konkret als (allmählichen) Bau der Himmelsstadt vorzustellen. Eine interessante Deutung bietet hier eine anonyme, fälschlich Hildebert von Lavardin zugeschriebene Predigt des 12. Jahrhunderts: Die Welt (bzw. die Geschichte) bestand darin, Stein für Stein die (himmlische) Gottesstadt zu erbauen. Dabei wurden die Bauleute jedoch ständig von den Gottesgegnern, den Dämonen, behindert, die das zu vereiteln suchten (Sp. 733 f.). Was hier bildhaft dargestellt wird, ist aus religiöser Sicht der Kampf um die Seelen der Menschen.

Der Streit um die Seelen

In den Vorstellungen vom Jüngsten Gericht (vgl. Abb. 23) gewannen solche Ansichten noch einmal eine plastische Anschaulichkeit: Die Dämonen stritten gleichsam mit den Engeln um die Seelen der Gläubigen (vgl. Abb.

13, 26). Der Visionär des Bonifatiusbriefs aus dem 8. Jahrhundert (vgl. S. 203 f.) durfte einer solchen Verhandlung beiwohnen. Die Seele eines Mannes – bezeichnenderweise war es sein früherer Abt – wurde vorgeführt. Sogleich rissen die bösen Geister sie an sich

„und behaupteten, sie gehöre zu ihrem Anteil und zu ihrer Art. Nun antwortete einer aus dem Chor der Engel, indem er sagte: 'Ich werde euch, ihr unseligen Geister, rasch zeigen, daß erwiesenermaßen diese Seele nicht in eure Gewalt gehört.' Nach diesen Worten kam plötzlich eine große Schar weißer Seelen herbei, die sagten: 'Er ist unser Oberhaupt und Lehrer gewesen und hat uns alle durch seine Lehre für Gott gewonnen; und um diesen Preis wurde er erlöst, und man erkennt, daß er nicht euch gehört.' Es war, als wenn sie mit den Engeln den Kampf gegen die Dämonen anfingen. Und mit Hilfe der Engel retteten sie die Seele aus der Gewalt der bösen Geister und befreiten sie. Und daraufhin … erhoben die bösen Geister sofort ein gewaltiges Heulen und Wehklagen; im Nu und sozusagen im Augenblick stürzten sie sich in raschem Flug in die glühenden Feuerschächte, und als sie nach kurzer Zeit wieder auftauchten, stritten sie auf diesem Gerichtstag wieder um die Wette über die Verdienste der (nächsten) Seelen."

Bonifatius, S. 38 f.

In der „Vita Fursei" aus dem 7. Jahrhundert wird dieser Kampf ebenfalls anschaulich in einer Vision beschrieben: Die Schlachtreihen der Dämonen mit verformten, schwarzen Körpern schleuderten auf die Seelen der Menschen Feuerpfeile, die von den Engeln ausgelöscht wurden. Danach begann eine regelrechte Gerichtsverhandlung zwischen dem Ankläger (dem Teufel) und dem Verteidiger (dem Engel), bei dem nach längerem Zwiegespräch am Ende jeweils der Engel den Sieg davontrug.

„Und nachdem der wie eine Schlange zertretene Satan das giftige Haupt wieder erhoben hatte, sagte er: 'Müßige Reden hat er oft geführt', und deshalb dürfe er nicht unangefochten die Seligkeit genießen. Der heilige Engel antwortete: 'Wenn du nicht Hauptsünden vorbringst – wegen läßlicher Sünden wird er nicht zugrunde gehen.' Der Alte Ankläger sagte: 'Es ist geschrieben: Wenn ihr den Menschen nicht ihre Sünden nachlaßt, wird auch euer himmlischer Vater euch eure Sünden nicht erlassen (Mc 11,26).' *Der heilige Engel antwortete: 'Wo hat er sich gerächt, oder wem tat er unrecht?' Der Teufel sagte: 'Es ist nicht geschrieben: Wenn ihr rächt, sondern Wenn ihr nicht aus euren Herzen vergebt* (Mt 18,35).' *Der heilige Engel sagte entschuldigend: 'Nachsicht hatte er im Herzen, aber er beschränkte sie nach Menschenbrauch.' Der Teufel antwortete: 'So wie er das Böse dem Brauch nach angenommen, so soll er Vergeltung vom obersten Richter empfangen.' Der Engel des Herrn sagte: 'Lasset uns vor dem Herrn richten!' Da erneuerte der besiegte Feind sein Schlangengift, indem er sagte: 'Wenn Gott gerecht ist, wird dieser Mensch nicht ins Himmelreich eingehen. Geschrieben steht nämlich: Wenn ihr euch nicht bekehrt und werdet wie die Kinder, werdet*

ihr nicht ins Himmelreich eingehen (Mt 18,3). *Dieses Wort hat er gar nicht erfüllt.' Der heilige Engel sprach: 'Lasset uns vor dem Herrn richten!' Da der heilige Engel stritt, wurden die Widersacher zermalmt."*

Vita Fursei, S. 284 ff.

Der Teufel rief hier die schlechten Handlungen und Charakterzüge in Erinnerung, zu denen er selbst angestachelt hatte; insofern verteidigte er seinen eigenen Erfolg. Er erwies sich dabei als ebenso bibelfest wie listig und unterlag nur durch die Geduld und die Verteidigung des Engels. Ähnliche Vorstellungen finden sich auf künstlerischen Darstellungen, wie im Tympanon des Portals der Kathedrale von Autun, wo die Seele eines Gläubigen im Jüngsten Gericht vom Erzengel Michael regelrecht gewogen wird, während der Teufel versucht, die Waagschale herunterzudrücken (vgl. Abb. 27). Die theologischen Teufelsvorstellungen werden hier anschaulich und doch dogmatisch konsistent ausgeschmückt und konkretisiert. Es ist daher nicht verwunderlich, wenn auch die Teufelserscheinungen und Teufelswahrnehmungen inmitten des irdischen Lebens ähnliche Merkmale tragen.

Gestalt und Auftreten des Teufels

Der Teufel als Tier …

Teufel und Dämonen sind in den Erzählungen des frühen und hohen Mittelalters allgegenwärtig. Die Menschen standen ständig zwischen Gott und dem Teufel, der mit seinen Helfern in vielfältiger Weise um die Seelen der Gläubigen rang und auf die Menschen einwirkte oder in ihnen wirkte. So vielfältig wie sein Wirken stellte man sich auch die Gestalt des Teufels vor, der den Menschen als personifizierte Erscheinung gegenübertrat. Gerade das machte ihn so gefährlich und trug zur Effizienz seines Wirkens bei, es zeigt aber auch, daß man noch im hohen Mittelalter nicht von völlig verfestigten Vorstellungen über sein Aussehen ausgehen kann. Die Teufelserscheinungen lassen jedoch erkennen, wie man sich den Teufel und sein Wirken konkret vorstellte, in welcher Gestalt er auftrat, wie er vorging und wie man dem begegnete, aber auch, wie man ihn entlarven konnte bzw. wie er sich zu erkennen gab. Der heiligen Liutbirg (9. Jahrhundert) erschien derselbe Teufel nacheinander in sich steigernder Abstrusität zunächst als Knabe, dann (zusätzlich) als Hund und als Ziegenbock, um ihr Angst einzuflößen. Schließlich ließ er einen Mäuseschwarm in ihre Zelle einfallen (Leben der Liutbirg, S. 53 ff.). Dem heiligen Norbert (1080/85 – 1134), dem Gründer des Prämonstratenserordens und späteren Erzbischof von Magdeburg, erschien er – so die „Vita Norberti" (S. 516 f.) – als Bär. (In der Vita verlor Norbert seine Angst bezeichnenderweise in dem Augenblick, als er den Teufel erkannte.)

… als Unhold …

Am Ende überwogen allerdings stets die negativen Elemente, und manchmal trat der Teufel auch von vornherein in potthäßlicher Gestalt auf (vgl.

Abb. 26, 28, 30). Die Teufel in der Vision der „Vita Fursei" waren schwarz und verkrümmt, hatten lange, magere Hälse und angeschwollene Köpfe (S. 284 f.). Dem Chronisten Rodulf Glaber († 1047), der eine geradezu „klassische", porträtgenaue Beschreibung des Teufels lieferte, erschien dieser (soweit Rodulf das in der Dämmerung erkennen konnte!) als mittelgroßes Männchen mit dürrem Hals, hagerem Gesicht, pechschwarzen Augen, runzliger, eingezogener Stirn, eingedrückter Nase, breitem Mund, geschwollenen Lippen, vorstehendem, ganz schmalem Kinn, mit Ziegenbart, borstigen, spitzen Ohren, abstehenden, struppigen Haaren, Hundezähnen, hohem Hinterkopf, schwellender Brust, buckligem Rücken und wedelndem Steiß; er trug schmutzige Kleidung, und sein Körper schien bei jeder Bewegung kopfüber stürzen zu wollen (S. 218 f.). Auch sonst fiel der Teufel in aller Regel durch häßliche Abnormitäten auf.

… und als Mensch

Zu anderer Gelegenheit – und das machte das Unberechenbare seines Wirkens aus – erschien der Teufel hingegen ausgesprochen menschlich, wobei er sich die jeweilige Situation zunutze machte. Den Brüdern von Prémontré zeigte er sich in Gestalt von Menschen, die einst ihre Todfeinde gewesen waren, und reizte sie so zum Kampf (Vita Norberti, S. 496 f.). In den Historien Rodulf Glabers erschien er einem Einsiedler in der Gestalt antiker Autoren, einem Laien als dessen Nachbar (S. 92 f. und 86 f.). „Menschlich" waren aber auch seine Unzulänglichkeiten: Ein Schmied mußte einem bösen Geist erst Zutritt verschaffen, damit dieser poltern konnte, und in Menschengestalt wurde dieser – als Dieb – gefangen und ausgepeitscht (Notker, S. 356 f.). Das läßt, hier wie in anderen Fällen, darauf schließen, daß man Menschen durchaus für Dämonen halten konnte, ja es machte gerade die Subtilität und Gefährlichkeit ihres Wirkens aus, daß sie von bekannten Menschen Besitz ergriffen oder deren Gestalt annahmen, so daß man nirgends vor ihren Anfechtungen sicher sein konnte: Jeder Mensch konnte vom Teufel besessen oder ein verkleideter Teufel sein, oder, anders ausgedrückt, in jedem Menschen konnte man den Teufel vermuten. So gerüstet, konnte er jederzeit auf die Menschen einwirken.

Das Leben als Kampf mit dem Teufel: die Vorstellungen vom Wirken des Teufels

Versuchung und Dämonenkampf

Im „klassischen" Erzählmotiv nach biblischem Vorbild trat der Teufel als Versucher auf, um die Menschen zur Sünde zu verleiten (vgl. Abb. 28, 29). In mittelalterlichen Heiligenviten war der „Dämonenkampf" daher ein weit verbreitetes Motiv, das die Standhaftigkeit der Heiligen dokumentieren sollte. Hier verliefen die Anfechtungen entsprechend erfolglos. Aber auch das Mönchsleben als Nachahmung (*imitatio*) Christi erscheint oft als eine gera-

Abb. 27: Himmlische und teuflische Mächte streiten beim Jüngsten Gericht: Engel und Teufel wiegen die Seelen der Toten. Obwohl der Teufel dabei mit aller Kraft die Waage herunterzudrücken versucht, erweist sich der Engel (links) als stärker; die Schale senkt sich zugunsten des Verstorbenen. Kathedrale von Autun, um 1140.

Archiv des Verlags.

dezu stete Auseinandersetzung mit dem Bösen. Manchmal wurde man sogar handgreiflich, wie es besonders von Notker dem Stammler (840–912) überliefert ist, der einen Teufel in Hundegestalt regelrecht verprügelte, und zwar pikanterweise mit dem Abtstab, der darüber zerbrach (Ekkehard, S. 92 ff.).

Der Teufel stellte den Menschen immer neue, listige „Fallen“: Dem heiligen Gallus († um 650) erschienen z. B. zwei Dämonen in Gestalt nackter, badender Frauen, die „ihre schändlichen Körper zur Schau stellten“ und ihn mit Steinen bewarfen (Wetti, S. 263); einen Bauern der Kirche von Viviers in Südfrankreich suchte der Teufel von der Arbeit abzubringen (Vita Norberti, S. 512 f.); einem Mönch im Umkreis des heiligen Norbert begegnete er sowohl mit theologischen Argumenten, indem er mit drei Köpfen erschien und behauptete, die Trinität zu sein, als auch mit fleischlichen Anfechtungen, indem er ihm – und auch das war ein beliebtes Motiv – in der Fastenzeit Hunger einflößte (S. 474 ff.).

Der Teufel war zwar überall, doch gab es bevorzugte Orte der Dämonen, nämlich vor allem die heidnischen, noch nicht geweihten Stätten, aus denen sie durch die monastische und kirchliche Erschließung und konkret durch die Weihe – oft unter lautem Wehklagen – vertrieben wurden. Als Gallus sein Kloster an der Steinach errichtete und die sich dem in verschiedener Gestalt widersetzenden Dämonen vertrieb, klagten diese, daß ihnen wegen des fremden Eindringlings nun kein Raum mehr bleibe (Wetti, S. 264). In der neuen Kölner Domkirche hörte man in der Nacht vor der Weihe ein lautes Klagen der bösen Geister, die nun aus der Kirche vertrieben würden (Annales Fuldenses, S. 78 f.).

Der heiligen Liutbirg, die als Klausnerin in einem abgeschlossenen Raum lebte, wollte der Teufel einmal Angst machen, ein anderes Mal verhöhnte und beschimpfte er sie, dann wiederum suchte er sie zu verlocken und gaukelte ihr verschiedene Trugbilder vor, oder er störte ihre frommen Werke, weil sie ihn gerade bei seiner geliebten Beschäftigung behinderte, ein junges Paar zur Unzucht zu verführen. Der Heiligen selbst wollte er das zurückgezogene Leben als Klausnerin ausreden (S. 52 ff.). In den Anekdoten Notkers von St. Gallen ließ der Teufel gleich mehrere „heilige“ Bischöfe ihren

Sünden erliegen: Einer brach das Fastengebot, ein anderer gab den Verführungskünsten einer Frau nach (S. 350 ff.). Und Bischof Thietmar von Merseburg träumte von seltsamen Gestalten, die ihn zwangen, aus einer Schale zu trinken; indem er das im Namen Gottes tat, wurde er zwar gerettet, hatte seither, wie er meinte, aber immer wieder unter Anfechtungen zu leiden, die er selbst offenkundig auf dieses „Erlebnis" zurückführte und mit einer persönlichen Feindschaft der bösen Mächte erklärte: Sie hätten ihn vernichten wollen, weil er als Priester und Bischof selbst viele Menschen vor solchen Versuchungen gerettet habe (S. 456 ff.). Der Einfallsreichtum des Teufels war grenzenlos. Dem Gläubigen galt er als eine Bedrohung des Heils, dem Theologen als Erklärung für begangene Sünden, wobei Thietmars Bericht mit seinen scheinbar volkstümlichen Elementen zeigt, daß auch die Vorstellungen des gelehrten Bischofs längst nicht nur auf einer theologischen Dogmatik fußten.

Der Teufel im Menschen:
die „Besessenheit" als Laster und als Problem

Viele Berichte befaßten sich mit sogenannten Besessenen, und entsprechende Heilungswunder zählten zu den üblichen Mirakeln in Heiligenviten. Von Karl, dem Sohn Ludwigs des „Deutschen" und späteren Kaiser, wird berichtet, daß ihn (bei seinen Anfällen) sechs Männer nicht halten konnten und daß er schrie und um sich biß und mißtönende Laute von sich gab. Karl war offenbar Epileptiker, eine Krankheit, die die mittelalterlichen Menschen leicht als Besessenheit auffassen konnten. Dahinter stand aber die grundsätzlichere Vorstellung, daß der Teufel in einen Menschen fahren und ihn „besitzen" konnte, indem er ihn zu seinem „Gefäß" und zu seiner „Wohnung" oder zu seinem „Knecht" oder „Sklaven" machte. So sagte er von einem Priester: „Dieser ist mein Knecht, denn von wem einer überwunden wird, dessen Knecht ist er" (Annales Fuldenses, S. 56 f.).

Besessenheit aber galt weithin als eine Sündenstrafe und war dem Besessenen selbst anzulasten: Ein Priester wurde vom Teufel besessen, weil er zuvor – „auf dessen Rat hin" – mit der Tochter des Verwalters geschlafen hatte, also einer teuflischen Versuchung erlegen war (S. 58 f.); in einen Mann aus Eichstätt fuhr der Teufel, weil jener in Augsburg ein Stück (billiges) Tischtuch hatte mitgehen lassen, und er wurde trotz vielfältiger Versuche erst dann erlöst, als er das Tuch nach Augsburg zurückgebracht und die Tat gebüßt hatte (Gerhard, S. 102 f.). Auch der besagte Königssohn Karl war nicht schuldlos, denn er hatte einen Aufstand gegen seinen Vater angezettelt und soll später bekannt haben, so oft besessen worden zu sein, wie er sich gegen den König (Ludwig den Deutschen) verschworen habe. Diesem legte der Fuldaer Annalist daher eine entsprechende Moral in den Mund:

> „*'Siehst du, mein Sohn, wessen Herrschaft ihr dient, du und dein Bruder* [Ludwig der Jüngere], *wenn ihr gegen mich etwas Böses auszuführen gewillt seid. … Bekenne also deine Sünden und tue Buße und bitte Gott demütig, daß sie Dir erlassen werden.*'"

Annales Fuldenses, S. 86 f.

Der westfränkische Annalist Hinkmar von Reims (Erzbischof 845–882) stilisierte dieselbe Episode noch schwungvoll aus: Karl sei zuvor regelrecht vom Teufel verführt worden, der ihm die Herrschaft versprochen habe; er habe sogar die Kommunion aus den Händen des Teufels entgegengenommen, der daraufhin in ihn gefahren sei (Annales Bertiniani, S. 228 f.). Es wird deutlich – und auch hier schreibt ein hochgelehrter Erzbischof (nicht ohne politische Tendenz) –, wie konkret man sich diese Begegnungen mit dem Teufel vorstellte. Aufschlußreich sind aber auch die Gründe, die man für die (sündhafte) Besessenheit verantwortlich machte. So ließ der heilige Norbert einem 12jährigen Mädchen beispielsweise die langen, blonden Haare abschneiden, da er sie für die Ursache ihrer Besessenheit hielt (Vita Norberti, S. 480 f.).

Der Exorzismus als „Heilung"

Das übliche Vorgehen gegenüber Besessenen war der Exorzismus, der nach bestimmten, wenngleich anfangs noch variablen Riten durchgeführt wurde: Der Priester las „die Exorzismen" (nämlich das Evangelium) über dem Haupt eines Besessenen. Mit Reliquien und Kreuzen, Kreuzzeichen und Bittgebeten und vor allem mit Weihwasser suchte man den Teufel auszutreiben. In schweren Fällen legte man den Besessenen ganz in Weihwasser. Gelegentlich wandte man aber auch andere Mittel an: So wurde ein besessener Mönch eingesperrt; einem anderen legte der heilige Norbert exorziertes Salz in den Mund (S. 506 f.). Wichtig war auch die Unterstützung durch geistliche Handlungen seitens der Umstehenden: Der heilige Norbert und seine Ordensbrüder fasteten und kasteiten sich während der Exorzismen (S. 502 f.). Nach der Vita der heiligen Afra († um 304) vermochte ein Dämon nur dann über Nacht zu bleiben, falls der Bischof und die Brüder in dieser Zeit darauf verzichten würden, die Hände gen Himmel zu strecken, niederzuknien und Psalmen zu singen. Er konnte durch solche Handlungen vertrieben werden (Conversio Afrae, S. 58 ff.).

Dem Exorzismus ging interessanterweise eine regelrechte Inquisition voran: Der Teufel wurde befragt und gab – über den Mund des Besessenen – offenbar bereitwillig Auskunft darüber, wie und wann er in den Menschen gefahren sei, wie es exempelhaft in Einhards „Translatio Marcellini et Petri" aus dem 9. Jahrhundert berichtet wird:

> *„'Du aber', fragte der Priester ein elfjähriges besessenes Mädchen, 'woher kommst du, wenn das hier nicht deine Eltern sind?' Und der Dämon sagte durch das Mädchen: 'Ich bin ein Anhänger und Schüler Satans und war schon seit langem Torsteher der Hölle, aber jetzt habe ich einige Jahre lang mit meinen elf Kumpanen das Frankenreich verwüstet.'"*

Einhard, Translatio, S. 253

In der Vita der heiligen Afra († um 304) fand gar eine Befragung über den Christusglauben durch den Bischof Narcissus von Gerona statt, der den bösen Geist fragte, ob er wisse, daß Christus versucht, gegeißelt, mit einer Dornenkrone verhöhnt, gekreuzigt, gestorben und begraben und am dritten

Abb. 28: Dreimalige Versuchung Christi und dreimaliger Sieg über den Teufel: Der Teufel erscheint hier als menschenähnliche, aber monströse Gestalt mit großen Flügeln, Schwanz, heraushängender Zunge und weiblichen Brüsten. Da Christus der Versuchung, die Welt vom Teufel zu Füßen gelegt zu erhalten, widersteht, stürzt der Teufel hinunter. Codex Aureus Epternacensis. Echternach, um 1030.

Nürnberg, Germanisches Nationalmuseum Hs. 156142, fol. 20r.

Tage von den Toten auferstanden sei. „'Wie sollte ich das nicht wissen', antwortete der Dämon, 'da doch von jener Stunde an, da er gekreuzigt wurde, unser Fürst entfloh.'" Dann fragte der Bischof ihn nach dem Namen jenes Fürsten (Satan) und entlockte ihm das Geständnis, daß Christus nie gesündigt habe, sondern für die Sünden der Menschen gestorben sei, um ihn damit zu überzeugen, daß er die Menschen (in diesem Fall die Frauen um die heilige Afra) nicht behelligen könne. Der Teufel aber antwortete mit Bibelworten, daß niemand Fremdes wegnehmen, der Bischof ihm seine Funktion folglich nicht entziehen könne. Auch er sei ein Geschöpf Gottes und habe seine Aufgabe (Conversio Afrae, S. 58 ff.). Die heilsgeschichtliche Funktion deckt einen wesentlichen Grund der allseits anerkannten mittelalterlichen Teufelsvorstellungen auf. Schaden konnte der Teufel hingegen nur, soweit Gott ihm die Macht dazu gab.

Ein Problem der Exorzisten: der widerspenstige Teufel

Erfolg und Ruhm der Exorzisten waren unterschiedlich. Es gab Priester, denen (angeblich) kein Dämon widerstehen konnte und vor denen die Dämonen regelrecht Angst hatten, und manche Viten suchten solche Fähigkeiten ihres Heiligen besonders herauszustellen. Doch empfand der Teufel offenbar gerade das als Herausforderung, und nicht selten erwies er sich als ausgesprochen widerspenstig.

„*Ich fahre nicht aus, weil du es befiehlst*", antwortete der Dämon Wiggo dem exorzierenden Priester, „*sondern wegen der Kraft der Heiligen, die mir nicht gestatten, länger in diesem Mädchen zu verweilen.*"

Einhard, Translatio, S. 253

Norbert von Xanten wurde vom ganzen Volk wegen seiner exorzistischen Fähigkeiten gerühmt, und doch hatte er größte Schwierigkeiten, den Teufel aus einem zwölfjährigen Mädchen auszutreiben, und bedurfte dazu mehrerer Versuche und mehrerer Tage, weil der Teufel über die üblichen Verfahren nur lachte:

„*'Dieses Geleier habe ich schon oft gehört; deshalb werde ich doch aus meiner Wohnung nicht ausfahren, weder dir noch einem von denen da zuliebe.'*" Der Teufel betrachtete das als Kampf und drohte, seine zahlreichen Gefährten herbeizurufen: „*'Wenn du mich aber schreien hörst, werden sogleich unzählige von den Meinen, das ist von den Schwarzen, zum Kampfe kommen, hei, zum Kampf, hei, zum Kampf.'*" Auch daß Norbert das besessene Mädchen in Weihwasser legen ließ, half nichts, der Heilige mußte den Versuch erst einmal abbrechen, während der Teufel spottete: „*'Ha, ha, he! Jetzt machst du's gut, und noch immer hast du mir das Gott wohlgefällige Werk nicht getan. Den ganzen Tag hast du nutzlos vergeudet.'*" Der Heilige verbrachte die Nacht mit Fasten und las am nächsten Morgen Evangelium und Messe über dem Kopf des Mädchens, doch selbst bei der Eucharistiefeier höhnte der Teufel: „*'Schaut, schaut, da hält er sein Göttchen in der Hand!'*" (Der Autor kommentierte: „*Teufel bekennen nämlich, was Häretiker leugnen.*") Erst als Norbert das Werk forcierte, schrie der Teufel: „*'Au, ich brenne, au, ich brenne, au, ich sterbe, au, ich sterbe!' sowie: 'Ich will ausfahren, ich will ausfahren, laß mich frei!'*"

Vita Norberti, S. 478 ff.

Ein anderes Mal höhnte der Teufel:

„*'Du hast schon angeregt, mich in Wasser zu legen, damit ich dort fürchterlich gegeißelt und fast totgeschlagen werde; aber du mühst dich umsonst, mich verletzen deine Schläge nicht, deine Drohungen schrecken mich nicht, der Tod quält mich nicht, und die Fesseln des Todes binden mich nicht.'*"

Vita Norberti, S. 506 f.

Einmal gab Norbert die Exorzismen ganz auf, weil – so seine Begründung – die Sünden des besessenen Mannes offenbar noch zu groß waren. Der Teufel mußte diesen erst drei Tage quälen, bevor er endlich ausfuhr. Besessenheit wird hier erneut als Gottes Strafe für menschliche Sünden gedeutet.

Im Erfolgsfall fuhr der Teufel dann durch Körperöffnungen wie Mund, Harnblase oder Hinterteil aus (vgl. Abb. 30, 31), nicht ohne einen widerlichen Gestank zu hinterlassen.

„*Da der grausame Feind keine Öffnung im oberen Teil des Körpers finden konnte, um zu entfahren, wurde er über den Ort der Verdauung, eine ihm würdige Öffnung, herausgezwungen und entfuhr von dort*", so schilderte die Vita des heiligen Dalmatius (ca. 524–580) den Exorzismus an einem jungen Mädchen in einer Kirche, „*und der Raum, an dem sonst dem ewigen König heilige Verehrung zuteil wird, füllte sich mit einem solchen Gestank, daß es dafür keine Erklärung gab, außer daß der Teufel von dort ausgefahren sei.*"

Vita Dalmatii, S. 547

Nicht selten fuhr er sogleich in den nächsten Menschen ein und gelegentlich machte er das sogar zur Bedingung. So versprach er dem heiligen Norbert, aus einem Mädchen auszufahren, wenn der Heilige ihm erlaubte, dafür einen der anwesenden Mönche in Besitz zu nehmen (Vita Norberti, S. 478 f.).

Voraussetzung für eine erfolgreiche Austreibung war zunächst die Tatsache, daß der Teufel als solcher erkannt war. Dem Prior von Prémontré gegenüber blieb er so lange widerspenstig, bis jener ihm vorwarf, von Beginn an ein Lügner zu sein. Die größte Angst hatte der Teufel vor Christus, der ihn überwunden hatte. Der Prior befahl dem Teufel daher, im Namen Christi zu antworten:

„Da streckte jener die Hände gegen ihn aus und sagte: 'Glaubst du wohl, du bist der Meister der andern?' Dann deutete er mit den Fingern auf das Kreuz, das sich dort befand, und sagte: 'Der da ist der Lehrer, nicht du. Für dich tun wir nichts; dieser aber ist es, von dem ich gequält werde.'" Vita Norberti, S. 502 f.

Das sicherste Mittel, den Teufel auszutreiben, war es daher, ihn an seine eigenen Ursprünge und daran zu erinnern, was er verloren hatte. So warf ein Kanoniker aus Norberts Stift in Prémontré dem Teufel den Engelfall vor (dessen Kenntnis hier vorausgesetzt wurde!):

„'Elender, Elendigster, du, einst Luzifer, bist du in der Frühe aufgegangen, hast die Wonnen des Paradieses genossen; doch weil sie dir nicht genügten, sprachst du: Ich will meinen Sitz aufschlagen im Norden, dem Allmächtigen will ich gleich sein. Da hast du verloren, was du warst, hast vertauscht das Licht mit der Finsternis, die Seligkeit mit dem Elend, den Ort der Wonnen mit dem stinkenden Platz bei den Schweinen. O ja, ein verdienter Tausch, eine angemessene Veränderung! Also los, hier ist kein Platz für dich, wälz dich in stinkenden Kloaken wie die Säue und warte an schmutzigen Orten auf die Zeit der Prüfung!'" Vita Norberti, S. 504 f.

Das verwirrte den Teufel, und er verschwand. Die Erinnerung an den Engelfall sollte dem Teufel seine tatsächliche Machtlosigkeit bewußtmachen.

„Auf solche Art und Weise nämlich", so fügte der Autor hinzu, *„verwirrt und beschämt man den bösen Geist, wenn man ihm die Freuden vorhält, die er verloren hat; ebenso fürchtet er sich und erbebt, wenn ihm in Beschwörungen die Drohungen und Schrecknisse des Letzten Gerichts vorgestellt werden. Daher ist es alte Sitte in der heiligen Kirche, daß alle Exorzismen zusammenfassend mit den Worten schließen: 'Ich exorziere dich durch den, der kommen wird zu richten die Lebendigen und die Toten und die Welt durch Feuer.'"* Vita Norberti, S. 504 f.

An diesen Stellen flossen die theologischen Vorstellungen vom Engelfall unmittelbar in die Erzählungen ein. Der Exorzismus war daher eine heilsgeschichtliche und heilsbedingende Notwendigkeit.

„*'Wißt ihr denn nicht'*", schalt der heilige Norbert die Brüder, die ihn wegen der fortgeschrittenen Zeit von der Fortführung der Exorzismen abbringen wollten, „*'daß durch die Feindschaft des Teufels der Tod in die Welt gekommen und noch immer in ihr ist, und daß er sich freiwillig niemals aus ihr zurückziehen wird?'*"

Vita Norberti, S. 504 f.

Poltergeister und Wahrsager: die Künste des Teufels

Die Geschichten der vom Teufel besessenen Menschen und ihrer Heilungen beherrschen das frühmittelalterliche Schrifttum und zumal die Heiligenviten, weil sie die Kraft der Heiligen am deutlichsten unter Beweis stellen konnten, doch gab es daneben auch andere „Begegnungen der teuflischen Art". Gelegentlich ist von einem regelrechten Teufelspakt die Rede. Nach einer Anekdote Notkers von St. Gallen schloß der Teufel einen Pakt mit einem Armen, den er reich zu beschenken versprach, wenn er ihm helfen und einem habgierigen Bischof den als Maultier getarnten Teufel verkaufen werde. In einer anderen, schon erwähnten Anekdote vermochte ein Dämon einen Schmied dazu zu bringen, gegen eine täglich gefüllte Flasche Wein in der Schmiede poltern und in den bischöflichen Weinkeller eindringen zu dürfen. Als er am Ende ertappt und ausgepeitscht wurde, bedauerte er nichts so sehr, als daß er die Flasche und damit das Pfand, das er offenbar zur Aufrechterhaltung des Paktes brauchte, verloren hatte (Notker, S. 356 ff.).

In dieser Geschichte wird ein weiteres Motiv benutzt, nämlich daß Dämonen sich gern als Poltergeister betätigten. So warfen z. B. in Kempten Dämonen nach einem Bericht der Fuldaer Annalen drei Jahre lang mit Steinen und klopften an die Häuser. Dadurch richteten sie den Unmut der Bewohner gegen einen Mann, der aus dem Ort vertrieben wurde, weil jedes Haus, das er betrat, Feuer fing. Er konnte sich dann aber durch ein Gottesurteil reinigen (Annales Fuldenses, S. 56 f.).

Weit subtiler aber war das Wirken des Teufels, wenn er sich dank seines Wissens als Wahrsager betätigte. Zwar waren die bösen Mächte, wie Honorius Augustudunensis lehrte, keineswegs allwissend und kannten von der Zukunft nur soviel, wie Gott ihnen zugestand, aber sie wußten doch mehr als die Menschen (Elucidarium, S. 369), so daß sie diesen Unbekanntes aufdecken und damit für nicht geringe Aufregung sorgen konnten. Als ein Dämon in Utrecht, den der heilige Norbert austreiben wollte, durch den Mund eines Besessenen plötzlich in aller Öffentlichkeit „das lasterhafte Leben, Ehebruch und Unzucht vieler anderer Leute enthüllte", verursachte das größten Ärger in der Stadt, und die Menschen verließen den heiligen Norbert (Vita Norberti, S. 506 f.). *Das* wollten sie offensichtlich nicht hören. Der bereits erwähnte Dämon in Kempten deckte Diebstähle auf und stiftete dadurch Zwietracht im Dorf (Annales Fuldenses, S. 56 f.), und Thietmar von Merseburg berichtete, der Teufel habe der Äbtissin Gerberga von Gandersheim das einzige Mittel, den Tod des Erzbischofs Gero von Köln zu verhindern, unter der Bedingung geweissagt, daß sie dieses Geheimnis für sich behalte; als sie es dennoch dem Erzbischof verriet, um ihn zu retten, starb sie binnen weniger Tage (S. 86 ff.). Die Geschichten zeigen, in wie vielfältiger Weise man im täglichen Leben den Teufel wirken wähnte. Es ist allerdings nicht weniger bezeichnend für die mittelalterliche Vorstellungswelt, daß solche „Anfechtungen“ den Menschen keineswegs immer zum Schaden gereichten: Der Teufel hatte durchaus vielfältige Funktionen.

Die „Funktion“ des Teufels und die „Funktionalisierung“ der Teufelsgeschichten

Der Teufel als Mahner

Sicherlich verkörperte der Teufel das Böse. Abt Eigil von Fulda nannte ihn den „neidischen (Feind) aller guten Dinge“ (S. 29). Eine Absicht des Teufels war es, den Guten zu schaden. Doch sollten die Geschichten die Menschen zugleich ermahnen und läutern, ja der Teufel wirkte regelrecht, um Sünder zu bestrafen, wie das beispielsweise in Notkers Erzählungen deutlich hervortritt: Einem habgierigen Bischof räumte er den Weinkeller aus, und einem eitlen Bischof ließ er sich als kostbares Maultier verkaufen, um ihn in die Fluten zu stürzen (S. 356 ff.). Die moralische Funktion solcher Geschichten ist unverkennbar:

„*'Laßt euch ja nicht zum Bösen verführen'*“, so ermahnte der heilige Norbert seine Mitbrüder, „*'denn seine Bosheit ist so groß, daß er allen Guten schaden und sie um ihren guten Ruf bringen will, soviel er nur kann.'*“

Vita Norberti, S. 478 f.

Aus solcher Sicht aber mahnte der Teufel die Zeugen seines Auftritts, ganz gegen seinen Willen, zur Besserung, und erst daraus erklärt sich seine Funktionalisierung im religiösen Schrifttum. Es verwundert daher nicht, daß der Teufel in den Geschichten immer wieder an frühere Sünden erinnerte und damit gleichsam an das Gewissen des Menschen appellierte. Anders ausgedrückt, erhielt die teuflische Anfechtung hier die Funktion des Gewissens. So sagte der Teufel, den der St. Galler Mönch und Gelehrte Notker mit einer Schreibtafel auf einem Dachbalken sitzen und schreiben sah, auf die Frage, welches Verbrechen er da wohl aufschreibe: „Die Non notiere ich, die du Bösewicht dir erspart hast“ (Ekkehard, S. 96 f.). Notker war am Nachmittag nämlich nicht zum Chorgebet erschienen. Rodulf Glaber rannte nach seiner Teufelserscheinung auf der Stelle in die Kirche und suchte sein ganzes Leben nach den Sünden ab, die er begangen hatte (S. 218 f.), und als die heilige Liutbirg Mäuse, die in ihre Zelle eingefallen waren, als teuflische Boten mit Weihwasser vertrieben hatte, bereitete ihr das anschließend Gewissensbisse, weil sie solche Anfechtungen nicht, wie es sich für eine Klausnerin gehörte, asketisch ertragen hatte (S. 55 f.). Einmal erschien ihr ihre einfache Bettstelle plötzlich zu „luxuriös“ für ein asketisches Inklusenleben (S. 51). Ein anderes Mal erinnerte sich die Heilige an kindliche Sünden, etwa an einen Streich, den sie einem anderen Mädchen gespielt hatte (sie hatte ihr eine zerbrochene Nadel untergeschoben). Die Versuchungen erhielten hier eine eindeutig heilsgeschichtliche Funktion. Das Wirken des Teufels war manchmal derart im Sinne Gottes, daß es von göttlichen Eingebungen kaum mehr zu unterscheiden war, und so fügte der Autor der Liutbirg-Vita denn auch hinzu:

> *„Aber wir geben zu, daß auch dieses, wie schon vorhin erwähnt, eher eine Ermahnung der göttlichen Güte gewesen sein mag als eine Bekundung des Teufels, der ja mehr seine Freude hat, wenn die Vergehen verborgen bleiben zur Belastung des Sünders, als wenn sie durch Bekennen und Buße zur Vergebung kommen."*

Leben der Liutbirg, S. 57

Gott oder der Teufel?
Die Geheimnisse um das Wirken des Teufels …

Solche Worte zeigen, daß es den Menschen keineswegs immer leichtfiel, göttliches und teuflisches Wirken zu unterscheiden. Wie sollte der beschränkte menschliche Geist beides auseinanderhalten, wenn auch teuflisches Wirken den Sünder läutern konnte? Auch darin wird das untrennbare Ineinandergreifen dogmatischer und volkstümlicher Vorstellungen, christlichen und weltlichen Lebens deutlich. Ob es sich nun um Engel oder Dämonen handelte, so beantwortete der Erzbischof Agobard von Lyon (ca. 769–840) in einem Brief eine entsprechende, an ihn gerichtete Frage: stets seien sie von Gott gesandt (Agobard von Lyon, Brief 12, S. 206 ff.). Die Unsicherheit wird besonders deutlich in solchen Fällen, in denen der Teufel seine subtilsten Verführungskünste anwandte, seine Einflüsterungen als Eingebungen Gottes ausgab und eine entsprechende Gestalt annahm: Der heiligen Liutbirg erschien er als Engel, Heiliger, Apostel und sogar als Christus (S. 57). Der heilige Columban war sich keineswegs sicher, ob verschiedene Bedrohungen durch wilde Tiere und wilde Sueben, denen er auf seinem Weg durch die Einöde ausgesetzt war, Wirklichkeit oder Wahnbilder des Teufels waren (Jonas, S. 426). Das stellte die Menschen vor ein neues Problem: Woran sollte man den Teufel erkennen, wenn er sich dermaßen gekonnt zu verstellen wußte?

… und die Mittel, ihn zu entlarven

In der Regel – so wenigstens wollen es die mittelalterlichen Geschichten – gab der Teufel die Verstellung auf, sobald er sein Ziel erreicht hatte oder einsehen mußte, daß er erfolglos bleiben würde. Am Ende entlarvten ihn daher meist wieder „Defekte". So behauptete er in der „Vita Norberti" zwar, die Trinität zu sein, verbreitete aber einen schrecklichen Gestank; ein anderes Mal erkannte Norbert die Anwesenheit des Teufels zusätzlich an einem merkwürdigen Beben in der Luft (S. 476 f.). In einer Geschichte Notkers von St. Gallen fühlte sich ein heiliger Bischof in der Fastenzeit regelrecht krank und mußte – mit Erlaubnis seiner Priester – das Fastengebot brechen; beim Essen aber merkte er, daß er von einer teuflischen Eingebung getäuscht worden war, und tat Buße. Als er seine Sünde durch Armenfürsorge abzugelten

Abb. 29: Versuchung Christi: Der Teufel als bärtige, magere und geflügelte Gestalt fliegt vom Himmel herab. Bamberger Psalter. Herkunft unsicher, um 1230.

Bamberg, Staatsbibliothek, Msc. Bibl. 48, fol. 61r.

suchte, erschien ihm der Teufel als in Lumpen gekleideter Aussätziger, dem beim Rasieren ständig der Bart nachwuchs, bis am Hals ein großes Auge erschien. „Dieses Auge", sagte er, „hat scharf darauf geachtet, als Du in der Fastenzeit Fleisch zu Dir nahmst" (S. 350 ff.). Es gehörte gleichsam zu seinem Plan, sich erkennen zu geben, um, wie in diesem Fall, seinen Triumph auszukosten, denn nur auf diese Weise erkannten Sünder im nachhinein ihre eigene Sünde und den Sieg des Teufels.

Einen Besessenen wiederum erkannte man oft daran, daß er plötzlich Dinge vermochte, zu denen er vorher unfähig war. So antwortete ein (von dem Dämon Wiggo besessenes) 16jähriges Mädchen auf die Fragen des Priesters plötzlich in Französisch (oder Volkslatein), das sie gar nicht verstand und auch nach ihrer Heilung nicht mehr beherrschte, „so daß offenkundig und einsichtig wurde, daß nicht sie selbst, sondern der Teufel aus ihrem Mund gesprochen hatte" (Einhard, Translatio, S. 254). Ein anderes Mädchen sagte das Hohelied von Anfang bis Ende auf lateinisch, französisch und deutsch auf, dabei hatte es, wie der Autor versicherte, bislang nur den Psalter gelernt (Vita Norberti, S. 478 f.). Einfältige Brüder konnten plötzlich die Bibel (und sogar in fremden Sprachen) auslegen und ihre Prophetien deuten; ein Bruder gab vor, eine Jenseitsvision gehabt zu haben, und sagte das (glorreiche) Schicksal der anderen voraus (S. 498 f.). Notker erkannte nach einer Anekdote Ekkehards von St. Gallen (S. 92 ff.) den Teufel, der sich als Hund verkleidet in die Klosterkirche eingeschlichen hatte, daran, daß dieser „Fremdsprachen" beherrschte, nämlich zunächst wie ein Schwein grunzte und, als Notker ihn verprügelte, auf deutsch schrie: „Auwê mir wê!" „Bist du abermals da?" hatte Notker zuvor furchtlos gefragt. „Wie recht ist dir geschehen, Elender, wenn du jetzt knurren und grunzen mußt, nach jenen strahlenden Stimmen, die du im Himmel besessen hast!" Nicht immer verlief das „Outen" allerdings so einfach, und aus manchen Erzählungen, wie vor allem in Notkers „Gesta Karoli", läßt sich erschließen, daß man den Teufel überall und in allem erblicken konnte, das Böses oder auch nur Unsinn trieb: in einem Dieb ebenso wie in einem störrischen Maultier, das seinen Reiter in einen See warf.

Vor dem Hintergrund solcher Erzählungen wird man sich mit dem theologischen Erklärungsmodell der Sündenstrafe kaum begnügen dürfen. Der Teufel wurde nicht „erfunden", um die Menschen zum rechten Glauben zu führen, sondern die vorhandenen Teufelsvorstellungen wurden von den Theologen und klösterlichen Autoren aufgegriffen und entsprechend benutzt. Damit berühren wir einen weiteren Aspekt, nämlich die (pragmatische) Funktionalität der Teufelserscheinungen in den davon berichtenden Schriften.

Der Teufel in der „Geschichte" und in der Geschichtsschreibung

Der Teufel als Gottes Strafjustiz

Hielten viele Autoren es von ihrem Geschichtsverständnis her für angebracht, in ihren chronikalischen Bericht Schilderungen von Teufelserscheinungen und Besessenen einzufügen, so konnten sie umgekehrt politische Untaten oder Katastrophen zwanglos dem teuflischen Treiben zuordnen. Notker der Stammler brachte die Blendung des Papstes Leo III. durch die Römer im Jahre 799 nicht nur mit dem Wirken des Teufels in Zusammenhang (S. 360 ff.), sondern er bereitete diesen Bericht darüber hinaus gut vor, indem er ihm eine ganze Reihe von Teufelserzählungen voranstellte! Nach einer Schilderung Einhards aus dem frühen 9. Jahrhundert bekannte ein Dämon im Verlauf des Exorzismus durch den Mund eines besessenen Mädchens, jahrelang mit seinen elf Gefährten das Frankenreich heimgesucht zu haben:

„Wir haben, wie es uns befohlen wurde, Getreide, Wein und alle anderen Früchte vernichtet, welche die Erde zum Nutzen der Menschen hervorbringt, das Vieh an Seuchen zugrunde gehen lassen und den Menschen Epidemien gebracht; und auch jeden Schaden und alle Übel, die sie schon lange wegen ihrer 'Verdienste' erdulden, haben wir verursacht und ihnen zugefügt."

Einhard, Translatio, S. 253

Auch hier wirkte der Teufel im Auftrag und als Werkzeug Gottes, indem er die Sünden dieses Volkes und seiner Führer bestrafte:

„Und als der Priester ihn fragte, aus welchem Grund ihm eine solche Macht verliehen worden sei, antwortete er: 'Wegen der Bosheit dieses Volkes und der vielfachen Ungerechtigkeiten derer, die es regieren und die statt der Gerechtigkeit die Geschenke lieben, mehr die Menschen als Gott fürchten, die

Armen bedrängen, Witwen und Waisen, die sich an sie wenden, nicht anhören wollen und allen Gerechtigkeit nur gegen entsprechende Leistungen widerfahren lassen. Außerdem werden von diesem Volk und seinen Führern täglich auch unzählige andere Übel begangen, wie Meineide, Gefräßigkeit, Ehebrüche, Morde, Diebstähle und Raub; niemand verbietet das, und wenn es geschieht, wird es von niemandem bestraft. All die Mächtigen aber ergehen sich in schändlicher Gewinnsucht und mißbrauchen ihren höheren Rang, den sie zur Lenkung der Niedrigergestellten übernommen haben, zu Stolz und eitlem Ruhm. Haß und Neid herrscht nicht nur gegenüber Fremden, sondern auch unter Verwandten und Freunden. Der Freund mißtraut dem Freund, der Bruder haßt den Bruder, der Vater den Sohn. Nur wenige zahlen treu und willig ihren Zehnten, noch wenigere geben Almosen, weil sie glauben, daß das, was sie Gott und den Armen geben sollen, ihnen selbst verlorengehe. Sie scheuen sich nicht, gegen Gottes Gebot falsches Maß und falsche Gewichte zu haben, betrügen sich gegenseitig und legen schamlos falsches Zeugnis ab. Sonn- und Feiertage beachten sie nicht, sondern arbeiten hier nach Belieben wie an anderen Tagen. Weil dieses Volk in seiner Sturheit diese und andere Gebote und Verbote Gottes nicht beachtet, ist es uns erlaubt, ja befohlen worden, so an den Menschen zu handeln, wie ich es beschrieben habe, damit sie mit Strafen für ihre Treulosigkeit büßen.'"

Einhard, Translatio, S. 253

Einhard fand in solchen Vorfällen also nicht nur eine Erklärung für das teuflische Wirken, sondern er nutzte das offensichtlich zu einer umfassenden Zeitkritik:

„Oh je! zu welchem Elend ist unsere Zeit gekommen, in der nicht die guten Menschen, sondern die bösen Dämonen unsere Lehrer sind und diejenigen, die zum Laster anstiften und zum Verbrechen überreden, uns zur Besserung mahnen."

Einhard, Translatio, S. 254

Daß der Teufel als Werkzeug Gottes die Menschen bestrafte, war eine gängige Vorstellung. Nach Bischof Liudprand von Cremona, einem Geschichtsschreiber der Ottonenzeit, traf er den ruchlosen Papst Johannes XII. (955–964) gerade in dem Moment, als dieser sich mit einer verheirateten Frau einließ, sogar derart an der Schläfe, daß jener binnen acht Tagen an der Wunde starb! (De Ottone rege, S. 270 f.).

Der Teufel als Schuldzuweisung

Indem die mittelalterlichen Geschichtsschreiber den Teufel mehr oder weniger deutlich als geschichtswirkende Kraft (oder Gegenkraft) in ihren Bericht eingliederten, bezeugen sie einerseits den Glauben an ein teuflisches Wirken, nutzten das andererseits aber bewußt zur Begründung und Erklärung nachteiliger Handlungen oder Entwicklungen: Alles (in den Augen des Autors) Unmoralische oder Schlimme konnte man dem Teufel anlasten: Häre-

Abb. 30: Auch für den Exorzismus galt die Bibel als Vorbild: Christus heilt durch seinen Segen einen Besessenen; der Teufel, eine kleine, schwarz-grüne Gestalt mit Flügeln, muß durch den Mund des Kranken ausfahren. Hitda-Codex. Köln, um 1020.

Darmstadt, Hessische Landes- und Hochschulbibliothek, Hs. 1640, fol. 76r.

sien, Mord, Selbstmord, Eidbruch, Streitigkeiten, politische Wirren oder Aufstände. So war, um das exemplarisch zu veranschaulichen, das oben (S. 162 f.) erwähnte Blutvergießen in der Hilariuskirche in Poitiers für Gregor von Tours „Teufelswerk", der Nonnenaufstand ganz auf die Verführung der Königstochter Chrodechilde durch den Teufel zurückzuführen (II, S. 296 f.); der Fuldaer Abt Eigil deutete die Ermordung des Märtyrers Bonifatius durch die heidnischen Friesen als Eingabe eines bösen Geistes (S. 34 f.); Karls des Kahlen gleichnamigem Sohn spaltete ein junger Adliger „auf Anstiften des Teufels" mit dem Schwert den Schädel (Annales Bertiniani, S. 128 ff.). Einen Mordversuch an dem Erzbischof Norbert von Magdeburg (auf Anstiften führender Kirchenmänner) lastete Norbert selbst „dem alten Feind" an, der schon die Juden zur Ermordung Christi angestachelt habe (Vita Norberti, S. 522 f.). Ein Kommentator der Chronik Bernolds von St. Blasien vom Ende des 11. Jahrhunderts schrieb bezeichnenderweise nicht etwa die Judenpogrome vor dem Ersten Kreuzzug, sondern den Selbstmord der vor die Alternative „Tod oder Taufe" gestellten Juden dem Teufel zu (S. 465). Der Teufel, der „immerdar denen zu schaden bemüht ist, die Gott suchen", trachtete danach, Gott wohlgefällige Werke zu verhindern: die Christianisierung, so Gregor von Tours (II, S. 180 f.) ebenso wie das Aufblühen frommen, gemeinschaftlichen Lebens unter Mönchen, Klerikern und Laien (Bernold von St. Blasien, S. 453).

Politisch wirkte sich das teuflische Eingreifen vor allem bei Kriegen, Aufständen und Wirren aus: Nach Liudprand von Cremona war „der schlaue Feind des Menschengeschlechts mit größtem Eifer und Scharfsinn durch Untergraben ihrer Freundschaft darum bemüht, die Menschen eidbrüchig zu machen" (Antapodosis, S. 270 f.). In diesem Fall verursachte er den Krieg zwischen Berengar und Wido um die Herrschaft in Italien. Gerhard (S. 94 ff.) und Ruotger (S. 192 f.) machten den Teufel für den Aufstand Liudolfs gegen seinen Vater, König Otto I., verantwortlich. Der Teufel griff ein, um die (Heils-)Geschichte durcheinanderzubringen. So empfand er der anonymen Vita Ludwigs des Frommen zufolge den Frieden zwischen dem Kaiser und seinen Söhnen als Provokation und bewirkte einen erneuten Zwiespalt (Astronomus, S. 472 f.). Nach Bonizo von Sutri († vor 1099) verhinderte er ein „heilsames Konzil", das inmitten der Kämpfe zwischen Heinrich IV. und dem Gegenkönig Rudolf von Rheinfelden hätte feststellen sollen, wer denn nun der rechtmäßige König war (S. 611). Die menschlichen Handlungen erklärten sich auf diese Weise ebenso als teuflische Verführungen wie die geschichtlichen Ereignisse.

Der Gegner als Teufel: die „Verteufelung" der Feinde
Vor dem Hintergrund solcher Überzeugungen ließ sich der Teufel leicht in die (politische) Tendenz des Autors einbinden, indem man den Gegnern eine Beziehung zum Teufel unterstellte oder gar den Teufel selbst in ihnen wirken sah. So soll Bischof Arsenius von Metz, ein Vertrauter König Lothars II., den der Erzbischof Hinkmar von Reims für dessen oben erwähnte Scheidungsaffäre verantwortlich machte, noch im Sterben mit bösen Geistern gesprochen haben (Annales Bertiniani, S. 174 ff.). Während des Aufstandes der Kölner Bürger gegen ihren Erzbischof Anno II. (1056–1075), so meinte der Chronist und Hersfelder Mönch Lampert, hätten viele gesehen,

„wie der Teufel selber, der Anstifter dieses Wütens, vor dem rasenden Volk daherlief, behelmt und gepanzert, mit einem feurigen Schwert schrecklich blitzend und niemand vergleichbar als ihm selbst".

Lampert von Hersfeld, S. 240 f.

Besonders deutlich wurden solche politischen Tendenzen in den großen Auseinandersetzungen zwischen König und Papst im Investiturstreit: Papst Gregor VII. (1073–1085) bezeichnete Heinrich IV. und seine Bischöfe in seinen Briefen mehrfach als Handlanger des Teufels und rief die Getreuen auf, Heinrich aus der Hand des Teufels zu befreien (S. 218 ff.). Für den Mönch und Geschichtsschreiber Bernold von St. Blasien, einen Gefolgsmann Gregors, hielt sich der Gegenpapst Wibert von Ravenna nur dank der Werkzeuge des Teufels auf dem Papstthron (S. 446), für Hugo von Flavigny, den Verfasser einer Chronik des Bistums Verdun, hetzte Heinrich IV. die Anhänger des Teufels gegen den Papst (S. 424), und für Bonizo von Sutri war die ebenso berühmte wie folgenreiche Absetzung Gregors durch die deutschen Bischöfe auf der Wormser Synode von 1076 eindeutig ein Teufelswerk (S. 605 f.). Die wachsende Bedrängnis des Papstes und seiner Anhänger lastete Bonizo ebenfalls diesem „Feind des Menschengeschlechts" an. Manchmal genügte schon eine typologische Anspielung, wie die Bezeichnung als „Sohn Belials", des biblischen Fürsten der Finsternis, um solche Bezüge zu verdeutlichen.

Die „Realität" des Teufels im Mittelalter

Geschaffenes Wesen oder menschliche Symbolgestalt?
Die Welt erschien den Menschen im Mittelalter (oder zumindest denen, die darüber schrieben) als von guten und bösen Geistern beherrscht. Die verschiedentlich geäußerte, aus der Kunst abgeleitete These, der Teufel habe erst seit dem 11. Jahrhundert eine größere Bedeutung erlangt, ist nach den

hier vorgelegten Belegen daher kaum haltbar. Der Teufel galt zweifellos als eine „alltägliche" Erscheinung, die den Menschen überall listig und heimtückisch auflauerte und Gefahr für das Seelenheil brachte, denn (so der Autor der Vita des Bischofs Benno von Osnabrück)

> *„ihm war nichts mehr zuwider und verhaßt, als wenn jemand dem Willen Gottes folgte und durch geistliche Übungen die Voraussetzung zur Rettung seiner Seele schuf".*

Norbert, S. 422 f.

Der „Schädiger des menschlichen Heils", wie ihn Thietmar von Merseburg nannte (S. 26 f.), war in dieser Funktion aber in den göttlichen Heilsplan und das religiöse Leben der Menschen eingegliedert. Die Geschichten bieten ebenso viele Belege, um Angst vor dem Teufel (also um das Seelenheil) hervorzurufen, wie aufbauende *exempla*, ihm zu widerstehen, ja der Teufel konnte, wie bei Notker, bereits im frühen Mittelalter in jene komische Rolle gedrängt werden, die ihm (teilweise) in der spätmittelalterlichen Dichtung zuteil wurde.

Über die „Realität" der Teufelserscheinungen wird man aus heutiger Sicht nur mutmaßen dürfen. Man hat sie modern als psychische Autosuggestion oder als Einbildung (hinweg)interpretieren wollen. Aus unserer Sicht erklärt sich manches tatsächlich recht zwanglos aus den Begleitumständen. So erschien der Teufel den Menschen beispielsweise im Traum, wie bei Rodulf Glaber, wenngleich der Autor beteuerte, es sei einer jener Träume gewesen, die sich beim Erwachen fortsetzten (S. 218 f.): Rodulf sah jetzt den Teufel, der ihm zuvor im Traum erschienen war; er nahm diesen Traum also gleichwohl als Realität wahr. Heilige wie die Inklusin Liutbirg mußten in jeder Versuchung den Teufel sehen, und so glaubte Liutbirg, ihn in einem ihr von früher her bekannten Drechsler zu erkennen, der ihr drei Schalen als Geschenk brachte und damit an das frühere, luxuriöse Leben erinnerte, das sie mit ihrem Klausnerleben ja gerade asketisch überwinden wollte (S. 52 f.). Schließlich hielt man Epileptiker wie Karl III. ebenso für besessen wie Betrunkene, die wild wüteten, ja, selbst Taubstummheit ließ sich auf Besessenheit zurückführen, wie dies Gregor von Tours (II, S. 16 f. u. 212 f.) tat (vgl. Abb. 31). Tatsächlich konnte alles Außergewöhnliche den Menschen leicht als teuflisch erscheinen: Die Brüder von Prémontré sahen in einem Wurm im reinen Wasserglas ein Teufelswerk (Vita Norberti, S. 516 f.).

Solche modernen, rationalen Erklärungen lassen die davon unbeeinflußte mittelalterliche Mentalität aber nur um so deutlicher hervortreten. Es ist unabweisbar, daß die Menschen im Mittelalter fest an die Realität des Teufels glaubten und sie doch zugleich für ihre Zwecke zu instrumentalisieren wußten, daß sich hier also erneut fromme Religiosität und weltliche Funktionalität trafen. Diese Feststellung wird auch nicht dadurch relativiert, daß ein guter Teil der Geschichten erfunden oder jedenfalls erheblich ausgeschmückt sein mag. „Erfindungen" sind auf die Akzeptanz seitens des Leser-

Abb. 31: Nach biblischem Vorbild konnte sogar Stummheit als Besessenheit gedeutet werden: Christus „gibt einem Stummen die Sprache zurück, nachdem er den Dämon vertrieben hat", erläutert die Beischrift das Geschehen. Auch hier entweicht der Teufel, eine kleine, geflügelte Gestalt, durch den Mund des Besessenen. Daß man „Besessene" fesselte, ist auch in Schriftquellen überliefert. Evangelistar Heinrichs III. Echternach, um 1039/40.

Bremen, Universitätsbibliothek, Ms. L. 21, fol. 32r. © Dr. Ludwig Reichert Verlag.

und Hörerkreises, den man mit diesen Geschichten schließlich erreichen wollte, angewiesen und beweisen somit um so mehr dessen „innere" Überzeugungen. Das mittelalterliche Verständnis spiegelt sich sinnfällig in einer Erläuterung der Liutbirg-Vita wider: Die teuflischen Erscheinungen seien Trugbilder, schrieb der Autor, die Wahres mit Falschem vermischten (S. 50). Der Teufel war eine reale Gestalt, doch er gaukelte den Menschen Falsches vor, um sie für sich zu gewinnen. Deshalb erschien er in verschiedener, jeweils der Situation angepaßter Gestalt.

Teufelsglaube als Volksglaube?

Man mag, von außen betrachtet, theologische Dogmen auf der einen und volkstümliche Vorstellungen auf der anderen Seite als zwei verschiedene Traditionen auseinanderhalten wollen; für die (ja durchweg geistlichen) Schreiber im Mittelalter gab es solche Unterschiede jedoch nicht; in ihren Erzählungen vermischten sich die verschiedenen Traditionen und die vielfältigen Vorstellungen vielmehr unauflösbar zu einem weithin geschlossenen Bild vom Teufel. Das zeigt sich nicht zuletzt in der Funktionalität der Teufelserzählungen und der Teufelsgestalt in diesen Erzählungen. Sicher konnte eine Teufelsgeschichte einem Chronisten als so wesentlich erscheinen, daß er sie einfach in seinen Chronikbericht einfügte und neben die Taten der Herrschenden stellte. In der Regel aber erfüllten die Erzählungen nicht nur einen didaktischen Zweck, sondern der Teufel konnte seinerseits im Sinne der eigenen, auch der politischen Tendenz „benutzt" werden, um Gegner zu diffamieren. Einmal mehr ist hier das unlösbare Ineinander nicht nur von Theologie und Volkstümlichkeit, sondern auch von Heilsgeschichte und Politik, von „Kirche" und „Welt" Kennzeichen der früh- und hochmittelalterlichen Mentalität. Die Teufelserzählungen vermitteln davon einen plastischen Eindruck: Mit der – in dieser Hinsicht von der bisherigen Forschung noch zu wenig beachteten – Gestalt des Teufels erfassen wir einen guten Teil dieser Mentalität.

Ernst Schubert

Spätmittelalter – die Rahmenbedingungen des Lebens kleiner Leute

Prolog

Gewalt gehört zum Mittelalter. Die erste von uns gewählte Abbildung scheint genau dies zu bestätigen. Wir sehen im Vordergrund Krieger in der typischen Landsknechtstracht der Zeit um 1530, die in brutaler Weise eine Frau berauben und sie zu vergewaltigen drohen. Verzweifelt versucht ein Bauer, sich mit dem Spaten zu wehren. Im Mittelgrund des Bildes ist ein Landsknecht dabei, seinen Gegner zu ermorden. In einer Waldlichtung haben sich Ritter in schimmernder Rüstung zusammengefunden. Beratung in böser Absicht, denn zwei arme Leute erkennt man, die nackt an einen Baum gefesselt sind. Im Hintergrund des Bildes ist eine Stadt zu erkennen, die sich vom Stadtturm aus gegen eine Belagerung wehrt. Stadtmauern und vorgelagerter Wall schützen die Bürger, während die Bauern, wie im rechten Hintergrund zu sehen ist, schutzlos jeder Adelsfehde preisgegeben sind. Ihre Höfe gehen in Flammen auf. Mit ihrer geringen Habe müssen sie fliehen. Die beiden weinenden Kinder im Vordergrund, von ihrer Kleidung her als Kinder kleiner Leute zu erkennen, repräsentieren, was jede Fehde für diese kleinen Leute bedeutet: Not, Erdulden von Gewalt und Willkür als den unvermeidlichen Kriegsfolgen.

Unser Bild jedoch weist mit seiner Unterschrift darauf hin, daß es nur ein Segment aus der spätmittelalterlichen Wirklichkeit darstellen will: Die im Zeichen des Planeten Mars Geborenen werden Kriegsleute. Ausschnitt aus der Wirklichkeit: Auch wenn insbesondere die älteren Geschichtsbücher voll sind von Fehdeschilderungen, so haben Kriegshandlungen doch den Alltag des Menschen viel weniger bestimmt, als man gemeinhin annimmt. Gewiß, der Krieg gehörte zum gefährdeten Alltag, zu den Unwägbarkeiten des damaligen Lebens, wie plötzlich auftretende Seuchen, wie Witterungskatastrophen und Hungersnöte. Der kleine Mann hatte in seinem Leben etwa ein- bis zweimal Fehdefolgen zu ertragen und ebensooft hatte er Hungersnot oder extreme Teuerung durchzumachen.

Fehden und Kriege des Spätmittelalters waren gar nicht so häufig, wenn man genauer fragt, welchen Landstrich sie zu welcher Zeit in Mitleidenschaft zogen, aber sie sind doch Ausdruck von der Gewalt der Großen. Daß die großen Herren die Fehden untereinander auf Kosten der Bauern führten, indem sie die Hintersassen ihres Gegners und damit dessen wirtschaftliche Grundlage mit Mord und Brand überzogen, könnte einem grundsätzlichen Gewaltverständnis von Herrschaft entsprechen. Dies ist die Frage, die hinter unserem ersten Kapitel steht: Welche Möglichkeiten der Gegenwehr hatte letztlich der gemeine Mann?

Neben der weltlichen steht im Mittelalter die geistliche Herrschaft. Die Konkurrenzverhältnisse zwischen beiden Gewalten, insbesondere zwischen Papst und Kaiser, sind häufig in der Wissenschaft behandelt worden. Weniger beachtet wurde das Thema, um das es in einem zweiten Kapitel geht, wieweit sich die Kirche mit ihren Normen überhaupt hat durchsetzen können.

Abb. 1: Georg Pencz, Mars. Kupferstich um 1520.

Germanisches Nationalmuseum Nürnberg.

Einen Kaiser zu bekämpfen war vergleichsweise leicht. Schwer hingegen war es, die Menschen zu gewinnen. Aus der Perspektive des Alltags ist zu bestimmen, was sich hinter Begriffen wie Kirche, Christlichkeit, Frömmigkeit konkret verbirgt. Auch dabei spielen soziale Faktoren eine Rolle. In der Oberschicht etwa kann sich die Frömmigkeit zwanglos mit offen zur Schau getragenen Statussymbolen verbinden, von aufwendig gestalteten Familienaltären bis hin zur kostbar gestickten Almosentasche. Aber auf Wallfahrten finden sich Hoch und Niedrig gemeinsam ein, geistliche Schauspiele in der Stadt wenden sich an Arm und Reich.

Daß im Mitttelalter die Gesellschaft ständisch geordnet war, wird immer wieder behauptet. Die abgestuften Adelsränge weisen ebenso darauf zurück wie etwa in den Städten die nach sozialer und wirtschaftlicher Geltung ausgerichteten Heiratskreise der Oberschicht und der oberen Mittelschicht. Diese ständischen Abstufungen jedoch – und das gilt es in einem dritten Kapitel zu belegen – können von der Mehrheit der Bevölkerung gar nicht eingehalten werden. Über die Hälfte der Menschen lebt in Armut bzw. hart an der Armutsgrenze. Diese Lebenswelt der Mehrheit selbst der Stadtbevölkerung gilt es auszuleuchten.

In einem vierten Kapitel nehmen wir das Thema Gewalt im Mittelalter unter einem besonderen Aspekt wieder auf: wieviel Gewalt ist mit der Gerichtsbarkeit verbunden und wie stehen die Mitmenschen zu dieser Gewalt? Kein Urteil über das Mittelalter scheint so begründet zu sein wie das von einem Zeitalter ausgesprochener Grausamkeit beim Strafvollzug. Wer sich hingegen bemüht, die Lebensnormen aus der Perspektive des gemeinen Mannes zu sehen, muß sich auch bemühen, die unbestreitbaren Zeugnisse eines harten Strafvollzugs aus den Bedingungen der Zeit heraus in ihrem sozialen Kontext zu verstehen. Und dabei zeigt sich, daß das Mittelalter niemals die Pflicht zum Erbarmen und zur Gnade vergaß.

Der „gemeine Mann" und seine Obrigkeiten

Die blassen Normen der Obrigkeit, Gemeinschaftsspiele und die Bedürfnisse der Menschen

Wer ist der „gemeine Mann"?
Im Jahre 1465 legen die Bauern von Markelsheim (bei Mergentheim) in Gegenwart eines Notars ein Weistum, ein Zeugnis über die Rechte ihres Dorfherrn, des Propstes zu Neumünster in Würzburg, ab: „Item sie sprechen auch zu recht, wann ein brobst zum Newenmunster zu dreyen malen im jare selbs personlichen kommen, hubgericht zu halten, so sol er das zu yedem male viertzehen tag den hubnern vorhin verkunden, als das vor alter here ist kommen." Von Weistum zu Weistum ist verschieden, in welchem Maße die Rechte des Grundherrn oder die der Bauern berücksichtigt werden. Gemeinsam ist ihnen aber stets, daß es die Bauern sind, in unserem Falle die Hübner, die ihrer Herrschaft das Recht weisen. Sie sind also keine Untertanen, sie bestimmen auch, wenngleich in geringem Maße, mit. So verpflichten die Bauern von Markelsheim den Propst, sein Kommen vierzehn Tage vorher anzuzeigen. Natürlich: Er ist ihr Herr und sie haben ihn, wenn er ins Dorf kommt, mit seinem Gefolge zu verköstigen. Aber diese sogenannte „Gastungspflicht" – stets ein umstrittener Punkt – legen die Bauern genauestens fest. Der Propst

„sol kommen, als von alter herekommen ist, samzwolft mit dreytzehen pferden, einer hubschen frawen, mit einem habich und zweyen fogelhunden. So sollen die hubner ein all des abends und morgens ein ambisse fur in, und die mit ime da sein sollen, betzalen und ausrichtung thun, als das vor alter here ist kommen; bleibt aber der brobst personlichen aussen und die hubner solch mall bestelt hetten zu bereyten, so sol ein amptmann uff dem fronhoff solch mall betzalen und dafur behafft sein."

Fränkische Bauernweistümer, S. 69

Nunmehr ist vollends offenbar geworden, daß die Bauern keine Abhängigen, daß sie nicht der Gebotsgewalt ihres Herrn bedingungslos unterworfen sind. Genauestens legen sie das Gefolge fest, mit dem ihr Herr ins Dorf ein-

Jupiter tugenthafft vnd gůt
Meine kind weyß/zuchtig wolgemůt

Ich kan in zwelff Jaren
Des gantzen himels lauff vmbfaren.

reiten darf. Die Bestimmungen, daß nur eine hübsche Frau, das mittelalterliche Synonym für Dirne, und nur ein Habicht und zwei Vogelhunde von den Bauern verköstigt werden, heißt im Klartext: Weder ein großes Jagdgefolge noch eine höfische Festgesellschaft wollen die Bauern verpflegen. Sodann treffen sie eine Bestimmung voller bäuerlicher List. Wenn der Herr nicht kommt, soll das für ihn vorbereitete Essen von seinem Amtmann bezahlt werden. Der Fronhof, auf dem der Amtmann ansässig ist, ist der Herrenhof, von dem aus die Dienste und Abgaben der Bauern eingefordert werden. Aber es zeigt sich an dieser Bestimmung, daß er bei weitem nicht mehr die Gewaltzentrale ist, die für den abwesenden Herrn Macht ausübt.

„Hübner" heißen die Bewohner des Dorfes Markelsheim. Wenn wir von Bauern sprechen, so ist das eine Vereinfachung. Dieser Ausdruck begegnet in der agrarischen Gesellschaft des Mittelalters viel seltener als man erwarten sollte. Das liegt an der unterschiedlichen Rechtsstellung, die diese Bauern besitzen, nach der sie auch benannt werden, wie der Widmer, der Wimmer, der ein Kirchenlehen, ein Widemgut bewirtschaftet, wie der Breitner, der auf ehemaligem Herrenland, der Breite ansässig ist, wie der Meier, der in einem Pachtverhältnis zur Herrschaft steht, wie der Beckenbauer, der neben einer kleinen Landwirtschaft ein Dorfhandwerk betreibt. So unterschiedlich die rechtliche und die wirtschaftliche Stellung der Bewohner des Landes ist, so einheitlich erscheinen sie im Sprachgebrauch der Oberschicht als die „gemeinen Leute", bisweilen auch als die „kleinen Leute".

Wer ist der „gemeine Mann", der in Quellen des Spätmittelalters immer wieder benannt wird? Nichts anderes als „der Bürger draußen im Lande", wie er im Parlament der 70er Jahre unseres Jahrhunderts apostrophiert wurde, eine Chiffre für „Leute". Der „gemeine Mann" ist im hochfahrenden Adelsverständnis der „Hans hinter der Mauer", in der Stadt selbst ist er der „arme Mann", derjenige, der keine direkte Teilhabe an der Herrschaft in der Stadt hat, anders als sein Widerpart, der „reiche Mann".

So unscharf der Begriff „gemeiner Mann" in der Quellensprache auch bleibt, so deutlich ist, in Abgrenzung gegenüber der frühen Neuzeit, was er noch nicht ist. Der „gemeine Mann" des Spätmittelalters ist noch nicht der Untertan. Auf dem Weg zum Gewaltmonopol des Staates hat die Herrschaft in deutschen Landen noch nicht den Schlüssel zur großen Macht, das Gesetz, entdeckt.

Der gemeine Mann und seine weltlichen und kirchlichen Obrigkeiten: Der Ausdruck „Obrigkeit" dient uns als Hilfsbegriff; denn er ist erst allmählich seit dem ausgehenden 15. Jahrhundert – ebenso wie sein Komplementärbegriff „Untertan" – in die deutsche Rechtssprache eingedrungen. Und das bereits entlarvt gängige Vorstellungen von einem Zwangscharakter der staatlichen und kirchlichen Organisation als Fiktion, zumindest aber als unsensible Verallgemeinerung. Der gesamte Problemkomplex ist von den Verfassungsdiskussionen des 19. Jahrhunderts abzulösen, von denen sich moderne Ansichten immer noch nicht ganz befreit haben. Niemals – selbst nicht im Bauernkrieg von 1525 – wurde die monarchische Herrschaft in

◀ Abb. 2: Dargestellt wird die Gerichtsbarkeit als Ausdruck geistlicher und (im Mittelgrund) weltlicher Herrschaft. Die Jagdszene im Hintergrund weist auf Herrenrecht und -vergnügen. Georg Pencz, Jupiter. Kupferstich um 1520.

Germanisches Nationalmuseum Nürnberg.

Abb. 3: Begegnung zwischen kleinem Mann und großem Herrn. Holzschnitt von Hans Leonhard Schäufelein (nachgewiesen zwischen 1503 und 1540).

Göttingen, Kunstsammlung der Universität, Graphische Sammlung.

Frage gestellt. Die Menschen sahen – was selbst die marxistische Forschung, obwohl sie davon verstört war, bestätigen mußte – im Fürsten ihren weniger gottgegebenen als durch Erbrecht bestätigten Herren. Nicht um Verfassung, sondern gegen Mißbräuche der Macht kämpften sie. Und vor allem: Härter noch als die Forderungen der Herrscher, gegen die man sich wehren konnte, waren die Unbilden der Natur, Sommerfröste, der Hagelschlag und Mäusefraß. Gegen solche Zwänge war man wehrlos.

Konsequenterweise müssen wir Abstand nehmen von Vorstellungen, die einem vertikalen „Oben-und-unten"-Schema verpflichtet sind, die in mannigfachen Variationen im Verhältnis von den Großen zum gemeinen Mann nur herrschaftlichen Druck, Willkür und leidvolles Erdulden sehen. Diese Sicht ist gewiß nicht falsch, aber sie ist einseitig. Hatte der einfache Mensch, hatte der gemeine Mann nicht auch sein eigenes, sein von ihm gestaltetes Leben? Diese Frage stellte bereits unser einleitend zitiertes Weistum. Wir vereinfachen die Frage nicht, wir konzentrieren sie, wenn wir unsere Betrachtungen über die Lebensgestaltung des gemeinen Mannes im Spätmittelalter auf seine Gestaltung des Spiels konzentrieren. Berufen können wir uns auf Schiller: Der Mensch ist nur da ganz Mensch, wo er spielt. Das war noch aus einem Bewußtsein heraus formuliert worden, dem das Spiel nicht als Gegensatz zur Arbeitswelt, geschweige denn als Kinderspiel erschien. Spiel ist Aussage – im Mittelalter nicht über individuelle Hobbies, sondern über die Form, in der sich Menschen begegnen.

Die bäuerlichen Spiele und ihre verfassungsgeschichtliche Aussage

Das mittelhochdeutsche Wort „spil" nähert sich erst im Verlauf des Spätmittelalters unserem heutigen Wortsinn an. Aber – und das wird für unsere Untersuchung noch wichtig werden – es haftet selbst dann noch dem Begriff eine Verbindlichkeit an, die ihn vom schlichten Freizeitvergnügen abhebt. Das spätmittelalterliche „Spiel" läßt vielfach noch seine Herkunft, seinen agonalen Charakter, den es im Frühmittelalter besessen hat, seine Nähe zur „Wette" erkennen.

In Hunderten von Urbaren ist festgelegt, welche Abgaben die Bauern ihrer Herrschaft zu leisten haben. Gescheitert ist bisher jeder Versuch, ein System in diesen von Hof zu Hof verschiedenen Abgaben zu entdecken; denn augenscheinlich dienten diese Verzeichnisse nur als Behelfe. Die Wirklichkeit war vielfältiger, als es die dürren Notizen besagen. Jedes Weistum, selbst jenes, das den grundherrlichen Interessen entgegenkommt, beweist, wieviel im Alltag bei den Frondiensten und Abgaben noch zu regeln war, da sich die Notizen der Urbare nur auf Stichworte beschränkten. In solche Alltagsregelungen bringen, wie unser einleitendes Zitat belegt, die Bauern ihre Interessen ein. Aber anders als die Hübner von Markelsheim, die einem (sicherlich von der Herrschaft bestellten) Notar ihre Rechtsweisungen in die Feder diktierten, standen die meisten Bauern vor dem Problem, ihren Rechten Dauer zu verleihen; denn sie waren zumeist nicht in der Lage, diese Rechte schriftlich zu fixieren. Wie selbstverständlich wählen sie Verfahren, die immer wieder in nichtschriftlichen Kulturen begegnen: Sie versuchen, neben festen Symbolen – das können Gegenstände ebenso wie Gebärden sein – mit leicht zu memorierenden sprachlichen Paarformeln wie „Wunne und Weide" oder mit festgelegten Gesten bei der Flurbegehung ihre Rechte zu konservieren. Entscheidend ist dabei die Wiederholbarkeit, die Wiederkehr der gleichen Gesten und Sprachformeln über den Lauf der Zeiten hinweg. Das Prinzip der Wiederholbarkeit definiert aber auch die Spielregeln. So lag es nahe, daß die Bauern das ihnen vertraute Spiel – weit verbreitet ist in Oberdeutschland der Begriff „Heimgarten" für den dörflichen Spielplatz – nutzten, um ihr Verhältnis zur Herrschaft zu ordnen, um dieses Spielregeln zu unterwerfen.

Ein eindrucksvolles Beispiel, wie Spielmomente die bäuerlichen Rechtsverhältnisse gestalten, überliefert die Zimmerische Chronik. Sie schildert, wie die Gemeinde zu Bettendorf ihre Hafergült der Herrschaft abliefert. Ausdrücklich wird bestimmt, daß dabei der Herr einen schwarzen Mantel anhaben solle. Nun wird der Hafer an den Mantel geworfen. „Doch soll der habern so lauter und rain sein, das im kein helmle an dem Mantel behang; dann wann solichs geschech, so gibt man im andern habern, biß er so sauber ist, das im nichts am mantel behangt."

Zimmerische Chronik Bd. 3, S. 260 f.

Zu einem spielerischen Verfahren mit festen Regeln wird hier die Gültabgabe ausgestaltet. Der scheinbar umständliche Vorgang hat einen rationalen, einen konfliktvermeidenden Kern, daß nämlich die umstrittene Qualitätskontrolle der Gefälle (zu fast allen Zeiten vernehmen wir die Klage, daß die Bauern bestrebt waren, möglichst mangelhafte Produkte bei ihren in

Abb. 4: Verspottet wird der Zusammenhang von „Wette" und Spiel. Den „Gimpeln" geht es um den Wettbewerb, wer die häßlichste Nase hat. Die Preise sind an den Festbaum gehängt. Der Kurzweil dienen Schwerttanz und Kegelspiel (im Hintergrund). Hans Sebald Beham (nachgewiesen 1515–1550), Der Nasentanz zu Gümpelsbrunn. 1534.

AKG Berlin.

Abb. 5: ▶ Der Kupferstich stellt (idealisiert) Spiel und Kurzweil der Oberschicht dar. Das Baden im sogenannten Wildbad, dem Kurort des Mittelalters, hatte nicht nur medizinische Gründe. Zur Saison im Wildbad gehörte auch die „Maienbuhle". Georg Pencz, Venus. Kupferstich um 1520.

Germanisches Nationalmuseum Nürnberg.

Österreichische Weistümer Bd. 7, S. 251

Naturalien zu leistenden Gülten und Abgaben zu verwenden) weder allein dem Herrn überlassen noch in die Beliebigkeit seiner Hintersassen gestellt, sondern gemeinsam ausgespielt wird.

Dem in der Zimmerischen Chronik überlieferten Vorgang, eine bäuerliche Abgabe spielerisch auszugestalten, begegnet man häufiger. So lieferte die Gemeinde Siedling in Niederösterreich jährlich ihrem Herrn, um das Gemeindelehen am Hirtenhäuschen abzugelten,

> *„ain weisse Henn, die kain andere Federn hat. Und sollen ermelte Gemain solche Henn auf ainem Schlitten samentlich mit einander in das Gschloss ziehen, und welcher Haussgesessner nit mit zeucht, ist der Obrigkait zu Wandl (Buße) verfallen ... Und wann die Henn in das Gschloss gebracht, sollen si ain Tanz darumben thuen im Hof, und ain Herr zu Stüchsenstain (Stixenstein) soll inen ain Trunk geben und Prodt darzue."*

Wiederum finden wir hier Spielformen, die insbesondere im Tanz um dieses Fastnachtshuhn repräsentiert werden. Deutlich steht hinter diesem Vorgang, der dem Herrn für eine Henne mit weißen Federn sehr teuer zu stehen

Venus kind sind frölich geren
Bülschafft liebt yhn für als auff eren.

Inn .3 6 5.tagen gering
Ich meinen gantzen lauff verbring

Abb. 6: Neben dem Tanz als gemeinschaftlicher Freude kennt das Fest den individuellen Wettbewerb: das Kegelspiel, den Schwerttanz um einen als Preis auf hoher Stange ausgestellten Hahn im Käfig und den Wettlauf der jungen Mägde, denen im Ziel die an Pfosten befestigten Preise winken. Hans Sebald Beham (nachgewiesen 1515 – 1550), Dörfliches Fest. Holzschnitt 1539.

AKG Berlin.

kommt, der Gedanke an die Dorfgemeinschaft, denn bestraft wird, wer an diesem Spiel- und Abgabetag nicht teilnimmt.

Unsere Beispiele zeigen: Wenn auch nicht mehr wie im Frühmittelalter Spiel und Wette (im Sinne von Wettbewerb) ineinander übergingen, so lag über dem Spiel immer noch der Schatten des Rechts. Und das war nicht nur wichtig im Verhältnis zur Herrschaft, sondern noch wichtiger zur inneren Festigung der Gemeinschaft. Wir wählen dafür das Beispiel der Bauern im elsässischen Winzenheim, von denen zum Jahre 1304 der Chronist erzählt, daß sie einen König zu erwählen pflegten und ihn danach der Wasserprobe unterzogen, um zu prüfen, ob er des Königtums würdig wäre. Als ein Bauer bei diesem Spiel wegen dessen Zwecklosigkeit nicht mitmachen wollte, wurde er aus der Dorfgemeinschaft ausgeschlossen. Spiel, so verdeutlichen die Winzenheimer, ist nicht unverbindlich. Es ist Regeln unterworfen, die eingehalten werden müssen; es ist damit für die Bauern von Winzenheim Ausdruck der Konstanz ihrer Genossenschaft, ihrer Nachbarschaft.

Das Gemeinschaftsspiel der Bauern von Winzenheim begegnet im Recht immer wieder. Stets handelt es sich um das Aufnahmeritual eines Neulings in eine Gemeinschaft. Den Würzburger Domherren erscheinen solche Spiele mit ihren teils auch demütigenden Regeln geeignet, die Begehrlichkeit von Fürstensöhnen auf die reichen Dompfründen abzuwehren. Zur Gemeinschaftsversicherung durch das Spiel zählen wir auch den Tanz. Tanz gehört zur Gemeinschaft, zur Zunft und Gilde in der Stadt ebenso wie zur dörflichen Nachbarschaft. Tanzen gehört zur Abhör der Gemeinderechnung, zum Flurumgang, sogar zum Dorfgericht unter den Linden. Der Tanz kann sogar zum Frondienst gehören – denn der Herr muß dort, wo ihm eine ausgebildete dörfliche Gemeinschaft als Widerspruch entgegentritt, die Fronenden nach festgelegten Regeln „bewirten". Und vor allem gehört der Tanz zur Kirchweih.

Gab es den privaten Tanz? Tanz gehört zum „Familienfest", vor allem zur Hochzeit, seltener hingegen zur Taufe, bisweilen jedoch sogar als Teil des Leichenschmauses zum Tod. Nicht das Private, sondern Versicherung der verwandtschaftlichen und nachbarschaftlichen Bindungen, der Freundschaft im allgemeinen und der Patenschaft im besonderen sind Anliegen dieser Tänze.

Spiel als Versicherung der Gemeinschaft: das Schauspiel in der Stadt

Das Spiel als Gemeinschaftsversicherung existiert auch in der Stadt. Wir finden dies nicht nur bei den Zünften und Gilden, sondern etwa auch bei den Brunnengemeinschaften, die sich mancherorts als Genossenschaften von Nachbarn zur Pflege des Brunnens zusammengefunden haben. Die Stadt muß aber auch den Spielcharakter verändern, sie kann den Gemeinschaftscharakter nicht allein über die einzelnen Genossenschaften bewahren; denn der tiefste Gegensatz zwischen Stadt und Land ist wohl der, daß auf dem Land jeder Hof sein eigenes Recht hat, daß die Bauern, selbst wenn sie Nachbarn sind, in unterschiedlichsten Verhältnissen zu ihrer Herrschaft stehen, daß hingegen die Stadt das Prinzip der Gleichheit kennt, hergestellt durch Bürgereid und Bürgerpflicht. Gerade weil dieses Gleichheitsprinzip sich in der Realität an den klaffenden ökonomischen Unterschieden bricht, braucht die Stadt das die Bürgergemeinde verbindende Spiel, das über dessen Sonderform im Brauchtum der Gilden, Zünfte und Nachbarschaften hinausgeht. Diesen gemeinschaftsversichernden Gedanken enthalten die vom Rat angeordneten Prozessionen mit ihren Spielelementen (wovon noch zu sprechen sein wird) und die daraus entwickelten geistlichen Schauspiele.

Gemeinschaftsbildende Kraft des Spiels: Von der Königswahl der Bauern zu Winzenheim führt eine innere Verbindungslinie zu den viel spektakuläreren Fällen, zu den Aufführungen religiöser Schauspiele in der Stadt. Schon die hohe Zahl von Mitwirkenden läßt auf die gemeinschaftsbildende Kraft des spätmittelalterlichen Schauspiels schließen. Das St. Galler Passionsspiel aus dem 14. Jahrhundert wird von 57 Einzeldarstellern und 85 „Choristen" aufgeführt. 1467 wirkten in Frankfurt 200 Personen bei einem Osterspiel und im folgenden Jahr 265 Menschen bei einem Spiel vom Antichrist mit, 1492 benötigte man 200 Mitspieler, im Passionsspiel von 1498 agierten 265 bzw. nach chronikalischen Berichten 280 Personen, und 1506 250 bzw. nach anderer Überlieferung 267 Mitspieler. Die differierenden Angaben nehmen angesichts von Mehrfachbesetzungen bei Chargenrollen nicht wunder. Ein Osterspiel benötigte um 1500 die Mitwirkung von mindestens 200 Menschen. Selbst im kleinen Gebweiler sollen 1520 so viele Mitwirkende vonnöten gewesen sein – nach anderer, uns allerdings unglaubwürdig erscheinender Zählung 330 –, im Alsfelder Osterspiel 1501 (ohne Statisten) 188 und 1549 gar 255. Selbst im kleinen Mengeringhausen wirken 1520 140 Personen am Passionsspiel mit. Im Wiener Passionsspiel war die Statisterie in vier Gruppen eingeteilt. 30 bis 88 Personen wurden für die Zugehörung Gottes benötigt, die Judenschaft oder Synagog brauchte 60 bis 114 Mitwirkende. Entscheidend ist: Selbst in einer Stadt wie Frankfurt mit seinen etwa 10 000 Einwohnern wird man Mühe haben, eine gemeinsame Aktion von über 200 Bürgern in anderen Zusammenhängen nachzuweisen. Gemeinschaftsbildende Kraft des Spiels: Die Mitwirkenden hatten teilweise hohe materielle Opfer zu bringen, um sich in einer Chargenrolle nicht etwa zu produzieren, sondern um an einer Gemeinschaftsaufgabe teilhaben zu können.

Die integrative Funktion des spätmittelalterlichen Schauspiels erweist sich nicht nur von den Darstellern, sondern auch von den Zuschauern her. Es gibt, wie Heinz Kindermann zu Recht feststellte, gar kein Publikum im modernen Sinne, sondern nur eine „Zuschauer-Gemeinde". Das Rheinische Osterspiel von 1460 beginnt:

„*Ir lieben mentschen alle gemeyne, beide groß und cleine.*" Diese Anrede an das Publikum ist typisch. „Arm und reich" ohne Unterschied werden angesprochen: „*Nu horet alle, arme und rich.*" Der Praecusor der Wiener Osterspiele wird noch konkreter: „*Nu horet czu alle gleich, / Beide arm und reich! / Horet czu alle gemeine, / Beide groß und cleine! / Ir jungen und ir alden.*"

Wiener Osterspiel, S. 27

Die Zuschauergemeinde lauscht nicht von vornherein andächtig. Viele Schauspiele beginnen, wie das Wiener Passionsspiel oder das Füssener Osterspiel, mit einem Gebot, ruhig zu werden: „Silete, silentium habete! / Hoeret ir herren unt ihr vrowen, / die daz spil wellent schowen: / ir sult alle stille wesen." Der zweite Tag der Alsfelder Passion hebt mit der Mahnung an: „Horet alle und weßet stille."

Unruhe herrschte während des gesamten Spiels. Immer wieder müssen (zumeist) die Engel „silete" singen. Im Alsfelder Passionsspiel muß die Szene, in der der schlechte Räuber vom Kreuz abgenommen und in die Hölle geführt wird, Unruhe im Publikum hervorgerufen haben – die Engel mahnen laut Bühnenanweisung zur Ruhe. Spiel ist Ernst. Das Spiel ist aber auch so ernst, daß es das Lachen als Bestandteil des Humanen einschließt.

Oft wird angenommen, daß eine von der Kirche geforderte Sittenstrenge auf den Menschen gelastet habe. Selbst wenn asketische Strömungen in der Kirche die Oberhand gewonnen hätten, hätten sie doch nicht durch Normsetzung, sondern allenfalls durch Überzeugungsarbeit die Menschen gewinnen können. Wenn in dem von Laien gestalteten spätmittelalterlichen Passionsspiel die Darstellung des Heilsgeschehens in einzelne, sich immer mehr verselbständigende, teilweise rein weltlich angelegte, biblisch nicht begründete Szenen aufgelöst ist, wenn der Wettlauf der Apostel zum Grabe Christi als Burleske ein fester Bestandteil all dieser Spiele ist, so gelingt die Wiedergewinnung des Lachens für die Frömmigkeit. Der „Unwert“ des Lachens, von dem so viele kirchliche Autoren ausgegangen waren, ist – möglicherweise eine Fernwirkung der franziskanischen Veränderung der Kirche – überwunden worden.

Daß „Spiel“ dem Mittelalter – im Gegensatz zur „Kurzweil“ – nicht als zweckfrei gilt, läßt sich im Falle des geistlichen Spiles schon daran erkennen, daß – wie in der Malerei – das Heilsgeschehen in Kleidung und Sitten der eigenen Zeit dargestellt wird. Die Schauspieltexte können deshalb auch als Geschichte des spätmittelalterlichen Alltags gelesen werden, bis hin zu der von Judas vorgenommenen Münzprobe in der Alsfelder Dirigierrolle. Der Zimmermann Josef hobelt, Judas kommt mit einem großen Hund auf die Bühne. Menschliches, Allzumenschliches des vergangenen Alltags wird sichtbar, wenn Luzifer dem Satan befiehlt, ihm die bigotten Klatschweiber, die an den Stadtmauern hocken, zu bringen. All das hat nichts mit „Realismus“ zu tun, sondern ist eine Vergegenwärtigung des Heilsgeschehens. So werden im Redentiner Osterspiel die am Grabe Christi schlafenden Wächter gewarnt: Ein Schiff nähere sich, das schon zwischen Hiddensee und Mone zu erblicken sei.

Sosehr wir Anlaß haben, den sozial integrativen Charakter des Schauspiels hervorzuheben, so sehr haben wir auch Anlaß, den Ausschluß der Juden zu betonen. Sie dürfen nicht mitspielen, obwohl man sie doch gut gebrauchen könnte für die Rolle der „sinagoga“ und insbesondere für die jüdischen Tänze und Gesänge, wie sie etwa die Alsfelder Dirigierrolle vorschreibt. Man gibt lieber Geld aus, damit Schüler die entsprechenden Kenntnisse erwerben.

Die Juden dürfen nicht nur nicht mitspielen, sie dürfen auch nicht zusehen. Im Gegenteil: Das Prinzip der Vergegenwärtigung der Passion konnte eine gefährliche Konsequenz nach sich ziehen. Da die Juden als diejenigen erscheinen, die mit allen Mitteln die Nachricht von der Auferstehung hintertreiben wollten, da in Passionsspielen der Einzug Christi in Jerusalem eine Gegenaktion der Juden und Teufel auslöst, konnte ein Osterspiel durchaus zu Gewalttätigkeiten gegen die Juden anreizen. Deshalb verbot vor dem Hintergrund der gerade erst überstandenen Judenpogrome durch den sogenannten König Armleder der Stadtrat in Freiburg im Breisgau 1338, daß niemand ein Spiel ansetzen dürfe, in dem die Juden verunglimpft würden. Isoliert bleibt die Warnung von 1338. Mehrere Spiele heizen die Judenfeindschaft sogar noch an. Die Egerer Passion kritisiert um 1460 Fürsten und Adel, weil sie die Juden beschützen würden.

Kurzweil. Obrigkeitliche Norm und menschliches Unterhaltungsbedürfnis

Unbekannt ist dem Mittelalter der moderne Wortsinn von Freizeit. Dieser entsteht erst im Laufe des 19. Jahrhunderts. „Freizeit“, so verzeichnet das

„Deutsche Rechtswörterbuch“, ist allenfalls als die Zeit bekannt, in der abends der Marktfrieden nicht mehr gilt, in der, wie in Koblenz, der Fronbote ein Zeichen auf dem Markt aufhängt, wonach die „Freizeit“ beginnt: Kein Gericht wird mehr gehalten, niemand kann jetzt mehr den Marktfrieden einklagen.

Statt das Spiel der Freizeit zuzuordnen, rechnen wir jene Spiele, die keine Gemeinschaftsfunktion hatten, sondern der individuellen Unterhaltung dienten, dem mittelalterlichen Verständnis von Kurzweil zu. In diesem Zusammenhang stoßen wir erstmals auf gesetzte Normen. Alle städtischen Statutenbücher des späten Mittelalters sind voll von Glücksspielverboten.

Städtische Spielverbote in Nord und Süd – die Würfel stehen immer im Mittelpunkt, selten, daß andere Spiele eigens verboten werden, wie z.B. 1419 in Göttingen die Messerspiele. Natürlich werden auch oft andere Spiele – Kartenspiel, selbst Murmeln – als Glücksspiele verboten, aber an erster Stelle sind immer die Würfel genannt. Wählen wir das Beispiel Göttingen: Spielverbote werden erlassen 1354, 1381, 1396, 1399, 1415, 1425, 1428, 1445, 1459 und 1467. Aber nicht nur durch die dauernden Wiederholungen, sondern auch durch Zusatzbestimmungen wird offenbar, daß die Gebote nicht gehalten werden. 1427 wird der Besuch der Stadttürme, in denen man Spielgelegenheiten zu finden hofft, untersagt, und 1432 werden auch in den Dörfern der Stadt, in die offenbar die Bürger auswichen, die Würfel verboten. Fast schon resignierend heißt es 1467, daß selbst in den gegenwärtigen kriegerischen Zeiten „dobbil cartin unde andere spele faste genge und gemeyne sin ghewesen“ (Göttinger Statuten, S. 67 f., 152, 449 und 479–483, letzteres als Straßburger Ordnung).

Das gleiche Bild wie in der Mittelstadt Göttingen zeigt auch die Großstadt Straßburg. Bereits aus der 1. Hälfte des 15. Jahrhunderts sind drei Spielverbote überliefert, dem folgte 1452 das Verbot des Würfel-, Brett- und Kartenspiels in Wirtshäusern. Gleichgerichtete Mandate ergingen 1458, 1462, 1463, 1473 und 1488. Eine Ausnahme: In Lübeck hatten nur einzelne Zünfte ihren Mitgliedern das Spiel untersagt, entsprechende Ratssatzungen brachte erst das 16. Jahrhundert. Man mochte bisweilen harte Strafen verhängen – in Nürnberg wurde 1410 ein Mann nur deshalb für ein halbes Jahr der Stadt verwiesen, weil er Würfel verliehen hatte –, die Abschreckung half nichts. Zu langweilig war das Leben. Selbst die Geistlichen, über die ein Stadtrat keine Macht hatte, pflegten das Glücksspiel. Um das Glücksspiel auch in den Klöstern und Häusern der Geistlichkeit zu unterbinden, wandte sich 1479 der Ulmer Rat an den Papst, daß dieser den Konstanzer Generalvikar zu entsprechenden Maßnahmen veranlasse.

Bei allen Spielverboten ist zu berücksichtigen, daß das Mittelalter keine Freude an der rigiden Durchsetzung von Normen hatte. Die gleiche Obrigkeit, die Spielverbote erläßt, erläßt auch Satzungen für jene Orte, in denen Glücksspiele abgehalten werden dürfen. Die unter Aufsicht des Rates stehenden Badehäuser und Bordelle können solche lizensierten Spielstätten bilden. In manchen größeren Städten gibt es eigene Spielhäuser – das „dob-

Abb. 7: Würfelspieler: Dargestellt wird der Triumph eines Spielers und als Warnung die Verzweiflung der Frau des Verlierers. Soester Nequambuch, frühes 14. Jh.

Soest, Stadtarchiv.

belhaus“, das „zabelhaus“, die „dobbelschule“ oder die „spilbahn“ wie der „Heiße Stein“ in Mainz und (unter gleichem Namen) in Frankfurt –, Stätten, in denen das Glücksspiel unter obrigkeitlicher Aufsicht erlaubt ist. Während der Messezeiten und bei Reichstagen erlaubte zwischen 1371 und 1432 der Frankfurter Rat den „Heißen Stein“, gewissermaßen eine konzessionierte Spielbank, in der ausschließlich Würfel gespielt wurde. Alljährlich bestellte dieser Betrieb in Speyer 10 000 Würfel.

Bei der Bestallung des Scharfrichters in Straßburg wird diesem 1487 als Teil seiner Besoldung zugestanden, daß er im Torhaus spielen lassen dürfe. Diese Konzession sei, so die Bestallungsurkunde, im Sommer wegen der Anwesenheit fremder Knechte ertragreicher als im Winter. Ein Hinweis

Abb. 8: Aus dem Kontext der Abbildung geht hervor, daß es sich um Falschspiel handelt. Würfelspieler aus der Carmina Burana, CLM. 4660, fol. 91 r.

Bayerische Staatsbibliothek München.

darauf, daß auch die kleinen Leute sich an den obrigkeitlich konzessionierten Spielstätten vergnügten; denn mit der Anwesenheit fremder Knechte war das sogenannte Elsaßlaufen gemeint, das Einströmen von arbeitssuchenden Tagelöhnern aus entfernten Regionen.

Die Realität hinter den Spielverboten: Das seit dreitausend Jahren in allen Kulturkreisen nachweisbare Würfelspiel erfreute sich im Mittelalter bei allen Ständen, bei Mönchen und – noch mehr beklagt – bei Frauen großer Beliebtheit. Der Würfel wurde aus Knochen, sogar aus Katzenknochen gefertigt. Auch als Kreisel kann ein Würfel erscheinen. Teure Würfel aus Horn, die als kostbarer Besitz ausgeliehen wurden, stehen neben einfachen „Bickelsteinen", die aus Fußwurzelknochen von Schafen und Ziegen gefertigt werden konnten. Ein eigener Beruf, der des „doppgießers", des „doppensnyders" hat sich in Frankfurt gebildet. Spielbretter gehören zum gehobenen Bürgerhausrat. Wegen der allgemeinen Verbreitung des Würfelns, das auch Kommunikation zwischen Menschen war, verwundert es nicht, daß der Meistersinger Hans Folz um 1488 Spielkarten, Würfel und Spielbrett zum unerläßlichen Hausrat zählt.

Hinter den Spielverboten, vor allem denen des Würfel- und Kartenspiels, muß nicht ängstliche Sittenstrenge vermutet, sondern die Verantwortung des städtischen Rats gesehen werden, die Sorge für das Gemeinwohl. Glücks- und Wettspiele brachten Zank und Schlägereien, die nicht schnell vergingen. Offene Feindschaften gefährdeten den Frieden in der Stadt. Der Pfennig hatte einen ganz anderen Wert, als es von heute her vorstellbar ist. Nicht etwa im materiellen Sinne meinen wir das hervorheben zu müssen, sondern im mentalen Sinne. Der Bargeldumlauf ist in einer mittelalterlichen Stadt ziemlich gering. Wer nur 10 Pfennig verliert, verliert mehr als den Gegenwert eines Tagelohns, er verliert zumeist seine gesamte Barschaft, ohne genau zu wissen, wann sich sein Beutel wieder füllen könnte. Und zudem: Allzu viel Betrug war mit dem Spiel verbunden.

1422 sitzt in Nürnberg ein „fryheitlin von Spils wegen im loch", im Gewölbe des Lochgefängnisses unter dem Rathaus. Das ist kein Einzelfall.

Die Freiharte, zweifelhafte Gestalten, sind unter anderem Berufsspieler und berüchtigte Falschspieler. Typisch also, wenn 1433 im Nürnberger Lochgefängnis ein „Freihart wegen falscher würfel" einsitzt. Dieses Betrugsdelikt schreibt man im Grunde allen Fahrenden zu. Wenn Hans Folz gegen die Falschspieler polemisiert, reimt er, jedem Zeitgenossen verständlich:

„Wer hat ye grosser schelk gesehen
Dan löter [lotter], spiler, riffianer
Vortrager aller bubenbaner,
Zwickenwürffel und raubdietasch."

Hans Folz, S. 251

Im gleichen Sinne hatte auch der Oppenheimer Stadtschreiber und Drucker Jakob Köbel um 1520 ein kleines Reimwerk über die Praktiken betrügerischer Kartenspieler gegen die Landbettler, die Landfahrer mit gefälschten Reliquien, die Freiharte und gegen das gesamte fahrende Gelichter gerichtet, gegen die

„Lanttbescheisser, Zwyecker, Orenbeysser, Bleer, Meinoter, Heyligmann und Störck, die Freyen und Voperten".

Jakob Köbel, S. 26

In Speyer wurde 1491 ein Falschspieler von Beruf verhaftet. Er verstand „mit siegelmetzen, mit karten, mit den bogeln, mit den geschliffen worffeln" zu spielen. Ein in Nürnberg Verurteilter hat „uff der Karten, mit dem Würffel und im Schach den lewten unrecht getan". Falschspiel war aber nicht nur ein Verbrechen berüchtigter Landfahrer. Allein die Nürnberger Achtbücher bezeugen, daß auch angesehene Bürger und Zunftmeister wegen dieses Deliktes belangt werden.

Unter den mannigfachen Formen von Kurzweil, die das späte Mittelalter kannte, brauchten bestimmte Wettkämpfe – das Ballspielen vor allem, aber auch das Steinestoßen, das Ringen und das Wettlaufen – Platz. In Stadt und Dorf aber waren aus verschiedenen Gründen solche Plätze nicht einfach zu finden; in der Stadt nicht wegen der engen Bebauung, im Dorf nicht, weil unmittelbar um das Dorf die besten und damit am intensivsten genutzten Böden lagen. Wegen diesem Platzproblem wurde notgedrungen auf Friedhöfen gespielt. Ebensowenig wie bei der Nutzung des Friedhofes als Viehweide oder als Abfallplatz braucht man hier an Pietätlosigkeit zu denken. Das Grab selbst war keine Stätte der Memoria; des Toten gedachte man bei der Seelmesse in der Kirche. Wenn das Spielen auf Friedhöfen verboten wird, dann nicht etwa, um die Totenruhe zu wahren, sondern weil der Friedhof ein Friedens- und Rechtsbereich war, zu dem Spiel und Kurzweil schlechterdings nicht gehörten.

Vor den Stadtmauern lagen die Spielplätze, wie in Wien am Niederen Werd, auf einer von der Donau gebildeten Insel, wo sich – so 1486 der Humanist Antonius Bonfinis – die jungen Menschen zum Reigenspielen und zu Picknicks zusammenfanden. Vor den Mauern von Basel lagen die von Aeneas

Sylvius Piccolomini geschilderten Spielwiesen. Osnabrück kannte den Rosengarten vor dem Johannitertor als Spiel- und Vergnügungsstätte. Es war ein eigener Platz, der gegenüber dem „Turnierfeld" und dem Schießplatz lag. Diese Schützenplätze vor den Stadtmauern gehörten, wie die ältesten Stadtansichten ebenso wie Reiseberichte bezeugen, zu jeder spätmittelalterlichen Stadt.

Die anschaulichste Schilderung eines Spielplatzes ist aus dem eidgenössischen Baden überliefert. Der Humanist Poggio Aretino erwähnt bereits 1416 die hinter der Vorstadt, nah am Fluß gelegene baumbestandene Wiese. Hier kommt man nach dem Abendessen zusammen und spielt: Die einen belustigen sich beim Tanz, andere singen, die meisten spielen Ball.

Im 16. Jahrhundert schildert der Arzt Heinrich Pantaleon diesen „*schönen Tantzplatz an der Limmat, auf welchem ein linden mit bencken geordnet*" sei. Hier kommen täglich im Sommer nach dem Abendessen „*vil ehrliche leut zusammen, etliche Tantzen, andere stoßen den Stein, etliche schießen Blaten, andere schlagen den Ring, etliche lauffen oder springen, oder treiben sonst ehrliche Kurzweil*".

Pantaleon, zit. nach Zehnder, S. 329

Die Linden erinnern an die Maßnahme des Nürnberger Rates, der 1441 auf der Hallerwiese vor den Stadttoren einen Spielplatz mit diesen Bäumen bepflanzen ließ und 1482 hier noch fünf Röhrenbrunnen anlegte. Für die zeitgenössische Nürnberger Chronistik war dies überlieferungswert. Die Linden waren offensichtlich unerläßlich für eine solche Stätte der Kurzweil, sie sind mehrfach in Oberdeutschland belegt, zum Beispiel auch im Lindenhof zu Zürich. Was steckt aber hinter der Maßnahme der Nürnberger Stadtväter? Es geht letztlich um die traditionelle Aufgabe der Obrigkeit, für das Gemeinwohl Sorge zu tragen. Schließlich weiß man im Mittelalter, „Fröligkeit vertreibt das Leid", „Fröligkeit ist gut vor (gegen) Krankheit". Ebenso wie die Anstellung von Stadtärzten, wie die Beaufsichtigung von Apotheken war auch die Anlage von Spielplätzen eine obrigkeitliche Fürsorgemaßnahme für die Stadtbevölkerung. Das Spiel des Alltags war herausgenommen aus dem Festcharakter, herausgenommen aus Standesverpflichtungen. Selbst beim Papageienschießen, bei dem eine nicht unerhebliche Einstandsgebühr hinterlegt werden mußte, ist offensichtlich, daß es sich nicht um ein ständisches exklusives Vergnügen handelt. Wenn eine Nürnberger Chronik zu einem Preisschießen vermerkt, daß die 80 Gulden Preisgeld von einem Armen gewonnen wurden, so weist das auf die grundsätzliche Offenheit dieses Wettbewerbes hin. Das Erstaunen des Chronisten lag lediglich darin begründet, daß ein Armer über so viel Zeit verfügen konnte, daß er durch intensives Üben sicher sein durfte, zumindest sein Einstandsgeld, für das er viele Wochen hatte arbeiten müssen, wiederzuerlangen. Das Erstaunen des Nürnberger Chronisten weist nun immerhin auf ein zentrales Problem bei den „Spielen der kleinen Leute" hin: Wieviel Freizeit hatten denn Mägde und Knechte überhaupt, wie war das Verhältnis von Arbeitszeit und Freizeit bemessen? Generelle Auskünfte darüber sind nicht möglich. In einer Welt, in der es zu einem Konfliktpunkt zwischen Meister und Gesinde werden konnte, ob und wie häufig Letzteres die Messe hören durfte, wird es kaum unproblematisch gewesen sein, sich aus der Herrschaft im Hause des Meisters in die Freiheit des Spielplatzes zu begeben.

Spiel, gemeinschaftsbezogenes Spiel, individuelles Glücksspiel im Schatten des Rechts und schließlich einfach genossenes, „Freizeit“ vorahnendes Spiel unter den Linden. Dahinter steht letztlich eine Lebensfreude, die in normativen Quellen, wie den städtischen Statuten, unerwähnt bleibt. Es sind diese Quellen, die wegen ihrer schnellen Zugriffsmöglichkeit durch die Historiker lange das Bild eines „finsteren Mittelalters“ bestimmt haben. Zudem wurde, um die Metapher von den Übermalungen eines Bildes zu bemühen, nicht die Farbschicht beseitigt, die im 16. Jahrhundert sowohl protestantische als auch katholische Kirchenordnungen mit ihren Vorstellungen von Sittennorm auf das pastose mittelalterliche Bild von Frömmigkeit, Lebensfreude und Kunst des Überlebens aufgetragen hatten. Das dunkle Bild des Mittelalters entstand durch nicht hart genug zu kritisierende Forschungsfehler und durch eine zutiefst inhumane Ungerechtigkeit gegenüber toten Mitmenschen, die unter härtesten Bedingungen – selbst die Tafel eines Fürsten war nach unseren Vorstellungen karg gedeckt – bewahrt hatten, was für das Überleben der Spezies Mensch unerläßlich war: Lebensfreude.

Die sittliche Norm und die Realität: das Frauenhaus

Lebensfreude: Wir scheuen uns nicht, spätmittelalterlichem Denken gemäß das Beispiel des Frauenhauses, des Bordells heranzuziehen. Wir müssen dabei klären: Das Leben der Dirne im Frauenhaus war hart, war Konsequenz einer noch darzustellenden Verzweiflung. Die Härte der Armut hatte die Dirne zu tragen. Ohne die Ausnutzung armer Frauen durch Männer zu verschweigen, geht es uns hier aber darum, die grundsätzliche Offenheit des Spätmittelalters auch gegenüber sexuellen Bedürfnissen darzustellen.

Offenheit: Bestrafung von Kuppelei und gewerblicher Unzucht ist in mittelalterlichen Städten keineswegs an der Tagesordnung. Die Obrigkeit toleriert weitgehend die Zustände, ohne sie deshalb zu legalisieren, sie duldet die sogenannten „heimlichen weiber“, deren Namen doch, wie ein Straßburger Verzeichnis von 1469 lehrt, jedermann ebenso kennt wie die der Ruffiane und Fügerinnen, der Kuppler und Kupplerinnen, in der Stampfgasse, in der Burggasse, im Finkenweilergäßchen und in der Schwanzgasse. Wenn der Nürnberger Rat 1319 auf einen Schlag 34 „ruffiane“ mit ihren Dirnen der Stadt verweist, so entspricht das keiner kontinuierlichen Praxis. Wenn einzelne „ruffiani et lusores“, Falschspieler also, ausgewiesen werden, so handelte es sich nicht um eine alle Kuppler in der Stadt treffende Maßnahme, sondern um die Ahndung krimineller Delikte. Einen vergleichbaren Fall wie im Jahre 1319 verzeichnet das Achtbuch nicht mehr. Wenn in diesem Achtbuch im August und September 1347 die befristeten Stadtverweisungen von vier „Aufmacherinnen“ und einem Gastwirt wegen Kuppelei hintereinander eingetragen sind, so handelt es sich ebenfalls um einen einmaligen Vorgang, denn ansonsten finden sich nur zeitlich verstreute Einzelfälle, Ausbrüche des Mißmutes über die ansonsten hingenommenen Zustände. Energischer griffen die Obrigkeiten nur ein, wenn Ehefrauen verkuppelt wurden und vor allem, wenn „Juden Christenweiber minneten".

Die Prostituierte des frühen und hohen Mittelalters war die Wanderdirne, die „venus vulgivaga" des mittelalterlichen Studentenlateins gewesen, oft zugleich Gauklerin oder Tänzerin. Sie gehörte dem fahrenden Volke an, begleitete so oft Spielleute, daß diese geradezu als „hurewin", als Kuppler, bezeichnet wurden, oder daß in Glossen „spilwip" mit „meretrix", mit Hure, gleichgesetzt wurde. Das Augsburger Stadtrecht 1276 verpflichtet den Henker, er solle die „varnden freulein uz der stat triben, daz si tages und nachtes keine bosheit in der Stadt tun mit unkeusche", nur ihre Verpflegung sollten sie in der Stadt kaufen dürfen.

Es gibt viel Gelegenheitsprostitution in einer mittelalterlichen Stadt. Als 1469 der Straßburger Rat ein Verzeichnis aller stadtbekannten Dirnen anlegen läßt, finden sich auch 22 Frauen unter der Rubrik erwähnt: „dise wellen nit offen huren sein". Es handelt sich dabei mehrheitlich um alleinstehende oder zu zweit gemeinsam wohnende Frauen, die möglicherweise durch Gelegenheitsprostitution ihren schmalen Lohn als Arbeiterinnen oder Dienstmädchen aufbessern. „Heimliche frauen und töchter" nennt der Nürnberger Rat 1437 solche Dirnen, „die in der Stadt auf- und niedergehen"; sie erscheinen anderswo als „eckensteherinnen", als die, die an verschwiegenen Stellen am Stadtrand „auf dem graben gehen". In Kellerkneipen sind sie zu finden, aber auch in den öffentlichen Bädern – nicht umsonst fordert ein mittelalterliches Sprichwort: Badern und Huren muß man recht zahlen. In Wien wurde schon 1403 Klage geführt, viele Wirte seien „sündeheger" und „sündemehrer", weil sie Dirnen in ihren Wirtschaften hielten. Einem Nürnberger Chronisten entringt sich der Stoßseufzer über die aufkommende „unzüchtigkeit": Alle Schenken, „alle tabern waren voll hudeln und hüben, also daß kein underschaid mocht gehabt werden under dem gemeinen haus und wirtshaus". Unter „gemeinem haus" versteht der Chronist das Bordell, das als städtisches „Frauenhaus" unter der Aufsicht des Rates ein Spezifikum der spätmittelalterlichen Stadtkultur darstellt.

Erst im 15. Jahrhundert gelangt der Ausdruck Bordell aus dem Französischen über die rheinische Handelsstraße in die deutsche Sprache, kann aber die gebräuchlichste Bezeichnung „Frauenhaus" nicht verdrängen. Solche Häuser gab es nicht nur in jeder Groß- und Mittelstadt, sondern selbst in kleineren Marktflecken wie etwa in Franken zu Gerolzhofen, Volkach oder Iphofen. Obwohl solche Häuser mancherorts wie in Goslar, Braunschweig, Landshut oder München dem Henker unterstanden, waren sie doch keine infamierenden Orte.

Eine genaue Trennung zwischen dem fahrenden Fräulein auf der Straße und der Hübscherin im Frauenhaus sollte nicht gezogen werden. Zu

Abb. 9: Braunschweiger Monogrammist (Nachweiszeit des Künstlers 1525–1550), Bordell.

Städelsches Kunstinstitut Frankfurt a. M. Inv.-Nr. 249, Foto: Kurt Haase.

groß ist dic Grauzone zwischen der offiziell tolerierten und der privaten Prostitution. Auch in den Städten, in denen ein Frauenhaus bestand, trieben sich einschlägig bekannte Dirnen in den Gassen herum, die nach dem Willen des Lübecker Rats in Kriegszeiten den Spaten zur Hand nehmen sollten. Zu den Dirnen zählte man auch jene Frauen, die ohne Bürgerrecht „bi der unee sitzen“, jene „korbleinsmeid“, die ein Winkelwirt oder eine alte Vettel verkuppelte, die man auch mit Kleiderordnungen nicht diskriminieren konnte: Frauen der vagierenden Unterschicht.

Wo kamen die „Buhlerinnen“ her, die der Straßburger Rat 1482 den Wirten zu halten verbot? Eine 1477 in Speyer wegen lesbischer Liebe ertränkte Dirne stammte aus Nürnberg und hatte ein ebenso bewegtes Wanderleben hinter sich wie eine 1493 in der rheinischen Bischofsstadt inhaftierte „schöne Frau“, die über 30 Diebstähle eingestand. Diese Frauen suchten auf ihren Fahrten zeitweilig in städtischen Frauenhäusern Unterschlupf. Eine 1491 in Speyer verhaftete Dirne gestand unter mehreren Diebstählen auch „zu Tuwingen eyn rock, ist des rectors gewest, hatt sie unde ander frawen im gemeynen huss verdruncken für zwei fl.“. Diese Frau, die auch im Straubinger Frauenhaus gewesen war, hatte viele Orte durchwandert zwischen Straubing und Tübingen, zwischen Ingolstadt und Mainz, hatte sich unter anderem durch Diebstahl ernährt und mußte dabei

Abb. 10: Ein hintergründiger Kommentar zu einer Zeit, in der die spätmittelalterlichen Frauenhäuser auf Betreib der Obrigkeit geschlossen werden. Hinkender Amor vor Freudenhaus. Kupferstich, Niederlande (?), um 1550.

Germanisches Nationalmuseum Nürnberg, Inv.-Nr. HB 25182, Kapsel 1233.

einmal knapp der Todesstrafe entronnen sein, denn sie „hat keyn oren mer gehabt".

Die den Frauenhäusern von den Obrigkeiten auferlegten Ordnungen sind typische Produkte des spätmittelalterlichen Stadtregiments, bis ins Detail gehende Regelungen, deren Maximen der Erhalt des Friedens, das Ausschalten von Konfliktmöglichkeiten und nicht zuletzt die Wohlfahrt der Stadt sind. Öffnungszeiten werden festgelegt: An Sonntagen, an Festen zu Ehren Mariens, in der Fastenzeit, zumindest aber in der Karwoche, und an den wichtigsten Heiligentagen ist der Besuch des Hauses untersagt. Vielerorts aber darf es an Werktagen sogar bis 23 Uhr geöffnet haben – eine Ausnahme von der ansonsten wegen der steten Feuergefahr früher liegenden Polizeistunde. (Eine Übernachtung ist natürlich gestattet.) Ebenso wie die städtische Marktpolizei die Qualität der verkauften Produkte überprüfen läßt, wird von Hebammen die Gesundheit der Dirnen laufend kontrolliert, denn die Furcht vor Seuchen war schon vor Ausbruch der Syphilis allgegenwärtig. Hygiene wurde großgeschrieben, das wöchentliche Bad zur Pflicht gemacht. In Ulm hatten die „gemeinen Frauen" sogar eine eigene Badstube. Weiterhin durfte der Frauenwirt keinen Verkehr der „offenen Töchter" zulassen, wenn diese „mit ihren weiblichen rechten beladen waren"; schwangere Frauen durfte er nicht im Hause dulden, mußte sie manchen Ordnungen zufolge aber weiterhin verpflegen.

Nur Unverheiratete durften die Dirnen besuchen; Geistliche, Ehemänner und Juden sollten ausgeschlossen bleiben. Schwere Strafen aber bedrohten dabei allein die Juden, sie wurden meist auf Lebenszeit der Stadt verwiesen; ertappte Ehemänner belegte man mit vergleichsweise milden Geldbußen, und die Anwesenheit von Geistlichen ist immer wieder bezeugt; sei es, daß sie wie in Hof 1505 durch eine Schlägerei aktenkundig werden, sei es, daß der Nördlinger Rat sich 1472 über ihre Anwesenheit in den Abendstunden, die doch für die Bürger reserviert sein sollten, entrüstet. (Bestraft wurden solche Kleriker natürlich nicht von der städtischen Obrigkeit, sondern von dem Geistlichen Gericht, das niedersächsischen Usancen zufolge recht milde verfuhr: 16 Schilling Buße kostete hier 1519 ein Bordellbesuch, die Verwicklung in eine Rauferei kam dem Geistlichen mit 22 Schilling teurer zu stehen, und fast doppelt soviel, 30 Schilling, mußte er zahlen, wenn er mit einer verheirateten Frau geschlafen hatte.)

Die Gesellengilden, die den Lebenswandel ihrer Mitglieder in anderen Bereichen strengen Ehrbegriffen unterwarfen, sind noch im 15. Jahrhundert, was den Umgang mit „gemeinen Frauen“ angeht, sehr tolerant. Man fordert allein die gebotene „maze“. Die Gilde der Basler Messerschmiedegesellen bestraft zum Beispiel nur den, der täglich die „schönen Fräulein“, die der Schmiedegesellen in Riga nur den, der sie an heiligen Tagen besucht. Der Besuch des Frauenhauses war für Knechte und Gesellen so selbstverständlich, daß 1523 der Basler Rat fürchtete, diese könnten die Stadt verrufen, wenn das Bordell abgeschafft würde.

Auffallend häufig kam es in Frauenhäusern der Universitätsstädte zu Handgreiflichkeiten zwischen Studenten und anderen Besuchern, wohl nicht zuletzt deswegen, weil die akademischen Privilegien alle Studenten schützten, ob sie nun arme Schlucker oder Söhne aus reichem Hause waren. Eine Schlägerei im Heidelberger Frauenhaus 1422, in deren Verlauf ein Student einem Bogenschützen die Hand abgehauen hatte, führte zur Gruppenrache pfalzgräflicher Marstaller gegen Studenten und Universitätsangehörige. Es nutzte nicht viel, wenn akademische Statuten rechtzeitige abendliche Rückkehr in Bursen und Kollegien vorschrieben. Immer wieder gerieten, wie 1472 in Leipzig, bewaffnete Studenten mit anderen Besuchern der „gemeinen Frauen“ ins Handgemenge.

Trotz seiner Lage am Stadtrand ist das Frauenhaus ein geselliger Treffpunkt, an dem sich auch hohe Herren einfinden konnten. Wenn ein Nördlinger Chronist beiläufig notiert, „do sassen dy herrn beim wyn im frauenhaus im gässle“, so unterstellte er ebensowenig sexuelle Absichten wie 1431 die Ulmer Bevölkerung, als Kaiser Sigmund das Frauenhaus besuchte und der Rat ihm den Weg dorthin beleuchten ließ. Im Frauenhaus konnte man sich auch harmlos amüsieren, es war ein Ort, an dem man – wie der Volksprediger Geiler von Kaysersberg (1445–1510) mißmutig bemerkt – „leckerei treibt und spilt“, hier herrschen keine Zwänge wie in den Rats- und Zunfttrinkstuben mit ihrem abgeschlossenen Besucherkreis und ihrer gravitätischen Atmosphäre, hier geht es auch nicht so laut und lärmend zu wie in den Weinkneipen und Kellerwirtschaften. Das Frauenhaus ist kein versteckter Hurenwinkel, hier kann man sich zwanglos treffen, hier ist der Wirt verpflichtet, bei Glücks- und Brettspielen „kein falsch spil“ zu dulden. Die obrigkeitliche Aufsicht garantierte eine Korrektheit, die in verschwiegenen Winkelkneipen, wo Ruffiane mit falschen Würfeln umgingen, nicht zu erwarten war. Der Frauenwirt und seine Knechte mußten um ihren Leumund besorgt sein, weswegen 1481 der Konstanzer Frauenwirt seinem Knecht das Zeugnis ausstellt, sich immer ehrlich gehalten zu haben.

Nur selten werden die Insassinnen des Frauenhauses als Huren bezeichnet, und Dirne hat im Mittelalter noch keinen abwertenden Nebensinn. „Gemeine Frauen" oder „gemeine Töchter" ist der gebräuchlichste Ausdruck, worauf sich der Nürnberger Rat beruft, als er den „gemeinen weibern" feste Partnerschaftsverhältnisse, sogenannte „liebe Männer" verbietet, denn sie sollten ihrem Namen entsprechend der Allgemeinheit zur Verfügung stehen. Fromme Gemüter, denen die Huren als „des teufels jagdhunde" erschienen, belegten diese Frauen zwar mit abwertenden Adjektiven („berüchtigt, üppig, unehrlich, wild"), aber es überwiegen doch die neutralen Bezeichnungen in den Quellen: „arme, freie, offene (= offenbare), schwache Frauen", oder gar positive Benennungen wie „Hübscherin", wie, sehr häufig, „schöne" oder „hübsche Töchter"; hinter manchen selteneren Bezeichnungen schimmert sogar etwas von Zuneigung auf: „liebe Frauen" oder „kabeberle" („Hürlein").

Daß Dirnen als selbstverständlicher Teil urbaner Kultur angesehen wurden, zeigt sich etwa daran, daß in Frankfurt die Hübscherinnen als einzige Frauen in das festliche Zeremoniell bei offiziellen Anlässen, bei Besuchen von Fürsten und bei feierlichen Ratsessen einbezogen wurden, daß in Nürnberg bei den festlichen Tänzen, die dem anwesenden Kaiser zu Ehren ausgerichtet wurden, auch die schönen Frauen aus dem Freudenhaus teilnahmen, daß zum Wiener Johannisfest die blumenbekränzt erscheinenden Dirnen auf Stadtkosten bewirtet wurden. Niemand dachte Ehrenrühriges, wenn in Zürich nach Sigmund von Herberstein um 1520 „der brauch was, dass der burgermeister, gerichtsdiener und gemeine weiber mit dem gesandten assen".

Und doch: Wie generell bei mentalitätsgeschichtlichen Fragestellungen ist bei der Akzeptierung von Frauenhäusern mit widersprechenden Tendenzen zu rechnen. Mancherorts sind die Kleiderordnungen nicht nur bestrebt, den Dirnen aufwendige Kleidung und Schmuck zu untersagen, sondern darüber hinaus noch darauf bedacht, sie durch bestimmte Kleidung zu diffamieren. Solche Bemühungen gab es bspw. in Basel, Zürich und Hannover. Das diffamierende Gelb, das im Mittelalter bereits den Juden stigmatisieren sollte, mußten mancherorts auch die Dirnen anlegen: Eine gelbe Verbrämung der Kleidung war ihnen in Frankfurt vorgeschrieben, ein gelbes Fähnchen mußten sie nach dem Meraner Stadtrecht an den Schuhen tragen, und ein großes gelbes Tuch sollten nach einem Ratsbeschluß 1473 die „wilden Frauen" in Leipzig an ihren Kleidern anbringen. Was hier an Diffamierung begegnet, sollte nicht überschätzt werden. Es waren Haltungen der Obrigkeit, die teilweise auch den Charakter einer Entschuldigung hatten. Bei dem Verhältnis des Stadtrats zu den Dirnen handelt es sich eher um eine verschämte Offenheit, welche die Obrigkeit in dieser Frage walten läßt, eine Offenheit, die einem pragmatischen Blick auf das letztlich Unvermeidliche geschuldet ist. Allenthalben legten die Stadtväter Wert darauf, daß ins Frauenhaus keine Bürgertöchter aufgenommen wurden. So heißen etwa in Leipzig Dirnen „Hedwig die Schlesierin" oder „Grete die Fränkin". Obwohl diese Frauen aus der Fremde kamen, waren sie stadtbekannt, man wußte zum Beispiel in Leipzig, wer das „klein Enchen", die ausgiebig den Schminktopf benutzende „gemalte Anna" oder die „fette Hedwig" war; es reichte zur Identifizierung aus, wenn 1442 im Berliner Stadtbuch „Else med den langen tytten" eingetragen wurde. Die Bekanntheit dieser Dirnen rührte auch ganz harmlos daher, daß sie in der Kirche ihren festen Platz – natürlich weder Bank noch Stuhl – hatten, wo sie jeder sehen konnte. So wird in Konstanz der Frauenwirt verpflichtet, er solle an Sonn- und Feiertagen seine schönen Frauen „zu kirchen gen lassen in das Münster an ihrem gewöhnlichen ort, da sie vormals gestanden sind".

Die Situation der Dirnen in der spätmittelalterlichen urbanen Kultur muß auch als Teil der Geschichte der Armut beschrieben werden. Da das Frauenhaus ein Betrieb unter städtischer Aufsicht war, konnte der Dirnenlohn eingeklagt werden; er war damals sprichwörtlich gering. Luxusdirnen kannte natürlich auch das Mittelalter. Ein namentlich nicht bekanntes schönes Fräulein aus Donauwörth muß so attraktiv gewesen sein, daß 1513 der kaiserliche Sekretär Cyprian Sernteiner dem Würzburger Domherrn Peter von Aufseß für eine Gefälligkeit entweder „ain fayste pfarren" verspricht oder – was ein äquivalent dargestellt haben muß – ihm das „madlen von werdt schicken oder aber, wo ihr herkumen solt, herberg bei ihr" verschaffen wollte. Doch das war eine Ausnahme, wie schon die häufige Bezeichnung „arme fräulein" für die Dirnen verrät. Generell gilt: Armut zwang zum Dirnenleben.

Das arme Mädchen kam im Frauenhaus nicht aus seiner materiellen Notlage heraus. Kleider und Schmuck waren – oft auf Kredit des Frauenwirts gekauft – der einzige Besitz eines schönen Fräuleins, unerläßlich zur Kundenwerbung. Die obrigkeitlichen Ordnungen der Frauenhäuser sind durchweg bemüht, die materielle Abhängigkeit der „gemeinen Töchter" vom Frauenwirt zu mildern, sie schreiben ihm vielfach vor, wie er die Frauen zu verköstigen habe und wieviel diese ihm zahlen sollen (was oft bis zu einem Drittel des Liebeslohns gehen kann). Es wird das Übliche gewesen sein, wenn nach Basler Steuerlisten ein solcher Wirt mit 150 Florin Vermögen veranschlagt wird, die sechs Insassinnen seines Hauses jedoch gar nichts oder höchstens 10 Florin versteuern. Die Ordnungen für die „offenen Häuser" gehen davon aus, daß die Dirnen beim Wirt verschuldet sind. Deshalb läßt 1523 der Konstanzer Rat den Frauenwirt geloben, auf verschuldete Huren keinen Zwang auszuüben, „iren leib … ihnen allweg frei" zu lassen. Weil bekannt war, daß die Schulden eine Frau nicht aus dem „gemeinen Hause" kommen ließen, entstanden Stiftungen zum Beispiel eines Doktor Konrad Kunhofer in Nürnberg oder eines Doktor Peter Rinck in Köln, um jene „schönen Töchter", die ein ehrbares Leben führen wollten, bei ihren Wirten auslösen zu können.

Bei dem Bemühen, die Abhängigkeit der Huren vom Frauenwirt zu mildern, werden bisweilen Zustände offenbar, die zunächst kaum erklärbar scheinen. So bestimmt die Nürnberger Ordnung, kein Wirt dürfe ein „weibsbild, das vormals in dem gemeinen leben oder heusern … nit gewesen were, … kaufen, verpfenden oder darauf leihen". Eine solche Bestimmung würde man eher in italienischen Seestädten der Zeit vermuten, wo Sklavinnen, die ein Handelsgut mit der arabischen Welt bildeten, häufig als Dirnen gehalten wurden. Aber auch ohne formale Sklaverei muß in deutschen Frauenhäusern Mädchenhandel nichts Ungewöhnliches gewesen sein, denn gleiche Bestimmungen wie die Nürnberger enthalten auch die Ulmer und die Konstanzer Ordnungen. In Speyer wollte 1486 ein Baderknecht seine Freundin für einige Tage ins Frauenhaus vermieten, wofür er anfangs 4 und dann 2 Florin verlangte. Solche und schlimmere Fälle müssen der Straßburger Ordnung des Jahres 1500 zufolge häufiger vorgekommen sein, wonach leichtfertige knechte zum „dickem mole frowen und dochtere us ändern landen … in die frowenhüser versetzet und verkouft" haben, und diese dann „wider iren willen in süntlichem wesen behalten und verhütet werden, das sie nit davon kommen mögent".

Es wird noch darzustellen sein, daß die Geschichte der Armut auch ein beklemmender Beitrag zur Geschichte der Kindheit ist. Das gilt selbst für das Dirnenwesen. Blutjung, noch ohne Fähigkeit sich zu wehren, kamen oft die Dirnen ins Frauenhaus. So wurde 1423 im Braunschweiger „Roten Kloster", dem Bordell, „eyn wyff, de hed Kruseke Dos, un is by elven jaren" erschlagen. Die Bezeichnung „wyff" stellt klar, daß es sich nicht um ein junges Dienstmädchen, sondern um eine Dirne gehandelt haben muß, einen Menschen ohne schützende Verwandtschaft; denn der Rat mußte, nachdem kein Kläger wegen des Mordes auftrat, diese Aufgabe übernehmen.

Auch das Spätmittelalter hatte, wie uns zeitgenössische medizinische Traktate belehren, kein entspanntes Verhältnis zur Sexualität; es besaß aber ein entspanntes Verhältnis zur Sünde. Zu sündigen war menschlich. Von einem Freiburger Nachtwächter war allgemein bekannt, daß er seinen Rundgang immer für einen Besuch im Frauenhaus unterbrach, und wenn man in Konstanz einen Wächter wegen des gleichen Verhaltens bestrafte, so nahm man es nicht mit der Sittlichkeit, sondern nur mit der Wachpflicht genau.

Entspanntes Verhältnis zur Sünde: Jedermann kannte die Legende von der heiligen Maria Magdalena, die als reuige Sünderin an die stets mögliche Bekehrung aus einem verworfenen Leben erinnerte. Nach der Legende hatte Maria Magdalena bei ihrer Bekehrung ein dreißigjähriges wüstes Leben hinter sich. Die Popularität dieser Heiligen läßt sie zu einer Lieblingsfigur spätmittelalterlicher Osterspiele werden.

Weder durch drohendes Insistieren mittelalterlicher Kleriker noch als Folge der Syphilis ist die spätmittelalterliche Frauenhauskultur untergegangen. Wenn etwa um die Mitte des 16. Jahrhunderts, als die Syphilis schon zwei Generationen gewütet hatte, fast überall in Deutschland die Frauenhäuser geschlossen werden, so ist das eine Folge der Reformation und, worin sich die konfessionellen Lager einig waren, einer neuen Auffassung von der Verantwortung christlicher Obrigkeit: Diese hat für ein Gott wohlgefälliges Leben ihrer Untertanen zu sorgen; ein Fürst sündigt, so stellte noch 1679 der Jurist Ahasver Fritsch in Übereinstimmung mit früheren Ansichten fest, wenn er Freudenhäuser zuläßt.

Die öffentliche Meinung im Spätmittelalter: die Großen im Kommentar des gemeinen Mannes

Die Eigenständigkeit der Meinung des gemeinen Mannes

Als 1429 auf dem Reichstag eine allgemeine Reichssteuer vorgeschlagen wurde, wenden sich die Städte mit dem Argument dagegen, es handele sich um eine Neuerung, von der man noch niemals gehört habe. Und darüber hinaus sei zu besorgen, daß es im Volk große Widerrede geben würde und die Steuer deshalb nur sehr schwer einzubringen sei:

> „*Darin auch me zue besorgen si, daz viel rede und sagen undir dem folke davon entsteen moge. Und darumb so were iz auch gar hart inzubringen.*"

Reichstagsakten Bd. 9, S. 84

Im gleichen Sinne argumentierte auch 1480 der Bischof von Freising auf dem Reichstag gegen den Plan einer allgemeinen Reichssteuer: Der gemeine Mann fürchte, daß aus einer solchen Steuer eine dauernde Abgabe wie in Frankreich werden würde. Man müsse sich sehr bemühen, um einen solchen Verdacht zu entkräften:

> „*Item der gemein man hatt sorg, wo man solchen anslag furneme, es wurde ewiger trybutt darauß als zu Frankreich ist geschehen, muß man mit vleis furkumen, damit solich sorg auß den lewten kome.*"

Kaiserliches Buch, S. 16

Das Gemeinsame in beiden Zeugnissen ist, daß die Meinung des gemeinen Mannes überaus ernst genommen wird. Mag auch im ersten Fall von 1429 die städtische Argumentation nur vorgeschoben sein, so mußte sie doch zumindest überzeugend wirken, konnte nicht aus der Luft gegriffen sein. Das bestätigt auch das zweite Zitat, in dem der Bischof von Freising nicht nur von einer öffentlichen Meinung ausgeht, sondern auch davon spricht, daß man diese Meinung beeinflussen könne.

Ein Untertanenverhältnis wie in der frühen Neuzeit hat sich im Mittelalter noch nicht ausgebildet. Mögen sich auch die Fürsten „von Gottes Gnaden" titulieren – der gemeine Mann sieht sie als Menschen; er kennt sie recht gut. Schon im frühen 13. Jahrhundert wurde der Babenberger Heinrich nach seiner dauernd geführten Redewendung „Jasomirgott" genannt, ein zeitgenössischer Beiname, der dann in die Geschichtsbücher einging. Ebenso wurde

Herzog Wilhelm von Braunschweig-Lüneburg anfangs des 15. Jahrhunderts nach seinem Lieblingsschwur „Gotteskuh" im Volk gerufen. Am bekanntesten dürfte das Beispiel des Dänenkönigs Waldemar V. gewesen sein, der seinen Beinamen Atterdag von dem niederdeutschen Kraftwort „tertaghe", was etwa mit „Herrschaftszeiten" zu verdolmetschen wäre, erhielt, einem Ausdruck, den er oft im Munde führte. Neben seinen gebräuchlichen Flüchen und Schwüren konnten auch andere hervorstechende personale Eigenschaften einem Fürsten den Spitznamen beim Volke geben. Der Mainzer Erzbischof Heinrich III. von Virneburg „hisz darumb Buseman, daz he gern drank".

Daß manche Fürsten die Dirnen zu schätzen wußten, wurde nicht nur gemunkelt. 1471 liefen vor den Fürsten, die zum Reichstag nach Regensburg, zum sogenannten „Großen Christentag", einritten, frecherweise die Freiharte und riefen: „Hie kommen die hochgeborn fursten und herrn, die sechen essen und trinken gern, sie gen huren und buben gnug, das ist unser und aller freiheiten fug."

Wunnebald Heidelbeck, S. 219

Zu jener Zeit wußte man etwa von einem pfälzischen Wittelsbacher, dem Straßburger Bischof Ruprecht: „Er ließ viel geld bei den huren." Markgraf Joachim von Brandenburg wird als „großer hurentrecker" bezeichnet.

Das Gerede im Volke über die Schwäche eines Fürsten ist nicht etwa ein harmloser Kommentar, es ist Teil einer öffentlichen Meinung, die – wie noch darzustellen sein wird – von den Herrschenden durchaus ernst genommen wurde, einer öffentlichen Meinung, die zunächst einmal darin zu würdigen ist, daß die Menschen das Handeln der Großen als Teil ihres eigenen Schicksals begriffen. Ein Musterbeispiel ist die Reaktion der Öffentlichkeit auf die Doppelwahl des Jahres 1314. Leidenschaftlich wurde im Volk für Ludwig den Bayern oder Friedrich den Schönen Partei genommen:

„Zwietracht ergriff weit und breit die Gemüter; in allgemeiner Parteiung schließt sich dieser dem einen, dem anderen jener an. Der Geistliche und der Laie, der Reiche wie der Arme, alle befehden einander und streiten ohne Unterlaß, denn von dem Gift dieser Zweiung blieb keine Stadt oder Burg, keine Landschaft, keine Provinz rein und unangesteckt."

Mönch von Fürstenfeld, S. 386

Dieser Bericht eines Zeitgenossen übertreibt nicht. Aus Reichsstädten sind Bürgerzwiste überliefert, die die zwiespältige Wahlentscheidung zum Anlaß hatten, und ein Spruchdichter, „der Teichner", erzählt, wie eines Tages die österreichischen Bauern über die Gegenkönige stritten. Nur einer trat für den Habsburger Friedrich, den Bruder des österreichischen Herzogs ein und wurde darob von den anderen jämmerlich verprügelt.

Bevorstehende Königswahlen haben im späten Mittelalter die öffentliche Meinung so stark beschäftigt, daß der Frankfurter Rat eigens Vorkehrungen treffen mußte, um die Unruhe in der Wahlstadt zu dämpfen. Ausdruck der allgemeinen Anteilnahme an dem Wahlereignis war, daß immer wieder Gerüchte über mögliche Prätendenten auftraten – der Eindruck drängt sich bisweilen auf, daß es sogar kurzfristig ernsthaft erwogene Kandidaturen sein konnten, die, urkundlich nicht überliefert, nur noch im Reflex der öffentlichen Meinung erhalten sind. Ein Beispiel: Zum Jahre 1438, nach dem Tode Kaiser Siegmunds, berichtet Eberhard Windecke, daß „nun viel Gerede war, daß der Markgraf [Friedrich I. von Brandenburg] oder sein sone einer sollte konig sein und werden“.

Naturgemäß überliefern die Quellen selten direkte Belege für Parteinahmen des gemeinen Mannes. Zu erfahren ist davon im allgemeinen nur, wenn sie politische und diplomatische Weiterungen nach sich zogen, die dann in den Akten ihren Niederschlag fanden. So wird z. B. der Humanist Willibald Pirckheimer (1470–1530) im Auftrag des Nürnberger Rates mit folgendem Vorfall befaßt:

Als 1499 Nürnberger Arbeiter an der Stadtmauer einen Brunnen anlegten, wurden sie von markgräflichen Boten verhöhnt, „was sie aldo für einen scheyßbrunnen“

Pirckheimers Briefwechsel, S. 87

bauten. Das war kein Alltagsgezänk mehr, die Ehre der Stadt war angegriffen. Es kommt deshalb zwischen den einfachen Leuten, den Nürnberger Arbeitern, und den markgräflichen Boten zu Gezänk und einer deftigen Prügelei. Das alles wurde wegen der dahinterstehenden politischen Dissonanzen so wichtig genommen, daß Pirckheimer sogar beim König deswegen vorstellig werden sollte.

Was an Schimpfworten über Mächtige im Lande umlief, wurde sehr ernst genommen. Nach dem „Schwabenkrieg“ von 1499 erklären bei den

Abb. 11: Schandbild. Norddeutsch, Anfang 16. Jh.

Historisches Museum Hannover.

Friedensverhandlungen die Eidgenossen: „daz hatt vnss am meisten bewegt die schantlichen schnöden schmächwortt“, und im Frieden zu Basel wird vereinbart, „uff beden sitten die schannlich schmechwortt“ zu unterbinden.

Schandbriefe – Appelle an die öffentliche Meinung

Schimpfworte des gemeinen Mannes auf Mächtige: Darauf setzen die Schandbriefe – ein Rechtsbehelf gegen wortbrüchige Adelige, bisweilen sogar gegen Fürsten. Überall können sie wie Sendbriefe angeschlagen werden, am Rathaus und an Kirchentüren, am häufigsten jedoch am Pranger, am Kak. Ein so gebräuchliches Mittel waren diese Rechtsbehelfe, daß Juden sich ihrer in den Auseinandersetzungen mit ihren Schuldnern bedienten, daß ein amtlicher Hildesheimer Bote ungerührt dem Lüneburger Rat einen solchen Brief zustellte.

Das Siegel des wortbrüchigen Schuldners oder seines Bürgen ist bevorzugter Gegenstand der symbolischen Schändung. Schon um 1340 droht ein Thüringer, dem das Mainzer Domkapitel Geld schuldig blieb, er wolle das Siegel des Domkapitels auf der Schuldurkunde den Domherren zur Schmach zu Wachskerzen für eine Henkershochzeit einschmelzen lassen. Dem entspricht auf den späteren Schandgemälden gegen Adelige, daß deren Siegel vorzugsweise durch Esel und Schweine bekotet werden. Mit der Schmähung seines Siegels wird zugleich der Gegner geschmäht. So beschimpft ein Gläubiger die Lüneburger Ratsherren in einem Schandbrief, sie hätten ihre Schuldurkunde besser mit einer langschwänzigen Ratte beglaubigt.

Schandgemälde zielten auf den Leumund des solcherart Befehdeten, suchten ihn mit dieser propagandistischen Form verächtlich zu machen; es ist eine um Ehre und Leumund ausgetragene Fehde, wenn z. B. 1436 Graf Philipp von Ysenburg einem Herrn von Runkel schreibt: „Ich will dich dafür an den Galgen malen und Krähen und Atzeln auf deinen Kopf und hinten an dein Ars malen.“ Diese Form publizistischer Fehde, die sich schon früh des Mittels des Buchdruckes bedient, wurzelt, so modern sie in ihrer visuellen Publizistik anmutet, in alten, von der *repraesentatio* der Liturgie bestärkten Vorstellungen über das Verhältnis, genauer über die übertragbare Identität von Bildnis und Abgebildetem: Wenn man das Bild eines Abwesenden verletzt, so stirbt er oder wird krank an dem Gliede, dem auf dem Bild die Verletzung zugefügt worden ist.

Verfolgen wir eine solche Fehde an einem Beispiel aus dem niederrheinischen Raum, wo dieser Rechtsbehelf vorzugsweise gebräuchlich und in einem eigenen Ausdruck, „kaexmailen“, also Prangerbild, gefaßt war. 1441 kündigt Johann von Wied dem Kölner Rat an, der ihm nicht zu seinem Recht verholfen habe, er wolle dem Rat zur Schmach „oeffenen breiffen upslain ind malen; clocken ind schellen an (die) breyffe hencken“. Den offenen Brief sandte Johann an Städte und Reichsstädte „van Noerenberch an bis uff de see“. Die ungemein weite Adressierung erklärt er damit, daß ihm bisher das Verfahren einer nur engen regionalen Verbreitung nicht geholfen hätte, das „uff … slan an kyrchen, in steden, an galgen, an kaxe“, denn „deser gemalder clagen unde bryeffe is faste von yeren frunden affegeryssen und in gesant, de sich der schryfft unde gemalder clagen für sy schamden“. Gleichviel, ob sich diese Freunde des Kölner Rats wegen des Sachverhalts stellvertretend für den Rat geschämt haben oder nicht: Ihr Handeln bestätigt die Wirkung, die solchen Schandgemälden zugemessen wurde. Gegen die publizistische Aktion des Johann von Wied mußte sich der Rat in einem eigenen Ausschreiben an die Städte rechtfertigen, zumal Johann inzwischen seine Klagen auch bei der Frankfurter Herbstmesse öffentlich ausgeschrieben hatte. Die Argumentation des Rates enthüllt, daß eine solche Ehrenschelte als Herausforderung aufgefaßt wurde, der tunlichst mit gleichen Mitteln zu begegnen war; jedoch habe der Rat bisher nicht das Wappen Wieds „an galgen und Kayx gemalt“, nicht um „synre persone, sonder dem eydelen stamme, daran er geboiren is, zo eren“ (Kölner Quellen Bd. 4, S. 87).

Spottbilder und Schandgemälde konnten aus ihrer zunächst nur „privatrechtlichen“ Aufgabe der Ehrschmähung von Schuldnern oder bei Rechtsverweigerung mühelos auch zu einem publizistischen Mittel im politischen Kampf weiterentwickelt werden. So wird in einem Lied auf den pfälzischen Krieg von einem Spottlied auf Pfalzgraf Friedrich I. (1449–1476) berichtet, das zu Durlach angeheftet worden war. Konsequenterweise müssen die vorreformatorischen Zensurbefehle des Nürnberger Rates auch an Formschneider und Briefmaler gerichtet werden, „keine geschnittene Form oder Figur“ zu machen, die Schmach auf hochgestellte Personen werfen können.

Die Schimpfartistik, die der Grobianismus des 16. Jahrhunderts ausgebildet hatte, kannte das Mittelalter noch nicht – kein Wunder bei den schweren Strafen, die auf Verletzungen des Leumunds standen: Ein Konstanzer Bürger wurde für eineinhalb Jahre der Stadt verwiesen, weil er einen anderen „ein beschissen man geheissen hät“. Selbst auf den Schandgemälden wird vergleichsweise einfallslos geschmäht. Obwohl man dem Gegner droht, man wolle ihn so arg und schändlich beschimpfen, wie man es nur erdenken könne, bleibt doch das Ergebnis hinter den Erwartungen zurück. Zum Beispiel ist um 1470 der Höhepunkt eines Schandbriefes des Erwin von Gleichen auf Werner von Hanstein eine simple Hurensohn-Variante:

> *Hanstein ist „ein gelbwachsen, rotbertig, rot ritter, schalk und bösewicht, der do treuebrüchig wirt an sime lide briefe und sigel, und wir werden underricht, wie daz dich ein hure uß der metergaßen zu Erfurt verwechselt habe in der wigin“.*

zit. nach Grimm, Rechtsaltertümer Bd. 2, S. 206

Aber was ist das schon im Vergleich zu einem Schandbrief 100 Jahre später, als die Erben der Klencke und Grote Mitglieder namhafter mitteldeutscher Grafengeschlechter beschimpfen:

„Da sie von ihren Eltern her ohne Schuld, sind sie nach unserer Meinung in der Wiege verwandelt: von dem Schweiß, der Judas von den Hoden tropft, befallen und aus dessen Geschlecht entsprossen, das ein jeder an seinen Früchten erkennen kann; sie sind gleich und noch ärger als Sathan und Absalon wegen des Blutlohns, wegen des (betrügerischen) Scheins, den man vulgär eine Ackermähre nennt, wegen des Schwanzes einer giftigen Schlange, die vielleicht ihre leblosen, siegellosen und betrügerischen Hände umwindet."

Schandbild um 1560

„Flugreden" und ihre Auswirkungen auf die Politik

Der gemeine Mann schimpft nicht nur auf die Großen, er kommentiert auch ihr Handeln. Und das ließ selbst die Könige nicht unberührt. Denn die Meinung des gemeinen Mannes war im deutschen Spätmittelalter ein politischer Faktor. Die große Politik bestand durchaus nicht in „Hof- und Staatsaktionen", die abgehoben waren vom allgemeinen Interesse. Alles, was der König tat, erregte Interesse. Neben Informationen aus erster Hand, die „in heimlichkeit" erzählt werden, schwirren Gerüchte im Reich umher, „fliegende reden", wie sie ein Straßburger Städtebote nennt. Wie ernst ein Herrscher die öffentliche Meinung zu nehmen hat, zeigt sich nicht zuletzt daran, daß er immer wieder falschen Gerüchten widersprechen muß, Gerüchten, die sich um kleine und große Angelegenheiten ranken können. So hat 1401 Ruprecht der Stadt Straßburg versichert, das Gerücht sei falsch, wonach Bischof Wilhelm von ihm ein den Bürgern nachteiliges Privileg erhalten habe. Letztlich geht es um den Leumund, die Ehre eines Fürsten, eines Königs, wenn die Herrschenden der Meinung des gemeinen Mannes soviel Aufmerksamkeit widmen, wenn die Reichsstädte es für ihre Pflicht ansehen, König Ruprecht in Schutz zu nehmen, falls „wir yemand sinen unglimpf hortent erzalen".

Königliche Herrschaft ist immer wieder im politischen Lied verspottet worden. Ein solches Lied glossierte zum Beispiel Wenzels (1376/78 – 1400) Frankfurter Landfrieden. Als König Ruprecht (1400 – 1410) von seinem Italienzug „mit armuet und mit spott und schanden" zurückgekehrt war, wurde auf ihn ein Vers gemünzt, der, gleich von mehreren zeitgenössischen Chronisten zitiert, weit verbreitet gewesen sein muß: „O o der goeckelman ist kumen / hat ein lere taschen praht, / das hab wir wol vernumen." Politisch war die Verhöhnung als Bettelmann gefährlich; denn nach Meinung der Zeitgenossen gehörte Reichtum zum wahren König.

Wo selbst ein König in der Kritik stehen konnte, wurden auch Fürsten nicht verschont. Die Spannungen zwischen der Markgräfin Catharina von Meißen und ihrem Adel werden um 1385 in einem Parteilied deutlich, das die Fürstin diskreditieren sollte: „Von Meissen frawe Katerein / ich horte in den zwei landen dein / Doringen und Franken / kein bedermann dir danken." Der im Sinne des Adels reimende Sprecher beruft sich hier auf den „bedermann", auf die Ehrbarkeit; das Lied bemüht sich, die adelige Opposition als repräsentativ für die Meinung der politischen Führenden in Stadt und Land erscheinen zu lassen. Aus dem, was in der zitierten Strophe als politische Meinung vorgegeben wird, wird weiterhin ein Ratschlag gefolgert, wie das Elend im Lande behoben werden kann:

„Werts hundert jar und einen tag
im land nicht frede werden mag
Nim dich ein ander weise an,
volge dem rat der bederman,
davon die land in freden stan.“

Historische Volkslieder Bd. 1, S. 104

Als „rat der bederman“, dem die Markgräfin folgen soll, wird das adelige Streben nach Regierungskontrolle, der typische ständische Ansatzpunkt, vorgestellt. Der gemeine Mann sollte auf publizistischem Wege davon überzeugt werden, daß der Adel allein im Interesse des Landes und damit auch im Interesse des gemeinen Mannes handele.

Ebenso wie die Markgräfin Katharina wurde ein Jahrhundert später, 1508, die Landgräfin Anna von Hessen im politischen Lied diskreditiert. Auch hier war es der eingesessene Adel, der gegen die landfremden Berater der Fürstin protestierte und den gemeinen Mann auf seine Seite bringen wollte:

„Die landgrävin von Hessen
Die ist ein stolzes weib,
Sie ladt uns frembde gäste
Die Kasten werden weit.“

Hessische Landtagsakten, S. 571

Kritisiert wird eine Herrschaft, die mit nicht-hessischen Räten, mit fremden Gästen regiert – eine grundsätzliche adelig-ständische Position scheint auf, die Forderung nach dem Indigenat, der Heranziehung nur von einheimischen Großen in den fürstlichen Rat. Diese Forderung wird in dem Lied mit einer Denunziation begründet. Die fremden Gäste verzehren hessische Steuern. „Die Kasten werden weit“ – wirksamer kann man dem gemeinen Mann gegenüber nicht die Forderung nach Entlassung der fremden Räte begrunden.

Werbung um die Meinung des gemeinen Mannes: Zwei Beispiele, stellvertretend für viele andere, hatten wir aus dem Konfliktbereich von Fürsten und Ständen gewählt; aber auch andere Konfliktbereiche, vor allem dynastische Streitigkeiten, sind in Liedern dokumentiert, mit denen das Volk beeinflußt werden sollte. Gemeinsam ist all diesen Liedern: Mit wörtlichen Reden, mit auffälligen Gesten werden die Handelnden vorgestellt und charakterisiert. Die Reduktion der Konflikte auf persönliche Auseinandersetzungen ist Stilprinzip bei der Werbung um die öffentliche Meinung, weist auf die Institutionenferne des Mittelalters zurück. Die Frage erhebt sich, ob diese Orientierung der öffentlichen Meinung sich ungebrochen auch in der Stadt wiederfindet, wo die Herrschaft in Gestalt der Ratsobrigkeit viel intensiver in den Alltag der Bürger eingriff als die fürstliche Herrschaft.

Angesichts von weitgehend auf mündlicher Kommunikation beruhender Nachrichtenübermittlung kam dem Gerücht, der „fama publica", wesentliche Bedeutung zu. Das bezeugt schon die Narratio in Fürstenurkunden, die sich auf die „famam publicam et clamorem frequentem", auf öffentliches Gerücht und dauerndes Geschrei beruft. Geschrei jedoch kann vom Gerücht nicht abgegrenzt werden. Immer wieder müssen sich die Mächtigen gegen aufkommende Gerüchte rechtfertigen. In einem Ausschreiben des Würzburger Bischofs Johann von Brunn an die Gemeinde seiner Bischofsstadt liegt 1432 eine solche Rechtfertigung vor:

> *„So haben wir in landmannsweise vernommen, wie dass ihr aber schwerlich vor uns gewarnet solt worden seyn, nemlich wie wir auf unser stadt Wirtzburg und euch anschlag gethan sollen haben, … auf daß ihr damit zu unwillen gegen uns gereitzet werdet."*

Chronik des Lorenz Fries, S. 714

Die Fürsten fühlten sich so sehr von dem allgemeinen Geschrei betroffen, daß falsche Gerüchte die politische Szene verändern konnten. So verläßt Kaiser Friedrich III. (1440–1493) 1471 überstürzt Nürnberg, wo er mit mehreren Fürsten und dem päpstlichen Legaten in wichtigen Verhandlungen stand, „wann es lautet, pfaltzgraf Friderich wolt her kumen gen Nürnberg". Der in pfalzgräflichen Diensten stehende Matthias von Kemnat verspottet wegen dieses Verhaltens den Kaiser, der auf ein haltloses Gerücht von der Ankunft seines Feindes die Flucht ergreift.

Die öffentliche Meinung in der Stadt

„Wir Bürger reich und arm" – diese stehende Wendung in städtischen Urkunden des 14. Jahrhunderts benennt nicht soziale, sondern politische Unterschiede. Die „Armen" sind diejenigen, die von der direkten Partizipation in der Ratsherrschaft ausgeschlossen sind. Die Wendung zeigt, daß die Stadt bei allen Unterschieden zwischen den Bürgern sich als eine Gemeinschaft verstehen muß. Zwang zum Konsens innerhalb der Bürgergemeinde heißt, daß der öffentlichen Meinung in der Stadt große Aufmerksamkeit gewidmet werden muß. Denn schließlich stehen einem Rat keine „Polizeikräfte", keine Stadtsoldaten zur Durchsetzung seiner Gebote zur Verfügung und weiterhin: Die Bürger, nach Bürgerpflicht gehalten, Waffen und Wehr, zumindest einen Harnisch in ihrem Haus für den Verteidigungsfall zu verwahren, waren durchaus kampfbereit.

Beschimpfungen des Rates durch den Bürger sind überaus gefährlich, sie können den unverzichtbaren Konsens aufkündigen. 1336 droht der neue Rat in Zürich allen Frauen und Mädchen, die „mit worten oder mit werken" die neue Obrigkeit verhöhnen, die dauernde Stadtverweisung an. 1430 wird in Rothenburg der „fuhrmann von wirtzburg" ins Gefängnis geworfen. Er hatte vom Rat „übel gerett", er hatte gesagt, „er wolt uff den rat scheissen". Die Rothenburger Ratsherren sahen ihre Autorität vor ihren Bürgern angegriffen.

Mit Strafen mochten die Ratsherren gegen ihre Verunglimpfer vorgehen – die Hamelner verboten gar, daß man sie „Kuchenesser" schimpfte –, aber das half nicht, wenn sich privates Schimpfen zum öffentlichen Unmut verdichtete. Der Braunschweiger Rat mochte 1375 acht Bürger ächten, weil diese „bose word" gegen den Rat gesprochen hatten – im Folgejahr brach trotzdem die große „Schicht", die Revolution gegen den patrizischen Rat aus.

Besonders bei innerstädtischen Unruhen, an denen das Spätmittelalter so reich ist, wird die öffentliche Meinung von entscheidender Bedeutung. Als Beispiel sei die Braunschweiger „Schicht" des Ludeken Holland gewählt. In Tänzen und Reigen verdichtete sich 1488 zur öffentlichen Meinung der Unmut, der sich zuvor in Umläufen zu nachtschlafender Zeit, in Zusammenrottungen vor Pfaffenhöfen und vor den Häusern mißliebiger Ratsherren angekündigt hatte. Auf dem Hagenmarkt tanzten die Aufständischen und sangen: „Nun kommt unser Karren in Gang". Es gelang dem Kürschner Ludeken Hollant, sich an die Spitze der Protestbewegung zu setzen und eine neue Ratsobrigkeit zu bilden. Aber auch diese hatte sich der öffentlichen Meinung, die sehr schnell umgeschlagen war, zu stellen. Schon nach einem halben Jahr mußte der siegreiche neue Rat „Horcher", Spitzel, unter die Bevölkerung schicken, „und wenn Bürger und Bürgerskinder hastig leichthin ein unliebsames Wort sprachen, so hatten sie es schwerlich zu entgelten". Die hohen Geldstrafen, die der neue Rat für Ehrschmähungen verhängte, hatten zunächst Erfolg; die öffentliche Meinung verstummte: „Und damit stopften sie den Leuten den Mund: that ihn noch einer von ungefähr auf, dann sah er erst um sich, ob auch kein Horcher dabei war." Bezeichnenderweise beließ es in Braunschweig der neue Rat nicht nur bei der Unterdrückung unliebsamer Reden, sondern er unterband auch als weitere Äußerungen öffentlicher Meinung die Tänze und Reigen. Der Fasching des Jahres 1489 konnte demzufolge „nicht anders heißen als trübselig", zumal noch aus Furcht vor Aufläufen ein Vermummungsverbot ausgesprochen worden war. Trotz aller Maßnahmen wird der Niedergang der Macht Ludeken Hollants nicht nur in geheimen Verschwörerzirkeln, sondern auch auf offener Straße sichtbar. „Hollant kurmau" beschimpfen ihn mutige Bürger, ihn, den Kürschner, als Verarbeiter von Katzenfellen verhöhnend; mit harten Strafen, Stadtverweisungen und Gildeausschluß bekämpft der Machthaber diejenigen, die ihn an den Pranger wünschten, die ihm „kak, kak" zurufen. Ergebnislos bleiben alle Versuche, die öffentliche Meinung zu unterdrücken. 1490 muß Hollant die Stadt verlassen (Schichtbuch, S. 134f. und 153f.).

Mit Beispielen aus dem Alltag königlicher, fürstlicher und schließlich städtischer Herrschaft hatten wir die bereits im späten Mittelalter ausgebildete öffentliche Meinung und ihre nicht geringe Bedeutung erschlossen. Die Frage erhebt sich, auf welchen Voraussetzungen die Entwicklung dieser öffentlichen Meinung, die für die Heutigen ein unverzichtbarer Teil der Demokratie ist, im Mittelalter beruhte.

„Geschrei". Die öffentliche Meinung in ihrer Bindung an das Recht

„Geschrei" und „Leumund" sind gleichzusetzen, sie werden im Mittelalter vielfach tautologisch gebraucht. Soll die Bedeutung als öffentliche Meinung noch eigens betont werden, so spricht man von „gemeinem Leumund". „Geschrei" und „Leumund" zielen gemeinsam auf die persönliche Geltung des einzelnen vor Gericht. Verleumdung als Ehrkränkung ist deshalb ein zentraler Gegenstand in der Geschichte der mittelalterlichen öffentlichen Meinung.

Leumund und Geschrei appellieren letztlich an die Öffentlichkeit des Gerichts. Ob dieses auf dem Lande unter der Gerichtslinde gehegt wird oder in der Stadt auf freiem Platz in der Gerichtslaube: Noch sind die Rechtsverfahren nicht in geschlossene Rats- und Amtsstuben verlegt. Der Öffentlichkeit der Gerichtsstätten, wie sie sich in den Städten bis tief in das 15. Jahrhundert hinein und auf dem Lande noch länger erhielt, entspricht, daß jedes Verfahren im ursprünglichen Wortsinne „eröffnet" werden mußte, daß ein „klaggeschrei" als Aufruf an die Allgemeinheit zur Gerichtshilfe am Anfang stehen mußte. „Schreien" – der für die Geschichte öffentlicher Meinung im Mittelalter so zentrale Begriff – ist während des gesamten Prozeßverlaufes immer wieder anzutreffen; denn Recht konnte sich in der nicht schriftlichen Gesellschaft nur durch die allgemeine Bekanntheit seiner prozessualen Verwirklichung behaupten.

Wenn auf dem Lande auch nur drei- bis viermal im Jahr Gericht gehalten, „gehegt", wird, so hat das Recht doch für das Leben des einzelnen eine normstiftende Bedeutung. Ein „verleumdeter" Mann, ein „verschrieener" Mann kann vor Gericht kein rechter Zeuge sein – und das ist nur eine Folge seines geschmälerten Ansehens. Denn neben der Öffentlichkeit des Gerichts gibt es eine zweite entscheidende Grundlage für die Entwicklung der öffentlichen Meinung: die Nachbarschaft. Nur schwer ist aus heutiger Sicht darzustellen, welche Bedeutung im Alltagsleben früherer Zeiten die Nachbarschaft gehabt hatte und wie schwer ein verschrieener Mann daran tragen mußte, nicht mehr als „rechter Nachbar" zu gelten.

Den Weistümern ist abzulesen, daß zur Nachbarschaft die Öffentlichkeit gehört – es ist eben nicht wie heute ein privates Verhältnis „von Zaun zu Zaun". Nachbarschaft konkretisierte sich im öffentlichen Gemeinschaftsbewußtsein. Welcher Nachbar bei Feuersbrunst nicht kommt „und doch höret das klenken der glocken oder geschrei des volks … ist zu straffen an leib und gut". Wer seinen Hof verlassen will, die Nachbarschaft aufkündigt, muß das allgemein bekannt machen. Er muß „zu schonen mittagh" abziehen und „sol sprechende offentlich, ir heren got gesegen euch, ich will enwegk". Der Abschied vollzieht sich nicht „privat", sondern „öffentlich", und er wird mit einem höflichen Abschiedsgruß, einem Segenswunsch vollzogen. Dank der Nachbarschaft. Und umgekehrt: Schmähreden gelten somit als Kränkung der Nachbarschaft, der dörflichen Gemeinschaft und werden deshalb auch in den Weistümern mit harter Strafe bedroht.

„Geschrey" ist wörtlich zu nehmen; nur so war Aufmerksamkeit, eben Öffentlichkeit zu erzwingen. „Geschrey" ist notwendiges Kommunikationsmittel auch bei mittelalterlichen Heeresaufgeboten: „landgeschrei, feindio, wapenio“. Das „waffengeschrei“, wie es der Sprache mittelalterlicher Quellen entsprechend genannt wird, war für die Verteidigungsorganisation im Lande bis an die Schwelle der Neuzeit unerläßlich:

Ein Nürnberger Feldhauptmann berichtet zum Krieg 1449, wie sich dieses Rufen zu den Waffen in der Wirklichkeit ausnimmt: „also kam daz geschrei herein in die stat, wie die feint die unsern eilten: do was von stund an jederman auf zu ros und zu fußen und eilten den feinten nach.“

Schürstab, S. 223

Zu erkennen ist, wie schnell und wirksam das „geschrei“ Öffentlichkeit herstellen kann, so daß es nicht wunder nimmt, wie sehr für mittelalterliche Chronisten öffentliche Meinung und Geschrei ineinander verschwimmen.

Im Gegensatz zum „geschrei“ als öffentlicher Rechts- bzw. Klageform ist die Verleumdung die nicht öffentliche, von dem Verleumder selbst gegenüber dem Gericht zu verantwortende Klage, nahezu identisch mit dem „Inzicht“, mit dem es auch verfahrensgleich ist. Der Verleumder, dessen Angaben sich als unzutreffend erweisen, verfällt selbst der Strafe. Während „geschrei“ als Klageform sich nur auf die Hochgerichtsfälle bezieht, ist Verleumden Ehrkränkung im umfassenden Wortsinn, von der Beschimpfung und Beleidigung bis zum Vorwurf schwerster Verbrechen.

Die Frage des Leumunds war von entscheidender Bedeutung für die Geltung des einzelnen, blieb doch Voraussetzung für den Erwerb des Meisterrechtes oder von Würden und Ämtern in Dorf und Stadt, daß der Betreffende „ein frum, unverleumter man“ war. Bedeutete für Bauern und Bürger der gute Leumund mehr als Unbescholtenheit, nämlich Nachweis der Ehrbarkeit und Rechtsfähigkeit, so war für den Kaufmann der gute Leumund Voraussetzung für seine Kreditfähigkeit, für das Wertverständnis der adeligen Welt der Leumund Teil der Herrschaftsbegründung. Das alles zielte vor dem Hintergrund der Öffentlichkeit einer Rechtsklage auf eine Bekanntheit personaler Geltung, was auch daran zu zeigen ist, daß „fama publica“ „Gerücht“ bedeutet, „fama“ aber schon „Leumund“ meinen kann.

Der enge Zusammenhang von Leumund und Recht, den das Mittelalter der frühen Neuzeit vererben sollte, ist schon im Althochdeutschen faßbar: Dem neuhochdeutschen „Hohn“ entspricht althochdeutsch „gihônan“, was nicht nur „kränken“ bedeutet, sondern viel allgemeiner: „schädigen, erniedrigen“. Deshalb kannten schon die Volksrechte schwere Strafen für Ehrverletzung, für das Dichten von Spottliedern.

Den engen sachlichen Zusammenhang von Gerücht, Geschrei und Leumund spiegelt auch die Wortgeschichte wider. „Gerücht“, denselben Stamm wie „rufen“ enthaltend, hat durch den „Sachsenspiegel“ und die von ihm abgeleiteten späteren Kodifikationen Eingang in die Rechtssprache gefunden. Noch 1523 erläuterte der Basler Nachdruck der Lutherbibel „gerücht“ mit „geschrei“ und „Leümed“.

Letztlich steht hinter der politischen Lyrik in all ihren Spielarten vom Spottgedicht bis hin zur Schlachtenschilderung das Problem des Leumunds, des entscheidenden Ansatzes öffentlicher Meinung im Mittelalter. Gerade darin zeigt sich aber, daß dem gemeinen Mann, obwohl von der Teilhabe an der Politik ausgeschlossen, doch mehr als nur die Rolle des Erdulders fürstlicher und feudaler Politik zukam. Auch das Volk entschied über den Leumund, und das bedeutete in der feudalen Welt: über die Ehre der Herren. Die Maßnahmen gegen politische Lieder zeigen, daß den Herren ihr Leumund im Volke keineswegs gleichgültig war. Selbst ein Strauchritter wie Eppelein von Gailingen teilt die adlige Sorge um seinen Leumund beim gemeinen Mann:

„Die beurin er fraget auf der stet:
was man vom Eppele sagen tet?
Die beurin im ein antwurt gab:
der Eppele wär ein naßer knab.“

Historische Volkslieder Bd. 1, S. 95

Ob dieser Auskunft über seine Geltung im Volk war der Raubritter so erzürnt, daß er die Hände der Bäuerin in siedendes Schmalz stieß.

Diese spätmittelalterliche Form der Wahrung fürstlicher Ehre im Leumund des gemeinen Volkes unterscheidet sich grundsätzlich von dem Respekt, der in der barocken Staatlichkeit von den Untertanen gegenüber fürstlicher Hoheit gefordert wird.

Die Kirche und der gemeine Mann

Die lediglich beanspruchte Lehrautorität der Kirche

Die Pfarrerausbildung und die Nöte stellungssuchender Kleriker

Heutige populäre Vorstellungen vom mittelalterlichen Geistlichen verallgemeinern Eindrücke, die mit der adelskirchlichen Struktur des Mittelalters zusammenhängen: der reiche, mächtige Kirchenfürst, der feiste, trinkfrohe Mönch, der einflußreiche, mit Pfründen wohlversehene Prälat. Hinter solchen Impressionen verbirgt sich ein dichtes Beziehungsnetz von Nepotismus und Verwandtenbegünstigung, von politischen, sozialen und familiären Interessen höherer Stände, das über die reiche Kirche gespannt war. Kirche ist im populären Verständnis mit Reichtum verbunden, mit Vorstellungen, die selten das Niederkirchenwesen, die kleine Pfarrei, die mäßig dotierte Meßpfründe umschließen.

Der gemeine Mann, der im Mittelalter das Wort Kirche hörte, dachte nicht an eine Institution, an eine hierarchische Struktur, sondern er dachte an seine Dorfkirche, an seine Pfarrkirche und allenfalls noch an die Kapelle einer Wallfahrtsstätte. Das entspricht einer Zeit, in der es zwar bereits Institutionen gab, die Menschen aber noch nicht gelernt hatten, vielleicht auch gar nicht willens waren, in Institutionen zu denken. Nur ein Beispiel: Immer wieder ist die Geschichte von der Päpstin Johanna erzählt worden, Chronisten haben die Details der Legende noch liebevoll ausgeschmückt, wonach in Rom eine Frau zum Papst gewählt worden sei, was erst offenbar wurde, als sie während einer Prozession ein Kind gebar. Niemand sah in dieser Legende einen Angriff auf die Institution des Papsttums.

Institutionenferne des Mittelalters: Eine Lehrautorität mochten gelehrte Geistliche für sich beansprucht haben, akzeptiert wurde diese nur von wenigen Menschen. Wenn der große Volksprediger Berthold von Regensburg im späteren 13. Jahrhundert klagt, daß seine Zuhörer „ungerne“ in die Kirche gingen, so scheint das zunächst nur ein didaktisches Mittel, ein Tadel in erzieherischer Absicht zu sein. Tatsächlich aber mußten vielen Menschen die Glaubenswahrheiten schlicht unbekannt gewesen sein. Es kam doch nicht von ungefähr, wenn 1451 Kardinal Nikolaus von Kues (1401–1464) befahl, Schrifttafeln mit dem Vaterunser, dem Credo und dem Ave Maria im Hildesheimer Dom aufzuhängen, damit das Volk sich darüber unterrichten könne. In die gleiche Richtung weist auch die Bitte des großen Straßburger Predigers Johannes Geiler von Kaysersberg (1445 – 1510) bei seiner Übersetzung von Jean Gersons Schrift über die Zehn Gebote.

Man solle dafür sorgen, „daß die Lehre dieses Büchleins geschrieben werde auf Tafeln und angeheftet ganz oder mit Teilen an offenbarlichen Stätten, als in Pfarrkirchen, in Schulen, in Spitalen".

zit. nach: Janssen Bd. 1, S. 36

Wenn im 15. Jahrhundert immer wieder in den Städten Bestimmungen begegnen, wonach nur derjenige ein Almosen empfangen könne, der das Credo, das Vaterunser und das Ave Maria beten könne, so hat diese Bestimmung durchaus ausschließenden Charakter. Vor allem in den ärmeren Schichten, deren tägliche Sorge vor allem darin bestand, die Nahrung für den Tag zu beschaffen, war die Kenntnis der Glaubenswahrheiten gering. Das zwingt, die Frage nach der Lehrautorität der Kirche auch im sozialen Sinne konkret zu stellen.

Wie wurde man Pfarrer? Daß das Mittelalter eine institutionenferne Zeit war, zeigt sich schon daran, daß es überhaupt keine geregelte Ausbildung und noch nicht einmal ein durchgängig geregeltes Prüfungsverfahren für die angehenden Pfarrer gab. Unbestimmt blieb in diesem Punkt sogar das Kirchenrecht. Es forderte nur, daß niemand Priester werden dürfe, der „illiteratus" sei, und die Entschiedenheit, mit der in kanonistischen Texten diese Forderung wiederholt wird, dürfte auf eine Realität antworten, die auch der Straßburger Dominikaner Ulrich Engelberti in einer um 1270 entstandenen Schrift sichtbar werden läßt. Hier wird zu den Mindestanforderungen an einen Priester gezählt, daß er so viel Grammatikkenntnisse haben müsse, um die Worte der Messe richtig aussprechen und betonen zu können. Er solle wenigstens den Sinn von dem verstehen, was er vorlese. Seit etwa dem 13. Jahrhundert hatte sich durchgesetzt, daß am Mittwoch vor dem sonntäglichen Weihetag die Prüflinge, die Bewerber um die Priesterweihe, vor dem Archidiakon erschienen, um ihre Eignung nachzuweisen. Wie nun eine solche Prüfung aussah, wird nach einer Havelberger Prüfungsordnung des Jahres 1471 ungefähr sichtbar: Der Prüfling sollte zunächst das Vaterunser und das Glaubensbekenntnis lesen und bestätigen, daß er alle diese Artikel glaube. Danach sollte man ihn im Donat – der lateinischen Grammatik des Mittelalters – und im Deklinieren prüfen. Nur wer hier gänzlich versagt, wird abgewiesen. Wenn der Prüfer trotz zahlreicher Fehler die Hoffnung habe, daß der Bewerber Fortschritte machen könne, soll er ihn verpflichten, fleißig weiterzulernen. Hat der Bewerber dies versprochen, darf er zu weiteren Prüfungen zugelassen werden, wenn keine sonstigen Weihehindernisse (schlechter Leumund, unkeusches Leben, uneheliche oder unehrliche Geburt) vorlägen. Der zweite Teil der Prüfung besteht im Lesen – wohl der Meßtexte – und im Singen, wobei anzunehmen ist, daß die richtige Tonhöhe nicht unbedingt durch Noten oder Neumen, sondern durch die sogenannte Solmisation festgelegt wurde. Sodann schlossen sich Fragen an, wie viele und welche Sakramente es gebe, was Form und Materie bei der Taufe, was ein Schlüssel der Kirche sei.

Entsprechende Bestimmungen könnten aus allen europäischen Diözesen zitiert werden. Im Grunde weichen sie, was die Grundanforderungen angeht, nur unwesentlich voneinander ab. Allen überlieferten Ordnungen ist eines gemeinsam: Niemals, noch nicht einmal indirekt, werden irdendwelche Qualifikationsmerkmale aufgestellt, die für ein „Indoktrinieren" geeignet waren. Berücksichtigt man, daß die Pfarrer doch die Basisinstitution der Kirche sind, ist das ein zentraler Hinweis darauf, daß die so oft behauptete Macht der mittelalterlichen Kirche über die Seelen der Menschen, ihre übergroße Autorität über die Laien noch nicht einmal eine Karikatur der bestehenden Verhältnisse, sondern ein Konstrukt darstellen, ein Konstrukt, das letztlich erst in der Aufklärungszeit entstand. Die Prüfungsanforderungen beschreiben einen Pfarrer, der die Messe liest, der den Meßtext versteht, der die Sakramente spendet. Nichts weiter. Die Fähigkeit, die Messe zu singen, wird überprüft, aber weder von einer Ausbildung noch von einer Prüfung im Predigen ist jemals die Rede.

Wir wollen aus unserer Meinung keinen Hehl machen und pointieren: Die Geistlichen waren – eine Minderheit – entweder zu gelehrt oder – die Mehrheit – zu dumm, um die Menschen in ihren Meinungen zu beeinflussen.

In etwa jener Zeit, als die Havelberger Prüfungsordnung festgelegt wurde, schrieb der Heidelberger Professor Jakob Wimpfeling (1450–1528) die Satire „Stylpho", in der das wahre Studium einer oberflächlichen Aneignung von Kenntnissen entgegengestellt wird: Erkenntnisinteresse und nicht allein Hoffnung auf eine kirchliche Pfründe, gestützt auf Einfluß der Verwandtschaft. Der Gegenstand der Kritik ist jener Stylpho, der sich schließlich der Weiheprüfung stellen muß. Hier erscheint die Prüfung im Vergleich zur Havelberger Ordnung bereits etwas anspruchsvoller: Stylpho muß einen Hexameter lesen und beherrscht das Versmaß nicht. Er muß einen Satz übersetzen, dessen Sinn er entstellt. Er soll die Verbform „narraverunt" ableiten und konjugiert: „narvo, narvas, navare". Der Bischof, der hier die Prüfung abnimmt, meint, daß sich Stylpho zum Schweinehüten besser als zur Seelsorge eigne. Sicherlich ist diesem ersten Schuldrama der deutschen Geschichte die Freude an der Übertreibung deutlich anzumerken. Doch diese Übertreibung erfolgt im Rahmen eines sehr einfachen Prüfungskanons, wie er noch dem ausgehenden 15. Jahrhundert selbstverständlich war. Die eigentliche Kritik ist versteckt: Der ungebildete Stylpho hatte sich in Rom als Bediensteter eines Kardinals die Anwartschaft auf vier Pfründen in Deutschland gesichert. Die Satire ist im Grunde eine Hoffnung: Solche „Kurtisanen", solche von Rom aus geförderten Ungebildeten, sollten keine Pfründen in deutschen Landen erhalten. Denn was gab es nicht alles an Expektanzen, an Anwartschaften, Provisionen und „Berechtigungsscheinen", die man an der Kurie für Geld oder geleistete Dienste erwerben konnte?

Verfehlt wäre es allerdings, hinter jeder Expektanz auf eine Pfründe, die ein Bewerber aus Rom mitbrachte, einen realisierbaren Anspruch zu sehen. Rom war weit. Prozesse, kostspielige und langwierige zwischen einem 'einheimischen' und einem 'römischen' Bewerber dürfen nicht verkennen lassen: Nur Bewerber mit einflußreicher heimischer Verwandtschaft oder Freundschaft konnten sich auf solche Prozesse einlassen. Um Eignung oder Befähigung – und damit auch um die Möglichkeit des sozialen Aufstiegs armer Kleriker – ging es nicht.

Wenn in Böhmen zwischen 1395 und 1415 auf das Freiwerden einer der 6327 Pfründen mehr als dreimal so viele Bewerber, nämlich 21 496 Geistliche, warteten, so ist die Not derjenigen, die über keine einflußreiche Protektion verfügten, zu erahnen. So entwickelten sich aus der Schicht fahrender, bettelnder Kleriker die Wanderprediger der hussitischen Revolution (seit 1420), die mit der Verneinung von Fegefeuer, Heiligenkult und Fürbitten für Tote alle kirchlichen Tröstungen verwarfen, die den wohlbestallten Pfarrern Einkommen verschafften. Diese fahrenden Kleriker, radikalisiert durch ihre Armut, machten den gemäßigten Hussiten sehr zu schaffen und gefährdeten die Einheit der Bewegung.

Die böhmische Entwicklung zeigt, welcher Zündstoff im Keller des hierarchischen Baus der Amtskirche lagerte – selbst dort, wo er – wie in Deutschland – allenfalls zu glimmen, aber vor der Reformation nie zu lodern anfing. Denn auch hier, sogar in den kirchenreichen Altsiedellandschaften, war die Zahl auskömmlicher Pfarrstellen immer mehr geschrumpft, während die im ausgehenden 14. und 15. Jahrhundert neugegründeten Universitäten immer mehr Menschen Hoffnung auf eine sichere Kirchenpfründe erweckten. In welchem Ausmaß allein die Inkorporationen – von den Pfründenhäufungen einmal ganz abgesehen – die Zahl der verfügbaren Pfarrstellen minderten, zeigt das Beispiel des Bistums Konstanz. Ein Drittel aller Pfarreien war hier zwischen 1290 und 1490 reichen Klöstern und Stiften inkorporiert worden. In der Grafschaft Württemberg waren gar zwei Drittel aller Pfarreien auf diese Weise vermögensrechtlich Klöstern und Stiften einverleibt.

Die Not armer Geistlicher und stellensuchender Kleriker beunruhigt nicht nur den jungen Scholaren, sie war allgemein bekannt. Ein einsichtiger Dompropst verfügt 1470 bei seiner Spitalstiftung, daß nur ein armer Priester ohne Pfründe und Rente zum Meßpfaffen bestimmt werden dürfe. Jeder Laie kannte die Nöte des armen Klerikers, des mäßig, oft erbärmlich besoldeten Altaristen, Vikars, Kommendisten oder Benefiziaten. Elemosinarien hießen solche Geistliche in zusammenfassender Bezeichnung, weil sie eine kleine Pfründe gewissermaßen als Almosen innehatten; aber diesen ging es noch vergleichsweise gut, gemessen an der gefahrvollen Existenz des 'Lotterpfaffen'.

Fahrender Schüler, Lotterpfaffe, stellungssuchender Geistlicher, verarmter Kleriker waren in der Realität schwer auseinanderzuhalten. Armut war ihr gemeinsames Schicksal, zum Betteln waren viele von ihnen gezwungen, denn hilfreiche Stiftungen – wie z. B. in Osnabrück für arme und kranke Priester – waren schon bald nach ihrer Gründung überlaufen. Der um Gaben flehende arme Geistliche war in Stadt und Land eine vertraute Erscheinung. Wenn 1418 in Göttingen nur mit Erlaubnis des Rates gebettelt werden durfte, diente zur Begründung, daß „hir vele … pepen und leygen, gheystlik und wertlik, nonneke und nunnen, inkomen to biddende". Längst vor der Reformation konnten almosenheischende Geistliche von Laien kontrolliert werden, im Leipzig des frühen 16. Jahrhunderts mußten „wallende, arme" Kleriker sich erst als „ehrbare Priester" ausweisen, um betteln zu dürfen.

Jedermann wußte im Mittelalter um die sozialen Probleme von Geistlichen. Das machten sich Betrugsbettler zunutze. Schon im 14. Jahrhundert warnt der Augsburger Rat vor den „kappsierern", die vorgeben, daß sie die niederen Weihen erhalten hätten und nunmehr um eine Gabe bitten, um sich ein Chorhemd für ihre Priesterweihe kaufen zu können. Ein Schlaglicht fällt von hier auf das große Problem des spätmittelalterlichen Klerikerproletariats.

Es verwundert nicht mehr, daß auch Geistliche als arme Leute in einer Stadt leben – unter den 612 Hausarmen in Ulm, die weniger als 100 Florin besitzen, finden sich neun Kleriker. Nach einer Wormser Synode 1496 konnten nur 14 Prozent aller Altaristen, Frühmesser usw. ein Vermögen von mehr als 50 fl. ihr eigen nennen. Das besagt, daß die Mehrheit an der Armutsgrenze oder in Armut leben mußte. Gerade diese Kleriker traf die Entwertung des Geldes ungemein hart, weil ihre kleinen Pfründen zumeist auf Kapitalstiftungen beruhten, deren Zinsen immer weniger wert wurden.

Gebrechen der kirchlichen Struktur zeichneten sich auf der Folie der klerikalen Unterschicht ab. Keineswegs wollen wir damit aber dem pauschalen Verdikt von Verweltlichung, Entartung und Sittenlosigkeit der spätmittelalterlichen Geistlichkeit Vorschub leisten. Denn daran lassen berühmte Porträts zweifeln: Jan van Eycks (um 1390–1441) Bildnis des Nicoló Albergati – das Porträt eines weltklugen, gleichwohl nachdenklichen, in sich ruhenden Kardinals; Michael Wolgemuts (1434–1519) Darstellung des Bamberger Domherrn Georg von Löwenstein, eines Grafensohns, der sensible, nach inneren Kämpfen zur Ruhe gekommene Religiosität ausstrahlt, oder – weniger bekannt – Jan van Scorels (1495–1562) Bildnis eines altkirchlichen niederländischen Geistlichen der Reformationszeit – das Porträt eines nachdenklichen Mannes, dessen kluge Augen und kaum herabgezogene Mundwinkel den Kleriker erkennen lassen, der wohl die Aufgaben seiner Kirche zu wahren weiß, aber auch zur inneren Einkehr fähig ist. Diese Bildnisse sind gewiß nicht repräsentativ (welche sind das schon), aber sie zeigen, was Kirche *auch* gewesen ist.

Aus der Erfahrung der Lotterpfaffen zog die Kirche keinen Nutzen. Daß ihr das gutgetan hätte, deutet ein um das Jahr 1500 entstandenes Gedicht an,

Abb. 12: Michael Wolgemuth, Portrait des Bamberger Domherrn Georg von Löwenstein.

Germanisches Nationalmuseum Nürnberg.

dessen Verfasser wohlweislich sein Anonym wahrte: Ein guter Beichtvater müsse eigentlich 30 Jahre studiert, ein Jahr ein böses Eheweib erduldet und ein Jahr gearbeitet haben. Und wenn er dann noch ein Jahr als Freihart vagiert sei („in freiheitsweiß umb lieff") und immer in den Badstuben genächtigt habe, dann wisse er – wir ergänzen – was Leben sei, und könne ein verständnisvoller Beichtvater sein: „Do wurt gar ein guter peichtiger aus".

Euling, S. 503

Fahrende Schüler, Lotterpfaffen, hatten Lebenserfahrung, sie hatten Verständnis für die Nöte auch der kleinen Leute. Die Seelsorge hätte gewiß bei ihnen nicht in schlechteren Händen gelegen als bei denen, die der Oberschicht nahestanden, die einflußreiche Protektion zu gewinnen wußten, um eine einträgliche Pfründe zu erlangen.

Die Frömmigkeit des gemeinen Mannes

Daß die Kirche als Institution gar nicht in dem Maße auf die Menschen einwirken konnte, wie es seit der Aufklärungszeit Gelehrte behaupteten, stellt nicht in Frage, daß die Menschen fromm waren oder zumindest das Bedürfnis nach Frömmigkeit verspürten. Ihre Frömmigkeit jedoch entsprach einer Welt, in der personale Strukturen noch weit wichtiger genommen wurden als die nur ansatzweise ausgebildeten institutionellen. Gott ist in dieser Welt des Spätmittelalters nicht eine entrückte Größe, sondern eine überall mithandelnde Person. Wie schon in karolingischer Zeit fallen auch noch im 14. Jahrhundert Briefe vom Himmel, von Gott gesandt. Hatte schon Karl der Große im Jahre 789 befohlen, daß Briefe über Offenbarungen verbrannt werden sollten, wie jener Brief, der ein Jahr zuvor angeblich vom Himmel gefallen sei, so fruchtete ein solches Verbot wenig angesichts allgemeiner Auffassungen. Noch die Geißler des Jahres 1349 behaupteten, im Besitz eines solchen Himmelsbriefes zu sein. Wo Gott Briefe schreiben kann, kann es auch der Teufel. Entsprechend laufen auch Nachrichten von Teufelsbriefen im Lande umher.

Höllenangst? Wir verweisen auf die Aussage der spätmittelalterlichen geistlichen Schauspiele, die so viele Zuschauer anzogen. Obwohl hier die Hölle den Menschen „mit vil gruwelichen und helschen duveln" vorgestellt wurde, obwohl die Teufel in Ketten und Stricken die klagenden Sünder mit sich schleiften, beweisen die Teufelsszenen – eine der Attraktionen des geistlichen Spiels – letztlich eine Vermenschlichung von Luzifer und Satanas. Selbst der Höllenfürst kann als der Übertölpelte erscheinen. Seine Untergebenen werden durch Aussehen – etwa wie ein schwarzer Kessel – oder durch Spottnamen von „Crummnase" bis „Rattenzahn" lächerlich gemacht. Die Höllenfahrtsszenen bersten vor Komik im mittelalterlichen Verständnis. Bisweilen steckt der Teufel selbst in großer Not: Der sittenlose Pfaffe im Wiener Passionsspiel ist so verworfen, daß er noch einmal die Hölle betreten darf und vom Satan in einer Pfütze mit Kot bedeckt wird.

Noch mehr als in ihren Beziehungen zu Gott und Teufel sahen die Menschen in ihrem Verhältnis zu den Heiligen eine personale Verbindung. Im Verlaufe des Mittelalters war der Heiligenhimmel immer bevölkerter geworden. Hatte der offizielle Kalender der Kirche um das Jahr 1000 nur wenige Gedenktage verzeichnet, Christus- und Marientage, Gedenktage einiger Apostel und der Evangelisten, hatte dieser Kalender nur wenige Märtyrer und den hl. Michael als Beschützer der Völker und natürlich einen Martin vor Tours, den fränkischen Staatsheiligen aufgeführt, so sind hochmittelalterlichen Kalendarien zufolge bereits die Hälfte des Jahres Heiligentage. Im Spätmittelalter wird dann jeder Tag seinen Heiligen haben. Und erst jetzt, mit dem 14. Jahrhundert, setzte sich die Sitte durch, Kinder nach Heiligen zu nennen, vielfach nach dem Heiligen ihres Geburtstages.

Die Bevölkerung des Heiligenhimmels gab den Menschen im Spätmittelalter auch die Möglichkeit der Wahl ihres Heiligen. Von 'Moden' der Heiligenverehrung ist gesprochen worden, um etwa in der zweiten Hälfte des 15. Jahrhunderts die zunehmende Popularität der Eltern Marias, Joachim und Anna, zu erklären. Der Ausdruck 'Moden' verdeckt dabei allerdings, daß es sich bei der Popularität bestimmter Heiliger immer auch um den Ausdruck von Mentalitäten handelt. Gefahren, die bei der Vervollständigung des Heiligenkalenders heraufbeschworen wurden, sind im späten Mittelalter nicht mehr existent. Zu diesen Gefahren zählen wir die Klerikalisierung des Himmels, seit mit dem 10./11. Jahrhundert immer mehr Bischöfe und hohe Geistliche, die keine Märtyrer waren, heiliggesprochen wurden; zu den Gefahren zählen wir weiterhin die Politisierung des Heiligenhimmels, wenn zum Beispiel die dänischen Könige seit der zweiten Hälfte des 12. Jahrhunderts die Verehrung des hl. Knut fördern, wenn Barbarossa 1165 Karl den Großen heiligsprechen läßt. Die Menschen haben langfristig diese Politisierung des Heiligen nicht akzeptiert. Die Knutsgilden im Ostseeraum verlieren sehr schnell ihre Bedeutung als Instrumente des dänischen Königtums und werden zum Ausdruck kaufmännischer genossenschaftlicher Frömmigkeit. Karl der Große thronte noch im 13. Jahrhundert auf den Siegeln der Stadt Aachen. 1327 aber kniet er auf dem neuen Siegel der Stadt vor der Gottesmutter und reicht ihr das von ihm erbaute Münster. Die Menschen haben auch die Klerikalisierung des Heiligenhimmels im späten Mittelalter nicht mehr weitergeführt.

Die Menschen wählen sich ihre Schutzheiligen nicht nach institutionellen Vorgaben, sondern nach ihren eigenen Bedürfnissen. Der Goldschmied verehrt den hl. Eligius, der Wirt betet zu Martha oder Zachäus, die einst den Herrn bewirtet hatten, der Soldat, der Dachdecker und der Bauarbeiter verehren die hl. Barbara, die Patronin derjenigen, die ein rascher Tod bedroht. Seit der Mitte des 15. Jahrhunderts werden dann die vierzehn Nothelfer populär. Ihr Kult ist in Einzelfällen schon älter – Erasmus, dem bei seinem Martyrium die Gedärme herausgerissen wurden, half schon in früheren Zeiten gegen Bauchschmerzen –, aber sie weisen in ihrer Gemeinschaft jetzt den Menschen Beistand in den Gefahren des alltäglichen Lebens. Bei der Heiligenverehrung des gemeinen Mannes wird vielfach die Lehre verwischt, daß der Heilige nicht direkt hilft, sondern entweder Fürsprecher bei Gott ist oder allenfalls durch die ihm von Gott verliehene Kraft den Menschen beistehen kann.

Daß die Verehrung der Heiligen Ausdruck von personalen Beziehungen zwischen Mensch und Himmel und nicht Ausdruck einer institutionellen Autorität der Kirche ist, zeigt sich in der Verehrung der Reliquien. Diese Hinterlassenschaften der Heiligen werden zwar von den einzelnen Kirchen als Schätze behandelt, zugleich aber auch gewissermaßen veröffentlicht. In Monstranzen zeigt man die kostbaren Reliquien dem Volk. Bei solchen Heiltumsweisungen begegnet immer wieder die Mahnung: „Stehet stille und drängt nicht aneinander.“

Angesichts der Massenverehrung von Reliquien konnte man sich im Spätmittelalter aus organisatorischen Gründen nicht mehr jene Formen leisten, die in früheren Zeiten noch den personalen Bezug zwischen Gläubigen und Heiligen hergestellt hatten, Kußtäfelchen also, wie sie viele Reliquiare aufwiesen.

Das ganze Mittelalter hindurch war die Verehrung der Reliquien auch von Zweifeln an deren Echtheit begleitet worden; aber immer wieder wurden diese Zweifel überdeckt durch das Bedürfnis, mit dem Heilsgeschehen in einen persönlichen, ja handgreiflichen Kontakt zu treten. Betrügerische Landfahrer konnten immer noch mit den Kohlen, auf denen der hl. Laurentius geröstet wurde, oder mit dem Stroh aus der Krippe von Betlehem – ein schon zur Zeit Karls des Großen verübter Betrug – durch die Lande ziehen und bei Kirchweihen und Jahrmärkten ein zahlungswilliges Publikum finden. Erst die massive Kritik in der Reformationszeit wird diese Erwerbsform von Fahrenden verschwinden lassen.

Und die geistliche Unterrichtung des Volkes? Bedeutsam sind die Predigten, mit denen Meister Eckhart zur Entwicklung des abstrakten Wortschatzes der deutschen Sprache beitrug, weil nun erstmals unter dem Eindruck mystischer Erfahrungen eine philosophisch-theologische Terminologie entwickelt werden mußte. Die Endungen '-heit' und '-keit' der Abstrakta deutscher Sprache (erst seit dem 14. Jahrhundert lernte man von Schönheit zu sprechen, wo man früher nur „schône" gesagt hatte) kamen erst durch die Predigten der Mystiker in die Welt. Auch wenn über die sprachschöpferische Kraft die Verbreitung von Predigten, wie sie Meister Eckhart zu Beginn des 14. Jahrhunderts von Köln aus in Nonnenklöstern und vor Laien gehalten hatte, bezeugt ist, so wäre es doch verfehlt, von ihnen auf das Alltägliche der Predigterfahrung schließen zu wollen. Näher an die Realität führen uns Anekdoten, wie sie der Graf Froben Christoph von Zimmern von den Pfarrern und Kaplänen seiner Vorfahren erzählt. Er berichtet von einem Überlinger Bürgerssohn, der an der Wiener Universität studiert hatte, sich dann mehrere Jahre zu Ofen in Ungarn aufgehalten hatte und zurückkehrte, als er in Überlingen eine Erbschaft gemacht hatte. Diese Erbschaft ist „von ihm verschlemmt und vertan worden, also daß ihm … von männiglichen der Name 'pfaff Weingeber' gegeben wurde, welcher ihm auch bis an sein Lebensende geblieben ist." Er ist von den Grafen von Zimmern aber wegen seiner Stimme, die in der Stiftskirche von Meßkirch sehr gut klang, wegen seiner „guten Sprüche" und nicht zuletzt wegen seiner Eigenschaften als „guter Fatzmann", als Spaßmacher, sehr geschätzt worden. Von einem anderen Pfarrer, dem „Pfaff Naßhans" („nasser Knabe" ist ein Schimpfwort im späten Mittelalter), der nach den Worten des Chronisten „nicht der geringsten einer im Kartenspiel war", weiß Graf Froben Christoph zu berichten:

„Hernach prediget er uf sant Blasis tag den pauren zu Geggingen die legendt des lieben hailigen und die miracula und wunderzaichen, von ime beschehen. Daran hankt er am letzsten, die bauren megten glauben, was sie wölten, er glaubts aber bei nit alles, oder der teufel söllt ine hinfüeren."

Zimmerische Chronik Bd. 2, S. 289

Die Kirche als Sakralbau? Jede Kirche war einer Heiligen oder einem Heiligen geweiht und unterstand deren Schutz. Und so sahen es auch die Menschen, die in eine Kirche gingen, sie verstanden diese nicht als Teil einer großen Institution, sondern als eine Stätte der hl. Ursula, des hl. Georg oder – besonders häufig – der hl. Maria. Eine Sakralität des geweihten Kirchenraums sollte sich erst im 16. Jahrhundert, im konfessionellen Zeitalter, das überhaupt erst auch den einfachen Menschen die institutionelle Gestalt von Kirche begreiflich machte, entwickelt werden. Im Mittelalter gehörte es zum Alltag, daß Hunde, ja sogar Singvögel mit in die Kirchen genommen wurden. Das wurde zwar immer wieder getadelt, ließ sich aber nicht unterbinden. Eine Frau allerdings, die immer mit ihrem Hund zur Kirche ging und während der Wandlung mit ihm spielte, mußte, wie der bayerische Chronist Veit Arnpeck erzählt, durch ein Mirakel zur Ordnung gerufen werden.

Die Kirche im Dorf

Die Kirche im Dorf war als Sakralbau zugleich auch ein Zweckbau. Sehen wir ab von den vielen Wehrkirchen, die als Fluchtstätte in Fehdezeiten erbaut waren, so dienen die Dachböden der Kirchenschiffe häufig als Getreidespeicher, die Kirchtürme als Aufbewahrungsort von Wertsachen. Zumeist war die Kirche der einzige massive Steinbau, der am wenigsten vom Feuer gefährdete Bau in einem Dorf. Deshalb erlaubt der bischöfliche Offizial den Meiern des Kirchspiels Kirchborchen im Jahre 1304, daß jeder in der Kirche eine Kleidertruhe aufbewahren dürfe. Weiterhin dürfen die Meier Getreidekästen, die in zwei Reihen auf beiden Seiten in der Kirche stehen mußten, abstellen, Getreidekästen, die vier bis fünf Malter Roggen fassen konnten. Der Gedanke, daß die weltliche Funktion des Kirchenbaus, die wir nur mit wenigen Beispielen andeuteten, eine Profanierung des Sakralen bedeutete, konnte gar nicht aufkommen. Zu ungeschieden waren weltlicher und geistlicher Bereich. Und: Die weltliche Zweckbestimmung des Kirchenraums war keineswegs Ausdruck einer bäuerlichen Mentalität. In der Kirche der hansischen Kaufleute im St.-Peters-Hof zu Nowgorod wurden die Warenballen manchmal so dicht gestapelt, daß die Bestimmung erlassen werden mußte, wenigstens den Zugang zum Altar freizuhalten.

Ein letztes Mal sei der Graf Froben Christoph von Zimmern zitiert, der von einem Pfarrer zu Bubenhofen, Melchior Leichtenhändle, erzählt, der für eine Messe einen Kollegen brauchte. Als letzterer die Epistel singen sollte, hat er im Meßbuch nur den Anfang gefunden, während der Rest nur mit einem einzigen Buchstaben bezeichnet worden war,

„derhalb er die epistel gesungen, sovil am text geschriben, nach welchem er in der gewohnlichen melodei mit heller stim im teutsch gesungen: 'Ich kann nichs mehr singen, ich find nichs mehr, do ist nit mehr geschriben.' Das hat Melchern Leichtenhendlin ob dem altar verdrossen, und dieweil der Hemler ain bös aug, hat er gleich darauf auch in teutsch in voriger melodei gesunden: 'Das dich der rit schende in das bösser aug!' darauf der Hemler

wider gesungen: 'und dich in den bössern schenkel!', dann herr Melcher ain bösen schenkel gehapt. Hierauf die pauren, so zugegen, gemeinlich gesagt 'amen', und ist in der kirchen ain groß gelechter darauß worden."

Zimmerische Chronik Bd. 2, S. 234

Die „Alterleute", die „Oldermänner", die „Kirchgeschworenen" überwachen nicht im Auftrag der Kirche, sondern im Auftrag der Gemeinde das Kirchenvermögen, sie wachen darüber, daß der Dorfkirche nichts an ihren Rechten und Besitzungen verlorengeht. Konflikte mit dem Pfarrer waren an der Tagesordnung. Der Pfarrer war Gemeindegenosse. Mochte er auch Messe lesend, vielleicht sogar predigend als Autoritätsperson verstanden worden sein, als Person, welcher der Titel „Herr" gebührte, so bestand doch auf dem Land seine Besoldung teils in Abgaben der Bauern, teils in Stolgebühren, wie sie bei Hochzeiten, Taufen und Begräbnissen anfielen, teils in Erträgen, welche die Grundstücke abwarfen, die der Dorfkirche gehörten. Waren Pfarrers Äcker, war Pfarrers Vieh vor Schabernack sicher, wenn dieser den Bauern allzu hohe Bußen auferlegte? Zudem war der Pfarrer oft auch noch verpflichtet, das Zuchtvieh zu halten, den Gemeindestier, den Gemeindeeber – eine Pflicht, die im österreichischen, im süddeutschen und oberrheinischen Raum verbreitet ist.

Die Existenz eines Landpfarrers hing letztlich davon ab, wie groß die Dotierung seiner Dorfkirche gewesen war. Reiche und arme Pfarreien – im 15. Jahrhundert gibt es Pfarrhäuser, die über eine beachtliche Wohnkultur verfügten, die über die Bedürfnisse eines schlichten Ortspfarrers hinausging.

Abb. 13: Der Zusammenhang von kirchlichem und weltlichem Fest wird in diesem Holzschnitt sichtbar. Mit der Kirchweih (durch die Fahne am Kirchturm ausgedrückt) verbinden sich weltliche Freuden. Ein Quacksalber, der mit „Wurmsamen" und „Theriak", mit bekannten Abwehrgiften handelt, und ein Zahnbrecher finden hier Kundschaft. Spielleute begleiten einen Hochzeitszug. Weil die Ehe als weltlicher Vertrag gilt, gibt der Priester, wie im Spätmittelalter üblich, das Brautpaar vor der Kirchentür zusammen. Hans Sebald Beham (nachgewiesen zwischen 1515 und 1550), Kirchweih.

Holzschnitt 1539. AKG Berlin.

Es waren gerade die reichen Pfarreien, die von hochgestellten Klerikern ihrer Einkünfte wegen begehrt wurden, Pfarreien, die sich diese Geistlichen vielfach mit päpstlicher bzw. bischöflicher Genehmigung übertragen ließen. Pfründenhäufung: trotz aller kirchlichen Verbote, zuletzt noch der Dekretale „Execrabilis" (1317), war sie an der Tagesordnung. Ein lebhafter Tauschmarkt entwickelte sich unter den wohlbestallten Geistlichen, die Pfründe fast schon zur Ware entwerteten. Die Korrespondenz des Notars Rudolf Losse läßt zwischen 1328 und 1360 das Erwerbsstreben dieses Geistlichen am Trierer Hofe sichtbar werden. Zwischen Unterfranken, Hessen, Thüringen und dem Moselraum hat er fast 50 reiche Pfründen erstrebt oder vertauscht, gut 18 bis 20 davon hatte er tatsächlich inne.

Noch problematischer für die Seelsorge auf dem Lande war die Praxis der Inkorporationen. Der arme Pfarrer litt unter einem Gebrechen der mittelalterlichen Kirchenverfassung. Klöstern und Stiften konnte erlaubt sein, Pfarreien zu inkorporieren, das hieß, die Einkünfte des Pfarrgutes an sich zu ziehen und einem meist äußerst schlecht besoldeten Vikar die Seelsorge zu übertragen. Hinter den zahllosen päpstlichen Dispensen für Pfründenhäufung, hinter den äußerst einträglichen Gnadenerweisen, die es einem einflußreichen Kleriker gestatteten, mehrere Pfründen in einer Hand zu behalten, steht zugleich die Not derjenigen, die nunmehr, von dem reichen Inhaber der Pfarrei kärglich entlohnt, die Seelsorge wahrnahmen.

Der kleine Dorfpfarrer lebt oft im Elend, er muß sich mit Nebenerwerb durchschlagen. So begegnet in der Zimmerischen Chronik ein Pfarrer als kunstfertiger Glaser, ein anderer „nam sich vilerlai handtwerk an". Solche Pfarrer, die aus eigenem Erleben die Armut kennen, standen im deutschen Südwesten nicht selten im Bauernkrieg auf seiten der Aufständischen.

Die von den Titularinhabern der Pfarreien gemieteten Kleriker, die *mercennarii*, die „Heuerpfaffen", genossen kein Ansehen. Im Gegenteil – sie werden für eine Misere verantwortlich gemacht, die sie nicht verschuldet haben. Der Humanist Jakob Wimpfeling (1450 – 1528) etwa beschimpft sie wüst. Durchaus ist ihm zu glauben, daß diese Menschen dem geistlichen Stand wenig Ehre machten. Aber was ist der soziale Hintergrund? Im damaligen Elsaß, in Wimpfelings Erfahrungsbereich, stammen etwa 20 % der Kleriker aus den armen Gegenden der Schwäbischen Alb. Schon ihre Herkunft zeigt, daß sie wenig Protektion zu erwarten hatten; sie fristeten ihr ärmliches Leben als Hilfspriester.

Die Aufgabe für die Seelsorge wird in ihrer Brechung durch die soziale Lage der Heuerpfaffen in einer Klageschrift der Bauern von Kirchen im Landkreis Lörrach um das Jahr 1490 deutlich. Die Bauern wenden sich an das Stiftskapitel von St. Peter zu Basel, dem die Pfarrei zu Kirchen inkorporiert ist und das sich nur für die Einsetzung eines Priesters als Kuraten für die Seelsorge verantwortlich glaubt: Die wohlbepfründeten Kapitelsherren bestellen einen Pfaffen nach ihrem Gutdünken, „und welcher allerwenigst nimmt, der ist ihnen eben". Die Folgen: Vernachlässigung der Sakramente,

Veruntreuung des sowieso kleinen Kirchenschatzes und häufiger Pfarrerwechsel.

Auseinandersetzungen des Pfaffen mit der Pfarrfrau, der Jungfrau, wie sie taktvollerweise genannt wird, der Lebensgefährtin also, die bis zur Gegenreformation wie selbstverständlich zum Haushalt auch des katholischen Dorfpfarrers gehörte, sind in Kirchen an der Tagesordnung. Einer der Pfarrer aber trieb es besonders schlimm, „der schlug sein jungfrauen und entrann sie ihm aus dem haus auf den kirchhof da erluff er sie (holte sie ein) und schlug auf dem kirchhof und gebraucht dort große unfug". Ein weiterer Heuerpfaffe bereicherte sich am Opferstock, andere nahmen bei ihrem heimlichen Weggang Paramente oder die noch brauchbaren Teile des kläglichen Kirchenschatzes mit, einer verweigerte einem armen Sauhirten die letzte Ölung, weil dieser die Gebühren nicht bezahlen konnte, wieder ein anderer schlug sich mit den Bauern auf dem Kirchhof herum.

Vor etlicher Zeit, so klagten die Bauern von Kirchen, hätten die Stiftsherren von St. Peter ihnen „einen priester gegeben, der hätt kind, der ging an weg und ließ die kindlein sitzen unversorget daß sie schier wären hungers verdorben"; der Gemeinde also fiel die Versorgung dieser verlassenen Nachkommen zur Last. 29 Priester in 40 Jahren hieß: Kaum eineinhalb Jahre hielt es im Durchschnitt ein Kurat wegen seiner schlechten Besoldung in Kirchen aus: „denn die herren zu sankt peter gönnen keinem, daß er bei uns mug bleiben".

Klageschrift der Bauern von Kirchen, S. 65 ff.

Stadt und Kirche

Umformungen der Kirchenverfassung in der Stadt

Die kirchlichen Strukturen waren im Hochmittelalter bereits festgelegt gewesen. Sie waren weitgehend den agrarischen Strukturen angepaßt und trugen noch nicht der sich entwickelnden Urbanität Rechnung. Das Sprichwort, man solle die Kirche im Dorfe lassen, ist die Reaktion auf den Vorgang, daß die Städte die einstmals dörflichen Pfarreien in ihre Mauern zogen. Weiterhin gilt, daß die hergebrachten adelskirchlich geprägten Strukturen in Spannung zu der sich entwickelnden urbanen Welt standen. Diese Welt hatte in den sich im 13. Jahrhundert ausbreitenden Bettelordensklöstern die ihr gemäße Form monastischen Lebens und ebenso monastischer Verantwortung gesehen. Die Niederlassungen der Brüder des hl. Franz oder des hl. Dominikus repräsentierten eine andere Kirche als die alten benediktinischen Klöster, die reich dotierte adelige Stifte waren. Diese, teilweise außerhalb der Stadtmauern gelegen und in der Stadt eine eigene Immunität bildend, standen in einem latenten Gegensatz zur urbanen Welt und fühlten sich oft mehr dem Landesherren als der Kommune verpflichtet.

Bis in die Heiligenverehrung hinein konnte sich bemerkbar machen, daß eine mittelalterliche Stadt Ballungsraum sozialer Konflikte war. In

Braunschweig z. B. ist St. Autor, obwohl er die Stadt in Belagerungsnot beschützt hatte, nie ein wahrhaft populärer Heiliger geworden. Er blieb vielmehr der Heilige des Rates. Wenn ihn am Ende des Mittelalters Hermann Bote als Stadtheiligen feiert, so steht dahinter die konservative Gesinnung dieses Chronisten, dem die Aufstände, die „Schichten" in der Kommune zuwider waren. Der hl. Autor nämlich half nach spätmittelalterlicher Auslegung seiner Fähigkeiten nicht nur gegen Belagerungen von außen, sondern auch gegen Aufruhr im Innern.

Das Patriziat mit seiner wirtschaftlichen Macht beeinflußte auch die Kirchenverfassung, zumal wenn die Geistlichkeit sich nicht schutzsuchend an einen fürstlichen Landesherrn wenden konnte. Kirchliche Freiheit, mauernumgrenzte eigene Rechtsbezirke, die Immunitäten mit Asylrecht bildeten, stand in Spannung zur Bürgergemeinde. Kirchliche Freiheit schützte die wirtschaftliche Betätigung von Geistlichen in Konkurrenz zum Handel der Laien.

Die Stadt als Ballungsraum sozialer Konflikte: Frieden zwischen den verschiedenen Gruppen zu stiften, konnte der Kirche gar nicht einfallen. Sie wurde auch nicht danach gefragt, denn allzu sichtbar war im Spätmittelalter – der Braunschweiger „Papenkrich" 1413 – 1420, der Lüneburger Prälatenkrieg 1445–1456 sind nur spektakulärer Ausdruck dieses Sachverhalts –, daß die Kirche in alle sozialen und politischen Spannungen zwischen den Bevölkerungsgruppen noch ihre eigenen wirtschaftlichen Interessen konfliktvermehrend einbrachte.

Über allen Konflikten, über allen sozialen Gegensätzen sei jedoch der Alltag einer Welt nicht vergessen, die nach Heiligentagen zu datieren pflegte. Hier war die Kirche nicht nur als Spenderin von Gnadenmitteln präsent. Kirchenglocken ordneten als akustische Signale den Tagesablauf von Arm und Reich. Das Ave-Maria-Geläute war am Morgen oder am Abend nicht nur Gebetsmahnung, sondern auch Zeitbestimmung. Das Aufkommen von städtischen, am Rathaus angebrachten Uhren ist nicht nur eine neue Art der Zeitmessung, sondern auch Ausdruck laikalen Selbstbewußtseins als Alternative zur liturgisch fixierten kirchlichen Zeitordnung. Glockenklang und Uhrzeiger deuten die Entwicklung zur Säkularisierung von Zeit an. So wie die Kirche im Werktag präsent war, wird es seit dem 15. Jahrhundert der Rat auch am Sonntag – Zeichen für die Verschränkung von Kirche und Welt. Im Zuge der Sittenaufsicht über die Bürger sorgte der Rat ebenfalls für die Festtagsheiligung, mahnte zum Kirchenbesuch, verbot den Handel während der Gottesdienstzeiten, untersagte z. B. in Hildesheim, am Sonntag „de vullen to drinkend". Kirche und Alltag: Über alle sozialen Spannungen hinweg waren die großen Gottesdienste, die viele Menschen aus Stadt und Land anzogen, zugleich ein wirtschaftlicher Faktor. Der liturgischen Messe folgte die merkantile.

Stadtpfarrer und Stadtpfarrei

Der Pfarrer war nicht in erster Linie Seelsorger, sondern *rector ecclesiae* – eine Bezeichnung, die im städtischen Raum das hergebrachte *plebanus* verdrängte. Ein solcher Geistlicher war ein „kerkherr", angesehen und einflußreich und nicht zuletzt auch vermögend, weil eine städtische Pfarrkirche eine stiftungsreiche Pfründe war. Hier stand er gewissermaßen als Chef einem größeren Betriebe vor, hatte die Kapläne, Vikare und Kommendisten, die Schar aller Geistlichen zu beaufsichtigen, die an den verschiedenen Altären ihren Dienst taten. Etwa 100 solcher niederen Geistlichen amtierten in St. Johannis zu Lüneburg. 1534 wurden in der reichen Salinenstadt insgesamt 376 Vikariate gezählt, die von 232 Klerikern versehen wurden. Jeder von ihnen hatte seine kleine, zumeist aber einen ausreichenden Lebensstandard garantierende Pfründe, seine dieser entsprechenden kleine Meßverpflichtung. Spannungen zwischen dem *rector ecclesiae* und den niederen Geistlichen konnten nicht ausbleiben, zumal das System der eigenständigen Pfründendotierung für jeden Meß- und Altardienst eine klare Hierarchisierung nicht zuließ. Vermögende Laien stifteten Altar- und Meßpfründen, deren Patronat, deren Besetzungsrecht bei ihnen und ihren Nachkommen verblieb. Unvermeidlich stieg damit der Einfluß der Oberschicht auf die Pfarrkirchen. Die mit kleinen Pfründen bewidmeten Geistlichen waren meist der Stifterfamilie stärker verpflichtet als ihrer Kirche. Das Patronat kann sich oft zum Aufsichtsrecht auswachsen. Deshalb wird der Rat städtischen Schreibern und Notaren jene Pfründen, über die er das Patronat innehat, als Teil der Besoldung verleihen, wird somit Pfarrkirche und städtische Verwaltung verklammern. Wer als Altarist noch in weltlichen Dienstverhältnissen stand, oft derWelt noch als „Minorist", als verheirateter Kleriker, der nur die niederen Weihen erhalten hatte, zugehörig war, lebte als Privilegierter innerhalb der unteren Geistlichkeit einer Pfarrkirche.

„Gottesdienst" ist für den spätmittelalterlichen Menschen im wesentlichen das Hören der Messe. Eine Predigt konnte er nur selten, allenfalls noch in den Bettelordensklöstern verfolgen. Daß hier ein Defizit der Seelsorge vorlag, zeigen die vielen in Klein- und Großstädten am Ende des 15. Jahrhunderts gestifteten Predigtpfründen. Nach wie vor stand die Messe im Zentrum des Gnadenverlangens der Laien. Die Messe stillte nicht nur religiöse Bedürfnisse, sie prägte auch den Festrhythmus der Welt und ordnete den Alltag – es war immer ein Problem des Verhältnisses von Herr und Gesinde, wann letzteres arbeitszeitverkürzend die Messe hören durfte. Selbst dort, wo nicht vor jeder Ratssitzung in der Ratskapelle eine Messe gelesen wird, werden zumindest alle bedeutenderen Rechtshandlungen von einer Messe eingeleitet. Für deren Bedeutung in den Augen derZeitgenossen spricht auch ihre immer festlichere Ausgestaltung, z. B. durch Gesänge „in figurativis".

Der Rat kümmerte sich um die Würde der Kirchhöfe, sorgte dafür, daß keine Schweine, keine Hühner hier herumliefen, daß niemand „unfledeicheit" einfach auf dem Friedhof ausgoß und daß Gärtner und Kleinkrämer ihre Waren nicht auf dem geweihten Platz feilhielten. An den Kirchentüren aber endete die Aufsicht des Rates. Ein Bürger, der die Kirche betrat, wurde aber dennoch mit der Gegenwart des Rates konfrontiert. Er sah in Hildesheim mitten in der Pfarrkirche eine 65 Pfund schwere Kerze und vor dem „hilgen sacramente" eine weitere, noch wuchtigere, 91 Pfund schwer, beide vom Rat gestiftet. Vor allem sah der Bürger in der Kirche eine Vielzahl von Altären, die mit ihren verschiedenen Kulten, mit den zu den verschiedensten Zeiten verrichteten Gottesdiensten erst die Gesamtheit des Kirchenraumes gestalteten. Diese Altäre hatten ihr Eigenrecht, ihre eigene Dotation: Der Hauptaltar war dabei am reichsten bewidmet. Weiterhin sah ein Bürger auch soziale Faktoren im Inneren einer Pfarrkirche wirksam werden. Er sah an den Altar- und Memorienstiftungen das Repräsentationsbedürfnis einer reichen Oberschicht, er konnte hören und sehen, daß wohlhabende Bürger Gottesdienste für ihr Seelenheil gestiftet hatten. Der Kirchenraum bildete noch nicht die sakrale Alternative zur Geschäftigkeit der Welt. Die zwischen den Altären springenden Hunde, die auf frühneuzeitlichen Architekturgemälden zu sehen sind, gab es auch im Spätmittelalter. Hermann Bote erwähnt beiläufig: „Eyn hunt, wan de unstur in derkercken deyt so sleyt me one ut der kercken myt knuppelen unde myt swoppen."

Die Pfarrei war nicht nur Instanz der Seelsorge, sie war institutionell auch die 'Kirchenfabrik', ein mit Privilegien gesicherter Wirtschaftskörper. Aus der politischen Führungsschicht kamen die „Oldermänner", die „provisores" der lateinischen Quellen, die als Kirchenpfleger die Kontrolle über die Verwaltung des Kirchenguts im Namen des Rates ausübten und oft das Patronatsrecht über Meßpfründen wahrnahmen. Der wachsende Laieneinfluß läßt sich an der Bewältigung von Alltagsproblemen ablesen. Vielfach oblag die Verwahrung liturgischer Geräte und der Paramente einem laikalen „Oppermann". Er durfte sich „Schlafschüler" halten, die nachts in der Kirche wachten, damit nichts gestohlen wurde.

Prozessionen und Wallfahrten als Ausdruck der Laienfrömmigkeit

Laikale Frömmigkeitsstile entwickelten sich im späten Mittelalter immer eigenständiger; die alte Form der Prozession wurde in einem solchen Maße ausgeweitet, daß sich ihre Struktur veränderte. Das Allerheiligste verließ den engen Kirchenraum und wurde gewissermaßen veröffentlicht. Nicht nur zu hohen Festen, etwa zu Fronleichnam, sondern auch bei bevorstehenden Gefahren von Seuchen, Hungersnöten und Kriegen suchten die Menschen Zuflucht in öffentlichen Prozessionen, die Geistliche und Bürger vereinten. „Wullen und barfuß", also in demütiger Kleidung, zogen die Menschen mit brennenden Kerzen durch die Straßen. Um Gott gnädig zu stimmen, wurden aus Dankbarkeit für Errettung aus Gefahren Erinnerungsprozessionen abgehalten. Nicht die Kirche ordnete deren Gestalt, sondern der Rat. Er bestimmte die Träger des Sakraments, er bestimmte die Reihenfolge, in der sich Gilden und Ämter dem Zug einordneten, er bestimmte den Weg.

In vielen Städten erfolgt nach dem Willen der Laien die Ausgestaltung der Fronleichnamsprozession mit sogenannten „figuren". So häufig begegnet der Begriff „figur" in diesem Zusammenhang in den städtischen Rechnungen, daß er unschwer zu deuten ist im Sinne von „lebendes Bild". Diese lebenden Bilder bei der Prozession – im allgemeinen die Leidensgeschichte Christi darstellend – erinnern noch an das liturgische Spiel in der Kirche, aber sie zeigen auch zugleich, was hinter der Entwicklung dieses Spiels steht: Der Gottesdienst verläßt jenen Kirchenraum, in den ursprünglich bei den liturgischen Spielen das lebende Bild eingebunden war.

Vielerorts war die Verantwortung für die einzelnen lebenden Bilder den verschiedenen Zünften übertragen worden. So hatte in Biberach „ides hantwerck ßein besonder figur gehabt". Gleiches gilt für Friedberg und Marburg, für Ingolstadt und Bozen, gilt für das kleine Löbau ebenso wie für das große München. In Freiburg, wo im 15. Jahrhundert die Prozession „yn die zwölff zunft" aufgeteilt war, läßt das Spiel des Jahres 1516 die ihm zugrunde liegende Zunftgliederung erkennen. Die Bäcker stellen zwei Propheten, den Kaiser Augustus und den Erzengel Gabriel; die Krämer haben den hl. Christophorus und den hl. Georg und demzufolge auch den Drachen zur Aufführung zu bringen; die Metzger müssen wenig angesehene Rollen übernehmen: den Henker, der die Schächer, und den Henker, der Christus führt, aber auch Simon von Cyrene; die Rebleute, die am wenigsten angesehene Zunft in Freiburg, haben den Teufel mit den verdammten Seelen darzustellen.

Die Umzüge mit „figuren" sind nur aus dem Stil der spätmittelalterlichen Prozession als einer bürgerschaftlichen Gemeinschaftsaktion heraus zu verstehen, nicht aus ihrer frühneuzeitlichen Gestalt, wie sie vor allem unter dem Eindruck jener marianischen Wallfahrten entstand, die von den Jesuiten gefördert worden waren. Die Unterschiede: Obwohl im Spätmittelalter die Reihenfolge festgelegt war, nach der die einzelnen sozialen Gruppen dem Allerheiligsten folgten, fehlte doch jener disziplinierende Aufmarschcharakter, der die frühneuzeitlichen Prozessionen prägt; diese waren – zweitens – von der Kirche und nicht wie im Mittelalter vom Rat festgelegt und geordnet worden; denn sie dienten – drittens – auch einer konfessionellen Demonstration der Rechtgläubigkeit, dienten einer Aufgabe, die sie in den früheren Jahrhunderten natürlich nicht gehabt haben.

Unverkennbar war eine spätmittelalterliche Prozession auch ein Stück Unterhaltung, stärker beeinflußt von freier Gestaltungsfreude als von demonstrierter Disziplin. Neben Spielleuten gehörten vielfach auch die „reimer", die Verseschmieder weltlicher, fröhlicher Lieder zu den Aufzügen, wofür sie vom Rat Trinkgelder erhielten. Die vom Rat verantworteten Spielprozessionen endeten in Bozen und Burghausen mit einem Tanz auf dem Rathaus. Der Unterhaltungscharakter der Prozession konnte übertrieben werden, so daß es selbst den in dieser Hinsicht weitherzigen Stadträten zuviel wurde. In Nördlingen war 1495 Sixt Wideman bestimmt worden, zu Fronleichnam „sant Peter zu sein. Der kartet in der proceß. Darumb legt man in das loch" (in das Gefängnis). Nur auf Urfehde, gegen das Versprechen, keine Rache zu üben, wird er freigelassen. Kartenspielen während der Fronleichnamsprozession war nicht das Schlimmste. 1490 mußte der Rat von Friedberg einschreiten, weil etliche aus der Bruderschaft „eygenwillig und uff der strassen widder und fur lauffen, was dem volck keyn andacht, sonder eyn verachtung bringt". In Nördlingen erregte es immer wieder Unwillen, daß die Teilnehmer am Umzug Schabernack mit den Zuschauern aus nah und fern trieben, wobei sie sich vor allem Frauen aussuchten. Bezeichnend ist, daß insbesondere die Teufelsdarsteller meinten, ihre Rolle am glaubhaftesten zu interpretieren, wenn sie sich vor Frauen „unloblich mit worten und geperden" aufführten, wenn sie sie, wie der Lederer Daniel Frey, anfielen und „wie ain hund" anbellte. Die Teufelsmaske schützte nicht; der Rat sperrte diejenigen, die auf solche Art unliebsam auffielen, ins Gefängnis – lediglich jene „knaben", die 1502 in der Prozession „schanntlich, böse und unfügsame Worte" sogar gegenüber Frauen gebraucht hatten, wurden – Respekt vor ihrer Jugend – lediglich ins Narrenhäuslein gesteckt.

Nur als Beleg dafür, bis zu welchen Auswüchsen sich Frömmigkeit und Festfreude vermischen konnten, hatten wir Begleiterscheinungen der Fronleichnamsprozessionen erwähnt. Das darf nicht verkennen lassen, daß auch bei diesen Schauspielen der Spielgedanken sich mit dem Ernst des religösen Empfindens verband. Die lebenden Bilder der Prozessionen sind ebenso wie die geistlichen Schauspiele nach den Worten der Zeit *repraesentatio*, Vergegenwärtigung des Heilsgeschehens. Der Frankfurter Rat hat ein besonderes Problem beim Abbau der Bühne: Von dem Gedanken der *repraesentatio* her können die Kreuze, an denen Zimmerleute tagelang gearbeitet hatten, nicht einfach als Bau- oder Brennholz weiterverwendet werden. 1492 bestimmte der Rat, diese Kreuze vor der Galgenpforte auf jenem Hügel aufzustellen, wo man den Dieben die Ohren abschneide. So wird es auch noch 1506 gehalten – Frankfurter Golgatha.

Der gemeine Mann gestaltete seine Frömmigkeit selbst – außerhalb des Sakralraums und unabhängig von zeremoniöser Prozession: Er begab sich als Pilger auf eine Wallfahrt. Ein protestantischer Chronist schüttelt sich angesichts der typischen Bilder, die ein Wallfahrtsziel bot, mit seinen „vielen Wundern und Mirakeln. Noch viel mehr Geldes, Garküchen, Schenkhütten, wie auch unzählig viele Bettler, Landfahrer und Betrüger ... hat man liegen sehen." Die Wallfahrtskirche ist als ein gleichsam revolutionäres, die spätmittelalterliche Pfarreiorganisation sprengendes Element erkannt worden. Sie ermöglichte dem Menschen, unabhängig von den siedlungsgebundenen Pfarrzwängen, die Gnadenstätte seiner Wahl aufzusuchen.

Die Wallfahrt als Form der selbstgewählten Frömmigkeit vereinte Hoch und Niedrig. Es gab vermögende Pilger, deren Reichtum die Entbehrungen des Fahrens milderte und die teilweise auch durchaus merkantile Interessen mit ihrer Reise verbinden konnten. (Zollfreiheit war dem Pilger garantiert.) Aber auch sie entfernten sich aus der schützenden Heimat, auch sie waren von Gefahren bedroht. Auf offener Pilgerstraße überfielen 1420 Diener des Herzogs von Kleve einen vermögenden Wallfahrer, einen Kaufmann aus Thorn. 210 Florin waren ihre beträchtliche Beute. Auch für den Reichen war Pilgern Lebensrisiko.

Wallfahrt als Lebensrisiko verband Hoch und Niedrig nicht nur auf der Fahrt selbst, sondern auch in einer kollektiven Lebenserfahrung. Diese äußerte sich im Erbarmen, wenn man selbst wieder am heimischen Herd saß. Voller Mitleid betrachteten die Mitmenschen die opferbereiten Pilger.

Das machten sich die „calmyrer und scherpierer" zunutze, die um Almosen, gewissermaßen Beisteuern zu ihrer Pilgerfahrt, bettelten, indem sie die jedermann bekannten Pilgerzeichen vorwiesen. Jeder wußte, welche Opfer eine Wallfahrt bedeutete, denn fast jeder hatte zumindest einmal in seinem Leben den Pilgerstab in der Hand gehabt. Wo Aufzeichnungen über den Besuch von Gnadenstätten vorliegen, lassen sie einen hohen Anteil von Frauen und Kindern erkennen; vor allem aber bezeugen sie – und das schon seit karolingischer Zeit –, daß sich hier Hoch und Niedrig begegnen. Weil Pilgern zur allgemeinen Lebenserfahrung gehört, bemühen sich städtische Obrigkeiten, Übervorteilung durch habgierige Wirte, durch Fuhrleute und Schiffer zu unterbinden, ja sie geben manchem armen Waller noch ein Viaticum.

Öffentliche Unterstützung war durch die Ausweitung des Pilgerverkehrs im Spätmittelalter fast erzwungen worden, denn längst hatte es sich als unmöglich erwiesen, dem christlichen Gebot zu folgen, das noch Karl der Große einschärfen konnte, nämlich jedem Pilger um Gotteslohn Herberge zu gewähren. Pilgerherbergen entstehen entlang der wichtigsten Routen, säumen etwa die Straßen nach Stantiago de Compostela. Beruhend auf frommen Stiftungen, sind solche „Gasthäuser", wie sie in Nordwestdeutschland heißen, ziemlich karg eingerichtet, ist die Verpflegung sprichwörtlich schlecht. Im „Hospitium S. Crucis" in Hameln gibt es immerhin neun Betten auf der Männer- und acht auf der Frauenkammer; unter dem bescheidenen Hausrat sind lediglich eine Messingpfanne und zwei Messingbecken erwähnenswert. Reglementiert war der Aufenthalt. In Bruchsal durfte man nur eine Nacht bleiben. Einlaß wurde selbst im kalten Winter erst zwei Stunden vor Einbruch der Dunkelheit gewährt. Und vor der wärmenden Suppe waren fünf Vaterunser und Ave Maria mit Andacht zu beten.

Bürgergemeinde und geistliche Freiheit

Die Geistlichen genossen den Schutz der Stadt, genossen die urbane Rechtssicherheit, aber sie bezahlten von ihren Gütern keine Steuern und teilten nicht die zeitaufwendigen und anstrengenden Bürgerpflichten des Wachdienstes und des „Gemeinwerkes" wie etwa die Säuberung des Stadtgrabens. Hoch und Niedrig verlangten, daß die Geistlichen „mitleiden", das Leid der Bürgerpflichten mittragen müßten. „De papen sollen schoten", sollten die Steuer, den „Schoß" zahlen, hieß es nicht nur in Hildesheim. Der Besitz der Kirche blieb als institutioneller Fremdkörper in Verfassung und Wirtschaft spürbar. Es ging nicht nur um die innerhalb des Mauerringes liegenden Kirchen, es ging auch um die städtischen Wirtschaftshöfe auswärtiger Klöster, die ebenso die geistlichen Freiheiten genießen konnten. Zollfreiheit verlangten die Mönche für alle Waren, die sie zu ihren Wirtschaftshöfen oder von ihnen transportierten. Und nicht genug damit: Die hohe Geistlichkeit beanspruchte, daß auch für ihr Gesinde, auch für ihre weltlichen Diener, die geistlichen Freiheiten und damit die weitgehende Befreiung von der weltlichen Gerichtsbarkeit zu gelten habe.

Die Auseinandersetzung um die geistlichen Freiheiten ist ein Dauerthema spätmittelalterlicher Ratspolitik. Neben der Bewältigung des Alltags ging es ebenso um die Lösung grundsätzlicher Konflikte. Solche Konflikte waren in ganz Europa an der Tagesordnung. Wenn der Göttinger Rat 1511 empört dem Offizial entgegenhält, „id sy statrochtig und am tage, das Conradus sick vor eyn linenweffer gehoilden", und wenn dennoch der Offizial sich durchsetzt, weil dieser Konrad, der als Leinweber arbeitete, die Weihe zum Akolythen (Inhaber der obersten Stufe der Niederen Weihen) erhalten hatte und somit unter dem Schutz der geistlichen Freiheiten stand, so wird folgendes sichtbar: Die klägliche soziale Lage vieler einfacher Geistlicher, die zumeist nur die niederen Weihen empfangen hatten, zwang sie, bürgerliche Gewerbe auszuüben, und stellte weltliche und geistliche Obrigkeit vor die Frage nach dem zuständigen Richter.

Bei den Konflikten mit den Laien setzte die Kirche das Strafmittel des Interdikts ein. Doch die Waffe, alle Gottesdienste, alle kirchlichen Handlungen in einer Stadt zu untersagen, wurde im Laufe des Spätmittelalters stumpf. Bann und Interdikt waren im 15. Jahrhundert keine Drohungen gegen eine Stadtgemeinde mehr. Sie reichten lediglich als Prozeßmittel des geistlichen Gerichts noch aus, um kirchliche Zensuren gegen einzelne Bürger durchzusetzen, eine Praxis, die – sehr zum Ärger des Kardinals Nikolaus von Kues – selbst in Schuldensachen geübt wurde.

Konfliktreich war das Zusammenleben von Geistlichen und Laien. Pfaffenhaß zeigt sich bisweilen ungescheut. 1482 klagt der Hildesheimer Bischof, es sei allgemein bekannt („landwitlik"), daß der gemeine Mann der Geistlichkeit drohe. Der eine wolle Mönche und Nonnen totschlagen, der andere sie berauben und verjagen. „Hans der Mann", „der Hans hinter der Mauer", der gemeine Mann ist häufig genug ein Feind der Klöster und ihrer mit seinen Interessen konkurrierenden wirtschaftlichen Betätigung, aber er ist kein Feind der gnadenspendenden Kirche.

Kirche und Welt: die Aussage des Kirchenraubs

Zu den zählebigsten Vorurteilen über das Mittelalter gehört, daß die Kirche in jener Zeit eine unbestrittene Macht über die Menschen und deren Denken und Seelenleben ausgeübt habe und daß die Abschwächung und dann anschließende Befreiung von dieser Macht geradezu ein Charakteristikum der Neuzeit sei. Neben vielen anderen Argumenten kann das im folgenden zu behandelnde Verbrechen, das gleichermaßen in Mittelalter und früher Neuzeit in seiner großen Verbreitung nachweisbar ist, diese Vorurteile in Frage stellen: der Kirchenraub. Natürlich geht es nicht darum, über eine spezielle Form des Verbrechens Mentalitäten erschließen zu wollen; vielmehr geht es uns darum, neben die allen bekannten, erhaltenen Bilder und Bildnisse als Zeugen spätmittelalterlicher Frömmigkeit jenen Raub zu stellen, der diese Kunstwerke nur nach ihrem Materialwert bemißt. Andacht und frecher Diebstahl markieren die beiden Grenzpunkte, zwischen denen spätmittelalterliche Frömmigkeit erahnbar ist.

Der Kirchenraub wird bereits in frühmittelalterlichen Bußbüchern auffallend häufig behandelt. Daraus allein ist aber noch nicht eine Delikthäufigkeit zu folgern, da es in diesen Büchern darum ging, die größtmögliche Vollständigkeit der Deliktaufzählung zu erreichen. Die erzählenden Quellen liefern noch vergleichsweise wenig Nachrichten über den Einbruch in Kirchen. Thietmar von Merseburg (975–1018) berichtet von einem mißlungenen Einbruch im Magdeburger Dom, wobei auffällt, daß hier bereits den ertappten Täter die Strafe ereilt, die auch späterhin den Kirchenräubern droht: das Rädern.

Daß im hohen Mittelalter die Beraubung eine allgemeine Gefahr für die Kirchen in Stadt und Land darstellt, zeigt sich schon allein daran, daß dieses Delikt einen häufigen Gegenstand in der Sendgerichtsbarkeit bildet. Natürlich wissen auch Mirakelberichte von diesem Verbrechen. Caesarius von Heisterbach (um 1180–nach 1240) erzählt von einer großen Bande, die zu Utrecht die Sakristei aufgebrochen habe. Die Diebe wurden gehängt. Eine andere Geschichte wird um 1300 von Rudolf von Schlettstadt erzählt. In Lübeck sei nachts ein Dieb durch die Fenster in die abgeschlossene Kirche eingestiegen. Beim Versuch, das Kruzifix abzunehmen, sei die Leiter unter ihm zusammengebrochen. Damit hatte er auch keine Möglichkeit zur Flucht mehr – er wurde aufgehängt.

Predigtmärlein warnen immer wieder vor dem Kirchenraub und bezeugen damit dessen Alltäglichkeit. Da Kirchenraub keine Seltenheit ist, genügt allein verdächtiges Umhertreiben in der Nähe einer Kirche, um jemanden ins Gefängnis zu werfen. Aber man würde kirchliche Erzählfreude schlicht mißverstehen, wenn man sie auf didaktische Absichten beschränkte. Mirakelgeschichten wissen auch von der Gnade zu berichten, die Gott sogar dem Kirchenräuber erweist. Dieser darf seine Tat sühnen, indem er sich zum Leibeigenen jener Kirche macht, die er zu bestehlen getrachtet hatte.

Kulturlandschaft und Verfassung mochten noch so verschieden sein – Raub und Diebstahl bedrohten stets, trotz schwerster Strafandrohungen, die Sakralräume. Kelche, Meßgewänder, Opferstöcke sind Raubobjekte; Monstranzen werden eingeschmolzen oder an Juden verhökert. Die Diebe gelangen mit dem etwa 1303 bezeugten Trick in die Kirche, indem sie sich einschließen lassen, oder sie bohren des Nachts die Türen auf, steigen zu mehreren mit Leitern ein, verkleiden sich als Geistliche. Das Sprichwort reagiert auf diesen Sachverhalt: „Der Dieb findet den Kelch so leicht wie der Glöckner." Stets braucht der Kirchenräuber den Hehler, der ihm seine gefährliche Beute abnimmt. Schon der „Sachsenspiegel" weiß, daß jüdische Pfandleiher als Helfer von den Räubern mitschuldig wurden: Der „ungewerte" (also in seiner legalen Herkunft nicht nachweisbare) Besitz von Kirchengerät und Priestergewand reicht aus, um einen Juden, wenn er nicht den Unschuldsbeweis erbringen kann, wie einen Dieb zu hängen.

In Köln raubt ein Basler Student das Haupt des hl. Vinzenz. Ein angehender Kleriker erscheint hier als Kirchendieb. Und das muß kein Einzelfall gewesen sein. Einen Geistlichen, möglicherweise aus der Schicht der vagierenden, stellungslosen Kleriker, vermuten wir in jenem Dieb, der am bestohlenen Sakramentshäuschen über die Worte „Dominus est in isto loco" („der Herr ist an diesem Ort") schrieb: „Surrexit, non est hic" („Er ist auferstanden und nicht mehr da"). Goliardenwitz, passend zur Parodie liturgischer Formen in studentischen Kreisen des Mittelalters. Nicht nur von dem Verbrechen, sondern auch von Witz und Intelligenz eines vagierenden Klerikers namens Guido, der 1297 zum Kirchenräuber wurde, weiß ein Chronist zu berichten. Dieser Guido stahl von einem Kruzifix die Silberverbrämung und richtete davon seinen Gesellen ein großes Gelage aus. Vor dem Bischof angeklagt, antwortete er durch zwei Verse: „Der geldlose Guido hat sich sehr dürftig befunden / Nahrung verschaffte er sich, indem er Jesus geschunden." Der Chronist verschweigt, wie das Schicksal des Goliarden sich vollendet, aber er berichtet eigentlich genug: Not und Kriminalität sind verschwistert, selbst vor einem Kirchenraub schreckt der Vagant nicht zurück. Die blasphemischen Verse weisen auf die Welt der Vagantendichtung zurück, in der Saufmessen verfaßt und bis hin zum Salve Regina Kirchenlieder frech parodiert wurden. Aber auch das ist aufschlußreich: Der Chronist zitiert die Antwortverse des Vaganten:

Annales Gandenses, S. 561

„Guido carens ere, dum se vidisset egere / Excoriando Jesum largum sibi prebuit esum",

er ist fasziniert von diesem Latein, von Rhythmus und Reim. Das ist die Faszination literarischer Bildung, die in jener Zeit die Stiftung eines Bischofs ausdrücklich für fahrende Schüler erklärt.

Schwer war bei einem Einbruch in die Kirche die Grenze zwischen Raub und Diebstahl zu ziehen. Gewiß, der kleine „Opferstockmarder" kam meistens mit Staupenschlag und Stadt- oder Landesverweisung davon, und selbst der Kirchendieb konnte bisweilen mit Gnade rechnen. Im allgemeinen aber drohte dem der Tat Überführten die Todesstrafe. Im Hochmittelalter wurde er zumeist gehängt wie in den Mirakelgeschichten des Caesarius von Heisterbach und Rudolfs von Schlettstadt. Im Spätmittelalter wurde der Kirchenräuber zumeist gerädert, wie es das weithin rezipierte lübische Recht geradezu vorschrieb. Der Tod drohte dem Kirchendieb, das Rad oder der Strang, bisweilen sogar die Ketzerstrafe des Verbrennens. Während auf Kirchenraub der Tod stand, kam der christliche Synagogendieb, der den kostbaren siebenarmigen Leuchter gestohlen hatte, mit einfacher Züchtigung davon.

Die reicher fließenden spätmittelalterlichen Quellen lassen eine erstaunliche Verbreitung des Kirchenraubs erkennen. Schon das älteste Lüneburger Verfestungsregister ächtet deswegen im 14. Jahrhundert zwei Männer. 1404 erläßt der Bischof von Minden ein Mandat gegen die Diebe, die aus der Hamelner Stiftskirche kostbare liturgische Geräte entwendet hatten. Immer wieder ist von diesem Delikt zu hören, denn Gold und Silber und das Bargeld in den Opferstöcken mußten eine große Versuchung darstellen. Das Kieler Var-

Abb. 14: Ausschnitt aus dem Altar mit der Darstellung des Regensburger Hostienfrevels. Augsburg 1476.

Germanisches Nationalmuseum Nürnberg.

buch listet zwischen 1465 und 1546 außerordentlich viele Fälle von Kirchenraub auf. Meist erscheint dieses Delikt als eine Nebentätigkeit von Schwerkriminellen: So sitzt 1540 im Gefängnis zu Merseburg ein Pferdedieb, der darüber hinaus „Kleider, gelt gestolen, Kirchen gebrochen" hat. Aber auch von Spezialisten ist im Breslauer Stadtgericht (1448–1509) ebenso wie im Kieler Varbuch zu hören, Spezialisten, die etwa auf der Heide die gestohlenen Geräte einzuschmelzen wußten, Spezialisten, die ein hohes Risiko wegen der Mittelpunktsfunktion einer Kirche einzugehen bereit waren. Solche Spezialisten wie jener Dieb aus Oppeln, der es 1454 fertigbrachte, in einer Nacht die Kirchen in vier Dörfern aufzubrechen, unterschieden sich von den kleinen Opferstockmardern, die sich damit begnügten – um die Gaunersprache zu zitieren –, „dem Jackel das Eingeweyd auszunehmen". Wegen der Alltäglichkeit dieses Verbrechens wurde 1460 in der Nürnberger Johanniskirche der Opferstock so eingerichtet, daß ein Dieb sich selber fing.

Als Vorsichtsmaßnahmen gegen den Kirchenraub bezahlte man im Spätmittelalter sogenannte „Schlafschüler", arme Schüler, die – wie in

Braunschweig – in den Kirchen übernachten und sie bewachen sollten. Vielfach wurden auch scharfe Wachhunde in den Kirchen eingeschlossen, was einem Tagelöhnerkind in der Lübecker Marienkirche zum Schicksal wurde, als es versehentlich nachts eingeschlossen worden war: der kleine Junge wurde von den Hunden zerfleischt.

„Menglich von ganzem herzen erschrack" man, als 1464 im Berner Münster eine silberne Monstranz mit dem Sakrament gestohlen wurde. Wegen des Aufsehens eines solchen Raubes und der Erschütterung der Menschen wurde in Konstanz 1463 ein Kelchdieb nicht wie üblich außerhalb der Stadt an der gewohnten Hinrichtungsstätte „gerechtfertigt", sondern – zur Abschreckung – auf offenem Marktplatz.

Die Menschen erschraken bei jeder Nachricht von einem Kirchenraub. Die Gründe zeigt ein Fall, der sich 1476 in Regensburg ereignete. Der silberne Hostienbehälter war gestohlen und der Inhalt achtlos in einen Keller geworfen und zur Erleichterung aller wieder aufgefunden worden. Als Wunderzeichen für die Unverletzlichkeit der Hostie wurde über diesem Keller eine Kapelle errichtet. Der 13jährige Täter wurde erstaunlicherweise nur mit Auspeitschung bestraft, vielleicht mit Rücksicht auf sein Alter, vielleicht, weil durch ihn das Wunder sich ereignen konnte, das nicht durch ein Bluturteil verdunkelt werden sollte.

Ein Kirchenraub war angesichts der Sakramentsfrömmigkeit des Spätmittelalters eine Untat, die alle Gläubigen betraf. Über ein so fluchwürdiges Verbrechen berichten oft die Chroniken, zumindest aber amtliche Aufzeichnungen. Dennoch muß auch für das Spätmittelalter mit einer großen Dunkelziffer gerechnet werden. So ist der Diebstahl einer Monstranz nur deshalb überliefert, weil der Täter seine Hinrichtung überlebte; daß 1466 in der Mainzer Domkirche der Opferstock aufgebrochen wurde, wird nur zur Erklärung für die spätere Sicherung des Opferstockes für die Beisteuer zum Türkenkrieg berichtet. Weil im Kirchengestühl der Danziger Marienkirche Feuer ausbrach, wird „ein dieb, ein toller Mensch", der sich über Nacht in der Kirche hatte einschließen lassen, in der Chronik erwähnt.

Ein spektakulärer Kirchenraub um 1440 sei kurz gestreift, weil er die Bedeutung von Reliquien in dieser Welt zeigt und an den gestohlenen Reliquien erneut offenbart, wie nahe sich das Spätmittelalter noch dem Leben Christi fühlte. Nicht das sicherlich reichlich vorhandene Gold und Silber rauben jene Diebe, die das Kloster Einsiedeln heimsuchten, sondern das Wichtigste: Haare, Milch, Kleider und Gürtel Marias und ein Stück von der Dornenkrone Christi. Die Räuber wurden zwar gefaßt und in Zürich hingerichtet, aber die Zürcher Kirche, der die Verbrecher die kostbaren Reliquien verkauft hatten, wollte diese der beraubten Wallfahrtsstätte nicht mehr zurückgeben. Weil nun aber die Attraktivität der Wallfahrt nach Einsiedeln auf das höchste gefährdet war, was auch für den Landesherrn spürbare wirtschaftliche Folgen haben mußte, legte sich Herzog Albrecht von Österreich ins Mittel und veranlaßte 1448 die Züricher Chorherren, den kostbaren Schatz an den Eigentümer zurückzugeben.

Die Stadt

Eine Wanderung durch die Stadt um 1400

Das Wohnen in der Stadt

Nähern wir uns einer Stadt um 1400, versuchen wir, sie mit den Augen eines 'Gastes' zu sehen, eines fremden Kaufmanns, der in ihr aber bereits seinen Wirt, einen angesehenen Bürger, kennt. Schon aus der Ferne fällt ihm das markanteste Gebäude auf: die Kirche. Handelt es sich um eine Kathedrale, so ragt bereits ein mächtiger Turmstumpf auf, fertiggestellt ist dieser noch nicht. Fertiggestellt aber ist die Stadtmauer mit repräsentativ aufgebauten Stadttoren, auf deren eines unseren Gast Weg und Fuhrmannsgeleise hinführen. Die Stadtmauer: Sie ist an die Stelle der ursprünglichen Wall- und Palisadenbefestigung getreten, um 1400 kann in manchen Städten der Gast die neue Stadtmauer sehen, die ein größeres Areal der inzwischen gewachsenen Siedlung umschließt. Ein Stadtgraben sichert die Mauer. Im Sommer stinkt er, denn er wird in Friedenszeiten kaum gepflegt. Schilf wächst in ihn hinein, zur Fischzucht wird er an manchen Stellen ebenso gebraucht wie zur – allerdings verbotenen – Entsorgung von Unrat. (Abfall im heutigen Sinne kennt das Mittelalter kaum; alles hat seinen Wert; den Weinstein in den Fässern kann man als Grundstoff für Färbemittel nutzen, aus Knochen Geräte fertigen, aus Schweinsblasen Bälle, aus den Fußwurzelknochen von Rind und Schaf Würfel.)

Ob unser Gast sich zu Pferd, mit einem Saumtier oder im Rollwagen der Stadt genähert hat: Beschwerlich war der Weg auf jeden Fall. In die unbefestigten Straßen hatten die Wagen feste Geleise eingefahren. Von Glück konnte man sagen, wenn sumpfige Stellen wenigstens durch Bohlen, „Specke“, gesichert waren. Auch nach dem Passieren des Stadttores änderte sich hieran nur wenig. Die Straßen waren noch nicht gepflastert. Allenfalls der Marktplatz und der Platz vor der Hauptkirche waren mit Steinen befestigt. Und innerhalb der Stadt folgten die Straßen noch getreulich den ursprünglichen Geländeformationen, die Hügel waren allenfalls im Stadtzentrum abgetragen worden. Aus diesem Grunde mußten die Straßen auch winkelig angelegt werden, weil sonst auf abschüssiger Strecke die Fuhrwerke zu schnell und nicht mehr lenkbar geworden wären. Aber immerhin: Die Stadt kennt bereits zumindest eine Hauptstraße, die, das Gassengewirr

Abb. 15: Lüneburg um 1400. Detail aus dem Heiligentaler Altar von Johannes Boonemann.

Foto: Privatarchiv Stephan Kemperdick.

durchschneidend, von einem Stadttor über das Zentrum, den Marktplatz, zum anderen Stadttor führt. Auf einer solchen Straße bewegt sich unser Gast, denn er weiß, daß sie ihn zu seinem Wirt, einem angesehenen Kaufmann, der in der Stadtmitte wohnt, leitet. (Ein Herbergswesen, das eine Vorstufe zu den heutigen Hotels hätte bilden können, ist noch gar nicht ausgeformt.) Sein Weg führt vom Stadttor an windschiefen Katen vorbei zu repräsentativen Häusern in der Stadtmitte.

Immer noch sind um 1400 Steinhäuser selten. Zwar sind die Zeiten vorbei, in denen der Besitzer eines solchen Hauses wegen dessen Seltenheit den Beinamen „Steinhaus" oder „Steinhäuser" führte, aber es sind dennoch nur wenige Häuser, meist am Marktplatz oder zumindest in Marktnähe, die so gebaut sind: Häuser der Oberschicht. Sie sind immer unterkellert und dieser Keller ist Arbeitsraum, Verkaufsraum und dient der Aufbewahrung kostbarer Waren.

So kostspielig und auch so schwierig war das Errichten von Steinhäusern, daß sich selbst wohlhabende Familien noch meist damit begnügten, nur eine steinerne „Kemenate" zu errichten, einen beheizbaren Gebäudeteil, der nicht so sehr der Brandgefahr ausgesetzt war und der Verwahrung kostbarer Güter dienen sollte.

Holzbauten und Steinbauten der Oberschicht unterscheiden sich nicht wesentlich in ihrer Raumaufteilung. Sie haben vielfach große Tore. Diese haben mehrere Aufgaben: Sie dienen der Einfahrt für Braupfannen, sie dienen auch der Repräsentation und sie dienen nicht zuletzt der Ventilation; denn hinter diesen großen Toren öffnet sich die Diele. Das Dielenhaus ist der am weitesten verbreitete Haustyp der Oberschicht. Die Diele ist sowohl Wohn- als auch Arbeitsraum; ein Raum, der meist nur durch das Eingangstor belichtet wird, denn das Tor kann man verschließen – Fenster im Erdgeschoß sind hingegen eine Gefahr, Verlockungen für Diebe und Räuber. Wachskerzen in Kerzenhaltern aus Metall, meist aber nur die billigen Unschlittkerzen in Kienspanhaltern aus Keramik sorgen mit einbrechender Dämmerung für künstliche Beleuchtung. In der Diele befindet sich zumeist auch die Herdstelle. Diese entläßt den Rauch offen durch das Gebälk, bevor im 15. Jahrhundert zunehmend Kamine und Rauchabzüge eingebaut werden.

Das große, zur Diele führende Tor, das tagsüber aus Beleuchtungs- und Belüftungszwecken meist offenstand, ist für jeden, der durch die Gassen geht, ein Zeichen für den Wohlstand des Hausbesitzers. Offensichtlich ist er mit seiner Frau Herr über einen gesindereichen Betrieb. Keller und Diele sind Arbeitsräume, die Hausfrau und Hausherr zu überwachen haben. In die Häuser der Armen, ja auch in die Häuser mittlerer Handwerker führt kein repräsentatives Tor. Und deshalb wundert sich niemand, daß auch die Gassen Arbeitsflächen darstellen, denn in den engen, zumeist nicht unterkellerten Häusern bereits der Mittelschicht gibt es nicht genügend Platz, wenn ein größerer Arbeitsanfall erledigt werden muß. Man weicht auf die Straße aus, wenn es nur irgend möglich ist.

Ob windschiefe Kate des Armen, ob kleine Behausung des mittleren Handwerkers, ob Steinbau des reichen Kaufmanns: Mittelpunkt des Hauses ist immer die Feuerstelle. Die Entwicklung zur Küche ist, obwohl es in den Klöstern bereits eigene Küchen gab, obwohl auch die Burgen eigene Küchenräume hatten, in der urbanen Welt ein langwieriger Prozeß. Erst seit dem 15. Jahrhundert kann man davon ausgehen, daß sich in den Bürgerhäusern ein eigener Raum als Küche entwickelt hat; dies folgt offenbar dem Siegeszug eines neuen Raums im Haus, der Stube. Die Stube wanderte, wie die Wortgeschichte zeigt, im 14. Jahrhundert vom Süden nach dem Norden.

Abb. 16: Amtliche Berner Chronik des Diebold Schilling von 1483. Links Herzog Berchtold von Zähringen, rechts Herr von Bubenberg, der den Auftrag zum Stadtbau entgegennimmt.

Burgerbibliothek Bern, Ms. hist. helv. I1, S. 11.

Mercurius kind sind künstenreich
An behendigkeyt ist yhn nymant gleich

Jnn .3 6 5. tagen lanng
Verbring ich meinen lauff vnd gang.

Sie bildete den einzig beheizbaren Raum im Hause. Mit dem Einbau der Stuben war das offene Herdfeuer in der Diele als Wärmequelle entbehrlich geworden, als Feuerquelle konnte sie jetzt in einen Küchenraum wandern.

Weder die Bude des kleinen Handwerkers noch das Haus des vermögenden Kaufmanns kannten einen Raum, in dem sich ein Mensch vor dem anderen abschließen konnte, einen Raum der Intimität. Allenfalls das Schlafzimmer von Hausfrau und Hausherr könnte man als einen solchen bezeichnen. Ansonsten aber war das Haus, wie auch immer es gebaut war, auf Zusammenleben und Zusammenarbeit – und damit auch auf gegenseitige Kontrolle – ausgerichtet.

Auch die Toilette, im späten Mittelalter bezeichnenderweise „Sprachhaus" geheißen, stellt keinen Intimraum dar, sondern einen Ort, an dem man kommuniziert; vielfach sind diese Toiletten geradezu als Doppelsitzer angelegt, wie sie die mittelalterliche Archäologie erschlossen hat. Verständlicherweise liegen sie mit den Fäkaliengruben immer an der hinteren Parzellengrenze. Die Fäkaliengruben noch des 13. Jahrhunderts bestehen aus waagerecht übereinandergeschichteten Holzbohlen, die des 14. Jahrhunderts bereits aus Ziegelsteinen. Das ist typisch: Aufwendiger werden seit dem 14. Jahrhundert die Kloakenbauten, immer weniger Haus- und Gartenabfälle werden, den archäologischen Untersuchungen zufolge, in sie hineingeworfen. Kalk- oder Holzkohleschichten werden eingebracht, um Geruchsbelästigungen zu vermeiden. Als 'Toilettenpapier' dienen – wie in Göttingen, Aachen und Köln nachgewiesen wurde – vielfach Mooszöpfe. Nur alle zehn bis zwanzig Jahre wurden die Latrinen entleert. Bisweilen wurden sie auch schlicht aufgegeben, zugeschüttet und durch neue ersetzt – nur dadurch sind heutige archäologische Untersuchungen, die sich bis zur Frage des Parasitenbefalls mittelalterlicher Menschen von diesen Gruben Auskunft erhoffen, möglich. Durch die Entsickerung wurde das Erdreich der Umgebung einer solchen Grube mit fäkulenten Stoffen durchtränkt. Erst das 19. Jahrhundert brachte hier eine grundlegende Änderung.

Wenn wir uns bemühen, die Stadt um 1400 mit den Augen eines damaligen Gastes zu sehen, so dient diese Phantasie beanspruchende Rekonstruktion der Vermeidung eines Wahrnehmungsfehlers, der sich allzuleicht durch unsere Museumserfahrung einschleicht: Im Museum herrscht Sauberkeit, mittelalterliches Wohnen ist aber ohne Dreck nicht zu denken. Ein anderes Beispiel: Beeindruckt sind wir oft genug von den heute noch erhaltenen, so romantisch wirkenden Innenhöfen von Gebäudekomplexen. In der harten Zeit des Mittelalters aber hatte ein solcher Hof keine ästhetische Funktion. Er war Arbeitsstätte. Viele Brauer und Bäcker, ja alle, die Vieh in der Stadt hielten, häuften Abfälle und Dünger in den Innenhöfen an, so daß hier große Jaucheplätze entstanden, die sehr schnell in Gärung übergingen. Es stank.

Wie schwer mußte es auch sein, die Häuser, den Wohnbereich zumindest, sauberzuhalten, wenn die Straßen voller Schmutz und Unrat waren und sich in einem viel größeren Ausmaß, als das heute noch vorstellbar ist, mittelalterliches Leben auf der Straße abspielte.

Abb. 17: Unsere Abbildung zeigt Steinbauten, sie zeigt aber auch den inzwischen um 1500 eingetretenen Fortschritt: Fensterverglasungen und gepflasterte Straßen. Sie zeigt weiterhin – wenngleich der Orgelspieler im Vordergrund nur aus künstlerischen Gründen im Freien sitzt – im Hintergrund den Laden, den Fensterladen, der zur Straße hin aufgeklappt wird, und sie zeigt den Verkaufsstand auf der Straße – das ist die Tradition. Georg Pencz, Merkur. Kupferstich um 1520.

Germanisches Nationalmuseum Nürnberg.

Erst in der Stadt, in der alle Lebensverhältnisse durch Nachbarschaft und engsten Raum bestimmt wurden, lernten die Menschen im späten Mittelalter eine spezielle, modern anmutende Umweltproblematik kennen: die Abfälle der einzelnen sind das Probleme der Allgemeinheit. Der Dreck ist ein Dauerproblem der spätmittelalterlichen Stadt. Wenn hoher Besuch kommt, werden eiligst die Brunnen gereinigt, werden die Gassen gesäubert. Selbst eine reiche Bischofsstadt wie Würzburg läßt einen an italienische Stadthygiene gewohnten Humanisten schaudern, die Straßen sind schlammig, und über den Plätzen und Gassen liegt der Geruch der gedüngten Weinberge.

Das Wasser war den mittelalterlichen Stadtbürgern nicht nur das lebenspendende Naß, es bot ihnen auch die einzige Möglichkeit, des Abfalls, des Mists auf den Straßen Herr zu werden. Schon Ende des 13. Jahrhunderts versuchte in Straßburg ein erfindungsreicher Mann mit einem künstlichen System, die Breusch durch die Hauptstraßen der Bischofsstadt zu leiten. Die Stadtknechte, die in Braunschweig seit 1428 den Straßenschmutz alle 14 Tage abfahren sollten, wurden bezeichnenderweise Wasserfahrer genannt, denn sie schütteten den Unrat, wie es in fast allen Städten üblich war, einfach in den Fluß, in die Oker. In Ulm gebot der Stadtrat 1494 ausdrücklich, daß die Abtrittsinhalte und der Schweinemist wegen der gesundheitlichen Gefahren für Mensch und Tier nicht auf Wiesen und Felder gebracht werden dürften, sondern in die Donau zu schütten seien. Diese Bestimmung erinnert daran, daß die Urbanität immer noch agrarisch geprägt war, daß Schweine in der Stadt herumliefen, daß die Selbstversorgung auch zum spätmittelalterlichen Haushalt gehörte.

Unseren Gast um 1400 werden Fenster überrascht haben, die verglast waren. Denn solche Glasfenster waren in der Zeit noch überaus selten. Selbst die Häuser der Wohlhabenden kannten nur wenige, die zudem noch klein waren. Sie wurden mit Holzklappen verschlossen. Das Normale sind schlichte Lichtöffnungen im Mauerwerk. Verschlossen sind sie durch Pergament oder ölgetränkte Leinwand. Nur ein schummeriges Tageslicht fällt ins Innere. Im 15. Jahrhundert wurden Teilverglasungen des oberen Drittels des Fensters zumindest bei den Wohlhabenderen üblich. Die so gerne als spezifisch mittelalterlich angesehenen Butzenscheiben und auch die Rautenscheiben sind im Grunde erst im späten 15. und dann im 16. Jahrhundert selbstverständlicher Bestandteil der Wohnkultur geworden.

Marktplatz und Rathaus

Schon der erste Weg unseres Gastes wird ihn über den Marktplatz führen, heute in allen Städten mit historischem Stadtkern ein Hauptaugenmerk der Denkmalpflege und entsprechend herausgeputzt. Ganz anders als heute stellte sich dem Gast ein spätmittelalterlicher Marktplatz dar. Bevor er ihn sah, konnte er ihn riechen. Denn hier, auf dem Marktplatz war auch der Standplatz der Garbräter. Nicht nur angenehme Bratdünste verbreiten deren Buden. Der Göttinger Rat verbietet diesen Garbrätern 1420, Ferkel und Schweine in Marktnähe zu halten, auch nicht in Kellerverschlägen. Denn es

Abb. 18: Marktplatz: Garbräter, Marktschreier und Verkaufsbuden. Aus der Würzburger Chronik des Lorenz Fries, 16. Jh.

Würzburg, Stadtarchiv.

käme soviel Unrat auf den Platz, daß die Menschen sehr unter dem Gestank litten. Garküchen werden, wie etwa in Salzburg, Sudelküchen genannt. Und sie stellen wohl eine gesundheitliche Gefahrenquelle dar: In Hannover waren um 1500 die Köche der insgesamt sechs Garküchen durch Eid verpflichtet, kein verendetes Vieh zu verwenden, das vom Henker stammte und auf den Schindanger gehörte. Daß der Konsum in der Garküche erheblich gewesen sein muß, belegen Bestimmungen, daß die Garküchen keine Gänse innerhalb der Bannmeile kaufen durften (weil sonst der städtische Markt leer geblieben wäre). Die Metzger sahen in den Garköchen eine ernstzunehmende Konkurrenz. Darin aber liegt das sozialgeschichtlich Aufschlußreiche: Eigenversorgung, eigenen Herd konnte sich unter den Armen kaum jemand leisten, man war angewiesen auf die spätmittelalterlichen Imbißstuben, die Garküchen, die preiswerte Gerichte aus minderwertigem Fleisch herstellten. Von solchen Essensgewohnheiten rührt unter anderem eine typische Unterschichtskrankheit, der Grind, her. So erzählt der spätere Stralsunder Bürgermeister Bartholomäus Sastrow in seiner Autobiographie, wie er 1545 zu Speyer drei Monate lang mit nur 6 Gulden auskam: „Von solchem bösen Essen, Trinken und Wohnen wurde ich … so grindig, daß ich, wenn ich etwas zu schreiben bekam, nicht eine Feder in der Hand halten konnte."

Auf dem Marktplatz stand der Pranger – Ausdruck der Strafgewalt des Rates. Er war als Disziplinierungsmittel vor allem unterer sozialer Schichten gedacht. (Deswegen wird sein Bau 1585 in Posen mit den Geldbußen bezahlt, die Mägde und Köchinnen wegen Übertretung der Kleiderordnung entrichten mußten.) In dem in Magdeburg bis 1417 geübten Pfingstbrauch des „blicken und kakwien", der „Prangerweihe", machten sich die kleinen Leute über dieses obrigkeitliche Disziplinierungsinstrument lustig.

Die wichtigste Aufgabe der Ratsherrschaft, mühsam dem Stadtherrn abgerungen, die Gerichtsbarkeit, fand ursprünglich unter freiem Himmel statt. In den Rathausbauten um 1400 erinnert noch die vom Marktplatz her frei einsehbare Gerichtslaube, die sich der Öffentlichkeit zuwendet, an die

Ursprünge der Judikatur unter freiem Himmel; aber sie weist zugleich auch in die Zukunft, auf die Verlagerung der Gerichtsbarkeit in die Amtsstuben, hier in die Ratsstube.

Am Rande des Marktplatzes, meist – wie in Lüneburg – in Rathausnähe, standen aber auch die Feuerschleifen, Bottiche auf Schlittenkufen, die im Brandfall sofort an die Unglücksstelle gezogen werden konnten. Nicht adelige Feinde und auch keine vom Adel geschützten „Placker", „Buschklepper" und Strauchdiebe bildeten die größte Gefahr für eine Stadt, sondern das Feuer. Man brauchte das Feuer als Energiequelle und mußte sich doch ständig vor ihm fürchten. Der Rat straft und bietet Vorsorge an; der Rat bestraft denjenigen, der in der Nähe von Feuerstellen leicht brennbares Material – Flachs, Werg – aufbewahrt, der Rat aber trifft auch Vorsorge, indem er lederne Feuereimer im Rathaus verwahrt, und vor allen Dingen, indem er darauf dringt, daß die feuergefährlichen Strohdächer und auch die Holzschindeldächer durch rote Dachziegel ersetzt werden. Um 1400 ist diese Form der Ratspolitik in allen Städten in vollem Gange. Vielerorts zahlt der Rat noch eine Beisteuer zur Ziegelbedachung, vielerorts sind auch eigene Regiebetriebe des Rates vor den Toren der Stadt entstanden, wo fast zum Selbstkostenpreis gebrannte Dachziegel an Bürger abgegeben werden. Dennoch hat unser Gast schon aus der Ferne nur wenige rote Dächer gesehen, wie sie erst seit dem 16. Jahrhundert zum Stadtbild gehören sollten; denn überaus kostspielig war trotz aller preisdämpfenden Maßnahmen eine solche Bedachung mit Ziegeln.

Im Pranger und in der Feuerschleife sah unser Gast die ihm wohlvertrauten beiden Elemente spätmittelalterlicher Ratsherrschaft, Strafdrohung und Sorge für das gemeine Wohl. Beides sah er auch an dem markantesten Gebäude des Marktplatzes, dem steinernen Rathaus. Dieses galt ihm nicht als architektonische Sehenswürdigkeit. Vielmehr sah er einen Vielzweckbau, einen Steinbau, dessen Ursprünge zumeist ins 13. Jahrhundert zurückgingen, weil ein solcher Bau fast zeitgleich mit der Entwicklung der Ratsherrschaft entstanden war. Vielerorts war es ursprünglich ein Kaufhaus gewesen, in dem Waren, vor allem die Tuche der Tuchhändler, aber auch andere wertvolle Handelsgüter gelagert und zugleich überwacht wurden. Qualitätsprüfung der in der Stadt verkauften Waren, das war eine der ersten Aufgaben der Ratsherrschaft gewesen: Fürsorge für das gemeine Wohl.

Am sichtbarsten wurde für unseren Gast die Fürsorge des Rates in der Anlage eines repräsentativen Marktbrunnens. Er stand in seiner aufwendigen Gestalt beispielhaft für das Trinkwasserproblem der urbanen Siedlung, beispielhaft für die vielen Brunnen in der Stadt. Die ältesten Tiefbrunnen noch des 12. und 13. Jahrhunderts waren aus Holz gezimmert, waren zum Beispiel in Lübeck bis zu neun Meter in die Erde gebohrt. Selbst die Anlage hölzerner Brunnen verlangte viel Kenntnisse. (Kiefernholz wurde gern gewählt, weil es mit seinem Harzgehalt lange Haltbarkeit garantierte.) Bisweilen bestehen sie aus einer doppelten Holzwandung, die mit reinem Sand ausgefüllt ist. Sie werden im Verlauf des Spätmittelalters durch steinerne Anlagen abgelöst, aus Feldsteinen und Backsteinen gemauert mit einem geringen Durchmesser von 1 bis 1½ Meter.

Auch der Steinbau schützt nicht vor Qualitätsminderung des Wassers durch undichte Fugen. Der Grundwasserspiegel war durch die Abfallschächte und die Kloaken in den Häusern, die bis zu zwölf Metern in die Tiefe gegraben wurden, erreicht. Verjauchung des Grundwassers mit der unvermeidlichen Folge typhoser Erkrankungen und Vergiftungen der Darmwege gehörten zur dicht bebauten Innenstadt, wo auch die meisten Brunnen lagen.

Die schwerfälligen Schöpfbrunnen reichten nicht mehr aus, wenn die Marktplätze Stätten regen Handels wurden. Der Rat läßt in größeren Städten seit dem 14. Jahrhundert mit großen Kosten fließende Brunnen anlegen, wie es sie bereits in der Antike gegeben hatte. Wasserleitungen setzen solche Anlagen meist voraus. Dafür werden bisweilen schon Bleiröhren verwendet. Die kostspielige Anlage, Vorform der barocken „Wasserkunst", zeigt über technische Fortschritte hinaus Schwerpunktverlagerungen innerhalb der Kommune, von der Gemeinde hinweg zum Rat. Denn nunmehr steht über dem Nachbarschaftsbrunnen in den Stadtvierteln – wie es zur Verdeutlichung formuliert sei – der Obrigkeitsbrunnen auf dem Marktplatz, über dem Schöpfbrunnen der Fließbrunnen, den der Rat anlegen ließ. Er war zumeist verziert mit den Hoheitszeichen der Stadt, repräsentativ ausgestaltet wie der 1385–1396 erbaute „Schöne Brunnen" in Nürnberg.

Frisches Wasser war ein Luxus. In dem zivilisatorisch hoch entwickelten Augsburg standen erst im 16. Jahrhundert Wassertürme zur Verfügung, die durch Leitungssysteme mit Quellen vor der Stadt verbunden worden waren. Nach 1558 konnte sich hier ein Bürger gegen den Jahreszins von einem Gulden (soviel wie eine Magd in einem halben Jahr als Bargeldlohn erhielt) frisches Wasser ins Haus leiten lassen.

Das Miteinander von Armen und Reichen in einer eng begrenzten, dicht bebauten Stadt bildete eine Gefahr, der sich auch die Stadträte in den spätmittelalterlichen Städten Deutschlands stets bewußt waren. Mit Sperrketten, die in Aachen, Basel, Braunschweig, Nürnberg, Frankfurt, Lübeck, Lüneburg, Schwäbisch Hall, Köln und Regensburg bezeugt sind, werden die Innenstädte geschützt. An hölzernen Pfosten hängen eiserne Ketten, welche die Gassen oft doppelt und dreifach versperren. Die Ketten werden nachts eingehängt und durch Schlösser gesichert. Um 1450 gibt es in Nürnberg etwa 420 solcher Ketten. Sie schützen die vornehmen Wohnbereiche der inneren Stadt vor nächtlichem Aufruhr und Plünderung, sie sind aber im Gefahrenfall auch tagsüber jederzeit zu schließen. Es handelt sich hier nicht um Sicherheitsmaßnahmen für Kaiserbesuche, Reichstage, Turniere, Heiltumsweisungen und ähnliche Großereignisse, bei denen es gilt, Volksgedränge zu vermeiden; denn bei solchen Massenveranstaltungen werden eigens Schranken und Schlagbäume, sogenannte „Schneller" aufgebaut. Es sind vielmehr sicherheitspolizeiliche Maßnahmen, die ein Sperrkettensystem zwischen der Innenstadt, der „Rechten Stadt", und den äußeren Bezirken der ehemaligen Vorstädte, die in die erweiterte Stadtummauerung einbezogen worden waren, entstehen ließen.

Ordnungen und Rahmenbedingungen des Lebens der kleinen Leute in der spätmittelalterlichen Stadt

Stadt und Armut

Die Stadt des Mittelalters gibt es im Grunde nicht. Zu vielgestaltig ist die wirtschaftliche Struktur der einzelnen Kommunen. Aus der Sicht der armen Leute ist weniger die Größe einer Stadt als deren wirtschaftliche Ausrichtung entscheidend für die Lebensbedingungen; diese sehen in Würzburg, einer Weinhandelsstadt, anders aus als in der bedeutendsten Handelsstadt des deutschen Nordens, in Lübeck. Arme Leute am Main sind zumeist die zum Proletariat abgesunkenen „Häcker", die vielleicht noch einen kleinen Weingarten besitzen, ansonsten aber ihre Arbeitskraft verdingen müssen. Arme Leute in der Travestadt hingegen können nur hoffen, durch Hilfstätigkeiten, vom Sackträger bis zum Hafenarbeiter, ihr Auskommen zu finden. Wiederum anders sieht es in Städten wie Augsburg und Ulm inmitten des oberschwäbischen Barchentreviers aus, wo die Weber, das wichtigste Gewerbe in der Stadt ausübend, gleichwohl an der Armutsgrenze leben mußten. Zusehends verwischte hier der ökonomische Druck die Grenze zwischen Meistern und Gesellen, gerieten doch die Meister selbst in Abhängigkeit von den Verlagsherren.

Armutsschichten und wirtschaftliche Strukturen: Greifen wir nur das Beispiel von Städten heraus, deren wirtschaftlicher Reichtum auf der Salzgewinnung beruhte. Dieser in Lüneburg und Schwäbisch Hall heute noch im Stadtbild konservierte ehemalige Reichtum gründete auf der Arbeit armer Knechte. Schon im Lüneburg des 14. Jahrhunderts schuften 300 Arbeiter in der Saline. Wegen der permanenten Hitze tragen sie einen leichten Arbeitskittel mit einer Kapuze, weswegen sie auch „Keppener" genannt werden. Die auszehrende Arbeit verlangt kräftige Gesellen, die gerne aus Dithmarschen geholt werden. Die Salzsiederknechte in Schwäbisch Hall haben, wenn sie nicht zu Arbeiten in den Siedehütten benötigt werden, das Floßholz aus dem Fluß zu ziehen, die Stämme zu zersägen. Selbst derjenige, der die Arbeit des Feuerers an den Salzpfannen besorgt, bleibt sein Leben lang Knecht. Ein sozialer Aufstieg, den es bisweilen in den Bergwerken gegeben hatte, ist ihm verwehrt. Aber wie lange kann er überhaupt eine solch schwere Arbeit ausüben? Daß die von ihrer Arbeit in beständiger Hitze ausgedörrten Siedeknechte sich des Nachts betrinken, wird ihnen immer wieder vorgeworfen.

Stellen wir, dem Thema Wirtschaftsstruktur einer Stadt im Spiegel ihrer Armutsschichten nachgehend, den Salinenarbeitern die in den Handelsstädten so wichtigen Träger zur Seite. Die „Bierspünder", die Bierlader sind für den Handelsverkehr ebenso unerläßlich wie die in Hafenstädten oft genossenschaftlich organisierten „Kahner", die zu dem engen Platz um den Ladekran am Kai die auf der Reede gestapelten Waren brachten. In Köln sind allein 400 Träger an der Waage, dem Kaufhaus und dem Hafenkran beschäftigt, etwa 5% der männlichen Bevölkerung. In Lübeck zählen gegen Ende des 14. Jahrhunderts die Träger, Packer, Kohlenstürzer und Karrenfahrer 500 Personen; in Rostock können die Träger im Verteidigungsfall 150 kräftige Männer stellen. Ob Träger, ob Karrenführer, ob Bierspünder, ob Kahner: Es waren schwere Lasten, die sie zu bewältigen hatten, Bierfässer – Holztonnen sind die Container des Mittelalters – und unförmige, nur mit großer Anstrengung zu wuchtende Ballen. Der Frachttransport zu Wasser und auf der Landstraße erforderte das platzsparende Zusammenschnüren von Waren, die dann, schon wegen ihres Eigengewichts, nicht mehr leicht verrutschen konnten.

Transporte in der Stadt – Arbeiten, die alltäglich und nicht nur im Zusammenhang mit dem Fernhandel anfielen: Die Karrenschieber, Sand- und Kalkfahrer, die Salzwälzer und Dielenträger kommen oft als Pendler aus der Umgebung. Mit den zumeist in der Stadt ansässigen Trägern, den Wasserträgern z. B., finden sie sich auf den Märkten und Stapelplätzen ein, um dort zu einem vom Rat festgesetzten Lohn gedingt zu werden. Bedarf bestand an Menschen, die etwa Kohlen, Holz usw. durch die Stadt, durch die engen Gassen, in denen keine Wagen fahren konnten, trugen. Aus dem vom Rat festgesetzten Trägerlohn kann man erschließen, daß selbst mit harter, den ganzen Tag über währender Knochenarbeit kaum der Lebensunterhalt gedeckt werden konnte. Städtische Statuten müssen den Trägern verbieten, die Gäste anzubetteln. In Köln erhielt um 1475 der Mann, der eine Tonne Honig, 160 Liter umfassend, vom Fettmarkt bis zum alten Markt wuchtete, nur die geringe Summe von einem Albus. Allenfalls bei regem Warenumschlag konnten die städtischen Träger beim Kaufhaus in Lüneburg auf ihre Kosten kommen. Für eine aus dem Schiff mühsam zu windende Last gab es je nach Ware 1–2 Schilling, und falls die schwere Umladung auf einen Wagen erfolgen mußte, noch einen Schilling mehr.

So unterschiedlich die Städte an Größe und an wirtschaftlicher (auch die Verfassung prägender) Struktur waren, so einheitlich erweisen sie sich darin aus der Sicht der kleinen Leute, daß diese sich ihre Erwerbsmöglichkeiten auf einem überlaufenen Arbeitsmarkt suchen müssen. Das Bevölkerungswachstum, durch Pestwellen nur für eine Generation unterbrochen, führt zu einem Überangebot an weniger qualifizierten Arbeitskräften.

Die Natur bringe mehr Menschen hervor als sie versorgen könne, und deswegen lauerten so viele auf Glück und Gelegenheit. So kommentiert im 12. Jahrhundert der Verfasser des Traktates „Quales sunt" die Verengung des Ernährungsangebots. Er geht von einer übervölkerten Welt aus – und das zu einer Zeit, da das hochmittelalterliche Bevölkerungswachstum erst bevorstand. Im Spätmittelalter beginnt die Ansicht von einer für alle Menschen zu engen Welt allgemeiner zu werden. Der Staatsphilosoph Marsilius von Padua (um 1280–1342/43) sieht darin den hintergründigen Sinn von Katastrophen: Die Vorsehung wolle die überhandnehmende Verbreitung der Menschen begrenzen. Deshalb habe es den Anschein, als reduziere sie durch Kriege und Epidemien die weitere Ausbreitung der Menschen und übrigen Lebewesen. Daß dies nicht die einsame Meinung eines Gelehrten, sondern eine weitverbreitete Auffassung darstellt, die zum Sprichwort geworden von vielen geteilt wird, belegt der Anfang der Würzburger Ratschronik:

Würzburger Ratschronik, S. 15

„Item es ist ein sprichwordt, das man spricht, es sey kein besser dieng dann sterben undt wein erfrühren. Und mag wol war sein, dann sollt in zehen jähren niemandts sterben, es würde ein solch jammer in der weldt, daß iderman besorget, er müßte hungers sterben."

Armut als Realitätsgehalt und Existenzbeschreibung sozialer Marginalität: Das ganze Mittelalter hindurch war versucht worden, die Armut ethisch und religiös aufzuwerten. Eingängige Topoi entstanden, die bis in die Neuzeit hinein nachgeschrieben wurden. Die Realität jedoch sah anders aus. Es beeindruckte die Gesellschaft nicht, wenn jemand „die tugendreiche Frau Armut" zur Gevatterin hatte. Um 1300 mahnt ein Prediger die Menschen vor der Geringschätzung armer Leute. Stets solle man sich bewußt sein: „nu ist der arm mensch als wol ain mensch als ich".

Armut heißt, „habermuß oder sonst etwas grober speiß" zu essen, heißt, von der Hand in den Mund zu leben und damit dem Schicksal von Krankheit und Alter hilflos preisgegeben zu sein. Diese Hilflosigkeit des armen Menschen führt in ein Elend, das Dotationsurkunden frommer Stiftungen bisweilen andeuten: Nackt und krank liegen Menschen auf der Straße, schleppen sich vielleicht noch auf die Stufen einer Kirchentür, um Almosen zu erflehen; niemand kümmert sich um sie.

Abb. 19: ▶ Mönche speisen arme Leute und deren Kinder mit der Armensuppe und reichen ihnen Brot als Almosen. Der arme Mann im linken Vordergrund ist entweder ein Lohnschlachter oder ein „Schweineschneider", der die Tiere kastriert. Der Brunnenfeger, der pflügende Knecht, die Wäscherinnen am Fluß und der Holzhacker werden zu den armen Leuten gezählt. Im Gefängnis sitzt ein Inhaftierter, ein anderer ist im Block eingeschlossen und erhält geistlichen Beistand, weil seine Hinrichtung bevorsteht. Georg Pencz, Saturn. Kupferstich um 1520.

Germanisches Nationalmuseum Nürnberg.

Was ist Armut? Wir verlassen uns nicht auf moderne Abstraktionen sozialer Schichtungen, sondern fragen nach den Definitionen, welche die Menschen selbst fanden. Die alten Sprichwörter zum Beispiel halten konsensgebundene Einstellungen in der vorindustriellen Gesellschaft fest, beschreiben damit, was Armut konkret heißt. Armut ist Schande („Der ist recht arm, der seine Armut nicht verbergen kann"), bedeutet, am Rande der Gesellschaft zu stehen: „Den Armen bittet niemand zur Hochzeit." Teuer lebt, wer arm ist: „Armut bindet den Sack bei der Hälfte zu"; schwer ist es, unter solchen Bedingungen zu überleben: „Armut braucht List"; Hunger ist ständiger Begleiter: „Der Arme ist reich, wenn er satt ist." Es mag sein, daß menschliche Untugenden abfallen: „Armut heilt Hochmut"; denn „ein Armer, der sich schämt, bekommt nichts". Das bedeutet aber auch, Armut greift die Seele an: „Armut altert auch den Mann" oder: „arm am Beutel, krank am Herzen". Es ist wenig tröstlich, sich gottgewollter Armut zu versichern: „Die Armut und der Tod werden von vielen gelobt und nur von wenigen gewünscht."

Was ist Armut? Seit mit dem 15. Jahrhundert der antike Götterhimmel auf dem Umweg über den Sternenhimmel wieder populär wurde, wußten

Saturnus alt kalt vnd vntrein
Boßhafftig seind die kinder mein

Jch kan die zwelff zaichen
Jn dreyssig jaren wol erraichen.

die Menschen eine Antwort: Geburt unter dem Zeichen eines Planeten bestimmte Charakter und Schicksal. Eine planetarische Anthropologie – verbreitet über Holzschnitte – entstand, die nicht nur christliche Gedanken, sondern auch geburtsständische Prinzipien in Frage stellte – ein Beweis letztlich für eine komplizierter werdende Welt. Verborgene Mächte, nicht etwa sozial erklärbare Mechanismen mußten das Schicksal eines Menschen bestimmen: Reichtum, Ansehen, Macht waren dem beschieden, der unter dem Zeichen des Jupiter geboren war. Armut hingegen ist den Kindern vorherbestimmt, die unter der Herrschaft des Saturn das Licht der Welt erblicken: „Mein Kind sind siech, bleich, dürr und kalt / Grob, trag, neidig, traurig und ungestalt / Und wie man in Not und Arbeit soll leben / Das ist Saturnus Kind gegeben." Die illustrierenden Holzschnitte, teilweise ikonographische Typen verwendend, die in Italien Anfang des 15. Jahrhunderts entstanden, zeigen als Saturnkinder den Schinder, die mit Spitzohren und Federn den Galgenberg umkreisende alte Frau als Zauberin, den Schweinehirten, der im Gegensatz zum Roßhirt als unehrlich galt, und neben diesen infamierten Personen auch den Bauern oder den mit Pferdegespann pflügenden Bauernknecht.

Der äußere und der innere Rand der Armut

Immer wieder wurde eine Armutsdefinition versucht, die sich auf ökonomische Daten stützt. Im Basel des 15. Jahrhunderts sind fast 20 % der Bevölkerung „völlig besitzlos". Legt man hier ein Vermögen von 50 Florin als Armutsgrenze zugrunde, können bis zu 63 % der Bevölkerung als arm gelten; in etwa die gleichen Relationen finden sich auch in Freiburg im Breisgau wieder. Wenn für manche Städte ein Armutsanteil von über 50 % errechnet worden ist, so gilt zu bedenken, daß die Wendung „nichts haben", die Bezeichnung „habnit" in den Steuerlisten reine steuertechnische Termini sind, die nur besagen, daß der Betreffende nichts sein eigen nennt, was der Abgabepflicht unterliegt. Doch trotz solcher Einwände muß mit einem beträchtlichen Armutspotential gerechnet werden. 1501 wurden in Nürnberg, das damals auf dem Höhepunkt seiner wirtschaftlichen Entwicklung stand, bei einer noch nicht einmal dramatischen Teuerung 5002 Bürger von der Obrigkeit unterstützt. Während der Teuerung von 1539 teilte der Rat täglich 986 Laib Brot aus. Zwar lassen sich solche eher zufällig überlieferten Zahlen nicht prozentual auf die höchstens 40 000 Einwohner Nürnbergs umrechnen, da mit der Abgabe verbilligten Brotes nicht nur Einzelpersonen, sondern ungenannt viele Haushaltungsvorstände unterstützt werden, aber ungefähr ein Viertel der Bürger in der reichen Stadt, so ist anzunehmen, lebte, selbst an den kargen mittelalterlichen Lebensbedingungen gemessen, hart am Rande des Existenzminimums.

All diese Zahlen dienten uns nur als ein erster Hinweis darauf, daß die Armut kein Randproblem in der spätmittelalterlichen Stadt darstellt; sie gehört zur Stadt. Die Genauigkeit der Zahlen im einzelnen sei hier nicht weiter diskutiert – hingewiesen sei lediglich darauf, daß es gar keine signifikanten Unterschiede zwischen den Städten gegeben hat, was den Umfang des spätmittelalterlichen Pauperismus angeht. Sicherlich liegen in einer Stadt wie Augsburg, bedingt durch die Textilwirtschaft mit ihren vielen Webern, die Armutszahlen auf den ersten Blick höher als etwa in der Handelsstadt Lübeck. Aber der oberflächliche Blick der sozialen Statistik, die aus den Steuerbüchern geschöpft worden ist, täuscht. Während sich in Augsburg mit seinen vielen selbständig arbeitenden Webern die Armut unmittelbar in den Steuerlisten niederschlägt, bleibt sie in Lübeck vielfach getarnt: Sie findet sich in der Gesindeschicht der Knechte und Mägde und in den Hilfs- und Zuarbeitern der Bürgerhaushalte wieder.

Die angeführten Zahlen dürfen nicht verkennen lassen, daß selbst die Armut in sich Hierarchien ausbildet, daß weiterhin eine Fluktuation zwischen den von der Forschung konstatierten sozialen Schichten bestand, die nach allen Indizien größer war als gemeinhin angenommen. Steuerlisten und zufällig erhaltene Zahlen wie die der Nürnberger Brotspeisung von 1501 erfassen nur den ansässigen Bürger, nicht aber diejenigen, die, ohne das Bürgerrecht erwerben zu können, in einer Stadt ihre Nahrung suchen, die sogenannten „Einwohner", die oft in Gebäudewinkeln, Kellerlöchern oder in Verschlägen unter den Treppenstiegen hausten, erfassen nicht die „fahrenden Leute", die als „bauernverräter, bauernbrater" ihre Zuflucht in der Stadt suchten, erfassen nicht die hier herumlungernden gescheiterten und gefährdeten Existenzen, wie jene Tochter aus adeligem Hause, die von ihren getrennt lebenden Eltern so erbarmungslos geschlagen wurde, daß sie fortlief und zwei Jahre lang in Speyer in größtem Elend lebte, „manig finster nacht in den gassen under den laden lag", wie das Gerichtsprotokoll von 1473 vermerkt.

Von den Lebensbedingungen der mittelalterlichen Welt her muß auf eine genauere Sozialstratifikation der Randgruppen verzichtet werden. Statt dessen sei – lebensnäher – die Marginalität in den großen Bereich der Armut eingeordnet. Wir wollen – auch um Aufstiegs- und Abstiegsmobilität innerhalb dieses Bereiches bis in die saisonalen Schwankungen hinein erfassen zu können – von einem äußeren und einem inneren Rand der Armut sprechen. Sogar wer in einem karg entlohnten Beschäftigungsverhältnis steht, sei es als Knecht, sei es als städtischer Schweinehirt, und wen in Notfällen eine Gemeinschaft, eine Zunft oder Verwandtschaft schützt, der gehört, auch wenn es ihm materiell schlecht geht, zum inneren, zu dem der Gesellschaft zugewandten Rand der Armut, der gehört zu jener Hälfte der Stadtbevölkerung mit einfachster Lebenshaltung knapp oberhalb des Existenzminimums, zu jenen Menschen, die bei Teuerung vom Rat durch Kornausteilungen und Holzspenden unterstützt werden. Er unterscheidet sich von dem Gelichter, von den zerlumpten Menschen, die, auf sich allein gestellt, in Stadt und Land als verdächtiges Gesindel angesehen werden, ja vielfach zur Kriminalität gezwungen sind, um überhaupt überleben zu können, er unterscheidet sich von den alten Bettlern, von den hilflosen Krüppeln, die auf den Kirchenstufen liegen und um Almosen flehen, er unterscheidet sich

Abb. 20: Das ein gängiges Sprichwort umsetzende Gemälde, das auch den klaffenden Gegensatz zwischen Arm und Reich veranschaulicht, sieht die Abstiegsmobilität, die Verarmung, die dem gemeinen Mann stets als Gefahr vor Augen stand, als Folge menschlichen Fehlverhaltens. Albrecht Altdorfer, Der Bettel sitzt der Hoffart auf der Schleppe. Ölgemälde 1531.

Staatliche Museen Preußischer Kulturbesitz, Gemäldegalerie.

also von denen, die am äußeren, an dem von der Gesellschaft abgewandten Rand der Armut leben.

In Stadt und Land aber war soziale Mobilität, waren Auf- und Abstieg zwischen äußerem und innerem Rand der Armut immer möglich. Vor allem im Alter waren die Menschen vom sozialen Abstieg bedroht wie bspw. der unglückliche Hartmann Jode, ein Schweinehirt in Hildesheim. Im Alter mit Blindheit geschlagen, kann er selbst seine gering geachtete Tätigkeit nicht mehr ausüben. Er ist auf Erbarmen angewiesen, um überhaupt überleben zu können. 13 Schilling läßt ihm 1444 der Rat reichen, und zwei Jahre später verzeichnen die Stadtrechnungen eine Zahlung für billigstes Tuch für einen grauen Lodenrock, der diesen Schweinehirt, der durch seine Blindheit von der Armut ins Elend absank, unter den Ärmsten der Armen sogar noch etwas besserstellte.

Alle genannten Zahlen täuschen nicht nur darin, daß die hergelaufenen, rechtlos in der Stadt ansässigen Habenichtse, daß die ganze Schicht der „fremden und unzähmbaren Knechte" nicht mitgezählt wird, sie täuschen auch darin, daß sie gewissermaßen den Zustand von Normaljahren wiedergeben. Jede Hungersnot aber, die im 15. Jahrhundert mit erschreckender Regelmäßigkeit im Abstand von sieben bis dreizehn Jahren den Menschen widerfährt, legt die Armutsstrukturen erbarmungslos offen. „Hungersnot geht über alle Not", stellt ein Sprichwort fest. Hungersnöte bewirkten sofort Konjunktureinbrüche; denn alle Massenartikel für den täglichen Gebrauch fanden keine Abnehmer mehr, weil die Menschen alle verfügbaren Mittel zur Linderung ihres Hungers investieren mußten.

Zum Jahre 1438, einem Hungerjahr, vermerken die Chronisten, daß auf den Straßen Knechte „sich wunden vor Hunger". Sie wollten „allein um die Kost" dienen. Dies bedeutete die Preisgabe des sozialen Status, Preisgabe aller eigenen Rechte, bedeutete, wie es im Mittelalter hieß, „auf Gnade dienen" für das tägliche Brot, die völlige Abhängigkeit von der Hausherrschaft ohne jeden Rechtsanspruch. „Wer auf Gnaden dient ohne Unterscheid, muß sich mit dem begnügen, was man ihm beut", sagt das Sprichwort.

Nicht nur durch Hunger waren die Armen bedroht, sondern auch durch die Kälte. Daß Menschen auf den Straßen erfroren, ist in Winterszeiten nichts Ungewöhnliches. Stiftungen versuchten, die Not zu lindern. In Frankfurt gab es auf dem Vorplatz des Römers ein „Armenloch", ein Feuer, an dem sich die durchfrorenen Armen etwas aufwärmen konnten. In Verden wurde 1481 eine Stiftung für Kohlen getätigt, damit im Dom wenigstens ein geheizter Platz geschaffen werden konnte, um die Qual der schlotternden Armen zu lindern.

Randgruppen in Stadt und Land

Hinter der Armut in der Stadt steht letztlich die Armut auf dem Land; denn nur durch den Zuzug vom Land hatten die Städte, in denen die Mortalitätsrate stets höher als die Geburtenrate lag, überleben können. Die Stadt war immer auch ein Hoffnungsziel armer Menschen aus den Dörfern gewesen. Ein Seitenblick auf die ländlichen Sozialstrukturen ist also vonnöten.

Wie späterhin in der Stadt kann auch auf dem Dorf der mit der Armut verbundene Ausdruck „Randgruppe" durchaus wörtlich verstanden werden, wenn schon im frühen Mittelalter der Hagestolz, der „hagustaldar", an den Rand der besiedelten Flur gedrängt, nur einen Acker bebauen kann, der kärglichste Subsistenz ermöglicht. Eine Heirat ist ihm verwehrt, weil sein Besitz keine Familie ernähren kann, die Entwicklung zum modernen Wortsinn ist damit angebahnt. Ebenso an den Rand der Siedlung gedrängt sind die seit dem Hochmittelalter entstehenden dörflichen Unterschichten der „Kossäten" bzw. der ihnen terminologisch in allen deutschen Landschaften entsprechenden „Kleingütler", von den mitteldeutschen „Gärtnern" bis hin zu den oberdeutschen „Seldnern" oder den „Schupposen" des deutschen Südwestens. Zum Teil schon an dem hochmittelalterlichen Verdorfungsprozeß beteiligt, sind die klein- und unterbäuerlichen Schichten bereits im Mittelalter weiter verbreitet, als es den herkömmlichen Vorstellungen entspricht. In aller Regel hausen sie in einem weiteren Kreis um den engeren Siedlungskern der Vollbauernhöfe. Bereits in der Aufteilung der Dorfgemarkung wird sichtbar, daß bei einer nur begrenzten Nutzungsfläche und bei Bevölkerungswachstum das Entstehen von Randgruppen unausweichlich ist.

Der „Geerbte", der angesessene Mann, steht im Dorf als „bidermann", als Ehrbarer, weit über den Häuslern und Köttern, den „lütjen Lüden", wie sie in Norddeutschland genannt werden. Aber selbst diese Kleinbauern

könnten vielerorts noch auf andere Dorfbewohner herabsehen, auf die schon im Hochmittelalter erscheinenden „ungewesten", „ungeerbten" Leute, die „einlüfftigen Lüde" des deutschen Nordens, die keinen Besitz, weder Felder noch Wiesen in der Dorfgemarkung ihr eigen nannten. Diese „inwohner", „insten", „instleute" und „heuerlinge", meistens Ledige, die in den Siedlungen zur Miete wohnten, verdingten ihre Arbeitskraft, konnten schon froh sein, wenn sie als „Beständner", als Pächter, ein Zubrot zum Tagelohn verdienen konnten.

Neben seiner Armut wird der Tagelöhner häufig noch durch ein weiteres Kriterium zum Außenseiter gestempelt: durch die zeitweilige Unbehaustheit. Saisonarbeit war in einer Agrargesellschaft mit ihren Arbeitsspitzen zur Erntezeit nichts Ungewöhnliches. Die Weinlese etwa zog Hilfsarbeiter aus weitem Umkreis an, so schon im spätmittelalterlichen Frankfurt aus dem Fuldischen und den ärmeren Taunusgegenden. Saisonarbeit war ebenfalls das Hopfenzupfen. Das Ausmaß dieser Erwerbsform wird angedeutet, wenn in einem Schwank beiläufig bemerkt wird: „Zu dem mal hatt der württ nit sunders gest im hauß dann ettlich arbeiter, so auß dem Schwaben und Welschland irer arbeit nach an das gebirge ins Elsaß ziehen." Es handelt sich hier um das sogenannte „Elsaßlaufen" zur Erntezeit. Der Weg des armen Dörflers in die Stadt ist – darauf wollten wir hinaus – nur eine Variante der Mobilität, zu der arme Menschen, wie das Beispiel der Saisonarbeit lehrt, gezwungen waren.

Dem Tagelöhner auf dem Land, dem „Boßler", dem „Hellermann", der allerlei Arbeiten für geringen Lohn übernimmt, entspricht der Arbeiter in der Stadt. Im städtischen Umland verfließen bei der untersten Schicht die Grenzen zum urbanen Gewerbe. Zufällig ließ sich in Rechnungen ein Erntearbeiter nachweisen, der auch als Bauhilfsarbeiter beschäftigt war. Das ist offenbar verbreiteter, als gemeinhin angenommen wird, und betrifft nicht nur Handlanger, sondern auch Gesellen. Die Faßbindergesellen waren meist nur von Mitte Juli bis in den September hinein ausreichend beschäftigt. Sie mußten dann ihre Nahrung als Tagelöhner bei der Weinlese suchen.

Die Entstehung der städtischen Wirtschaft bewirkte trotz der mit ihr verbundenen gewerblichen Differenzierung keine soziale Entspannung. Sie stellte weder genügend Arbeits- noch genügend Absatzmöglichkeiten bereit, um allen Menschen ausreichend Nahrung zu gewähren, sie erbrachte aber mit der Entwicklung arbeitsteiliger Produktionsformen ein neues Prinzip für die Entstehung von Randgruppen. Arbeitsteilige Produktion bewirkt eine Hierarchisierung von angesehenen bis hinunter zu verachteten Tätigkeiten. So schätzen etwa die Bergknappen die armseligen Haspler gering, die qualvoll die schweren Körbe aus den Gruben herauswinden müssen; der Landsknecht, der sehr wohl weiß, welches Elend ihm nach seiner Abdankung bevorsteht, blickt auf den Schanzengräber herab wie jeder Knecht oder Geselle, der eine spezielle Tätigkeit erlernt hat, auf den Handlanger. Nicht mehr von der Natur, vom Boden ist dieses Prinzip bestimmt, sondern von den Wirtschaftsformen. Am Beispiel der Wollschläger sei dieser Vorgang illustriert. Sie bilden noch zu Beginn des 14. Jahrhunderts etwa in der Straßburger Textilindustrie eine selbständig arbeitende, angesehene, teilweise wohlhabende Sozialgruppe. Durch die Entwicklung des Verlagssystems werden sie in Straßburg – ein Vorgang, der auch in anderen Zentren der oberdeutschen Textilproduktion zu beobachten ist – zu reinen Zulieferern, zu einem wenig angesehenen Hilfsgewerbe herabgedrückt.

Die urbane Wirtschaft vor allem des späten Mittelalters wird meist als eine expandierende Wirtschaft verstanden – ob mit vollem Recht, mag hier dahingestellt bleiben, denn der gemeine Mann spürte von solcher Expansion wenig. Die weitgehend von der Oberschicht getragene wirtschaftliche Expansion in Handel und früher technischer Produktion schuf klaffende Vermögensunterschiede, ließ nur in den kleineren, ackerbürgerlich geprägten Städten eine breitere, ökonomisch gesicherte Mittelschicht zu. Das Sprichwort „fingerlang Handel bringt mehr als armlang Handwerk" weist darauf hin, daß derjenige, der nur von seiner Hände Arbeit ohne Einsatz von Kapitalmitteln leben mußte, selten in der Lage war, Rücklagen für Notzeiten zu bilden. Er lebte von der Hand in den Mund. In dieser städtischen Welt ist das Entstehen von sozialen Gruppen, die am äußeren Rand der Armut stehen, durch eine kaum verdeckte Arbeitslosigkeit bestimmt. Wegen des Überangebots auf dem Arbeitskräftemarkt – das unabhängig von konjunkturellen Schwankungen doch als Strukturproblem zu erkennen ist – blieben die Löhne niedrig, deckten kaum das Existenzminimum.

Abb. 21: Kleine Leute (Bauern, Mägde und Knechte). Hans Sebald Beham (nachgewiesen 1515–1550), Folge von vier Kupferstichen.

Göttingen, Kunstsammlung der Universität, Sammlung Uffenbach.

Die Topographie der Armut

Insbesondere am Rande der Städte, in der Nähe der Stadtmauern – wo auch bezeichnenderweise die meisten Niederlassungen der Bettelorden lagen – und in den erst spät in den Mauerring einbezogenen Vorstädten war die Armut zu Hause. Um 1400 etwa lebten in Bautzen die Angehörigen der ärmsten Zünfte, vor allem die Weber, in der äußeren Stadt gemeinsam mit Dreivierteln der wendischen Bevölkerung, die in den Kolonisationsgebieten von der Aufnahme in die Handwerke ausgeschlossen war. Im gewerbereichen Nürnberg kam es Ende des 14. Jahrhunderts in den neu ummauerten Vorstädten zur Anlage von Gassen mit hohen Kleinwohnungshäusern, mittelalterlichen Vorformen der Mietskasernen. Hier wohnten die Arbeiter, die sich im Taglohn verdingen mußten. Bezeichnenderweise hießen diese Gassen nach den Reichen, die sie angelegt hatten, Dörrers-, Kieners- und Grasersgasse. In den norddeutschen Seestädten fand in den ursprünglich freien Räumen unter den Häusern eine blockinnere Bebauung mit kleinen Buden als Wohnung armer Leute statt.

Zum Rande der Städte hin werden die Häuser immer kleiner, bescheidener, karger. Sie müssen sich oft mit einer Grundfläche von 20–30 qm begnügen und sind in der Regel einstöckig. Meist sind sie mit Stroh, seltener, aber ebenso feuergefährlich, mit Holzschindeln gedeckt. Feuergefährlich auch, daß die Gefache mit schnell austrocknendem Lehm verschmiert sind.

Über die schiefen Lehmkaten in den Armutsbezirken braucht man sich keine Illusionen zu machen. Mit welchen Wohnverhältnissen sich arme Leute abfinden mußten, zeigt zum Beispiel im Jahre 1548 die Bewilligung des Freiburger Rates: Ein alter Schmied darf auf der überdachten Brücke Almosen sammeln, „doch soll er kein Leger dahin schlagen, das er vermeine nachts auch da ze hausen". Das ist die Welt der Armen, die sich mit eiligst gezimmerten Verschlägen zufriedengeben mußten, die Welt jener Bettler, die der Frankfurter Rat vom Friedhof, wo sie ihre Hütten errichtet hatten, zu vertreiben befiehlt.

Meist konnten die Armen nur zur Miete wohnen. Was bereits für das 13. Jahrhundert bezeugt ist, wird im Spätmittelalter zu einer alltäglichen Erscheinung. Anfang des 16. Jahrhunderts sind in Lübeck 42 % aller Haushaltungen in Mietwohnungen untergebracht, in Rostock gar 57 %. Im Binnenland mag die Zahl geringer gewesen sein. Sie dürfte zumeist in einer Größenordnung liegen, die für Dresden um 1440 überliefert ist: 20–22 % der Bevölkerung. Vor allem kirchliche Institutionen mit ihrem reichen städtischen Grundbesitz treten als Vermieter auf. Nicht dem Mitleiden der Kirche, sondern frommen Stiftungen von Bürgern verdanken die Nürnberger „Seelhäuser" ihr Entstehen, mietfreie Wohnungen für arme Leute.

Eine große Zahl der Mietwohnungen lag in feuchten und dunklen Kellern. Bevölkerungswachstum schlug sich im Anstieg dieser Verhältnisse nieder: Mußten 1378 in Rostock 4 % aller Haushaltungen in Kellern ihr Unterkommen suchen, so waren es 1410 bereits 7,3 %. In Lübeck hausten 1532 13 % der Einwohner unter diesen erbärmlichen Umständen.

Kellerwohnungen sind in Rostock und Stralsund schon im 14. Jahrhundert quellenmäßig nachzuweisen. Im 16. Jahrhundert spricht hier ein Chronist gar davon, daß „etliche tausend Leute" in solchen feuchten und völlig dunklen Kellergewölben hausten, in denen man nicht einmal aufrecht stehen konnte. In Lüneburg und Lübeck gab es oft als milde Stiftungen Kellerwohnungen für Arme. „Gotteskeller", „Gottesbuden" heißen sie in Lübeck.

Die Armutsbezirke gingen ohne jede Trennung in jene Areale über, wo mißachtetes, hergelaufenes Volk hauste. Jedermann in der Statt kannte diese Gebiete, in denen „Hudelmannsvolk", das „Hudelmannsgesind" in Lumpen (Hudeln) gekleidet lebte. Oft sind es die hochwassergefährdeten Flußufer wie in Kleinbasel, wo solche Menschen ihre Hütten aufschlagen durften. In den dicht bevölkerten Tiroler Innstädten lebte hier, dauernder Überschwemmungsgefahr ausgesetzt, das Gesindel in der Nähe von Siechenhäusern und Leprosorien. Zahlreiche mittelalterliche Straßennamen überliefern, wo sich Gruppen mißachteter Menschen zusammengefunden hatten. In Worms und Iglau erinnert die „Sterczìergasse“ an die Störzer, die bettelnd und stehlend herumziehenden Vagabunden, die, vielfach als „giler“ bezeichnet, auch der Frankfurter und Speyrer Giglergasse den Namen gaben. In Erlangen lief ein „pettelgässlein“ auf die Essenbacher Brücke zu, eine „Bettelgasse“ lag in Leipzig vor dem Grimmischen Tor, in Wien ist schon im 14. Jahrhundert der „Bettlerbühel“ bezeugt, wohin auch die Bettlerstiege führte – Straßenzüge, die geeignet waren, um von ankommenden Reisenden Almosen zu erflehen. Eine Diebsstraße zog sich in Braunschweig zwischen Petri- und Hohem Tor hin, schon 1308 als „platea furum“ erwähnt. In der Sackpfeifergasse zu Mainz, in der Geigergasse zu Zürich fanden sich die wenig geachteten Spielleute zusammen, deren dichtende Kollegen, die Sprecher mit ihrem Lotterholz, in der Basler Lottergasse hausten. Das Erscheinungsbild solcher Gassen war nicht durch feste Häuserzeilen bestimmt, sondern durch armselige, windschiefe Katen und Behausungen, nicht besser als die bisweilen auf Friedhöfen rasch zusammengezimmerten Unterkünfte von Armen und Elenden.

Der Arbeiter, der Knecht und die Magd in der urbanen Welt

Zahlreiche Hilfsarbeiter zog das mittelalterliche städtische Gewerbe an sich, z. B. die Opperknechte, die Bauhilfsarbeiter, und die Kleiber, die die Gefache mit Lehm ausschmierten. Was benötigt nicht allein der Erfurter Handel mit dem wichtigsten Färbemittel der spätmittelalterlichen Textilherstellung, dem Waid, an Hilfsgewerben: Waidträger, Waidknechte und – qualifizierter – Waidmesser, Waidschätzer und Waidprüfer. In welchem Ausmaß die Hilfsarbeiter zur Verfügung standen, zeigt sich z. B. daran, daß es Herzog Georg dem Reichen keine Mühe bereitete, zur Ummauerung von Burghausen 4000 „oder mer maurer und arbeiter“ im Tagelohn heranzuziehen.

Viele Handlanger brauchte das Gewerbe, Menschen, die, wie auf dem Lande nur im Tagelohn beschäftigt, von der Hand in den Mund lebten. So wurde im Nürnberger Baugewerbe bestimmt, daß der Lohn schon vormittags auszuzahlen sei, damit die Arbeiter das Geld ihren Frauen für die Suppe heimbringen konnten. Solchen Menschen stand das Elend, stand die Möglichkeit, vom inneren in den äußeren Rand der Armut abzugleiten, stets vor Augen. Deshalb befürchteten 1477 die Aachener Wollarbeiter, daß sie bei ihrem geringen Tagelohn bald „arm landlouffer“, verachtete, arme Landfahrer werden müßten.

Diese ganze Schicht der Arbeiter, Knechte und Dienstboten war stets gefährdet – berufsspezifische Gefährdungen, von denen die vielen tot geborgenen Seeleute in den Stralsunder Gerichtsbüchern ebenso zeugen wie die häufigen Arbeitsunfälle auf den Schiffen. Ebenso gefahrenträchtig war auch der Bergbau: schlagende Wetter, unzureichende Stollensicherungen, Wassereinbrüche. Die Arbeit der Matrosen und Bergleute ist sicherlich besonders gefährlich, aber sie weist dennoch auf etwas Typisches hin, was auch für die Tätigkeiten in der Stadt gilt: An Sicherheit am Arbeitsplatz denkt niemand; ungewöhnlich oft ereignen sich Abstürze von Dienstboten und Arbeitern durch Bodenluken, ein Mühlstein schlägt den Schenkel ab, ein Junge verletzt sich schwer bei der Arbeit im städtischen Kalkofen.

Für alle Arbeiter, Knechte und Mägde war die Sicherung ihres Lohnes eine existentielle Frage. Für Knechte, Gesellen und Tagelöhner bestand der ausgemachte Lohn nicht nur in Bargeld, sondern auch in der vom Herrn gereichten Verpflegung. Bei Tagelöhnern machte letzteres 30 bis 50 % ihres Gesamtlohns aus. Gerade hier konnte die Herrschaft am meisten sparen. „Das Fleisch essen die Herren, die Knechte müssen die Knochen nagen." Man kannte einen eigenen Gesindewein, ein billiges Gesöff, das sonst niemand vorgesetzt bekam: „levere", aus Trester zubereitet. Mochten auch Herr und Gesinde am gleichen Tisch sitzen (was seltener vorkam, als es Bilderbuchvorstellungen entspricht), so aß doch der Herr besser. Zum Beispiel bekam in Überlingen um 1400 das Gesinde „muoß und aerbs oder ander warm kost, doch an (ohne) ayger, an visch und an flaisch". Warme, aber billige Kost, Erbsen und Gemüse; Eier, Fleisch und selbst am fischreichen Bodensee auch Fisch blieben dem Herrn vorbehalten. Zur ständigen Gesellenklage gehörte das sparsame Essen, das die Hausfrau vorsetzte. Ein unverdächtiger Zeuge, der Nürnberger Patrizier Michel Behaim († 1569), erinnerte sich voll Grausen an die Zeit, als er bei seinem Breslauer Lehrherren mit dem Gesinde essen mußte: „ehe dann daß unser einer das maul gewischt, ist schon nichts mehr in der schüssel". Auch im Mittelalter wog Geiz mehr als Einsicht, wie ein Sprichwort formuliert: „Die sich am Gesinde wollen reich sparen, gedeyhen nit."

Daß wir Arbeiter, Gesellen und Mägde aus der gleichen Perspektive betrachten, obwohl auf den ersten Blick grundsätzliche Unterschiede zu bestehen scheinen, hängt mit jener Arbeitsorganisation zusammen, die sich hinter den Zunftordnungen in der Realität gebildet hatte. Das Ausüben verschiedener Künste je nach Gelegenheit, und damit bisweilen auch der Wechsel der sozialen Rolle, ist bis ins 16. Jahrhundert hinein kein Spezifikum des fahrenden Volkes. Selbst Handwerksgesellen beherrschen mehrere Berufe. Das ist nicht die Ausnahme, sondern fast die Regel. Ein Sprichwort mahnt zur Konzentration: Wer viel Handwerk kann, kann keines recht. Die verschiedenen Berufe, die verschiedenen Rollen, in die Till Eulenspiegel schlüpft, sind nicht nur literarische Fiktion, um den 'Narren' durch die Gesellschaft führen zu können, sie können von den zeitgenössischen Lesern durchaus als Widerschein der Realität verstanden werden. Noch gibt es nicht die soziale Abgrenzung der Gesellen von den Fahrenden. Arbeiter, Gesellen und Fahrende müssen sich auf die verschiedensten Tätigkeiten verstehen, um überleben zu können, müssen verschiedene Fertigkeiten beherrschen. Weil sie einer Kultur der Vielseitigkeit entstammen, können

Pfeifer am Innsbrucker Hof mehrfach in die Berge geschickt werden, um die Erzlager zu „beschauen“, um deren Mächtigkeit zu prüfen. Der arme Mann kann als Spezialist in der Arbeitswelt des Mittelalters nicht bestehen.

Ohne Schutz des Bürgerrechts waren die Knechte – und die damals ebenfalls als Knechte bezeichneten Gesellen – weitgehend in der Hand ihrer Meister, ihrer Arbeitgeber. Ihre Bindung an deren Haus ist nur zu einem Teil Schutz, zum größten Teil aber Abhängigkeit. Abhängigkeit bei steter Gefahr der Arbeitslosigkeit bedeutete geringes Ansehen, bedeutete zumindest Nähe zu den Randgruppen. Im Augsburg des 13. Jahrhunderts durfte ein „dienender Knecht“ ebensowenig wie ein fahrender Schüler an jenen Tänzen teilnehmen, bei denen Bürgerinnen tanzten.

Nur in den Innenstädten gab es genügend Haushalte, die sich Dienstboten leisten konnten. Eine große Zahl von „Ehalten“ ist Indikator für eine große Oberschicht. In Basel, wo 1451 auch die Knechte besteuert wurden, machten sie in der Pfarrei St. Leonhard 22,3 % und in der Pfarrei St. Alban 18,4 % aus. Als hier 1497 eine allgemeine Reichssteuer, der gemeine Pfennig (steuertechnisch gesehen eine Kopfsteuer) eingebracht werden mußte, ergab sich bei einer Bevölkerung von 9000 Menschen eine Anzahl von 1600 Dienstboten und Knechten: 18 % der Einwohnerschaft. Aus zufällig überlieferten Zahlen ist zu ermitteln, daß allein Knechte und Dienstboten gegen Ende des Mittelalters zwischen 12 und 23 % der Gesamtbevölkerung ausmachten. Ihr Anteil nahm von den kleineren zu den größeren Städten und von den mehr agrarischen zu den betont gewerblichen und kommerziellen Städten zu.

Wie die Knechte unterstanden die Mägde der Hausherrschaft, der Disziplinierung von Hausvater und Hausfrau. Das Los der Magd war das Schicksal der Mehrzahl der Frauen in der alten europäischen Gesellschaft. Dienen im Hause ist der Frauenberuf schlechthin. Es gab viel mehr Mägde als Knechte. Selbst im spätmittelalterlichen Nürnberg, als noch alle Gesellen zu den Knechten gezählt wurden und die frühindustrielle Fertigung bereits einen hohen Bedarf an männlichen Arbeitskräften hatte, lag die Zahl der weiblichen Dienstboten um ein Viertel höher als die der männlichen. Zur Einschätzung mag das aus ländlichen Gebieten überlieferte Zahlenverhältnis dienen, wonach es zwei- bis dreimal soviel Mägde wie Knechte gab.

Schon der Lohn des Knechtes war karg, der einer Magd aber noch niedriger; zumeist verdiente sie um die Hälfte weniger. Welche Not steht hinter den zumindest mitleidigen Sätzen, mit denen 1529 der Nürnberger Kaufmann Andreas Oertel seine Stiftung zugunsten der „armen hausmaiden“ beurkundet, „der man doch nit mag emperen“ (entbehren), und die „ires armut halben die leuten dienen müssen“! Von Glück konnte noch die Magd sagen, die als Köchin oder gar als Amme eine geachtete Stellung im Hause einnahm. Üblicherweise waren die weiblichen Dienstboten ‘Mädchen für alles’, Handlangerinnen im ganzen Haus. Während die Knechtsdienste im allgemeinen in spezialisierten Tätigkeiten bestanden, mußte ein armes Mädchen, das bereits mit zwölf Jahren in Dienste zu treten hatte, froh sein, wenn es schließlich die gröbsten Dreckarbeiten nicht mehr selbst zu tun brauchte. Ein Mädchen für alles hatte selbstverständlich bei den Handwerkern die Werkstatt zu säubern, und daraus entwickelten sich vielfach Hilfsarbeiterdienste, ja selbst zu Gesellentätigkeiten wurden Mägde von den Meistern, die Löhne sparen wollten, herangezogen.

Die Abhängigkeit von der Hausherrschaft ging für die Magd noch weiter als für den Knecht; von ihr wurde oft genug erwartet, daß sie als Mädchen für alles auch dem Hausherrn oder seinem Sohn zu Willen war. Gar nicht selten begegnet in mittelalterlichen Testamenten ein Legat, wie es zum Beispiel der Frankfurter Arzt Johann Wiedebeder aussetzt: für die Magd, die ein Kind vom Erblasser hat. Daß Söhne aus gutem Haus, wie der Kölner Hermann von Weinsberg, mit der elterlichen Magd ein Kind zeugen, scheint auch nicht selten gewesen zu sein; Hermanns Mutter ärgerte sich zwar gewaltig, aber mit einer Abstandszahlung wurde der peinliche Fall geräuschlos aus der Welt geschafft.

Heirat als Chance, den Zwängen der Hausherrschaft zu entrinnen? Andreas Oertel hatte zu seiner schon mehrfach herangezogenen Stiftung für weibliche Dienstboten bewogen, daß, wie der Stifter formuliert, „manich maid … aus verzagtem gemut gedocht hat, wenn ich schon 100 jar diene, so wais ich dennoch kain hilf zur ehe“. Wenn nun den beiden Mägden, die unter allen Bewerberinnen des Jahres am längsten bei einer Familie gedient hatten, 20 Florin ausgezahlt wurden, so sah er dieses vergleichsweise geringe Kapital vor dem Hintergrund der allgemeinen Armut als ausreichende, ehestiftende Mitgift für eine schon ältlich gewordene arme Jungfrau an. Gering nur waren die Summen, die als ausreichend für eine Mitgift der Armen, der unteren Schichten angesehen wurden: Die 1000 Florin Kapital, die 1427 Hilpolt Kreß als ein Aussteueralmosen für arme Jungfrauen aussetzte, erbrachten jährlich 50 Florin Zins, von denen zunächst erst einmal die 'Verwaltungskosten' abgezogen werden müssen. Der aufteilbare Rest bewegte sich in ungefähr der Größenordnung, die 1526 einem Nürnberger Ehepaar bei einer Stiftung als Mitgift eines Waisenkindes vorschwebt: 15 Florin und ein Bett. Ein Jahr später zahlt der Augsburger Rat den Töchtern der bei städtischen Bauarbeiten umgekommenen Tagelöhner 10 Florin aus, um ihnen zur Heirat zu verhelfen. Was der Augsburger Burkhart Zink in der frühsten Autobiographie deutscher Sprache von seiner ersten Heirat und der ihm zuteilgewordenen geringfügigen Mitgift erzählte, ist nach Ausweis der Aussteuer-Stiftungen tatsächlich das in den unteren Schichten Übliche gewesen. Und das heißt: Wer arm heiratete, blieb arm.

Auch für die Gesellen waren die Möglichkeiten, ihre Lage aus eigenen Kräften zu verbessern, eng begrenzt. Eine günstige Heirat bildete auch für sie die wichtigste, meist einzige Chance; und diese bot sich in Zeiten anwachsender Bevölkerung immer seltener. Das zeigt sich daran, daß in immer stärkerem Maße Meisterwitwen geheiratet wurden, um überhaupt eine Meisterstelle zu erhalten. Zahlen, die aus Frankfurt überliefert sind – und vergleichbare Straßburger Zahlen belegen den gleichen Trend –, lassen die Entwicklung zum enger werdenden Heiratsmarkt erkennen. Zwischen

Abb. 22: Meister Hd, Bildnis eines ungleichen Paares, 1509.

Germanisches Nationalmuseum Nürnberg, Inv.-Nr. GM 194.

1352 und 1360, zu einer Zeit, da durch die Bevölkerungsverluste der Pest größere Aufstiegschancen vorhanden waren, heirateten 17 % der Neubürger, also in der Hauptsache Gesellen, eine Bürgerstochter; nur 0,03 % (!) ehelichten eine Witwe. Von 1371 bis 1380 freien 32 % der Neubürger eine Bürgerstochter, bereits 17 % eine Witwe. Zwanzig Jahre später ist das Verhältnis umgekehrt: 14 % heiraten eine Bürgerstochter, 27 % können nur durch Heirat mit einer Witwe das Bürgerrecht erwerben. Nun ist es unwahrscheinlich, daß die Frankfurter Witwen schöner geworden sind. Hinter diesen Zahlen stehen soziale Zwänge, steht die gleiche sozialgeschichtliche Aussage wie in den so häufig überlieferten Buhlschaftsbildern, deren berühmteste von Lucas Cranach stammen. Ein junger Mann umwirbt eine alte Witwe (und ein alter Mann, dessen erste Ehefrau verstorben ist, will ein junges Mädchen ehelichen). Die Veränderung im Heiratsverhalten Frankfurter Neubürger weist auf die Minderung der sozialen Chancen durch das Bevölkerungswachstum nach den Menschenverlusten des 'Großen Sterbens' Mitte des 14. Jahrhunderts hin.

Für die seßhaften Randgruppen in den Städten, für die Tagelöhner und Arbeiter in den Armutsvierteln ist bei den gezahlten Hungerlöhnen die Mitarbeit von Frau und Kindern im Spätmittelalter offenbar unverzichtbar gewesen. Immer wieder begegnen Nachrichten, daß Frauen von Arbeitern „zu Zeiten“ im Tagelohn für Weinbergsarbeiten und für Hilfsdienste bei der Korn- und Rübenernte, beim Hanfreiben, beim Jäten gedingt werden. (Selbst hier zeigt sich, daß die Frauen für die gleichen Tätigkeiten schlechter entlohnt werden als die Männer.) Auch außerhalb der Innungen und Gilden wird die Mitarbeit der Frau immer gesucht. In Würzburger Rechnungen erscheint die Frau eines Dachdeckers – ein nichtzünftiges Gewerbe –, die ihrem Mann Handlangerdienste leistet. Die Kinderarbeit ist in dieser Welt selbstverständlich, sie erscheint etwa als normaler Teil des Arbeitsprozesses in den Konstanzer Weberfresken des späten 14. Jahrhunderts. Mit dem einprägsamen Ausdruck 'Zeitfamilie' ist die Form von Lebensgemeinschaft unterer, weitgehend nicht seßhafter sozialer Schichten zutreffend bezeichnet worden. Über die Anzahl von Kindern in den 'Zeitfamilien' ist für das Mittelalter ebensowenig etwas zu erfahren wie über deren Lebenschancen. Daß diese Kinder, wenn sie überlebten, in den Lebenskreis der Eltern hineinwuchsen, ist durch die Verbreitung des Kinderbettels ebenso wahrscheinlich zu machen wie durch den Hinweis auf die vielen „buben" im Troß der Söldnerheere. Wenn Vaganten mit einer bisweilen sehr großen Kinderschar durch die Lande ziehen, wenn vor allem Bettlerinnen mit ihren Kindern „auf die Walz gehen", wenn sie Sprößlinge anderer Landfahrer an Kindes Statt annehmen, so erklärt sich das auch aus dem Interesse an deren 'Mitarbeit'. Denn Kinderbettel ist rührender und damit einträglicher als das Betteln erwachsener Menschen. Kinder stellen in der alteuropäischen Gesellschaft auch eine Art Sozialversicherung für das Alter dar.

Folge der Armut: Bettelnde Kinder gehören zum städtischen Alltag. Ihr Geschrei, ihr Wehklagen ist ruhestörender Lärm. Deshalb begründet 1531 der Straßburger Rat, man solle sie Bürgern – gegen städtische Entschädigung – zur Obhut geben, „uf das man kein geschrei uf den gassen" anhören müsse. Bettelnde Kinder gehören zum Straßenbild. Immer wieder reden die obrigkeitlichen Ordnungen davon, daß die Eltern solcher Kinder ausfindig gemacht werden sollten, denn man wußte, daß Eltern ihre Kinder zum Betteln erzogen hatten, sie teilweise, weil sie sich schämten, selbst Almosen zu heischen, auf den Bettel schickten. Aeneas Silvius Piccolomini, der spätere Papst Pius II., sah auf einer Reise durch Bayern nach einer Dürreperiode überall bettelnde, hungernde Kinder: „wenn man ihnen ein Stückchen Brot zuwarf, entstand ein Kampf, als hätte man Knochen unter Hunde geworfen".

Kinderbettel weist auf die Not der Eltern zurück. Die Not der armen Frau, der Magd und der Arbeiterin zeigt sich im Aussetzen ihrer Kinder: Findelkinder, aus Verzweiflung der Mutter der Allgemeinheit anvertraut. Im Spätmittelalter sorgte der städtische Rat für die auf den Kirchentreppen, am Spital oder vor dem Rathaus ausgesetzten Säuglinge, zahlte die Verpflegungskosten. „Des Rates Kind" nannte man diese Kleinen, weil der Rat für ihr Aufwachsen Sorge trug, „Findlerinnen" gegen Erstattung des Kostgeldes für sie dingte oder, wie in Basel, eine bezeichnenderweise „Kaltmutter" genannte Frau im Spital mit der Versorgung beauftragte. Findelhäuser entstanden, nachdem sie schon 1316 in Florenz und 1362 in Paris nachweisbar sind, seit dem 14. Jahrhundert auch in den deutschen Städten; z. B. 1376 in Freiburg i. B. und 1380 in Ulm. Wie groß der Bedarf an solchen Anstalten war, zeigen die Belegungszahlen: Anfang des 16. Jahrhunderts lebten in Ulm etwa 200, in Eßlingen etwa 60 Kinder im Findelhaus. Auch wenn die

Frau, die ihr Kind aussetzte, mit schweren Strafen, mit Ertränken zumeist, bedroht wurde, sah sich doch die Obrigkeit für die betroffenen Kinder verantwortlich. Deshalb verfügt 1385 der Konstanzer Rat, daß als Kindsvater haftbar gemacht werden sollte, wer von einem am Münster liegenden Findelkind nicht sofort Anzeige machte. Mit der obrigkeitlichen Fürsorge für das ausgesetzte Kind war es in der frühen Neuzeit mit der Durchsetzung zünftischer Ehrbegriffe vorbei. Denn schon im 16. Jahrhundert setzten Zünfte Findelkinder mit „Hurenkindern" gleich. In welchem Ausmaß die mittelalterlichen Stiftungen verfallen waren, macht 1667 ein Jurist mit der beiläufigen Bemerkung sichtbar, besonders in Italien gäbe es Findelhäuser.

Das „Gelichter"

Gelichter: Stadtstreicher, Gassenbettler, Lumpenpack bilden das „Gesindlein" mittelalterlicher Quellen, bilden den Hauptteil der 1485 aus Nürnberg verwiesenen 1500 fremden Bettler. Im wesentlich kleineren Zürich waren drei Jahre zuvor immerhin 750 Störzer aufgegriffen worden; und wenn in einer Mittelstadt wie Göttingen alljährlich zur Almosenspende an Laetare und Fronleichnam 1600 bis 1700 Menschen zusammenströmten, wenn Anfang des 16. Jahrhunderts in der Osterwoche täglich 300–500 Arme im Nürnberger Pilgrimspital gespeist wurden, so wird sich auch hierunter manche zwielichtige Existenz befunden haben, wie unter jenen Bettlerscharen, die das Frankfurter Franziskanerkloster in so starkem Maße umlagerten, daß der Prior 1460 richterlichen Beistand erbitten mußte, um sie fortzuschaffen.

Das Gelichter, das sich in den Städten zusammenfand, entstammte wohl nur zum Teil dem fahrenden Volk, vielfach werden es aber auch Knechte, wie noch im 15. Jahrhundert die übliche Bezeichnung für Geselle lautete, und Mägde gewesen sein, die sich zu dem „Hudelvolk", wie es in den Quellen heißt, zum Lumpenpack, geschlagen hatten.

Schon Ende des 13. Jahrhunderts spricht der Lübecker Rat von ungezähmten, von fremden Knechten („servi alieni, vagi et indomiti"), die in der Stadt herumlungern und wegen ihrer Zügellosigkeit bekannt seien. Arme Arbeiter, die von der Hand in den Mund lebten, seien sehr zahlreich und kaum zu bändigen. Möglicherweise eine Übertreibung; denn der Rat entschuldigt damit die Zerstörung des bischöflichen Hofes in der Stadt durch betrunkene Träger – aber es muß doch eine Plausibilität in dieser Entschuldigung gelegen haben. 1282 wird in Stralsund ein Mann mit ewiger Stadtverweisung belegt. „Vanitas" heißt er, ein soziales Nichts – vielleicht hat der Name im Deutschen „Freihart" gelautet; ein Name auf jeden Fall, der auf einen nur bedingt seßhaften Menschen weist. Er steht beispielhaft für all die Leute, denen die Stadt nur vorübergehend Heimstatt wurde, für solche armen Leute, denen 1496 der Frankfurter Rat verbot, Hütten auf den Kirchhöfen aufzuschlagen.

Gelichter: Das gibt sich in den Quellen schon durch die Namen zu erkennen. Es sind Menschen, die nicht zählen, die außer ihrem Vornamen keinen der im 14. Jahrhundert üblich gewordenen Nachnamen führen, sondern einfach nach ihren Eigenschaften – meist wenig schmeichelhaft – benannt werden: „der schilchent (schielende) Diettel von Wirtzburch, der bös Nyesel, der rot Ermel, die keichend Els“ usw. Wer in dieser Welt keinen Nachnamen hat, hat auch keine ihn schützende Verwandtschaft, steht allein, ist ohne soziale Sicherung nur auf sich selbst angewiesen. Die ganze Verachtung der Mitmenschen kann sich dann in so bösen Benennungen ausdrücken, wie wir sie im Augsburger Achtbuch, aus dem schon die ersten Beispiele entnommen waren, finden: „der rot Schisser, Kuntz Dremelindenarsch, Johanns Schisse in die Stuben, die Scheizinbrunnen“ usw. In Schwäbisch Hall sind böse Spitznamen wie „Wildsau, Genshenker“ für solche Menschen bezeugt. Das sind nur Extremfälle für eine abschätzige Namengebung, die allgemein die fluktuierende Unterschicht in den Städten kennzeichnet, in der selbst im 15. Jahrhundert noch Übernamen das Übliche, feste Nachnamen die Ausnahme sind. Selbst städtische Bedienstete unterliegen dieser Regel. „Peter Vorwurf, Diebolt Geiler und Berchtold Spitzeisen“ (letzterer mit einem typischen Übernamen der Schmiedegesellen) heißen in Straßburg Leute, welche die Turmgefängnisse von Abfall und Fäkalien säubern sollen.

Wer in dieser heimatlosen, fluktuierenden Unterschicht straffällig geworden ist, wem Ohren oder Nase oder Hand wegen seiner Verbrechen vom Henker abgeschnitten worden war, wer also seinen Strafregisterauszug am Körper trug, der hatte auch seinen Namen weg: „Zwirggel mit der einen Hand, Walburg mit dem Stumpf, der handlose Schneider, Ellen die Orlos von München, die naslos Anna, die naslos Metz von Ulm“. Die zahlreichen Blinden, die in dem weiterhin zitierten Augsburger Achtbuch begegnen, waren vielfach nicht von Geburt an blind, sondern werden vom Scharfrichter geblendet worden sein; der „Johann mit dem buchstaben“ ist höchstwahrscheinlich ein gebrandmarkter Übeltäter.

Und trotz allem konnte die Stadt selbst für das „Gelichter“ auch Heimat bedeuten. Sogar solche Menschen waren auf den urbanen Lebensraum, den sie kannten, angewiesen, sie suchten ihn unter größten Gefahren immer wieder auf, wie die 1433 im Nürnberger Lochgefängnis angekettete „Haberstrohin“. Wegen ihrer Diebereien war ihr bereits dreimal die Stadt unter Androhung der Todesstrafe verboten worden. Als sie trotz schwerer Züchtigungen das dritte Mal wieder nach Nürnberg kam und beim Stehlen ertappt wurde, ließ der Rat ihr die Augen ausstechen. Ein Falschspieler wurde 1469 in Nürnberg geblendet. Gnade wurde ihm auf Fürbitte des Herzogs von Sachsen damit erwiesen, daß der Rat die Stadtverweisung rückgängig machte. Die Beispiele von der lebensichernden Bedeutung des angestammten Erfahrungsraumes für die Randgruppen lassen sich mehren. Der Stadt verwiesene Diebe kehrten zurück, obwohl sie wußten, daß sie geblendet würden, wenn man sie ergriff.

Zum Gelichter gehören alle, die „posselarbeit“, Handlangertätigkeiten ausüben, wie zum Beispiel die „Aufleger“, welche die Flöße beluden und ebenso im Stücklohn bezahlt wurden wie die „Omer“, die Wein- und Honigfässer in den Höfen umzuladen hatten. Zu solchen Gelegenheitsarbeitern gehört das zahlreiche Hilfspersonal der Bader, die „angießer", die das gebrauchte Wasser wegtragen und die Kräuteraufgüsse machen, und weiterhin die Abzieher, Reiber, Scherer und Schöpfer sowie ihre weiblichen Pendants in den Badestuben der Frauen. Schon in einer mittleren Stadt finden sich mehrere Badestuben – das „badgeld" ist für Arbeiter und Knechte der Vorläufer des Trinkgeldes. Hier läßt man auch die Schröpfköpfe setzen, läßt sich pflegen, scheren, rasieren und den Kopf waschen. Aber wenig achtet man etwa Reiber und Reiberin außerhalb des Bades. Es sind Leute, die zwar viel zu erzählen haben, als geborene Märenverbreiter gelten, aber selbst nicht zählen. Nur mit ihrem Vornamen kennt man sie, einen ehrenden Nachnamen haben sie nicht. Huren und Buben werden unter des Baders Gesinde vermutet.

Zum Gelichter gehört auch der im obrigkeitlichen Auftrag durch die Gassen streifende Hundsschlager, meist ein Henkersgehilfe, der die herrenlos herumstreunenden Hunde in der Stadt zu „stöbern" hat. In einem Atemzug werden 1452 „Hengher, viller, racker, marketboven" genannt, also Henker, Schinder und die auf dem Markt sich herumtreibenden, Verdienstmöglichkeiten suchenden Gelegenheitsarbeiter.

In vielen städtischen Quellen erscheinen „Freiharte", ohne daß diese zwielichtigen Menschen einem bestimmten Tätigkeitsbereich zuzuordnen wären: verfügbares, „meisterloses Volck", das zu allen möglichen Gelegenheiten bis hin zum Kriegsdienst aufgeboten werden kann. Damit wird sichtbar: Es gibt keine Grenze, sondern nur eine breite Grauzone zwischen dem Gelichter und dem armen Arbeiter, zwischen mißachteten Menschen und solchen, die eine mißachtete Arbeit ausübten.

Wenig geachtete Menschen übten für die Städte unerläßliche Arbeiten aus. Daran erinnert ein schrecklicher Vorfall, der sich 1469 in Nürnberg ereignete: Der an die dreißig Meter tiefe Abort des Dominikanerklosters war voll geworden. Die Mönche gruben daneben ein noch tieferes Loch und planten, die Fäkalien ins Grundwasser abzuleiten. Der Steinmetz aber, der die Verbindung zwischen Abort und dem neuen Abfluß herstellen sollte, wurde vor Gestank ohnmächtig, fiel auf den Boden des Abflusses und erstickte. Drei Mönche, die ihn nacheinander zu retten versuchten, mußten besinnungslos von ihren Mitbrüdern an dem Halteseil aus dem Loch gezogen werden. Jetzt erst entsann man sich der Experten. Die Mönche bestellten am nächsten Tag

„die scheisshausfeger, die suchten lang einen halben tag und zugen den steinmetz aus dem grunt heraus, denen gab man einen guldein zum lohn, und denen schadet kein gestank und waren frölich vor den münchen und sungen und sprungen".

Nürnberger Chroniken Bd. 4, S. 313

Die Entlohnung mit einem Gulden für eine solch gefährliche Tätigkeit ist für die schlecht bezahlten Abortreiniger Anlaß zu einem Freudentanz. Wie lange nur mag Vitalität und Lebensfreude ungebrochen geblieben sein angesichts der gesundheitsgefährdenden Arbeitsbedingungen? „Dolenfeger, Dolman“ heißen diese Menschen mancherorts nach den hölzernen Abwasserleitungen, den Dolen, ansonsten vielfach nach den Bezeichnungen für Abort: „Privetfeger, Sprachhausfeger, Heimlichgemachsfeger und Grundmeister“ sowie – Hinweis auf die Abwässerbeseitigung – „Bachstecher“. Wie in Nürnberg heißt es auch in Frankfurt klar und deutlich: „Scheißhausfeger“, meist aber werden sie in Nürnberg als „Grundmeister“ und „Pappenheimer“ bezeichnet, denn ihre Dienste braucht insbesondere des Reiches Erbmarschall von Pappenheim, der die Reichstage zu organisieren und damit auch hygienische Vorsorge für die hohen Gäste zu treffen hatte. „Nachtmeister“ werden sie vielfach genannt, weil sie bei Nacht arbeiten müssen, damit die Bevölkerung nicht durch üble Gerüche belästigt wird. (Weil sie zu diebstahlsgünstiger Zeit arbeiten, werden sie auch vom Rat einer Stadt vereidigt.) Die von der Völkerkunde häufig nachgewiesene Gleichsetzung von Gold und Kot findet sich auch bei der mittelalterlichen Benennung dieser Arbeiter in mißachtender Ironie: „Goldgrübler“ heißen sie in München, „Goldgreber“ in Köln, wo sie durch die „Goldgasse“ die Fäkalien in den Rhein befördern. Ihre Tätigkeit hängt mit der von „kerselmännern“ oder „gassenführern“ zusammen, die in größeren Städten wie Frankfurt angestellt waren, um die mit Unrat übersäten Gassen und Straßen zu säubern. In Straßburg ist seit 1405 der Horbmeister der Herr über die Horbknechte, die ihren Namen von einer mittelalterlichen Bezeichnung für Kehricht und Abfall tragen. In Lübeck, wo schon 1316 sieben Straßenfeger bezahlt wurden, waren für die Straßenreinigung die sogenannten „schobanten“ zuständig. Die Herkunft ihrer Bezeichnung ist ungeklärt, aber wenn sie wie die Henkersknechte auch „Racker“ genannt werden, so muß es sich um einen abschätzigen Ausdruck gehandelt haben. Sie wohnten inmitten ärmster und verachteter Leute an der Wakenitzmauer.

Der Abort des Mittelalters ist ein kommunikativer Ort. „Sprachhaus“ heißt er, wo gesellige Doppelsitzer angebracht sind. Um die Grube unter dem „Sprachhaus“ eines mittleren Handwerkers, ein größeres Gewölbe, das direkt aufs Grundwasser ging, auszuräumen, brauchte eine Schar von „Nachtkönigen“, von berufsmäßigen Abortreinigern, immerhin vier Tage; denn bis zu 20 Jahre ließ sich ein Hausbesitzer Zeit, um die Aborte entleeren zu lassen. Nur im Winter oder bei Nacht konnte man die Gruben räumen, die heißen Sommertage mußten aus naheliegenden Gründen gemieden werden. In Ulm zahlte um 1540 ein solcher Handwerker 6 Florin für die Reinigung seines heimlichen Gemaches, 3 Schilling pro Karre hatte er tarifmäßig den Arbeitern zu entrichten. Die geringe Entlohnung ist typisch für eine Zeit, in der auch die Brunnenfeger und die städtischen Müllmänner für ihre so wichtigen Reinigungsarbeiten nur einen Hungerlohn erhielten, obwohl von ihrer Tätigkeit die gesamte Nahrungsmittelhygiene abhing.

Verbrechen und Strafe

Gewalt und Erbarmen

Gewaltverbrechen in der spätmittelalterlichen Stadt
Kriminalstatistik? Uns geht es vielmehr um Anhaltspunkte für das Ausmaß von Gewalt. Immerhin sind Zahlen von Hinrichtungen aus dem Mittelalter überliefert. Zwischen 1371 und 1460 wurden in Lübeck 411 Hinrichtungen und zwischen 1461 und 1582 deren 252 vollzogen, in dem wesentlich kleineren Stralsund gar 684 zwischen 1310 und 1472. Während der kurzen Zeit von 1399 bis 1448 sind in dem damals noch wenig bedeutenden Berlin 101 Todesurteile vollstreckt worden, aus Basel sind in der Zeit von 1450 bis 1510 zwischen 230 und 250 Hinrichtungen aktenkundig geworden, aus Breslau gar 454 zwischen 1456 und 1529.

In allen überlieferten oder ermittelten Zahlen von Morden, Totschlägen und Hinrichtungen spiegelt sich mitnichten das ganze Ausmaß der Gewaltkriminalität wider. Abgesehen von hohen Dunkelziffern – „es gibt mehr Diebe als Galgen", sagte man –, abgesehen auch davon, daß sich Bessergestellte bei einem Totschlag immer noch vom Galgen freikaufen konnten, wenn sie sich mit der Verwandtschaft des Getöteten finanziell einigten, ist das Abbitten vom Galgen sehr häufig. Neben den in Breslau in 69 Jahren vollstreckten 454 Hinrichtungen stehen im gleichen Zeitraum 70 Fälle, in denen zum Tode Verurteilte vom Galgen abgebeten, begnadigt wurden. Und natürlich konnten nur die Täter gerichtet werden, deren die Obrigkeit auch habhaft wurde. In Breslau belief sich die Zahl der wegen schwerer Körperverletzung Geächteten in den 42 Jahren zwischen 1357 und 1399 auf 242. Aber von vielen Tätern ist noch nicht einmal der Name bekannt. Das Ausmaß der Gewalttätigkeit wird wiederum am Beispiel Breslaus am Ende des 14. Jahrhunderts deutlich, einer Stadt, die damals kaum mehr als 10 000 Einwohner gezählt haben dürfte: 1368 gab es hier 20 Morde, 1370 12, 1372 13 und 1373 gar 29. In Basel, einer Stadt von ebenfalls etwa 10 000 Menschen, fanden zwischen 1361 und 1365 über 300 schwere Verbrechen statt: im Jahresdurchschnitt je sieben Totschläge und große Friedensbrüche sowie 37 Fälle schwerster Körperverletzung.

Schon im 14. Jahrhundert beklagten Zeitgenossen das Anwachsen der Kriminalität. Was sich zunächst wie eine der typischen Zeitklagen ausnimmt, wird von der Stadtgeschichte bestätigt. Mit dem Wachsen der Städte wächst auch das Verbrechen. Die Kriminalitätsraten lagen wesentlich höher als heute. Oxford, das unter mittelalterlichen Gelehrten wegen der vielen hier begangenen Gewalttaten berüchtigt war, bildete offenbar gar keinen Ausnahmefall.

Alle Zahlen über Kriminalität und Hinrichtungen in einer Stadt stellen stets die quantitative Untergrenze dar. Die Überlieferung ist ungleichmäßig und keineswegs vollständig, so daß mit erheblich höheren als den bekannten Zahlen gerechnet werden muß. Wenn in Frankfurt zwischen 1366 und 1400, in 34 Jahren, 155 Todesurteile gefällt wurden, in den anschließenden 160 Jahren bis 1560 aber nur 317, so muß die Überlieferung zahlreiche Lücken aufweisen, was am Hildesheimer Beispiel konkretisiert sei. In der Bischofsstadt sind zwischen 1379 und 1500 insgesamt 104 Hinrichtungen quellenmäßig bezeugt; die Aufschlüsselung nach Jahrzehnten aber zeigt frappante Unterschiede: Zwischen 1411 und 1420 sollen nur zwei Todesurteile vollstreckt worden sein, zwischen 1441 und 1450 nur deren drei, in den zwanzig Jahren, die dazwischen liegen, jedoch 46. Diese Überlieferung muß also täuschen, zumal ihr zufolge das Enthaupten ganz ungewöhnlicherweise die häufigste Hinrichtungsart gewesen wäre. Wahrscheinlich sind die meisten der einfach gehängten Diebe gar nicht von den Hildesheimer Quellen überliefert worden.

Alle Zahlen und Nachrichten über die Gewaltkriminalität in der spätmittelalterlichen Stadt weisen auf eine Aussage zurück: Der Abschreckungscharakter des Strafvollzugs war bei den in aller Öffentlichkeit vollzogenen Hinrichtungen theoretisch vorhanden, er wurde in der Stadt noch anschaulicher gemacht als auf dem Land. Betrachtet man von daher die städtische Kriminalitätsgeschichte als einen Spätmittelalter und frühe Neuzeit umfassenden Langzeitversuch, so zeigt sich: Der Abschreckungsgedanke, die Auffassung, mit harten Strafen Verbrechen verhindern zu können, ist gescheitert.

Der „arme Sünder“. Die Einstellung des gemeinen Mannes zum spätmittelalterlichen Strafensystem

Eindrücklicher vielleicht als nüchterne Zahlen ist es, wie die Bürger einer spätmittelalterlichen Großstadt die öffentlichen Bestrafungen wahrnahmen. Was weiß nicht alles Heinrich Deichsler um 1500 von grausamen Strafen des Nürnberger Rates zu berichten. Innerhalb von zwei Wochen erwähnt er, daß ein Köhler geköpft, zwei Männer gehängt wurden, daß der Henker einem Bauern beide Augen ausstach und einer Magd, die „vil gestoln“ hatte, beide Ohren abschnitt (Heinrich Deichsler, S. 352).

Bei der Genauigkeit und zugleich bei der Emotionslosigkeit, mit der Heinrich Deichsler den Vollzug von Leibes- und Lebensstrafen notiert, gerät er nach heutigen Maßstäben in den Verdacht, ein Psychopath gewesen zu sein. Daß es für die Menschen schwer war, mit dem fertig zu werden, was sie auf der Hinrichtungsstätte gesehen hatten, ist nachvollziehbar. Die Verarbeitung des Gesehenen aber führte, anders als es bei Heinrich Deichsler erscheint, zumeist zum Mitleid mit dem armen Sünder; der Verachtung durch die Mitmenschen setzte sich der aus, der an dem Strafvollzug Gefallen fand. Ein Augsburger Zunftmeister hatte sich immer neue Folterinstrumente ausgedacht, um nach den Worten des Chronisten „die armen Leute zu martern". Die „armen Leute", das sind eben die, die in Haft sitzen, weil sie schwerer Verbrechen bezichtigt werden. Mit welcher Verachtung die Mitbürger das 'Hobby' des erwähnten Zunftmeisters beobachteten, zeigt sich, als dieser selbst wegen Diebstahls gehängt wurde: „hat meniglich ain fraid darob gehebt".

Die spätmittelalterliche Ausbildung des Strafensystems war Anwendung von Gewalt – und wurde ungeschminkt auch so von den Zeitgenossen verstanden: „Mit böse muß man böses vertreiben." Dieses Sprichwort erklärt Johannes Agricola (1494–1566) so: „darumb muß man reder haben, galgen, rabensteyn, thurn, gefencknuß, hencker und stockmeister, damit man den bösen buben were". Strafjustiz also ist gesellschaftliche Notwehr. Sie ist als solche von Gott legitimiert. Gott selbst sorgt dafür, daß den Verbrechern die verdiente, in seinem Wesen bereits angelegte Strafe ereile: „was den Raben gehört, ertrincket nicht"; wer den Galgen verdient hat, den trifft kein anderer Tod.

Der Missetäter gilt den Menschen zumeist nicht als verachtenswertes Subjekt, sondern zunächst als „der arme Sünder"; so denkt der gemeine Mann, so denkt noch lange seine Obrigkeit. Die Nürnberger Halsgerichtsordnung von 1526 spricht von den „armen Menschen", die im Gefängnis auf ihre Hinrichtung warten. Der städtische „Lochhüter" hatte die Flasche mit dem stärkenden Trank zu tragen, der dem armen Sünder auf seinem letzten Gang gereicht werden mußte. Die mittelalterliche Sitte des Abschiednehmens vor langer Reise, die „Johannisminne", der mit Segenswünschen begleitete Zutrunk beim Abschied, wird in Freiburg i. B. auch dem Missetäter zuteil, dem man auf seinem letzten Gang, beim Abschied von der Welt „St. Johanns segen zutrinken" läßt.

Grausamkeit als Abschreckung *und* Mitleid der Menschen werden 1453 in einem Bericht über die Hinrichtung eines Nürnberger Mörders deutlich, der ungewöhnlich brutal bei seinen Untaten vorgegangen war:

> *„Zu dieser Zeit war gebräuchlich, solche Übeltäter auf eine Schleifen … zu legen, daß ihnen der Kopf aufs Pflaster gehangen, und also bis zur Richtstatt auszuschleifen, und haben sich bisweilen Leut gefunden, die aus Mitleid ihnen den Kopf getragen. Diesem Mörder aber hat niemand den Kopf tragen wollen."*

Müllner Bd. 2, S. 501

Das Beispiel zeigt: Mitleid mit dem armen Sünder ist die Grundeinstellung der Menschen; diese aber kann von der Empörung über eine Missetat überlagert werden.

Erbarmen mit dem armen Sünder – in diesen Zusammenhang gehört auch die Henkersmahlzeit. Speise und Trank vor der Hinrichtung: Die Menschen achten darauf, daß dem armen Sünder ein ordentliches Essen gereicht wird; der als Delikatesse geltende, damals noch sehr seltene Spinat gehört nach dem Willen des Volkacher Rats zu einem solchen Mahl. Die Henkersmahlzeit ist eine von der Gesellschaft gewährte letzte Gunst. Sie ist der häufigste, aber nicht der einzige Ausdruck eines begrenzten Erbarmens. Als letzte Gunst kann auch ein weiches Bett, kann ein Bad, kann sogar ein Kegelspiel gewährt werden: zumindest eine Freude noch vor dem Abschied.

Erbarmen mit dem armen Sünder – der Abschreckungsgedanke hat sich noch nicht in den Vordergrund gedrängt. Selbstverständlich wird dem Missetäter vor oder auf seinem letzten Gang – den vielerorts die „Armsünderglocke" begleitet – geistlicher Trost zuteil, die Beichte wird ihm abgenommen, in Hildesheim z.B. zeigt man ihm noch das Sakrament in der St.-Georgs-Kirche. In Lübeck setzt 1418 ein frommer Bürger ein Legat aus, daß der arme Sünder das Sakrament, das ihm in der Reichsstadt nicht gereicht wurde, zumindest noch einmal sehen dürfe.

Die Menschen sahen in einem Gefangenen nicht den Verbrecher gegen die Gesellschaft, sondern einen armen Mann. Die Ketten des Gefangenen stigmatisierten noch nicht, sondern erregten jenes Mitleid, das zum tätigen christlichen Erbarmen zwang. Das machten sich Betrugsbettler zunutze. Schon die berühmte „Admonitio generalis" Karls des Großen hatte 789 gegen Betrüger gewettert, die in Ketten durch die Lande zögen und von ihren Menschen nicht als Straffällige, sondern als reuige Büßer Almosen erflehten. 1491 werden in Nürnberg solche falschen Büßer enthauptet, die „mit betrüglichen Ketten etwa vil lewt umb vil geltz betreuglich und listiglich gebracht haben". Wenn Wiener Testamente Legate aussetzen, mit denen arme Leute aus dem Gefängnis ausgelöst werden können, so ist das Weiterleben jener Auffassung zu erkennen, wonach Strafe primär Gewalt darstellt, der mit christlichem Erbarmen zu begegnen sei.

Vom Mitleid zur Schaulust: das Volk und die Hinrichtungen im Mittelalter und in der Frühneuzeit

Als „Theater des Schreckens" schilderte Richard van Dülmen die Hinrichtungen des späten 17. und des 18. Jahrhunderts. Tatsächlich war damals der Vollzug von Todesurteilen als aufwendiges Spektakel inszeniert worden. Die Hinrichtungen fanden inzwischen schon deshalb seltener statt, weil sie die veranstaltende Obrigkeit teuer zu stehen kamen, etwa 400 Florin, das Jahresgehalt eines höheren Beamten, kosteten. Die Zeiten hatten sich gegenüber dem späten Mittelalter gewandelt, als fromme Menschen ein Fürbittgebet sprachen, wenn die Armsünderglocke ertönte, die einen Missetäter zur Galgenstätte begleitete.

Gnade, Erbarmen und Mitleid sind dem Strafvollzug des späten Mittelalters inhärent. Aber sind – ein Einwand – Hinrichtungen nicht auch Schauspiel, sind sie nicht ein „Theater des Schreckens"? Das ist nur für das 18. Jahrhundert wirklich nachweisbar. Die nicht zuletzt wegen ihrer Kostspieligkeit seltener werdenden Hinrichtungen rücken hier tatsächlich in die

Nähe eines Spektakels, bei dem Verkaufsstände aufgeschlagen, Moritaten in Sang und Druck verbreitet werden, bei dem sogar Artisten ihre Künste dem zusammengeströmten Publikum zeigen.

Die Obrigkeit hat diesen Volksfestcharakter einer „Justificirung“ lange gar nicht ungern gesehen. Publizität sicherte, so meinte man, die Abschreckung, die von einer Todesstrafe ausgehen sollte. Auf die 1805 in der Preußischen Kriminalordnung niedergelegte Pflicht der Lehrer, die Schüler bei einer Hinrichtung zusehen zu lassen, wäre allerdings im Mittelalter niemand gekommen. Kindern und schwangeren Frauen war die Anwesenheit bei einer solchen „Rechtfertigung“ vielerorts ausdrücklich untersagt. Relativ jungen Datums ist, daß der Abschreckungsgedanke in den Vordergrund gerückt wird, und jungen Datums ist auch die Ausgestaltung einer Hinrichtung zum Spektakel.

Hinrichtungen wurden erst in der frühen Neuzeit ein „Theater des Schreckens“. Zuvor fehlten dafür die zeitlichen und örtlichen Voraussetzungen. Todesurteile wurden „zu fruer tagzeit“ auf dem Galgenberg vor den Toren der Stadt vollzogen, in Worms etwa vor dem Andreastor oberhalb des „asgrabens“, des Schindangers.

Im Mittelalter war wie jede größere Rechtshandlung auch eine „Rechtfertigung“ großer Publizität sicher. Nicht als Schaulustige strömten die Menschen zur Richtstätte, sondern als Mitleidige. Deshalb werden in Dithmarschen nach einer Hinrichtung die „Seelpfennige“ unter den Anwesenden gesammelt, um eine Messe für den armen Sünder lesen zu lassen. Mitleidige Menschen kamen zu einer Hinrichtung, sie kamen zum Erbarmen, zum Verzeihen bereit, Menschen, die noch wissen, daß zwei Kriminelle neben Christus am Kreuz gehangen hatten und dem einen das Paradies sicher war. Diese Haltung läßt sich daraus erschließen, daß der schlecht richtende Henker in Lebensgefahr war. Dem armen Sünder durfte keine ungerechtfertigte Pein zugefügt werden. Steine fliegen, schnell aufgelesen, in Massen. Der Volkswut sieht er sich unvermittelt preisgegeben.

Ein spätmittelalterliches Gedicht spiegelt die Realität wider, wenn es den Henker zum Dieb sprechen läßt: „pit vor die lewt, das sie für dich got piten heut“. Das ist kein Theater des Schreckens. Zwischen dem Hinzurichtenden und den Menschen, die seiner Hinrichtung beiwohnen, besteht eine fast persönliche Beziehung, kein Darsteller-Zuschauer-Verhältnis. Die Fürbitte für den armen Sünder setzt voraus, daß dieser sich in sein Urteil schickt. In dem zitierten Gedicht aber spielt der arme Sünder nicht mit und gefährdet damit sein Seelenheil:

„do schrey er 'ha! ha! leut, ha! hah!' /
do mit ja der strick peym halse fing, /
ich weys nit wie es der sel erging.“

Erzählt wurde eine Besonderheit! Und das läßt den Umkehrschluß zu: Erwartet wurde, daß ein Verbrecher seine Untat bereute. Dann nämlich – so erklärt 1387 der Konstanzer Offizial – durfte ein Gerichteter kirchlich beerdigt und Seelmessen für ihn gesungen werden.

Das Kirchenrecht schrieb vor, dem armen Sünder auf jeden Fall das Bußsakrament vor seinem letzten Gang zu spenden. Daß vor der Hinrichtung die Beichte abzulegen war, galt sogar den Bauern als selbstverständlich, die sich in der Dichtung des Wernher der Gartenaere – an dem jungen Helmbrecht, der sie bis aufs Blut geschunden hatte, rächten: „sie liezen in sîne bîhte … sprechen … und hiengen in an einen boum."

Kehren wir zu dem Wandel zurück, den die öffentlichen Hinrichtungen vom Spätmittelalter zum „Theater des Schreckens" durchgemacht haben. Hinter diesem Wandel verbirgt sich Bürokratisierung dessen, was im Mittelalter noch in den Konsens der die Richtstätte Umstehenden eingebunden war. Die aufwendigen Inszenierungen der Neuzeit waren Veranstaltungen der Obrigkeit. Sie stellte auch die Soldaten, welche die Hinrichtungsstätte und vor allem den Henker sicherten; denn die Volkswut, der ein ungeschickter Nachrichter ausgesetzt war, entsprach dem, was wir als mittelalterlichen Konsens bezeichnen. Am deutlichsten ist dieser Wandel vom Mittelalter zur Neuzeit, dieser Wandel vom Konsens zur Bürokratisierung in den verschiedenen Einstellungen zu fassen, die eine mißlungene Hinrichtung zunächst als Gottesurteil und dann als technischen Defekt begreifen.

Strafvollzug unter dem Eindruck von Erbarmen: Es kann dabei gar nicht um die Durchsetzung von Strafnormen gehen. Auch beim Strafen denkt das Mittelalter nicht von Prinzipien, von Normen, sondern vom Menschen her. Begnadigung des armen Sünders kann von Menschen erwirkt werden, sie kann aber auch auf göttlichen Wink hin geschehen. So ist das Mißlingen einer Hinrichtung stets ein Begnadigungszeichen. Das gar nicht so seltene Reißen des Henkerstricks ist die leise, die kleine Hoffnung, die jeder hegen kann, der die Leiter zum Galgen hinaufsteigt. Wer lebendig vom Galgen fällt, ist frei. Davon wissen Mirakelbücher: Jemand hängt am Galgen, und obwohl ihn der Scharfrichter an den Beinen gezogen hat, ist er nicht gestorben. Am Nachmittag schneidet ihn ein Vorübergehender ab.

Selbst beim Ertränken gibt es mehrere beglaubigte Fälle, daß der Delinquent, obwohl er in einen Sack gesteckt wurde, die Prozedur überstand. Wenn der Nürnberger Rat 1466 einem solchen Mann die Gnade gewährte, „daß er sein Wesen in Nürnberg haben möge", so zeigt er sich ebenso beeindruckt wie der Rat von Regensburg 1517. Eine Brandstifterin war „geschwemmt" und dennoch aus der Donau gerettet worden. Ein Gottesurteil! – So sah es der Rat und stiftete eine Votivtafel zur Erinnerung an dieses Wunder.

Das Verhalten des Regensburger und Nürnberger Rates stellt eine indirekte Bitte um Verzeihung dar. Das Mißlingen der Hinrichtung war ein Fingerzeig Gottes, der die Menschen auf die Unvollkommenheit ihres Verständnisses von Schuld und Sühne hinwies. Spätestens im 18. Jahrhundert will die Obrigkeit davon nichts mehr wissen. Das Mißlingen einer Hinrichtung beruht auf Versagen des Henkers oder einem technischen Defekt. Beides kann behoben und die Exekution vollzogen werden.

„Bei der Gewalt soll Gnade sein": das Abbitten vom Galgen

Daß Strafe auf Gewalt beruhe, war die Überzeugung des Mittelalters; das Sprichwort mahnte: „Bei Gewalt soll Gnade sein." Und konkreter: „Es ist besser zu viel Gnade als zu viel straffe", denn Gnade soll der Gewalt steuern. Ganz direkt: „Besser ist gnad dann recht."

Angesichts grausamen Strafvollzugs erscheinen die Sprichwörter zunächst wie weltfremde Deklarationen; erst genauere Untersuchungen, die nicht nur den Vollzug der Strafe, sondern auch die Delikte beachteten, stellten fest, daß die Rechtsprechung eher zur Milde neigte, versuchte, Todes- und Körperstrafen zu vermeiden.

Die Gnade galt Schöffen und Richtern als Rechtsprinzip, nicht als Gegensatz zum Recht. Ein Beispiel unter hunderten: Als 1411 in Nürnberg ein Patrizier für ein Jahr der Stadt verwiesen wurde, verfügten die Richter, daß die Strafe „halb ohne Gnad und halb auf Gnad" gelte. Ein halbes Jahr mußte der vornehme Mann auf jeden Fall der Stadt (und damit seinen Geschäften) fernbleiben. Falls aber sein Bruder und seine Schwägerin, über die er „übel geredt" hatte, für ihn bitten würden, könnte ihm das andere halbe Jahr erlassen werden.

Aus Gnade wurden Körperstrafen umgewandelt, aus Gnade wurde eine mildere Hinrichtungsform als die des Räderns verfügt, aus Gnade wurde selbst ein zur Vierteilung Verurteilter 1549 in Schaffhausen nur geköpft: „Weil aber sein armes gross-schwanderes Weib sampt seinen acht lebendigen Kindern für ihn baten, ward das Urtheil umb etwas gemiltert."

Ob wir in eine Großstadt wie Nürnberg oder eine kleinere Kommune wie Schlettstadt blicken: Immer wieder stoßen wir an den Richtstätten auf die gleichen Szenen. Ein zum Tode Verurteilter wird dem Gericht „abgebeten". Fürbitte macht ihn frei. Die Gnade gehört zentral zur mittelalterlichen Auffassung vom Strafrecht, obwohl dieses in seinem Abschreckungscharakter so gnadenlos erscheint. Ein bereits rechtskraftig Verurteilter wird, oft genug in dramatischer Szene, noch unter dem Galgen, vor der Hinrichtung bewahrt. Das beliebte literarische Motiv des Losbittens ist in diesem Fall Widerschein der Realität. Der Missetäter, unter dem Galgen stehend, wurde in letzter Minute erbeten.

Das Abbitten vom Galgen mußten die Stadträte als Richter oder Inhaber der Gerichte akzeptieren, wußten sie doch, daß die Bürger diesen Ausdruck des Erbarmens zutiefst billigten. Erneut müssen wir auf den Konsens verweisen. Die Bürger umstehen die Richtstätte nicht als sensationslüsterne Zuschauer, sondern als Menschen, die sich mitverantwortlich für die in ihrem Namen vollzogene Strafe fühlen. Ihre Meinung muß auch die strengste Obrigkeit berücksichtigen; denn Soldaten stehen ihr im Mittelalter noch nicht wie seit dem ausgehenden 17. Jahrhundert zur Verfügung. Zwang zum Konsens also. Deutlich wird dieser in der Geschichte von dem kleinen, noch nicht einmal zehnjährigen Freiherrn von Zimmern, der angestiftet wird, einen armen Sünder in Zürich auf seinem letzten Gang aus den Händen des Nachrichters zu befreien. Die Tat gelingt mit Unterstützung der Bevölkerung, „mit großer gunst des gemeinen mans“. Rat und Gericht billigen – analog zum Standesrecht des Abbittens – diese Befreiung.

Für die Justiz bedeutete das Abbitten vom Galgen eine ganz erhebliche Irritation. Straßburg verbietet im 15. Jahrhundert seinen Bürgern das Abbitten. In Regensburg hatte der Rat während des Reichstages von 1532 „viel leut heimlich bei der nacht ertrenckt“ – der Rat wollte bei der Anwesenheit so vieler großer Herren vermeiden, daß die Verbrecher abgebeten wurden. „Unhöflich“ konnte der Rat nicht sein und einem Fürsten das Standesrecht verweigern. Schnelle bzw. heimliche Hinrichtungen befahl oft genug ein Rat, um Verwicklungen mit dem Begnadigungsrecht auszuweichen. Noch 1619 ordnete der Nürnberger Rat an, daß man einem Missetäter, einem Verräter, „zeitlich aufläute“, d. h. frühzeitig die Hinrichtung bestellte, „damit allerhand Fürbitten dadurch abgeschnitten würden“.

Fürsten und hohe Adelige haben selbst in Reichsstädten als Ausdruck ihrer Standesehre Verbrecher vom Galgen gebeten. Aber auch anderen berühmten und verehrten Gästen wurde vom Rat dieses Recht als Ausdruck besonderer Wertschätzung eingeräumt. So konnte Philipp Melanchthon, als er 1553 in Nürnberg weilte, einen Giftmörder vom Strang losbitten. Nicht als Geistliche, sondern als Standespersonen haben Prälaten dieses Recht wahrgenommen, als angesehene Persönlichkeiten haben Prioren und Äbte städtischer Klöster für Verurteilte Fürsprache eingelegt.

Sogar bei der brutalen Vergeltungsjustiz nach Niederwerfung der Bauernaufstände 1525 fehlte das Abbitten nicht ganz. Nach der Schlacht bei Leipheim kam es zu zahlreichen Hinrichtungen. Aber ein „schlechter (einfacher) Priester und ein alter raisiger Knecht, so auch zu den Pauren gefallen, die wurden erbetten“.

Abbitten als Standesrecht und weitverbreitete Übung sind nur Formulierungen eines ursprünglichen, allgemeineren, der Gnade zugewandten Rechts. Aus diesem Denken heraus wird auch den Frauen allgemein das Recht zugebilligt, für menschliches Erbarmen einzutreten, einen Verurteilten abzubitten, ein Recht, das sogar den „schönen Frauen“, den Dirnen, noch im 15. Jahrhundert zugestanden wurde. Deswegen können schwangere Frauen 1509 in Villingen einen armen Sünder auf dem Weg zur Richtstätte gewaltsam befreien, ohne Strafe befürchten zu müssen. Ein spätes Beispiel: 1598 hat in Basel die Bitte schwangerer Frauen und Hebammen Erfolg, einen fremden Schreiner, der wegen Totschlags zum Tode verurteilt worden war, laufen zu lassen. So verbreitet war das Abbitten vom Galgen durch Frauen, daß der Lübecker Rat um seine Autorität fürchtete und es schlicht verbot.

Vornehme Frauen baten Verbrecher und Spitzbuben vom Galgen ab; so konnte 1433 der Basler Rat die Bitte der Markgräfin von Baden nicht abschlagen und ließ einen jungen, bereits verurteilten Dieb laufen. 1547 kam ein Schwabacher Bürger, der ehemals Dorfpfarrer und dann Landsknecht gewesen war, mit dem Leben davon, als er in Schwabach wegen Diebstahls zum Strang verurteilt worden war. Die Markgräfin hatte ihn vom Galgen abgebeten.

Im Verlauf des 16. Jahrhunderts stößt die Rechtssitte des Abbittens immer härter mit der neu entstehenden Auffassung zusammen, daß das Strafrecht auf Normen beruhe, die unbedingt durchzusetzen seien. Ein Beispiel für diesen unausweichlichen Konflikt:

1551 wird in der Stadt Hof der Anspruch der Frauen, Gnade zu erwirken, erhoben. Zwei Mordbrenner sollten damals die Spiegelstrafe des Verbrennens erleiden. Prozessionsartig ziehen die Frauen der Stadt vor das Haus des für diesen Prozeß abgeordneten fürstlichen Richters und erbitten das Leben der Verurteilten. Sie werden brüsk zurückgewiesen. Schimpfworte und Drohreden werden deshalb bei der Hinrichtung laut. Das ungeschickte Verhalten des Richters, des Vorsitzenden der fürstlichen Kommission, löste einen Aufstand der Hofer Bürger aus: „*Schießt sie tod! Stecht sie tod! Laß der Schelme, der Bluthunde keinen leben. Sie haben arme Christenmenschen verbrennt, als wenn es Juden wären! Sie haben unserer frommen Weiber Vorbitte verschmäht. Sie haben uns Hofer Bürger verachtet.*“

Lang, Bd. 2, S. 276 f.

Die Männer, die sich selbst verachtet fühlen durch die Verachtung der Bitten ihrer Frauen, greifen zu den Waffen. Bei dem Aufruhr kamen fünf Adelige aus der fürstlichen Kommission, darunter der Kommissar selbst, ums Leben. Dennoch ließ der Fürst die Angelegenheit – für die er eine Untersuchung angeordnet hatte – schließlich ohne Bestrafung auf sich beruhen. Das kann man aus dem Charakter und der fehlenden Herrschaftsauffassung dieses Fürsten, des Markgrafen Albrecht Alkibiades (1522–1557), erklären, der mehr an erpresserischer Kriegführung als an der Regierung seines Fürstentums interessiert war, man kann aber auch mit der Einsicht seiner Bayreuther Räte rechnen: Sie wollten, berufstypisch, sicherlich auch eine Gerichtsbarkeit hinter verschlossenen Türen, aber sie sahen, daß die Vergangenheit, die Öffentlichkeit des Rechts, das Verhalten der Hofer Bürger insofern rechtfertigte, als sie deren Empörung über das Verschmähen der Bitten ihrer Frauen verständlich werden ließ.

Die Unruhen in Hof sind grundsätzlich aufschlußreich, weil sie zeigen, auf wieviel Widerstände die Versuche der Fürsten im 16. Jahrhundert stoßen mußten, das Begnadigungsrecht als eine ausschließlich landesherrliche Kompetenz zu definieren.

Die historische Einordnung der Rechtssitte des Abbittens

Der Gedanke, daß Strafe Notwehr der Gesellschaft, daß sie göttlich legitimiert sei, mußte mühsam in die Bevölkerung hineinmissioniert werden. Die ursprüngliche Auffassung der Menschen finden wir in den Heiligenviten des 6. bis 8. Jahrhunderts. Immer wieder wird rühmend, verehrungsvoll hervorgehoben: Der Heilige errettet einen Verbrecher vor der Hinrichtung. Dabei ist den Viten gemeinsam, daß an der Schuld der Hinzurichtenden kein Zweifel besteht, sie sind wegen Straßenraubs, Dieberei oder einfach wegen vieler Verbrechen verurteilt worden. Verneint wird damit, daß Strafen Schutz der Gesellschaft bedeuten. Der Heilige erbarmt sich des Sünders, erwirkt seine Freiheit – von einer Besserung wird kein Wort gesagt.

Heilige retten arme Sünder, aber Heilige strafen auch selbst. Die Ohrfeige des hl. Sebald hat für den Betroffenen furchtbare, lebenslang sichtbare Folgen. Wie reimt sich dieser Widerspruch zusammen? Strafe ist zunächst einmal personale Rache, mehr nicht. Der mittelalterliche Heilige ist noch nicht in honigsüße Milde getaucht; denn er stammt aus einer gewalttätigen Gesellschaft. Er kann sich sogar rächen, wenn man ihn nicht verehrt. Strafe ist Rache für Mißachtung. Deshalb hat noch im 11. Jahrhundert niemand etwas am Verhalten des hl. Sebald auszusetzen. Auf tiefe Veränderungen im Rechtsbewußtsein läßt schließen, wenn die Heiligen mit dem hohen Mittelalter mildtätiger werden, wenn sie Mißachtung nur durch Entzug ihrer Gunst bestrafen. Wandlungen im Rechtsbewußtsein: Der Heilige wird seit dem hohen Mittelalter Menschen für Frevel, die sie an den Mitmenschen begangen haben, strafen. Der Rachegedanke steht auf einer höheren, schon die Frage nach sozialer Gerechtigkeit stellenden Gedankenebene, wenn der Heilige die Rache für denjenigen vollzieht, der dazu nicht in der Lage, der „ohnmächtig" ist, wenn er zum Beispiel den Ritter mit tödlicher Krankheit straft, der einer armen Witwe das Hühnchen raubte, um seinen Habicht zu atzen.

Die Auffassung der frühmittelalterlichen Kirche lebt lange weiter. Noch im 13. Jahrhundert erzählt Caesarius von Heisterbach ergriffen, wie der hl. Nikolaus einen Gehenkten vom Galgen befreit – immer noch wird als unerheblich offengelassen, ob der Gerettete schuldig oder unschuldig verurteilt worden war. Diese Auffassung teilt der gemeine Mann noch jahrhundertelang. Er kennt Schutzpatrone für die Errettung zum Galgen Verurteilter: St. Theobald, St. Jakob und – als merkwürdigen Heiligen – einen St. Barbleu. Solche Heilige können nur in einer Welt verehrt werden, die zutiefst von der Besserungsfähigkeit der Menschen und von der sündentilgenden Kraft von Buße und Reue überzeugt ist. Deswegen ist in spätmittelalterlichen Mirakelspielen der Typ des Sünderheiligen eine populäre Gestalt.

Der frühmittelalterliche Grundsatz „Die Tat tötet den Mann" hatte nicht auf Strafe als gesellschaftlicher Sanktion, sondern auf den Rachegedanken gezielt. Im wesentlichen teilen wir die Ansicht Victor Achters, wonach sich erst seit dem Hochmittelalter der moderne Strafgedanke entwickelt habe (wir nehmen nur nicht das von Achter vorausgesetzte schnelle Tempo dieser Entwicklung an), zuvor wäre der Missetat nur der Charakter einer Störung, einer „Entordnung" eigen gewesen. Diese Ansicht ist leider allzu wirkungsvoll von den Rechtshistorikern mit dem Zirkelschlußargument unterdrückt worden, daß es „Strafe als soziale Reaktion" immer gegeben habe. Ein Scheinargument: denn gerade um das hier als selbstverständlich vorausgesetzte Adjektiv „sozial" geht es, es ist das eigentlich umstrittene Wort.

Im spätmittelalterlichen Nürnberg wurde ein Bürger bestraft, der in seinem Garten einen Mörder entdeckte und gar nicht daran dachte, ihn der

Obrigkeit anzuzeigen, vielmehr ihn versteckte und mit Lebensmitteln versorgte. In einer solchen Welt findet das Abbitten vom Galgen beim gemeinen Mann nicht nur viel Verständnis, sondern kann von ihm sogar gefordert werden.

Die Grenzen der Gnade – die Hinrichtung des Juden

Personales Recht konnte den Adeligen beim Strafvollzug bevorzugen; das Minderrecht des Juden wird diesen mehr als nur benachteiligen. Der straffällig gewordene Jude wird nie geköpft; die ehrenrührige Strafe des Hängens bedroht ihn stets – und meistens noch mit besonderem schimpflichen Zeremoniell ausgestaltet. Der Galgen ist – so die haßerfüllte Einstellung – noch zu gut für ihn. 1363 wird in Nürnberg ein Jude „außerhalb des Galgens an einem Balken gehängt". Es muß sich schon um eine außergewöhnliche Hinrichtungsart gehandelt haben, wenn die Hildesheimer Stadtrechnungen 1407 beim Aufknüpfen eines Juden Ausgaben für diejenigen verzeichneten, die dabei den Scharfrichter gehalten haben. Tatsächlich werden ausgesuchte Grausamkeiten beim Vollzug der Hinrichtung von Juden angewendet: Sie werden, qualvoll den Todeskampf verlängernd, an den Füßen aufgehängt, ein Hut mit heißem Pech wird ihnen in Nürnberg über den Kopf gestülpt, weit verbreitet ist auch die grausame Sitte, Hunde neben sie zu hängen. Wenn diese Sitte einmal nicht geübt wird, hebt es der Chronist hervor: „man hieng keinen Hund zu ihm." An solche grausamen Riten erinnert man sich noch 1699, als Jonas Meyer, der jüdische Helfer des Kirchenräubers Nikel List, bei seiner Hinrichtung gotteslästerliche Reden geführt hatte. Der Leichnam wurde anderntags an den Füßen neben einem Hund am Galgen aufgehängt.

Das Erbarmen mit dem armen Sünder gilt nicht für den Juden. Die gleichen Menschen, die den Henker steinigen wollen, der, unglücklich richtend, dem Delinquenten unnötigen Schmerz verursacht, sehen teilnahmslos dem grausamen Vollzug der Hinrichtung eines Juden zu. Bei dem lakonischen Berichtsstil der spätmittelalterlichen Chronistik ist nicht ganz auszuschließen, daß auch Mitgefühl mitschwang, als ein Zeitgenosse notiert, daß ein Jude 1374 in Basel an den Füßen aufgehängt wurde: „Der hieng drei tag, eh er starb." Es mag in diesem Fall ebenfalls an dem Berichtsstil liegen, daß keine Reaktionen der Mitmenschen auf den grausamen Strafvollzug überliefert sind. Daß aber Zeugnisse des Erbarmens bei Hinrichtungen von Juden überhaupt nicht überliefert sind, läßt nur einen Schluß zu: Die weitgehende Entrechtung des Juden – den man meist straflos schlagen oder, wie es verschleiernd hieß, „ölen" konnte – setzte sich bis in die Hochgerichtsbarkeit hinein fort. Die große Ausnahme bildet es, wenn ein Jude auf Bitten einflußreicher Männer in Nürnberg „christlich" gehängt wird. 1377 allerdings bat ein Graf von Cleve eine Jüdin noch auf der Richtstätte vom Kölner Rat frei. Die Frau war, wie der Chronist hervorhebt, sehr schön.

Wer erkannt hat, wieviel Erbarmen im Mittelalter dem armen Sünder entgegengebracht werden konnte, wird (die Vorbehalte gegen Modeworte beiseite schiebend) die Betroffenheit nicht verbergen können, daß dieses Erbarmen den Juden ausschloß. Die Betroffenheit wird auch dadurch nicht geringer, daß die Hinrichtung von Juden eine Seltenheit darstellte.

Die Ausbildung des Strafsystems im späten Mittelalter

Der Henker

„Ja, trotz dem Richtschwert, womit schon hundert arme Schelme geköpft worden, und trotz der Infamia, womit jede Berührung des unehrlichen Geschlechts jeden behaftet, küßte ich die schöne Scharfrichterstochter.“ Heinrich Heine erzählt von seiner ersten Liebe und fährt fort: *„Ich küßte sie nicht bloß aus zärtlicher Neigung, sondern auch aus Hohn gegen die alte Gesellschaft und all ihre dunklen Vorurteile …“*

Heinrich Heine, Memoiren, S. 323

Wir fragen nicht weiter, welche Bedeutung diese Liebe für Heinrich Heine gehabt hat, wir fragen nach den „dunklen Vorurteilen“.

Obwohl Todesstrafen schon seit alters her vollzogen wurden, hatte sich erst im Spätmittelalter, mit der Entwicklung zu einer arbeitsteiligen Gesellschaft, der Beruf des Henkers herausgebildet. Der „suspensor“ der lateinischen Quellen erscheint in den deutschen Quellen als der „Nachrichter“, der „Freimann“, der „Angstmann“, der „Frohn“ oder „Racker“, der „tuchtmester“, der „freie Man“. Er ist der Spezialist für eine Tätigkeit, die früher dem Kläger, dem Geschädigten oblag, nämlich 'seinem' Dieb die Schlinge um den Hals zu legen. Daß der Henker eine Aufgabe wahrnahm, die ursprünglich der Geschädigte zu vollziehen hatte, wird noch 1426 in einer Rechtsweisung des Oberhofes Wimpfen deutlich: Der Kläger muß dem Missetäter, der dem Henker übergeben wird, dreimal an den Hals schlagen und ihn wegen seiner Untat „beschreien“. Ebenso erinnerte der Brauch, den Stab, der über dem armen Sünder gebrochen wurde, in die umstehende Menge zu werfen, an die ursprüngliche Gemeinschaftsverantwortung beim Vollzug der Todesstrafe. Als Nachfolger des Klägers hat der Henker auch vielerorts noch das Zetergeschrei vor Gericht zu erheben.

Dem „Sachsenspiegel“ war der Beruf des Henkers noch unbekannt. Wenn hier der Fronbote das Urteil vollziehen soll, so bahnt sich hier keineswegs die Entwicklung zum berufsmäßigen Henker an, denn dieser gilt als infame Person, der Fronbote aber nicht. Im Gegenteil: Wer ihn tötet, hat das doppelte Wergeld zu zahlen, als ihm aufgrund seiner Geburt zustehen würde. Der Fronbote übt ein „ehrliches Richten“ im Namen der Gemeinschaft aus. Aber zu gleicher Zeit, als Eike den „Sachsenspiegel“ abfaßte, begannen die Städte, einen eigenen Rechtsraum zu entwickeln. Ein „Stadtrecht“ neben Land- und Lehnrecht aber hatte Eike gar nicht wahrgenommen, zumindest aber nicht „spiegeln“, sprachlich abbilden wollen.

Erstmals wird in Deutschland im Augsburger Stadtrecht von 1276 ein Henker erwähnt, im 14. Jahrhundert aber gehört er selbst in Mittel- und

Kleinstädten zu den vertrauten Gestalten der Rechtspflege. Schon Anfang des 14. Jahrhunderts erscheint der „suspensor" in Tiroler Rechnungsbüchern.

Der berufsmäßige Henker gehört zur Entwicklung der Stadt; dieser Beruf ist nicht aus einer allgemeinen Entwicklung der noch zutiefst agrarisch verwurzelten Welt entstanden. In den Dörfern wird bisweilen noch gegen Ende des Mittelalters die Todesstrafe nicht durch einen Henker, sondern durch die Dorfgemeinschaft vollzogen. Diese „Hinrichtung zu gesamter Hand", in geographisch weit auseinanderliegenden Landschaften, also im Elsaß ebenso bezeugt wie in Franken und Dithmarschen, weist auf die älteren Formen der Gerichtsbarkeit zurück. Dabei sind einfache Hinrichtungsformen üblich gewesen, z. B. – wie bei den Römern – durch Schlegel und Barte: Der Verurteilte legte seinen Hals auf einen Block, die Barte, das Beil wurde auf den Hals gehalten und mit dem Schlegel der tödliche Schlag auf das Beil geführt. Aus dem 13. Jahrhundert ist bezeugt, daß der Büttel die Barte hält, wenn der Knecht des Vogtes den Schlag ausführt. Aus dieser alten Hinrichtungsart wurde im Spätmittelalter eine Art Guillotine entwickelt.

Kein Begriff ist so eng mit der Gestalt des Scharfrichters verbunden wie jener der Unehrlichkeit. Doch dieser Begriff hat nicht nur seine Geschichte, er hat auch seine unterschiedlichsten Ursprünge. Es ist keinesfalls so, daß der Henker in eine Reihe mit anderen unehrlichen Berufen vom Büttel bis zum Totengräber gestellt werden darf. Die Unehrlichkeit des Müllers zum Beispiel ist im Mittelalter lediglich eine moralische Verdächtigung ohne Rechtsfolgen. Erst mit dem 16. Jahrhundert, als von Norddeutschland ausgehend auch die süddeutschen Zünfte den Ausschluß aller Unehrlichen verfügten, hatte auch das Vorurteil gegen den Müller Rechtsfolgen: Seine Kinder durften nicht in Zünfte aufgenommen werden. Der Fall lehrt grundsätzlich: Die Unehrlichkeit ist erst in der frühen Neuzeit zu einem festen Rechtsbegriff geworden. Selbst für den Henker, der bekanntesten Gestalt unter all den Unehrlichen, gilt, daß ihn die Infamie im Spätmittelalter noch nicht unbedingt lebenslang stigmatisierte und noch nicht auf seine Kinder vererbt wurde. Bei der großen Mobilität im späten Mittelalter konnten Herkunftsfragen nur bedingt gestellt werden (zumal es noch keine Kirchenbücher gab, mit denen eine „unechte Geburt" hätte bewiesen werden können). Die Verfestigung der Unehrlichkeit gehört letztlich in jenen Prozeß hinein, der die latente Mobilität der spätmittelalterlichen Gesellschaft mit ihrer nur bedingten Seßhaftigkeit zu einer seßhaften Gesellschaft der frühen Neuzeit verwandelte.

Am deutlichsten zeigt sich der Unterschied zwischen spätmittelalterlicher und frühneuzeitlicher Stigmatisierung des Henkers an einer häufigen Form des spätmittelalterlichen Betrugsbettelns. Die „Krocher", die „Dallinger" der spätmittelalterlichen Gaunersprache behaupten, sie seien Henker gewesen und wollten nun zur Tilgung ihrer Sünden eine Wallfahrt unternehmen, „und wan sie das ein wile getriben und die lute betriegent, so werdent sy widerumbe hengker". Nun sind tatsächlich Urkunden erhalten, in denen Städte ihrem

Abb. 23: Der Henker trägt die typische Männerkleidung seiner Zeit; eine eigene stigmatisierende Henkerstracht gibt es nicht. Der Verurteilte kniet bei der Hinrichtung, die, wie der Maler hervorhebt, von einer anteilnehmenden Öffentlichkeit überwacht wird. Soester Nequambuch, frühes 14. Jh.

Soest, Stadtarchiv.

Henker Urlaub geben, weil dieser nach Rom pilgern und Buße tun will. Als 1486 der Scharfrichter zu Eger aus „Reu und Laid" sein Amt niederlegt und nach Rom pilgern wollte, gab ihm der Rat „brieflich Fürdrung und Kuntschaft …, heilige Almusen einzuheben". Dieser Betrugsbettel hilft, die Unehrlichkeit des Henkers genauer einzuschätzen. Die Gauner wissen besser als die rechtshistorischen Lehrbücher, daß die mittelalterliche Unehrlichkeit den Betreffenden noch nicht stigmatisierend aus der Gesellschaft ausgrenzt, daß sie eben kein untilgbarer, sogar vererbbarer Makel ist wie dann in der frühen Neuzeit, sondern, daß sie durch die Kraft der Buße abgestreift werden kann.

In Nürnberg, wo der Rat von dem Bamberger Bischof 1510 die Erlaubnis des Sakramentenempfangs in der Fastenzeit für den Nachrichter erwirkt hatte, wo der Henker zu Neujahr „Ehrungen" der Stadt empfing, macht die Obrigkeit deutlich, daß die Unehrlichkeit nicht lebenslang galt. Der Rat schenkte 1497 dem Meister Jörg, der viele Jahre als Nachrichter der Stadt gedient hatte, das Bürgerrecht und verlieh ihm, damit er sein Auskommen hatte, das Holzmesseramt.

Zu warnen ist vor einer Überschätzung der sozial ansteckenden Unehrlichkeit des Henkers, vor einer Verallgemeinerung dessen, was allein ein innerzünftisches Problem gewesen war. Denn im Alltag waren Kontakte mit dem Scharfrichter unerläßlich. Er führte über den ihm unterstehenden Schindanger einen schwunghaften Häutehandel, bei ihm konnten die vielgesuchten Gegenstände des Galgenaberglaubens erworben werden, vor allem aber wurde sein Rat als Heilkundiger gesucht.

Die Verfestigung des Vorwurfs der Unehrlichkeit des Henkers, die nicht mehr durch die Bußwallfahrt nach Rom „abgewaschen" werden kann, ist die eine Seite der Geschichte des Nachrichters in der frühen Neuzeit; die andere Seite besteht in der Erlangung einer ökonomisch gesicherten Position.

In größeren Städten wird seit dem ausgehenden 15. Jahrhundert der Nachrichter zu einem festen, ziemlich hohen Sold angestellt. In Nürnberg erhält er jährlich die beträchtliche Entlohnung von 55 Pfd. Heller. Dafür muß er als vereidigter städtischer Bediensteter die früheren Nebentätigkeiten aufgeben. Die Straßburger Nachrichter-Ordnung erklärt Anfang des 16. Jahrhunderts, daß der Henker nunmehr einen festen Sold von wöchentlich einem Gulden erhalte und deswegen „alles spils und des frowen pfennigs müssig stän" solle. Veranstaltungen von Glücksspiel und Einnahmen aus dem Frauenhaus waren in dieser Bischofsstadt ebenso wie in anderen Städten zunächst Teil seiner Einnahmen gewesen.

In den Großstädten ist der Henker ein Spezialist des Strafvollzugs geworden. Er ist der Stadt so wertvoll, daß ihn Nürnberg nur gegen Bürgschaft von 50 Pfd. Heller an Nachbarstädte ausleiht. Die wachsende Bedeutung seines Amtes spiegelt sich in steigender Besoldung, in Schwäbisch Hall etwa von 5 über 15 und schließlich ab 1520 24 Schilling wöchentlich. Die Besoldung ist zugleich ein Ausdruck für die Verfestigung des Scharfrichteramtes; ein Prozeß, der sich bis in das 16. Jahrhundert hineinzieht. Die anrüchigen Nebentätigkeiten fallen weitgehend fort – nur die einträgliche Abdeckerei bleibt mit dem Amt verbunden. Die Zeiten sind vorbei, in denen Städte sich den Nachrichter ausliehen. Zu häufig werden jetzt offenbar seine Dienste gebraucht, als daß man auf eine feste Anstellung verzichten könnte. Zugleich setzt sich eine Professionalisierung durch. Der Henker wird zum Fachmann. Vorbei sind auch die Zeiten, als man Diebe unter der Bedingung begnadigte, daß sie fortan als Scharfrichter fungieren würden, vorbei auch die Zeiten, daß der Henker, zum Verbrecher geworden, selbst gehängt wurde.

Neben dem festen Sold bleiben dem Henker die hohen Sporteln, die er für jeden Strafvollzug erhält. Schon 1382 bekam der Nachrichter für das einfache Hängen eines Diebes 2 Florin – für diese Entlohnung mußte ein

Zimmermann länger als einen Monat arbeiten –, und 1460 erhielt er 1 Pfd. Heller sowie Strick und Handschuhe. Der Geldbetrag verdoppelte sich, wenn statt Köpfens oder Hängens mit Brand oder Rad gerichtet werden mußte. Die Höhe dieser Sporteln wurde 1503 dem Nürnberger Nachrichter zum Verhängnis. Ein kleines Vermögen, zwanzig Gulden, die er für fünf Hinrichtungen im Umland erhalten hatte, zählte er in einer Schenke, weckte damit Begehrlichkeiten und wurde Opfer eines Verbrechens. Meister Augustin, der Henker des Brandenburger Markgrafen Kasimir, verdiente 1525 ein Vermögen von 114 Florin, als er nach dem Bauernkrieg bei der Strafexpedition seines Herren durch das Frankenland 80 Enthauptungen vollzog und 69 Aufständischen die Augen ausstach oder die Hände abschlug.

Neben den Hinrichtungen brachten Körperstrafen den gewissermaßen im Stücklohn besoldeten Henkern zusätzliche Einnahmen. Das (häufige) Abschneiden der Ohren und das (seltenere) des Fingers wurde in Nürnberg mit 5 Schillingen oder 30 Pfennig, in Schwäbisch Hall gar mit 10 bzw. 16 Schillingen entgolten. Zu erinnern ist dabei, daß zu jener Zeit der durchschnittliche Taglohn in Nürnberg etwa bei 15 Pfennig lag und nur schwerste Arbeiten höher bezahlt wurden – am höchsten bei dem Stößel, dem Schwerarbeiter, der bei der Pflasterung der Straßen für die Knochenarbeit, die Steine in den Boden zu rammen, 27 Pfennig erhielt.

Der Nachrichter stand zumeist im großen Ansehen als Arzt. Wegen seiner medizinischen Kenntnisse durfte der Nachrichter im spätmittelalterlichen Frankfurt sogar eine eigene Bude aufschlagen, in der er seine Arzneien verkaufte. (Als er hier 1443 aber noch das Stadtwappen anbringen und seiner Tätigkeit einen offiziellen Anstrich geben wollte, schritt der Rat ein.)

Die Kenntnis der Anatomie war für den Scharfrichter berufliches Erfordernis. Denn zur Richtstätte durfte nur ein (äußerlich betrachtet) körperlich unversehrter Mensch geführt werden, die bei einer Tortur ausgekugelten Gelenke mußte der Henker wieder einrenken. Immer wenn Ärzte, Bader und Chirurgen gegen die medizinische Konkurrenz des Nachrichters eine ihrer häufigen Beschwerden bei der Obrigkeit einreichten, wurde dem Henker jedwede ärztliche Tätigkeit untersagt bis eben auf das Heilen von Knochenbrüchen und das Einrenken von Gliedmaßen.

Das Vertrauen in die medizinische Kunst des Henkers war von Erfahrung, von kluger Einsicht in die Kunst eines mit der Anatomie vertrauten Menschen bestimmt, daneben aber auch von abergläubischen Vorstellungen. Es besteht kein Anlaß, den Spuren angeblich magischer Kräfte des Nachrichters in archaischer Dämmerung nachzuforschen; denn solche Kräfte wurden dem Henker gar nicht angedichtet. Von mehreren Forschern, nicht aber von den Zeitgenossen, ist er irrtümlich als Spezialist und wohl auch Verkäufer von Amuletten verkannt worden; denn nicht mit seiner Person, wohl aber mit der Galgenstätte (auf der die Alraunen, die Mandragora-Pflanzen mit dem menschenähnlichen Wurzelstock wachsen) und mit den Leibern der Hingerichteten ist die Vorstellung von geheimen Kräften verbunden.

Armsünderreliquien gelten als heilkräftig. Mit „Schelmkraut", das unter dem Galgen wächst, und mit „Schelmbein", den Knochen von Gehenkten, läßt sich gut Schadenzauber treiben. Das „Armsünderschmalz", das Fett der Gehenkten, gilt als kräftiger Heilzauber. Der Gehirnschale von Gehenkten werden Heilkräfte zugemessen, und insbesondere mit dem Strick, mit dem ein Verbrecher aufgeknüpft worden war, sind Hoffnungen auf magische Kräfte verbunden.

Für Handel und Gewerbe erschienen vielen Armsünderreliquien hilfreich. Wer ein Knöchelchen von einem Hingerichteten im Beutel hat, dem geht das Geld nie aus. Der Strick, an dem der arme Sünder gehenkt wurde, dient dem Schmied, um wilde Pferde zu zähmen. Vor allem ist der Daumen des Diebes außerordentlich nützlich: unter die Waren gelegt, bringt er dem Kaufmann Glück, in die Tasche gesteckt, hilft er beim Spiel zu gewinnen, in die Fässer gehängt, macht er das Bier schmackhafter und süßer.

Bei so viel Zauberkraft verwundert es nicht, daß immer wieder in städtischen Strafakten von Unbefugten die Rede ist, die sich an der Galgenstätte und an den Leibern der Gehenkten zu schaffen machen. 1444 wird in Nürnberg eine Frau gefangengesetzt, weil sie das Hemd eines Geräderten von der Richtstatt gestohlen hatte. Der Rat vermutet, sie wolle damit Zauberei treiben. Manchen graut vor nichts, um an die begehrten Diebsfinger zu kommen. Um Mitternacht besteigen Mitglieder einer Bande das Hochgericht, um Geräderten die Finger abzuschneiden. Das Übliche aber war: In aller Heimlichkeit wurde der Henker aufgesucht, bei dem Galgenstrick, Armsünderschmalz und Diebsdaumen zu erwerben waren.

Die Todesstrafen

Die Strafen bedrohten Hoch und Niedrig. Wegen Gewaltverbrechen oder Betrug sind hochgestellte Ratsherren, sind Angehörige führender Geschlechter verurteilt worden. Dennoch wußte man im Mittelalter, daß vor allem die Armen von der Strafjustiz bedroht wurden. Sprichwörter liefen um, deren populärstes – „Kleine Diebe hängt man, große läßt man laufen" – heute noch lebt. Aber auch andere Sprichwörter zielen in die gleiche Richtung, etwa: „Arme werden am Genick aufgehängt, Reiche am Geldbeutel" oder „Hat er der Heller nit, man slegt im ab die hant".

Gebrechliches Alter hat nur selten einen Menschen vor dem Galgen gerettet. Noch 70jährige Greise wurden gerädert. Erst recht, wenn es um politische Fragen ging, schützte Alter nicht; die Strafzüge nach dem Bauernkrieg stellten keine Ausnahme dar. Nürnbergs Kampf gegen die Feme, gegen die westfälischen Gerichte, erklärt gegen Ende des 15. Jahrhunderts die brutale Bestrafung: „da stach man einem päuerlein, pei 80jarn, die augen auß, hat drei seiner nachpaurn gen Westvalen geladen".

Alte Menschen wurden ebenso hingerichtet wie junge – lediglich auf Kindesalter wurde Rücksicht genommen. „Schwabenspiegel" wie „Karolina" hatten als allgemein akzeptierte Regel vorgeschrieben, daß Dieben unter 14 Jahren nicht das Leben genommen werden sollte – es sei denn, ihre Bosheit wäre zu groß gewesen. Deshalb wird zum Beispiel 1538 in Rostock ein Übeltäter „umme syner joghet und klenheidt" vom Galgen zur Stadtverweisung begnadigt. Eine Regel aber war das nicht. Die schon im Mittelalter erzählte, noch von Heinrich von Kleist zur „Anekdote" verarbeitete Geschichte von dem Knaben, der im Spiel einen Kameraden getötet hatte, läßt die tiefe Unsicherheit der Gerichte sichtbar werden, nüchtern gesagt: das Fehlen einer Jugendgerichtsbarkeit. Dem Täter hielten die weisen Richter einen Apfel und ein Geldstück hin, er wählte den Apfel und wurde nach dieser Probe seiner Naivität freigesprochen.

Unübersehbar ist jedoch, daß die Richter sich scheuten, Frauen die ganze Strenge der Gesetze spüren zu lassen. Bei verbrecherischen Ehepaaren, die sich des gleichen Delikts schuldig gemacht hatten, wurde der Mann gehängt und die Frau mit den Ruten ausgestrichen und der Stadt verwiesen. Im spätmittelalterlichen Nürnberg war eine Frau mehr als zehnmal verhaftet und immer wieder der Stadt verwiesen worden; man hatte sie gebrandmarkt, ihr die Ohren abgeschnitten und immer die Strafe des Ertränkens angedroht, falls sie wiederkäme: Doch stets von neuem wurde sie aufgegriffen. Man sperrte sie schließlich lebenslänglich in den Turm. Selbst der strenge Nürnberger Rat scheute sich, die Todesstrafe an Frauen vollziehen zu lassen. Die Diebin konnte man nicht hängen, denn den weiblichen Körper wollte man nicht – ihn am Galgen hängen lassend – der Schaulust preisgeben; und gegen das Köpfen bestanden Bedenken: Frauen könnten sich nicht so mannhaft dem Henker stellen, sie würden „aus plödigkeit zur erde sinken", und das sei schlimm für den Nachrichter; „der sie alsdann auf der erde zermetzeln müsse".

Der in allen Kulturkreisen verbreitete Gedanke, daß Hinrichtungen Versöhnung mit der beleidigten Gottheit, Heilung der gekränkten Weltordnung bedeuten, ist auch dem Mittelalter bis tief in die Neuzeit hinein eigen. Deswegen werden tote Diebe noch gehängt, deswegen können selbst Tiere hingerichtet werden, eine noch 1621 von den Juristen der Leipziger Universität bestätigte Ansicht. Vor allem aber ist die schon in den frühesten Kulturen nachweisbare Talionsgerichtsbarkeit, die Vergeltung von Gleichem mit Gleichem, dem Gedanken verpflichtet, die gekränkte Gottheit zu versöhnen. Auch dies bildet einen Charakterzug des europäischen Strafrechts. Spiegelstrafen: Der Straßenräuber wird gerädert, der Brandstifter verbrannt, der Falschmünzer in Öl oder Wasser gesotten (weil das Sieden mit Weinstein zum Handwerk des Münzfälschers gehörte), der Wiedertäufer wird ertränkt. Die Talionsgerichtsbarkeit gelangt bis in die Neuzeit hinein bei schwersten Verbrechen zur Anwendung.

Enthaupten: „War seyn urtheil, man sollte aus seinem leib zway stuck machen, daß deß haupt das kleiner werde." Das Enthaupten verlangte erhebliches Können. Ein einziger mit beiden Händen geführter Hieb mit dem schweren Richtschwert mußte waagerecht zwischen den Halswirbeln des Verurteilten, der vor dem seitwärtsstehenden Henker kniete, hindurchgehen. Künstler gab es auch in diesem Fach. Ein Nürnberger Henker köpfte zwei Missetäter auf einen Streich, „das das swert gleich hindurch snurret, das in jegliches lobet“. Ein mißglückter Schlag, das sogenannte „Putzen“, wie es in Fachkreisen hieß, war ein gefährlicher Kunstfehler; denn der Henker lief Gefahr, von der wütenden Menge gesteinigt zu werden, weil er dem armen Sünder unnötige Qualen zufügte. Ein solcher Fehler, der auch den erfahrensten Nachrichtern, einem Meister Augustin, dem Henker des Bauernkrieges, oder dem Nürnberger Meister Franz Schmidt unterlaufen konnte, ereignete sich auch deshalb nicht gerade selten, weil die meisten Henker betrunken die Todesstrafe zu vollziehen pflegten. Um solche Fehler zu vermeiden, übte ein Nachrichter, indem er mit dem beidhändigen Richtschwert an Fäden aufgehängte Rüben durchschnitt.

Abb. 24: Erhängter. Miniatur aus einem Vaticinium für die Tage des Jahres, Nürnberg um 1475.

AKG Berlin.

Während das Enthaupten als ehrliche Strafe galt, die der adelige Missetäter zu gewärtigen hatte, war das Aufhängen die Hinrichtung „zu trockener Hand“, „âne blutige Hand“, die Strafe für den kleinen Mann, für den Dieb, und damit die am häufigsten verhängte Todesstrafe. Deswegen hieß der Nachrichter in Norddeutschland auch „deefhenger“.

Das Henken, für das immer ein neuer „Galgenstrick“ verwendet werden mußte, ist nicht einfach. Der Tod trat nicht durch den Bruch des Halswirbels ein, wie er von englischen Henkern durch die seit Ende des 18. Jahrhunderts entwickelte Technik des „long drop“ erreicht wurde: Der Verurteilte muß ein beträchtliches Stück fallen, um durch den Ruck des Strickes das Abbrechen des zweiten Halswirbels zu bewirken. In früheren Zeiten aber war das Erhängen eher ein Erdrosseln; das Gewicht des hängenden Körpers drückte den Strick auf den Adamsapfel, die Drossel, und schnürte dem armen Sünder die Luftröhre zu.

Der Galgen, schon in merowingischer Zeit bezeugt und im „Sachsenspiegel“ vor allem für die Bestrafung von Dieben vorgesehen, war, aus dem Ast entwickelt, ein einfacher, nur auf einem Pfosten ruhender Schnell- oder Kniegalgen. Es kam gar nicht so selten vor, daß er zusammenbrach. Wie beim Henker läßt sich auch bei der Entwicklung des Galgens die Umformung der Gerichtsbarkeit durch die Stadt erkennen, die Entwicklung zu dem für ein Hochgericht repräsentativen Säulenbau des dreibeinigen, „dreistempeligen“ oder „dreischläfrigen“ Galgens.

„Der Galgen ist der Diebe Kanzel“, formuliert ein Sprichwort. Die Richtstätte, die ursprünglich auf dem Marktplatz lag, wanderte zum „Hochgericht“, zum Galgenplatz, meist einem Hügel vor den Stadttoren und an vielbenutzten Ausfallstraßen gelegen. Schon 1311 ist in Wien vor dem Schottentor der „Rabenstein“ erwähnt, eine auch andernorts begegnende Bezeichnung für eine befestigte Hinrichtungsstätte mit gemauertem Galgen. Schrecken sollte verbreitet werden, „damit meniglich diebisch gemüt von seinem fürnemen abgewendet“ werde, „damit männigklich ein abscheulich exempel vor augen haben möge“. Deshalb ließ man die armen Sünder am Galgen hängen. Oft baten, falls der Hingerichtete Mitglied einer Zunft oder einer Gesellenbruderschaft war, die Genossen den Rat, die Leiche abnehmen zu dürfen. Wenn in Frankfurt eine Kaiserwahl bevorstand, „fegten“ der Scharfrichter und seine Knechte den Galgen, sie verscharrten die Gehängten.

Das Aufhängen galt als schimpfliche, als „unehrliche“ Strafe, die – im Gegensatz zum Enthaupten – auch die Verwandtschaft infamierte, weil im Gegensatz zum Enthaupteten, dessen Körper begraben wurde, der Leib des Erhängten an der Luft verfaulte.

Sebastian Fischers Chronik, S. 51

Dadurch – so erzählt ein biederer Ulmer Schuhmacher – habe er *„erfahren, wie ein mensch inwendig aussieht, so er anfängt zu faulen“;* nämlich nach anderthalb Jahren: *„das eingeweid etwa wie ein handvoll russ inwendig gelegen auf den rippen, danach die haut über die rippen gespannet, in der dicke fast wie ein pergament“.*

Eine zweischneidige Praxis war übrigens das Hängenlassen der armen Sünder; denn es konnten, um verbotene Zauberei zu treiben, Leichen vom Galgen gestohlen werden. Nicht nur Bedürfnis nach Zaubermitteln, sondern auch bittere Armut ließ die Scheu vor dem Hochgericht schwinden: Arme Sünder in ansehnlicher Kleidung werden in dunkler Nacht am Galgen ausgezogen.

Das Erschrecken vor dem weithin sichtbaren Galgen verdrängen Diebe und Missetäter mit ironischen Umschreibungen. Hängen heißt „im Winde reiten“, „mit des Seilers Tochter Hochzeit machen“, „die Hanfsuppe auslöffeln“, „den dürren Baum reiten“, „im Winde exerzieren“. „Feldglocke“ nennen Gauner den Galgen. Schwänke sind reich an Euphemismen für Hinrichtungen, wobei sichtbar wird, daß das Hängen durch den „meister Reckling“ die bekannteste Todesstrafe ist: „in die Galgenmast fahren“, „sich begeben zur hangweyd“, „durch ein hänffin fenster sehen“, „im Hanfacker ertrincken“, „ein schwengel in ein feldglocken geben“. Der Gehängte war das „Rabenaas“, der „Galgenschwengel“.

Die Infamie galt nicht nur dem Henker als Person, sondern auch dem Richtschwert und dem Galgen als augenfälligsten Symbolen seines Richtens. Schon das Berühren des Richtschwertes konnte in der frühen Neuzeit ehrlos machen. Dasselbe galt für das Berühren des Galgens. Weit verbreitet war die Vorstellung, daß die Berührung des Galgenholzes unehrlich mache. Es war schwierig und oft nur unter Zwang möglich, angesichts solcher Vorstellungen Menschen für die Aufrichtung von Galgen zu gewinnen. Unausweichlich kam es deshalb immer wieder zu Schwierigkeiten beim Neubau einer

Hinrichtungsstätte. Der Augsburger Clemens Sender berichtet, wie der Rat seiner Stadt damit fertig wurde:

> *„Hat man hie von alters wegen den galgen abprochen und geraumpt und am neuen hiltzin wider gemacht. Da hat ain rat geschafft, daß alle zimerleut und schmid in der gantzen stat daran hand miessen arbaiten mit sampt irenn knechten, damit kainer andern mig auffheben, er sei des henckers knecht gewessen."*

Clemens Sender, S. 332

Eine solche Lösung war in deutschen Landen weit verbreitet.

Zu den Spiegelstrafen gehört auch das Rädern, das „radebreken" oder mit dem „rade stozen", die Strafe für den Straßenräuber, die aber bereits der „Sachsenspiegel" auch für Mord und Mordbrand vorsah. Es ist damals nicht mehr die Sklavenstrafe, welche die „Lex Salica" jenem Sklaven androhte, der sich mit einer Freien verheiratet hatte. Diese Strafe wird zunächst nur gegen Straßenräuber und schließlich gegen mehrfache Mörder, Kirchenräuber und Mordbrenner verhängt. (Irrig ist die Ansicht, wonach das Vierteilen und das Rädern erst 1534 in Frankreich als Folge wachsender Kriminalität übernommen worden sei.) Um die Stoßwirkung des Rades, das der Henker in erhobenen Händen über dem unter ihm liegenden Delinquenten hielt, zu erhöhen, wurden Rundhölzer unter den Leib des armen Sünders geschoben. Mit dem sprechenden Ausdruck „Breche" wurde der so entstehende Holzrost benannt. Beim Vollzug dieser Strafe gab es Unterschiede je nach Schwere des Verbrechens, ob nämlich der Henker „von unten", von den Zehenspitzen an, oder „von oben", von der Schulter an, räderte, ob also der tödliche Stoß auf das Herz früher oder später erfolgte.

Das Verbrennen ist die typische Ketzerstrafe und wird als solche auch gegen „Sodomiten", worunter man auch Homosexuelle verstand, angewendet. Weiterhin kam sie als Spiegelstrafe gegen Brandstifter zur Anwendung. Von der Ketzerstrafe abgeleitet wird Verbrennen auch zum Schicksal jener seltenen Zauberinnen, die im Mittelalter noch nicht als Hexen, wohl aber als Missetäterinnen gerichtet werden, wenn ihnen Schadenzauber nachgewiesen wurde. Auffallend, daß auch die Fälscher diese Strafe treffen kann, gleichgültig ob ein Notar Testamente oder ob ein Kaufmann Safran fälschte.

Eine Verbrennung war vergleichsweise selten, denn sie verlangte viel Holz. Drei Fuder Brennholz werden 1423 dem Hildesheimer Zuchtmeister dafür bezahlt. Es stellte eine Ausnahme dar, wenn im Zürich des 15. Jahrhunderts 33 Menschen verbrannt wurden.

Eine zunächst vor allem Männer, Falschspieler und Sittlichkeitsverbrecher bedrohende Strafe war das Ertränken. Diese schon im 14. Jahrhundert häufige Strafe wurde in Nürnberg dergestalt vollzogen, daß der Delinquent in einen Sack gesteckt wurde. Deswegen wurde die Strafe auch „pena sacci, submersio in sacco, bei dem sack" bezeichnet. Hingegen wurde in Ulm der arme Sünder auf der Donaubrücke mit einem hölzernen Knebel im Mund ertränkt. Um den Leib ist ihm ein Seil geschnürt, an dem ihn der Henker, der in einem Boot steht, herabzieht, um ihn dann mit einem Stock unter Wasser zu drücken. Nach einem anderen ebenfalls in Ulm üblichen Verfahren wird der Verurteilte auf einem Brett gefesselt, vom Henker auf die Donau gerudert, ins Wasser geworfen und so lange, bis der Tod eintritt, mit dem Brett unter Wasser gedrückt.

Das Ertränken wurde im Verlauf des Spätmittelalters zur Frauenstrafe. Als solche wurde sie im 16. Jahrhundert für wenige Jahre selbst in Schwäbisch Hall übernommen, obwohl der Kocher für den Vollzug nicht genügend Wasser führte. Die Ertränkten läßt man, ebenso wie die Gehenkten am Galgen hängen bleiben, einfach im Wasser liegen. Qualvoll war diese Strafe. 1574 bricht in Nürnberg dem Löwen, dem Gehilfen des Henkers, die Stange, mit der er eine Unglückliche unter das Wasser drückte. Die Frau hat „sehr geschryen, auch schier drey virtelstund unter dem Wasser gelebt".

Im Schreckenskatalog der Todesstrafen darf die Frauenstrafe des Begrabens bei lebendigem Leib nicht fehlen, auch wenn diese Strafe nicht so häufig vollzogen wurde, wie es nach dem Rechtssprichwort den Anschein hat: „Der Mann auf das Rad, das Weib in den Sand", oder: „Die Männer an den Galgen, die Weiber in die Grube". Wenn der Kölner Rat die ewige Stadtverweisung für Frauen „bei der Grube" ausspricht, so droht er mit dem Lebendig-begraben-Werden, falls die Frau die Stadt wieder betritt. 1419 stellen die Schöffen von Ingelheim im Grundsatz diese Strafe für eine Frau fest, die ein Kind ermordet hat, weisen aber darauf hin, daß Gerichtsherrschaft frei wäre in der Festsetzung der Strafe, also auf den Vollzug auch verzichten könne. Der Nürnberger Rat bezeugt im Jahre 1515, daß diese Strafe nur „an wenig orten im heiligen reich vorgenommen wirdet". Tatsächlich wurde sie in Frankfurt zwischen 1400 und 1600 lediglich in zwei Fällen und in Breslau zwischen 1456 und 1525 nur an drei Frauen vollzogen. Diese Strafe, die zunächst auch den Vergewaltiger bedrohte, wurde seit dem 15. Jahrhundert fast nur noch an Frauen vollzogen, die sich sehr schwerer Verbrechen schuldig gemacht haben mußten; sie wurde zur Spiegelstrafe bei Kindsmörderinnen.

Das einleitend zitierte Sprichwort stellt das Begraben der Frauen bei lebendigem Leib der härtesten Todesstrafe, der des Räderns, gleich. In Ulm wurde noch 1549 eine Frau, die ihren Mann erschlagen und die zerteilte Leiche in einzelnen Stücken versteckt hatte, lebendig begraben, wobei sie, die zweimal auf dem Weg zur Hinrichtungsstätte mit glühender Zange „gezwickt" wurde, eine erstaunliche Vitalität bewies, als sie – was mit dem lebendigen Begraben oft verbunden war – gepfählt wurde:

Sebastian Fischers Chronik, S. 157

> Der Henker setzte ihr einen „Pfahl" auf das Herz: *„da hat sy zu aim yeden straych den man uff den pfal hat geschlagen ain lautten schray gethon und schetzt man das sy hat wol 50 schray gethon biß sy gestorben ist."*

Furchtbar muß diese Strafe, die stets unter dem Galgen vollzogen wurde, für eine arme Sünderin gewesen sein: „Diese Arme hat sich beim Eingraben so hart erzeiget, daß sie die Haut an ihren Händen und Füßen so sehr aufgerissen, daß sie die Leut erbarmet." Deswegen entschloß sich der Nürnberger Rat, künftig Frauen nicht mehr lebendig zu begraben, sondern zu ertränken. Auch in Lübeck hatte das revidierte Stadtrecht 1586 das Lebendigbegraben abgeschafft: Diebinnen sollten geköpft werden. Allgemein war mit dem Ausgang des Mittelalters auf die grauenvolle Strafe des Lebendigbegrabens verzichtet worden und an dessen Stelle das Ertränken, die sogenannte Säckung in einem mit Steinen beschwerten Sack gesetzt worden, was ein Sprichwort widerspiegelt: „Den Dieb soll man henken und die Hur ertränken." Andernorts, wie in Reval 1501, wandelten die Ratsherren die „Grubenstrafe" gnadenhalber in Enthaupten um.

Abb. 25: Gefangennahme: Veranschaulicht wird der enge Zusammenhang von Gerichtsbarkeit und Gewalt. Soester Nequambuch, frühes 14. Jh.

Soest, Stadtarchiv.

Die Körperstrafen

Während die Hinrichtungen auf dem Galgenberg stattfanden, hatte der Henker die Körperstrafe meist innerhalb der Stadt zu vollstrecken. In Worms, wo der Galgen vor dem Andreastor stand, wurden die Hände der Verbrecher beim Martinstor abgeschlagen, die Brandmarkungen beim Andreastor vollzogen.

Mit dem Spätmittelalter wurden die Körperstrafen vom Abhauen der Hand bis zum Abschneiden der Ohren Teil des Strafrechts. Was sich an Strafen bis zum Beginn des 16. Jahrhunderts entwickelte, hatte dann der Abschreckungskatalog der „Carolina“ konserviert. Meister Franz Schmidt hatte in seinen 44 Dienstjahren 345 Menschen im Namen des Rechts verstümmeln müssen. Eine Zeitenwende gab es im Strafrecht nicht. In Salzburg z. B. kann man sich 1652 für einen Kleinkriminellen nur folgende Strafen vorstellen: Staupenschlag, Abhauen der rechten Hand, Abschneiden eines Ohres oder zweier Finger. Erst allmählich konnte im 18. Jahrhundert dieses Strafsystem der „Carolina“ vor allem von der Zuchthausstrafe abgelöst werden.

Die Körperstrafen waren entstanden, weil Haftstrafen unbekannt waren. Man sah keine andere Möglichkeit, Verbrechen, die nicht todeswürdig waren, zu ahnden. An den Zwängen der Realität wurde die Einsicht zuschanden, wie sie der Nürnberger Ratskonsulent Christoph Scheurl formulierte, „daß deß Menschen angesicht, wölichs nach gottliher pildnuß erschaffen were, nit belaidigt werden solle“. Hinter der Entwicklung solcher Strafen steht zugleich die Entwicklung zum staatlichen Gewaltmonopol. Gewalt – das wußte man – war zur Abschreckung angewendet worden. Deshalb wird auch nie ein verstümmelter Verbrecher entlassen, ohne daß er feierlich Urfehde geschworen und damit gelobt hat, sich für die erlittene Gewalt nicht zu rächen.

Wer vom Henker gezeichnet war, trug gewissermaßen seinen Strafregisterauszug am Körper. Er lebte hinfort gefährlich, denn auch der kleine Dieb wurde dann gehängt, wenn, wie das Goslarer Stadtrecht formuliert, „he teken (Zeichen) an sik hebbe“. Der Sinn solcher Strafen lag in der Warnung der Gesellschaft und weiterhin in ihrem Abschreckungscharakter; aber letzteres war, wie jede frühneuzeitliche Gaunerliste mit ihrer Vielzahl von Gebrandmarkten, Verstümmelten, Nasen- und Ohrlosen zeigt, ein Irrtum.

Die schwerste aller Körperstrafen war das Augenausstechen, bezeichnenderweise zugleich die Strafe für Mitläufer beim Aufruhr gegen die Obrigkeit. Sie war im Grunde eine verkappte Todesstrafe. Wie ein Nürnberger Ratskonsulent bestätigt, ist sie „nit ein geringer straf … denn kopf abhawen“. Von den 62 Aufrührern im Bauernkrieg, die nach Niederwerfung des Aufstandes 1525 in Kitzingen geblendet wurden, sind „12 kurz den nechsten nacheinander gestorben, uff den gassen offentlich hin und wieder liegen blieben“.

Die mit Abstand häufigste Körperstrafe war die des Abschneidens der Ohren (seltener der Nasen); dies erschien Juristen schon um 1700 als eine zwar früher sehr verbreitete, „vor Zeiten sehr gemein gewesene“, jetzt aber selten gewordene Strafe.

Ohrenabschneiden war fast eine Art Universalstrafe für den kleinen Diebstahl, den leichten Betrug, für Kuppelei usw. Ein Mann, der in seiner Kindheit ein Ohr durch einen Schweinebiß verloren hatte, brauchte als Erwachsener angesehene Zeugen, die beschworen, daß dies nicht auf eine Diebesstrafe zurückging. Der Ort, an dem in Nürnberg die Körperstrafen vollzogen wurden, hieß nach der häufigsten Strafe der „Ohrenstock". Der so Gekennzeichnete hatte immerhin im 15. Jahrhundert die Möglichkeit, durch geschickte Wahl der Kopfbedeckung sein Zeichen vor den Mitmenschen zu verbergen. Ein Schwank erzählt von einem Abenteurer, der auf der Frankfurter Messe einen Händler reinlegt. Er verlangt ein Band, welches vom einen Ohr zum anderen reicht, und nimmt – nachdem man über den Preis einig ist – sein Barett mit der Bemerkung ab, sein anderes Ohr hänge in Erfurt am Galgen. Wenn, wie in Nürnberg 1409 geschehen, eine Frau verleumdet wurde, sie hätte keine Ohren mehr, so konnte das nur wegen der damals üblichen Haubentracht, den „Stürzen", möglich sein, welche die Ohren der Frauen verbargen.

Daß im Strafrecht die Auffassung dominiert, die Missetat trage die ihr gebührende Strafe in sich, zeigt das häufig gegen Meineidige als Spiegelstrafe verhängte Abhauen der rechten Hand. Ein so Gezeichneter hatte hinfort keine Möglichkeit mehr, seinen Lebensunterhalt zu erwerben, war angewiesen auf Betteln oder Kriminalität. Jedermann wußte um die Folgen solchen Richtens, aber die Abschreckung – die abgeschlagene Hand wurde an den Pranger genagelt – erschien wichtiger.

Bei Gotteslästerung, Meineid und Verleumdung drohte als Spiegelstrafe das Abschneiden der Zunge. Nun ist zu bedenken, daß auch das weitverbreitete Fluchen bei den Körperteilen Christi, Gottes oder Marias zur Gotteslästerung gezählt wurde. Bisweilen waren die Richter weise, verzichteten auf die volle Schwere des Gesetzes und befahlen dem Nachrichter insgeheim, dem Verurteilten „mit dem zängle die zunge umb etwas aus dem maul" herauszuziehen und als Strafe „ein rechtschaffen, cräftiges paar maulschellen" zu geben. Ansonsten hat man vielfach den Gotteslästerern nur die Zungenspitze gekappt. Ein Nürnberger, „welcher erschröcklich Gott gelästert", hatte 1558 deswegen sogar Glück. Nach der Bestrafung „hat er besser geredet als vorhero, dann er früher ziemlich gestammelt".

Das Gefängnis

Ein öffentliches Gefängnis blieb dem Mittelalter lange fremd. Noch in der „Carolina" spielt die Freiheitsstrafe eine ganz untergeordnete Rolle. Das spätantike Gefängniswesen war schon im Frühmittelalter verfallen. Verliese gibt es natürlich in Burgen und befestigten Häusern. Sie bleiben das ganze Mittelalter hindurch für adelige Fehdeführung unerläßlich. Mit Gerichtsbarkeit haben sie nichts zu tun.

In Deutschland haben zuerst die spätmittelalterlichen Städte ein Gefängniswesen zur kurzfristigen Verwahrung von Verbrechern benötigt. Am Anfang stand oft ein einfacher Block, der schon verfeinert war, wenn ein

Abb. 26: Der Kupferstich zeigt das Innere eines Gefängnisses mit Ketten und Gefangenenblock unter dem Fenster. Hans Sebald Beham (nachgewiesen 1515 – 1550), Kleopatra.

Göttingen, Kunstsammlung der Universität, Graphische Sammlung.

„stuelschaff", ein Bottich zur Verrichtung der Notdurft, daruntergehängt wurde.

Möglicherweise kam die Anregung, Verliese zu schaffen, von der Kirche; denn das bischöfliche Gericht, das Offizialat, kannte bereits die Haftstrafe. Die Haft diente der Verwahrung der verurteilten Verbrecher, die nach wenigen Tagen zur Hinrichtung geführt wurden. Sodann brauchte man die Gefängnisse auch für Leute, die nicht das Bürgerrecht besaßen und die man nicht mit der Universalstrafe der Stadtverweisung belegen konnte, jener Strafe, die bei fast allen Vergehen drohte, die nicht an Kopf und Kragen gingen. Langsam beginnt im 15. Jahrhundert die Gerichtsbarkeit in den Großstädten auch gegen Bürger eine befristete Haftstrafe neben der Stadtverweisung zu gebrauchen.

Die Türme der Stadtmauern dienen nicht nur zur Wacht und Wehr, sondern auch als kommunales Gefängnis. (In dieser Gestalt gibt es den „Diebsturm" auch in Kleinstädten.) Die Kellergewölbe werden zumeist dafür gewählt. Sie sind so feucht, daß der Volksmund den Wärter als „Wirt zum grünen Frosch" verspottet. Wer hier einsitzt, wird „hart gehalten". Verfaulendes Stroh bildet seine Lagerstatt. Nur schmale Kost erhält jener Gefangene, der nicht das Geld besitzt, sich selbst zu versorgen. (In England mit seinen längeren Haftstrafen gibt es deshalb auch die andernorts fast unbekannten Almosenstiftungen für die Versorgung von Gefangenen, gibt es – häufiger als auf dem Kontinent – die Möglichkeit, daß Häftlinge die Vorübergehenden anbetteln können.) „Mußsuppen und Wasser", meist aber schon „Wasser und Brot" sind spätmittelalterliche Häftlingsnahrung. 4 Pfennig darf im Straßburg des 15. Jahrhunderts der „turmhüter" dem Rat für das Kostgeld eines Gefangenen berechnen.

Selten nur werden die unterirdischen Zellen gereinigt. Es stinkt hier so sehr, daß Wachslichter „von des geschmacks wegen" angeordnet werden, wenn Richter oder Schöffen sich zu den Gefangenen begeben. Die Erwärmung der naßkalten Räume wird bestenfalls durch einige Kohlenpfannen zur Winterzeit angeordnet. In solch schaurigen Räumen sitzen die Häftlinge an Ketten geschmiedet oder in „Stöcken", „vangenhelden", geschlossen, an den Händen, am Fuß gefesselt oder die Gliedmaßen in Holzblöcken, in denen Arme und Beine eingeschlossen werden, verwahrt. In „Halsbändern" dicht an die Wand gefesselt, können die Gefangenen nur zwischen Hocken, Kauern und Sitzen ihre Lage wechseln. Selbst vornehme Gefangene wurden oft unter barbarischen Bedingungen verwahrt. Graf Johann von Hoya mußte um 1444 in Osnabrück sechs Jahre in einem Kasten aus Eichenbohlen verbringen, in dem er nicht aufrecht stehen konnte.

Nur die größeren Städte, wie Nürnberg, Frankfurt oder Mainz, kannten neben Stadttürmen auch ein eigenes „Lochgefängnis". Sie gelten als härtere Haftlokale im Vergleich zu den Verliesen in den Stadttürmen. Es handelt sich meist um Kellerräume im Rathaus, kammerartig abgeteilt, in Nürnberg ein ganzes Labyrinth von 70 Türen in sich schließend, das nur durch eine vierfache eisenbeschlagene Pforte zugänglich war. Für die Gebärenden gibt es hier ein Kindbettstüblein, für die Juden ein eigenes „Judenprisaun". Der Stockwärter, der Büttel, der in diesem unterirdischen Reich herrscht, hat meistens seine „Lohnwärter" für die unangenehmsten Arbeiten; er selbst ist zuständig für Gerichtsladungen und dergleichen.

In einem solchen Labyrinth lag auch die „Kapelle", wie die Gefangenen mit Galgenhumor die Folterkammer getauft hatten. Denn mit dem Aufkommen der Folter im 14. Jahrhundert war eine weitere Zweckbestimmung der Gefängnisse notwendig geworden.

Die schon in spätmittelalterlichen Städten erkennbaren miserablen Zustände der Gefängnisse, von der mangelnden Hygiene angefangen bis hin zur körperverletzenden Kälte, durchziehen die Geschichte der Haftstrafe. Eine Gerichtsbarkeit, die solche Zustände zuläßt, sieht in der Haft kein allgemein anerkanntes strafrechtliches Prinzip. Sie arbeitet mit einem System der Aushilfen. Nur ein Beispiel: Eine obrigkeitliche Kontrolle der Wärter fand nicht statt. Unzucht der Gefangenenwärter mit Insassinnen, wie sie 1570 Damhouders „Praxis rerum criminalium" rügt, ist nur eine Variante eines allgemein bekannten Sachverhalts: Gewalt üben die Wärter über die Gefangenen aus.

Trotz der kurzen Haftdauer waren die Gefängnisse überfüllt. In Deutschland werden erst im 15. Jahrhundert in größeren Städten jene Zahlen erreicht, die aus dem Northampton oder dem Canterbury Castle schon des 14. Jahrhunderts mit etwa 20 Gefangenen bezeugt sind. Die Gefängnisse vergleichbarer deutscher Städte sind für so viele Häftlinge nicht ausgelegt. In Hildesheim reichen 1424 Stadttürme und die beiden Gewölbe unter dem Rathaus nicht aus, als eine Münzfälscherbande ausgehoben worden war.

Die Geschichte des Gefängnisses ist zugleich eine Geschichte der Ausbrüche von Häftlingen. Das gelang selbst Frauen wie einer Gewohnheitsdiebin in Nürnberg, die 1441 der Rat steckbrieflich suchen ließ; das gelang in Schwäbisch Hall selbst einer lebenslänglich Eingemauerten. „Habe er gedacht, es sey besser weit davon als nah dabey", erklärt mit Schelmenwitz ein der Haft entsprungener Falschmünzer. So selbstverständlich war dem späten Mittelalter ein Gefangenenausbruch, daß ein Mann mitsamt seinen Ketten dem Gefängnis entrinnen und mit diesem Zeichen im Namen des hl. Leonhard, des Patrons der Gefangenen, betteln konnte. Das läßt auf eine andere Mentalität schließen als heute. Erst in der frühen Neuzeit lohnte sich eine eigene Häftlingskleidung, um Ausbrüche zu verhindern. Erst jetzt konnte sie stigmatisieren – im Spätmittelalter hätte sie nur almosenfördernd gewirkt.

Korrumpierbarkeit der schlecht bezahlten Gefängniswärter hatte schon im Mittelalter manchen Ausbruch ermöglicht. Deshalb befürchtete man in Nürnberg bei der Verhaftung eines Patriziers die Bestechung der Wärter. Am häufigsten war jedoch die Findigkeit der Gefangenen selbst; am spektakulärsten vielleicht bei jenem zum Tode Verurteilten, der 1580 die Wärter des unterirdischen, scheinbar ausbruchssicheren Nürnberger Lochgefängnisses übertölpelt. Mit Eisenstangen arbeitete er sich durch zwei Türen, grub sich einen unterirdischen Gang und durchbrach das Straßenpflaster. Als von den Ausbrechern bevorzugte Schwachstelle erwies sich in oberirdischen Gefängnissen der Ofen.

Eine besondere Form der Haftstrafe, als Verschärfung eines eigenen, häufig bezeugten Gefangenenkäfigs, gab es in manchen oberdeutschen Städten in den Fällen, in denen eine Todesstrafe vermieden werden sollte (sei es, weil es sich um einen Patrizier, sei es, weil es sich um eine Kleptomanin handelte), die lebenslängliche Einmauerung. In das enge Gehäuse, in dem lediglich ein vorstehender Balken als Sitz diente, drang nur eine schwacher Lichtschimmer durch die Luke, durch welche die tägliche Brotration geschoben wurde. Bewegungsmangel, Sommerhitze und Winterkälte hatten, von der seelenzerstörenden Enge abgesehen, die Häftlinge, die stets „auf der freundschaft costen“ hier einsaßen, nicht lange überleben lassen.

Mit dem seltenen Fall der Einmauerung sei unsere Perspektivsuche zum Verständnis der uns so fremden, aber zeitlich so nahen Welt des Spätmittelalters beschlossen; denn der seltene Fall dient uns als Metapher des heutzutage häufigen Befangenseins in Vorstellungen vom „finsteren Mittelalter“. Sofern es sich um das normale Gefängnis des Irrtums handelt, hoffen wir auf die im Mittelalter mögliche Chance des Ausbruchs, sofern es sich aber um die festgemauerten Vorurteile zur Bestätigung der eigenen, die unverdiente Zeitgenossenschaft als „Modernität“ feiernden Positionen handelt, hoffen wir im Namen der diskreditierten toten Menschen auf das, was jenen immer als Hoffnung in aller Verzweiflung überlebenswichtig war: Gnade.

Quellen

(Die Bände der Freiherr vom Stein-Gedächtnisausgabe der Wissenschaftlichen Buchgesellschaft werden mit dem Kürzel FSGA und der Reihenzählung angegeben.)

Adam von Bremen, Bischofsgeschichte der Hamburger Kirche, in: Quellen des 9. und 11. Jahrhunderts zur Geschichte der Hamburgischen Kirche und des Reichs, hrsg. v. Werner Trillmich (FSGA, A, 11), Darmstadt ^{6}1990, S. 137–449.

Agobard von Lyon, Briefe, in: Epistolae Karolini aevi, Bd. 3, hrsg. von Ernst Dümmler (MGH Epistolae 5), Berlin 1899, S. 150–239.

Agobard von Lyon, Libri duo pro filiis et contra Iudith uxorem Ludovici Pii, hrsg. von Georg Waitz (MGH SS 15,1), Hannover 1887, S. 274–279.

Angelomus von Luxeuil, Commentarius in Genesim, hrsg. von J. P. Migne (Patrologiae cursus completus seu bibliotheca universalis, Series Latina, Bd. 115) Sp. 107–244.

Annales Altahenses maiores, hrsg. von Wilhelm Giesebrecht/Edmund L. B. von Oefele (MGH SS rer. Germ. 4), Hannover ^{2}1891.

Annales Bertiniani, in: Quellen zur karolingischen Reichsgeschichte, Bd. 2, hrsg. von Reinhold Rau (FSGA, A, 6), Darmstadt 1958, S. 11–287.

Annales Colmarienses maiores, hrsg. von Heinrich Pertz (MGH SS Bd. 17), Leipzig 1861, S. 202–232.

Annales Fuldenses, in: Quellen zur karolingischen Reichsgeschichte, Bd. 3, hrsg. von Reinhold Rau. (FSGA, A, 7) Darmstadt 1960, S. 19–177.

Annales Gandenses, hrsg. von Heinrich Pertz (MGH SS Bd. 16), Leipzig 1859, S. 555–597.

Annales Quedlinburgenses, hrsg. von Georg Heinrich Pertz (MGH SS 3), Hannover 1839, S. 22–90.

Annales Stadenses auctore M. Alberto, hrsg. von Johann Martin Lappenberg (MGH SS 16), Hannover 1859, S. 271–379.

Annales Xantenses, in: Quellen zur karolingischen Reichsgeschichte, Bd. 2, hrsg. von Reinhold Rau (FSGA, A, 6), Darmstadt 1958, S. 339–371.

Anselm von Canterbury, Cur Deus Homo, hrsg. von Franciscus Salesius Schmitt, Darmstadt ^{5}1993.

Anskar, Miracula Willehadi, hrsg. von G. H. Pertz, (MGH SS 2), Hannover 1829, S. 384–390.

Arbeo von Freising, Vita Emmerammi, hrsg. von Bernhard Bischoff, München 1953.

Astronomus, Das Leben Kaiser Ludwigs, in: Quellen zur karolingischen Reichsgeschichte, Bd. 1, neu bearb. von Reinhold Rau (FSGA, A, 5), Darmstadt 1962, S. 257–381.

Astronomus, Vita Hludowici imperatoris, hrsg. von Ernst Tremp (MGH SS rer. Germ. n. s. 64), Hannover 1995, S. 279–555.

Augustinus, De civitate Dei, hrsg. von Bernhard Dombart/Alfons Kalb, Leipzig 1928.

Baudonivia, Vita Radegundis, hrsg. von Bruno Krusch (MGH SS rer. Mer. 2), Hannover 1888, S. 358–395.

Beda, In Genesim, hrsg. von Ch. W. Jones, Turnhout 1967.

Bernold von St. Blasien, Chronik, hrsg. von G. H. Pertz (MGH SS 5), Hannover 1844, S. 385–467.

Berthramn: Margarete Weidemann, Das Testament des Bischofs Berthramn von Le Mans vom 27. März 616. Untersuchungen zu Besitz und Geschichte einer fränkischen Familie im 6. und 7. Jahrhundert, Mainz 1986.

Bonifatius, Briefe, hrsg. von Reinhold Rau (FSGA, A, 4b), Darmstadt 1968, S. 3–356.

Bonizo von Sutri, Liber ad amicum, hrsg. von Ernst Dümmler (MGH Libelli de lite imp. et pont. Bd. 1), Hannover 1891, S. 568–620.

Brunos Buch vom Sachsenkrieg, in: Quellen zur Geschichte Kaiser Heinrichs IV., hrsg. von Franz-Josef Schmale/Irene Schmale-Ott (FSGA, A, 12), Darmstadt 1963, S. 191–405.

Bruun Candidus, Vita Eigilis abbatis Fuldensis, hrsg. von Georg Waitz (MGH SS 15,1) Hannover 1887, S. 221–233.

Capit. 1: Capitularia regum Francorum, Bd. 1, hrsg. von Alfred Boretius (MGH Legum sectio 2), Hannover 1883.

Capit. 2: Capitularia regum Francorum, Bd. 2, hrsg. von Alfred Boretius/Victor Krause (MGH Legum sectio 2), Hannover 1897.

Capitula episcoporum, Bd. 1, hrsg. von Peter Brommer (MGH Legum sectio 2, Capitula episcoporum 1), Hannover 1984.

Capitularia regum Francorum, Bd. 2, hrsg. von Alfred Boretius/Victor Krause (MGH Legum sectio 2), Hannover 1890–1897.

Casuum S. Galli continuatio II, hrsg. von Ildephons v. Arx (MGH SS 2), Hannover 1829, S. 148–163.

CCM 1: Corpus consuetudinum monasticarum, Bd. 1, hrsg. von Kassius Hallinger, Siegburg 1963.

Chronik Arnolds von Lübeck, übers. von Johann C. M. Laurent, Berlin 1853.

Conc. 2,1: Concilia aevi Karolini, Bd. 1, hrsg. von Albert Werminghoff (MGH Legum sectio 3, Concilia 2,1) Hannover/Leipzig 1906.

Consuetudines Udalrici, hrsg. von J. P. Migne (Patrologiae cursus completus seu bibliotheca universalis, Series Latina, Bd. 149), Sp. 655–778.

Conversio et passio Afrae, hrsg. von Bruno Krusch (MGH SS rer. Mer. 3), Hannover 1896, S. 41–64.

Deichsler: Heinrich Deichslers Chronik 1488–1506, in: Die Chroniken der fränkischen Städte. Nürnberg, Bd. 5, Leipzig 1872 (Nachdruck Göttingen 1961), S. 535–706.

Dhuoda, Manuale, hrsg. von Pierre Riché, Paris 1991.

Diplomata Karolinorum 1: Die Urkunden Pippins, Karlmanns und Karls des Großen, hrsg. von Engelbert Mühlbacher (MGH Diplomata Karolinorum 1), Berlin ^{2}1956.

Dudo von St.-Quentin, De moribus et actis primorum Normanniae ducum libri tres, hrsg. von Jules Lair (Mémoires de la Société des Antiquaires de Normandie 3), Caen 1885.

Edictus Rothari, hrsg. von Franz Beyerle, Witzenhausen 1962.

Eigil, Das Leben des Abtes Sturmi, hrsg. von Pius Engelbert, in: Fuldaer Geschichtsblätter 56, 1980, S. 17–49.

Einhard, Translatio et miracula SS. Marcellini et Petri, hrsg. von Georg Waitz (MGH SS 15,1), Hannover 1887, S. 238–264.

Einhard, Vita Karoli Magni imperatoris, in: Quellen zur karolingischen Reichsgeschichte, Bd. 1, hrsg. von Reinhold Rau (FSGA, A, 5), Darmstadt 1955, S. 157–211.

Ekkehard IV., St. Galler Klostergeschichten, hrsg. von Hans F. Haefele (FSGA, A, 10), Darmstadt 1980.

Euling: Kleinere mittelhochdeutsche Erzählungen, Fabeln und Lehrgedichte, Bd. 2, hrsg. von Karl Euling, Berlin 1908.

Folz, Hans, Die Reimpaarsprüche, hrsg. von Hanns Fischer, München 1961.

Formulae: Collectio Sangallensis, hrsg. von Karl Zeumer, in: Formulae Merowingici et Karolini aevi (MGH Legum sectio 5), Hannover ^{2}1963, S. 390–437.

Fränkische Bauernweistümer. Ausgewählte Texte, hrsg. von Karl Dinklage, Würzburg 1954.

Friedrich II. in Briefen: Klaus J. Heinisch (Hrsg.), Kaiser Friedrich II. in Briefen und Berichten seiner Zeit, Darmstadt 1968.

Fries, Lorenz: Historie ... der gewesenen Bischoffen zu Wirtzburg, hrsg. von Johann Peter Ludewig, Geschichtsschreiber von dem Bischofthum Wirtzburg, Leipzig 1713.

Frutolf von Michelsberg, Chronik, in: Frutolfs und Ekkehards Chroniken und die anonyme Kaiserchronik, hrsg. von Franz-Josef Schmale/Irene Schmale-Ott (FSGA, A, 15), Darmstadt 1972, S. 47–121.

Galbert von Brügge, Le meurtre de Charles le bon, hrsg. von Raoul C. van Caenegem, Antwerpen 1978.

Gallus Anonymus: Polens Anfänge. Gallus Anonymus, Chronik und Taten der Herzöge und Fürsten von Polen, übers., eingel. u. erkl. von Josef Bujnoch, Graz/Wien/Köln 1978.

Gerhard, Vita Oudalrici, in: Lebensbeschreibungen einiger Bischöfe des 10.–12. Jahrhunderts, hrsg. von Hatto Kallfelz (FSGA, A, 22), Darmstadt 1973, S. 35–167.

Gislebert de Mons: La Chronique de Gislebert de Mons, hrsg. von Léon Vanderkindere, Bruxelles 1904; Auszüge übersetzt in: Wolfgang Lautemann/Manfred Schlenke (Hrsg.), Geschichte in Quellen, Bd. 2, München 1970.

Göttinger Statuten, bearb. von Goswin von der Ropp, Hannover 1907.

Gregor VII., Briefe, hrsg. von Franz-Josef Schmale (FSGA, A, 12a), Darmstadt 1978.

Gregor von Tours I: Gregor von Tours, Historien, Buch 1–5, hrsg. von Rudolf Buchner (FSGA, A, 2), Darmstadt ^{7}1990.

Gregor von Tours II: Gregor von Tours, Historien, Buch 6–10, hrsg. von Rudolf Buchner (FSGA, A, 3), Darmstadt ^{8}1990.

Grimm, Jacob, Deutsche Rechtsalterthümer. 2 Bde., ^{4}1922.

Haymo von Auxerre, Expositio in epistolis s. Pauli, hrsg. von J. P. Migne (Patrologiae cursus completus seu bibliotheca universalis, Series Latina, Bd. 117), Sp. 359–938.

Heine, Heinrich, Memoiren, in: Heinrich Heine. Sämtliche Werke in zwölf Bänden, hrsg. von Adolph Kohut, Bd. 9, o. J. u. O.

Hessische Landtagsakten, hrsg. von Hans Glagau. Erster Band: 1508–1521 (Veröff. Hist. Komm. Hessen. Waldeck 2), 1901.

Hieronymus, Briefe 1–70, hrsg. von Isidor Hilberg, Wien/Leipzig 1910.

Hinkmar von Reims, De divortio Lotharii regis et Theutbergae reginae, hrsg. von Letha Böhringer (MGH Legum sectio 3, Concilia 4, Supplementum 1), Hannover 1992.

Hinkmar, De ordine palatii, hrsg. und übers. von Thomas Groß/Rudolf Schieffer (MGH Font. iur. Germ. 3), Hannover 1980.

Historia Welforum, neu hrsg., übers. und erl. von Erich König, Stuttgart/Berlin 1938.

Historische Volkslieder: Rochus von Liliencron, Die historischen Volkslieder der Deutschen vom 13. bis 16. Jahrhundert, 4 Bde., 1865–1869 (Neudruck Hildesheim 1966).

Honorius Augustudunensis, Elucidarium, hrsg. von Yves Lefèvre, Paris 1954.

Honorius Augustudunensis, Speculum ecclesiae, hrsg. von J. P. Migne (Patrologiae cursus completus seu bibliotheca universalis, Series Latina, Bd. 172), Sp. 807–1108.

Hrabanus Maurus, Liber de oblatione puerorum, hrsg. von J. P. Migne (Patrologiae cursus completus seu bibliotheca universalis, Series Latina, Bd. 107), Sp. 419–440.

Hugo von Flavigny, Chronik, hrsg. von Georg Heinrich Pertz (MGH SS 8), Hannover 1848, S. 280–502.

Hugo von St. Viktor, De institutione novitiorum, hrsg. von J. P. Migne (Patrologiae cursus completus seu bibliotheca universalis, Series Latina, Bd. 176), Sp. 925–952.

Hugo von St. Viktor, De sacramentis Christianae fidei, hrsg. von J. P. Migne (Patrologiae cursus completus seu bibliotheca universalis, Series Latina, Bd. 176), Sp. 173–613.

Hugo von St. Viktor, Miscellanea, hrsg. von J. P. Migne (Patrologiae cursus completus seu bibliotheca universalis, Series Latina, Bd. 177), Sp. 469–900.

Isidor von Sevilla, De ecclesiasticis officiis, hrsg. von Christopher M. Lawson, Turnhout 1989.

Janssen, Johannes, Geschichte des deutschen Volkes seit dem Ausgang des Mittelalters, Bd. 1, Freiburg 1890.

Johannes VIII., Briefe, hrsg. von Erich Caspar, in: Epistolae Karolini aevi, Bd. 5 (MGH Epistolae 7), Berlin 1912/28, S. 1–333.

Jonas von Orléans, De institutione laicali, hrsg. von J. P. Migne (Patrologiae cursus completus seu bibliotheca universalis, Series Latina, Bd. 106), Sp. 121–278.

Jonas, Vita Columbani, in: Quellen zur Geschichte des 7. und 8. Jahrhunderts, hrsg. von Herwig Wolfram (FSGA, A, 4a), Darmstadt ^{2}1994, S. 395–497.

Kaiserliches Buch: Das Kaiserliche Buch des Markgrafen Albrecht Achilles, hrsg. von Constantin Höfler, Bamberg 1850 (Neudruck Osnabrück1984).

Klageschrift der Bauern von Kirchen: Guy P. Marchal, Eine Quelle zum spätmittelalterlichen Klerikerproletariat, Freiburg.diöz.Arch. 91 (1971), S. 65 ff.

Köbel, Jakob: Das Windschiff aus Schlaraffenland, hrsg. von Erich Kleinschmidt (Bibliotheca Germanica 20), Bern/München 1977.

Kölner Quellen: Bruno Kuske, Quellen zur Geschichte des

Kölner Handels und Verkehrs im Mittelalter, 4 Bde., Bonn 1917 – 1923 (Nachdruck Düsseldorf 1978).

Konzil von Mainz: Die Konzilien der karolingischen Teilreiche 843 – 859, hrsg. von Wilfried Hartmann (MGH Legum sectio 3, Concilia 3), Hannover 1984.

Lampert von Hersfeld, Annalen, hrsg. von Adolf Schmidt/Wolfgang Dietrich Fritz (FSGA, A, 13), Darmstadt ^{3}1985.

Lang, Karl Heinrich, Neuere Geschichte des Fürstenthums Baireuth, 3 Bde., Göttingen 1798/1801 und Nürnberg 1811.

Leben Bischof Bennos II. von Osnabrück, verfaßt von Abt Norbert, in: Lebensbeschreibungen einiger Bischöfe des 10. – 12. Jahrhunderts, hrsg. von Hatto Kallfelz (FSGA, A, 22), Darmstadt 1973, S. 363 – 441.

Leben der Liutbirg, hrsg. von Ernst Witte, Leipzig 1944.

Lex Alamannorum, in: Leges Alamannorum, hrsg. von Karl August Eckhardt (MGH Legum sectio 1, Leges nat. Germ. 5,1), Hannover 1966, S. 35 – 157.

Lied vom Sachsenkrieg, in: Quellen zur Geschichte Kaiser Heinrichs IV., hrsg, von Franz-Josef Schmale/Irene Schmale-Ott (FSGA, A, 12), Darmstadt ^{3}1974, S. 143 – 189.

Liudprand von Cremona, Antapodosis, in: Quellen zur Geschichte der sächsischen Kaiserzeit, hrsg. von Albert Bauer/Reinhold Rau (FSGA, A, 8), Darmstadt ^{4}1992, S. 244 – 495.

Liudprand von Cremona, Buch der Vergeltung, in: Quellen zur Geschichte der sächsischen Kaiserzeit, hrsg. von Albert Bauer/Reinhold Rau (FSGA, A, 8), Darmstadt 1971, S. 244 – 495.

Liudprand von Cremona, De Ottone rege, in: Quellen zur Geschichte der sächsischen Kaiserzeit, hrsg. von Albert Bauer/Reinhold Rau (FSGA, A, 8) Darmstadt ^{4}1992, S. 496 – 523.

Liutolf, Vita Severi, hrsg. von L. von Heinemann (MGH SS 15,1), Hannover 1887, S. 289 – 293.

Lorscher Codex. Urkundenbuch der ehemaligen Fürstabtei Lorsch, übers. von Karl Josef Minst, Bd. 1, Lorsch 1966.

Martyrolog-Nekrolog von St. Emmeram zu Regensburg, hrsg. von Eckhard Freise u. a. (MGH Necrologia n. s. 3), Hannover 1986.

Mönch von Fürstenfeld: Quellen zur Geschichte Kaiser Ludwigs des Bayern, übersetzt von Walter Friedensburg (Die Geschichtsschreiber der deutschen Vorzeit 81/82), Leipzig 1899, S. 1 – 88.

Morena: Ottos Morena und seiner Fortsetzer Buch über die Taten Kaiser Friedrichs, in: Italische Quellen über die Taten Kaiser Friedrichs I. in Italien und der Brief über den Kreuzzug Kaiser Friedrichs I., hrsg. von Franz-Josef Schmale (FSGA, A, 17a), Darmstadt 1986, S. 34 – 239.

Müllner, Johannes, Die Annalen der Reichsstadt Nürnberg von 1623. Teil II: von 1351 – 1469, hrsg. von Gerhard Hirschmann, Nürnberg 1984.

Nikolaus I., Briefe, in: Epistolae Karolini aevi, Bd. 4, hrsg. von Ernst Perels (MGH Epistolae 6), Berlin 1925, S. 257 – 690.

Nithard, Vier Bücher Geschichten, in: Quellen zur karolingischen Reichsgeschichte, Bd. 1, hrsg. von Reinhold Rau (FSGA, A, 5), Darmstadt 1993, S. 385 – 461.

Norbert, Vita Bennonis, in: Lebensbeschreibungen einiger Bischöfe des 10. – 12. Jahrhunderts, hrsg. von Hatto Kallfelz (FSGA 22) Darmstadt 1973, S. 363 – 441.

Notker Balbulus, Gesta Karoli Magni imperatoris, in: Quellen zur karolingischen Reichsgeschichte, Bd. 3, hrsg. von Reinhold Rau (FSGA, A, 7), Darmstadt 1992, S. 321 – 427.

Nürnberger Chroniken: Die Chroniken der fränkischen Städte. Nürnberg, Bd. 4 (Die Chroniken der deutschen Städte Bd. 10), Leipzig 1872 (Nachdruck Göttingen 1961).

Ordericus Vitalis, Historia aecclesiastica, hrsg. von Marjorie Chibnall, 6 Bde., Oxford 1969 – 1980.

Ortlieb von Zwiefalten, Chronik, hrsg. von Liutpold Wallach u. a., in: Die Zwiefalter Chroniken Ortliebs und Bertholds, Sigmaringen ^{2}1978, S. 2 – 135.

Österreichische Weistümer. Gesammelt von der Kaiserlichen Akademie der Wissenschaften, 20 Bde., Wien 1870 ff.

Otto von Freising, Chronik, hrsg. von Walther Lammers (FSGA, A, 16), Darmstadt ^{5}1990.

Otto von Freising: Bischof Otto von Freising und Rahewin. Die Taten Friedrichs, oder richtiger: Cronica, hrsg. von Franz-Josef Schmale (FSGA, A, 17), Darmstadt ^{3}1986.

Pactus legis Alamannorum, hrsg. von Karl August Eckhardt, in: Leges Alamannorum (MGH Legum sectio 1, Leges nat. Germ. 5,1), Hannover 1966, S. 21 – 34.

Paulus Diaconus, Carmina, hrsg. von Ernst Dümmler (MGH Poetae Latini medii aevi, Bd. 1), Berlin 1881, S. 27 – 86.

Pirckheimers Briefwechsel: Willibald Pirckheimers Briefwechsel, hrsg. von Emil Reicke, Bd.1, München 1940.

Polyptychon von Saint-Germain-des-Prés, hrsg. von Dieter Hägermann u. a., Köln/Weimar/Wien 1993.

Pseudo-Hildebert, Sermones de sanctis, hrsg. von J. P. Migne (Patrologiae cursus completus seu bibliotheca universalis, Series Latina, Bd. 171), Sp. 605 – 752.

Ratpert, Casus s. Galli, hrsg. von Georg Heinrich Pertz (MGH SS 2), Hannover 1829, S. 59 – 74.

RB: Die Benediktusregel lateinisch/deutsch, hrsg. im Auftrag der Salzburger Äbtekonferenz, Beuron 1992.

Regino von Prüm, Chronik, in: Quellen zur karolingischen Reichsgeschichte, Bd. 3, hrsg. von Reinhold Rau (FSGA, A, 7), Darmstadt 1992, S. 179 – 319.

Reichstagsakten: Deutsche Reichstagsakten Bd. 9, hrsg. von Dietrich Kerler, Gotha 1886 (Neudruck Göttingen 1956 – 1957).

Richer von Reims, Historien, hrsg. von Robert Latouche, Paris 1964.

Rodulf Glaber, Historiae, hrsg. von John France, Oxford 1989.

Ruotger, Vita Brunonis, in: Lebensbeschreibungen einiger Bischöfe des 10. – 12. Jahrhunderts, hrsg. von Hatto Kallfelz (FSGA, A, 22), Darmstadt ^{2}1986, S. 169 – 261.

Schandgemälde um 1560: Europäische Rechtsgeschichte. Antiquariatskatalog Sauer und Auvermann 14/1972, Glashütten i. T. 1972 (Frontispiz).

Schichtbuch: Ludwig Hänselmann (Bearb.), Das Schichtbuch. Geschichten von Ungehorsam und Aufruhr in Braunschweig, 1292 – 1514, Braunschweig 1886 (Neudruck Hannover 1979).

Schürstab, Erhard, Kriegsberichte, in: Die Chroniken der fränkischen Städte. Nürnberg, Bd. 2 (Die Chroniken der deutschen Städte 2), Leipzig 1864 (Neudruck Göttingen 1961), S. 95 – 352.

Sebastian Fischers Chronik besonders von Ulmischen Sachen, hrsg. von Karl Gustav Veesenmeyer, Ulm 1896.

Sender, Clemens: Die Chronik von Clemens Sender von den ältesten Zeiten der Stadt bis zum Jahre 1536, in: Die Chroniken der schwäbischen Städte. Augsburg, Bd. 4 (Die Chroniken der deutschen Städte Bd. 23), Leipzig 1894 (Neudruck Göttingen 1966), S. 1 – 404.

Staatsbriefe Kaiser Friedrichs II., hrsg. von Wolfram von den Steinen, Breslau 1923. Lateinische Ausgabe in: Hermann Conrad/Thea von der Lieck-Buyken (Hrsg.), Die Konstitutionen Friedrichs II. für sein Königreich Sizilien. Nach einer lateinischen Handschrift des 13. Jahrhunderts, Köln 1973.

Straßburger Ordnungen: Die Straßburger Zunft- und Polizeiordnungen des 14. und 15. Jahrhunderts aus den Originalen des Stadtarchivs, hrsg. von Johann Carl Brucker, Straßburg 1889.

Supplex libellus monachorum Fuldensium Carolo imperatori porrectus, hrsg. von Josef Semmler, in: Corpus consuetudinum monasticarum, Bd. 1, hrsg. von Kassius Hallinger, Siegburg 1963, S. 319 – 327.

Tacitus: P. Cornelius Tacitus, Germania, hrsg. und übers. von Eugen Fehrle, fünfte überarb. Aufl. besorgt von Richard Hünnerkopf, Heidelberg 1959.

Tertullian, De praescriptione Haereticorum, hrsg. von R. F. Refoulé, in: Tertulliani opera, Bd. 1, Turnhout 1954, S. 195 – 224.

Thangmar (?), Leben des hl. Bernward, Bischofs von Hildesheim, in: Lebensbeschreibungen einiger Bischöfe des 10. – 12. Jahrhunderts, hrsg. und übers. von Hatto Kallfelz (FSGA, A, 22), Darmstadt ²1986, S. 263 – 361.

Thegan, Das Leben Kaiser Ludwigs, in: Quellen zur karolingischen Reichsgeschichte, Bd. 1, hrsg. von Reinhold Rau (FSGA, A, 5), Darmstadt 1993, S. 215 – 253.

Thegan, Gesta Hludowici imperatoris, hrsg. von Ernst Tremp (MGH SS rer. Germ. n. s. 64), Hannover 1995, S. 167 – 277.

Thietmar von Merseburg, Chronik, hrsg. von Werner Trillmich (FSGA, A, 9) Darmstadt ⁷1992.

Traditionen: Die Traditionen des Hochstifts Freising, Bd. 1, hrsg. von Theodor Bitterauf, München 1905.

Urkunden Ludwigs des Deutschen, Karlmanns und Ludwigs des Jüngeren, hrsg. von Paul Kehr (MGH Diplomata reg. Germ. ex stirpe Karolinorum 1), Berlin ²1956.

Urkundenbuch der Abtei Sanct Gallen, Theil 2: Jahr 840 – 920, hrsg. von Hermann Wartmann, Zürich 1866.

Urkundenbuch zur Geschichte des Niederrheins, hrsg. von Theodor J. Lacomblet, Bd. 1, ND Aalen 1966.

Virtutes Fursei abbatis Latiniacensis, hrsg. von Bruno Krusch (MGH SS rer. Mer. 4), Hannover/Leipzig 1902, S. 440 – 449.

Vita Bernwardi, in: Lebensbeschreibungen einiger Bischöfe des 10. – 12. Jahrhunderts, hrsg. von Hatto Kallfelz (FSGA, A, 22), Darmstadt ²1986, S. 263 – 361.

Vita Chuonradi archiepiscopi Salisburgensis, hrsg. von Georg Heinrich Pertz (MGH SS 11), Hannover 1854, unveränderter Nachdruck 1963, S. 62 – 77.

Vita Dalmatii episcopi Ruteni, hrsg. von Bruno Krusch (MGH SS rer. Mer. 3), Hannover 1896, S. 543 – 549.

Vita Fursei, hrsg. von Maria Pia Ciccarese, Le visioni di S. Fursa, in: Romanobarbarica 8, 1984/85, S. 231 – 303.

Vita Heinrici IV. imperatoris, in: Quellen zur Geschichte Kaiser Heinrichs IV., hrsg. von Franz-Josef Schmale (FSGA, A, 12) Darmstadt ³1974, S. 407 – 467.

Vita metrica S. Anselmi Lucensis episcopi auctore Rangerio Lucensi, hrsg. von Ernst Sackur u. a. (MGH SS 30/2), Leipzig 1934.

Vita Norberti archiepiscopi Magdeburgensis, in: Lebensbeschreibungen einiger Bischöfe des 10. – 12. Jahrhunderts, hrsg. von Hatto Kallfelz (FSGA, A, 22), Darmstadt ²1986, S. 443 – 541.

Walahfrid Strabo, Libellus de exordiis et incrementis quarundam in observationibus ecclesiasticis rerum, hrsg. von Alfred Boretius/Victor Krause, in: Capitularia regum Francorum, Bd. 2 (MGH Legum sectio 2), Hannover 1897, S. 473 – 516.

Wetti, Vita s. Galli, hrsg. von Bruno Krusch (MGH SS rer. Mer. 4), Hannover/Leipzig 1902, S. 256 – 280.

Wibaldi epistolae, hrsg. von Philipp Jaffé, in: Wibaldi opera (Bibliotheca rerum Germanicarum I. Monumenta Corbeiensia), Berlin 1864, S. 76 – 616.

Widukind von Corvey, Sachsengeschichte, in: Quellen zur Geschichte der sächsischen Kaiserzeit, hrsg. von Albert Bauer/Reinhold Rau (FSGA, A, 8), Darmstadt ⁴1992, S. 1 – 183.

Wiener Osterspiel, hrsg. von Hans Blosen, Berlin 1979.

Willibald, Vita Bonifatii, in: Briefe des Bonifatius. Willibalds Leben des Bonifatius, nebst einigen zeitgenössischen Dokumenten, hrsg. von Reinhold Rau (FSGA, A, 4b), Darmstadt ³1994, S. 450 – 497.

Wipo, Taten Kaiser Konrads II., in: Quellen des 9. und 11. Jahrhunderts zur Geschichte der Hamburgischen Kirche und des Reiches, hrsg. von Werner Trillmich/Rudolf Buchner (FSGA, A, 11), Darmstadt 1961, S. 507 – 613.

Wunnebald Heidelbeck: Bericht des Wunnbald Heidelbeck über den Regensburger Reichstag 1471: J. Stöcklin, Johann VI. von Venningen, Bischof von Basel, 1902.

Würzburger Ratschronik: Die Ratschronik der Stadt Würzburg (XV. und XVI. Jahrhundert), hrsg. von Wilhelm Engel, Würzburg 1950.

Zehnder, Leo, Volkskundliches aus der älteren schweizerischen Chronistik, Basel 1976.

Zimmerische Chronik: Die Chronik der Grafen von Zimmern, hrsg. von Hansmartin Decker-Hauff, 3 Bde., Sigmaringen 1964 – 1972.

Literaturhinweise

Gerd Althoff
Die Bösen schrecken, die Guten belohnen

Fehlendes Gewaltmonopol
Althoff, Gerd, Spielregeln der Politik im Mittelalter. Kommunikation in Frieden und Fehde, Darmstadt 1997. **Brunner**, Otto, Land und Herrschaft. Grundfragen der territorialen Verfassungsgeschichte Österreichs im Mittelalter, Wien [5]1965. **Contamine**, Philippe, La guerre au Moyen Age, Paris [2]1986. **Dickmann**, Fritz, Der Krieg als Rechtsproblem in Antike und Mittelalter, in: Ders., Friedensrecht und Friedenssicherung. Studien zum Friedensproblem in der Geschichte, Göttingen 1971, S. 91–115. **Duby**, Georges, Krieg und Gesellschaft im Europa der Feudalzeit, in: Wirklichkeit und höfischer Traum. Zur Kultur des Mittelalters, Berlin 1986, S. 133 – 170. **Halsall**, Guy (Hrsg.), Violence and Society in the early Medieval West, Woodbridge 1998. **Hoffmann**, Hartmut, Gottesfriede und Treuga Dei (MGH Schriften 20), Stuttgart 1964. **Kamp**, Hermann, Vermittler in Konflikten des hohen Mittelalters, in: La Giustizia nell'Alto Medioevo, Spoleto 1997, S. 675 – 714. **Ohler**, Norbert, Krieg und Frieden im Mittelalter, München 1997. **Stietencron**, Heinrich v./Rüpke, Jörg (Hrsg.), Töten im Krieg, Freiburg i. Br./München 1995. **Verbruggen**, Jan Frans, The Art of Warfare in Western Europe during the Middle Ages, Amsterdam 1976.

Fehlende Gewaltenteilung
Althoff, Gerd, *Compositio*. Wiederherstellung verletzter Ehre im Rahmen gütlicher Konfliktbeendigung, in: Klaus Schreiner/Gerd Schwerhoff (Hrsg.), Verletzte Ehre. Ehrkonflikte in Gesellschaften des Mittelalters und der Frühen Neuzeit (Norm und Struktur), Köln/Weimar/Wien 1995, S. 63 – 76. **Ders.**, Genugtuung (*satisfactio*). Zur Eigenart gütlicher Konfliktbeilegung im Mittelalter, in: Joachim Heinzle (Hrsg.), Modernes Mittelalter, Frankfurt a. M. 1994, S. 247 – 265. **Battenberg**, Friedrich, Herrschaft und Verfahren. Politische Prozesse im mittelalterlichen Römisch-Deutschen Reich, Darmstadt 1995. **Classen**, Peter (Hrsg.), Recht und Schrift im Mittelalter, Sigmaringen 1977. **Dilcher**, Gerhard u. a. (Hrsg.), Gewohnheitsrecht und Rechtsgewohnheiten im Mittelalter, Berlin 1992. **Görich**, Knut, Der Herrscher als parteiischer Richter. Barbarossa in der Lombardei, in: Frühmittelalterliche Studien 29 (1995), S. 273 – 288. **Krause**, Hermann, Consilio et iudicio. Bedeutungsbreite und Sinngehalt einer mittelalterlichen Formel, in: Clemens Bauer u. a. (Hrsg.), Speculum historiale. Festschrift für Johannes Spörl, Freiburg/München 1965, S. 416 – 438. **Schild**, Wolfgang, Alte Gerichtsbarkeit. Vom Gottesurteil bis zum Beginn der modernen Rechtsprechung, München [2]1985. **Weizel**, Jürgen, Dinggenossenschaft und Recht. Untersuchungen zum Rechtsverständnis im fränkisch-deutschen Mittelalter, Köln/Wien 1985.

Fehlender Staat
Althoff, Gerd, Huld. Überlegungen zu einem Zentralbegriff der mittelalterlichen Herrschaftsordnung, in: Frühmittelalterliche Studien 25 (1991), S. 259 – 282, wieder in: Ders., Spielregeln der Politik im Mittelalter. Kommunikation in Frieden und Fehde, Darmstadt 1997, S. 199 – 228. **Ders.**, Verwandte, Freunde und Getreue. Zum politischen Stellenwert der Gruppenbindung im früheren Mittelalter, Darmstadt 1990. **Ders.**, Verwandtschaft, Freundschaft, Klientel. Der schwierige Weg zum Ohr des Herrschers, in: Spielregeln der Politik im Mittelalter, S. 185 – 198. **Bumke**, Joachim, Höfische Kultur. Literatur und Gesellschaft im hohen Mittelalter, 2 Bde., München 1986. **Engels**, Odilo, Die Staufer, Stuttgart u. a. [3]1984. **Fleckenstein**, Josef (Hrsg.), Curialitas. Studien zu Grundfragen der höfisch-ritterlichen Kultur, Göttingen 1990. **Kiesel**, Helmuth, „Bei Hof, bei Höll". Untersuchungen zur literarischen Hofkritik von Sebastian Brant bis Friedrich Schiller (Studien zur deutschen Literatur 60), Tübingen 1979. **Moraw**, Peter, Von offener Verfassung zu gestalteter Verdichtung. Das Reich im späten Mittelalter. 1250 – 1490 (Propyläen Geschichte Deutschlands 3), Berlin 1985. **Schneider**, Reinhard, Politische Freundschaft, in: Luigi Cotteri (Hrsg.), Der Begriff der Freundschaft in der Geschichte der europäischen Kultur, Meran 1995, S. 372 – 394. **Zotz**, Thomas L., König Otto I., Graf Guntram und Breisach, in: Zeitschrift für die Geschichte des Oberrheins 137 (1989), S. 64 – 77.

Beratung und Konsens
Affeldt, Werner, Das Problem der Mitwirkung des Adels an politischen Entscheidungsprozessen im Frankenreich vornehmlich des 8. Jahrhunderts, in: Dietrich Kurze (Hrsg.), Aus Theorie und Praxis der Geschichtswissenschaft. Festschrift für Hans Herzfeld, Berlin/New York 1972, S. 404 – 423. **Althoff**, Gerd, Colloquium familiare – colloquium secretum – colloquium publicum. Beratung im politischen Leben des früheren Mittelalters, in: Ders., Spielregeln der Politik im Mittelalter. Kommunikation in Frieden und Fehde, Darmstadt 1997, S. 157 – 186. **Hannig**, Jürgen, Consensus fidelium. Frühfeudale Interpretationen des Verhältnisses von Königtum und Adel am Beispiel des Frankenreiches, Stuttgart 1982. **Kern**, Fritz, Gottesgnadentum und Widerstandsrecht im früheren Mittelalter. Zur Entwicklungsgeschichte der Monarchie, hrsg. von Rudolf Buchner, Leipzig 1914, Nachdruck Darmstadt 1954. **Rieger**, Dietmar, „E trait sos meillors omes ab un consel". Emotion, Inszenierung und feudales „consilium" im Girart de Roussillon, in: Gerd Althoff (Hrsg.), Formen und Funktionen öffentlicher Kommunikation im Mittelalter [in Vorbereitung].

Herrschaft und Öffentlichkeit
Altenburg, Detlev u. a. (Hrsg.), Feste und Feiern im Mittelalter, Sigmaringen 1991. **Althoff**, Gerd, Zur Bedeutung symbolischer Kommunikation für das Verständnis des Mittelalters, in: Frühmittelalterliche Studien 31, 1997, S. 370 bis 389. **Bak**, Janos, Symbolik und Kommunikation im Mittelalter, in: Kommunikation und Alltag in Spätmittelalter und früher Neuzeit, Wien 1992, S. 39 – 45. **Bourdieu**, Pierre, Zur Soziologie der symbolischen Formen, Frankfurt am Main [6]1997. **Bumke**, Joachim, Höfische Kultur. Literatur

und Gesellschaft im hohen Mittelalter, 2 Bde., München 1986. **Fichtenau**, Heinrich, Lebensordnungen des 10. Jahrhunderts. Studien über Denkart und Existenz im einstigen Karolingerreich, Stuttgart 1984. **Gennep**, Arnold v., Les rites de passage. Étude systématique des rites, Paris 1981; dtsch.: Übergangsriten, Frankfurt a. Main 1986. **Ragotzky**, Hedda/Wenzel, Horst (Hrsg.), Höfische Repräsentation. Das Zeremoniell und die Zeichen, Tübingen 1990. **Schmitt**, Jean-Claude, Die Logik der Gesten im europäischen Mittelalter, Stuttgart 1992. **Spieß**, Karl-Heinz, Rangdenken und Rangstreit im Mittelalter, in: Werner Paravicini (Hrsg.), Zeremoniell und Raum, Sigmaringen 1997, S. 39–61.

Legitimation

Althoff, Gerd, Ira regis. Prolegomena to a History of Royal Anger, in: Barbara H. Rosenwein (Hrsg.), Anger's Past. The Social Uses of an Emotion in the Middle Ages, Ithaca – London 1998, S. 59–74. **Ders.**, Studien zur habsburgischen Merowingersage, in: Mitteilungen des Instituts für österreichische Geschichtsforschung 87 (1979), S. 71–100. **Anton**, Hans Hubert, Fürstenspiegel und Herrscherethos in der Karolingerzeit, Bonn 1968. **Berges**, Wilhelm, Die Fürstenspiegel des hohen und späten Mittelalters, Leipzig 1938. **Ewig**, Eugen, Zum christlichen Königsgedanken im Frühmittelalter, in: Das Königtum. Seine geistigen und rechtlichen Grundlagen, Lindau/Konstanz 1956, S. 7–73. **Fichtenau**, Heinrich, Arenga. Spätantike und Mittelalter im Spiegel von Urkundenformeln, Graz/Köln 1957. **Mertens**, Dieter, Die Habsburger als Nachfahren und als Vorfahren der Zähringer, in: Karl Schmid (Hrsg.), Die Zähringer. Eine Tradition und ihre Erforschung, Sigmaringen 1986, S. 151–174. **Schreiner**, Klaus, „Gerechtigkeit und Frieden haben sich geküßt" (Ps. 84,11). Friedensstiftung durch symbolisches Handeln, in: Johannes Fried (Hrsg.), Träger und Instrumentarien des Friedens im hohen und späten Mittelalter, Sigmaringen 1996, S. 37–86. **Stürner**, Wolfgang, Peccatum und Potestas. Der Sündenfall und die Entstehung der herrscherlichen Gewalt im mittelalterlichen Staatsdenken, Sigmaringen 1987.

Krisen

Althoff, Gerd, Spielregeln der Politik im Mittelalter. Kommunikation in Frieden und Fehde, Darmstadt 1997. **Boshof**, Egon, Ludwig der Fromme, Darmstadt 1996. **Fenske**, Lutz, Adelsopposition und kirchliche Reformbewegung im östlichen Sachsen. Entstehung und Wirkung des sächsischen Widerstands gegen das salische Königtum während des Investiturstreits, Göttingen 1977. **Godman**, Peter/Collins, Roger (Hrsg.), Charlemagne's Heir. New Perspectives on the Reign of Louis the Pius (814–840), Oxford 1990. **Nelson**, Janet L., Politics and ritual in early medieval Europe, London 1986. **Suchan**, Monika, Königsherrschaft im Streit. Konfliktaustragung in der Regierungszeit Heinrichs IV. zwischen Gewalt, Gespräch und Schriftlichkeit, Stuttgart 1997.

Stadt

Blattmann, Marita, Die Freiburger Stadtrechte zur Zeit der Zähringer. Rekonstruktion der verlorenen Urkunden und Aufzeichnungen des 12. und 13. Jahrhunderts, 2 Bde., Freiburg/Würzburg 1991. **Ennen**, Edith, Die europäische Stadt des Mittelalters, 4., verb. Aufl., Göttingen 1987. **Hergemöller**, Bernd-Ulrich (Hrsg.), Randgruppen der spätmittelalterlichen Gesellschaft. Ein Hand- und Studienbuch, 2., neubearb. Aufl., Warendorf 1994. **Isenmann**, Eberhard, Die deutsche Stadt im Spätmittelalter: 1250–1500, Stuttgart 1988. **Keller**, Hagen, Wahlformen und Gemeinschaftsverständnis in den italienischen Stadtkommunen (12./14. Jh.), in: Reinhard Schneider/Harald Zimmermann (Hrsg.), Wahlen und Wählen im Mittelalter, Sigmaringen 1990, S. 345–374. **Maué**, Hermann (Hrsg.), Visualisierung städtischer Ordnung: Zeichen, Abzeichen, Hoheitszeichen, in: Anzeiger des Germanischen Nationalmuseums und Berichte aus dem Forschungsinstitut für Realienkunde 1993, S. 7–252. **Mitteis**, Heinrich, Lehnrecht und Staatsgewalt. Untersuchungen zur mittelalterlichen Verfassungsgeschichte (1933). **Planitz**, Hans, Kaufmannsgilde und städtische Eidgenossenschaft in niederfränkischen Städten des 11. und 12. Jahrhunderts, in: Zeitschrift der Savigny-Stiftung für Rechtsgeschichte, Germ. Abt. 60 (1940), S. 1–116. **Schulz**, Knut, „Denn sie lieben die Freiheit so sehr". Kommunale Aufstände und Entstehung des europäischen Bürgertums im Hochmittelalter, Darmstadt 1992. **Schuster**, Peter, Der gelobte Frieden. Täter, Opfer und Herrschaft im spätmittelalterlichen Konstanz, Konstanz 1995.

Burgund (Hermann Kamp)

Arnade, Peter, Realms of Ritual. Burgundian Ceremony and Civic Life in Late Medieval Ghent, o. J. 1996. **Vaughan**, Richard, Valois Burgundy, London 1975. **Blockmans**, Wim/Prevenier, Walter, Die burgundischen Niederlande, Weinheim 1986. **Ehlers**, Joachim, Geschichte Frankreichs im Mittelalter, Stuttgart 1987. **Bartier**, Jean, Légistes et gens des finances au XVe siècle. Les conseillers des Ducs de Bourgogne Philippe le Bon et Charles le Téméraire, Brüssel 1955/57. **Paravicini**, Werner, Karl der Kühne, Göttingen/Zürich 1976. **Schubert**, Ernst, Fürstliche Herrschaft und Territorium im späten Mittelalter, München 1996.

Hans-Werner Goetz
Lebensformen und Vorstellungswelten

Allgemeine Literatur zu Lebensformen und Vorstellungswelten

Angenendt, Arnold, Geschichte der Religiosität im Mittelalter, Darmstadt 1998. **Borst**, Arno, Lebensformen im Mittelalter, Frankfurt a. M./Berlin 1973 ([14]1995). **Dinzelbacher**, Peter, Angst im Mittelalter. Teufels-, Todes und Gotteserfahrung: Mentalitätsgeschichte und Ikonographie, Paderborn u. a. 1996. **Dinzelbacher**, Peter (Hrsg.), Europäische Mentalitätsgeschichte. Hauptthemen in Einzeldarstellungen, Stuttgart 1993. **Fichtenau**, Heinrich, Lebensordnungen des 10. Jahrhunderts. Studien über Denkart und Existenz im einstigen Karolingerreich, Stuttgart 1983. **Goetz**, Hans-Werner, Leben im Mittelalter vom 7. bis zum 13. Jahrhundert, München 1986 ([5]1994). **Kortüm**, Hans-Henning, Menschen und Mentalitäten. Einführung in die Vorstellungsgeschichte des Mittelalters, Berlin 1995. **Riché**, Pierre, Die Welt der Karolinger, Stuttgart 1981.

Ehe und Familie

Althoff, Gerd, Verwandte, Freunde und Getreue. Zum politischen Stellenwert der Gruppenbindungen im früheren Mittelalter, Darmstadt 1990. **Geschichte der Familie**, Bd. 2: Mittelalter, Frankfurt a. M./New York/Paris 1997. **Geschichte der Frauen**, hrsg. v. Georges Duby u. Michelle Perrot, Bd. 2: Mittelalter, hrsg. v. Christiane Klapisch-Zuber, Frankfurt a. M./New York/Paris 1993. **Goetz**, Hans-Werner, Frauen im frühen Mittelalter. Frauenbild und Frauenleben im Frankenreich, Weimar/Köln/Wien 1995. **Herlihy**, David, Medieval Households, Cambridge, Mass./London 1985. **Le Jan**, Régine, Famille et pouvoir dans le monde franc (VIIe–Xe siècle). Essai d'anthropologie sociale, Publications de la Sorbonne, Paris 1995. **Mitterauer**, Michael, Grundtypen alteuropäischer Sozialformen. Haus und Gemeinde in vorindustrieller Gesellschaft (Kultur und Gesellschaft 5), Stuttgart/Bad Cannstatt 1979. **Schmid**, Karl, Gebetsgedenken und adliges Selbstverständnis im Mittelalter. Ausgewählte Beiträge, Sigmaringen 1983. **Weigand**, Rudolf, Liebe und Ehe im Mittelalter, Goldbach 1993. **Wemple**, Suzanne Fonay, Women in Frankish Society. Marriage and the Cloister, 500 to 900, Philadelphia 1981.

Kloster

Dinzelbacher, Peter/Hogg, James Lester (Hrsg.), Kulturgeschichte der christlichen Orden in Einzeldarstellungen, Stuttgart 1997. **Frank**, Karl Suso, Grundzüge der Geschichte des christlichen Mönchtums, Darmstadt 1975. **Prinz**, Friedrich, Frühes Mönchtum im Frankenreich. Kultur und Gesellschaft in Gallien, den Rheinlanden und Bayern am Beispiel der monastischen Entwicklung (4.–8. Jahrhundert), München/Wien 1965. **Wollasch**, Joachim, Cluny – „Licht der Welt". Aufstieg und Niedergang der klösterlichen Gemeinschaft, München/Zürich 1996.

Todesvorstellungen

Ariès, Philippe, Geschichte des Todes, München 1982. **Borst**, Arno, Drei mittelalterliche Sterbefälle, in: Ders., Barbaren, Ketzer und Artisten, München 1988, S. 567–598. **Ders.** u. a. (Hrsg.), Tod im Mittelalter, Konstanz 1993. **Braet**, Hermann/Verbeke, Werner (Hrsg.), Death in the Middle Ages (Mediaevalia Lovaniensia Ser. I, studia IX) Leuven 1983. **Fuhrmann**, Horst, Guter Tod schlimmer Tod, in: Bilder erzählen Geschichte, hrsg. v. Helmut Altrichter, Freiburg 1995, S. 149–165. **Geary**, Patrick J., Living with the Dead in the Middle Ages, Ithaca, N.Y. 1994. **Haas**, Alois M., Todesbilder im Mittelalter. Fakten und Hinweise in der deutschen Literatur, Darmstadt 1989. **Jezler**, Peter (Hrsg.), Himmel, Hölle, Fegefeuer. Das Jenseits im Mittelalter, Zürich 1994. **Oexle**, Otto Gerhard, Die Gegenwart der Toten, in: Death in the Middle Ages, hrsg. v. Hermann Braet u. Werner Verbeke, Leuven 1983, S. 19–77. **Ohler**, Norbert, Sterben und Tod im Mittelalter, München/Zürich 1990. **Russell**, Jeffrey Burton, A History of Heaven, Princeton 1997.

Teufelsvorstellungen

Daxelmüller, Christoph, Zauberpraktiken. Eine Ideengeschichte der Magie, Zürich 1993. **Le diable** au moyen âge (Sénéfiance 6), Aix-en-Provence 1979. **Dinzelbacher**, Peter, Die Realität des Teufels im Mittelalter, in: P. Segl (Hrsg.), Der Hexenhammer. Entstehung und Umfeld des Malleus maleficarum von 1487, Köln 1988, S. 151–175. **Grübel**, I., Die Hierarchie der Teufel: Studien zum christlichen Teufelsbild und zur Allegorisierung des Bösen in Theologie, Literatur und Kunst zwischen Frühmittelalter und Gegenreformation, München 1991. **Haag**, Herbert, Teufelsglaube, Tübingen 1974. **Müller**, Ulrich/Wunderlich, Werner (Hrsg.), Dämonen, Monster, Fabelwesen, St. Gallen 1997. **Rosenberg**, Alfred, Engel und Dämonen, München 1967. **Russel**, Jeffrey Burton, Lucifer. The Devil in the Middle Ages, Ithaca, N. Y. 1984. **Santi e demoni** nell'alto medioevo occidentale (secoli V–XI), 2 Bde., Spoleto 1989. **Schmitt**, Jean Claude, Heidenspaß und Höllenangst. Aberglaube im Mittelalter, Frankfurt 1993. **Vorgrimler**, Herbert, Geschichte der Hölle, München 1993.

Ernst Schubert
Spätmittelalter – die Rahmenbedingungen des Lebens kleiner Leute

Der „gemeine Mann" und seine Obrigkeiten

Altenburg, Detlev u. a. (Hrsg.), Feste und Feiern im Mittelalter, Sigmaringen 1991. **Bergmann**, Rolf, Katalog der deutschsprachigen geistlichen Spiele und Marienklagen des Mittelalters, München 1986. **Dilcher**, Gerhard/Bernhard Diestelkamp (Hrsg.), Recht, Gericht, Genossenschaft und Policey. Studien zu Grundbegriffen der germanistischen Rechtshistorie, 1986. **Ebeling**, Hans-Heinrich, „Lästerliche Gemälde und sünd-böse Briefe". Die Schandbilder und Scheltbriefe des Sander von Oberg, in: Gerd Spies (Hrsg.), Festschrift zur Ausstellung Brunswiek 1031 – Braunschweig 1981, Braunschweig 1981, S. 361 ff. **Faulstich**, Werner, Medien und Öffentlichkeit im Mittelalter. 800–1400, Göttingen 1996. **Fritsch**, Ahasver, Princeps peccans sive tractatus de peccatis principum, Osterode ^{2}1679. **Giel**, Robert, Politische Öffentlichkeit im spätmittelalterlich-frühneuzeitlichen Köln (1450–1550), (Berlin. Hist. Stud 29) Berlin 1998. **Grimm**, Jacob, Weisthümer. 7 Teile, 1840–1878 (Neudruck 1957). **Haverkamp**, Alfred, „... an die große Glocke hängen." Über Öffentlichkeit im Mittelalter, Jahrbuch des Historischen Kollegs 1995, München 1996, S. 71 ff. **Jütte**, Robert, Die Anfänge des organisierten Verbrechens. Falschspieler und ihre Tricks im späten Mittelalter und der frühen Neuzeit, AKG 70 (1988), S. 1 ff. **Kisch**, Guido, Ehrenschelte und Schandgemälde, ZRG 51 (1931), S. 514 ff.; wieder abgedruckt in: Ders., Forschungen zur Rechts- und Sozialgeschichte des Mittelalters (Ausgewählte Schriften Bd. 3), 1980, S. 326 ff. **Neumann**, Bernd, Geistliches Schauspiel im Zeugnis der Zeit. Zur Auffassung mittelalterlicher religiöser Dramen im deutschen Sprachgebiet, 2 Bde., München/Zürich 1987. **Nix**, Matthias, Das sogenannte „historische Lied", in: Forschungsberichte zur germanistischen Mediävistik. Jahrbuch für internationale Germanistik, Reihe C Bd. 5 (1996), S. 130 ff. **Schubert**, Ernst, „bauerngeschrey". Zum Problem der öffentlichen Meinung im spätmittelalterlichen Franken, Jb. f. fränkische Landesforschung 34/35 (1975), S. 883–907. **Ders.**, Einführung in die deutsche Geschichte im Spätmittelalter, Darmstadt ²1998. **Schuster**, Beate, Die freien Frauen. Dirnen und Frauenhäuser im 15. und 16. Jahrhundert, Frankfurt/New York 1995. **Schuster**, Peter, Das Frauenhaus. Städtische Bordelle in Deutschland (1350–1600), Paderborn 1992. **Thum**, Bernd, Öffentlichkeit und Kommunikation im Mittelalter, in: Hedda Ragotzky/Horst Wenzel (Hrsg.), Höfische Repräsentation. Das Zeremoniell und das Zeichen, 1990, S. 65 ff. **Ders.**, Öffentlich-Machen, Öffentlichkeit, Recht. Zu den Grundlagen und Verfahren der politischen Publizistik im Spätmittelalter, in: Wolfgang Haubrichs (Hrsg.), Politik und Dichtung vom Mittelalter bis zur Neuzeit, ZLitWiss-Linguistik 37 (1980), S. 12 ff.

Die Kirche und der gemeine Mann

Angenendt, Arnold, Heilige und Reliquien. Die Geschichte ihres Kultes vom frühen Christentum bis zu Gegenwart, 1994. **Doerfler-Dierken**, Angelika, Die Verehrung der heiligen Anna in Spätmittelalter und früher Neuzeit, 1992. **Fuhrmann**, Rosi, Kirche und Dorf. Religiöse Bedürfnisse und kirchliche Stiftungen auf dem Lande vor der Reformation, 1995. **Gechter**, Marianne, Kirche und Klerus in der stadtkölnischen Wirtschaft im Spätmittelalter, Köln 1983. **Grenzmann**, Ludger/Karl Stackmann (Hrsg.), Literatur und Laienbildung im Spätmittelalter und in der Reformationszeit, Göttingen 1984. **Hye**, Franz-Heinz (Hrsg.), Stadt und Kirche, Linz 1995. **Materielle Kultur** und religiöse Stiftung im Mittelalter, Wien 1990. **Kurze**, Dietrich, Der niedere Klerus in der sozialen Welt des späteren Mittelalters, in: Ders., Klerus, Ketzer, Kriege und Prophetien. Gesammelte Aufsätze, Berlin 1996, S. 1ff. **Mertens**, Volker/Hans-Jochen Schiewer (Hrsg.), Die deutsche Predigt im Mittelalter, 1992. **Meyer**, Andreas, Arme Kleriker auf Pfründensuche. Eine Studie über das *in forma-pauperum*-Register Gregors XII. von 1407, 1990. **Petke**, Wolfgang, Oblationen, Stolgebühren und Pfarreinkünfte vom Mittelalter bis ins Zeitalter der Reformation, in: Hartmut Boockmann (Hrsg.), Kirche und Gesellschaft im Heiligen Römischen Reich des 15. und 16. Jahrhunderts, Göttingen 1994, S. 26 ff. **Schreiner**, Klaus, Maria. Jungfrau, Mutter, Herrscherin, Wien 1994. **Ders.**, „Discrimen veri ac falsi". Ansätze und Formen der Kritik in der Heiligen- und Reliquienverehrung des Mittelalters, AKG 48 (1966), S. 1 ff. **Schwarz**, Brigide, Römische Kurie und Pfründenmarkt im Spätmittelalter, ZHF 20 (1993), S. 129 ff. **Tanz**, Sabine/Ernst Werner, Spätmittelalterliche Laienmentalitäten im Spiegel von Visionen, Offenbarungen und Prophezeiungen, 1993. **Wallfahrt und Alltag** in Mittelalter und früher Neuzeit, Wien 1992.

Die Stadt

Brandt, Ahasver von, Die gesellschaftliche Struktur des spätmittelalterlichen Lübeck, in: Lübeck, Hanse, Nordeuropa. Gedächtnisschrift für Ahasver von Brandt, 1979, S. 209 ff. **Dirlmeier**, Ulf, Untersuchungen zu Einkommensverhältnissen und Lebenshaltungskosten in oberdeutschen Städten des Spätmittelalters, Heidelberg 1978. **Fischer**, Thomas, Städtische Armut und Armenfürsorge im 15. und 16. Jahrhundert, 1979. **Grees**, Hermann, Unterschichten mit Grundbesitz in ländlichen Siedlungen Mitteleuropas, in: Gerhard Henkel (Hrsg.), Die ländliche Siedlung als Forschungsgegenstand der Geographie, Darmstadt 1983, S. 193–223. **Hergemöller**, Bernd-Ulrich (Hrsg.), Randgruppen der spätmittelalterlichen Gesellschaft, 1990. **Jaritz**, Gerhard/Albert Müller (Hrsg.), Migration in der Feudalgesellschaft, Stuttgart 1988. **Langer**, Herbert, Spätmittelalterliche Lohnarbeit im Spiegel der Stralsunder Gerichtsbücher und Handwerkerakten, Greifswald-Stralsunder Jahrbuch 10 (1972/73), S. 87 ff. **Mahler**, Fred, Ein Spaziergang durch eine fremde Welt. Lebensverhältnisse in Uelzen um 1400 aus der Sicht eines Archäologen, Uelzen 1996. **Maschke**, Erich/Jürgen Sydow (Hrsg.), Gesellschaftliche Unterschichten in den südwestdeutschen Städten, Sigmaringen 1967. **Meckseper**, Cord (Hrsg.), Stadt im Wandel. Kunst und Kultur des Bürgertums in Norddeutschland 1150–1650, 4 Bde., 1985. **Pohanka**, Reinhard, Die Unbehausten. Arme, Randschichten und Fahrende Leute in und um die mittelalterliche Stadt, in: Gerhard Fischer (Hrsg.), Die Stadt und die Wildnis. Wien 1000–1500, Wien 1992. **Salmen**, Walter, Der Spielmann im Mittelalter, Innsbruck 1983. **Schubert**, Ernst, Gauner, Dirnen und Gelichter in deutschen Städten des Mittelalters, in: Cord Meckseper/Elisabeth Schraut (Hrsg.), Mentalität und Alltag im Spätmittelalter, Göttingen 1985 (²1991), S. 97 ff. **Ders.**, Soziale Randgruppen und Bevölkerungsentwicklung im Mittelalter, Saeculum 39 (1988), S. 294 ff. **Simon-Muscheid**, Katharina, Gewalt und Ehre im spätmittelalterlichen Handwerk am Beispiel Basels, ZHF 18 (1991), S. 1 ff. **Sydow**, Jürgen (Hrsg.), Städtische Versorgung und Entsorgung im Wandel der Geschichte, Sigmaringen 1981. **Wunder**, Gerd, Die Bürger von Hall. Sozialgeschichte einer Reichsstadt 1216–1802, Schwäbisch Hall 1980.

Verbrechen und Strafe

Blauert, Andreas/Gerd Schwerhoff (Hrsg.), Mit den Waffen der Justiz. Zur Kriminalgeschichte des Spätmittelalters und der Frühen Neuzeit, Frankfurt a. M. 1993. **Burghartz**, Susanna, Leib, Ehre und Gut. Delinquenz in Zürich Ende des 14. Jahrhunderts, Zürich 1990. **Dülmen**, Richard van, Theater des Schreckens. Gerichtspraxis und Strafrechtsrituale in der frühen Neuzeit, München 1985. **Glenzdorf**, Johann/Fritz Treichel, Henker, Schinder und arme Sünder, 2 Bde., 1970. **Keller**, Albrecht, Der Scharfrichter in der deutschen Kulturgeschichte, 1921. **Künßberg**, Eberhard von, Rechtliche Volkskunde, 1936. **Leiser**, Wolfgang, Strafgerichtsbarkeit in Süddeutschland. Formen und Entwicklungen, 1971. **Nowosadtko**, Jutta, Scharfrichter und Abdecker. Der Alltag zweier „unehrlicher Berufe" in der Frühen Neuzeit, 1994. **Schmidt**, Eberhard, Einführung in die Geschichte der deutschen Strafrechtspflege, Göttingen 1965. **Schüßler**, Martin, Verbrechen im spätmittelalterlichen Olmütz. Statistische Untersuchung der Kriminalität im Osten des Heiligen Römischen Reiches, ZRG germ. 111 (1994), S. 148–274. **Schuster**, Peter, Der gelobte Frieden. Täter, Opfer und Herrschaft im spätmittelalterlichen Konstanz, Konstanz 1995. **Schwerhoff**, Gerd, Köln im Kreuzverhör. Kriminalität, Herrschaft und Gesellschaft in einer frühneuzeitlichen Stadt, Bonn/Berlin 1991. **Wilbertz**, Gisela, Scharfrichter und Abdecker im Hochstift Osnabrück, Osnabrück 1979. **Zehnder**, Leo, Volkskundliches in der älteren schweizerischen Chronistik, Basel 1976.